让法律被信仰

美国《统一商法典》解读

An Introduction to Uniform Commercial Code

潘琪 著

法律出版社
LAW PRESS · CH NA

作者简介

潘琪

1957 年生，北京市人。1982 年春毕业于北京大学国际政治系，获法学学士学位。在对外经济贸易大学师从沈达明教授、冯大同教授，获法学硕士学位。后赴美国学习法律，获耶鲁大学法学硕士学位（LL.M）及华盛顿大学（Washington University）法律博士学位（JD）。1988 年取得中国律师资格，1994 年取得美国律师资格（宾夕法尼亚州）。曾任教于对外经济贸易大学法律系，后长期在国际律师事务所（O' Melveny & Myers；White & Case）及通用汽车公司（General Motors）、强生公司（Johnson & Johnson）的法律部从事律师工作。分别于 1990 年和 2018 年出版美国《统一商法典》中译本（中国对外经济贸易出版社 1990 年版；法律出版社 2018 年版）。著有《美国破产法》（法律出版社 1999 年版）。

他山之石

美国《统一商法典》是一部著名的法典,“在美国法律体系和商业活动中占据显著地位,在国际上有较大影响,对中国相关法律的制定和发展亦有重要参考意义”(法典中译本序,法律出版社 2018 年 11 月版)。通过研究《统一商法典》,可以了解美国商法相关领域的基本内容、方法和原理,感知美国的法律思想和法律逻辑,获取其中有借鉴意义的成分。因此,美国《统一商法典》受到国内相关读者的关注。

本书可以作为法典最新中译本的配套读物,也可以作为研究和了解法典的独立读物。本书的初衷是为读者提供一本介绍法典的简明读物,但写作过程中篇幅渐有扩展,在介绍法典基本内容的基础上,兼具一定的专业性和完整性。希望本书既适合普通读者,也适合专业读者;既适合对法典整体内容有兴趣的读者,也适合仅对法典某一领域有兴趣的读者。

《统一商法典》涉及多个不同领域,从货物的买卖和租赁,到支付领域的流通票据、银行业务和信用证,到货物储运的仓单、提单和其他所有权凭证,到股票、债券和其他金融资产的交易,再到动产担保交易,每个领域都具有高度的专业性和复杂性。法典的这种深度和广度,对任何一位希望掌握法典整体内容并将其呈现在一本著述内的学者,都是巨大挑战。我主要从事律师实务,并非法典任何领域的专门学者,写作本书颇为勉强。之所以愿意尝试,固然是因为两度翻译法典,对法典内容比较熟悉,但更主要的原因是相信这项工作的意义。

《统一商法典》是对美国多个专业领域的商业实践、法律原则和发展趋势的精心总结和高度浓缩。《统一商法典》的深度和广度，决定了其条文的复杂性。即便是看似简单的法典条文，也常常是话中有话、话外有话。相信接触过法典的读者可能会同意，认得法典文字，不等于读通条文；读通条文，不等于理解含义；理解含义，不等于明白逻辑；明白逻辑，不等于融会贯通。因此，很希望将我在翻译法典过程中的一些学习收获和体会，分享给对法典有兴趣的读者，以节省读者的部分时间和精力。同时，也希望本书能够起到抛砖引玉的作用，促进国内学界和业界对美国《统一商法典》的了解和研究。

本书的写作风格也许带有律师的职业习惯和思维方式。首先是注重法律条文。以尽量细致的分析和尽量严谨的逻辑对法律条文进行解读，是获取可靠结论的基本方法。其次是表述力争直白。法律源于生活。即使是复杂的问题，分解之后也可以不再抽象，也可以使用日常语言进行表述。将复杂的问题简单化，是对读者的最好服务。最后是尽量举例说明。法律条文只有放在具体的环境中才能显示其真实内涵。特别是美国法律，根植于判例法，注重具体和实用，就事论事，很少泛泛而论。

本书大体从三个角度对法典进行解读。首先，尽量说明商业交易面临的问题。法律的目的是解决实际问题，因此，法典条文通常都有具体的针对目标。其次，在介绍法典对相关问题的规定时，尽量直接引用法典条文。一方面，可以减少转述中的片面、偏差和错误；另一方面，也有利于读者对法典的规定、含义和意图作出自己的解读和判断。最后，尽量分析法典条文背后的理由和考虑。所有的法律条文都建立在一定的环境、假设、判断和逻辑基础上。同时，多数问题都有不同的法律解决方案，但不同方案通常各有利弊，少有万全之策。法典的规定，体现了法典的商业理解、价值导向、综合平衡和利弊取舍。

《统一商法典》虽然是一部综合商法典，但没有也不可能涵盖美国商业活动的全部领域。即使是法典范围内的领域，法典也不可能涵盖领域内的全部问题。例如,第 2 篇适用于货物买卖,但并未涉及货物买卖合同中的大量合同法问题,而是将这些问题留给法典之外的合同法解决。再如,第 8 篇涉及投资证券,但主要是与证券持有和买卖有关的程序问题,而没有涉及由其他法律(包括联邦法和州法)所涵盖的证券发行和政府监管等问题。本书的介绍基本上限于法典本身。读者可以根据自己的需要,适当关注美国法律中的其他相关领域,如合同法、代理法、财产法、保证法、证券法和破产法等。

《统一商法典》作为一部美国法律,是为了在美国独特的商业、法律、社会和文化环境中,解决美国商业活动中的问题。所有的法律都高度依赖其生长的土壤。因此,法典的很多具体规定,也许只适合美国的具体环境,而不一定适合其他国家直接模仿和移植。如果生搬硬套,很容易形成南橘北枳的情况。从国内读者的角度来看,最重要的也许是了解和研究法典所体现的理念、逻辑、思路和方法,因为这是最富启迪作用和最有借鉴意义的部分。无论何种问题,关键不在于法典的规定是什么,而在于为什么。当然,启迪和借鉴需要从了解和研究法典的具体条文入手。本书的任务,是对法典进行介绍和说明,而获得何种启迪以及如何借鉴,则是每位读者自己的任务。

本书虽然可以算作法典最新中译本的配套读物,但实际上最初的写作计划始于 30 年前。当时出版社正与我协商首部法典中译本的出版,并希望我另写一本法典简介。简介完成了初稿,但我随后赴美国学习,出版计划搁浅。法律出版社 1998 年策划美国法丛书时,将破产法的题目交给我,后又增加了统一商法典。我为两本书的写作进行了大量准备,但因当时在我国香港特别行政区当律师,业余时间非常有限,无奈只完成了破产法的写作,而未能完成有关法典的那本书。再次间隔 20 年,现在的第三次尝试终于见到成果,弥补了以前的遗憾。

本书按法典各篇的顺序,从第 1 篇总则到第 9 篇担保交易,分别对法典逐篇进行介绍,但不包括已被废除的第 6 篇。法典各篇的篇幅有相当差别,因此本书各章的篇幅也相应有所差别。本书对法典的解读,主要基于法典条文本身以及法典的正式评论,同时也参考了一些列于本书末尾的相关著述。书中还少量引用了美国法院的案例。这些案例只是简单介绍,重点在于通过举例来展示问题,而不在于强调结论。实际上,即使是完整的案例,其适用范围和判例效力也受到很多因素影响,具有高度的不确定性。本书引用的法典条文中文,均取自法律出版社的法典最新中译本,但在个别地方稍有调整。该译本为中英对照,读者有需要时可以查阅法典的英文原文。

在本书完成之际,首先感谢王军教授。王军教授是对外经济贸易大学法学院的资深教授,并担任院长多年。20 世纪 80 年代我在那里任教时,曾与王军教授共事。当时得到他多方帮助,包括在我赴美国学习后,是他帮助处理了《统一商法典》首个中译本的出版后续事项。本书的出版,也得到王军教授的大力支持和热情鼓励。还要再次感谢吴兴光教授。对于我做的与《统一商法典》有关的工作,吴兴光教授一贯给予最大支持。同时非常感谢法律出版社法治与经济分社沈小英社长在本书出版过程中热情高效的专业支持和细致周到的技术安排,她的大力支持使本书得以与读者见面。还非常感谢陈妮编辑和毛镜澄编辑的专业精神和辛勤努力。

虽然我为本书的写作尽了很大努力,但如前所说,本书主要是我在翻译法典过程中的学习体会和收获。限于个人的知识水平和理解能力,对法典的解读难免存在偏差和错误。特别是,鉴于法典的深度和广度,要准确理解法典的全部内容,实难一蹴而就,只能循序渐进。敬请读者谅解并给予批评指正。

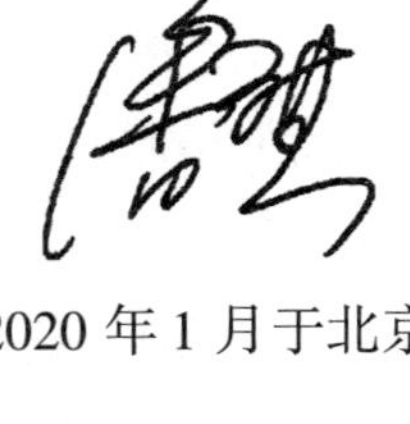

2020 年 1 月于北京

目　　录

第一章　美国《统一商法典》概述

美国《统一商法典》(Uniform Commercial Code)(以下简称统一商法典或法典)是目前美国商业领域中最重要的法律之一。法典涉及的领域包括货物买卖、货物租赁、流通票据、银行收款、资金转账、信用证、货物储运、投资证券和担保交易。货物买卖是法典的中心环节,因为货物买卖是最传统、最常见和最重要的商业活动,且法典的其他部分经常服务于货物买卖或与货物买卖相关。但是,法典的其他部分也都可以脱离货物买卖而独立地应用于相关领域的商业活动。

法典的理念、结构、内容和规定,充分体现和适应了美国商业活动的特点和需求。虽然货物买卖仍然是日常最主要的商业交易形式,但很多货物的买卖交易,以及围绕货物买卖进行的其他交易,早已脱离了原始的形态和目的,而演变成具有高度复杂性、灵活性、流通性和金融性的交易。很多交易同时融合了多种相关内容,特别是流通和融资内容。法典的制定,就是为了更好地服务于现代商业活动的参与方,使他们能够方便地了解对商业活动有最直接和最重要影响的法律规则。

除去已被废除的有关非正常业务中资产整体转让的第 6 篇,法典共分为 10 篇,即第 1 篇《总则》(General Provisions),第 2 篇《买卖》(Sales),第 2A 篇《租赁》(Leases),第 3 篇《流通票据》(Negotiable Instruments),第 4 篇《银行存款和收款》(Bank Deposits and Collections),第 4A 篇《资金转

账》(Funds Transfers),第5篇《信用证》(Letters of Credit),第7篇《所有权凭证》(Documents of Title),第8篇《投资证券》(Investment Securities),以及第9篇《担保交易》(Secured Transactions)(第6篇已废止)。法典第1篇《总则》里包含了适用于整部法典的一些基本原则和通用定义。本章介绍的是法典第1篇的内容以及法典的相关背景,本书后面各章将分别介绍法典的其他各篇。

第一节　法典的历史

统一商法典源于美国民间法律团体起草的法律示范本,起初不是法律,而只是推荐给美国各州立法机构的示范本,供各州自行考虑是否采纳。法典在起草时充分考虑了美国的实际商业状况和发展趋势,适度平衡了商业交易中不同当事方的利益和需求,合理融合了各界均能接受的法律传统和原则,大胆抛弃了判例法中某些已经过时的规则。因此,法典在相对较短的时间内得到了美国各州立法机构的采纳,使法典从示范本转化为真正的法律,并使美国各州的商法基本上达到事实上的统一。

美国的立法体制

要了解法典的历史和演变,首先要了解美国的立法体制。美国是联邦制国家,由各州以联邦形式组成美国。根据美国1788年通过的《宪法》,美国的立法权分属联邦立法机构和各州的立法机构。联邦立法机构就是通常所说的美国国会,由众议院和参议院组成,负责制定联邦法律。州立法机构就是州议会,负责制定州法。根据美国《宪法》,美国国会只拥有美国《宪法》特别授予的立法权。凡是未特别授予美国国会的立法权,均由各州的州议会行使。于1791年通过的美国《宪法第十修正案》规定:“宪法未赋予美国的权力,且未禁止赋予各州的权力,应保留给各州或保留给人民。”

美国《宪法》将哪些立法权赋予了美国国会?宪法的相关文字并不十

分明确,但总体而言,联邦立法权比较有限,主要是《宪法》第 1 条第 8 款所列举的几项内容,包括税法、破产法、移民法、商标法、专利法以及与国际贸易或州际贸易有关的法律。此外,还有一些宪法并未明文规定但被推定认为应由联邦立法的领域,如海商法等。很多与日常生活及商业活动有关的重要法律,如合同法、买卖法、侵权法、财产法、担保法、公司法等,都不在联邦立法权的范围之内,因此原则上都属于各州自行立法的范围。

关于联邦立法权的范围,有较大解释余地的是与州际贸易有关的法律的立法权。在美国各州交往目前已几乎完全融合的情况下,大量的商业交易都带有一定程度的州际性质。因此,根据美国宪法的州际贸易条款,美国国会对此有较大余地制定相应法律。实际上,很多联邦法律确实也是基于州际贸易条款而制定的。但是,很多涉及州际贸易的法律并未成为联邦法的领域,传统上一直由各州行使立法权的领域也变化不大。例如,加利福尼亚州商人和纽约州商人订立的货物买卖合同显然涉及州际贸易,因此似乎应由联邦立法进行管辖。但实际情况是,美国联邦最高法院并不这样解释美国宪法,也不认为有必要这样解释,因此,美国宪法中有关州际贸易的条款,并没有被用于州际货物买卖这类交易。

由于美国宪法的限制和美国联邦最高法院对宪法的解释,也由于长期形成的立法体制的固化效应,对于商业领域中的绝大多数法律,美国都无法制定全国统一的联邦法律,而只能由各州自行制定。同时,美国是普通法国家,实行判例制,因此大量的法律规则是通过长期积累的法院判例来体现的。

在商业领域,各州的商法传统上也较少有制定法,而主要以法院判例的形式体现。由于判例法本身比较杂乱和模糊,因此,以判例形式存在的商法,很难为商业交易提供清晰的法律规则。同时,一个州的判例,理论上对另一个州的法院没有约束力,因此对于相同或类似的问题,各州的判例常常存在较大的不一致性。

对统一化商法的需求

美国法律体制中联邦和各州的这种分权制不仅导致了各州商法的不统一，而且由于美国宪法的限制，也很难在联邦立法层面解决这个问题。判例法内在的杂乱和模糊加剧了商业法律规则的不一致性。这些因素共同给商业界造成一个实际问题，即在美国的商业领域，缺乏对各州都统一适用且内容明确的法律规则。

在美国经济发展的初期阶段，由于经济活动规模较小、范围有限，这种不统一并未带来很大问题。到了 19 世纪末期，随着经济的发展和州际活动的增加，商法不统一所带来的问题越来越明显。来自不同州的商人互相不熟悉对方的法律，使合同面临较大的不确定性，并增加了交易成本。即使在州内，判例法的特点也使商业法律规则不够清晰。这种状况显然不利于美国整体经济的发展。

在这种情况下，美国商业界和法律界开始努力寻找对策。这种努力的重要结果，是于 1892 年成立了"美国统一州法全国委员会"（National Conference of Commissioners on Uniform State Laws），后来也简称为"统一法委员会"（Uniform Law Commission）。这个委员会起初是由民间法律人士发起的，但随后演变成为半官方组织，因为其成员（委员会的委员）都是由各州州长或州政府提名任命的，使委员会带有较强的官方色彩。委员会的所有成员都必须拥有执业律师资格，但具体职业多种多样，包括法官、律师、学者和其他专业人士。

统一法委员会的主要使命是促进美国各州法律的统一。委员会涉及的领域不限于商法，但更多地集中于商法。委员会意识到，在联邦法层次很难绕过美国宪法的分权制原则，而修改美国宪法又十分困难，几乎是不可能完成的任务。因此，委员会希望另辟蹊径，通过各州分别立法但采用同一文本的方式，达到各州法律事实上的统一。具体方法是由委员会主持起草相关领域的法律示范本，然后推荐给各州立法机构予以采纳。这个方法不仅可以绕过宪法分权制的限制，而且可以克服判例法的很多内在缺陷。

商法是统一法委员会最关注的领域，因为这个领域对经济的影响最大，问题最明显，需求最迫切。委员会的首项成果是1896年公布的《统一流通票据法》（Uniform Negotiable Instruments Law）。随后，委员会又陆续公布了《统一买卖法》（Uniform Sales Act）、《统一仓单法》（Uniform Warehouse Receipts Act）、《统一提单法》（Uniform Bills of Lading Act）、《统一股票转让法》（Uniform Stock Transfer Act）、《统一附条件销售法》（Uniform Conditional Sales Act）、《统一信托收据法》（Uniform Trust Receipts Act）等。尽管委员会制定的上述各种法律示范本未能得到每一个州的采纳，有些示范本的采纳率还比较低，但总体而言，比较重要的示范本还是得到了多数州或绝大多数州的采纳，在很大程度上达到了预期目的，属于非常成功的尝试。

统一商法典的制定

在1940年左右，统一法委员会开始着手将商业领域已经制定的各种单行示范本综合起来，形成一部适合日常商业活动的完整的商法典。委员会的考虑是，一项商业交易常常会涉及多个法律领域，因此，如果能把多个法律领域适当地结合到一部综合性的商法典中，就能形成较好的配合，更加有利于商业交易的进行。同时，在涉及各州的立法程序时，一部综合性的商法典不仅可以起到毕其功于一役的效果，而且也更容易保证相关领域法律的一致性。

考虑到这项工作的艰巨性，统一法委员会决定与"美国法学会"（American Law Institute）合作，共同完成这项任务。美国法学会成立于1923年，入会标准掌握较严，是学术地位最高的美国民间法律团体，成员主要为法官、律师和学者。美国法学会主持编撰的"法律重述"系列，包括《合同法重述》（Restatement of the Law：Contracts）和《侵权法重述》

(Restatement of the Law:Torts)等著述,在美国法律界享有极高的学术声誉和权威地位。

统一法委员会与美国法学会就统一商法典的起草建立合作关系后,在全国范围内邀请相应的知名法律专家作为法典各篇的起草者。法典各篇的内容和结构主要基于商业活动的实际需要,并参考了已经制定的单独领域的法律示范本。货物买卖作为最普遍和最重要的商业活动,自然而然地成为法典的核心内容。法典所选择的其他领域,也都是货物买卖或多或少有可能涉及的。在实际商业活动中,货物买卖经常以票据作为支付手段,有时也会使用信用证,甚至使用股票或债券等投资证券。票据需要通过银行进行处理。有些支付则使用银行转账。货物在买卖过程中,会涉及储存和运输,因此会使用仓单和提单。如果在货物买卖过程中存在融资需求,则可能涉及担保交易,并以货物、票据、仓单、提单、股票、债券以及其他财产作为担保物。特别是在美国目前的商业活动中,各种因素已高度融合,传统的独立交易已大量演变成具有高度复杂性、灵活性、流通性和金融性的综合交易。法典的结构和内容,正是围绕此种实际商业需求而制定的。

经过统一法委员会与美国法学会10余年的努力,统一商法典的初版于1952年形成,并很快被提交给各州的议会进行讨论和批准。宾夕法尼亚州率先于1953年采纳了法典,使法典第一次通过州议会的立法程序,从法律示范本转变为真正的法律。在向各州推介的过程中,由于每个州的情况不同,法典也受到一些质疑并经历了一些曲折,但在作出一定修改后,法典在20世纪60年代得到几乎所有各州的采纳,取得了巨大成功。法典随后又进行过多次重大修改。根据修订时间,早期法典存在不同版本,主要包括1962年版和1972年版。之后,法典的修订逐渐改为分篇进行,不再有统一的年份,而只有各篇的年份。

到目前为止,除去已被废除的第6篇,法典每篇最后一次实质性修改的年份为:第1篇《总则》为2001年;第2篇《买卖》为1995年;第2A篇《租赁》为1990年;第3篇《流通票据》为2002年;第4篇《银行存款和收款》为

2002 年；第 4A 篇《资金转账》为 1989 年；第 5 篇《信用证》为 1995 年；第 7 篇《所有权凭证》为 2003 年；第 8 篇《投资证券》为 1994 年；第 9 篇《担保交易》为 2010 年。以上年份只是大概情况，因为法典大大小小的修改较多，时间和版本也比较凌乱。统一法委员会和美国法学会自己也并不特别强调版本的年份，也没有单纯以版本划分的法典文本，而只是在每年出版的当年版本中，包含到当时为止的“正式文本”（Official Text），即法典制定者承认的最新文本。目前法典的最新文本，实际上是由上述不同年代各篇组成的。可以看到，很多篇并不很新，其中第 4A 篇已有 30 年的历史。但这也说明，法典的结构和内容已基本稳定，可以适应美国目前商业活动的需求。

第二节　法典的应用

统一商法典在得到美国各州立法机构的采纳后，基本上取得了统一美国各州相关商业领域法律规则的效果。统一法委员会和美国法学会每次对法典的重大修改和更新，也基本上得到了各州的认可和采纳，持续地保持了法典在各州的统一性。同时，法典成为美国法学界的专门研究领域，著述浩繁。法典本身以及作为其前身的单独领域的统一法，在超过 100 年的实际使用中积累了大量法院判例。这些判例对法典的应用和解释具有重要意义，是相关法律的一部分。

作为州法的法典

统一法委员会和美国法学会制定的统一商法典示范本，以“正式文本”的形式推荐给各州立法机构。虽然统一法委员会和法学会希望，各州立法机构在采纳法典时都直接采用正式文本而不作任何修改，以保持法典的统一性，但各州实际上仍会根据本州的情况，对正式文本进行某些修改。每个州的修改程度有所不同，有些很少，有些稍多。在统一法委员会和美国法学会对法典文本作出修改后，有些州出于各种原因，如为了保持现有法律的稳定性，也不一定都及时采用法典每一篇的最新版本。此外，即使在正式文本中，有些条款也存在选用条款，允许每个州根据自己的情况选用其中的一种。各州的法院在适用法典时，也可能产生不同的解释，因而形成不同的判例。

由于上述原因，每个州实际应用的法典并不完全相同。因此，在涉及某个州有关法典的具体问题时，需要实际查看该州的法典，并了解该州的相应判例。本书的讨论以及所引用的法典条文，以法律出版社最新出版的统一商法典中译本为准。该译本的英文原文为得克萨斯州所实际采纳的统一商法典，与法典的正式文本非常接近，但在个别地方仍有微小差别。

如果要查看任何特定州的法典文本，一般可到该州政府的相关网站查找。美国康奈尔大学法学院（Cornell Law School）的网站有《统一商法典查询》（Uniform Commercial Code Locator），列出了每个州对法典的修改，有时还可直接链接到相关州的政府网站，查看该州的法典文本。

法典的正式评论

在法典的正式文本中，每个条文后面附有法典制定者撰写的“正式评论”（Official Comments）。这些评论或长或短，格式也不完全统一，但内容大体包括：《统一法渊源》，说明该条文是否源于其他单行的统一法；《变化》，说明该条文与法典之前版本的不同之处；《目的》，说明制定该条文的原因和目的，并作出某些具体解释；《交叉索引》，说明与该条文相关之条款的编号；《定义交叉索引》，说明与该条文相关之定义的条款编号。从一般读者的角度，正式评论中的《目的》最有用，对理解法典条文有较大帮助，特别是其中包含的一些举例，有助于直观地理解条文的含义和应用。在各州通过立法程序采纳法典时，会同时接受法典的正式评论。正式评论本身不是法律，但代表了法典制定者对法典条文的说明，体现了制定者的意图，对解释和应用法典条文具有重要意义。

除去法典的正式评论，对理解法典条文比较有帮助的还有"常设编辑委员会评论"（PEB Commentary）。为了使法典能够跟随商业实践的发展而发展，并及时发现和纠正法典在应用过程中的问题，统一法委员会和美国法学会设立了"统一商法典常设编辑委员会"（Permanent Editorial Board of Uniform Commercial Code），负责收集法律界和商业界对法典的使用和修改意见，主持法典正式文本的修订。常设编辑委员会从1990年开始编撰法典评论，意在解决法典正式文本和正式评论所遇到的问题，澄清学术界与司法界对法典解释的分歧，并说明法典与其他法律的关系。法典的正式评论附在法典的正式文本之后，属于法典的一部分，但法典常设编辑委员会的评论则另行出版，不属于法典的一部分。

如果希望比较方便地查看法典的正式文本、正式评论和常设编辑委员会评论，最好的参考材料是多卷本的《统一法评注》（Uniform Laws Annotated）。这是一套法律评注和检索丛书，范围并不限于统一商法典，但其中包含有关统一商法典的上述内容，此外还包含《统一法评注》编辑委员会提供的有关统一商法典的检索编目、各州对法典正式文本的修改、法典重要评介文章的索引，以及有关法典判例的简介和索引。

法典的相关判例

尽管法典本身属于制定法，但美国是判例法国家，在法典覆盖的商法领域，判例法也是法律的一部分。也就是说，在法典的适用范围内，法律是由法典和判例共同组成的。因此，判例在法典的应用中具有极其重要的作用。当然，并非所有的案件都是判例。如果商业争议所涉及的问题在法典中已有明确规定，不存在解释余地，那么这种争议即使被提交法院，也不具有判例价值。只有较高层级的法院对法典的含义和适用作出的较合理、较有意义的解释，才被视为判例。从另一个角度来看，法典在制定时就是以多年积累的判例法作为基础的，而在制定之后的实际应用中又不断产生新的判例。这些在法典制定之前和制定之后产生的判例，都对法典的实际应用有巨大的影响。

为了将法典的相关判例进行整理和编目，美国法律界花费了大量的时间和精力。其中最有系统和更新最快的，是汤森路透公司（Thomson Reuters）编撰和出版的《统一商法典判例汇编》（*Uniform Commercial Code Reporting Service*）。这个汇编从 1965 年开始出版第一编，从 1986 年开始出版第二编。汇编不仅包括法典的判例索引，还包括一些专家的评论和文章。该公司还同时出版相关的几十卷本的《统一商法典判例简评》（*Uniform Commercial Code Case Digest*）。此外，还有另一家出版公司出版的《统一商法典判例汇编及摘要》（*UCC Reporter-Digest*），收集了美国所有各州的法典判例，按法典条文编目并提供摘要。

法典与其他法律的关系

法典的实际应用还受到很多其他法律的影响，包括联邦法和州法。例如，美国国会制定的破产法，会影响债务人破产时担保物的处置和债权人的权利，而每个州以及联邦政府制定的消费者保护法，会影响法典相关条款对消费者的适用。在涉及货物买卖时，虽然第 2 篇的规定非常全面，但相关的合同法问题基本被排除在法典范围之外，因此，涉及这些问题时需要参考法典以外的合同法。关于法典与其他法律的关系，包括与其他制定法和判例法的关系，规定在法典第 1. 103 条（b）款中，即“除被本法特定条款排除外，普通法和衡平法的各项原则，包括商人法，以及涉及合同能力、被代理人和代理人、禁止食言、欺诈、不实陈述、胁迫、强制、误解或破产的法律，或其他涉及生效或失效原因的法律，应作为本法条款的补充”。

根据上述规定，其他法律应作为法典的补充，但到底如何补充，实际上存在相当的不确定性。在“In re Pacific Trencher Equip. ，Inc. 案”中，一项担保交易的当事方在登记融资声明时，需要在融资声明固定格式上的选项方格内画勾，但当事方出于误解，在错误的方格内画了勾。3 个月后，受担保方发现了错误，要求登记处予以更正，但登记处没有同意。受担保方因此请求法院确认其有权进行更正。根据美国有关误解的法律，此种要求也许有一定道理，但法院还是驳回了受担保方的请求。法院认为，尽管法典没有明确禁止此种更正，但融资声明是向其他当事方的公示，如果事后进行更正，对其他当事方不公平，也有损公示的公信力。

有关法典的学术论著

统一商法典早已成为美国法律界的一个重要研究领域，有关法典的著述数量浩繁。对法典作出最系统评述的多卷本著作是《安德森论统一商法典》(*Anderson on the Uniform Commercial Code*)。该书逐条对法典进行注释，并提供大量检索帮助，是研究法典的最重要的工具书之一。另一部有重要影响的著作是霍克兰(William D. Hawkland)教授撰写的《统一商法典系列》(*Uniform Commercial Code Series*)，也是逐条对法典进行评述。由奎恩(Thomas M. Quinn)教授撰写的《奎恩统一商法典评论及判例摘要》(*Quinn's Uniform Commercial Code Commentary and Law Digest*)也是非常权威的著作，对法典进行逐条评论，并附有相关判例摘要。怀特(James J. White)教授和萨摩斯(Robert S. Summers)教授长期致力于法典的研究，著有大量有关法典的著作，是这个领域的权威作者。他们的著作是美国法学院有关法典课程的主要教材。他们近几年出版的四卷本《统一商法典第六版》(*Uniform Commercial Code, Sixth Edition*)是这个领域最新的综合性权威著作。法典的入门读物则有斯通(Bradford Stone)教授撰写并每隔一段时间就会更新的《统一商法典简介》(*Uniform Commercial Code in a Nutshell*)。美国律师协会商法专业委员会组织编写了《统一商法典入门系列》(*ABCs of UCC*)，由多本小册子组成，逐篇介绍法典。还有大量就法典单独领域进行论述的著作，如单独介绍货物买卖、流通票据或担保交易的著作。此外，还有发表在各种杂志上的专题文章，以及一本专门致力于法典研究的杂志《统一商法典研究》(Uniform Commercial Code Law Journal)。

第三节　法典的基本原则

作为整部法典的基础，法典第1篇规定了某些适用于法典通篇的基本原则。这些基本原则主要源于长期形成的法律传统和规则，已体现在之前的制定法和法院判例中，因此法典主要是对它们进行整理和确认。但是，为了适应时代的发展和促进商业的进行，法典也在某些方面突破了原有的传统和规则，体现了相当的创新精神。法典最核心的几项原则，包括契约自由、善意作为和灵活适用。

契约自由的原则

法典的基本原则之一是契约自由，即对当事方的意愿予以充分尊重。除少数强制性规定外，法典所有的其他规定都是为了补充当事方协议的不足。对于法典的非强制性规定，当事方如果不愿意采用，都可以通过协议排除法典的规定，并制定他们愿意接受的规则。对此，法典第1.302条(a)款规定："本法条款的效力可以通过协议加以改变。"而为了强调该原则，第1.302条(c)款还规定："本法某些条款包含'除另有协议外'或类似含义的用语，但这并不意味着其他条款的效力不能通过本法所述的协议加以改变。"法典的这项原则也同时构成了法典的基本宗旨。法典第1.103条(a)(2)款规定：法典的基本宗旨之一是，"使商业做法能够通过惯例、实践和当事方协议不断发展"。

法典的上述规定，体现了法典制定者一个根深蒂固的理念，即商业交易的当事方最知道什么是他们之间的合理规则，以及什么样的规则才最能满足他们的需要，因此，应该允许他们参与商业规则的形成和发展。给予当事方高度的契约自由，既有利于商业的发展，也有利于法律的发展。美国法院在判案时必须考虑的核心问题之一，就是案件当事方自己在从事该交易时的主观意愿，以及此种意愿的商业合理性。如果当事方自己愿意，且此种意愿在商业上是合理的，法院就要尽量尊重当事方的意愿。

在"Frank LeRoux，Inc. v. Burns 案"中，卖方向买方出售一批货物，并约定买方分 4 次支付价款，且在最后一次付款时，卖方将货物交付给买方。双方的协议还约定，如果买方未能支付任何一次价款，"卖方有权通过诉讼取得未能支付的价款"。在买方未能支付第二笔价款时，卖方提起了诉讼。此时卖方才发现，根据法典的相关规定，卖方实际上没有权利取得货物的价款，因为法典对卖方取得价款制定了比较严格的规定。

关于卖方对价款的权利，法典第 2. 709 条(a)款规定："如果买方未能支付到期价款，卖方可以要求取得下列价款以及下条规定的附带损失：(1)已被接受的货物的价款，或在损失风险转移至买方后商业上合理的时间内灭失或损坏的符合合同的货物的价款；以及(2)已特定于合同项下的货物的价款，只要卖方经过适当努力后未能以合理价格将货物转售，或情况合理表明此种努力没有意义。"

卖方的情况并不符合法典的上述规定，因为卖方尚未交付任何货物，也没有迹象表明卖方难以将货物转售给其他人。但法院最终判决，尽管根据法典的规定，卖方无权提起价款诉讼，但双方的协议已经明确规定卖方拥有取得价款的权利。因此，当事方的协议取代了法典的规定，且此种取代是法典所允许的。

对契约自由的限制

法典在坚持契约自由原则的同时，也强调这种自由不是绝对的。契约自由不具有绝对性，是早已被各种法律原则确定的相对于契约自由的另一项法律原则。为此，法典第 1. 302 条(b)款规定："本法规定的善意、勤勉、合理和谨慎的义务，不得通过协议加以排除，但当事方可以通过协议，制定履行这些义务的标准，只要所制定的标准不是明显不合理。"根据这项规定，当事方除必须遵守法典中的强制性规定外，还必须在商业交易中遵守一些基本的行为准则，包括善意(good faith)、勤勉(diligence)、合理

(reasonableness)和谨慎(care)。这些行为准则在美国法律中已长期存在,并体现在各种各样的判例中。

善意、勤勉、合理和谨慎,都属于无可争辩的真理,但同时又比较抽象和模糊,其应用在很大程度上要根据当事案件的具体事实进行综合判断。在"United States National Bank of Oregon v. Boge 案"中,一位农场主从银行借了一笔贷款,并以农场饲养的牛群作为贷款的抵押物。在农场主无力偿还贷款的情况下,银行准备拍卖牛群。农场主找到一家愿意提供融资的融资公司。为了确定牛群的情况,融资公司需要从银行核实相关情况。为此,农场主和融资公司共同找到银行,请银行提供相关情况。从银行的角度,这不属于不能提供或难以提供的情况,但银行以种种借口进行拖延,导致融资公司撤出。而银行之所以拖延,原因之一是不喜欢农场主这个客户。最终,牛群以很低的价格被银行拍卖。在农场主与银行的诉讼中,法院认定银行违反了善意的义务,并最终判决农场主不仅无须支付贷款的不足部分,而且还可以从银行获得牛群拍卖的差价损失以及经营的利润损失。

除上述所列的善意、勤勉、合理和谨慎的义务外,法典还在各篇的不同地方,具体规定了当事方无权排除的某些义务。例如,在涉及买卖合同的形式时,法典第 2.201 条(a)款规定:"除本条另有规定外,价款达到或超过五百美元的货物买卖合同,只有存在足以表明当事方已达成买卖合同的书面文件,且被要求强制履行的当事方或其授权代理人或经纪人已在该书面文件上签名,才可通过诉讼或抗辩强制履行。"在这项规定中,对书面文件和签名的规定都是强制性的,不能由当事方排除。

法典对契约自由的另一项限制,是协议不得显失公平(unconscionable)。法典第 2.302 条(a)款规定:"如果法院认定,作为法律问题,合同或其任何条款在订立时显失公平,法院可以拒绝强制履行该合同,或仅强制履行显失公平条款以外的部分,或限制显失公平条款的适用以避免显失公平的后果。"法典的这项规定,没有包括在作为总则的第 1 篇内,而是包括在有关货物买卖的第2篇内。但是,这项规定无疑构成了法典的一项基本原则。

上述原则也是美国合同法的基本原则,适用于任何种类的合同。美国法学会编撰的《合同法重述》第二版的规定与法典的规定几乎完全重合。《合同法重述》第208条规定:“如果一项合同,或合同的一项条款,在合同制定时显失公平,法院可以拒绝强制履行该合同,或仅强制履行显失公平条款以外的部分,或限制显失公平条款的适用以避免显失公平的结果。”根据该条的评论,显失公平可以分为很多不同情况,包括总体显失公平以及个别条款显失公平等。该条还提供了一些具体的例子。例如,在一个装修合同中,装修公司的报价为1700美元,但要额外收取800美元的分期付款费用。《合同法重述》的评论认为,在不存在其他特别因素的情况下,法院有可能认定该800美元的费用显失公平。

在法典中,显失公平没有专门的定义,但法典第2.302条的正式评论提供了一些法院判例作为说明。在“Kansas City Wholesale Grocery Co. v. Weber Packing Corporation 案”中,供应商与超市之间订立的出售罐头的协议规定,超市应在收货后很短一段时间内,将产品存在的问题报告给供应商,否则供应商不对产品的质量问题承担责任。但由于罐头的特点,超市实际上无法在收到供应商的货物后打开罐头检验,因此,如果罐头存在问题,往往都是抽查或消费者购买后才能发现。为此,法院判定协议规定的验货和通知时间属于显失公平。

在讨论法典对契约自由的限制时,应该注意法典对“合同”(contract)和“协议”(agreement)的区分。在法典中,这两个词不是同义词。关于协议,法典第1.201条(b)(3)款规定:“‘协议’指当事方的实际约定。该约定应通过当事方使用的语言确定,或通过其他客观情况(包括第1.303条所述的履约过程、交易过程或行业惯例)推定。”而关于合同,第1.201条(b)(12)款规定:“‘合同’指基于当事方协议而产生的,并根据本法确定且由任何其他适用法补充的全部法律义务。”

根据上述定义,协议是指当事方自己的约定,而合同则是指法律认定的义务。无论当事方自己如何约定,法律都有可能否定当事方的某些约定,从而将其排除在合同范围之外;也有可能补充当事方的原有约定,从而强制性地将某些当事方并未约定的义务纳入合同范围之内。根据法典的上述定义,可以说没有任何一个协议的内容会完全等于合同的内容,因为法律总会对协议作出某种修改或补充,无论协议是否完全合法,也无论协议是否已经非常详细。

尽管有上述规定,在法典条文中,有时两者的区别也没有这么严格。例如,在涉及货物买卖合同时,当事方之间的约定有时也直接称为买卖合同。在本书中,除非有特别需要,一般也不刻意严格区分合同与协议的用法。但在理论上,特别是在发生争议时,合同与协议的区别还是存在的。

善意、勤勉、合理和谨慎的原则

上面提到的善意、勤勉、合理和谨慎,体现了法典的一项基本原则,即对于商业交易的任何当事方来说,其在从事任何一项行为时,均有义务以善意、勤勉、合理和谨慎的方式从事。当事方如果未能履行这项义务,可能就要承担其本来无须承担的责任,或丧失其本来可以享有的权利。法典第1.304条规定:“任何人在履行和强制履行本法项下的任何合同或义务时,均有义务以善意作为。”上面提到的“农场主贷款案”就说明,虽然银行本来有权拍卖牛群,本来有权就贷款的不足部分继续向农场主追索,但由于银行违反了善意的义务,银行反而需要向农场主作出赔偿。

关于善意,法典中有两个定义:一个在第1篇中,另一个在第5篇中。第5篇的定义只适用于该篇,而第1篇的定义则适用于除第5篇外的整部法典。第1篇的定义规定在第1.201条(b)(20)款中,即“‘善意’指事实上的诚实,以及对公平交易之合理商业准则的遵守”。但是,什么是诚实、公平和合理?法典在绝大多数情况下并没有对此作出进一步的定义,因此需要根据当事案件的实际情况进行综合判断。

关于公平的问题,假设快递公司的协议规定,快件丢失的最高赔偿金额为运费金额，那么这个条款是否属于公平交易？要作出判断，仅看这个条款可能不够，而是必须考虑到其他相关情况。如果快递公司对赔偿金额的限制是基于其较低的运费标准，或快递公司允许发运人根据快件的价值购买相应保险，则限制赔偿金额的条款可能并不违反公平交易的原则，因为这种限制有合理的商业基础。

善意这个概念在法典中大量应用，而当事方的很多权利和义务，都取决于当事方是否以善意作为。但是，善意是很难精确定义的。即使有了法典第1.201条的定义，在实际案例中如何确定善意，仍然具有相当的不确定性。根据法典第1.201条的正式评论，善意中的“诚实”是一种主观状态，而“遵守”是一种客观状态。在“Clay v. Federal Deposit Insurance Corp.案”中，银行在处理一笔业务时没有行使适当谨慎，但法院认为，银行实际上没有发现业务中的问题，但不存在主观上的不诚实，因此，在没有其他客观情况证明银行存在恶意时，不能仅以银行的疏忽而认定银行缺乏善意。在“IFC Credit Corp. v. Specialty Optical System案”中，法院就诚实提出的判断标准是，诚实通常是指实际知道相关问题，但在判断一个人是否实际知道时，可以认为，该人知道的客观情况越多，就越没有理由不知道相关问题。也就是说，在有些情况下，如果无法确定是否实际知道，应该知道可能就被视为实际知道。

同样，勤勉也需要根据实际情况进行综合判断。一般而言，勤勉就是作出应有的努力。法典在有关“通知”这一概念的第1.202条(f)款中规定：“如果一个组织内从事一项交易的人，注意到该组织收到的涉及该交易的通知，则该通知从被注意到的时间起生效；无论如何，该通知从该组织行使适当勤勉时，该人本应注意到该通知的时间起生效。如果一个组织具有合理的日常制度，使从事该交易的人能够得到重要情况的通知，且合理遵守了这些制度，该组织即行使了适当勤勉。适当勤勉不要求为该组织工作的人去传送信息，除非该传送是该人日常职责的一部分，或该人有理由知道该交易，并知道该信息对该交易有重大影响。”

合理也是法典中大量使用的一个概念，但法典同样没有对其作出专门定义，而只是在个别地方作出某些规定。例如，法典第 1.205 条(a)款规定："作出本法所要求之行为的时间是否合理，应根据行为的性质、目的和情况确定。"在有关资金转账的法典第 4A 篇中，当事方应为转账系统设置合理的安全程序，而对于什么是合理的安全程序，法典第 4A.202 条(c)款规定："安全程序的商业合理性，属于法律问题，应根据下列因素确定：客户向银行表达的愿望、银行所知的客户情况(包括该客户通常出具给该银行的支付命令的金额、类型和频率)、提供给客户选用的其他安全程序、以及类似情况下其他客户和接收银行一般使用的安全程序。在下列情况下，安全程序被视为商业上合理：(1)安全程序系由客户选定，且银行在此之前提供了对客户商业上合理的安全程序，但被客户拒绝；并且(2)客户以书面明确同意，对于以其名字出具的支付命令，无论是否业经授权，只要银行在遵守客户选定之安全程序的情况下作出接受，该支付命令即对客户有约束力。"显然，在上述规定中，合理是需要综合判断的问题。

在有关善意等义务的法典第 1.302 条(b)款中，还包含了"明显不合理"(manifestly unreasonable)这个概念。根据该款的规定，对于法典规定的义务，"当事方可以通过协议，制定履行这些义务的标准，只要所制定的标准不是明显不合理"。也就是说，在有些情况下，只要不是明显不合理，就属于合理。在"Prompt Elec. Supply Co. v. Allen-Brandley Co. 案"中，货物买卖当事方的协议规定，如果卖方违反对货物的担保，买方必须以书面形式通知卖方，否则无权追究卖方违反担保的责任。在卖方违反担保后，买方以口头形式通知了卖方。随后，卖方根据协议对书面通知的要求，拒绝承担违反担保的责任。买方则认为，根据法典第 2.607 条的规定，违约通知并非必须采用书面形式。法典第 2.607 条(c)(1)款的规定是："买方应在发现或应该发现任何违约后的合理时间内，将违约通知卖方，否则无权得到任何救济。"法院判决，虽然法典没有规定通知必须采用书面形式，但当事方的协议规定了必须采用书面形式，而这个协议并非"明显不合理"，因此,应该承认当事方协议的效力。

关于谨慎,大体上也是同样情况。法典既没有专门作出定义,也很难作出精确定义,因此,需要基于当事案件的具体情况、常识和一般法律原则进行判断。在涉及票据涂改的问题时,法典第3.406条规定:“如果任何人未能行使正常谨慎,且该过失对票据发生涂改或出现伪造签名起到重大助推作用,则在对抗以善意支付票据的人时,或在对抗通过支付价值或为收款目的取得票据的人时,未能行使正常谨慎的人即无权以票据存在涂改或伪造而主张权利。”这项规定没有说明什么是正常谨慎,但大体的衡量标准是,如果当事人本应看出或看到涂改或伪造,但实际上未能看出或看到,当事人可能就属于不谨慎。在进行判断时,当事人的身份、知识、技能、职责等个人因素,以及行业做法、相关规则、当时情况等外部因素,都是需要考虑的因素。

上述有关善意、勤勉、合理和谨慎的义务,看上去弹性很大,当事方很容易各执一词,因此很难作出结论。但实际上,在适用上述概念时,可能没有想象的那样困难,因为对于在特定条件和环境下是否做到了善意、勤勉、合理或谨慎,人们的判断常常没有想象中那么巨大的分歧。这里所说的“人们”,不是任何特定的人,也不是站在原告或被告任何一方立场上的人,而是美国法律中所假设的“通情达理的人”(reasonable person)。也就是说,假设一个人具有一般的常识,具有正常的思维和理智,并站在客观和公平的立场上,那么这个人会怎么想?假设法院面临的问题是,一个人一天去10次超市是否合理?在没有任何其他客观事实的情况下,这个问题很难判断。但在具体的客观场景中,这个问题可能不难判断。例如,对于普通消费者来说,通常只是隔一段时间去一次超市,因此,在没有非常特殊的情况下,一天去10次超市肯定是不合理的。因此,上述这些弹性规则是否能够很好地处理具体问题,关键不在于规则是否模糊或是否有弹性,而在于法院是否真正能够从通情达理的人的角度,客观、公平和科学地运用这些规则。

法典有关善意、勤勉、合理和谨慎的要求，核心目的在于培育和维护良好的市场秩序，督促和强制当事方以正常和正当的方式从事商业交易。如果任何当事方未能满足这些要求，那么，无论其在其他方面是否满足了法典的要求，也无论其是否本来可以享有权利或本来可以避免责任，该当事方都要面临法典的惩罚。这是高于任何具体规则的最高原则。法典的本意就是不让好人吃亏、不让坏人占便宜。要让商业活动中的所有当事方都能真实地感受到，守法成本低、违法成本高。这样才能避免"劣币驱良币"的恶性市场环境。

灵活的原则

法典的另一项基本原则是，法院在适用法典的任何一项规定时，都必须采取灵活态度，要综合考虑各种相关因素，以求达到尽可能公平的结果。法典第1.103条(a)款规定："必须灵活地解释和适用本法，以促进本法之基本宗旨的实现。本法的基本宗旨是：(1)使管辖商业交易的法律更加简洁、明确和现代；(2)使商业做法能够通过惯例、实践和当事方协议不断发展；以及(3)使各州法律归于统一。"

通常而言，在美国的判例法制度下，由于长期积累的判例数量众多，案件的具体事实千差万别，大原则和小规则交相混杂，因此，所谓的"法律"(之前的判例)常常十分模糊。在这种情况下，法官在判案时受到的硬性约束较少，享有较大的自由裁量权，基本上可以根据自己的分析和判断，作出自己认为最公平合理的判决。此外，美国法律中根深蒂固的"衡平"(equity)传统，本身就强调法院要不拘一格地追求最合理的结果。在这种体制下，无须过多强调法官对法律的灵活适用。

法典的情况有所不同。法典是制定法，条文比较具体、清晰、刻板，因此很容易认为，法典为法院作出了硬性限制，不再允许法官自由发挥。但实际上这并不是法典的本意；相反，法典的制定者认为，法律的终极目的是在每个案件中都获得最合理的结果，但鉴于制定法的内在局限，包括法典条文的刻板性和孤立性,法典无法顾及每个案件的具体情况,因此不可能完美对应每一个具体案件,难免会对有些案件形成不合理和不公平的结果。为了解决这个问题,最好的办法就是像判例法和衡平法那样,赋予法官高度的自由裁量权。为此,法典第 1.103 条(a)款不仅允许法官"灵活地解释和适用"(liberally construe and apply)法典,而且还要求法官"必须"这样做。

在"Raven Industrial Inc. v. Nolden in re Sport Shark 案"中,当事方未按法典要求在一个备案表格上签名,但法院认为,从整体情况来看,缺少该签名并不会降低表格的效用,也不会对其他当事方造成真正的不利影响。如果仅仅因为缺少签名而使当事方丧失全部权利,既不符合公平原则,也不符合灵活适用法典的原则。法院据此判决,缺少该签名并不影响表格的有效性。

法典的灵活原则也同样适用于当事方的救济。法典第 1.305 条(a)款规定:"必须灵活提供本法规定的救济,以使受损方尽可能地达到另一方充分履行义务时,受损方本应达到的状态。"法典的制定者认为,尽管法典有关救济的条款已经比较充分,在大多数情况下能够使受损的当事方获得合理救济,但案件的具体情况和客观环境有时会超出法典的预设范围,因此在有些情况下,当事方仍然有可能得不到合理的救济,或得不到充分的保护。在这些情况下,法院必须灵活提供救济才能获得合理的结果。

在"Allied Canners & Packers, Inc. v. Victor Packing Co. 案"中,卖方未能交付合同规定的农产品,因此,买方根据法典的相关救济条款,要求取得合同价格与市场价格的差价。在本应交货的当时,由于气候原因,该农产品大幅减产,市场价格因此大幅提高。如果按照法典规定的差价条款,买方应该获得大约 15 万美元的赔偿。但法院在审理后发现,买方曾约定将该货物出售给另外两个商家,而如果卖方交货且买方实际上将这笔货物出售给这两个商家,买方本来只能获得约 5000 美元的利润。在卖方未能交货后,这两个商家因不同原因放弃了购买,且并未追究买方的责任。这不仅免除了买方对两个商家的违约责任,而且买方由于实际上未能转售货物,因此有权要求按市场差价的原则取得赔偿。法院认为,在这个案件中,卖方自然应根据法典的规定承担违约责任,但是,如果买方通过赔偿所获得的数额,远高于通过合同履行本可获得的数额,将是非常不公平的结果,并将使卖方转而成为受损方。最终,法院根据灵活提供救济的法典条款,将买方获赔的数额降低至其转售货物时本可获得的利润。

第四节　法典的通用定义

法典中使用的很多词汇,都被法典通过定义的形式赋予了特定含义。这是美国法律界的惯常做法,即在法律文件的开始部分,先对文件中使用的重要词汇作出定义,使这些词汇的含义更加清晰,以避免可能的歧义。在法典中,各篇都有适用于该篇的定义,但第 1 篇的定义适用于法典的所有各篇。

法典第 1 篇中所定义的词汇,绝大多数都是看上去比较常用且容易理解的词汇。法典之所以对这些词汇加以定义,一方面是为了对这些词汇在法典中的特定含义作出更准确的说明,另一方面也是为了减少读者简单依赖自己日常理解所造成的误解。例如,对于"purchase"(购买)这个词,日常理解几乎等于"buy"(买进),但根据法典的定义,购买也包括赠送或继承等取得方式,还包括不涉及财产所有权转让的租赁或抵押。因此在法典中,购买实际上分为有偿购买(支付了价值的购买)和无偿购买(没有支付价值的购买),并且可能涉及财产所有权的转让,也可能不涉及所有权的转让。这也许与日常理解有很大差距,但这是法典出于一定理由而作出的安排。如果不注意法典的定义,就无法准确理解相关词汇的含义。

人;组织;当事方

在法典中,"人"(person)是交易和活动的主体,包括"个人"

(individual)和“组织”(organization)。法典第1.201条(b)(27)款规定:“‘人’指个人、公司、商业信托、遗产、信托、合伙、有限责任公司、协会、合资企业、政府、政府部门、政府代理机构、政府控制机构、上市公司或其他任何法律或商业实体。”关于“组织”,法典第1.201条(b)(25)款规定:“‘组织’指除个人以外的其他人。”也就是说,除个人外,所有其他的人都是组织。

从上述定义中可以看到,法典中的“组织”是一个非常宽泛的定义,不一定是指独立承担法律责任的实体,而是包括在一定意义上可以独立承担责任和义务的任何“商业实体”(commercial entity)。例如,普通合伙企业在美国法律中属于无限责任企业,合伙的责任由全体合伙人承担,因此合伙企业本身不是独立承担责任的法律实体。但是根据法典的定义,合伙企业属于“组织”,因而也属于“人”。美国政府和其他各级政府也都属于“组织”,可以使用自己的名义从事法典范围内的业务或行为,并享有相应的权利和承担相应的义务。逝者留下的遗产(estate),因为可以单独进行债权和债务清算,具有一定的独立性,因此也属于法典中的“组织”,尽管从通常意义来讲,遗产实际上只是一笔财产。法典上述定义的目的,是尽可能促进相关交易的进行,并在相关参与者已实际参与相关交易的情况下,合理确定参与者的权利和义务。

此外,法典中的“当事方”(party)和“第三方”(third party)也都属于“人”。法典第1.201条(b)(26)款规定:“相对于‘第三方’而言,‘当事方’指从事了受本法约束之交易的人,或订立了受本法约束之协议的人。”

正常业务中的当事方

在涉及商业交易活动时,法典中有一个非常重要的概念,称为“正常业务中”(in ordinary course of business)。这个概念的基本含义是,当事方的任何商业交易活动,都必须在正常业务中以正常方式进行。例如,汽车经销商以正常方式购买和出售汽车属于正常业务,购买汽车展厅用的空调或出售无用的办公桌椅,通常也属于正常业务中的正常交易,但是,购买游艇用于转售一般就属于不正常,因为汽车经销商通常没有这项业务。接受个人委托出售珠宝,显然也不属于正常业务。在法典中,交易是否属于正常业务,主要不取决于交易本身,而取决于交易的原因和方式。因此,并非游艇买卖或珠宝买卖不属于正常业务,而是当汽车经销商买卖游艇或珠宝时,就不属于正常业务。

法典如此区分,主要是为了便于判断一项交易是否以善意作为。法典的主要目的,是对当事方在正常业务中的正常交易加强保护。如果当事方从事非正常业务,可能就要自行承担某些不利的后果,而不能享受法典的正常保护。假设买方以正常方式从正常经营的汽车经销商处购买汽车,买方和卖方都可以获得法典的正常保护,但是,假设该买方从该汽车经销商购买珠宝,则买卖双方的行为都存在较大疑问,因而法典中很多保护买方或卖方的条款可能都不适用。从实际商业活动的情况来看,凡是不在正常业务中进行的交易,存在不正常或不正当情况的概率较大。也就是说,当事方很可能不是以善意进行交易,或至少是自愿承担了相应的风险。既然如此,他们就没有理由期待法律的正常保护。

法典没有对"正常业务中"这个概念本身作出定义,但有一些相关定义。例如,法典第1.201条(b)(9)款规定:"'正常业务中的买方'指善意买进货物的人,且其不知道该销售侵犯了另一人对货物的权利,并以正常方式向从事该类货物销售的卖方(典当商除外)买进。如果卖方向任何人作出的销售,符合卖方行业的通常或惯用做法,或符合卖方自己的通常或惯用做法,后者即属于以正常方式买进货物。"

根据法典的上述定义,货物的买方要想成为正常业务中的买方,必须以善意和正常方式进行交易,且不知道销售存在不正常之处。根据法典定义,"善意"是指"事实上的诚实,以及对公平交易之合理商业准则的遵守"。如果买方在任何方面未以善意作为,或知道影响货物完好所有权的情况,买方就不属于"正常业务中的买方"。同时,在上述定义中,卖方的身份和行为也必须正常。如果卖方不正常,买方就被视为不正常。这看上去对买方有些苛刻，但实际上有一定道理。法典认为，买方在交易时应该有能力挑选有正常身份的卖方，并应该有能力判断卖方的销售行为是否正常。如果买方没有做到这点，买方的行为就存在一定疑问。这并不是要求买方有特殊的判断力，而只是要求买方行使正常谨慎。

有些交易本身是特殊情况下的交易，不属于日常交易，因此买方不能被视为正常业务中的买方。例如，“整体转让”（bulk transfers）通常属于卖方破产前的甩卖，或为逃避债务的不正常出售，因此不属于日常的正常交易。为清偿债务或提供担保所作的出售，通常也不是正常出售。对此，法典第1.201条(b)(9)款规定：“‘正常业务中的买方’不包括通过整体转让取得货物的人。涉及为担保金钱债务，或为全部或部分清偿金钱债务所作的转让时，‘正常业务中的买方’不包括通过该转让取得货物的人。”

商人；消费者

法典中有关当事方的另一个重要概念是“商人”（merchant）。这个概念没有包含在第1篇中，而是出现在第2篇和第2A篇中。法典第2.104条(a)款规定：“‘商人’指从事某类货物交易的人，或因其职业而显示对交易所涉及的做法或货物具有专门知识或技能的人，或因雇佣前述人作为代理人、经纪人或其他中间人，而可被视为具有前述专门知识或技能的人。”

根据上述定义，一个人是否为商人，主要取决于该人是否可被视为拥有相关商业知识，而不取决于其是否实际拥有此种商业知识。一家从事书籍买卖的书店自然属于该领域的商人，因此可被视为对书籍具有专门知识，无论其股东或雇员是否实际上具有书籍方面的专门知识。这里所说的“专门知识”，只限于相关领域，因此书店是书籍买卖的商人，但如果出售一辆书店不再需要的汽车，则对于该项交易，书店就不属于商人。

法典设定这个概念的目的，是把商业交易中的普通人和具有专业知识的人加以区分，并对后者设定更高的标准。商人对相关的商业知识、惯例和规则有更多的了解和掌握，因此，出于公平和善意原则，商人理应承担更大的义务。例如，在货物买卖中，卖方如果是商人，就要承担货物商销性的默示担保，而普通人则不承担这项责任。又如，如果已交付的货物与合同不符，致使买方有权退回货物，则在买方为商人时，其有义务根据卖方的合理指示处置货物，包括将货物进行存储或转售。如果买方不是商人，就没有这项义务，因为普通买方可能没有此种处置能力。

商人的定义只出现在法典第2篇和第2A篇中，但应该认为，这是法院在分析任何一个法典案件时都会加以考虑的因素，因为这个概念体现了法典注重公平与合理的理念。根据法典的规定，当事方在从事任何商业交易时，都有义务以善意作为，而善意则包括"对公平交易之合理商业准则的遵守"。在很多情况下，当事方是否做到了"公平交易"，以及是否遵守了"合理商业准则"，需要看当事方是否从事相关业务，或是否具有相关领域的知识或技能。例如，同样是出售一辆汽车，如果卖方是专业经销商，可能就需要达到较高的专业标准才属于公平合理，而如果卖方是出售自用二手车的个人消费者，标准可能就要低很多。从这个意义上来讲，在法典任何一篇中，处于商人地位的当事方实际上都要受到比非商人当事方更严格的要求。

法典中的另一个重要概念是"消费者"(consumer)。法典第1.201条(b)(11)款规定："'消费者'指主要为个人、家庭或家用目的达成交易的个人。"法典设立这个概念，是为了在一定情况下为消费者提供特别的保护，也是为了在一定程度上与保护消费者的联邦法或其他州法进行衔接。在很多情况下，法典并未就消费者制定专门的规则，而只是允许法院适用其他相关法律，或根据实际情况自行决定应该如何向消费者提供保护。例如，法典第9.103条(h)款规定，将某些条款"限定为仅适用于非消费品交易，目的在于使法院可以自行决定适用于消费品交易的适当规则。但是，法院不应根据此种限制，来推断消费品交易中适当规则的性质。法院可以继续使用任何已确立的方法"。

从上述可以看出，法典把商业交易的当事方大体上分为三类，即商人、消费者和所有其他当事方。这不是一个绝对的划分，而仅是体现了法典的立法倾向，即根据当事方的不同情况，分别适用不同标准。在法典的多数篇中，没有商人的概念，而只有消费者的概念。在有些篇中，甚至也没有消费者的概念。但是，即使法典相关条文并没有明确提及商人或消费者，基于法典的公平原则和善意原则，当事方的具体情况仍然有可能对适用标准和案件结果产生重要影响。

价值；对价

法典中非常重要的一个概念是“价值”(value)。在绝大多数情况下，当事方只有在支付价值后，才能享有相应权利。这体现了正常商业活动中价值交换的基本原则，即原则上当事方应通过支付价值取得权利，而不应无偿取得。无偿取得的权利不等于非法，例如，赠送也可以是取得财产的合法方式。并且，未支付价值但通过合法方式取得的权利，在很多情况下实际上也受到法典的保护。法典中“购买”这个概念就包括赠送，而以赠送方式取得权利的购买人仍然可以受到法典的保护。但在实际商业活动中，价值交换是最基本的交易形式，也是区别正常交易和非正常交易的一个重要因素。因此，在很多情况下，法典只保护支付了价值的当事方，或向支付了价值的当事方提供最高程度的保护。

法典中“价值”的含义，接近美国合同法中的“对价”(consideration)，但又有一定的区别。关于价值，法典第1.204条规定：“如果一个人为取得权利作出下列行为，即属于通过支付价值取得该权利：(1)作为取得该权利的交换，就提供信贷承担约束性义务，或提供即时可用的信贷，无论信贷是否已被使用，也无论在收款遇到困难时是否有权倒账；(2)将该权利作为现存索赔的担保，或用来全部或部分偿付该索赔；(3)为取得该权利而根据前存购买合同接受交付；或(4)作为取得该权利的交换，支付任何足以支持简式合同的对价。”

上述定义第(4)款所述的是一般原则，也是在绝大多数情况下可以适用的原则。在通常情况下,只要当事方支付了足以支持“简式合同”(simple contract)的对价,就属于支付了价值。简式合同是美国合同法中的传统概念,与合同之形式或内容的简单或复杂无关,而是相对于“繁式合同”(formal contract)来说。在美国合同法中,只有非常有限的几类特定合同属于繁式合同,其中包括所谓的“蜡封合同”(contract under seal),以及信用证和流通票据等。蜡封合同在美国基本已不再使用,在有些州则已被完全废除。所以,从一般合同法的角度来说,繁式合同的概念已基本失去意义,而通常看到的或使用的合同均为简式合同。

对价也是美国合同法中的传统概念,本意在于体现简式合同的交换属性,即每个当事方都需要向对方提供一定的好处。美国合同法并不要求对价必须等价,因此在一般商业活动中,只要是正常交易,总会存在交换。但是,在一方作出许诺但并未履行的情况下,另一方可以将缺乏对价作为诉讼理由。所以,对价这个概念还是具有存在意义的。

根据上述第(4)款中的一般原则,只要支付了合同法承认的对价,就被视为支付了价值,但是,反言之,有些价值并不构成对价。这是因为,法典中的价值在范围上更宽泛一些。上述定义的第(2)款规定,如果当事方将自己的一项权利“作为现存索赔的担保,或用来全部或部分偿付该索赔”,该当事方即被视为支付了价值。假设银行曾给经销商提供过无担保贷款,一段时间之后,经销商同意以自己的应收款作为该贷款的担保物,此时,根据法典对价值的定义,该贷款属于银行对经销商的“现存索赔”,而经销商提供的应收款,则构成现存索赔的“担保”,因此,银行取得担保物的行为被视为支付了价值。但在美国合同法中,对价强调现实交换,因此,事后提供的价值不属于对价。由于经销商在提供应收款作为担保物时,贷款已经是过去发生的事情,不构成担保物的现实交换,因此,该贷款不能满足合同法中对价的定义。

法典以“价值”取代合同法中的“对价”,是为了更好地适应商业活动的实际需求。在上述例子中,尽管银行提供贷款与经销商提供担保不是一种现实交换,但确实属于具有合理基础的商业交易。如果法典不承认这种交易,可能不利于银行与经销商之间的商业活动。

履约过程;交易过程;行业惯例

前面曾提及法典对合同和协议的区分。简单地说,协议是当事方自己的约定,而合同是由法律进行补充或修改后的协议。假设当事方约定了一项行为,但没有约定作出行为的时间,则根据法典的规定,该时间应为合理时间。因此,有关该行为的协议没有对时间作出规定,而有关该行为的合同则要求当事方在合理时间内作出该行为。

在涉及法律对协议的补充和修改时,法典中有 3 个重要概念,即"履约过程"(course of performance)、"交易过程"(course of dealing)和"行业惯例"(usage of trade)。这 3 个概念都有可能对合同的内容产生重大影响,因为法典第 1.303 条(d)款规定:"当事方之间的履约过程或交易过程,或当事方所从事之行业或贸易中的行业惯例,或当事方知道或应该知道的行业惯例,可用于澄清当事方协议的含义,并可能会使协议的某些条款产生特定含义,也可能会对协议的条款起到补充或限制作用。"

关于履约过程,法典第 1.303 条(a)款规定:"'履约过程'指特定交易当事方之间的下列系列行为:(1)根据当事方有关该交易的协议,一方存在多次发生的履约;并且(2)另一方知道该履约的性质,并有机会予以反对,但接受了该履约,或默认了该履约而未提出反对。"例如,在货物买卖交易中,规定买方应分期于每月 1 日支付货款,但买方通常会晚几日,而卖方也从未提出过异议。此时,支付货款的履约就成为"履约过程",有可能影响卖方就延迟付款提出异议的权利。

关于交易过程,法典 1.303 条(b)款规定:"'交易过程'指特定交易当事方之间在先前交易中的系列行为,且从合理的角度,该等行为应被视为已构成共同理解基础,用于解释他们的表达和其他行为。"上面提到的履约过程,是在目前这个交易中作出的行为,而交易过程则是目前这个交易中的当事方在他们以前的交易中作出的行为。法典认为，以前的行为，在一定条件下可以用于解释目前的协议。例如，在以前的货物买卖交易中，买方多次延迟付款，而卖方从未提出过异议，那么在目前这个交易中，即使买方只延迟了一次，尚不构成目前交易中的"履约过程"，但法院可能会认为，以前的"交易过程"已构成双方之间的惯例，因此可以用于解释目前的协议。在这种情况下，卖方在本次交易中就延迟付款提出异议的权利，可能会受到以前交易中卖方行为的影响。

关于行业惯例，法典第1.303条(c)款规定："'行业惯例'指在一个地方、一种行业或一类贸易中普遍遵守的交易做法或方法，以致有理由期待，其在目前的交易中也会得到遵守。行业惯例是否存在以及适用范围，应作为事实问题加以证明。如果能够证明，某种惯例已载入行业规范或类似记录，则该记录的解释，属于法律问题。"行业惯例的作用在于，其会影响当事方的期待，即如果行业内其他人都采用某种做法，则本次交易中的每个当事方都会期待，其他当事方在此次交易中也会采用该做法。因此，行业惯例有助于解释当事方的协议。

在"McAfee, Inc. v. Agilsys, Inc. 案"中，买卖双方的合同规定，卖方对货物的某些担保(warranty)责任将被外包(outsourced)给第三方，但双方随后对"外包"的准确含义发生争执，包括卖方是否自己要对被外包的内容承担连带责任。法院无法通过查阅字典等方式确认"外包"这个词在协议中的含义，但最终通过专家作证方式，确认了"外包"这个词在电子和计算机行业内的通常含义，并将其作为行业惯例适用于该案中。

从上面的定义可以看到，履约过程是当事方在本次交易中通过多次行为形成的惯例，交易过程是当事方通过以前交易中的行为，为本次交易确立的惯例，而行业惯例则是行业内其他人的行为，为当事方的本次交易所确立的惯例。这三类惯例具有对当事方协议作出补充和修改的作用，并影响法律最终承认的合同的内容。

关于协议明示条款、履约过程、交易过程和行业惯例之间的相对效力，法典第 1.303 条(e)款规定:“在合理的情况下,必须将协议的明示条款与适用的履约过程、交易过程或行业惯例作出互不冲突的解释。如果此种解释不合理,则:(1)明示条款的效力优于履约过程、交易过程和行业惯例;(2)履约过程的效力优于交易过程和行业惯例;以及(3)交易过程的效力优于行业惯例。”根据上述规定,假设协议的明示条款是迅即付款,而以前的交易过程是 10 天内付款,则法院可以认定两者并不直接冲突,因为交易过程的“10 天内付款”只是补充或澄清了“迅即付款”明示条款的准确含义。但是,假设协议的明示条款规定交货后 5 天内付款,而以前的交易过程是交货后 10 天内付款,则根据法典的上述规定,明示条款的效力优于交易过程,因此付款时间应为交货后 5 天内。

但在有些情况下,履约过程的效力可能优于明示条款。法典第 1.303 条(f)款规定:“如果任何条款与履约过程不一致,履约过程可用于证明该条款已被放弃或修改。”也就是说,履约过程在一定情况下可以具有修改明示条款的效力。假设在分批交货的买卖交易中,协议的明示条款规定,每次交货后 5 天内付款,但实际上,买方总是在每次交货后 10 天才付款,而卖方也从未提出过异议。在最后一次交货后,买方仍是 10 天才付款,而卖方提出异议,认为买方违反了买卖合同。此时,法院可能会认为,双方之间的履约过程已经修改了双方的协议,将付款时间从 5 天修改为 10 天,因此卖方无权对买方的付款时间提出异议。

关于行业惯例和履约过程与协议明示条款的关系,在“Nanakuli Paving & Rock Co. v. Shell Oil Co. ,Inc. 案”中有所体现。在该案中,买方从事沥青铺设项目,与卖方订立了两份长期供应合同,由卖方向买方供应沥青。两份合同总共持续了 10 多年。发生争议的是第二份合同,而争议的问题是价格。在两份合同中,价格条款都规定,以卖方“交货时的公布价格为准”。也就是说,在交货时,卖方公布的价格是什么,买方就要按什么价格购买。卖方的公布价格并非只针对该案中的买方,而是针对所有从卖方购买沥青的公司,所以买方不担心卖方会滥用这个条款。

第二份合同之所以产生争议，是因为在一次交货时，卖方将价格从之前的每吨44美元，提高到交货时的公布价格每吨76美元，而此时买方已经基于涨价前的价格约定向另一家公司出售一批沥青。买方认为，沥青行业存在“价格保护”（price protection）的行业惯例，即在双方使用公布价格这种条款时，对于在公布涨价前买方已经约定出售给第三方的沥青，卖方不能涨价。因此，买方认为卖方对该批货物的涨价属于违约。

法院首先需要确定是否存在行业惯例。关于行业惯例，法典第1.303条(c)款规定：“‘行业惯例’指在一个地方、一种行业或一类贸易中普遍遵守的交易做法或方法。”法院认为，根据行业专家的作证，可以确定在买方所在地的沥青铺设行业中，存在价格保护的行业惯例。尽管卖方不在该地方，也不从事沥青铺设业务，但其长期与买方进行交易，应该知道该惯例，应该受到买方所在地和所在行业的惯例的约束。

法院还需要确定，买卖双方是否存在相关履约过程。在供应合同的履行中，卖方之前曾两次给予买方价格保护待遇。买方认为，这已经构成履约过程，因此应该认为合同存在价格保护条款。根据法典的正式评论，一次行为不能构成履约过程，但法院认为，这不意味着两次行为仍不足以构成履约过程。原则上，这个问题要综合判断。对于这份合同，之前总共只发生过两次价格调整，而卖方都给予买方价格保护。卖方认为，之前的价格保护行为不是履约过程，而只是卖方的单方弃权。但法院没有接受卖方的立场，因为根据法典的正式评论，只有在某种行为的性质存在模糊时，才可以考虑将其视为弃权，而法院认定卖方的行为不存在模糊。

该案的最后一个问题是，供应合同的明示条款是否拥有优于行业惯例和履约过程的效力？法院认为，根据法典第1.303条(e)款的规定，只有在明示条款与行业惯例和履约过程发生冲突时，才涉及明示条款的优先效力问题，而在该案中，价格保护的行业惯例并不与合同中的公布价格条款相冲突，而只是对该条款的真实含义作出解释或补充。根据以上理由，法院最终认定，当事方的沥青供应合同存在价格保护条款，因而卖方无权对买方已经约定出售的沥青涨价。

举证责任;表面证据;假定

如果当事方在交易过程中产生争议,很重要的一个问题是举证,即提交证据来支持自己的立场或反驳对方的立场。前面提到的履约过程、交易过程和行业惯例,也属于举证的范畴。例如,当事方可以用履约过程来证明协议中的某项条款已被修改。举证问题看上去只是程序问题,但实际上关系当事方的实质权利,因为无法证明的权利常常就等于不存在的权利。

对于承担举证责任的一方,当然最好掌握确凿无疑的证据,但在实际商业活动中,这常常是不可能的,因为很多活动只有当事双方自己才知道,没有客观记录,而其他很多活动,也可能没有完整的记录,或只有单方的记录,或只有不够确凿的记录。此时,当事方如何举证?如果要求当事方像证明数学公式那样百分之百地加以证明,就会使很多实际上存在的事实变成无法证明的事实。因此,就会使表面看上去最科学、最公平的举证要求,变成实际上最不科学、最不公平的举证要求。

对此,法典采用了美国法律中普遍承认的原则,即对于民事案件中的事实,不要求当事方百分之百地证明,而只需要证明该事实存在的可能性大于不可能性即可。这就是通常所说的"优势证据原则"(preponderance of evidence)。法典第1.201条(b)(8)款规定:"对事实承担'举证责任',指有义务使审理事实的审理人相信,该事实存在的可能性大于其不存在的可能性。"在这项规定中,取决于审判庭的组成,"审理事实的审理人"(trier of fact)既可以是法官,也可以是陪审团(jury)。在民事案件中,如果任何一方要求使用陪审团,则案件将使用陪审团。如果双方都同意不使用或没有表示使用,则不使用陪审团。如果使用陪审团,陪审团负责确定事实问题(matter of fact),例如,某人是否做了某事,而法官负责确定法律问题(matter of law),即做或不做该事所引起的法律后果。如果不使用陪审团,法官将同时审理案件的事实问题和法律问题。举证就是要让法官或陪审团相信,相关事实存在的可能性大于不可能性。

法官和陪审团是否相信一项事实,在很多情况下取决于其主观判断。特别是当双方各执一词而又缺乏其他旁证时,举证能否被采纳,在很大程度上取决于法官和陪审团认为哪个当事方或证人的人品或证词更可信。这也可以称为自由心证,即法官和陪审团自己心里实际承认的情况。这项证据规则给予法官和陪审团很大的自由裁量权。在这种制度下,审判结果的公正性能否得到保证,在很大程度上取决于法官的秉公执法程度和专业敬业水平。而在使用陪审团时,一方能否获得对自己有利的判决,在相当程度上也取决于诉讼律师的技巧,因为其需要让基本不具有法律和业务知识的陪审团相信自己一方的表述。

关于证据问题,法典中的另一个概念是"表面证据"(prima facie evidence)。所谓表面证据,就是表面看上去可信的证据,或应该得到初步认可的证据。这个概念的目的,是减轻举证方的举证责任,合理地平衡双方的举证责任。在举证方提出可以构成表面证据的证据后,另一方如果想反驳,就必须提出有合理根据的质疑,而不能简单地否定该证据,也不能简单地要求举证方提出进一步的证据。也就是说,举证方初步完成了举证责任,因而相反证据的举证责任转移至另一方。关于表面证据,法典第 1.307 条规定:"格式适当并显示为提单、保险单或保险凭证、正式过磅单、领事发票以及其他经合同授权或要求而由第三方出具的任何单据,构成其本身之可靠性和真实性的表面证据,并构成第三方在单据中所陈述之事实的表面证据。"

法典的另一个证据概念是"假定"(presumption)。法典第 1.206 条规定:"如果本法就一项事实作出'假定',或规定一项事实'假定'存在,则审理事实的审理人必须认定该事实存在,除非并直至有证据显示,应该认定该事实不存在。"这里的"假定",比上面提到的表面证据的证据力更强,即对于表面证据,可以提出合理质疑,但对于假定存在的证据,不能仅是合理质疑,而是必须证明其不存在。

书面；签名；记录；认证

在早期的商业活动中，文件主要是纸质的，因此在涉及文件时，法典均使用“书面”(writing)的概念。法典第1.201条(b)(43)款规定：“‘书写’包括打印、打字，或以任何其他方法有意作出可见形式。‘书面’具有与之相应的含义。”这个定义没有限定书写的介质。纸是通常的介质，但应该也有可能“书写”在其他介质上，如胶片等。

随着电子通信和电子技术的发展，使用电子邮件或其他电子通信形式进行商业交易成为常态，因此，传统的书面概念已不能适应电子时代。为此，法典逐步引入了“记录”(record)的概念，用于取代“书面”的概念。法典第1.201条(b)(31)款规定：“‘记录’指记录在实体介质上的信息，或存储在电子介质或其他介质上并可读取的信息。”显然，“记录”的含义非常宽泛，包括了书面形式和任何其他可以存储和读取的形式。

由于“记录”这个概念更适合目前的时代，因此，法典本应用“记录”完全取代“书面”。但实际上，法典中的很多条款还在继续使用“书面”这个概念。例如，有关货物买卖合同的法典第2.201条(a)款规定，价款达到或超过500美元的货物买卖合同，为了取得强制履行力，需要使用“书面”文件。这种情况带来两个问题：第一，如果法典要求使用书面文件，但当事方实际上使用了非书面的电子文件，是否就意味着当事方的文件得不到法典承认？第二，既然“记录”这个概念可以包含所有记录形式，为什么法典不统一废除“书面”这个概念并采用“记录”这个概念？

关于第一个问题，根据法典的精神和原则，假设货物买卖交易的当事方使用非书面的电子文件达成了价值达到或超过500美元的协议，该协议应该可以得到法院的承认。一方面，法典的基本原则之一是根据实际情况“灵活适用”法典的规定。如果客观证据等实际情况表明，当事方确实达成了协议，那么法院似乎没有理由必须否定该协议，因为书面要求的本意就是便于提供证明。另一方面，法典强调善意与合理，因此，如果客观证据等实际情况表明,当事方确以善意作为,且承认协议对双方都是最合理的结果,那么协议就应该得到承认。

关于第二个问题,法典没有全面采用“记录”这个概念的主要原因在于,若干年来,法典的修订都是分篇进行,且修订尽量限于实质内容。因此,法典各篇对“记录”和“书面”这两个概念的用法不够统一,甚至可以说有些混乱。有些篇已基本改为“记录”(如第 9 篇),而有些篇则基本没改(如第 2 篇),而有些篇又两者并存。但如上面所述,总体上这种情况应该不会影响法典的适用。

与“书面”和“记录”相对应的两个概念,是“签名”(sign)和“认证”(authenticate)。签名是指对书面文件进行签署,而认证是指对任何形式的文件进行签署。关于签名,法典第 1.201 条(b)(37)款规定:“‘签名’包括为采纳或接受一份书面文件而使用或采纳任何符号。”根据这个定义,即使当事方只在文件上画一个圈,只要其目的是表示对文件的认可,这个圈就属于签名。

关于认证,法典第 9.102 条(a)(7)款规定:“‘认证’指(A)签名;或(B)作出一项符号或以其他方式采纳一项符号,或对一项记录的整体或任何部分进行加密处理或作出类似处理,且认证人当时具有证明自己身份并采纳或接受一项记录的意图。”根据这个定义,只要认证人具有采纳文件的意图,并采用有迹可查的接受方法,就属于认证。这基本上与签名的概念是一致的。认证的概念出现在法典很多篇中,但只有第 9 篇对其作出定义。这应该是前面提到的原因,即法典的修订不够统一,但这并不影响这个概念在法典中的使用和含义。

知道;应该知道;通知

在法典中,对当事方的权利和义务有重要影响的 3 个重要概念,是“知道”(know 或 knowledge)、“应该知道”(has reason to know)和“通知”(notice)。“知道”是指实际上了解相关情况。“应该知道”是指有合理理由认定一个人知道，无论该人是否实际知道。“通知”是指按适当方式发给一个人的告知，无论该人收到告知后是否实际上了解告知的内容。但“通知”也包括一个人自行得知或由于任何其他原因而得知的情况，无论是否存在特定的通知发送人。法典设立的这几个概念，都是为了维护商业活动中的公平和善意。对于任何情况，特别是不正常的情况，当事方是否知道，是否应该知道，或是否得到通知，在很大程度上会对当事方的权利和义务产生影响。例如，假设买方已经知道货物存在争议而仍然购买货物，就不同于不知道该争议时购买货物。

关于上述3个概念，法典第1.202条规定：“(a)除(f)款另有规定外，在下列情况下，一个人被视为得到一项事实的‘通知’：(1)该人实际知道该事实；(2)该人已收到该事实的通知；或(3)该人根据当时知道的所有事实和情况，有理由知道该事实的存在。(b)‘知道’指实际知道。(c)‘发现’、‘得知’或具有类似含义的词语，指知道而不是有理由知道。(d)一个人在通知另一个人时，只要采取了正常情况下为使该另一个人获得通知所合理需要的步骤，即属于已‘通知’该另一个人，无论该另一个人是否实际得知该通知。(e)除(f)款另有规定外，一个人被视为在下列时间‘收到’通知：(1)该人注意到该通知的时间；或(2)该通知被适当送达的时间，即通知以当时情况下为合理的方式，被送至该人订立合同的营业地，或送至该人表明用于接收此类通信的其他地点。”

根据上述定义，一个人只要知道或应该知道一项事实，即被视为得到“通知”，无论该人通过何种方式得到通知。关于“应该知道”，是指一个人即使不知道，法律也认为其知道，或认为其本来有义务进行了解但未履行该义务，因此必须承担知道的后果。假设一个人收到挂号信后没有拆开，那么法律一般会认为该人应该知道信的内容。

除去上述规定，法典第8篇对“通知”这个概念另有一个定义。法典第8.105条(a)款规定：“在下列情况下，一个人被视为得到对立主张的通知：(1)该人知道该对立主张；(2)该人所了解的事实足以表明，极有可能存在对立主张,但该人故意回避可以证明存在对立主张的信息;或(3)根据法律,该人有义务调查是否存在对立主张,且所要求的调查能够证明对立主张的存在。”这项规定与第 1 篇对通知的定义稍有区别,且仅适用于第 8 篇。

购买

在法典中,“购买”(purchase)是个很重要的概念,但很容易与“买进”(buy)相混淆,并被视为后者的同义语。实际上,“购买”的定义是非常宽泛的。法典第 1.201 条(b)(29)款规定:“‘购买’指通过下列方式取得:买卖、租赁、贴现、流通、不动产抵押、质押、留置、设立担保权益、发行或再发行、赠与或任何其他在财产上设立权益的自愿交易。”

在上述定义中,“取得”这个词之后没有宾语,即没有说明取得什么,因此从语法的角度来看似乎不完整。这应该是为了简明起见的有意为之,即定义没有对取得什么作出限制,因此可以是货物,可以是票据,也可以是某种无形的权利。关于取得的方式,除已作出的列举外,还可以是在财产上设立权益的任何其他自愿交易。因此,“购买”的范围,远远超出“买进”或“买卖”的范围。例如,租赁货物也属于“购买”的一种方式,而取得对货物的担保权益也属于“购买”,尽管这些交易并不涉及货物所有权的转移,甚至可能不涉及货物的占有。

相应地,“购买人”也是与“买方”(buyer)完全不同的概念。假设在一项货物买卖合同中,卖方未能把货物交付给买方,而是以违约方式把货物出售给其他人,那么合同项下原本有权取得货物的人是“买方”,而卖方违约出售后实际取得货物的人是“购买人”。如果卖方将货物赠送给自己的朋友,则接受赠送的人也属于“购买人”。

放弃权利;保留权利;提前行使权利

法典第 1 篇的最后几项规定,涉及当事方对自己权利的使用和放弃。

关于放弃权利，法典第1.306条规定："只要受损方在业经认证的记录中作出同意，即可在没有对价的情况下，就其所追究的违约，全部或部分放弃相关的索赔或权利。"这项规定改变了美国合同法的传统规则，适用于可能持有索赔权但自愿放弃索赔的当事方。合同法的传统原则是，放弃权利也需要有对价支持。如果一方无偿放弃自己的权利，无论采用书面形式还是口头形式，该放弃对该方都没有约束力。

但在一般的商业活动中，很多当事方不具备专门的法律知识，很难意识到对价的问题。因此，如果一方同意无偿放弃某种权利，另一方自然认为该放弃具有约束力。如果最终的结论是该放弃没有约束力，不仅会使另一方感到非常吃惊，而且实际上也不符合双方本来的意愿。考虑到这种情况，法典修改了美国合同法的传统规则，以适应实际商业活动的方式和需求。

与上述对应的问题是保留权利。在商业活动中可能会出现这种情况，即一方持有某种异议，例如，认为对方发生违约，或认为对方无权提出某种要求，但此时交易仍在进行之中，因此异议方难以立即停止交易或立即起诉对方。在这种情况下，异议方可能会一方面继续作出履约或继续接受对方的履约，另一方面说明自己保留异议。这种行为方式在实际商业活动中很普遍，因为异议方暂时没有更好的方法，且通常抱有继续完成交易的心态。但是，根据美国合同法及相关法律的传统规则，异议方所保留的异议在效力上很不确定，因为异议方继续履约或继续接受对方履约的行为，可能会被解释为对异议的放弃，或对自己权利的修改。为了克服传统规则的不足，法典第1.308条(a)款规定："明确保留权利的一方，即使以另一方要求或提供的方式履约，或承诺履约，或接受履约，亦不因此损害其保留的权利。'不受损害'、'保留异议'或类似词句，足以构成上述保留。"法典的这项规定，使异议方不致进退两难，而是可以在维持现有合同继续进行的情况下，仍然有效保留自己的异议。这项规定体现了法典致力于解决商业实际问题的精神。

另外一个问题是当事方作出“加速”(accelerate)的权利。“加速”是美国法律中的一个通俗用语,主要是指商业交易的一方要求另一方在原始约定的时间之前履行另一方的义务。例如,货物买卖交易中的买方向卖方出立一张半年后付款的远期本票,但随后买方财务状况发生恶化,此时,如果卖方由于担心买方在本票到期时无法兑付本票,因而要求买方立即兑付本票,卖方的行为就属于“加速”,即要求买方提前付款。

一方是否拥有加速的权利,通常取决于合同是否规定其享有加速的权利,但有时其也可能依法自动享有加速的权利。如果是在合同中作出约定,当事方通常应该具体规定,在何种情况下一方才拥有加速的权利。例如,贷款合同可以约定,如果借款人的财务状况恶化至某种程度,或如果借款人作出某种有损贷款人权益的行为,贷款人可以要求借款人提前偿还贷款。

有时,在订立合同的加速条款时,某个当事方会利用自己的强势地位,规定自己可以“任意加速”(accelerate at will)。但显然,此种条款不够公平。为了保持加速条款中当事方权利和义务的平衡,法典第1.309条规定:“如果条款规定,一方或其权益继承人,可以‘任意’或在‘认为自己不安全’时,或在类似含义词句规定的情况下,要求另一方提前付款或履约,或要求提供担保物或增加担保物,此时,该条款的含义为,只有在前者善意地相信另一方付款或履约的前景存在危险时,才有权力提出此种要求。证明缺乏此种善意的举证责任,由收到权利行使要求的当事方承担。”根据这项规定,合同即使包含任意加速的条款,相关方实际上也不能任意加速,而是必须有合理理由,如对方出现不履约或不付款的迹象和风险等。

第二章　货物买卖

法典第 2 篇称为《买卖》(Sales),适用于货物买卖,但不适用于货物以外其他类型财产的买卖。货物买卖可以被视为法典的中心内容。一方面,货物买卖是最传统、最基本和最常见的商业活动,涉及社会生活的各个方面。从家庭日常用品的小额采购,到商业物资设备的大额采购,都离不开货物买卖。可以说,任何个人或任何组织都不可能不参与货物买卖。另一方面,法典其他各篇中的商业活动在很大程度上也都与货物买卖有关,有时甚至直接为货物买卖服务。例如,票据或信用证常常在货物买卖中用于货款支付,而仓储或运输也常常服务于货物买卖。

关于第 2 篇的适用范围,法典的条文显得有些模糊。法典第 2.102 条规定:"除上下文另有所指外,本篇适用于货物交易。"这里并没有说货物买卖,而是说"货物交易"(transactions in goods)。由于这项规定的模糊性,在法典有关货物租赁的第 2A 篇制定之前,有些法院将第 2 篇适用于货物租赁,因为货物租赁显然也属于货物交易。但是,美国法院目前已达成共识,即第 2 篇仅适用于货物买卖。

第一节　货物买卖合同的订立

货物买卖合同属于合同的一种,但有关货物买卖合同订立的一般原则，以及与货物买卖合同有关的其他很多问题，都没有包括在法典第 2 篇中。法典第 2 篇主要是针对货物买卖本身的特点制定了一些相关规则，用于补充或修改美国合同法的一般原则，但并未全面取代合同法。对于货物买卖合同中的问题，如果法典第 2 篇没有特别规定，就要服从合同法的一般原则。当事方订立合同的能力，欺诈或胁迫对于合同效力的影响等，都要根据合同法的一般原则予以确定。

美国合同法基本上属于州法，传统上以判例法的形式存在。为了对模糊和混乱的判例法加以整理和澄清，美国法学会编撰了《合同法重述》（*Restatement of the Law：Contracts*），对美国合同法的基本内容和原则进行归纳和评述。这套著述不是法律，但由于其完整和准确地体现了美国合同法的原则和内容，因此在美国法律界具有极高的学术权威性。美国法院在涉及合同法问题时，经常引用该著述。

货物的定义

货物买卖合同的首要问题是，什么是"货物"（goods）？这个问题似乎不言而喻。但是，存在疑问或发生争议的情况还是存在的。例如，餐厅向顾客提供餐饮的业务，是出售货物还是提供服务；装修项目是货物买卖还是工程服务；出售生长在土地上的树木，是不动产交易还是动产交易；动物尚待出生甚至尚未怀胎的幼仔可以作为货物进行买卖吗；地下尚未开采的石油、天然气或其他矿物是货物吗；供应电力、燃气或自来水属于出售货物吗？这些都是美国法院在判案时需要面对的实际问题。

关于货物的定义，法典第 2.105 条（a）款规定："'货物'指在特定于买卖合同项下时可以移动的所有物品（包括特别制造的货物），但不包括用于支付价款的金钱，也不包括投资证券（第 8 篇）或诉权物。'货物'还包括尚待出生的动物幼仔和生长中的农作物，以及某些附着于不动产但已特定化的物品，即第 2.107 条所描述的尚待与不动产分离的货物。"

上述定义回答了前面提出的部分问题，但未能回答全部问题。上述定义原则上把所有可以移动的物品(movable things)都称为货物,但实际上,很多可以移动的物品并不属于货物。例如,票据、信用证和提单都可以移动,也都是物品,但一般人不会认为它们是货物,美国法院也不认为它们是货物。但仅从货物的定义来看,似乎并不能直接得出此种结论。该定义将法典第 8 篇范围内的投资证券排除在外,但并没有把票据、信用证和提单这些性质类似的物品也同时排除在外。

从另一个角度来看,电力、燃气或自来水似乎不属于通常理解的"可以移动的物品",但至少有一些美国法院认为,提供电力、燃气或自来水的业务在一定程度上属于货物买卖,因此,供应方必须提供法典第 2 篇规定的对货物的担保。在"Helvey v. Wabash County REMC 案"和"Grant v. Southwestern Elec. Power Co. 案"中,电力供应都被判定属于货物买卖。但是,这类问题在美国仍存在争议,因此也有很多法院不承认此类业务属于货物买卖。

另外一个比较困难的问题是软件出售。除搭载软件的介质外,软件本身是无形的,完全不是传统意义上的货物。在法典第 9 篇中,软件和货物也被认为是不同种类的担保物。但法典第 2 篇并未作出此种区分。美国法院在这个问题上存在分歧,部分原因是软件的具体情况也常有很大区别。例如,专门定制的软件与商店中直接出售的软件有所不同,按月支付使用费的软件和一次性全款购买的软件也有区别。对于这类问题,美国法院目前的做法是个案处理,根据具体事实和具体争议,就事论事地加以解决。

在上述有关货物的定义中,被排除的还有"用于支付价款的金钱"。"金钱"(money)的概念在法典中多个地方使用,但含义并不十分清晰。法典第 1.201 条(b)(24)款规定:"'金钱'指当前由本国或外国政府授权或采纳的交换媒介。"根据这个定义,日常使用的实体货币自然属于金钱,但金钱可能也包括可以立即转化为现金的其他形式的支付。例如,通过银行转账支付的并可立即使用的款项,应该也属于金钱。在通常情况下,用于付款的金钱自然不是货物，但是，如果某些货币具有特殊收藏价值，那么这些货币就不再是金钱，而成为货物。

被上述定义排除的“诉权物”（things in action），是指需要通过诉讼来获取的财产，即一个人虽然主张对某项财产享有权利，但必须通过诉讼才能使所主张的权利得到承认和实现。例如，某人持有一件货物，并自认拥有所有权，但另一人认为自己才是对该货物拥有所有权的人。在这种情况下，即使后者实际上对该货物拥有所有权，后者的权利可能也只是“诉权物”，因为在后者胜诉之前，后者拥有的只是主张权，是一种无形财产，该权利本身不等于货物。

动物毫无疑问属于货物。根据法典有关货物的定义，尚待出生的动物幼仔也属于货物，甚至尚未怀胎的动物幼仔也可以作为货物进行买卖。法典第 2.501 条（a）（3）款规定：“如果合同出售的，是合同订立后 12 个月内出生的动物幼仔，或合同订立后 12 个月内或下一个自然收获季（以迟者计算）收获的农作物，则特定化在农作物播种或以其他方式开始生长时发生，或在动物怀胎时发生。”根据这个定义，当货物买卖合同项下的货物是动物幼仔时，并不要求母体动物在订立合同时已经怀胎，但货物的特定化只能在母体动物怀胎时发生。收割后的农作物显然属于货物，但土地上正在生长的农作物也属于货物，甚至尚未播种的农作物也可以作为货物进行买卖。也就是说，在订立货物买卖合同时，用于买卖的动物和农作物不需要是已经存在的，而是只要在交付货物时已经存在即可。这与其他货物的买卖是一样的，即货物不需要在订立合同时已经存在。

在上述有关货物的定义中，所谓“尚待与不动产分离”的货物，包括石油、天然气或其他矿物。这些矿物通常属于不动产，而不属于货物，但只要买卖双方同意将其从土地上分离，就有可能作为货物进行买卖。法典第 2.107条（a）款规定：“出售尚待与不动产分离的矿物或类似物质（包括石油和天然气）或一项结构或其材料的合同，属于本篇范围内的货物买卖合同，只要与不动产的分离系由卖方进行；但在分离之前，卖方试图对上述货物作出的即时出售，如果不能有效构成土地权益的转让，则效力上只相当于订立出售合同。”

根据上述规定，如果卖方负责将矿物从土地上分离，矿物就属于货物，即使在订立合同的当时矿物尚未与土地分离。上述规定中的最后一句意在说明，在分离之前，卖方不能完成“即时出售”（present sale），而只相当于“订立出售合同”（contract to sell）。“即时出售”是指当时完成的出售，而“订立出售合同”则是指承诺以后完成的出售。在矿物被分离之前，矿物属于不动产，因此卖方只能将其作为不动产出售，而不能将其作为货物出售。即时出售与出售合同的区别，后面还会讨论。如果矿物的分离不是由卖方完成，而是由买方完成，相关合同就不属于货物买卖，而属于不动产买卖。

上述法典第 2.107 条的规定也适用于与土地相连的其他财产，包括永久性人工建筑。土地上的永久性建筑属于不动产，因此，如果双方同意买卖该建筑，只有在卖方负责从土地上拆移该建筑时才属于货物买卖，否则即属于不动产买卖。另外，美国常见的工厂预制的活动房屋也属于货物。这种房屋在使用时要固定在土地上，但固定前属于货物，解除固定后也属于货物；在使用过程中是否属于货物，需要根据情况具体判断。

除上述情况外，如果合同所买卖的是与土地相连的其他财产，则只有在分离不会对土地造成严重损坏时，该财产才可以作为货物进行买卖。法典第 2.107 条（b）款规定：“如果合同系出售生长中的农作物（但不包括土地），或（a）款以外的附着于不动产但分离后不至严重损坏不动产的物品，或待砍伐树木，则无论分离系由买方还是卖方进行，该合同均属于本篇的货物买卖合同，即使在订立合同时，该货物仍为不动产的组成部分。同时，当事方可以在分离之前，通过特定化完成即时出售。”根据这项规定，涉及农作物和树木时，即使卖方不负责进行分离，即收割或砍伐，该交易也属于货物买卖。农作物的收割，对土地不会造成严重损坏。树木的砍伐可能对土地有一定破坏作用，但树木有一定的再生性，且树木砍伐是正常的商业活动，因此法典也将其视为货物。关于其他财产，如卖方院子里的凉亭，只要其与土地的分离不会对土地造成严重损害,则该财产在任何情况下都属于货物。

提供服务与出售货物的区别

关于货物的定义,美国法院最经常遇到的问题,是货物与服务的区别。例如,餐厅出售饮食的行为,是属于提供服务还是出售货物?又如,家庭装修既包含货物的提供,也包含工人的服务,那么这种合同是否在法典第2篇的范围之内?实际上,这类交易可以算作混合交易。一方面,供应商要提供货物;另一方面,供应商并非简单地提供货物,而是要同时提供服务。这类交易在日常商业活动中大量存在,且经常发生争议,因此,需要对这类交易的性质进行确认。

关于这类具有混合性质的交易,美国法院的态度有一定分歧,但主要存在两种理论。大多数法院认为,合同的性质取决于合同的主要内容。如果合同以提供服务为主,以提供货物为辅,则这种合同就不属于法典第2篇范围内的货物买卖。因此,即使对于合同中涉及货物的那部分内容,也不适用于法典第2篇。这种理论造成的主要问题是,即使争议涉及的只是合同项下的货物,且法典第2篇为此种货物争议提供了合理的解决方案,法院也只能忽视法典的规定,而另行寻找其他替代原则。

少数法院认为,不应采用非黑即白的绝对标准,而是要看当事方实际争议的问题是什么。如果争议涉及合同中提供的服务,该争议就不属于法典第2篇的范围,因而需要根据法典以外的其他法律加以解决。而如果争议涉及所提供的货物,该争议就由法典第2篇管辖,并根据第2篇的原则进行判断。根据这种理论,混合交易合同实际上没有固定的性质,并且,只要不发生争议,也没有必要为其定性。在发生争议后,最好的方法是以实事求是的态度,就事论事地解决问题。

在"Cambridge Plating Co. , Inc. v. Napco Inc. 案"中,法院采用了"主要内容"的判断标准。在该案中,电镀公司雇请设备公司设计和安装了一套废水处理系统。完工之后,系统不能正常运行,因此电镀公司起诉设备公司。争议的问题之一是,法典第2篇中的诉讼时效是否适用于该案件。法院在综合分析了案件的具体情况后判决,项目的主要内容是提供设备,而设计和安装的费用相对较低,对合同的影响相对次要。因此,根据"主要内容"的判断标准,法院认定该案属于法典第2篇管辖的货物买卖。

而在"Anthony Pools v. Sheehan案"中,法院则采用了"争议问题"的判断标准。在该案中,房主雇请泳池公司在房主的院子里设计和安装一个泳池。泳池的主体是土建工程,但泳池带有一个小跳板。房主在使用跳板时受伤,因此起诉泳池公司。争议的焦点在于,该项目是否应适用法典第2篇。项目的绝大部分费用和工程都是泳池建设,因此,如果根据"主要内容"的判断标准,这个案件就不属于货物买卖,而是工程建设。但是,造成伤害的跳板是成品货物,是泳池主体基本建好时再安装上去的。法院采用了"争议问题"的判断标准,认定跳板问题应根据法典第2篇有关货物买卖的规则加以解决。

货物与服务相混合的一种最常见情况是,餐馆或咖啡厅所提供的食品和饮料。由于此类交易无处不在,且对公众影响重大,法典专门对其作出规定。法典第2.314条(a)款规定:"如果货物买卖合同的卖方是该类货物的商人,合同即包含一项默示担保,即货物具有商销性,除非该担保被排除或修改(第2.316条)。在本条中,为收取价值而提供在店堂或其他地点消费的食品或饮料,亦属买卖。"根据这项规定,餐厅或咖啡厅出售食物或饮料的行为,属于货物买卖。但这项规定的目的,只是使餐厅或咖啡厅对食品或饮料承担质量责任,即承担有关商销性(merchantability)的担保,因此,理论上这项规定并不适用于餐馆或咖啡厅发生的其他问题。但从前面的判例可以看到,对于在何种情况下应适用法典第2篇,法院拥有极大的自由裁量权。

美国得克萨斯州的法典第2篇,还专门增加了一条与医疗服务有关的条款,目的是明确该州在这个问题上的立场,避免法院采用不同标准。该州的法典第 2.316 条(e)款规定:“有关商销性和适用性的默示担保,不适用于由血库或组织库或器官库所提供的人类血液、血浆或其他人类组织或器官。为本法目的,此种血液、血浆或其他组织或器官,不属于可以买卖或易货的商品,而应被视为医疗服务。”

货物买卖

关于货物的“买卖”(sale),法典第 2.106 条(a)款规定:“‘买卖’指将所有权从卖方转移至买方,用于换取价款。”在这个定义中,只提到转移“所有权”,但没有提到转移“货物”的所有权。实际上,在法典的很多条款中都存在类似情况,即条文的文字似乎不够完整和清晰。多数情况是法典出于一定目而有意为之,例如,为了保持文字简洁,或为了保留一定灵活性。有时则并非完全有意为之,而是体现了制定者的写作风格。按美国有些学者的评论,法典在有些情况下,可能使用了一些近乎“速记”(shorthand)的表达方式。

在上述有关货物买卖的定义中,法典的简化是有意为之。在货物买卖中,当事方的最终目的无疑是转让货物的所有权,但卖方在履行交付义务时,可能只是交付代表货物的所有权凭证(document of title),如提单或仓单,而此种交付通常表示,卖方已完成了转让货物所有权的义务。因此,上述定义中的“转移”,并非专指货物的转移,而是也可以包括所有权凭证的转移。

法典第 2.301 条的规定也非常类似。该条规定:“卖方的义务是根据合同作出转让和交付;买方的义务是根据合同作出接受和付款。”在这项规定中,法典同样没有说明卖方转让和交付什么,也没有说明买方接受什么。而买方有义务接受的,既可能是货物,也可能是所有权凭证。法典第 2 篇在涉及卖方的义务时,也经常使用“交付”(delivery)这个概念,但不具体说明交付什么。对此,不能简单地将第 2 篇中的“交付”一概理解为“交货”。

在法典第 2 篇中,货物买卖有两种形式:一种是“即时出售”(present

sale)，另一种是订立在未来某一时间出售货物的合同，即"订立出售合同"(contract to sell)。关于即时出售，法典第2.106条(a)款规定："'即时出售'指订立合同的同时，买卖即告完成。"假如顾客在超市采购，挑好商品后在收银台付款并将商品带走，这种情况就属于即时出售，因为顾客一旦付款，即相当于与超市订立买卖合同，同时双方的货物买卖也立即完成。总体而言，可以将"即时出售"理解为通常所说的"一手交钱，一手交货"。

除去即时出售，所有其他情况下的货物买卖都是"订立出售合同"，即买卖双方先订立买卖合同，而卖方在随后的某一时间交付货物。法典第2篇中的大部分条款，都是针对这种"出售合同"制定的，因为很多问题在即时出售中是不存在的。例如，对于即时出售，法典没有必要规定交货的时间和地点，或付款的时间和地点，或所有权和风险的转移等。但是，有些问题在任何货物买卖中都存在，如卖方对货物的担保等。

虽然货物买卖的最终目的是转让货物的所有权，但根据法典第2篇的规定，在买卖交易的进行过程中，所有权问题基本上无关紧要，当事方一般无须特别关注。法典第2.401条规定："本篇有关卖方、买方、购买人或其他第三方之权利、义务和救济的任何条款，在适用时不考虑所有权，除非有关条款提及所有权。"也就是说，第2篇中有关当事方权利和义务的条款，与谁对货物拥有所有权基本上没有关系。假设卖方拒绝交付货物，而买方坚持要求卖方交付货物，此时，买方是否有权获得货物，不取决于当时谁对货物拥有所有权，而取决于法典第2篇的相关规定。有关所有权的问题，后面还会进一步讨论。

书面形式要求

根据法典第2篇的要求，金额较大的货物买卖合同通常需要采用书面形式，以便可以较容易地证明协议的存在和内容。前面提到，第2篇保留了"书面"这个概念，而没有改为含义更广的"记录"这个概念。但是，根据法典的总体精神和灵活原则，这应该不会影响当事方对电子文件的使用。

同时,结合其他一些相关法律的规定,如各州的《统一电子交易法》(Uniform Electronic Transaction Act),以电子形式订立的合同应该同样具有效力。

关于书面形式,法典第2.201条(a)款规定:"除本条另有规定外,价款达到或超过500美元的货物买卖合同,只有存在足以表明当事方已达成买卖合同的书面文件,且被要求强制履行的当事方或其授权代理人或经纪人已在该书面文件上签名,才可通过诉讼或抗辩强制履行。一份书面文件,即使漏写或错写任何已约定的条款,也并非不足以表明合同的达成;但在本款意义上,合同只能在不超出书面文件所标明的货物数量的范围内强制履行。"这就是通常所说的"反欺诈法"(statute of frauds),即为了防止欺诈而要求采用书面形式。在书面文件上签名,是书面文件产生约束力的条件,但在涉及特定的争议问题时,上述规定只要求被强制履行的一方已经签名,而没有要求双方都已经签名。

在一定情况下,即使被强制履行的一方没有在书面文件上签名,文件仍有可能对其具有约束力,因为法典专门针对"商人之间"(between merchants)的往来有一项特殊规定。法典第2.201条(b)款规定:"在商人之间,如果一方为确认合同,发出足以约束自己的书面文件,且另一方在合理时间内收到,并有理由知道其内容,此时,如果该另一方未在收到该书面文件后十天之内,以书面通知拒绝其内容,该书面文件在对抗该另一方时,即被视为满足了(a)款的要求。"根据这项规定,如果交易的双方都是商人,则对于收到文件的一方,只要其没有及时回复,文件即对其产生约束力,即使其并没有在文件上签名。也就是说,对于商人来说,不答复可能就被视为接受。这项规定给商人设定了更高的标准,总体上也更符合商业交易的实际状况和商人之间的通常期待。

需要注意的是,上述法典第2.201条(a)款只涉及合同强制履行的问题,而不涉及合同是否存在的问题。两者看上去是同一问题,但有一定区别。如果合同存在,而只是不可强制履行,则只要当事方自愿履行,法律仍然承认合同的存在。而如果合同不存在,则根本不存在履行的问题。当事方即使作出某种“履行”,也不属于履行合同。

关于合同是否存在的问题,法典第2.204条规定:“(a)货物买卖合同可以通过足以表明当事方协议的任何方式订立,包括双方承认合同之存在的行为。(b)足以构成买卖合同的协议,即使达成的时间未确定,亦可成立。(c)即使买卖合同的一项或多项条款存在空缺,只要当事方有意订立合同,且存在比较确定的方法用于提供适当救济,合同即不因缺乏确定性而不能成立。”

根据上述第(a)款的规定,货物买卖合同的订立,无须采用书面形式,而是可以采用口头形式、行为形式或其他形式,但根据前面提到的反欺诈法,价款达到或超过500美元而未采用书面形式的合同,除第2篇另有规定外,不可强制履行。上述第(b)款是考虑到,有时可以断定合同确实存在,但无法确定合同的成立时间。例如,双方通过邮件商谈协议条款,到了一定阶段,情况表明双方已达成一致,但又很难判断双方在哪个时间节点达成一致。此时,既然双方已达成一致,就没有必要再去追究达成一致的确切时间,除非这个问题本身成为争议的关键因素。

上述第(c)款涉及美国合同法的一项传统原则,即合同只有在内容足够完整和明确时才能成立,因为如果内容不够完整和明确,一方面可能说明双方尚未达成一致,另一方面在强制履行时难以确定合同内容。但是,法典为了促进商业交易的进行,尽量降低了合同成立的门槛,从两个角度对传统原则进行了修改。首先,法典提供了一定的补充条款,即在当事方未就相关内容作出规定时,或在规定不明确时,应将法典的规定作为当事方的约定。例如,如果当事方未规定价格,即应为法典规定的合理价格。这些补充条款,后面还会具体讨论。其次,法典还规定,只要同时满足两个条件,条款不够完整和明确的约定,也可以构成合同。第一个条件是,当事方具有承认合同存在的意图。当事方是否有这个意图,需要根据每个案件的具体情况进行分析和确定。第二个条件是,基于案件的实际情况,法院有可能提供适当的救济，这也需要根据具体情况进行分析和确定。假设当事方约定出售一台具体型号的电视，但忘记就价格作出约定，此时，法院能够比较容易地确定这台电视的合理价格，因为可以参考市场上同型号电视的一般价格。但是，假设当事方约定出售一台电视，但既没有规定尺寸和品牌，也没有规定价格和规格，且没有其他情况可以帮助确定这些内容，此时，法院就很难提供救济，因为不确定的因素太多。

价款达到或超过500美元但没有采用书面形式的合同，并非一律不可强制履行，因为法典第2篇规定了3种例外情况。法典第2.201条(c)款规定："不符合(a)款要求但在其他方面有效的合同，在下列情况下可以强制履行：(1)货物系专为买方制造，且不适合卖方在正常业务中向他人出售，且卖方在收到毁约通知之前，并在客观情况合理表明货物确系用于买方的状况下，已实质上开始货物的制造，或已就货物承担了采购义务；或(2)被申请强制履行的一方，以答辩或作证承认，或在法庭上以其他方式承认，已订立买卖合同；但本款项下的强制履行，不超过该方所承认的货物数量；或(3)对于强制履行所涉及的货物，货款已支付且已被接受，或货物已收到且已被接受(第2.606条)。"

上述第(1)款是为了合理保护卖方，因为在货物不适合向他人出售时，如果合同不能强制履行，卖方会受到较大损失。同时，由于是定制货物，卖方通常只有在确信双方已达成合同后才会开始制造，因此，尽管没有书面合同，但合同存在的概率较大，因此强制履行可能总体上比拒绝强制履行更公平一些。根据上述第(2)款和第(3)款，如果被强制履行的一方以其他形式承认合同的存在，合同即可强制履行。

要约与承诺

货物买卖合同是买卖双方对交易内容协商一致的结果。很多合同都是双方共同签署的一份书面文件。有时双方会同时签署，有时会分别签署，但双方的签名最终都体现在同一份文件中。此时，对于双方是否已经协商一致，一般不存在判断上的困难。但在实际商业活动中，有时会出现双方并未共同签署同一份文件的情况。对此，法典并不强求必须要有此种文件，而只是要求，客观情况必须能以某种形式说明双方已达成一致。

假设买卖双方并未共同签署同一份文件，而是通过电话、信件或电子邮件等方式远程协商，并分别提出各自的想法、建议、要求或承诺。在这种情况下，如何判断双方是否已经达成一致或何时达成一致？对此，法典第2篇采用了美国合同法中传统的“要约”（offer）与“承诺”（acceptance）的概念。也就是说，如果一方发出订立合同的邀请，而另一方接受该邀请，即可认为双方已经协商一致。当然，这是一个极度简化的概念，因为双方的协商和讨论可能反复多次，在这个过程中，表达的内容和方式也有可能并不清晰，也不确定。因此，要确定哪种表达是要约、哪种是承诺，有时并不容易，但在理论上，要约与承诺是合同成立的基础。

要约和承诺的概念在美国合同法中早有定论，因此法典没有单独作出定义。美国《合同法重述》第二版第24条对要约的定义是：“要约是愿意达成某种约定的表示，且该表示的方式，使另一方有合理理由相信，该表示系邀请自己接受该约定，且接受之后，该约定即告达成。”该重述第50条对承诺的定义是：“承诺是受要约人接受要约条款的表示，且该接受系根据要约所邀请或要求的方式作出。”要约的上述定义比较简单。通常的理解是，要约必须具有足够的确定性和完整性，以便受要约人一旦说“同意”，合同即可成立。达不到这种要求的表示，不能构成要约。如果卖方对买方说，“我愿意卖给你一辆汽车”，这个表示就不是要约，因为即使买方说“同意”，也无法确定汽车的型号、价格和交付条件等。也就是说，卖方的表示过于模糊，缺乏合同成立所需要的确定性和完整性。

尽管法典第2篇没有对要约和承诺作出总体定义，但针对货物买卖合同中的要约和承诺，第2篇包含一些特别规定，目的是对美国合同法的一般原则作出某些修改。例如，法典第2篇专门就“不可撤销的要约”（firm offer）作出规定。法典第2.205条规定：“如果商人在签名的书面文件中发出买进或售出货物的要约，且要约条款保证要约将保持有效，则在要约规定的有效时间内，或如果未规定时间，则在合理时间内，即使缺乏对价，要约亦不可被撤销；但是，在任何情况下，要约不可撤销的期限都不超过三个月。如果此种保证条款载于受要约人提供的表格上，要约人必须在该条款处另加签名。”

在美国合同法中，没有对价的要约对要约人没有约束力，而上述规定修改了这种刻板要求。根据上述规定，只要要约人是“商人”，且自己许诺在一定期限内不撤回要约，则即使没有对价，该许诺在约定期限内，仍对要约人具有约束力。法典的这项规定是为了适应现代商业活动的需要，强调善意经商、保护合理期待。上述规定中的最后一句，即有关另加签名的要求，是为了保证交易过程的公平。有时，要约人使用的表格是另一方（受要约人）提供的，但要约人在签名时并未注意表格中包含了不可撤销要约条款，此时，如果要约人在无意的情况下受到该条款的约束，就显得不够公平。

在一方发出要约后，另一方如何作出承诺？法典第 2.206 条（a）款规定：“除语言或客观情况毫无疑义地另有所指外，（1）订立合同的要约应被解释为，邀请另一方使用当时情况下为合理的任何方式和媒介作出承诺；（2）买进货物的订单或其他要约，如果要求迅速或立刻发运货物，应被解释为邀请另一方以下列方式作出承诺：迅速作出发运货物的许诺，或迅速或立刻发运符合或不符合要约的货物。但是，如果发运的货物不符合要约，且卖方及时通知买方该货物仅为买方提供方便，则卖方的发货不构成承诺。”

上述第（a）（1）款说明，受要约人可以使用任何合理方式作出承诺，除非要约人另有明确要求。方式是否合理，需要根据当事案件的具体情况确定。对于口头要约，口头承诺应该是合理方式，而对于书面要约，也许书面承诺比较合理，但在一定情况下，对书面要约的口头承诺也有可能是合理的。根据上述第（a）（2）款，如果受要约人是卖方，则卖方及时发货的行为也可以构成承诺,但条件是买方的要约包含了对卖方发货的要求,并且卖方随后仍然需要作出确认,因为法典第 2.206 条(b)款规定:“即使开始作出被要求的履约属于作出承诺的合理方式,但要约人只要在合理时间内未收到关于该承诺的通知,即可认为要约未在有效时间内得到承诺而失效。”也就是说,如果卖方实际已经发货,但随后并未及时通知买方,买方就不知道卖方已经发货,因而有权认为卖方并未作出承诺。

上述第(a)(2)款所说的“符合或不符合要约的货物”,本意在于保护买方。如果卖方发出的货物符合要约,自然没有其他问题;如果货物不符合要约,根据通常的理解,似乎卖方并未作出承诺。但是,为了保护买方的权益,法典规定,即使卖方发运的货物不符合要约,买方仍然有权将其视为承诺,因为在这种情况下,买方将有权针对卖方所发出的不符合要约的货物,追究卖方的违约责任,并获得相应救济。如果买方无权将卖方的发运视为承诺,则合同根本不能成立,买方自然也就得不到任何救济。所以,将卖方不符合要约的货物也视为承诺,可能更加合理。但是,如果卖方自知货物可能不符合要约,而只是尝试性地发给买方,同时将此种情况告知买方,买方就无权将其视为承诺。

对要约作出修改的承诺

在一方发出要约后,如果另一方作出无条件承诺,则合同就此成立。但是,如果另一方没有作出无条件承诺,而是提出一些额外的或不同的条件,情况会是如何?根据美国合同法的传统理论,附条件的承诺不是承诺,而是反要约(counter-offer)。假设卖方提出以 10,000 美元的价格将汽车卖给买方,而买方提出愿意支付 9000 美元。此时,自然不应把买方的表示视为承诺,因为双方并没有就价格问题达成一致。所以,美国合同法将买方提出的价格视为反要约。如果卖方同意此种反要约,则卖方被视为作出承诺,因而汽车的价格变为 9000 美元。

所以,美国合同法的传统要求是,承诺必须与要约完全一致。这个原则称为“镜像原则”(mirror-image rule),即承诺必须如同要约在镜子中反射出来的影子。这个理论本身无疑有其合理之处,但问题在于,在实际商业活动中,当事方的协商方式千变万化,过程也纷繁混乱,如果把受要约人含有额外内容或不同内容的答复都视为反要约,并且再把原要约人的再次答复再视为反要约,就会使合同协商过程显著延长,合同成立难度显著增加,不利于商业活动的进行。同时,这也不一定符合交易当事方的实际意图,因为在实际商业活动中,即使有些细节分歧没有完全解决,当事方也愿意承认合同的存在。

基于这个原因,法典第2篇对美国合同法中有关承诺和反要约的原则进行了修改,以便尽可能地促进商业交易的达成,并在双方实际上存在不同表述的情况下,合理地确定最终合同的条款。这就是著名的法典第2.207条。这个条款之所以著名,一方面,是因为该条款涉及货物买卖合同中最困难的问题之一;另一方面,是因为这个条款的文字实际上不够清晰,因而引起很多困惑和争议。

法典第2.207条的标题是“承诺或确认中的补充条款”,而该条款的内容是:“(a)确定且及时的承诺表示,或合理时间内发送的书面确认,即使与要约条款或与已同意的条款相比,包含不同条款或补充条款,亦构成承诺,除非其明确规定,以要约人同意这些不同条款或补充条款作为承诺生效的条件。(b)补充条款应被解释为对合同进行补充的建议。在商人之间,这些条款构成合同的组成部分,除非:(1)要约明确规定,承诺限于要约条款;(2)补充条款严重改变了要约;或(3)已对补充条款作出过拒绝通知,或在收到补充条款通知后的合理时间内作出了拒绝通知。(c)双方承认合同存在的行为,足以使买卖合同成立,即使双方的书面文件本不足以证明合同的成立。此时,该特定合同的条款,系当事方在书面文件中同意的条款,再加上根据本法任何其他规定而进入合同的补充条款。”

这个条款带来的最大模糊和困惑是,在该条的(a)款中存在两个概念,即“不同条款”(different terms)和“补充条款”(additional terms),但在该条的(b)款和该条的标题中,都只有补充条款的概念,而没有不同条款的概念。那么,在第(b)款中,到底涉及还是不涉及不同条款?如果涉及,为什么不直接将不同条款加进去?如果不涉及,不同条款应如何处理?下面先按第2.207条本身的文字总结一下其所包含的原则,然后再讨论第(b)款中不同条款的问题。第2.207条包含的原则,大体上可以总结为以下五项。

第一项原则:根据该条(a)款的规定,如果与要约相比,受要约人的回复包含了不同条款或补充条款,且受要约人没有特别要求要约人必须另行对此种回复表示同意,则只要回复是及时的、承诺的语气是肯定的,该回复即构成承诺。由于该回复构成承诺,合同因此成立。但在此种情况下,合同究竟包含哪些条款,则需要另行根据下述第三项原则和第四项原则予以确定。

第二项原则:根据该条(a)款的规定,如果与要约相比,受要约人的回复包含了不同条款或补充条款,且受要约人特别要求要约人必须另行对此种回复表示同意,则只有要约人对该回复表示同意,该回复才构成承诺。此时,合同的条款以受要约人提出的不同条款或补充条款为准。如果要约人没有对该回复表示同意,则由于没有完成要约和承诺的过程,合同不成立。

第三项原则:在上述第一项原则所述的情况下,即合同被认定已经成立,则在交易双方至少有一方不是商人时,补充条款不进入合同。对于没有进入合同的补充条款,双方需要继续进行协商。只有在随后协商一致的情况下,这些条款才能进入已经成立的合同,并构成对现有合同的修改。

第四项原则:在上述第一项原则所述的情况下,即合同被认定已经成立,则在交易双方均为商人时,补充条款进入合同,除非存在法典第2.207条(b)款所述的3种情况之一。该款中的第二种情况最容易引起争议,即回复中的条款是否严重改变了要约中的条款。这个问题需要由法院根据具体情况作出判定,并参考法典的正式评论和其他判例。法典有关承诺的这项规定,是假定商人具有比较丰富的商业知识和经验,可以意识到双方往复通信带来的不确定性，并能够适当处理。

第五项原则：如果双方的书面文本存在冲突，且根据上述原则不能认为合同已经成立，则可以用双方的行为进行补充判断。如果双方的行为显示，他们已经承认合同的存在，则合同的条款应为双方在书面文本中一致同意的条款，再加上法院根据法典和其他法律确认的合同条款，包括双方用行为予以承认的条款。

关于上述第三项和第四项原则中涉及的“不同条款”的问题，美国法律界通常认为法典第2.207条(b)款的文字不够清晰，且该条的正式评论未能作出很好澄清。美国法律界的共识是，在第三项原则所述的情况下，即交易的一方或双方不是商人，则不同条款与补充条款一样，不进入合同。但是，对于不同条款在不进入合同后，该条款对要约中原有条款的影响，美国法律界的意见却并不一致。

美国多数法院认为，不同条款被排除后，也连带排除了要约中的相应条款，因此合同中既不包括承诺中的不同条款，也不包括要约中对应于此种不同条款的条款，因为双方根本未就这个条款达成一致。假设要约中的价格是100美元，而承诺中的价格是90美元，则根据上述理论，在90美元的条款被排除后，100美元的条款也相应被排除。在这种情况下，已经成立的合同将被视为缺乏价格条款，因而要适用法典提供的价格条款，即合理价格。这种结果看似有点令人意外，但似乎更加符合法典正式评论的意见。少数法院认为，不同条款被排除后，不影响要约中的原有条款，并应以原有条款为准，即上述例子中的100美元。

在第四项原则所述的情况下，美国法律界一般的共识是，如果补充条款进入合同，则不同条款也同时进入合同，而如果补充条款不进入合同，则不同条款也不进入合同。从逻辑上来看，以及从第(b)款的文字和语法来看，这似乎是一个合理的解释。但总体而言，可以说“不同条款”是美国法律界没有完全解决的一个问题。

上面讨论的附条件承诺的问题，通常称为“文本冲突”(battle of forms)

问题,因为问题的起源在于,在合同协商过程中,双方常常会各自发出不同文本,导致最终条款存在混乱的情况。商业人士毕竟不是法律专家,在很多交易中也不使用律师,因此他们的商业谈判和订约过程常常不够严谨。这是实际情况,也无法真正改变。因此,文本冲突成为长期困扰美国法律界的问题,至今没有万全之策。从法典的角度来看,一方面,希望促进交易的达成,提高交易的效率,避免将当事方本来认为已经成立的合同视为不成立;另一方面,也不能把某个当事方完全不同意的内容强加给该方。法典上述有关附条件承诺的几项原则也许并不完美,但代表了美国法律界目前所能想到的处理方式。

第二节　货物买卖合同的条款和解释

如果可以确认货物买卖合同已经成立,那么合同都包括哪些条款?这涉及合同与协议的不同含义。根据法典规定,协议是指买卖双方的实际约定,而合同则是指法律认定的最终约定。如果买卖双方订立了一份共同签署的书面协议,则该书面协议的条款一般就是双方的实际约定。法律认定的最终约定,是指根据法典和其他适用法的规定,被认定包含在双方协议中的条款。此种被认定包含的条款,可以是对双方约定条款的补充,也可以是对该条款的删减,也可以是对该条款的其他修改。以这种方式认定的条款,才是最终的合同条款。认定合同条款的过程,实际上也是对合同进行解释的过程。

口头证据或外部证据

如果买卖双方订立了书面协议,但任何一方在争议过程中提交了书面协议以外的证据,以证明双方的实际协议有所不同,此种证据是否应该得到承认?对此,法典第 2.202 条规定:“当事方在确认性备忘录中同意的条款,或当事方以其他方式记录在书面文件中作为当事方协议之最终表示的条款，不得以任何之前达成的协议或同时达成的口头协议作为证据加以否认，但可以用下列内容加以解释或补充：(1)履约过程、交易过程或行业惯例(第1.303条)；以及(2)与上述条款互不冲突的补充条款证据，除非法院认定，当事方的意图，是将上述书面文件作为协议条款之完整和排他的表述。”这项规定称为口头证据(parol evidence)和外部证据(extrinsic evidence)规则。

根据这项规则，不得以之前达成的书面协议推翻当前的书面协议，也不得以同时达成的口头协议推翻当前的书面协议，但可以用其对当前的书面协议进行补充或解释，除非法院认为当前的书面协议已经完全排除了之前协议或口头协议。如果已被排除，法院即不得将当前书面协议以外的其他协议作为证据而采纳或接受。当事方在订立书面协议时，如果希望避免歧义和排除其他证据，即应在协议中明确规定，该协议为双方之间唯一有效的协议。这种条款通常称为“一体化条款”(integration clause)。

在“ARB，Inc. v. E-Systems，Inc. 案”中，买方是电子研发公司，卖方是电子设计公司，买方约定从卖方购买某些产品和服务。在谈判阶段，买方提出一项建议条款，即在卖方违约且导致买方另行购买类似产品和服务的情况下，卖方应赔偿买方额外支出的费用。在卖方的反对下，双方订立的合同并没有包括这个条款。卖方违约后，对于买方曾提出过的“另行采购赔偿”条款，买方请求将其作为解释合同的补充证据。

法院认定，买方无权提出此种补充证据，因为双方的合同已包含了“一体化条款”，且可以认定双方实际上具有一体化的意图。法院同时认为，即使抛开一体化问题，买方提出的“另行采购赔偿”条款，也不属于具有补充作用的证据，因为该条款在很大程度上与书面协议的现有条款不一致。法院认为，法典第2.202条(2)款并非仅仅排除直接对立或具有否定意义的证据。任何随后提交的证据，只要与现有书面协议存在足够的不和谐，就被该款所排除。

除去上述讨论的之前协议或口头协议，当事方之间的履约过程和交易过程,以及当事方所处行业的行业惯例,也可以用于补充和解释当前的书面协议。在一定情况下,履约过程、交易过程和行业惯例甚至可以起到否定或修改书面协议的作用。对此,法典第1.303条(f)款规定:“如果任何条款与履约过程不一致,履约过程可用于证明该条款已被放弃或修改。”这个问题前文也已讨论过。

显失公平

法典的基本原则是尊重契约自由,但在协议极度不合理的情况下,法典也会适当加以干预。在美国合同法中,极度不合理的协议属于“显失公平”(unconscionable),而法院有权对显失公平的协议作出调整或限制。法典同样采纳了这个原则。法典第2.302条(a)款规定:“如果法院认定,作为法律问题,合同或其任何条款在订立时显失公平,法院可以拒绝强制履行该合同,或仅强制履行显失公平条款以外的部分,或限制显失公平条款的适用以避免显失公平的后果。”

显失公平可以有不同形式,有时是个别条款显失公平,有时是整体协议显失公平,有时则是订立协议的程序显失公平。法院在判断协议是否显失公平时,通常不能仅看协议本身,或仅看协议的个别条款,而是需要综合分析当事案件的整体情况,并分析其商业合理性。法典第2.302条(b)款规定:“如果当事方主张,或如果法院认为,合同或其任何条款可能属于显失公平,当事方应被给予合理机会,就合同或条款的商业背景、目的和作用提供证明,帮助法院作出决定。”

在商业活动中常有这种现象,即有些合同条款表面看上去像是“霸王条款”,但实际上有其商业合理性,因此不能简单贴上显失公平的标签。例如,在摄影的胶卷时代,冲洗胶卷的店家一般都会规定,如果胶卷丢失或损坏,店家只赔偿同等价值的空白胶卷,但不承担其他责任。对顾客来说,送洗的胶卷可能具有很大的精神价值和经济价值,远不是赔偿空白胶卷可以弥补的,因此店家的规定似乎不公平。但从商业角度来看,店家只收取非常有限的冲洗费,在技术上没有防止差错的万全之策,也无法判断每个胶卷背后的具体情况,因此,很难接受巨大的赔偿责任。如果店家必须承担这种责任,就只能购买大额保险,而保险公司即使愿意承保,可能也会收取较高的保险费。最终结果是,冲洗胶卷的费用会显著上涨,形成"羊毛出在羊身上"的局面。对于整体社会,这未必是一种理想的结果。因此,让顾客自行承担风险,从降低社会总体商业成本和提高商业效率的角度来讲,也许是最合理的方式。如果顾客不愿意承担这种风险,其可以另想其他方法。如果没有任何其他人愿意分担顾客的风险,那可能就说明,这种风险本来就应由顾客自己承担,而没有理由转嫁给其他人。

所以,是否显失公平,需要根据具体的商业环境和商业逻辑综合判断。如同上述胶卷例子中所显示的,在很多情况下,这是由哪方承担风险的问题。在商业活动中,风险是天然存在的,是客观事实,法律所能解决的,无非是由谁来承担风险。而被要求承担风险的一方,必然要将其视为商业成本。有时这种成本会反映在当事方的价格或其他交易条件之中,有时则属于完全无法承受的成本,只能放弃交易。从契约自由的角度来看,法典原则上允许当事方通过协商来决定风险的承担或分担。法典第 2.303 条规定:"如果本篇规定,在当事方之间,'除另有协议外',一方承担一项风险或负担,则当事方通过协议,不仅可以规定另一方承担该风险或负担,也可以规定当事方分担该风险或负担。"也就是说,商业风险要使用商业方法来解决。

尽管如此,显示公平仍然是美国法律和法典第 2 篇的基本原则之一。在确实存在显失公平的情况下,法院仍然会加以干预。在"Campbell Soup Co. v. Wentz 案"中,罐头公司与农场主订立了购买胡萝卜的协议,规定农场主生产的胡萝卜需要全部卖给罐头公司,不得向其他人出售。同时,协议对胡萝卜的质量和规格制订了比较严苛的标准。在农场主违约并拒绝将胡萝卜出售给罐头公司后,罐头公司提起诉讼,要求法院判决农场主实际履行协议,即交付胡萝卜,并且不得将胡萝卜出售给其他人。

法院审理后认为,农场主毫无疑问地存在违约行为,但根据该案的情况,法院不能支持罐头公司,因为协议显失公平。法院认为,由罐头公司提供的格式协议在整体上极度偏向自己,而其中最主要的问题是,即使胡萝卜不符合买方标准,致使买方拒收,农场主也不能将胡萝卜出售给其他人,除非买方同意。法院认为,"这个玩笑开得太大了"(carrying a good joke too far)。法院在判决中写道,我们没有说这个合同非法,也没有说卖方的故意违约属于合理,而只是认为,买方在成功订立如此苛刻的协议后,不能再请求法院协助作出强制履行。法院认为,显失公平的约定不能强制履行,这是衡平法根深蒂固的原则,无须过多阐述。判决最后写道:"把全部条款加起来看,这个约定过于苛刻,因此,法院出于良知,实在无法予以承认。"

协议中空缺的条款

当事方在订立货物买卖协议时,出于种种原因,如疏忽或缺乏经验,有时会漏掉一些应有的条款,甚至漏掉一些重要的条款。美国合同法的一般原则是,合同成立的前提是,合同内容必须足够完整和确定。如果合同的主要条款存在缺失或模糊,合同即无法成立。这项原则在一定程度上对合同的订立形成障碍。

为了促进商业交易的进行,法典第 2 篇对当事方的货物买卖协议提供了一些补充条款,用于弥补当事方的疏漏。在当事方协议不够完整和明确时,法典的这些条款可以对协议起到补充作用,使合同能够成立。此外,前面讨论附条件承诺时曾提到,在承诺与要约不一致但法院认定合同已经成立的情况下,要约和承诺中的不同条款可能会同时被排除,导致协议中缺乏相应条款。此时,就要使用法典提供的条款进行补充。

在当事方协议缺少适当价格条款时,法典第 2.305 条规定:"(a)即使价格未定,只要当事方有意在此种情况下订立买卖合同,合同亦可成立。此时,价格应为交付时的合理价格,只要:(1)当事方对价格未作任何规定;

或(2)价格留待当事方商定而当事方未能商定;或(3)价格的确定,应以第三人或第三方机构设立或记录的某个约定市场或其他标准为根据,而此种设立或记录未能进行。(b)如果价格应由卖方或买方单方确定,其必须以善意确定价格。(c)如果价格不是通过当事方协议确定,而是通过其他方式确定,且由于一方过错致使价格未能确定,另一方可以认为合同已被解除,也可以自行确定一个合理价格。(d)但是,如果当事方无意在未确定或未商定价格的情况下受到约束,则只要未能确定或未能商定价格,合同即不成立。此时,买方必须退回已收到的货物,或如果无法退回,必须支付货物交付时的合理价值;而卖方必须退回买方预付的任何价款。"

上述规定中最重要的问题是,在缺少价格条款的情况下,当事方是否承认合同的存在,并愿意受到合同的约束。当事方的意愿需要根据当事案件的具体情况综合判断。相关因素包括当事方的语言和行为,以及履约过程、交易过程和行业惯例。假设双方已经实质上开始履行合同,或双方在过去的交易中存在类似情况但从未影响过合同的履行,可能就说明双方确有订立合同的意愿。

如果当事方确有订立合同的意愿并承认合同的存在,那么买卖合同中的价格即应为合理价格。什么是合理价格?这也需要根据具体情况综合判断。在通常情况下,多数货物都有可以参照的价格,特别是对于市场上经常买卖的货物,确定合理价格并不十分困难。对于比较特殊的货物,如果最终无法确定合理价格,这个合同可能就无法成立。假设双方买卖一件古董,但协议中未说明价格,且由于古董的独特性,也很难找到合理的参照价格,此时,也许就可以认为,当事方不具有在价格未定的情况下受到合同约束的意愿。

在当事方未规定交货地点时,法典第2.308条规定:"除另有协议外,(1)货物的交付地点为卖方的营业地;如果无营业地,为卖方的住所地;但是(2)如果合同出售的是已特定化的货物,且当事方在订立合同时已知货物在其他地点,则该其他地点为货物的交付地点;并且(3)所有权凭证可以通过惯常银行渠道交付。”

关于买卖合同中涉及的某些行为的履行时间问题，法典第 2.309 条规定：“(a)发运或交付的时间，或合同规定的其他行为的时间，如果本篇未作规定，也不存在协议，即应为合理时间。(b)规定持续履行但未规定终止时间的合同，在合理期限内有效；但除另有协议外，任何一方均可随时终止合同。”

关于价款的支付时间，如果当事方没有约定，且无法从买卖合同的条款中推算，则应按法典第 2.310 条的规定确定，即“除另有协议外，(1)价款应在买方预定收到货物的时间和地点支付，即使发运地同时为交付地；并且(2)如果卖方被授权发送货物，其可以作出保留权利的发运，并可以提示交付所有权凭证。买方可以在货物到达后先行检验，然后再支付价款，除非此种检验与合同条款不符(法典第 2.513 条)；并且(3)如果交付已得到授权，且应通过交付所有权凭证进行[上述(2)款规定的情况除外]，则无论预定收货地点为何处，均应在以下时间和地点付款：(A)在买方预定收到实体凭证交付的时间和地点；或(B)在买方预定收到电子凭证交付的时间，并在卖方的营业地，或如果没有营业地，在卖方的住所地；并且(4)如果卖方被要求或被授权凭信用发运货物，则信用期从发运时起计。但是，如果错后填写发货单的日期，或延迟送出发货单，则信用期的开始应相应推迟”。

上述规定中的“保留权利的发运”(shipment under reservation)，是指法典第 2.401 条(a)款所述的情况，即卖方在发运货物时，声明保留货物的所有权。此种情况在后面谈及合同履行时会具体讨论。关于付款和验货的关系，后面会进一步讨论，但原则上，除非协议不允许先验货后付款，否则买方均有权先验货后付款。上述规定中所说的“凭证”，是指法典第 7 篇范围内的所有权凭证，主要包括提单和仓单。所谓“错后填写日期”(postdating)，是指单据上填写的日期比出具单据的实际日期要晚。例如，将 1 月 1 日出具的单据填写为 1 月 10 日，即属于错后填写日期。反之，即为“错前填写日期”(antedating)。此种错后填写日期或错前填写日期的行为,通常是出于当事方的特定需要,在很多情况下是经过当事方约定的。法典也允许此种做法,因此不属于违法。

关于货物数量,法典只就一种特殊情况作出规定。法典第 2.306 条(a)款规定:“如果以卖方的产出量或买方的需求量作为计算数量的条款,则该条款指善意作为时的实际产出量或实际需求量。但是,提供的产出或索要的需求,与已作出的预估相比,或如果无此预估,与正常的或以前可比的产出量或需求量相比,不得有不合理的差距。”

履约中的选择权

在货物买卖交易中,双方有时对某些问题没有作出具体规定,而是把随后的决定权或选择权交给了某一方。这样做可能出于不同原因,例如,有些问题更适合一方随后决定,或双方有较强的互信,或双方在过去的交易中形成了一定的习惯。尽管这给合同条款带来一定的不确定性,但法典认为合同并不因此而失效,只是在这种情况下,有权单方作出决定或选择的当事方必须以善意作为,且所作的决定或选择必须具有商业合理性。

对此,法典第 2.311 条规定:“(a)如果买卖协议在其他方面具有充分确定性[第 2.204 条(c)款],足以构成合同,则即使某些履约细节被留待任何一方随后选定,合同亦不因此无效。此种选择必须以善意作出,且必须具有商业合理性。(b)除另有协议外,货物的花色规格由买方选择;且除第 2.319 条(a)(3)款和(c)款另有规定外,发运的规格或安排由卖方选择。(c)如果此种选择对另一方的履约有重大影响,却未能及时作出选择,或如果一方的合作对另一方的约定履约为必要,却未能及时提供合作,则该另一方除享有所有其他救济外:(1)对于因此导致的自己延迟履约,即被免除责任;并且(2)可以选择以任何合理方式继续履约,也可以选择在自己履约的重要部分已完成的情况下,把另一方未能作出选择或未能提供合作的行为,视为未能交付或未能接受货物的违约。”上述第(a)款是一般原则,第(b)款是两个举例,而第(c)款是一方应该作出决定而未能作出决定时的后果。

第三节　卖方对货物的担保

在货物买卖交易中,买方自然期待货物达到一定的状况和标准,而卖方也应该对此承担一定的保证义务。这是货物买卖交易中双方最关心也最容易产生争议的问题之一。卖方就货物所作的保证,在法典第2篇中称为“担保”(warranty)。卖方明确作出的担保称为“明示担保”(express warranty),而卖方没有作出明确表示但法律认为卖方已默示承担的担保,称为“默示担保”(implied warranty)。如果卖方作出某种担保,但实际情况与该担保不符,就属于卖方违反担保,卖方要承担违约责任。

如果卖方不希望承担任何担保责任,或只愿意承担有限的担保责任,法典原则上允许卖方不提供任何明示担保,并在很大程度上允许卖方排除或修改默示担保。同时,法典原则上允许卖方把自己的赔偿责任限定在一定范围内,或把买方的救济种类或方式限定在一定范围内。这体现了法典的契约自由原则,即只要买方明确表示愿意在此种情况下继续与卖方进行交易,法典原则上尊重当事方的自主意愿。

明示担保

卖方对货物作出哪些明示担保,完全由卖方自己决定,因为所谓“明示”,本来就是卖方主动作出的表述。卖方如果不愿意提供任何明示担保,可以不对货物作出任何明示保证,包括以书面形式、口头形式、行为形式、或样品形式提供的保证。但在实际货物买卖交易中,卖方不可能不对货物作出任何明示担保,因为卖方不可能不就货物向买方作出任何说明。即使卖方认为只是单纯描述货物,该描述也有可能构成保证。如果卖方将货物描述为“大米”,那卖方就要保证货物确实是大米。

卖方的担保或保证,与卖方实际使用的措辞无关,也与卖方的意图无关。法典第 2.313 条(b)款规定:“明示担保的产生,不取决于卖方是否使用‘担保’或‘保证’这类正式用语,也不取决于卖方是否具有提供担保的具体意图。”但是,也并非任何表述都构成担保。该条款同时规定:“卖方仅确认货物的价值,或仅表明自己对货物的看法或赞扬,并不构成担保。”假设卖方说自己的货物“物有所值”,这也许就仅仅是一种看法或赞扬,而不是一种保证。

卖方在出售货物的过程中,通常要对货物作出展示或说明,而这些展示或说明有可能构成卖方的明示担保。法典第 2.313 条(a)款列举了引起担保的几种常见情况,即“卖方通过下列方式作出明示担保:(1)如果卖方就货物向买方确认的事实或作出的许诺构成交易之基础的一部分,卖方即明示担保,货物将符合此种确认或许诺。(2)如果对货物的任何描述构成交易之基础的一部分,卖方即明示担保,货物将符合此种描述。(3)如果任何样品或模型构成交易之基础的一部分,卖方即明示担保,全部货物都将符合此种样品或模型”。

根据上述规定,只要卖方就货物提供任何确认、许诺、描述或样品,卖方就要保证货物符合此种确认、许诺、描述或样品,只要这些内容构成了“交易之基础的一部分”(part of the basis of the bargain)。也就是说,只要卖方的表述影响了买方的购买决定,成为双方达成交易的原因之一,就属于卖方提供了担保。

上述规定中所说的“交易之基础的一部分”,并不包含对量的要求,因此卖方的说明可以不是达成交易的唯一原因,甚至也可以不是主要原因,而是只要与买方的购买决定存在任何程度的联系,就满足这项规定的要求。一般而言,由于很难判断买方在作出购买决定时受到哪些因素的影响,而且买方在很多情况下也不会明确说明这些因素,因此,法院一般推定认为,卖方的各种表述,包括确认、许诺、描述或样品,都在一定程度上构成交易的基础,除非卖方能够提出相反证明。例如,假设卖方能够证明,在卖方对货物作出某种许诺时,买方曾表示并不相信该许诺,但出于其他原因仍然愿意购买，此时，该许诺也许就不构成双方的交易基础。

关于明示担保，最困难的问题之一，即区别担保与看法。对于某些产品，如古董、古画或珠宝等，卖方根据自己的理解所作的说明是担保还是看法？在“Smith v. Zimbalist 案”中，法院援引了大量判例来分析这个问题在美国法律中的演变。案件的具体情况是，卖方是一位年近 90 岁的古董小提琴的爱好者和收藏家，但不是小提琴经销商，而买方是国际最著名的小提琴家之一，本身也收藏古董小提琴。买方专程拜访卖方，希望观看卖方的藏品。在观看的过程中，买方就其中一把小提琴评论说，这应该是“斯特拉迪瓦里小提琴”（Stradivarius），你愿意出售吗？卖方表示愿以 5000 美元出售。买方随后又就另一把小提琴评论说，这应该是“瓜奈利小提琴”（Guarnerius），你愿意出售吗？卖方说如果两把小提琴一起卖，可按 8000 美元出售。买方表示同意，并现场支付了 2000 美元，同时约定分期支付剩余的 6000 美元。直到此时，卖方从未就小提琴的实际制造者发表任何意见。

双方就出售价格达成一致后，买方写了一份确认书，说明自己购买了一把斯特拉迪瓦里小提琴和一把瓜奈利小提琴，已付 2000 美元，随后分期支付 6000 美元。卖方相应开了一个收据给买方，收据上也说明了琴的制造者。随后，买方在支付 6000 美元余款之前，发现这两把琴不是斯特拉迪瓦里和瓜奈利小提琴，而是仿制品，价值不超过 300 美元，因此拒绝支付余款。

在庭审过程中，双方对事实没有异议，并且都同意不存在欺诈问题，而是双方都真诚地对小提琴的制造者存在误解。法院认为，在早期的判例中，对于古董、古画或珠宝等主要依靠主观判断的物品，卖方对于年代、成分、制造者或类似情况的表述，通常被视为看法，而不是对物品实际情况的保证，因此卖方不对这些看法承担责任。但在近期的判例中，卖方的责任已显著增加。在该案中，卖方没有主动说明小提琴的制造者，但也没有对买方的看法表示异议，而且在收据中明确注明了小提琴的制造者。法院最终认定，卖方的行为和表述已经不再是看法，而是构成卖方的明示担保。

默示担保:完好所有权

在货物买卖中,除个别情况下双方另有约定外,卖方必须将货物的完好所有权转移至买方。这是货物买卖的基本特征,也是卖方最基本的义务。卖方转移完好所有权的义务,被法典视为卖方的默示担保,即只要未被卖方明确排除,就自动存在于货物买卖合同中。对此,法典第2.312条(a)款规定:"买卖合同中包含卖方的下列担保:(1)所转让的所有权系属完好,且转让系属正当;并且(2)货物在交付时,不存在买方在订立合同时不知道的任何担保权益或其他留置权。"这项规定中所说的"交付时",是指卖方只需要保证货物在交付时具有完好所有权,而在此之前,即使货物上存在其他权益,也不属于卖方违反担保。所谓"转让系属正当",通常也与完好所有权相连,因为如果转让方式存在问题,或如果卖方本来无权转让,则所有权也会受到影响。

默示担保:不存在侵权

卖方如果是商人(merchant),就必须承担另一项默示担保义务,即货物不存在侵权(infringement)。这里的"侵权",主要是指对他人版权、商标权、专利权等知识产权或其他财产权的侵犯,不同于那种对人身或财产造成伤害的侵权(tort)。关于侵权问题,法典第2.312条(b)款规定:"除另有协议外,卖方如果是惯常从事该类货物交易的商人,即担保所交付的货物不受任何第三人以侵权或类似原因提出的正当指控。但是,如果买方向卖方提供货物规格,且卖方因遵从该规格受到侵权指控,买方必须保证卖方不受损失。"

根据这项规定,只有在卖方是商人时,卖方才承担这项默示担保义务。假设卖方出售自家的二手汽车,则即使该汽车侵犯了他人的商标权或专利权,卖方也不承担责任。此外,尽管此种侵权会影响买方对货物的完好权利,但从卖方角度来看,货物存在侵权不等于卖方违反了所有权担保。在上述例子中，卖方对二手汽车的所有权可能是完好的，但并不排除汽车的某个部分实际上侵犯了他人的商标权或专利权。

默示担保：商销性

法典规定的另一项默示担保称为“商销性”（merchantability）。同样，只有当卖方是商人时，卖方才提供这项默示担保。法典第2.314条(a)款规定：“如果货物买卖合同的卖方是该类货物的商人，合同即包含一项默示担保，即货物具有商销性，除非该担保被排除或修改（第2.316条）。”

所谓“商销性”，是指货物必须具有商品销售时本应具有的状态和品质。法典第2.314条(b)款规定：“货物至少达到下列标准才具有商销性：(1)根据合同的描述，货物可以不受异议地得到本行业认可；并且(2)涉及种类物时，货物在描述范围内具有良好平均品质；并且(3)货物适合其使用的通常用途；并且(4)货物在每个单位内部以及全体相关单位之间，种类、质量及数量均匀，差异在协议允许的范围内；并且(5)当协议有要求时，货物按要求妥善地置入容器、加以包装并贴上标签；并且(6)当容器或标签上载有许诺或对事实的确认时，货物符合此种许诺或确认。”

以上标准必须全部满足，货物才具有商销性。上述第(1)款不是指货物的实际状况，而是指卖方对货物的描述。假设卖方出售一辆汽车，并在汽车的销售手册中说明，该汽车的最高时速为每小时20公里，那么这种描述可能就无法得到行业的认可，因为汽车的时速应该远高于此。在这种情况下，即使卖方并未违反自己作出的明示担保，却违反了法典规定的默示担保。法典这项规定的目的是尽量促使卖方提供能达到行业通常规格和水平的货物。

上述第(3)款可能是最重要的默示担保，也是最容易引起争议的。根据该款，货物必须适合（fit for）其使用的“通常用途”（ordinary purposes）。这个标准看似直接和简单，似乎大体上就是冰箱能够正常制冷、电水壶能够正常烧水、汽车能够正常行驶等，但实际上，这可能是一个相当复杂的问题,因为有时很难确定“适合”的界限。假设汽车在碰撞事故中汽油箱起火,那么这辆汽车是否适合其使用的通常用途?这涉及油箱应该如何设计的问题,但可以想象,无论怎样设计,油箱在碰撞中都有一定的起火概率,因此绝对的安全并不存在。即使绝对安全的设计真的存在,汽车的价格也可能早就不是一般消费者所能承受,因此这种汽车也不可能出现在日常消费市场上。所以问题的实质是,对于面向普通消费者的汽车,油箱应该安全到什么程度才能使汽车适合其使用的通常用途?政府、行业或商家制定的各种标准可以解决一部分问题,但无法解决全部问题。

有关商销性的另一个问题是,商销性是否与卖方主观因素或客观条件有关?在“Vlases v. Montgomery Ward & Co. 案”中,卖方出售的小鸡感染了病毒,在买方接受货物后不久即全部死去。此种病毒事先无症状,在当时技术条件下也无法检测,因此卖方在出售时并不知道小鸡感染病毒。这种病毒在当时也没有预防或治疗方法。法院的判决是,卖方的货物不适合其使用的通常用途,因此违反了商销性的默示担保。法院在判决中写道,在货物违反商销性担保的问题上,“法典并不要求证明,卖方发现了或本来应该发现货物存在缺陷,而只要求证明,货物在交付时不具有可供销售的品质”。

这个案例说明,商销性是货物买卖中比较困难的问题。在很多情况下,卖方既受到技术的限制,也受到成本的限制,也受到习惯和传统的限制,因此,货物可能无法做到绝对安全,无法做到完美无瑕。这是不可否认的实际情况。因此,关键在于找到一个合适的平衡点。如果标准过高,将使卖方承受其可能无法承受的过重负担,最终导致日常的货物买卖交易无法进行或无法正常进行。如果标准过低,将会损害货物使用方的利益,并导致市场状况恶化,最终损害整体市场。为了找到合适的平衡点,美国的法院付出很多努力,并提出了不同理论,但总体而言,这个问题仍然需要根据每个案件的具体情况进行分析,包括当事方在交易中的实际约定和合理期待。

在“Valley Iron & Steel Co. v. Thorin 案”中，买方是销售树木种植工具的经销商，而卖方是五金制品生产商。买方向卖方询问其是否能够制造锄头和木把之间的固定件，并向卖方提供了一个样品（另一家公司的产品）。买方告诉卖方，这是用于种树的工具，需要能够经受土壤中石头的碰撞。卖方说可以生产。但买方收到货物后，发现固定件容易断裂，因此认为货物不具有商销性。法院审理后认定，卖方使用的是铸铁，质地比较脆，属于材料选择不当。双方的协议虽然没有约定具体材料，且卖方是按买方提供的样品生产的，但卖方是五金制品生产商，因此有义务使自己的货物适合于该产品的通常用途。

在“International Petroleum Services, Inc. v. S&N Well Service, Inc. 案”中，买方从卖方购买了两套二手的钻井设备。两套设备都出现故障，因此买方认为货物不具有商销性。法院认为，货物是否具有商销性，需要根据情况综合分析，包括交易背景、货物价格和合理期待，而该案涉及的是价格较低且经过长期使用的二手设备，因此不能期望其具有全新设备同样的品质。法院认定，该案中的一套设备经过卖方的修理，正常工作的时间已超过合理时间，因此不能认为不具有商销性。对于另一套设备，买方在购买时曾要求作出某些改动，而设备最终因为此种改动而完全无法工作。卖方认为，改动是买方要求的，因此卖方不应承担责任，但法院认为，卖方当时有理由知道此种改动会导致设备不能正常工作。因此，卖方作为专业设备供应商，有义务向买方指出这个问题，并拒绝此种改动。卖方没有履行这个义务，因此需要为货物不具有商销性承担责任。

在“Webster v. Blue Ship Tea Room, Inc. 案”中，顾客在海鲜餐厅点了一份“鱼浓汤”（fish chowder），但喝汤时被鱼骨卡住喉咙，受到伤害。关于餐厅的食品是否具有商销性，法院认为，鱼浓汤是当地的传统菜品，其带骨烹调的方式已长期存在并被广泛接受，而顾客作为当地人，不可能不知道鱼浓汤的烹调方式，因此应该合理期待汤中会有鱼骨。所以，汤中的鱼骨虽然有可能对顾客造成一定的风险或伤害，但这并不使该食物失去商销性。

总体而言,在涉及面向普通消费者的产品时,社会整体的公平感、接受度和期待值对商销性问题起到重要影响。对于任何货物,如果一般公众都认为其可以正常使用,属于正常的货物,该货物可能就具有商销性。当然,具体案件是无法征求一般公众意见的,因此最多只是法官把自己放在一般公众的位置上去进行判断。在专业产品的案件中,法院则会更多地考虑双方的实际约定,以及交易的商业背景和商业合理性,包括行业惯例等。例如,在“Ambassador Steel,Co. v. Ewald Steel,Co. 案”中,卖方和买方都是钢材经销商,并约定货物应具有“商用品质”(commercial quality)。双方随后对货物是否具有商销性发生争议。法院在听取第三方专家证词后认定,商用品质在钢材业的行业惯例中的意思是,钢材的碳含量需要保持在一定范围内,而卖方的钢材不在这个范围内,因此不具有商销性。

默示担保:适用于特定用途

上述有关商销性和不存在侵权的两项默示担保,是商人卖方需要承担的义务。法典规定的另一项默示担保则适用于所有卖方,即货物适用于“特定用途”(particular purpose)。法典第 2.315 条规定:“如果在订立合同时卖方有理由知道,货物系用于某种特定用途,且买方依赖卖方的技能或判断来选择或提供适合的货物,卖方即默示担保,货物将适用于该用途。”

所谓“特定用途”,是相对于前面提到的“通常用途”来说的。例如,作为普通餐具的玻璃盘的通常用途是常温下的容器,可以放水果或其他食物,而如果买方希望将其放入烤箱作为烘焙用具,可能就属于特定用途,因为这不是该玻璃盘的通常用途。但是,假设玻璃盘的标签说明是可以用于烤箱的耐高温玻璃盘,则用于烘焙就属于该玻璃盘的通常用途。

在涉及特定用途的担保时,买方是否充分说明了自己的使用目的,有时不是最主要的因素,更关键因素在于,卖方是否有理由意识到买方的特定用途。法典的正式评论说:“在本条中,买方无须让卖方充分地实际了解买方为货物计划的特定用途,或买方对卖方的技能或知识的依赖,而是只要卖方有理由意识到买方的特定用途或买方的依赖即可。”这条评论意在说明，一旦卖方有理由意识到货物的特定用途，则即使买方的说明不够充分，卖方也有义务主动作出进一步了解，以便提供适用的货物。如果卖方未能做到这一点，可能就要承担违反担保的责任。

在“Lewis v. Mobil Oil Corp. 案”中，买方从卖方购买机油，用于自己的一种机器。买方不知道该用何种型号的机油，因此向卖方询问，并简单说明了自己的机器。卖方在并未完全了解清楚的情况下，向买方推荐了一种型号的机油，但实际上该机油并不适合该机器使用。法院认为，卖方违反了货物适用于特定用途的担保，因为其已经意识到买方是为特定种类的机器使用，但在没有进一步了解的情况下，实际上推荐了错误的机油。

即使买方在购买货物时在相当程度上依赖了自己的判断，法院仍有可能认为，卖方对自己的货物具有更多的知识和更好的判断，因此不能将选购适用货物的责任完全推卸给买方。在“Addis v. Bernardin, Inc. 案”中，买方从卖方购买油罐的盖子，并向卖方提供了一个样品。卖方了解买方的用途后，说明自己的产品不适合，但没有解释原因。买方没有看出为什么卖方的产品不适合，因此还是从卖方购买了盖子。最终，盖子由于密封问题发生漏油，确实无法使用。法院认定，卖方违反了货物适用于特定用途的担保。法院的理由是，卖方虽然事先已将产品不适用的情况告诉买方，且买方在很大程度上依赖了其自己的判断，但卖方的过错在于明知产品不适合而仍然出售该产品。在该案中，买方提供的样品与卖方的产品在外观上非常相像，但化学成分不同，因此，买方的样品可以用于油罐，而卖方的产品则不适合用于油罐。买方当时不知道这个区别，但卖方知道。法院认为，在这种情况下卖方有义务作出进一步的解释，或有义务拒绝出售。

担保的排除和修改

上述列出的各种担保，包括卖方主动作出的明示担保，以及法典所规定的 4 种默示担保，即货物具有完好所有权、货物不存在侵权、货物具有商销性以及货物适用于特定用途的担保,均可由卖方通过一定方式予以排除或修改。也就是说,如果卖方确实不愿意提供这些担保,法典并不强制要求卖方提供,但卖方必须按照法典规定的方式,排除或修改这些担保,以保证买方在购买时清楚地知道货物的情况和自己的权利。

明示担保是卖方通过作出确认或许诺,或提供样品或标签等方式主动作出的担保。从道理上来讲,既然卖方主动作出担保,自然没有理由再予以排除。但在实际商业活动中,卖方的言行确实有可能自相矛盾,因为卖方一方面需要推介自己的货物,另一方面可能又不愿意承担责任。因此,可能会出现卖方一方面以某种形式提供保证,另一方面又以某种形式否认保证的情况。

在这种情况下,如何确定卖方的明示担保?对此,法典第 2.316 条(a)款规定:“引起明示担保的词句或行为,与具有否认或限制该担保之倾向的词句或行为,在合理的情况下,应作出互不矛盾的解释;但是,除本篇有关口头证据和外部证据的条款另有规定外(第 2.202 条),在此种解释不合理时,否认或限制无效。”

上述规定中使用了“倾向”(tending)这个表述,目的在于说明,看上去不一致的言行不一定真的存在矛盾,因此法院有义务在可能的情况下作出互不矛盾的解释。在“General Motors Corp. v. Green 案”中,汽车制造厂在介绍汽车的材料中,说明汽车系来自制造厂的新车,但同时又在其他地方说明,汽车的个别部件可能经过制造厂修理。法院认为这两种说法并不矛盾,因为汽车整体确实是新的,只是个别部件存在轻微修复,从总体来看,不能因为此种修复而否定整车的新车性质。

但是,如果卖方有关担保的表述确实存在矛盾,那么根据法典的上述规定,否定或限制明示担保的言行无效。在“Walcott & Steele, Inc. v. Carpenter 案”中,卖方在相关材料中说明,保证种子有 80% 的发芽率,但在另一个地方又说明,排除对种子生命力的任何担保。法院认为,卖方的排除与明示担保存在矛盾,因此排除无效,卖方有义务保证种子达到 80% 的发芽率。

默示担保不是卖方主动作出的担保，而是基于法典规定而自动存在的担保。如果卖方确实没有提供默示担保的意愿，法典也允许卖方对其予以排除或修改。关于货物的完好所有权，法典第 2.312 条(b)款规定："要排除或修改(a)款规定的担保，必须通过具体的语言或客观情况，使买方有理由知道，出售货物的人不声称拥有所有权，或只试图出售其自己或第三人可能拥有的那部分权利或所有权。"

关于商销性和适用于特定用途的担保，法典第 2.316 条(b)款规定："除(c)款另有规定外，要排除或修改有关商销性的默示担保或其任何部分，用语必须提及商销性；如果使用书面形式，书写必须醒目。要排除或修改有关适用性的默示担保，必须使用书面形式，且书写必须醒目。要排除有关适用性的所有默示担保，可以使用诸如'不存在超出此处描述的任何其他担保'一类的词句。"

此外，作为排除默示担保的基本原则，法典第 2.316 条(c)款规定："(1)除客观情况另有所指外，使用诸如'依现状'或'残次品'这类用语，或其他根据通常理解，可使买方注意到排除担保且明确不存在默示担保的用语，即可排除所有默示担保；并且(2)如果买方在订立合同前，按照自己希望的详细程度检验了货物或其样品或模型，或拒绝检验货物，则对于货物中存在的通过检验在当时情况下本可发现的瑕疵，不存在默示担保；并且(3)交易过程、履约过程或行业惯例也可以排除或修改默示担保。"

担保的叠加和冲突

如果卖方作出一项以上的担保，包括明示担保和默示担保，则在不存在矛盾的情况下，各项担保的效力是叠加的。在矛盾的情况下，则按一定顺序，确定不同担保的优先效力。法典第 2.317 条规定："各种担保，无论为明示或默示，均应被解释为互不矛盾，且效力叠加。如果此种解释不合理，应根据当事方的意图确定哪项担保为主。当事方的意图，应根据下列原则确定：(1)精确规格或技术规格，排除不一致的样品或模型，或一般性文字描述。(2)现存批量货物中抽出的样品，排除不一致的一般性文字描述。(3)明示担保排除不一致的默示担保，但适用于特定用途的默示担保除外。"

担保对第三方的效力

卖方所作的担保，本意是提供给货物买方的。因此，在美国合同法的传统规则中，只有买方可以追究卖方违反担保的责任，而其他人无权追究。这个原则称为"合同关系"(privity of contract)原则，即卖方的担保是通过合同提供的，只有作为合同当事方的买方可以享有该权利，而第三方不享有该权利，因为他们不是合同的当事方。

但在实际生活中，如果货物不符合卖方的担保，第三方又确实有可能受到不利影响。假设卖方出售给买方一台电视，而买方与朋友一起看电视。电视存在质量问题，引发火情，致使观看电视的买方的朋友受到伤害。此时，除电视本身的损坏外，买方没有受到人身伤害，因此无法以该理由起诉卖方。买方的朋友虽然受到人身伤害，但与卖方没有合同关系，因此也无法以卖方违反担保为由起诉卖方。尽管买方的朋友也许有权以侵权(tort)为由起诉卖方，但这是另外一种诉因，与卖方的货物担保责任无关。而且，美国传统的侵权法以过失或疏忽作为认定侵权的前提条件，但证明过失或疏忽有时比较困难，且有些损害未必是由于过失或疏忽造成的。无论如何，如果允许第三方在一定条件下基于担保责任起诉卖方，不仅可给受害方提供另一个选择，而且可能也更加公平合理。因此，美国法律界长期以来一直试图解决卖方担保的第三方受益人问题。

随着社会的进步和发展，美国法律对"合同关系"的态度逐步发生变化，已在一定程度上允许第三方作为卖方担保的受益人，追究卖方违反担保的责任。但是，对于第三方在何种程度上享有此种受益权，美国各州仍然未能形成比较一致的立场，有时甚至存在较大分歧。在无法适度统一各州立场的情况下，法典第2.318条就第三方受益人问题提供了3种不同版本，供各州根据本州情况自由选用。这3种版本分别如下。

第一种版本："卖方的担保，无论系明示担保还是默示担保，均延至任何自然人，只要该人与买方同属一个家庭或同住一处，或只要该人系买方家庭的访客并有合理理由预见该人会使用该货物或受到该货物的影响，且由于违反担保致使该人受到人身伤害。卖方不得排除或限制本条的适用。"

第二种版本："卖方的担保，无论系明示担保还是默示担保，均延至任何自然人，只要有合理理由预见该人会使用该货物或受到该货物的影响，且由于违反担保致使该人受到人身伤害。卖方不得排除或限制本条的适用。"

第三种版本："卖方的担保，无论系明示担保还是默示担保，均延至任何人，只要有合理理由预见该人会使用该货物或受到该货物的影响，且由于违反担保致使该人受到伤害。对于延至任何个人的担保，卖方不得排除或限制在该人受到人身伤害时本条的适用。"

可以看到，在上述3种版本中，第一种版本的适用范围最窄，第三种版本的适用范围最宽，而且相差幅度较大。这说明，在这个问题上，美国法律界还存在较大分歧。除这3种版本外，有些州还制定了自己的独特规则。得克萨斯州的版本是："对于下列问题，即向买方作出的有关质量的明示担保或默示担保是否可使买方以外的人受益，以及买方（或买方所获担保的其他受益人）是否可就货物质量瑕疵起诉除直接卖方以外的第三方，本篇不作规定。此类问题留给法院决定。"得克萨斯州的这项规定，直接回避了这个问题，将其完全留给了法院，允许法院根据法典以外的合同法原则及其他适用法来处理此类问题，包括判例法和衡平法。

第四节　货物买卖中的贸易术语

早期的货物买卖交易，都是由买卖双方当面进行，或在一个相对较小的区域内进行。随着贸易的发展,特别是海外贸易的发展,卖方和买方之间的距离越来越远。这样就产生了货物运输的问题,以及与运输相关的一些问题,如运输费用、保险责任和损失风险等。这些问题在海外贸易中尤为突出,因为货物的数量、价值和风险都很大。为了应对这些问题,商人之间逐渐形成了一些习惯做法和规则。在总结和归纳这些做法和规则的基础上,国际商会(International Chamber of Commerce)于1936年制定了《国际贸易术语解释通则》(INCOTERMS),并不断进行修订。这些贸易术语在国际贸易中获得广泛应用。

考虑到有些贸易术语在美国的商业活动中也有相当程度的使用,并且美国也参与了大量国际贸易,因此,法典也将最常用的一些贸易术语包括在法典之内,例如,"成本加保险费运费"(C. I. F.)、"成本加运费"(C. & F.)和"运输工具上交货"(F. O. B.)等。但是,美国法律界一般认为,这些术语在法典中的意义已逐渐降低,因为目前的商业运输已经发展到高度复杂的阶段,行业内存在大量的格式合同、特定做法和行业惯例,基本上取代了法典中简单的贸易术语。由于这个原因,美国学者在介绍法典第2篇时,基本都不再涉及其中的贸易术语。为此,下面仅简要说明一下法典中的贸易术语,但不作详细介绍。有兴趣的读者可以结合国际上使用的相关贸易术语作进一步的了解。需要注意的是,法典中的这些术语,即使名称与国际贸易术语相同,含义可能也有一定区别。

运输工具上交货;船边交货

在法典中,"运输工具上交货"(F. O. B. 或 free on board)这个术语可以指在发运地交货,也可以指在目的地交货;并且,除另有约定外,可以使用任何运输工具,并不仅限于船舶。取决于双方的约定,这里的"交货"既可以指交付货物本身,也可以指交付代表货物的提单等运输单据,但以交付单据为主。

关于"运输工具上交货",法典第2.319条(a)款规定:"除另有协议外,在指定地点的‘运输工具上交货’条款，即使仅用于所报的价格，仍构成包含下列内容的交付条款：(1)如果使用发运地‘运输工具上交货’条款，卖方必须按本篇规定的方式在该地发运货物(第2.504条)，并承担将货物交给承运人占有的费用和风险；或(2)如果使用目的地‘运输工具上交货’条款，卖方必须自行承担费用和风险，将货物运输到该地，并在该地按本篇规定的方式提示交付(第2.503条)；(3)无论使用(1)款或(2)款所述的条款，如果其另外附有‘船舶’‘汽车’或其他运输工具字样，则卖方必须另外自行承担费用和风险，将货物装上相应的运输工具。如果使用‘船舶运输工具上交货’条款，买方必须提供船舶的名称；在适用的情况下，卖方必须遵守本篇有关提单格式的条款(第2.323条)。”

在使用上述术语时，双方需要约定交货的地点。一种是发运地交货，通常就是卖方所在地；另一种是目的地交货，通常就是买方所在地。如果是发运地交货，卖方的货物价格中不包含货物运输的费用，因此运输的费用由买方承担，而卖方只是负责将货物交付给承运人。尽管术语中包含“运输工具上”(on board)的表述，但卖方没有义务将货物装上运输工具，而只要交付给承运人即可。除另有约定外，货物的所有权在卖方将货物交付给承运人时转移至买方，损失风险也同时转移至买方。如果是目的地交货，货物的价格中包含运输费用，同时卖方承担运输中的损失风险。除另有约定外，货物的所有权在目的地交付货物时转移至买方。在使用“运输工具上交货”术语时，无论是发运地交货还是目的地交货，双方都可以进一步规定运输工具的种类，如规定“船舶运输工具上交货”(F. O. B. Vessel)。在这种情况下，卖方有义务将货物装上运输工具。

关于“船边交货”(F. A. S. 或 free alongside)，法典第2.319条(b)款规定：“除另有协议外，指定港‘船边交货’条款，即使仅用于所报的价格，仍构成交付条款，其中，卖方必须：(1)自行承担费用和风险，将货物以该港口惯常的方式运至船边，或运至买方指定或提供的码头；并且(2)取得货物收据并向买方提示交付该收据，且必须使承运人有义务凭该收据换发提单。”术语中的“指定港”(named port)稍显模糊,但可以看出是指双方约定的发运港。在这个术语中,卖方没有义务将货物装上船舶。

此外,法典第2.319条(d)款规定:“在使用‘船舶运输工具上交货’条款或‘船边交货’条款时,除另有协议外,卖方一旦提示交付所需的单据,买方就必须付款;卖方不得提示交付货物用于代替单据,买方也不得作此要求。”上述两个术语都是发运港交货条款。在货物发运后,卖方取得运输单据,并可以根据此种单据要求买方付款。此时,买方还没有收到货物,但也必须先付款,除非当事方另有约定。

成本加保险费运费;成本加运费

关于“成本加保险费运费”(C. I. F. 或 cost, insurance & freight)及“成本加运费”(C. & F. 或 cost & freight),法典第2.320条规定:“(a)‘成本加保险费运费’条款指在一个总体价格中包含了货物价格和将货物运达指定目的地的保险费和运费。‘成本加运费’条款指在一个总体价格中包含了货物价格和将货物运达指定目的地的运费。(b)除另有协议外,目的地‘成本加保险费运费’条款或其他相等条款,即使仅用于所报的价格和目的地,仍要求卖方自行承担费用和风险完成下列:(1)在发运港将货物交给承运人占有,并取得将货物全程运至指定目的地的流通提单;并且(2)将货物装上运输工具,并从承运人取得证明运费已付或已落实的收据(可以包括在提单内);并且(3)取得保险单或保险凭证(包括任何战争险),且类型和条款为发运港当时所通行,数额为惯常金额,货币为合同货币,覆盖的货物为提单所覆盖的货物,损失赔偿的受款人为买方的指定人或其他相关人;但在含有战争险时,卖方可将此种保险的费用加计在货物价格内;并且(4)准备发货单,并取得为发运货物所必需或合同所规定的所有其他单据;并且(5)以商业式迅捷送出并提示所有单据,且单据格式必须适当,并附有为完善买方之权利所必要的任何背书。(c)除另有协议外,‘成本加运费’条款或其他相等条款,除不存在保险义务外,其他方面与‘成本加保险费运费’

条款的效力相同,且卖方应承担的义务和风险也相同。”

此外,与法典第2.319条的规定相同,第2.320条(d)款规定:“在使用‘成本加保险费运费’条款或‘成本加运费’条款时,除另有协议外,卖方一旦提示交付所需的单据,买方就必须付款。卖方不得提示交付货物用于代替单据,买方也不得作此要求。”

这两个术语,本质上与发运地“运输工具上交货”(F. O. B.)术语类似,即卖方的义务都是在发运地将货物交付给承运人,且货物的所有权和损失风险都从那时起转移至买方。并且,卖方履行交付义务的方式通常都是交付运输单据,而不是交付货物本身。不同的是,在“成本加保险费运费”的术语中,卖方的价格已经包含了将货物运输至目的地(通常为买方所在地,但也有可能是买方指定的任何其他地点)的保险费用和运输费用,而在“成本加运费”的术语中,已经包含了运输费用。但是,大体上可将其视为由卖方作为买方代理人而作出的安排,而不是卖方自己的安排,因为卖方只要将货物交付给承运人,并将相关单据交付给买方,卖方就履行了该术语项下的义务。如果运输发生问题,或货物在运输途中发生损失,都属于买方与承运人或保险公司之间的问题,卖方无须介入,也不承担任何责任。

战争险并非在所有情况下都需要,因此需要根据当时的情况和当事方的约定购买。战争险的费率随情况的发展变化很大,所以可能需要单独计算。上述术语中提到的“商业式迅捷”(commercial promptness),根据法典正式评论的解释,是指比“合理时间”更快的行动,即卖方需要很快发送出单据。一方面,是为了保证在货物到达买方之前,单据能先行到达买方;另一方面,也是方便买方对货物的下一步处置。

在当事方使用“成本加保险费运费”术语或“成本加运费”术语时,法典允许当事方对货物重量、货物价格、付款方式等作出某些特别约定,相当于对这两个术语作出一定修改。法典的正式评论解释,这并不改变两个术语的本质,但在某些方面改变了当事方的权利和义务。法典第2.321条规定:“当合同使用‘成本加保险费运费’条款或‘成本加运费’条款时,(a)如果价格是根据‘到货净重’‘交货后的重量’‘产出’的数量或质量，或类似方式计算或调整时，除另有协议外，卖方必须合理估算价格。在提示合同规定的单据后，应支付的价格为此种估算价格。价格的最终调整完成后，结算必须以商业式迅捷完成。(b)上述(a)款所述的协议，或对到达货物的质量或状况的任何担保，使卖方对货物在运输途中出现的正常变质、减损或类似问题承担风险，但不影响货物特定于买卖合同项下的时间或地点，不影响交付的时间或地点，也不影响损失风险的转移。(c)除另有协议外，如果合同规定货到之时或之后付款，卖方必须允许在付款前对货物进行任何可行的初步检验；但如果货物已灭失，则交付单据和付款的时间，为货物本应到达的时间。”

目的港船上交货

关于“目的港船上交货”(Ex-Ship)，法典第2.322条规定：“(a)除另有协议外，‘目的港船上交货’条款(指装运船)或其他相等用语的交货条款，不要求使用特定船舶，而只要求装运货物的船舶到达指定目的港内惯常卸载该类货物的地方进行交付。(b)除另有协议外，此种条款表示：(1)卖方必须解除因货物运输产生的所有留置权，并向买方提供使承运人承担交货义务的命令；并且(2)在货物脱离船舶吊钩前或以其他适当方式卸载前，损失风险不转移至买方。”

根据法典的正式评论，即使当事方的协议规定了特定的运输船舶，卖方也没有义务必须使用该船舶，而是可以使用任何船舶，因为这个术语要求卖方在的目的地交货，且卖方的价格中包含了运输的费用，运输途中的损失风险也由卖方承担。在交货前，货物所有权不转移至买方。在目的地交货时，卖方无须交付提单或其他运输单据，而只须在目的地通过适当方式使买方取得货物的交付，如向承运人发出交付指示。在一定程度上，“目的港船上交货”术语类似于“船边交货”术语，只是前者在目的港交货，卖方承担运输的费用和损失，而后者在发运港交货，买方承担运输的费用和损失。

货到成交

在货物买卖交易中，当事方有时也会采用“货到成交”(No Arrival, No Sale)的方式。如果采用此种方式，则只有在货物到达目的地后，买卖交易才算成交。法典第2.324条规定：“除另有协议外，‘货到成交’条款或类似含义的条款指：(1)卖方必须将符合合同的货物适当地发运，并在货物以任何方式到达时，作出提示交付；但是，卖方对货物能否到达不承担责任，除非未到达系由卖方造成。(2)如果非因卖方过错，货物遭受部分灭失，或变质至不符合合同的程度，或到达时间迟于合同规定的时间，买方可按已特定化的货物发生灭失而作为(第2.613条)。”

根据上述规定，这个术语最主要的特征是，如果货物在运输途中意外损失，卖方承担货物损失的风险，但不承担未能交货的违约责任。在前面提到的“目的港船上交货”的术语中，卖方不仅承担运输中的损失风险，而且如果货物发生意外损失，卖方必须另行交货。而且，如果不能在买卖协议约定的时间内交货，还要承担违约责任。但在“货到成交”术语中，如果卖方故意妨碍货物的到达，卖方仍然要承担违约责任。如果货物在运输中发生损失，上述规定中提到的法典第2.613条给予买方一定的选择权。买方可以完全取消合同，也可以接受一部分货物而拒收其余货物，但卖方不承担进一步的责任。

试用和试销

所谓的“试用”(sale on approval)和“试销”(sale or return)，并不属于贸易术语，而只是比较特殊的买卖方式。在一般的货物买卖交易中，如果卖方交付的货物符合合同，买方就必须接受，而没有权利将货物退还。但在有些情况下，卖方出于一定原因，如为了尽量减轻买方的顾虑，促进销售，可能会同意在货物符合合同的情况下，买方亦有权将货物退还，而不构成违约。法典将此类情况称为“试用”或“试销”。试用和试销看上去相似,但实际上有相当区别。试用是针对消费者的,而试销是针对经销商的。法典对两种情况的规定也相应有所不同。

关于试用和试销,法典第2.326条规定:“(a)除另有协议外,如果已交付的货物在符合合同的情况下亦可由买方退回给卖方,此种交易:(1)在货物主要供使用而交付时,称为‘试用’;以及(2)在货物主要供转售而交付时,称为‘试销’。(b)作为试用而持有的货物在被接受前,不受买方债权人的追索;作为试销而持有的货物,在买方占有期间,可受此种追索。(c)买卖合同中任何‘试销’的退还条款,均应被视为本篇反欺诈法范围内(第2.201条)的独立买卖合同,并在本篇关于口头证据或外部证据之条款的范围内(第2.202条),被视为与合同的销售性质相矛盾。”

关于试用和试销时双方的权利和义务,法典第2.327条规定:“(a)除另有协议外,在采用试用方式时,(1)即使货物已特定于合同项下,在买方接受货物前,风险和所有权不转移至买方;并且(2)以符合试用目的之方式使用货物,不构成接受;但未能将退货的决定及时通知卖方,则构成接受。如果货物符合合同,则对部分货物的接受,即构成对全部货物的接受;并且(3)就退货的决定作出适当通知后,卖方承担退还货物的风险和费用,但商人买方必须遵从任何合理指示。(b)除另有协议外,在采用试销方式时,(1)只要货物实质上保持了原状,就可以退还全部或任何商业单位的货物,但退货必须及时;并且(2)买方承担退货的风险和费用。”

试用交易的买方通常是消费者,但也可以是其他自用的商业买方。当事方一般会约定试用的期限。如果没有约定,应该是合理期限。在这段时间内,货物的所有权和风险不转移至买方。这个期限结束之前,买方需要决定是否最终保留货物。如果保留,买方即被视为接受货物。在买方试用的期间,由于所有权不转移,货物仍然属于卖方,因此不受买方债权人的追索。

试销交易的买方通常是经销商。在试销期间,货物的风险和所有权原则上转移至买方，因此货物不能免受买方债权人的追索。也就是说，在试销交易中，卖方一旦向买方交付货物，原则上买卖交易即告完成。正因如此，根据法典的上述规定，试销中的退还条款，本质上构成另一次买卖，即买方将货物反过来出售给卖方。由于其构成另一次买卖，因此受到法典反欺诈条款的约束，即只要货物价值达到一定的数额，退还条款就必须像独立合同一样以书面形式存在，否则就不具有强制履行的效力。

拍卖

拍卖(auction)同样不属于贸易术语，而是一种特殊的货物买卖方式，受制于独特的规则，包括行业规则和拍卖行规则。法典并未试图为这种交易方式提供全面的规则，而只就拍卖过程中买卖合同的成立问题规定了几项原则。法典第2.328条规定："(a)在拍卖中，如果货物被分成几批推出，则每批货物构成独立买卖。(b)拍卖时，拍卖人以敲木槌或其他习惯方式宣布成交时，拍卖即告完成。如果木槌正在下敲以接受一个出价的同时，又有人另出价，则拍卖人有权决定是重开竞叫，还是按木槌下敲前的那个出价出售货物。(c)拍卖均为有保留拍卖，除非在推出货物时，明确规定为无保留。在有保留拍卖中，拍卖人有权在宣布成交前的任何时间撤回货物。在无保留拍卖中，拍卖人就一件或一批货物邀请出价后，即不能将货物撤回，除非在合理时间内无人出价。无论是有保留拍卖还是无保留拍卖，出价人在拍卖人宣布成交前的任何时间，均可撤回其出价，但此种撤回不使前一出价恢复效力。(d)如果未事先声明保留卖方的出价权，则只要拍卖人在知情的情况下接受代表卖方作出的出价，或只要卖方作出或指使作出出价，买方即有权决定是撤销该次出售，还是以拍卖完成前最后一个善意出价买进货物。本款不适用于法院强制出售中的出价。"

在"Drew v. John Deere Co. of Syracuse, Inc. 案"中，出价问题成为争议。在该案中，债务人的拖拉机根据当地法律被拍卖。原告在拍卖时报出了1500美元的最高出价，但拍卖人没有接受，称债务人自己的出价是1600

美元。原告认为,债务人事先没有明确保留在拍卖中的出价权,因此无权出价,所以拍卖人必须按1500美元的价格将拖拉机卖给自己。法院认为,这个案件的关键不在于债务人是否有权出价,而在于拍卖是否系有保留(with reserve)拍卖。如果是有保留拍卖,则即使原告的出价是最高的,拍卖人也有权不接受该出价。在该案中,拍卖广告没有明确说明其是否属于有保留拍卖,而只是说明,拖拉机将会被卖给"出价最高的人"。原告认为,这个广告说明拍卖属于无保留,因为拖拉机必须卖给出价最高的人。法院认为,根据法典的规定,如果拍卖没有说明属于无保留,则均属于有保留。关于广告中所说的最高价,法院认为,这是所有拍卖的基本规则,因此,这个用语本身不能推翻拍卖的有保留性质。

第五节　特定化、所有权和损失风险

除去前面谈到的货物买卖合同的订立,以及后面将要谈到的合同的履行和违约救济,货物买卖合同还涉及几个比较重要的概念,如货物的特定化、货物所有权的转移、货物损失风险的承担等。这些概念从不同角度影响货物买卖合同当事方的权利和义务。

货物的特定化

货物的"特定化"(identification)是货物买卖合同中一个非常重要的概念,对其他许多问题都有影响。所谓"特定化",是指特定的货物与特定的货物买卖合同发生联系。假设汽车经销商与顾客订立汽车买卖合同,规定向顾客出售一辆特定的汽车,那么特定化在订立合同时发生,因为在那个时间节点,特定的汽车与特定的货物买卖合同产生联系。如果在订立合同时并没有指定特定的汽车,而只是规定了品牌、型号、配置、颜色等,那么汽车经销商就有权在汽车交付之前,挑选任何一辆符合合同规定的汽车。在这种情况下,只有在经销商选定特定汽车之时,特定化才发生。

特定化的概念之所以重要,是因为当事方的很多权利和义务都与货物是否已经特定化有关。例如,法典第 2.401 条(a)款规定:“在货物特定于买卖合同项下之前,货物的所有权不可能发生转移。”该款还规定:“货物特定化使买方获得本法限定的特殊财产权。”法典没有对“特殊财产权”(special property)作出定义,但这无疑是与特定货物相连的财产权。例如,在买方取得特殊财产权后,买方就有权根据法典第 2.502 条对尚未交付的货物进行追索,而在此之前,买方不拥有此种权利。又如,法典第 2.105 条(b)款规定:“货物必须现实存在并已特定化,其中的权益才能发生转移。不是现实存在并已特定化的货物,属于‘待定’货物。对待定货物或其中任何权益试图作出的即时出售,效力上相当于订立出售合同。”关于特定化的意义,在后面的讨论中还会涉及。

特定化的时间和方式,原则上可由当事方自行决定。在当事方没有明确约定时,应根据法典规定的原则来确定特定化是否已经发生。法典第 2.501条(a)款规定:“特定化可根据当事方的明确协议,在任何时间以任何方式发生;如果没有明确协议,则:(1)当合同出售的是合同订立时现实存在且特定的货物时,特定化在合同订立时发生;(2)当合同出售的是(3)款以外的待定货物时,特定化在卖方将货物发运、标记或以其他方式确定于合同项下时发生;(3)当合同出售的是合同订立后 12 个月内出生的动物幼仔,或合同订立后 12 个月内或下一个自然收获季(以迟者计算)收获的农作物时,特定化在农作物播种或以其他方式开始生长时发生,或在动物怀胎时发生。”

根据上述规定,特定化在何时或何种条件下发生,首先取决于当事方之间的协议。如果当事方没有明确协议,则在绝大多数情况下,可以适用上述第(1)款或第(2)款。假设当事方买卖一辆汽车,且在订立合同时汽车已经是特定的,则按上述第(1)款所说,特定化在订立合同时发生。如果在订立合同时汽车不是特定的,则按上述第(2)款所说,特定化在卖方以某种形式选定一辆特定汽车时发生。上述第(2)款中的“待定货物”(future goods)，是指订立合同时尚未特定的货物，如在订立合同时尚未指定的汽车。上述第(3)款涉及两种特殊的货物，即尚未收获的农作物或尚未出生的动物幼仔。之所以规定12个月，一方面，因为农作物通常会在这个期限内收割，幼仔通常会在这个期限内出生；另一方面，美国合同法对无法在一年内完全履行的合同另有一些特殊的规定。

货物所有权的转移

传统上，在货物买卖交易中，不仅卖方有义务将货物的所有权最终转移至买方，而且对于交易过程中出现的问题，常常也要根据当时哪一方拥有货物所有权来决定处理方案。例如，当货物在运输途中意外损失时，拥有货物所有权的一方可能就要承担损失。但是，以这种方式解决货物买卖过程中的问题，并不是很理想。

首先，所有权是一个抽象的理论问题，因此，对于商业活动中的当事方，很难判断在任何特定时间节点谁拥有货物的所有权。尽管也有一些法律原则可以帮助确定所有权的归属，但仍然不是很容易，特别是对于不具有专门法律知识的商业当事方来说。其次，除去操作上的困难，更重要的是，法典认为，将所有权作为解决所有问题的唯一因素，既无必要，也不一定公平合理。对于货物买卖交易的当事方来说，只要货物的所有权最终转移至买方，交易的目的就达到了。在交易进行的过程之中，他们并不关心抽象的所有权，而只关心更实际的具体问题，如谁承担货物运输途中的损失风险等。既然如此，不如由法典直接对他们关心的具体问题作出规定。

从公平合理的角度来看，所有权也未必是最适当的考虑因素。举例而言，假设买方在约定的交付时间未能提货，且表示不再需要该货物，而此时正好有其他人愿意购买该货物，那么卖方自然应该有权出售给该人。因此，一方面，保护了卖方的利益，使卖方达到了出售货物的目的；另一方面，也在一定程度上保护了买方的利益，因为这种转卖可能会降低买方因违约而必须支付的赔偿。但是，如果要求卖方在出售前必须先判断货物所有权的归属问题，就会给卖方造成相当的困难，甚至会使卖方进退两难。这既不利于商业活动的进行，也不利于保护当事方的正当利益。

因此，法典的制定者认为，与其关注抽象的所有权问题，不如关注货物买卖中可能发生的具体问题，并就这些具体问题分别制定具体规则。由于这些规则比较具体，并针对交易过程中当事方真正关心且对当事方有实际影响的具体问题，因此，不仅当事方很容易理解和运用，而且还便于针对不同的具体问题分别作出具体约定，而无须把全部问题都与所有权捆绑在一起。因此，这个方法更适合商业活动的实际情况，并且更加合理和灵活。

为此，法典第 2 篇规定，在买卖交易进行的过程中，当事方基本上无须考虑所有权问题。法典为当事方和第三方规定的权利和义务，原则上与谁拥有货物所有权没有关系。法典第 2.401 条规定："本篇有关卖方、买方、购买人或其他第三方之权利、义务和救济的任何条款，在适用时不考虑所有权，除非有关条款提及所有权。"这里所说的所有权无关紧要，是指在交易过程中，而不是指最终结果。在交易完成后，卖方自然有义务保证货物的所有权转移至买方。

根据法典有关所有权的上述规定，假设货物在交易过程中意外灭失，那么在确定损失风险应由哪一方承担时，无须考虑在发生意外的当时哪一方对货物拥有所有权，而只需考虑法典第 2 篇有关风险承担的规定，以及当事方对风险承担的约定。此外，买方是否对货物本身拥有任何权利，通常也与买方是否已取得货物的所有权无关。例如，根据法典第 2 篇的规定，买方即使不拥有所有权，在一定情况下也有权取得货物，包括后面将会谈到的买方取得"实际履行"(specific performance)的权利。在另外一些情况下，买方即使拥有货物的所有权，可能也无权取得货物。例如，在卖方拒绝交货的情况下，即使可以认定货物的所有权在订立合同时已转移至买方，买方可能也无权强迫卖方交货，而只能取得损害赔偿。

虽然法典第 2 篇的基本原则是，所有权问题无关紧要，但在有些情况下，所有权的转移时间节点仍有可能成为必须考虑的问题，特别是在涉及第三方的权利和义务时。例如,在卖方的债权人查封卖方的财产时,如果货物的所有权尚未转移至买方,卖方的债权人通常有权查封该货物,而如果货物的所有权已经转移至买方,则即使卖方仍然实际占有货物,卖方的债权人可能也无权查封。为此,法典也制定了一些确定所有权归属的原则。

法典第2.401条规定:“涉及本篇其他条款未规定的情况时,如果所有权问题至关重要,则应适用下列原则:(a)在货物特定于买卖合同项下之前,货物的所有权不可能发生转移(第2.501条);并且,除另有明确协议外,货物特定化使买方获得本法限定的特殊财产权。卖方在货物已发运或已交付给买方后所保留的对货物的所有权(财产权),效力上只相当于保留担保权益。除上述条款和《担保交易》篇(第9篇)另有规定外,货物所有权可按当事方明确同意的方式和条件从卖方转移至买方。(b)除另有明确协议外,货物所有权在卖方完成实际交付货物义务的时间和地点转移至买方,即使卖方保留了担保权益,或即使所有权凭证将于另时另地交付;特别是,即使存在以提单保留担保权益的情况:(1)当合同要求或授权卖方将货物发送给买方,但并未要求卖方在目的地交付货物时,所有权在发运的时间和地点转移至买方;但是(2)当合同规定在目的地交付时,则在目的地作出提示交付时,所有权发生转移。(c)除另有明确协议外,如果货物不再移动即可交付,(1)当卖方应交付实体所有权凭证时,所有权在卖方交付此种凭证的时间和地点转移;当卖方应交付电子所有权凭证时,所有权在卖方交付凭证时转移;或(2)如果在合同订立时货物已特定化,且无须交付单据,则所有权在合同订立的时间和地点转移。”

上述第(a)款是有关所有权的第一项基本原则,其中包含了几层含义。首先,在货物发生特定化之前,所有权不可能转移,因为在特定化之前,没有任何货物与买卖合同有特定联系,因此不能认为买方已经取得对任何特定货物的所有权。其次,即使在货物发生特定化之后,买方也未必取得所有权,而可能只是“特殊财产权”(special property),即对货物的有限财产权。再次,即使卖方在发运货物时声明保留所有权,法典原则上也不承认此种保留,而只将其视为保留第9篇范围内的担保权益。因此,卖方的保留不能阻止所有权转移至买方。最后,法典强调,当事方原则上可以自行商定所有权转移的时间和方式。

上述第(b)款是有关所有权的第二项基本原则,对典型情况下的所有权转移作出规定。该款中所说的"实际交付"(physical delivery),是指货物本身的交付,而不是所有权凭证或其他货物单据的交付。卖方直接将货物交给买方的情况自然属于实际交付。在货物需要交付给运输公司运输时,在理论上需要看运输公司是卖方的代理人还是买方的代理人。上述第(b)(1)款和第(b)(2)款意在澄清这个问题。根据第(b)(1)款,如果合同要求卖方发货,但没有特别规定在目的地(通常为买方所在地)交付货物,则只要卖方将货物交付给运输公司,所有权即转移至买方,而不再考虑这是否属于实际交付。根据第(b)(2)款,如果合同特别规定在目的地交付货物,则所有权在目的地交付时发生转移。在有些情况下,特别是在当事方选择了某种贸易术语的情况下,当事方的协议可能已经包含了货物运输中所有权转移的约定。

上述第(c)款是有关所有权的第三项基本原则,涉及"货物不再移动即可交付"的情况,即货物无须运输而在原地交付。上述第(c)(1)款是指存储在货仓中的货物,而货物由仓单代表。交付时,卖方可将仓单交给买方,而买方随后可凭仓单提货。此时,所有权的转移取决于仓单的交付,和货物本身无关。上述第(c)(2)款所述的情况看上去有可能与第(b)款所述的实际交付产生一定冲突。例如,假设卖方直接将货物交付给买方,则该交付即是实际交付的时间,因此根据第(b)款,所有权应在交付时发生转移。但根据第(c)(2)款,假设货物在订立合同时已是特定的,且无须移动即可交付,则所有权应该在订立合同时即发生转移,而无须等到实际交付。一种可能的解释是,在第(c)(2)款所述的特定情况下,应遵循该款规定,在其他情况下则应遵循第(b)款规定,如订立合同时货物尚未特定。

在确定货物所有权归属时，有时需要考虑的一个因素是，该种类的货物是否根据法律规定需要进行产权登记或具有“产权证书”（certificate of title）。这些货物通常包括飞机、汽车、游艇、工厂预制房屋等。对于这些货物，美国各州的法律通常有一些特殊规定，而这些规定可能在一定程度上影响所有权的归属。与货物所有权有关的另外一类文件是法典第7篇范围内的“所有权凭证”（document of title）。最常见的所有权凭证是仓单和提单。所有权凭证与货物的关系，在很大程度上取决于凭证是否属于“流通所有权凭证”（negotiable document of title）。如果货物由流通所有权凭证所代表，那么凭证本身在很大程度上就代表了对货物的所有权。这个问题在本书后面有关所有权凭证的一章中会详细讨论。

虽然所有权问题在法典第2篇中被显著淡化，但在个别情况下，特别是在涉及第三方的权利和义务时，有时仍然必须解决货物所有权的归属问题。在“Home Indemnity Co. v. Twin City Fire Insurance Co. 案”中，为了确定保险公司的赔付责任，需要首先确认发生车祸的当时谁拥有车辆的所有权。

该案的具体情况是，甲公司从乙公司购买一辆新卡车，并将自己一辆旧卡车转让给乙，作为支付新卡车价款的一部分。这种做法是法典第2篇所允许的。法典第2.304条(a)款规定：“价款可以用金钱或其他形式支付。如果用货物支付全部或部分价款，则每一方均为自己即将转让之货物的卖方。”根据法典的上述规定，在这个交易中，甲是新卡车的买方，同时是旧卡车的卖方。

根据甲乙之间的协议，甲在将旧卡车交付给乙之前，可以换走旧卡车上的新轮胎，再换上其他旧轮胎。签署协议后的当天下午，乙的雇员来到甲公司，要求开走旧卡车，但当时旧卡车尚未来得及换轮胎，因此乙的雇员要求甲的雇员当晚换好轮胎，然后将旧卡车送到乙的营业地。甲的雇员在当晚换好轮胎后，在将旧卡车开往乙的路上发生车祸，撞伤两人。伤者随后起诉甲并寻求赔偿。甲乙都对自己的车辆购买了保险，因此最终的问题是，应该由甲的保险公司赔付，还是应该由乙的保险公司赔付？这取决于车祸发生时，到底甲拥有旧卡车的所有权还是乙拥有所有权。

法院认定，旧卡车的所有权在双方签署协议时转移至乙，而车祸发生在协议签署之后，因此车祸发生时乙对旧卡车拥有所有权。主要理由是，根据法典第2.308条的规定，由于双方没有明确约定交货地点，因此旧卡车的交货地点应为甲的营业地，而根据法典第2.401条(b)款的规定，旧卡车的所有权在交付地交付时转移。乙认为，交货地点本来应为甲的营业地，但当时旧卡车并不处于可交付状态，甲未能作出交付。经过双方雇员的口头商定，交货地点被改为乙的营业地，并由甲的雇员将旧卡车送至乙，但在尚未到达乙时发生车祸。因此，车祸发生时，旧卡车的所有权尚未从甲转移至乙。但法院认为，虽然甲的雇员将旧卡车送往乙的营业地，但该雇员是应乙雇员请求而以乙的代理人身份作为的，而不是代表甲作为，因为甲公司从未授权该雇员将旧卡车送到乙的营业地。因此，旧卡车的实际交付地仍为甲的营业地。

货物的损失风险

从货物买卖合同订立到完成的整个阶段，都存在货物发生意外损失的风险，如盗窃、火灾、水灾或事故等。无论采取何种防范措施，总有一定的概率会发生意外事故。所以，真正的问题在于，在买方和卖方之间，这种意外事故的风险应该由谁来承担？当然可以购买保险，但谁应该承担购买保险的责任和费用？即使购买保险，也不能保证保险公司会全额赔付，并且事故原因也有可能不在保险覆盖范围之内。同时，理赔也是比较烦琐的事。总而言之，无论是否购买保险，也无论如何采取防范措施，在卖方和买方之间，仍然需要确定由谁承担损失风险。

确定损失风险承担问题的实际意义在于，如果风险由卖方承担，则在货物发生损失时，卖方不仅要自行承担或应对货物的损失，而且还要寻找替代的货物来完成向买方的交付。如果替代货物的交付时间晚于协议规定的时间,卖方还要承担延迟交货的违约责任。如果风险由买方承担,则在货物发生损失时,即使买方没有收到货物,或收到的货物有所损坏,买方也必须支付本应支付的价款,相当于买方自己的货物发生损失。因此,买方无权追究卖方未交付或交付不符的责任,也无权要求卖方重新交货。

关于损失风险,传统的法律规则是,谁对货物拥有所有权,谁就承担货物损失的风险。但前面提到,为了更好地适应商业交易的实际情况,法典不再把所有权与损失风险联系在一起,而是作为两个完全独立的问题。因此,在法典第2篇中,谁承担损失风险,原则上不取决于谁拥有所有权。在这种情况下,根据什么原则确定损失风险的承担?首先可以由当事方自行作出约定。在当事方未作约定时,应根据法典的规定确定风险的承担。

当事方对损失风险的约定

与法典的总体精神一致,当事方可以自行约定如何承担损失风险。法典第2.303条规定:“如果本篇规定,在当事方之间,‘除另有协议外’,一方承担一项风险或负担,则当事方通过协议,不仅可以规定另一方承担该风险或负担,也可以规定当事方分担该风险或负担。”当事方既可以直接对损失风险作出约定,也可以通过协议的其他条款间接作出约定。例如,如果当事方使用某种贸易术语,则尽管该术语主要用于说明货物的价格,但实际上也同时规定了当事方的某些其他权利和义务,包括损失风险的承担。在采用“成本加保险费运费”术语时,卖方虽然负责购买保险,但属于代表买方购买,保险受益人通常为买方。如果货物发生损失,也需要由买方与承运人或保险公司交涉。

关于当事方的约定对损失风险承担问题的影响,在“A. M. Knitwear Corp. v. All America Export-Import Corp. 案”中有所体现。在该案中,采购单的价格栏注明“F. O. B. Plant”,意思是在卖方工厂所在地“运输工具上交货”。双方在交货前商定,由买方联系卡车到卖方指定仓库装货,然后运至码头。但是,在货物到达码头但尚未转给承运人之前,小偷假冒码头的工作人员将货物偷走。为此,买方认为卖方尚未完成交付义务,因此损失风险应由卖方承担。卖方则认为已按双方约定在仓库交货,因此损失风险已转移至买方。

根据法典的规定,卖方所在地“运输工具上交货”的术语,即使仅被当事方用作价格条款,仍然构成交货条款。在该术语中,卖方有义务将货物交付给承运人。在该案中,卖方并未将货物交付给承运人。但卖方认为,双方已同意由买方自行到仓库提货,因而双方已修改了采购单上的条款。法院认定,具体交付过程中的某些变通方法,不能从根本上改变卖方的义务,而此案中买方的提货,应被视为买方代表卖方将货物运至码头。因此,卖方必须承担货物转给承运人之前的损失风险。

如果当事方对损失风险的承担没有作出约定,就要适用法典规定的损失风险的承担方式。法典规定的方式分为两种:一种是货物买卖中任何一方均不存在违约时损失风险的承担方法,另一种是某一方存在违约时损失风险的承担方法。

不存在违约时损失风险的承担

如果货物买卖合同的当事方未对风险承担作出约定,且任何一方均不存在违约情况,则货物损失风险的承担,应根据法典第2.509条确定,即“(a)当合同要求或授权卖方通过承运人发运货物时,(1)如果合同未规定卖方在特定目的地交付货物,则在卖方将货物适当交付给承运人后,损失风险即转移至买方,即使在发运时保留了权利(第2.505条);但是(2)如果合同规定卖方在特定目的地交付货物,且在货物到达目的地但仍由承运人占有期间,卖方作出了适当提示交付,则只要卖方的此种适当提示能够使买方取得交付,损失风险即于该时转移至买方。(b)如果货物由货物保管人持有,且不再移动即可交付,则损失风险在下列时间转移至买方:(1)买方取得覆盖货物之流通所有权凭证之占有或控制的时间;或(2)货物保管人确认买方有权占有货物的时间;或(3)根据第2.503条(d)(2)款,买方取得不可流通所有权凭证或其他书面交货指示之占有或控制之后。(c)涉及(a)款或(b)款以外的任何情况时,如果卖方是商人,损失风险在买方收到货物时转移至买方;否则,损失风险在提示交付时转移至买方。(d)本条的规定,受制于当事方协议中的相反规定,以及本篇有关试用的条款(第2.327条)和存在违约时损失风险承担的条款(第2.510条)”。

上述第(a)款的规定,与第2.401条有关所有权转移的规定类似,即如果合同未规定在目的地交货,风险在卖方将货物交给发运地承运人时转移,如果规定在目的地交货,则风险在货物到达目的地后转移。在货物到达目的地后,只要卖方作出适当的“提示交付”(tender of delivery),风险即转移至买方,无论买方是否实际取得货物。提示交付的含义规定在法典第2.503条中,是指卖方就交付货物作出适当表示。卖方只要愿意交付且能够交付,并向买方提供了接收交付的合理条件,即属于作出提示交付。

上述第(b)款涉及原地交付的货物,其中的“货物保管人”(bailee)主要是指承储人。在上述第(b)(1)款所述的情况中,“占有”的概念适用于实体所有权凭证,如实体提单或仓单,而“控制”的概念适用于电子所有权凭证。如果提单或仓单属于流通所有权凭证,则只要买方取得凭证的占有或控制,风险即转移至买方,无论买方是否取得货物。上述第(b)(2)款主要涉及不存在所有权凭证的情况。此时,只要货物保管人承认买方对货物享有权利,则从承认时起,风险即转移至买方。

上述第(b)(3)款要结合法典第2.503条(d)(2)款的规定来理解。后者规定:“向买方提示交付不可流通所有权凭证,或提示交付向货物保管人作出的书面交货指示,亦足以构成提示交付,除非被买方及时拒绝。货物保管人收到有关买方权利的通知后,买方的权利即可对抗货物保管人和所有第三方,但货物损失的风险,以及货物保管人拒付不可流通所有权凭证或拒绝服从卖方指示的风险,在买方有合理时间提示该凭证或指示之前,仍由卖方承担。如果货物保管人拒付凭证或拒绝服从指示,卖方的提示交付即告失效。”

根据法典第 2.503 条(d)(2)款的规定，在买方取得不可流通所有权凭证的占有或控制后，风险不立即转移，而是要留给买方一段合理时间，以便取得货物保管人对该不可流通仓单的认可。该款中所谓的“书面交货指示”，是指卖方出具给货物保管人的指示，要求货物保管人将货物交付给买方。在卖方仅与货物保管人订立存储合同而未取得仓单的情况下，货物保管人通常凭卖方的书面指示来交付货物。

上述第(c)款则对第(a)款和第(b)款以外的情况作出原则规定，而上述第(d)款则再次强调尊重当事方的协议。此外，对于试用和试销交易，法典第 2.327 条规定：“(a)除另有协议外，在采用试用方式时，(1)即使货物已特定于合同项下，在买方接受货物前，风险和所有权不转移至买方；并且(2)以符合试用目的的方式使用货物，不构成接受；但未能将退货的决定及时通知卖方，则构成接受。如果货物符合合同，则对部分货物的接受，即构成对全部货物的接受；并且(3)就退货的决定作出适当通知后，卖方承担退还货物的风险和费用，但商人买方必须遵从任何合理指示。(b)除另有协议外，在采用试销方式时，(1)只要货物实质上保持了原状，就可以退还全部或任何商业单位的货物，但退货必须及时；并且(2)买方承担退货的风险和费用。”

对于“货到成交”(No Arrival, No Sale)合同，法典第 2.324 条规定：“除另有协议外，‘货到成交’条款或类似含义的条款指：(1)卖方必须将符合合同的货物适当地发运，并在货物以任何方式到达时，作出提示交付；但是，卖方对货物能否到达不承担责任，除非未到达系由卖方造成。(2)如果非因卖方过错，货物遭受部分灭失，或变质至不符合合同的程度，或到达时间迟于合同规定的时间，买方可按已特定化的货物发生灭失而作为(第 2.613 条)。”根据这项规定，当货物买卖合同采用“货到成交”条款时，货物交付前的损失风险由卖方承担。但是，如果货物发生损失，卖方只是损失货物，但不承担未能交付的违约责任。

存在违约时损失风险的承担

上述所谈的风险转移原则,是指在合同任何一方均不存在违约时的原则。如果任何一方存在违约,就有可能对风险的转移产生影响,造成不同结果。对此,法典第2.510条规定:"(a)如果提示交付或交付的货物不符合合同,致使买方有权拒收,则在卖方作出补救或在买方接受货物前,损失风险仍由卖方承担。(b)买方如果正当撤销对货物的接受,可就自己有效保险覆盖不足的部分,视损失风险从开始即一直由卖方承担。(c)涉及已特定于买卖合同项下的符合合同的货物时,如果买方在货物风险转移给自己之前毁弃合同或以其他方式违约,卖方可就自己有效保险覆盖不足的部分,视损失风险在商业上合理的时间内由买方承担。"

根据上述规定,如果卖方交付的货物不符合合同,那么如果买方拒收货物,损失风险不转移至买方;如果买方撤销接受,则对于有保险覆盖的那部分货物或损失,风险由买方承担,但对于没有保险覆盖的部分,则由卖方承担。如果买方毁弃合同或拒收货物,则即使本来风险尚未转移,违约后也会被视为立即转移至买方,但是,买方只在一段合理时间内承担风险,目的是方便卖方在这段时间内对货物作出安排,包括购买相关保险。在这段时间过后,风险仍然转移回卖方。

保险利益

保险利益(insurable interest)是保险法中的概念。根据保险法的规定,保险人必须对保险标的拥有权益才能投保,而不拥有权益时不能投保,因为不拥有权益而投保基本上相当于赌博。根据这个原则,货物的卖方作为货物的所有权人可以为货物投保,而完全无关的第三人则不能为该货物投保。但这个原则并不是说,只有货物的所有权人才拥有保险利益。货物的买方即使尚未取得货物的所有权,一般也被认为拥有保险利益,因为买方确实与货物有实质联系,并非完全无关的第三人。

货物买卖合同项下谁对货物拥有保险利益,原则上需要根据保险法或其他适用法来确定,但法典第2.501条(a)款规定:“现实存在的货物,在发生特定化并因此成为合同所指的货物后,买方即对货物取得特殊财产权和保险利益,即使特定化的货物不符合合同,致使买方有权退回或拒收。”根据这项规定,在货物特定化之后,买方即对货物取得保险利益,即使此时买方尚未取得货物的所有权,或损失风险尚未转移至买方。并且,即使货物实际上不符合合同规定,如合同规定的货物是电视机,而卖方作出特定化的货物是收音机,买方亦对该货物取得保险利益。这个规定是为了更好地保护买方。

卖方拥有可撤销所有权时的出售

在正常的货物买卖交易中,买方自然期待取得货物的完好所有权,而卖方通常也是因为对货物拥有完好所有权才会出售货物,且转让货物的完好所有权也是卖方的义务。法典第2.312条(a)款规定:“买卖合同中包含卖方的下列担保:(1)所转让的所有权系属完好,且转让系属正当;并且(2)货物在交付时,不存在买方在订立合同时不知道的任何担保权益或其他留置权。”

但是,假设卖方实际上不对货物拥有完好所有权,例如,卖方出售给买方的货物是卖方通过偷窃取得的,那么买方是否可以对货物取得完好所有权?无疑,买方可以追究卖方违反有关完好所有权默示担保的责任,但这是另外的问题,而且这种诉讼只涉及金钱赔偿,不涉及对货物的权利问题。在买方确实希望保留所购买的货物的情况下,需要解决的问题是,通过偷窃取得货物的卖方是否有可能向买方转让完好的货物所有权?

根据美国财产法的基本原则,通过偷窃取得一项财产的人,在任何情况下都不能取得对该财产的所有权,并且也不可能向其他人转让对该财产的所有权,因为一个人不能转让自己所不拥有的财产。因此,如果卖方将偷来的货物出售给买方,则即使买方完全不知情并支付了正常价款,且交易本身在其他各个方面都一切正常,买方仍然不能取得货物的所有权。美国财产法认为,卖方在此种情况下对该财产所持有的,只是“无效”(void)的所有权,而无效所有权实际上就是没有所有权。

对于美国财产法的上述原则,法典并未加以改变。但是,为了促进商业交易的进行和维护商业交易的稳定,法典也吸收了财产法的某些例外原则,向货物买卖中的善意买方提供一定保护。最主要的一种情况是,如果卖方对货物的所有权并非无效,而只是“可撤销”(voidable),那么,尽管卖方的所有权不属于完好,卖方仍有可能向买方转让完好所有权。

可撤销所有权是介于完好所有权和无效所有权之间的一个概念,是指一个人对财产的所有权存在瑕疵甚至重大瑕疵,但仍然对财产拥有一定的权利和权力。此种权利和权力的主要体现是,如果乙从甲取得一项财产的所有权,但基于法律的某种规定,甲有权撤销对乙的转让并收回所有权,那么在甲实际行使该权利之前,乙持有的所有权就属于“可撤销所有权”。但是,假设在甲实际撤销转让和收回所有权之前,乙将该财产转让给丙,并且丙以善意作为,支付正常价值,且不知道乙的所有权存在瑕疵,那么丙就可以取得对该财产的完好所有权。此时,甲将失去对该财产的追索权,也无权追究丙的责任。至于乙在何种情况下持有可撤销所有权,原则上需要根据法典以外美国财产法或合同法等其他法律的原则予以确定。例如,根据财产法的一般原则,一个人如果通过偷窃取得财产,就完全不能取得所有权,但如果通过欺骗取得财产,该人就有可能取得可撤销所有权。

法典规定,拥有可撤销所有权的人,有权力向善意买方转让完好所有权。法典第 2.403 条(a)款规定:“拥有可撤销所有权的人,有权力向支付了价值的善意购买人转让完好的所有权。”这里的“权力”(power),不同于“权利”(right)。前者是指行为的效力,后者是指行为的正当。拥有可撤销所有权的人,即使没有权利转让所有权,也仍有权力作出转让。上述规定不限于“买方”,而是适用于任何“购买人”。根据法典第 1.201 条(b)(29)款,“购买”包括在财产上设立权益的任何“自愿交易”。因此,根据上述规定,如果拥有可撤销所有权的人将财产赠送给以善意作为的朋友,该朋友只要支付了某种价值,就可以取得对该财产的完好所有权。

前面提到,一个人在何种情况下取得可撤销所有权,原则上要根据法典以外的其他法律来确定,但是,为了对这个问题提供一定的说明,法典也列举了取得可撤销所有权的几种情况。法典第2.403条(a)款规定:"购买人通过购买交易取得货物的交付后,即取得此种权力,即使:(1)对于购买人的真实身份,转让人受到欺骗;或(2)交付系为换取支票,但支票随后被拒付;或(3)交易被约定作为'现金买卖';或(4)交付系通过欺诈取得,且该欺诈构成刑法中的盗窃罪。"

根据上述规定,一个人只要通过"购买"(purchase)取得财产,则即使购买的方式或手段存在问题,甚至存在严重问题,该人仍有可能取得可撤销所有权。前面提到,购买包括任何自愿交易。因此,通过赠送取得的财产,也属于通过购买取得,而通过欺骗取得的财产,在很多情况下也属于通过购买取得,只要被骗的人是自愿从事该交易的,无论该自愿是否系欺骗的结果。

上述第(1)款所描述的情况是,提供货物的人因受到欺骗而认错了取得货物的人。例如,甲本想把货物出售给乙,但丙谎称自己是乙,而甲在受到欺骗的情况下将货物交付给丙。此时,丙就属于"购买人",可以取得货物的可撤销所有权。甲虽然受到欺骗,但交付货物这个行为本身是自愿的,因此丙属于通过"购买"取得该货物。

上述第(2)款所描述的情况是,甲将货物交付给乙,乙出具了支票,但由于支票账户内没有足够的存款或其他原因,支票随后被拒付,因此甲并未收到货款。此时,从甲乙之间的关系来讲,乙因为没有付款,不享有对抗甲的权利,但仍然对货物取得可撤销所有权。因此,如果在甲收回货物之前,乙将货物出售给善意的丙,丙即取得完好所有权。

上述第(3)款所说的"现金买卖"(cash sale)是一种俗称,是指买方在取得货物时应以现金支付全部货款。在这种交易中,假设卖方交付了货物,但买方拿到货物后由于种种原因没有付款,卖方即有权将货物收回,但在卖方收回之前,买方对货物拥有可撤销所有权。这种情况类似于上述以支票付款的情况。

上述第(4)款涉及盗窃。根据上面提到的财产法原则,小偷不能对偷窃的货物取得所有权,但在该款中,似乎小偷也可以取得可撤销所有权。这是否有违财产法的基本原则?实际上,这是法典为了协调刑法和商法的某些矛盾而作出的规定。在美国的刑法中,盗窃财产和诈骗财产都有可能被视为“盗窃罪”(larceny)。但是,尽管都是采用非法手段获取财产,两种情况在恶劣程度上还是有所区别。前者带有一定的强制因素,是在被盗者完全不知情和不自愿的情况下获取财产;而后者不带有强制因素,是在被骗者知情和自愿的情况下获取财产,尽管此种知情和自愿都属于被骗的结果。从法典的角度来说,后者更像是“购买”交易。为了尽量维护商业交易的稳定性,保护货物的善意购买人,法典承认诈骗者可以取得货物的可撤销所有权,即使此种取得方式在刑法上可被视为盗窃罪。

卖方以委托方式取得的货物

除去上述的可撤销所有权的情况,法典还规定了转让所有权的另一种情况。法典第2.403条(b)款规定:“如果将货物委托给从事该类货物交易的商人占有,该商人即有权力将委托人的全部权利,转让给正常业务中的买方。”这项规定中的关键概念是“委托”(entrust)。

关于委托,法典第2.403条(c)款规定:“‘委托’包括交付货物和默认对货物的占有,无论在此种交付或默认的当事方之间设立了何种条件,也无论取得此种委托的方式或占有人对货物的处分是否构成刑法中的盗窃罪。”根据这个定义,委托基本上就是自愿交付,或在知道他人占有货物后并未提出异议。与前面谈到的“购买”概念类似,即使受到欺骗而将货物交付给他人,仍然可以构成“委托”。此外,即使交付方在交付时与接受方作出归还的约定,而接受方并没有遵守该约定而自行将货物处置,接受方仍被视为拥有“委托”。

根据法典的上述规定，如果货物的受委托人是经营同类货物的商人，则只要委托人本身对货物拥有完好的所有权，受委托人就有“权力”向正常业务中的买方转让完好的所有权，无论受委托人是否违反了与委托人的约定，或是否在其他方面违反了相关法律。这项规定意在保护通过正常商业活动取得货物的买方。当买方从相关货物的商人购买货物时，如果要求买方查清货物的来源或权属，则既不合理也不现实。根据法典第 1.201 条(b)(9)款的定义，“正常业务中的买方”是指：“以善意买进货物的人，且其不知道该销售侵犯了另一人对货物的权利，并以正常方式向从事该类货物销售的卖方（典当商除外）买进。如果卖方向任何人作出的销售，符合卖方行业的通常或惯用做法，或符合卖方自己的通常或惯用做法，后者即属于以正常方式买进货物”。

卖方债权人与货物买方之间的权利冲突

在卖方订立货物买卖合同之后，卖方的债权人是否还有权追索相关货物？例如，卖方与买方订立出售一辆特定汽车的货物买卖合同后，因为卖方没有按时偿还银行的贷款，银行要查封卖方的资产，那么银行是否有权查封已被售出但还在卖方占有之下的那辆特定汽车？

对此，首先要看银行对该汽车是否持有法典第 9 篇范围内的担保权益，或是否持有其他法律规定的留置权。银行如果持有此种权利，就属于担保债权人，并享有法典第 9 篇或其他相关法律所规定的担保权。而如果银行只是无担保债权人，则银行的权利需要具体分析。根据法典第 2 篇的规定，买方对货物的权利，在一定情况下优于银行的权利。

法典第 2.402 条(a)款规定：“除(b)款和(c)款另有规定外，卖方的无担保债权人对已特定于买卖合同项下之货物的权利，受制于买方根据本篇规定追索货物的权利（第 2.502 条及第 2.716 条）。”根据这项规定，如果卖方债权人和买方均对同一货物主张权利，则首先要看货物是否已特定化。

如果尚未特定化，则货物与买方无关，因此买方不能阻止卖方债权人对货物的追索。如果货物已经特定化，且根据法典第 2.502 条或第 2.716 条的规定，买方有权“追索”(recover)货物，则买方对该汽车享有优于卖方债权人的权利。

关于买方追索货物的权利，法典第 2.502 条(a)款规定：“如果买方根据上条取得了货物的特殊财产权，且已支付了部分或全部价款，且对任何未付价款作出提示付款并保持该提示，则在下列情况下，即使货物尚未发运，买方仍可向卖方追索货物：(1)当货物为个人、家庭或家用目的购买时，卖方毁约或未能按合同规定交付；或(2)无论如何，卖方在收到价款的第一笔分期付款后十天内破产。”

根据上述规定，买方追索货物的权利实际上非常有限。只有在买方是消费者的情况下，或只有在卖方收到价款后很快破产的情况下，买方才有权追索货物。在其他情况下，虽然已经订立了货物买卖合同，且货物已经特定化，且买方已支付了全部价款，买方仍然没有权利追索货物。即使根据当事方约定或法典规定，买方已取得货物的所有权，买方仍然没有权利追索货物，因为法典对当事方权利和义务的规定，不取决于谁对货物拥有所有权。所以，即使买方已取得货物的所有权，仍然不一定能对抗卖方的债权人。

买方有权追索货物的另一种情况是，如果卖方拒绝交货，在一定情况下，买方有权“取回”(replevin)货物。法典第 2.716 条(c)款规定：“如果经过合理努力买方无法补进货物或客观情况合理表明此种努力没有意义，或如果货物在保留权利的情况下发运但买方已偿付或已提示偿付该担保权益，则对于已特定于合同项下的货物，买方有权取回。”这里所说的“补进”(cover)，是指在卖方拒绝交付或无法交付货物的情况下，买方另行购买替代货物的权利。根据上述规定，买方如果没有合理方法可以获得替代货物，即有权追索已特定化的货物。

如果已出售的货物仍由卖方占有，则有另外一个因素需要考虑。美国各州的法律通常规定,卖方出售货物后继续占有货物的情况,在有些情况下属于对卖方债权人的欺诈,因而债权人可能有权要求撤销该出售。法典第2.402条(b)款规定:"如果根据货物所在州的法律,相对于卖方的任何债权人,卖方继续占有货物的行为构成欺诈,则该债权人可将货物的出售或特定于买卖合同项下视为无效;但是,如果卖方为商人,则在货物出售或特定化后商业上合理的时间内,卖方在营业过程中以善意继续占有货物,不属于欺诈。"这里所说的欺诈,是指有些卖方在出售货物之后,为了给债权人造成卖方存货充足或经济状况良好的假象,继续占有该货物。但是,不具有欺诈意图的短暂时间内的占有,自然不属于欺诈。

卖方债权人有权追索货物的另外一种情况是,根据破产法的相关规定,卖方的债权人可能有权撤销卖方的某些出售。法典第2.402条(c)(2)款规定,如果货物的特定化或交付,"不是用于目前的营业过程,而是用于清偿前存金钱债务、担保债务或类似债务,或是为此种债务设立担保权益,并且,根据货物所在州的任何法律,此种特定化或交付,在本篇以外,构成欺诈性转让或可撤销的优惠清偿",则卖方的债权人可能有权根据破产法的规定撤销相关买卖交易,并对货物享有优于买方的权利。

融资机构的权利

在货物买卖交易中,除卖方和买方外,其他人可能也会对相关货物享有一定权利,其中包括"融资机构"(financing agency)。法典第2.104条(b)款规定:"'融资机构'指下列银行、金融公司或其他人:其在正常业务中,以货物或所有权凭证为凭提供贷款,或根据与卖方或买方达成的安排,以正常方式参与支付或收取买卖合同项下应付或应收的款项,例如购买或支付卖方的汇票,或以汇票为凭提供贷款,或单纯收取汇票用于收款,而无论所有权凭证是否跟随或依附汇票。"

根据上述定义,任何银行、金融公司或其他人,只要参与货物买卖合同的付款或收款,即属于融资机构。假设卖方在收到买方出具的用于支付货款的支票后，将支票存入自己的银行，并委托银行收取支票项下的款项，该银行即属于融资机构。

法典为什么要专门对融资机构作出规定？主要原因在于，融资机构在参与货物买卖交易的过程中，实际上为某个当事方提供了融资，或以其他方式承担了付款责任，因而应该享有一定权利。例如，在卖方将支票存入自己的银行后，银行通常会在卖方账户内作出贷记，相当于购买了卖方的支票。如果银行随后未能收到支票项下的付款，银行自然应该享有一定的权利。

关于融资机构的权利，法典第2.506条(a)款规定："涉及用于货物发运的汇票时，如果融资机构支付该汇票，或支付价值购买该汇票，则在付款或购买的范围内，融资机构除取得自己在汇票项下的权利，以及用于担保汇票之所有权凭证项下的权利外，还取得发运人对货物的全部权利，包括阻止交付货物的权利，以及发运人要求买方兑付汇票的权利。"根据这项规定，融资机构由于实际上代表买方为货物支付了价款，因此，除享有票据法上的票据权利外，还有权对货物进行处置，并有权代位卖方而要求买方兑付汇票。

如果融资机构支付的票据表面正常，则即使票据实际上存在问题，融资机构的权利也不受影响。法典第2.506条(b)款规定："如果融资机构根据对买方承担的义务，或根据买方提供的授权，善意兑付或购买了汇票，则即使以后发现任何相关单据存在瑕疵，只要单据当时表面正常，融资机构获得偿付的权利即不受削弱。"融资机构在这个过程中只是服务商，并只收取很少的服务费或不收取费用，同时对票据也只能作表面审查，因此，不能要求银行承担过重的责任。有关票据当事方的权利和义务，以及银行在收款过程中的权利和义务，本书后文将会详细讨论。

法典中还有一个类似概念，称为"处于卖方地位的人"(person in the position of a seller)。法典第2.707条(a)款规定："在代理人对抗被代理人时，'处于卖方地位的人'包括代表被代理人支付了货物的价款或承担了付款责任的代理人。'处于卖方地位的人'也包括以其他方式对货物拥有担保权益或其他类似于卖方权利的任何人。"也就是说,如果任何人代表买方支付了货款,该人就像支付了货款的卖方一样,对货物享有优于买方的权利。法典第2.104条(b)款规定:"涉及就货物处于卖方地位和买方地位的人时(第2.707条),'融资机构'还包括以类似方式介入该等人之间的银行或其他人。"

第六节　货物买卖合同的履行

货物买卖合同成立之后,买卖双方均应根据合同的规定履行自己的义务。法典第2.301条对当事方的履约义务作出原则规定,即"卖方的义务是根据合同作出转让和交付;买方的义务是根据合同作出接受和付款"。这项规定没有具体说明卖方转让和交付什么,也没有说明买方接受什么,因此具体的履约内容和方式,需要根据当事方的协议及法典的规定予以确定。

当事方在履行自己的义务时,不仅要符合当事方之间的实际约定,还要符合法典及其他相关法律的规定。只有在这种情况下,才属于"符合合同"。法典第2.106条(b)款规定:"货物或行为,包括履约中的任何部分,如果符合合同规定的义务,即为'符合合同'。"前面提到,在法典中,"协议"与"合同"在理论上是不同的概念,尽管在法典条文中这种区别有时不是很明显或很严格。

卖方发运货物

在货物买卖合同中,卖方交付货物的方式可以是各种各样,例如,卖方当面将货物交给买方,或买方自行到卖方处提货,或卖方委托他人将货物交给买方等。对此,法典没有作出具体规定,而是由当事方自行规定和自行掌握。如上面提到的法典规定,原则上,"卖方的义务是根据合同作出转让和交付”。这里所说的“合同”,包括了当事方的实际协议,以及法典或其他法律对当事方协议的修改或补充。

法典对交货方式的规定主要涉及发运问题。在买卖双方距离较远的情况下,货物可能需要从卖方所在地运至买方所在地。即使买卖双方本身的距离不远,但货物可能距离买方较远,或买方可能要求卖方将货物运至其他地方。在这些情况下,都涉及货物的发运问题。这里所说的“发运”(shipment),是指使用第三方承运人运输货物。如果买方自行到卖方指定的地点提货,或如果卖方亲自将货物送到买方指定的地点,则无论实际距离远近,也无论使用何种运输工具,都属于当面交货,而不属于发运。货物是否通过“发运”交付,取决于合同是否要求或授权卖方进行发运。

在使用第三方承运人进行运输时,通常是由卖方与承运人订立运输合同。法典并不涉及此种合同的订立和内容。前面提到,法典包含了运输中最经常使用的几种贸易术语,并对当事方的权利和义务作出了简要说明。根据法典的规定,即使当事方仅把约定的术语用于表示货物价格,该术语仍然构成综合交货条款,包含了运输、保险、风险承担等内容。因此,如果买卖合同规定由卖方发运货物,并使用了某种贸易术语,则卖方对货物发运的安排,就要符合双方选用的贸易术语,同时,买卖双方的很多权利和义务,也要根据该术语确定。

如果货物买卖合同只是简单地规定由卖方发运货物,但未作出具体规定,也未使用特定的贸易术语,则卖方应根据法典规定的一般原则进行发运。法典第2.504条规定:“如果卖方被要求或被授权将货物发运给买方,但合同并未要求卖方在特定目的地交付货物,则除另有协议外,卖方必须:(1)根据货物的性质和其他客观情况,将货物交给适当承运人占有,并订立适当运输合同;并且(2)取得格式适当并使买方有权占有货物的任何必要单据,或协议或行业惯例另行要求的任何单据,并迅即向买方交付或提示交付此种单据;并且(3)将发运迅即通知买方。”

根据法典的正式评论,上述规定适用于类似于“成本加保险费运费”

（C. I. F.）、“成本加运费”（C&F）和发运地“运输工具上交货”（F. O. B. place of shipment）等类型的合同，因为这类合同不要求卖方“在特定目的地交付货物”。也就是说，如果合同要求或授权卖方安排发运货物，但卖方的义务仅限于安排发运，而没有义务在目的地交货，就应适用上述规定。如果是目的地“运输工具上交货”（F. O. B. place of destination）或“目的港船上交货”（Ex-ship）等类型的合同，就不属于上述规定所适用的合同。

根据上述规定，卖方安排发运时的主要义务，是在各个方面做到适当，包括选择适当的承运人，订立适当的运输合同，取得适当的单据，并适当地将单据交付给买方。卖方是否做到了适当，需要根据当事案件的具体情况和双方的具体约定进行判断，也需要考虑到当地的惯例和行业的惯例。如果发运的各个方面均符合正常的履约方式，并符合当事方的合理预期，一般就属于适当。

在通常情况下，卖方发运货物时尚未获得价款。此时，卖方对货物是否还享有任何权利？对此，法典第 2. 505 条规定：“（a）如果卖方在发运时或发运前已将货物特定于合同项下：（1）卖方取得向自己的指定人交货或向其他人交货的流通提单，均保留对货物的担保权益。卖方取得向金融机构的指定人或买方的指定人交货的流通提单，只另外表明卖方的预期，即该权益将被转让给该机构或买方。（2）向卖方或卖方指定的特定人交货的不可流通提单，意味着卖方将货物作为担保而保持占有，但除涉及附条件交付外［第 2. 507 条（b）款］，以买方为收货人的不可流通提单，即使由卖方占有或控制，亦不构成保留担保权益。（b）如果卖方在保留担保权益的情况下发运货物违反了买卖合同，卖方订立的运输合同即不属于上条所述的适当合同，但这并不削弱因发运和货物特定于合同项下而使买方取得的权利，也不削弱卖方作为流通所有权凭证执票人的权力。”

根据上述第（a）（1）款，如果卖方在发运货物时取得流通提单（negotiable bill of lading），则无论提单项下的收货人是谁，均等于卖方就货物保留了担保权益，用于担保卖方尚未收到的货款。流通提单基本代表了对货物的权利，因此，卖方一旦交付提单就失去对货物的控制。法典为了保护卖方，向卖方提供了对货物的担保权益。此种担保权益系根据法典第2篇的规定自动产生，不需要卖方另行与买方订立担保协议或履行其他程序。卖方根据此种担保权益所享有的相应权利，具体规定在法典第9篇中。即使提单规定向买方的指定人或向支付价款的金融机构的指定人交货，卖方享有的担保权益也不受影响。

根据上述第(a)(2)款，如果卖方取得不可流通提单，且收货人为卖方自己或卖方的代理人，则应认为货物还处于卖方占有之中，因为只有卖方或卖方的代理人才有权提货。但是，如果不可流通提单的收货人为买方，则说明卖方已完全放弃对货物的权利，不仅无权占有货物，也失去对货物的担保权益。

根据上述第(b)款，卖方是否有权在发运货物时保留担保权益，取决于合同的规定。如果根据合同卖方无权保留权利，则卖方保留权利的行为即属于违约。例如，假设卖方在发运货物前即已得到货款，卖方通常就无权再就货物保留担保权益，因为已经不再需要此种担保。根据法典的正式评论，在卖方已经获得货款的情况下，担保权益已经没有存在的基础，因此担保权益实际上也不可能再产生。如果卖方尚未获得货款，但合同不允许卖方保留担保权益，则卖方保留权利的行为即属于违约，但是，所保留的权利本身仍然是有效的。

卖方提示交付

在货物买卖合同中，卖方的基本义务是作出“交付”(delivery)，包括交付实际的货物，或交付代表货物的所有权凭证。卖方履行交付义务的方式是向买方作出“提示交付”(tender of delivery)。所谓“提示交付”，是指根据法典的规定，向买方作出适当的交付表示和交付行为。卖方作出适当的提示交付后，即使买方未接受该表示(如买方拒绝收取货物)，或买方实际未收到货物(如货物发生意外损失且风险应由买方承担)，卖方也被视为完成了交付的义务。所以,提示交付不完全等于实际交付,但相当于卖方完成了交付义务。

原则上,提示交付的方式可以由当事方自行约定。法典第 2.503 条(a)款对提示交付所规定的基本原则是:"为作出提示交付,卖方应将符合合同的货物置于并保持于买方处置之下,并给买方必要的合理通知,使其能够取得交付。提示交付的方式、时间和地点应符合协议和本篇的规定,同时:(1)提示交付必须在合理钟点作出;并且,如果提示交付的是货物,必须留出合理的提货期间,使买方能够取得货物的占有;但是(2)除另有协议外,买方应提供接收货物所需的合理设备。"

上述规定是有关提示交付的原则规定,可以适用于任何类型的合同。如果卖方负责安排发运货物,例如,在"成本加保险费运费"(C. I. F.)或"成本加运费"(C&F)这类交易中,卖方的提示交付需要额外遵守前面提到的有关卖方发运货物的规定。法典第 2.503 条(b)款规定:"如果属于下条所述的发运,卖方的提示交付应符合该条的规定。"如果当事方约定在目的地交付货物,例如,在当事方使用目的地"运输工具上交货"(F. O. B. place of destination)或"目的港船上交货"(Ex-ship)这类合同时,卖方应遵守法典第 2.503 条(c)款的规定,即"如果卖方被要求在特定目的地交付,提示交付应符合(a)款的规定;并在适当情况下,还应根据本条(d)款和(e)款的规定提示交付单据"。

如果货物已经储存在第三方承储人的货仓中,且交货时无须移出货仓,则卖方可以只交付相应单据。法典第 2.503 条(d)款规定:"如果货物由货物保管人占有,且不再移动即可交付,(1)为作出提示交付,卖方应提示交付覆盖货物的流通所有权凭证,或取得货物保管人确认,承认买方有权占有货物;但是(2)向买方提示交付不可流通所有权凭证,或提示交付向货物保管人作出的书面交货指示,亦足以构成提示交付,除非被买方及时拒绝。货物保管人收到有关买方权利的通知后,买方的权利即可对抗货物保管人和所有第三方,但货物损失的风险,以及货物保管人拒付不可流通所有权凭证或拒绝服从卖方指示的风险,在买方有合理时间提示该凭证或指示之前,仍由卖方承担。如果货物保管人拒付凭证或拒绝服从指示,卖方的提示交付即告失效。”

根据上述第(d)款的规定,对于存储在货仓中且无须移动即可原地交付的货物,卖方的提示交付共有 4 种方式。首先,卖方可以交付代表货物的流通仓单。流通仓单基本上代表了货物的所有权,所以交付流通仓单即等于提示交付。其次,如果卖方在存储货物时未取得仓单,而只与承储人订立了存储协议,则只要承储人以任何方式直接向买方确认,买方有权取得货物,即属于卖方完成了提示交付。再次,如果卖方取得的是不可流通仓单,则只要买方不拒绝该仓单,且随后承储人也确认买方有权根据该仓单取得货物,卖方即完成了提示交付。最后,如果卖方未取得仓单,可以向买方出具一份文件,其中指示承储人向买方交货。只要买方不拒绝该文件,且随后承储人也同意服从该指示,该文件即构成提示交付。

关于提示交付中需要交付的单据,法典第 2.503 条(e)款规定:“如果合同要求卖方交付单据,(1)卖方必须按正确格式提示交付合同要求的全部单据,但本篇涉及成套提单时另有规定的除外[法典第 2.323 条(b)款];并且(2)通过惯常银行渠道作出的提示交付,足以构成提示交付。对附随单据的汇票作出拒绝,即构成对提示交付的不接受或拒收。”

上述规定中的“单据”(documents)是复数词,可以指一项或多项单据。除提单外,还可以包括其他单据,如保险单或品质证明等。上述规定中的“汇票”(draft),是指买方用于支付货款的汇票。汇票一般以卖方为受款人,并由卖方向受票人(通常为银行)提示后取得付款。如果汇票是“跟单汇票”(documentary draft),卖方在向银行提示汇票时,需要同时提交必要的单据,如货物运输的提单和保险单等,由银行转交给买方。如果银行拒付汇票,就等于拒绝了卖方的提示交付。

卖方作出提示交付后,买方即有义务履行自己的相应义务。法典第 2.507条规定:“(a)提示交付是买方履行接受货物之义务的条件,且除另有协议外，也是买方就货物履行付款义务的条件。提示交付使卖方有权要求买方根据合同接受货物和作出付款。（b）卖方向买方交付货物或所有权凭证后，如果付款期已到，且卖方已提出付款要求，则在对抗卖方时，买方留持和处置货物的权利，以买方支付到期款项为前提条件。”根据上述规定，卖方一旦作出适当的提示交付，则无论买方是否接受提示交付，也无论买方是否实际取得货物的交付，从卖方的角度，即有权利要求买方接受货物和支付价款。上述第（b）款意在说明，如果买方已取得货物，但没有支付已到期的货款，则在买方和卖方之间，卖方对货物的权利优于买方，无论买方是否已取得货物的占有和所有权。

如果卖方未能根据上述法典第 2.503 条的规定作出适当的提示交付，即属于违约。但是，法典给予卖方一定的补救权，允许卖方在交付义务的履行期限过期之前，对不适当的提示交付进行补救。法典第 2.508 条规定：“（a）如果卖方的提示交付或交付因不符合合同而被拒收，且履约时间还未过期，卖方可将其准备进行补救的意图及时通知买方，然后可在合同规定的时间内，作出符合合同的交付。（b）如果提示交付不符合合同，但卖方原有合理理由相信，经过或不经过金钱调整，买方本来可以接受该交付，此时，如果买方拒收，卖方应获得额外的合理时间，以便重新作出符合合同的交付，但卖方必须及时将此通知买方。”

如果卖方作出了不适当的提示交付，但根据上述第（a）款及时作出了适当补救，也就是说，在合同规定的交付时间过期之前作出了符合合同的提示交付，卖方即被视为履行了合同义务。上述第（b）款是为了保护善意的卖方。在实际商业活动中，有时卖方知道自己的交付与合同不符，但善意地相信，经过降价或提供其他优惠，买方应该能够接受该交付。此时，如果买方实际上拒绝接受，卖方即可获得一定的额外时间，来作出符合合同的交付。但是，卖方的相信必须合理，例如，双方在过去的交易中曾有过类似经历，或双方曾有过相关讨论等。

买方提示付款

在卖方作出符合合同的提示交付后，买方就有义务按合同规定支付价款。买方履行付款义务的方式，是作出“提示付款”（tender of payment）。所谓“提示付款”，是指向卖方作出适当的付款表示，类似于卖方向买方作出的提示交货。买方作出适当的提示付款后，即被视为完成了付款的义务，无论卖方是否接受了该表示。

关于提示付款，法典第 2.511 条规定：“（a）除另有协议外，提示付款是卖方履行提示交付和完成交付之义务的条件。（b）使用正常业务中通行的任何方法或方式作出提示付款，均属适当，除非卖方要求以法定货币付款，并合理给予必要的延长时间用于筹措货币。（c）除本法在涉及票据对义务的影响时另有规定外（第 3.310 条），支票付款属于有条件付款。如果支票经适当提示后被拒付，在当事方之间，付款即告无效。”

根据上述第（a）款，买方作出提示付款，是卖方作出提示交付的条件，但是，前面提到的法典第 2.507 条（a）款规定，卖方作出提示交付，是买方作出提示付款的条件。看上去，这似乎成为一个“先有鸡还是先有蛋”的问题，即到底是卖方先作出提示交付，还是买方先作出提示付款？首先，这取决于当事方的协议。当事方协议通常会对交货和付款的具体时间和方式作出规定，且在绝大多数情况下，约定的交货时间和付款时间都会有一定的先后顺序。如果当事方的协议对此完全没有规定，则在理论上交货和付款应在同一时间作出，即所谓两者互为条件。

上述第（b）款所说的“法定货币”（legal tender），是指国家发行的并在市场上使用的货币，且主要是指纸币。除非买卖协议已明确规定用法定货币付款（如纸币现金），否则，买方可以使用任何常用的付款方式，如银行转账。如果协议没有明确规定使用纸币，但卖方要求买方支付纸币，买方就必须用纸币支付，因为这是法定货币，但付款时间可以比协议规定的时间稍晚。用支票作出的付款，属于有条件的付款。一方面，买方暂时被视为已作出提示付款;另一方面,如果最终支票被拒付,即属于买方从未作出过适当的提示付款。

买方检验货物

买方在提示付款之前是否可以先对货物进行检验?这主要取决于买卖合同的规定。如果合同规定买方有权在付款之前检验货物,或至少没有明示或默示地否定买方的此种权利,买方一般有权先检验后付款。法典第2.513条(a)款规定:“除另有协议外,且除(c)款另有规定外,如果已提示交付或交付货物,或如果货物已特定于买卖合同项下,则买方有权在付款或接受货物之前,在任何合理时间和地点,以任何合理方式检验货物。如果卖方被要求或被授权将货物发运给买方,检验货物可在货物到达之后进行。”

但是,如果买卖合同的条款明确不允许买方先检验后付款,或实际上否定了此种权利,买方就无权先检验后付款。法典第2.513条(c)款规定:“除另有协议外,且除本篇涉及‘成本加保险费运费’合同时另有规定外[第2.321条(c)款],当合同存在下列规定时,买方无权在支付价款前检验货物:(1)合同规定按‘交货付现’条款或类似条款作出交付;或(2)合同规定在交付所有权凭证时付款,除非合同还规定,只有在有机会检验货物后,付款才到期。”在这里所说的“交货付现”(cash on delivery)交易中,买方在收到货物时,只有先付款后才有权验货,除非双方事先约定买方有权先验货。此外,如果合同规定在交付所有权凭证时付款,买方通常也没有权利事先检验货物。

在当事方使用“成本加保险费运费”术语时,法典第2.321条(c)款规定:“除另有协议外,如果合同规定货到之时或之后付款,卖方必须允许在付款前对货物进行任何可行的初步检验;但如果货物已灭失,则交付单据和付款的时间,为货物本应到达的时间。”这里所说的“可行的初步检验”,只是根据当时条件所能进行的检验,例如,简单地看一下货物或看一下外包装，而不是真正的检验。

假设合同规定买方先付款后检验，但由于其他原因，买方在付款前即已知道货物不符合合同，此时，买方能以货物不符合合同为理由拒绝付款吗？对此，法典第 2.512 条规定："(a)如果合同要求在检验货物前付款，则即使货物不符合合同，买方的此种付款义务亦不被免除，除非：(1)不符之处未经检验即已显露；或(2)虽然已提示交付所需的单据，但当时的客观情况使法院有理由根据本法发出停止兑付的禁令[第 5.109 条(b)款]。(b)根据(a)款作出的付款，不构成对货物的接受，也不削弱买方检验货物或得到任何救济的权利。"

根据上述第(a)(1)款的规定，如果在未经检验的情况下，通过其他方式或途径，已经可以证明货物不符合合同，则买方有权拒绝付款。但是，买方如果仅仅是担心或怀疑存在不符，则无权拒绝付款。上述第(a)(2)款涉及信用证的兑付问题。根据该款的规定，如果买方有合理理由认为信用证的兑付会被法院禁止，买方即有权拒绝付款。此款不要求法院已经作出禁止，而只要求存在此种禁止的合理理由。关于法院对信用证兑付的禁止，法典第 5.109 条(b)款规定："如果申请人声称，某个必要单据存在伪造或严重欺诈，或兑付该提示将助推受益人对开证人或申请人的严重欺诈，则有适当管辖权的法院，可以暂时禁止或永久禁止开证人兑付提示，也可以提供对抗开证人或其他人的类似救济。"

根据上述第 2.512 条(b)款的规定，即使买方无权在付款前先检验货物，或实际上未能先检验货物，买方本应享有的其他权利也不受影响。因此，买方仍然有权在付款后检验货物，而如果货物不符合合同，仍然有权拒收货物，并仍然享有当事方协议和法典提供的其他救济，包括取得损害赔偿的权利。关于买方的拒收权，后面还会详细讨论。简而言之，"收到"(receive)货物不等于"接受"(accept)货物。前者是实际行为，后者是法律行为。所以，即使买方已收到货物并已付款，也不等于已接受货物。因此，只要存在合理理由，买方仍可"拒收"(reject)。

关于检验货物的费用,法典第2.513条(b)款规定:“检验货物的费用必须由买方承担,但在货物不符合合同且被拒收时,买方可向卖方索赔检验费。”关于检验的地点和方法,该条第(d)款规定:“当事方选择的检验货物的地点或方法,被假定具有排他性;但除另有明确协议外,此种选择不推迟特定化的时间,也不改变交付的地点或损失风险转移的地点。如果遵守此种选择成为不可能,应按本条规定的方式检验货物,除非当事方的明确意图是,所选择的地点或方法系必要条件,缺少该条件后,合同即告失效。”

买方接受货物

接受(accept)符合合同的货物,是买方的两项主要义务之一。买方的另一项主要义务,是支付货款。关于买方的义务,法典第2.301条规定:“买方的义务是根据合同作出接受和付款。”买方的付款时间,可以在卖方交付之前,也可以在交付之后,但买方对货物的接受,只能在卖方交付之后。如果卖方不作出交付,买方就没有可能作出接受。

前面提到,收到货物不等于接受货物,因为前者代表买方对货物取得占有,而后者代表买方承认货物符合合同。但是,从后文的讨论中将可以看出,这种认可只是初步认可,而不是最终认可,因为买方在接受货物之后,如果发现货物实际上不符合合同,仍然可能有权“撤销”(revoke)对货物的接受。如果在买方接受货物后,没有撤销接受,或者根据法典的规定无权撤销接受,买方就被视为最终接受了货物。

收到货物与接受货物之间,没有先后时间顺序,甚至没有必然的联系。在很多情况下,买方可能是先收到货物,然后对货物作出检验,然后表示接受货物。但是,即使买方未实际收到或看到货物,只要卖方已作出交付,且法典规定的其他条件也得到满足,买方仍有可能被视为已接受货物。

那么,买方在何种情况下被视为已接受了货物?法典第2.606条(a)款规定:“下列情况代表货物已被接受:(1)买方在有合理机会检验货物后,向卖方表示货物符合合同,或表示尽管货物不符合合同,买方仍将收下或保留货物；或(2)买方未能作出有效拒收[第2.602条(a)款]；但是，此种接受只有在买方有合理机会检验货物后才能发生；或(3)买方作出任何与卖方对货物之所有权相抵触的行为；但是，如果该行为属于对卖方的不当行为，则只有卖方确认该行为构成接受，该行为才构成对货物的接受。”

根据上述第(1)款的规定，无论货物是否符合合同，只要买方在有合理机会检验货物后，主动表示接受或保留货物，即属于对货物的接受。根据这项规定，即使买方实际上未检验货物，只要买方曾有过检验货物的合理机会，买方仍有可能被视为已接受了货物。

根据上述第(2)款的规定，买方即使没有主动表示对货物的认可，但只要未能及时作出拒收，即被视为接受了货物。关于拒收的时间限制，法典第2.602条(a)款规定：“拒收货物必须在交付或提示交付后的合理时间内作出。如果买方未能及时通知卖方，拒收无效。”所以，在卖方作出交付后，只要超过合理时间，即使货物不符合合同，即使买方对货物不认可，买方仍然失去了拒收的权利。多长时间属于合理，主要取决于检验货物所需的合理时间，因为根据上述第(1)款的规定，买方首先需要有合理机会验货。但是，合理机会是指从客观角度来看，买方是否有可能验货，而不取决于买方是否实际利用了该机会，也不取决于买方是否由于自身原因而无法验货。假设买方购买了一辆汽车，但因长期出差在外，既没有看到汽车，也没有检验，而是半年后才发现汽车有问题，此时，如果买方再想提出拒收，可能为时已晚。

上述第(3)款包含两层含义。首先，如果买方的行为显示，买方已不再认为货物是卖方的，而是自己的，即买方的行为具有否定卖方“所有权”的性质，那么，买方就有可能被视为已接受了货物。前面提到，法典第2篇通常不关注所有权问题，因此，在货物买卖交易过程中的任何特定时间节点，所有权的归属通常不影响当事方的权利和义务。所以，这里所说的“所有权”(ownership)，实际上不是指严格意义上的货物所有权(title)，而更多地是指买方的心态，即“拥有”货物的心态。假设买方在对货物进行检验后，已开始正常使用货物,大体上就代表买方已将货物视为自己的货物。又如,假设买方已将货物送给朋友,这种行为也可能被视为与卖方的所有权相抵触。

其次,上述第(3)款中有关"卖方确认"的规定,向卖方提供了在货物不符合合同时收回货物的权利,以取得对双方都更加合理的结果。该款所设想的情况是,如果货物存在问题,致使买方作出拒收表示,但买方随后开始使用货物,此时就会产生买方到底是已拒收还是已接受的矛盾。法典认为,在一定情况下,卖方应拥有最后的确认权。例如,假设在买方表示拒收后,卖方为了减少损失,将货物另外出售给他人,因此希望从买方收回货物。但是,如果必须认定买方的使用已构成接受,卖方就无权再收回货物。在这种情况下,卖方的处境将非常尴尬,一方面要对原始买方承担货物不符合合同的违约责任,另一方面还要对后手买方承担不能交货的违约责任。上述第(3)款的本意在于确定买方是否已接受货物,但如果买方已表示过拒收,且卖方也愿意收回货物,大概也没有必要不允许卖方收回货物了。在卖方收回货物的情况下,买方仍享有法典规定的所有救济,包括取得替代货物和赔偿的权利,因此权利可以得到保证,而卖方也可以对货物作出进一步安排,尽量减少违约的损失。

关于买方接受货物的后果或效力,法典第 2.607 条(b)款规定:"买方接受货物后,不能再拒收已被接受的货物。"而该条第(a)款规定:"买方必须按合同规定的价格,就已被接受的货物作出付款。"所以,买方接受货物后,即使货物不符合合同,买方也没有拒收的权利了。同时,买方必须履行自己在合同项下的义务,包括支付全部货款,即所谓的"合同规定的价格"。

但是,买方即使接受了不符合合同的货物,也并不丧失自己根据合同和法典所享有的其他权利。法典第 2.607 条(b)款规定:"接受货物之行为本身,不削弱本篇就不符合合同提供的任何其他救济。"因此,买方仍然享有取得赔偿的权利,以及合同或法典规定的其他权利,包括在一定情况下"撤销接受"(revocation of acceptance)的权利。并且,买方支付货款的义务和取得赔偿的权利，从金钱数额上最终会相互抵销，且法典也允许买方在支付货款时，扣除货物不符合合同所造成的损失，只是在理论上，支付货款和取得赔偿是两个不同性质的问题。

买方对货物的接受，对当事方的权利和义务具有重要影响。上面提到，买方接受货物后，一方面要支付全部货款，另一方面也无权再拒收货物。关于拒收的概念，后面在讨论买方救济时还会具体讨论，但简单地说，在接受货物前，只要货物在"任何方面"（in any respect）不符合合同，买方即有权拒收，但如果买方已接受了货物，则即使货物不符合合同，甚至严重不符合合同，买方通常也必须保留货物。如后面将要谈到的，只有在少数特定情况下，买方才有权在接受货物后撤销接受，将货物退还给卖方。

委托履约；转让权利

在货物买卖交易中，合同的任何一方通常都预期另一方亲自履行其合同项下的义务。例如，买方通常预期卖方亲自履行交货的义务，而卖方通常预期买方亲自履行付款的义务。但在有些情况下，合同的某一方可能希望将自己的部分或全部履约义务委托给某第三方履行，例如，卖方可能希望由第三方向买方交付货物。在法典中，这种情况称为"委托履约"（delegation of performance）。

如果卖方仅仅是从第三方采购，然后自己将采购后的货物交付给买方，或甚至委托第三方将货物直接发送给买方，该情况并不属于委托履约，因为在这种情况下，第三方仅是卖方的供应商，而履行合同项下交货义务的人仍然是卖方。但是，如果卖方将自己的交货义务整体上交由第三方履行，即构成委托履约，因为在很大意义上，第三方直接成为新的卖方，履行原始卖方应该履行的义务。

法典在一定程度上允许委托履约，以便商业交易能以更加灵活的方式进行。但是，法典同时也要合理保护当事方的期待，特别是对合同其他方亲自履约的期待，不使一方的委托履约对另一方造成不利影响。关于委托履约,法典第2.210条(a)款规定:“一方可以委托他人代为履行义务,除非当事方另有协议,或除非另一方有重大理由,需要其原始许诺人履行或控制合同所要求的活动。当事方委托履约,并不解除自己的履约义务或违约责任。”

根据上述规定,如果当事方的协议禁止委托履约,则任何一方均无权委托履约。如果当事方的协议没有明确禁止,法典原则上允许委托履约,只要合同另一方没有“重大理由”(substantial interest)需要原始当事方亲自履约。在“Sally Beauty Co. v. Nexxus Products Co.案”中,买方是卖方所售货物的经销商,由于买方被另一个公司收购,收购公司继承了买方的买卖合同,相当于买方的履约义务被委托给收购买方的公司。为此,卖方根据上述“重大理由”条款,认为该委托履约不可接受,要求解除合同。法院支持了卖方的主张,认为卖方有理由要求原始买方亲自履行该合同,因为买方的履约能力(销售能力)可能不同于收购买方的公司。

同时,即使委托履约得到协议或法典的允许,委托方原有的合同义务和责任也不被解除,因此委托方要与接受委托的第三方共同承担连带责任。例如,如果接受卖方委托的第三方所交付的货物在任何方面不符合合同,就相当于卖方自己交付的货物不符合合同。法典的此种规定,一方面为委托方提供了一定的自由,另一方面也适当保护了合同的另一方。

尽管如此,委托履约有时仍然会使合同的另一方产生担心。例如,在卖方将交货义务委托给第三方后,买方可能对第三方的交货能力或质量存在担心。尽管在理论上卖方承担连带责任,但买方此时关心的主要问题是货物,而不是赔偿。在有些情况下,买方可以基于上面提到的“重大理由”而拒绝卖方的委托履约。但在另外一些情况下,买方的依据可能不足,且不能以其作为反对委托的理由。

在这种情况下,法典为非委托方提供了另一种保护。法典第2.210条(f)款规定,在发生委托履约时:“另一方可将其作为失去安全的合理理由,并可在不损害自己对抗转让人之权利的情况下,要求受让人提供履约保证

（第 2.609 条）。”根据这项规定，如果非委托方存在担心，可以要求接受委托的一方提供合理的“履约保证”（assurance of performance）。例如，如果买方对受委托方的交货能力或质量存在担心，买方可要求其提供法典第 2.609 条规定的保证。如果受委托方不愿提供保证，或如果所提供的保证不能合理解决买方的担心，买方即有权拒绝卖方的委托履约。有关法典第 2.609 条规定的履约保证，下面还会详细讨论。

除去上面谈到的委托履约，在另外一些情况下，合同的某一方可能希望将自己在合同项下的权利转让给第三方。例如，卖方可能希望将收取货款的权利转让给第三方，而买方可能希望将收取货物的权利转让给第三方。在法典中，这种情况称为“转让权利”（assignment of rights）。与委托履约类似，如果卖方仅要求将货款支付到第三方的账户，或买方仅要求将货物交付给第三方，此种情况不属于收款权利或收货权利的转让，而只是原始卖方收款或原始买方收货的具体方式，不产生新的合同当事方。

一方转让自己在合同项下的权利，通常不会使另一方产生很大担心。例如，卖方将自己收取货款的权利转让给第三方，通常对买方没有不利影响，因为对买方来说，将货款支付到哪个账户，区别并不明显。因此，法典原则上允许转让权利。法典第 2.210 条（b）款规定：“除另有协议外，卖方或买方的全部权利均可被转让，除非此种转让将严重改变另一方的义务，或严重增加另一方合同项下的负担或风险，或严重损害另一方获得回报履约的机会。基于另一方违反整体合同而产生的索赔权，或转让人在适当履行自己全部义务后获得的权利，可以被转让，即使协议有不同规定。”上述规定包含了两项原则。

第一项原则，当事方原则上可以在货物买卖合同中明确禁止任何一方转让权利。在合同没有明确禁止的情况下，权利原则上均可被转让，除非转让对另一方造成严重不良影响。例如，卖方希望将收取货款的权利转让给第三方，但买方有合理理由担心，向该第三方付款会涉及金融违规，此时，买方就有权拒绝该转让。不良影响是否严重，属于事实问题，需要根据案件的具体情况进行判断。

第二项原则,即使货物买卖合同明确禁止转让权利,该禁止在一定情况下也是无效的。例如,即使合同禁止转让,卖方交付货物后,仍可将收取货款的权利转让给第三方,而在卖方拒绝交货时,买方仍可将自己向卖方索赔的权利转让给第三方。法典如此规定的理由是,这些转让明显不对非转让方造成不良影响,或总体上没有理由禁止此种转让。或者说,法典已经认定,此种转让对另一方不存在严重的不良影响。

为了对当事方在商业活动中的某些用语进行澄清,法典第 2.210 条(d)款规定:"除客观情况另有所指外,禁止转让'合同',应被解释为仅禁止将转让人的履约义务委托给受让人。"而该条第(e)款规定:"转让'合同',或转让'我在合同中的所有权利',或以类似的概括语言作出的转让,是权利的转让;并且,除语言或客观情况(如为提供担保而作的转让)另有所指外,该转让也是转让人履约义务的委托。受让人接受委托后,即允诺履行该义务。该允诺可由转让人或原始合同的另一方强制履行。"

履约保证

前面提到,假设在合同的一方作出委托履约后,合同的另一方感到担心,该方可以根据法典第 2.609 条的规定,要求委托方或受委托方提供履约保证(assurance of performance)。但是,法典第 2 篇规定的履约保证,并不仅限于委托履约的情况。在合同履行的整个过程中,只要合同的一方对另一方的履约存在合理担心,都可以要求另一方提供履约保证。

关于履约保证,法典第 2.609 条规定:"(a)买卖合同的每一方都预期另一方正常履约,而另一方则有义务不破坏此种预期。一方如果有合理理由担心另一方不能正常履约,可以用书面形式要求另一方提供正常履约的充分保证。不安全的一方在收到此种保证之前,只要商业上合理,即可针对另一方尚未履约的部分,暂停履行自己相应部分的义务。(b)在商人之间,不安全的理由是否合理,以及所提供的保证是否充分,必须根据商业标准进行判定。(c)即使已接受任何不适当的交付或付款,亦不损害受损方要求对未来履约提供充分保证的权利。(d)一方收到有正当理由的要求后,如果未能在最长不超过30天的合理时间内,根据该案当时的情况提供充分的履约保证,即构成毁弃合同。”

关于履约保证应该由谁提供,法典第2.210条(f)款的措辞与第2.609条(a)款的措辞稍有区别。法典第2.210条(f)款规定,在发生委托履约时,非委托方可以要求受委托方提供履约保证,但没有说明是否可以要求委托方提供履约保证。法典第2.609条(a)款是针对合同履行中任何情况的,规定合同中感到不安的一方可以要求合同的另一方提供履约保证。如果将这个规定适用于委托履约的情况,则应该说,非委托方不仅可以要求受委托方提供保证,而且也可以要求委托方提供保证。

要求另一方提供履约保证的基本条件是存在“合理理由”。这是一个事实问题,必须根据每个案件的具体情况,来判断一方的担心是否有合理理由。法典第2.609条(b)款规定,如果合同的双方均为商人,即应根据商业标准来判断一方的担心是否合理。该款没有规定在非商人之间应该用什么标准来衡量,但根据法典的一般原则,肯定需要满足“善意”这个标准。根据法典第2.609条的规定,感觉不安的一方在收到另一方的履约保证之前,原则上可以暂停履行自己的相应义务。并且,如果另一方未能及时提供保证,即相当于另一方的毁约。

不可抗力

不可抗力是合同法中的一项基本原则,允许遭遇不可抗力的一方在未履行自己合同义务的情况下无须承担违约责任。法典没有直接使用“不可抗力”这个概念,而是具体列出了几种类似于不可抗力的情况。例如,关于货物意外灭失的情况,法典第2.613条规定:“如果履行合同所需的货物在订立合同时系属特定,且在风险转移至买方之前,或在适当情况下,当合同采用“货到成交”条款时(第2.324条),货物非因任何一方过错而遭受损失，则：(1)当货物全部损失时，合同失效；以及(2)当货物部分损失时，或当货物状况恶化至不符合合同的程度时，买方可以要求检验货物，并可以选择视合同为失效；也可以选择接受货物，并根据货物恶化情况或数量减少情况相应调整合同价格，但没有对抗卖方的进一步权利。”

关于交货或付款中遇到的困难，法典第 2.614 条规定：“(a)如果非因任何一方过错，双方约定的停泊、装货或卸货设施无法使用，或约定种类的承运人无法获得，或由于其他原因致使约定的交付方式在商业上确实难以履行，此时，如果存在商业上合理的替代履约方式，双方必须提示使用和接受该方式。(b)如果由于本国或外国政府法令，约定的付款方法或方式无法实现，则在买方另行提供商业上基本相等的付款方法或方式之前，卖方可以中止或阻止交货。如果货物已经交付，买方按法令规定的付款方法或方式付款后，即被解除义务，除非该法令具有歧视、迫害或掠夺性质。”

对于延迟交付货物或减少交货数量的问题，法典第 2.615 条规定：“除卖方已承担了进一步的义务外，且除有关替代履约的上条另有规定外，(1)如果发生了订立合同时作为基本假设认为不会发生的意外情况，或如果卖方以善意遵守了外国或本国政府的法令（无论该法令以后是否被证实无效），致使卖方确实难以按约定方式履约，则即使发生延迟交付，或部分或全部未能交付，只要卖方遵守了(2)款和(3)款的规定，即不构成对买卖合同义务的违反。(2)如果(1)款提到的情况仅部分地影响了卖方履约的能力，卖方必须把生产和交付能力在各位客户之间进行分配，但可以决定把那些当时不存在合同关系但有经常联系的客户以及自己今后的生产需求也考虑在内。卖方的此种分配可以使用任何公平合理的方式。(3)卖方必须将延迟交付或无法交付的情况及时通知买方。如果需要根据(2)款进行分配，卖方必须通知买方其有可能获得的估计数额。”

关于交付出现问题时买方的权利，法典第 2.616 条规定：“(a)如果买方收到通知，即根据上条所述的合理理由，将出现严重或无限期延迟，或将作出分配，买方可以书面通知卖方，就所涉及的货物，或如果根据本篇有关违反分批交货合同的规定(第2.612条),预期的短缺将导致整体合同的价值严重降低时,则就全部货物:(1)终止合同,从而解除合同的任何未履行部分;或(2)修改合同,即同意收取所分配的替代数额。(c)如果在收到卖方上述通知后,买方未能在不超过30天的合理时间内按上述方式修改合同,合同在受到影响的那部分交付范围内,即告失效。(d)本条的规定不得通过协议加以排除,但卖方可以根据上条承担更大的义务。"

法典的上述规定,都涉及类似于不可抗力的情况,即在当事方不存在过错的情况下,由于事先不可预知且发生后不可克服的因素,导致当事方无法履行合同义务。法典之所以不使用不可抗力的概念,而是采用逐一列举的方法,可能是为了避免抽象概念可能引起的不确定性。如果当事方愿意在协议中使用不可抗力的概念,他们当然有权使用,并可以自行决定如何定义不可抗力。例如,不可抗力是否只包含自然因素(地震、台风等);还是也包含社会因素(罢工、骚乱等);还是也包含政府因素(法律、管制等);还是也包含经济因素(价格剧烈波动、供应短缺等)?如果当事方没有特别约定,则在法典列出的上述情况下,当事方根据法典的规定,享有相应权利并承担相应义务。对于超出法典上述规定的情况,则需要根据法典其他条款或根据其他适用法,确定当事方的权利和义务。

在上述法典第2.614条和第2.615条中,法典对合同的履行使用了"确实难以"(impracticable)这个概念,而没有说无法履行。两者的区别在于,在很多情况下,履行并非绝对不可能,而是不实际或不合理。例如,假设合同原本的设想是通过某条运河进行运输,但由于战乱,这条运河被关闭,此时,也许不能说运输变为绝对不可能,因为通常可以绕道运输。但如果绕道,可能将极大地增加成本和时间,这时从法律的角度来看,也许应该认为此种绕道不够合理,因而不应强迫当事方这样做。也就是说,在这种情况下,合同并非无法履行,而是确实难以履行。何种程度或何种情况才属于"确实难以"履行,属于事实问题,需要根据案件的情况综合分析和判断。但很显然,并非所有的情势变迁都能成为不履行合同义务的理由。法典第

2.614 条中的表述是“商业上确实难以”(commercially impracticable)，以及“商业上合理”(commercially reasonable)。增加了“商业”这个词后，会引起含义上的区别吗？区别应该不大。法典可能只是希望强调商业合同项下的义务，需要更多地从商业角度进行分析和判断。

预前毁约；撤回预前毁约

涉及买卖合同的履行时，“预前毁约”(anticipatory repudiation)是指合同的一方在一项履约尚未到达履约时间的情况下，即以某种方式表示，将不会履约，或将严重违约。假设卖方在预定的交货时间之前即表示将拒绝交货，此种表示可能就构成预前毁约。这里的“毁约”(repudiation)，是指从根本上毁弃合同义务或拒绝履行合同，或严重违约，而不仅仅是一般违约(breach 或 default)。例如，卖方从根本上拒绝交货一般称为毁约，而交付了某个方面不完全符合合同的货物一般称为违约。毁约当然也是违约，但属于严重的、根本性的违约。

法典没有具体规定哪些行为构成毁约，因此，需要根据美国合同法的一般原则来确定是否发生了毁约。美国《合同法重述》第二版第 250 条规定：“毁约是指：(a)义务人向受义务人作出声明，表示义务人将作出违约，且该声明本身使受义务人有权以第 243 条所述的根本违约为由，寻求损害赔偿，或(b)主动作出具有确认性质的行为，且该行为使义务人无法，或看上去无法，在不发生此种根本违约的情况下履约。”在这个定义中，毁约属于“根本违约”(total breach)。

上述第(a)款所述的是以语言形式作出的毁约。根据美国《合同法重述》的举例，在分期付款合同中，如果买方声明要延迟支付某期付款，而该延迟属于严重违约，则即使买方已支付部分款项，且并未拒绝支付其余款项，有关该延迟的声明亦构成毁约。

上述第(b)款所述的是以行为方式作出的毁约。根据美国《合同法重述》的举例，如果土地的卖方在订立买卖合同之后，又将土地另行出售给他人,该另行出售即构成毁约,因为土地是特定的,所以卖方在另行出售土地后,已经无法履行与原始买方订立的合同。

除去上述的语言和行为,还有其他一些情况也可能构成毁约,例如,根据前面讨论过的法典有关履约保证的规定,在一方对另一方履行合同的前景存在合理担心时,只要另一方未能提供适当的履约保证,即构成毁约。

无论是毁约、根本违约或严重违约,基本上都不存在绝对的或机械的标准,而是需要根据当事案件的具体情况进行综合判断。有时,当事方可能使用了拒绝履约的语言,但行动上实际还在履行合同,此时,也许不能完全根据当事方的语言来判断是否存在毁约。反之,即使当事方在语言上表示会履行合同,但行动上已体现出拒绝履约的意愿,该情况也有可能构成毁约。

如果可以认定合同的一方已作出预前毁约,那么另一方可以采取哪些应对措施?法典第2.610条规定:"如果一方在履约到期前毁弃合同,且失去该履约将严重损害合同对另一方的价值,受损方可以:(1)在商业上合理的时间内,等待毁约方履行合同义务;或(2)寻求任何违约救济(第2.703条或第2.711条),即使其已通知毁约方将等待后者履约,且已催促后者撤回毁约;以及(3)在上述任何一种情况下,均可停止自己的履约,或根据本篇关于另一方违约时卖方仍可将货物特定于合同项下的规定或挽救半成品货物的规定(第2.704条),采取相应行动。"

法典的上述规定,充分考虑了出现毁约情况时受损方进退两难的处境。一方面,受损方知道另一方很可能不会履约;另一方面,受损方也希望尽量争取另一方履约,或再观察一段时间。所以,法典允许受损方"两条腿走路"或"脚踩两条船",即一方面催促毁约方履行合同,另一方面追究毁约方的毁约责任。同时,法典也允许受损方静观其变,以不变应万变,看毁约方最终如何作为。

无论受损方采取上述所列的哪种做法,受损方的权利都不会受到不利影响。例如,在一方作出预前毁约的表示后,受损方完全可以保持沉默,置之不理,而这不等于放弃任何权利。到履约期限到期时,如果毁约方真的不履行合同,受损方可以届时再追究毁约方的责任。在发生预前毁约后,受损方也可以先催促毁约方履约,但此种催促不妨碍受损方追究毁约方的责任。也就是说,受损方可以一边催促、一边追责。同时,受损方还可以暂停履行自己的义务。有关受损方在对方毁约时享有的救济,后面还会详细讨论。

对于预前毁约,法典一方面尽量保护受损方,另一方面在原则上允许毁约方收回毁约。为此,法典第 2.611 条规定:"(a)毁约方在下一项履约到期前,可以撤回毁约,除非受损方在毁约发生后已解除合同,或已严重改变处境,或已用其他方式表明其认为毁约已不可撤回。(b)撤回毁约可以使用任何方式,只要可以清楚地向受损方表明毁约方准备履约的意愿,但毁约方必须提供根据本篇规定所正当要求的保证(第 2.609 条)。(c)撤回毁约使毁约方重新享有合同权利,但如果此种毁约造成受损方延迟履约,受损方应获得相应的免责。"

根据上述规定,如果预前毁约并未导致受损方的情况发生实质改变,且合同规定的履约时间尚未到期,则毁约方有权撤回毁约。例如,在卖方表示不会交货后,如果买方仍然催促卖方交货,且并未另行购买货物,则卖方可以撤回毁约,并按合同规定的时间和方式,交付符合合同的货物。但是,如果买方已另外购买了货物,或已宣布解除合同,卖方就不能再撤回毁约。如果预前毁约尚未给另一方造成实际损失,撤回预前毁约可使毁约方避免责任或减轻责任。

分期交货合同

在法典第 2 篇中,如果合同项下的货物不是一次性全部交付,而是分成多期交付,该合同就称为"分期交货合同"(installment contract)。法典第 2.612 条(a)款规定:"'分期交货合同'指要求或授权分期交付货物且分期接受的合同,即使合同包括'每次交付构成一项独立合同'或相等条款。"例如,在为期 1 年的合同中,当事方可以约定,卖方每月交付一批货物,共计 12 批。

当买卖双方存在长期交易关系时,有时会订立更长期限的买卖合同,如 5 年或 10 年,而在这个期限内,根据双方的具体需求,每隔一段时间交付一次货物。由于合同的期限较长,有些问题在订立合同时无法确定或无法完全确定,包括货物的总量、每次交货的数量、交货的频率、每次交货时的具体价格等。为此,当事方经常采用的方法是,买方在需要货物时,会向卖方发出采购订单(purchase order),并在订单中注明该批货物的数量、交付时间和其他约定。当事方有时会将此种订单视为独立的合同,但根据法典的规定,该订单实际上只代表分期交货合同项下的一批货物。

在分期交货合同中,当任何一期交货存在问题时,需要根据该期交货对整体合同的影响,相应确定当事方的权利和义务。法典第 2.612 条(b)款规定:“如果任何一期交付不符合合同,致使该期交付的价值严重降低且无法补救,或该不符系所需单据存在瑕疵,买方可以拒收该期交付;但是,如果不符不属于(c)款所述的情况,且卖方作出进行补救的充分保证,买方即必须接受该期交付。”根据这项规定,如果任何一期交货存在严重问题,买方可以拒绝该期交货,但不一定有权解除整体合同。也就是说,在一定意义上,法典将每批交货视为一份独立合同,因此,即使一批交货存在严重问题,只要不影响整体合同,买方也不能解除整体合同。

关于对整体合同的影响,法典第 2.612 条(c)款规定:“一期或多期交付,如果不符合合同或存在其他违约,致使整体合同的价值严重降低,即构成违反整体合同。但是,如果受损方接受了不符合合同的一期交付且未能及时通知解除合同,或只对以前各期交付提起诉讼,或仍要求就未来各期交付作出履约,合同即恢复有效。”

诉讼时效

关于买卖合同的诉讼时效,法典第 2.725 条规定:“(a)有关违反买卖合同的诉讼,必须在诉讼原因发生后 4 年内提起。当事方可在原始协议中将此期限缩短至不少于 1 年,但不能将其延长。(b)诉讼原因在出现违约时发生,即使受损方并不知道该违约。违反担保的发生时间,为提示交付的时间。但是,如果一项担保明确延及尚待履约的货物,且只有履约后才有可能发现违约,则诉讼原因在发现或应该发现违约时发生。(c)如果诉讼在(a)款限制的时间内提起,且该诉讼终止后,尚有可能就同一违约再次提起诉讼以取得其他救济,则该另一诉讼可在上述限制的时效期满后提起,但必须在第一次诉讼终止后六个月内提起。如果第一次诉讼系自愿终止,或系未能参诉或疏于参诉而被驳回,则不能再次提起诉讼。(d)本条不改变有关时效计算的法律,也不适用于本法生效前发生的诉讼原因。"

保存证据

如果买卖合同的一方发生违约,法典允许另一方采取一定措施来保存证据,即使此时货物尚由另一方占有或控制。法典第 2.515 条规定:"为便于处理索赔和争议,(1)任何一方为澄清事实和保留证据,均有权在向另一方作出合理通知后,对货物(包括另一方占有或控制下的货物)进行检验、试验和取样;并且(2)当事方可以同意由第三方进行检验和评估,以确定货物是否符合合同,或确定货物的状况;还可以同意检验和评估的结果在随后进行的诉讼或理赔中对当事方有约束力。"

解除;终止

如果在货物买卖合同的全部义务均已履行完成之前,一方通过某种行为导致合同结束,则取决于结束的原因,该结束可能属于合同的"解除"(cancellation),也有可能属于合同的"终止"(termination)。法典第 2.106 条(a)款规定:"如果任何一方根据协议或法律赋予的权力,在另一方没有违约的情况下结束合同,合同即告'终止'。在'终止'之后,双方尚待履行的各项义务即被解除,但基于之前违约或履约而产生的权利继续存在。"而该条第(b)款规定："如果任何一方因另一方违约而结束合同,合同即告'解除'。解除的效力与终止相同,但解除合同的一方,还就另一方违反全部合同或违反尚未履行的部分,保留所有救济。"

根据上述规定,如果卖方违约,且买方由于该原因而结束合同,即属于买方"解除"合同。例如,卖方拒绝交货,买方因此解除合同。如果卖方并未违约,但买方根据当事方协议或法律规定而结束合同,即属于买方"终止"合同。例如,假设合同规定,合同的期限为两年,但在1年之后,买方有权随时终止合同,那么,如果1年之后买方行使该权利,即属于合同终止。

合同被解除后,解除方保留当事方协议和法典规定的全部权利。法典第2.720条规定："除另有明确的相反意图外,'解除'或'撤销'合同或类似表示,不应被解释为放弃或解除就前存违约取得损害赔偿的权利。"解除合同是当事方协议或法典为受损方提供的违约救济之一,将在后文详细讨论。

第七节　卖方违约后的买方救济

货物买卖合同订立之后,由于种种原因,包括外部原因和当事方自己的原因,总有一定的概率会出现当事方违约的情况。可能是卖方违约,也可能是买方违约,也可能是双方都违约。为了保护非违约方的利益和权利,法典规定了比较详细的违约救济,即在一方违约时另一方有权获得的救济。

法典将买方违约与卖方违约的情况分别作出规定。但在实际商业活动中,也有可能出现双方都存在违约的情况。有时是一方在应对另一方的违约时处置不当。例如,当卖方的货物不符合合同时,买方的应对措施超出了法典和协议允许的程度,因此形成买方的违约。有时是双方各自发生违约。例如,卖方交付的货物不符合合同,而买方则在应该付款的时间内没有付款。

由于法典分别规定买方和卖方的救济，因而对于双方均违约时应该如何处置，有时无法简单地从法典的规定中看出。此时，需要根据当事案件的具体情况，在每一方原本可以享有的救济的基础上，根据其违约的类型、程度和后果，对其权利和义务作出适当调整。

法典虽然规定了比较详细的救济，但基本原则仍然是尊重当事方的约定。因此，在不违反法律强制性规定的条件下，当事方可以自行约定任何救济，也可以排除法典规定的任何救济。法典规定的救济，一般应该作为当事方约定的补充。如果当事方对任何问题没有约定，则应适用法典规定的相关救济。本节讨论的是法典所规定的卖方违约后的买方救济。

有关买方救济的一般规定

卖方的违约行为，主要包括不交货、交货的方式或时间不符合合同，以及货物本身不符合合同等。买方的救济并非是固定的和机械的。在任何特定情况下，买方可以实际享有或愿意使用的救济，将取决于很多因素，包括卖方的违约种类、买方寻求救济时双方所处的实际状况、当时的市场情况等。

例如，如果卖方在预定的交货时间未能交货，那么，买方到底享有哪些救济，或愿意使用哪些救济，需要买方根据相关情况进行分析和判断。如果卖方明确表示拒绝交货，则买方在并非一定需要该货物时，通常可以解除合同，但如果买方确实很需要该货物，在一定条件下也有权通过法律程序强迫卖方交付货物(实际履行)。如果卖方未能在预定时间交货，但尚不属于拒绝交货，则买方可能无权解除合同，但可以享有其他救济。如果解除合同，买方可以选择从第三方采购所需货物，但也可以选择不再另行采购。无论采取哪一种应对措施，买方均有可能根据法典规定向卖方索取赔偿。

买方是否实际上有权索取金钱赔偿，主要取决于买方是否受到经济损失。在法典范围内，买方无权就非经济损失进行索赔。对于经济损失，买方在符合法典规定的情况下，可以就直接损失、附带损失和间接损失获得赔偿，但无权取得惩罚性赔偿。

假设卖方并未拒绝交付货物，而是交付的货物不符合合同，那么在买方尚未接受货物时，买方一般可以拒收，然后再选择另行采购货物或不另行采购货物，然后再根据情况决定是否向卖方寻求损害赔偿。如果货物不符合合同，但买方出于种种原因已经接受了货物，例如，买方需要该货物，或已错过了拒收的合理时间，则买方就不能再拒收。此时，如果买方根据法典的规定仍有权撤销接受，则买方可以选择撤销接受，然后再决定是否另行采购货物，然后再根据情况决定是否寻求损害赔偿。如果买方无权撤销接受，或买方选择不撤销接受，则买方将保留货物，但可以寻求损害赔偿。

从上述讨论可以看出，买方的救济不是固定的和机械的。在同一种情况下，有时买方可以有不同的选择，需要买方根据当时的情况和买方的意愿进行选择。同时，法典规定的救济，原则上不是互相排斥的，而是可以叠加和搭配使用的。例如，在货物不符合合同时，拒收货物是买方的救济，但买方在行使这项救济后，还可以继续行使下一项救济，即从第三方采购原来本应由卖方提供的货物，或不再另行采购。然后买方还可以继续行使再下一项救济，即根据自己实际受到的损失，向卖方索取损害赔偿。

关于买方有权获得的救济，法典第 2. 711 条作出一般性规定，即“(a)如果卖方未能交付或作出毁约，或如果买方正当拒收或正当撤销接受，买方可就所涉及的货物解除合同；或如果违约涉及到整体合同(第2.612条)，买方可就全部货物解除合同。同时，买方无论是否已解除合同，除可以收回已支付的价款外，还可以：(1)‘补进’货物，并根据下条就所有受影响的货物取得损害赔偿，无论货物是否已特定于合同项下；或(2)根据本篇规定，就未能交付取得损害赔偿(第 2. 713 条)。(b)如果卖方未能交付或作出毁约，买方还可以：(1)当货物已特定化时，根据本篇规定追索货物(第 2. 502 条)；或(2)在适当情况下，根据本篇规定获得实际履行，或取回货物(第2.716条)。(c)买方正当拒收或正当撤销接受后,就其已支付的价款,并就检验、接收、运输、保管和存储货物的任何合理费用,对其占有或控制的货物享有担保权益,并可使用与受损害卖方相同的方法,持有和转售这些货物(第2.706条)”。

上述法典第2.711条列出了买方可以享有的绝大多数种类的救济,主要针对的情况是买方最终未从卖方取得货物时的权利。如果买方最终保留了货物,但货物或交付方式不符合合同,买方可以根据法典第2.714条的规定取得损害赔偿。此外,买方还享有其他一些救济,如法典第2.717条规定的抵消权。总而言之,如前所述,买方需要根据实际情况和自己意愿,在各种救济中进行选择和搭配。法典不干涉买方如何进行选择和搭配,而只规定在何种情况下买方有权选用何种救济。下文将对买方的每一项救济分别介绍。

买方解除合同

根据法典第2.711条的规定,卖方发生违约后,买方在一定情况下可以解除合同。关于“解除”的含义,法典第2.106条(b)款规定:“如果任何一方因另一方违约而结束合同,合同即告‘解除’。解除的效力与终止相同,但解除合同的一方,还就另一方违反全部合同或违反尚未履行的部分,保留所有救济。”同时,法典第2.720条规定:“除另有明确的相反意图外,‘解除’或‘撤销’合同或类似表示,不应被解释为放弃或解除就前存违约取得损害赔偿的权利。”根据上述规定,解除合同是买方在卖方违约时可以享有的一项救济,并且在买方解除合同后,仍然享有法典或当事方协议所提供的全部其他权利。

买方解除合同的权利,大体上只能在卖方的违约已构成毁约或根本违约的情况下行使,而不是卖方的任何违约都使买方有权解除合同。法典第2.711条(a)款规定:“如果卖方未能交付或作出毁约,或如果买方正当拒收或正当撤销接受,买方可就所涉及的货物解除合同;或如果违约涉及到整体合同(第2.612条),买方可就全部货物解除合同。”根据这项规定,买方在下列4种情况下可以解除合同。

第一种情况是卖方“未能交付”(fails to make delivery)。这是一个有点模糊的概念。假设卖方应于2月1日交货,但到了2月2日卖方仍未交货,此时,卖方是否属于未能交付?解除合同是非常严厉的措施,相当于对合同的彻底否定,因此,如果卖方只是轻微违约,买方一般无权解除合同。所以,对于卖方2月2日未能交货的情况,需要进一步分析。假设卖方已明确告诉买方,卖方不会再交货,或卖方以其他方式表示将不会交货,例如,卖方于2月1日将货物出售给其他人,且卖方明显没有相等货物可以用于向买方交付,则卖方可能就属于未能交付。但如果卖方表示,将于2月3日交付,应该就不属于未能交付。

第二种情况是卖方毁约。毁约的概念前文已经介绍过,在涉及卖方时,主要是指卖方明确拒绝交货,或以其他形式表示不会交货或不能交货。毁约通常是指带有主观故意的行为,或至少是一种主动作出的表示。但在法典中,是否存在故意对救济没有真正的影响。也就是说,无论是故意违约,还是无意发生的违约,后果都是一样的,受损方的救济也是一样的。如果说有一定的区别,就是在判断违约的性质时有一定帮助。例如,如果卖方在预定交货日期没有交货,那么卖方是否存在毁约,可能需要借助其他情况作出判断。此时,如果卖方已经表示出故意,就更有可能属于毁约。在卖方毁约的情况下,买方自然应该享有解除合同的权利。

第三种情况是买方拒收货物。买方拒收货物,是对卖方交货的否定,带有解除合同的意味。除非卖方随后作出补救,或买方最终接受货物,或双方另行作出约定,否则买方的拒收最终将导致合同被取消。关于买方拒收的权利以及相关的问题,后文会详细讨论。

第四种情况是买方撤销对货物的接受。所谓撤销接受,是指买方在之前已经接受货物的情况下,随后又撤销对货物的接受。从最终效果上来讲,撤销接受类似于拒收,也有可能导致合同被解除。关于买方在何种情况下有权撤销接受，后文会详细讨论。

根据上述法典第2.711条(a)款的规定，买方解除合同的权利，只能针对卖方违约“所涉及的货物”而行使。这项规定表明，法典在一定意义上认为，即使不涉及前面谈到的“分期交货合同”(installment contract)，货物买卖合同也可能具有可分性，因此，买方解除合同的权利也相应具有可分性，可以分为整体解除和部分解除。

所谓部分解除，是指只针对卖方违约的那部分货物解除合同，但合同项下其余部分的货物不受影响。假设卖方同时交付了两辆汽车，其中一辆存在严重问题，而另一辆则符合合同，此时，买方可以就存在问题的那辆汽车“部分解除”合同，而保留另一辆汽车。同时，既然合同可以被“部分解除”，那么其他相应的救济自然也应该相应地具有可分性。在上述例子中，如果买方就一辆汽车解除合同，那么买方就有权单独就该辆汽车另行从第三方购买货物，并就该辆汽车单独计算损害赔偿。在这个意义上来说，法典实际上将原始存在的一份合同，分隔为违约后的两份合同，一份合同继续正常履行，另一份合同按买方拒收处理。

但是，合同是否具有可分性，需要根据具体情况综合分析。在上述例子中，假设两辆汽车具有很大的关联性，例如，两辆汽车是性能不同或作用不同的汽车，需要配套使用，或者买方出于其他原因需要同时购买该两台汽车，而不能分开购买，那么即使只是一辆汽车存在问题，买方可能也有权同时拒收两辆汽车，因为卖方的违约已涉及整体合同，而不只是其中的一辆汽车。另外一个相关因素，是法典第2.105条(f)款中“商业单位”(commercial unit)的概念。根据该款的定义，商业单位通常是指在销售中或使用中被视为一个整体的货物，如一组家具。同一个商业单位中的货物通常不具有可分性。

解除合同是卖方毁约或严重违约后买方首先可以行使的一项权利，但在解除合同之后，买方通常还需要确定下一步的应对措施。主要问题是，买方是否还要另行购买货物？解除合同意味着买方不会再从卖方获得原来约定的货物,因此,如果买方还需要同样的或类似的货物,就要考虑如何从第三方购买。如果买方已不再需要该货物,例如,原来购买的是圣诞节礼物,但因圣诞节已过,买方不再需要该礼物,那么买方也可以直接就卖方违约给自己造成的损失寻求赔偿。因此,解除合同只是买方的初步救济,但一般还需要辅以其他救济。

买方拒收

如果卖方并未毁约,而是交付了不符合合同的货物,或是以不符合合同的方式交付了货物,那么买方可能享有拒收(reject)该交付的权利。在一定意义上可以说,拒收具有解除合同的效力,因为如果在买方拒收后,卖方未能作出补救,或买方最终未能接受货物,则相当于合同被解除。所以,解除合同和拒收看上去是两项不同的救济,但买方的拒收有时就等于解除合同。但反过来讲,解除合同并非只有拒收一种形式。前文提到,如果卖方不交付货物,买方也可以解除合同。

不符合合同的交付,既包括货物本身不符合合同,也包括交付方式不符合合同。并且,不仅包括货物本身的交付,也包括代表货物的所有权凭证的交付,如提单或仓单,以及合同规定的其他必要单据,如保险单或质量检验单。

关于买方在卖方的交付不符合合同时作出拒收的权利,法典第 2.601 条规定:“除涉及分期交货合同的违约时本篇另有规定外(第 2.612 条),或除根据通过合同限制救济的条款另有协议外(第 2.718 条和第 2.719 条),当货物或提示交付在任何方面不符合合同时,买方可以:(1)拒收全部;或(2)接受全部;或(3)接受任何商业单位,但拒收其余。”

在上述规定中,法典使用了“在任何方面”(in any respect)这样绝对的用语。按其字面含义,卖方的交付必须在各个方面都完全符合合同,否则买方就有权拒收。法典的这项规定,通常称为“完美交付”(perfect tender)原则。但是,美国法律界通常认为,买方拒收的权利实际上并没有这么绝对。一方面,拒收在很多情况下就相当于解除合同,而根据合同法的原则,解除合同是针对严重违约的一种救济,因此,如果卖方的不符并未达到严重的程度,买方一般无权解除合同,因此可能也无权拒收。另一方面,法典的其他条款也对“完美交付”原则起到一定的制约作用。例如,前文在讨论买方解除合同的权利时提到,买方只能针对卖方违约“所涉及的货物”解除合同。

同时,法典还给卖方提供了一定的补救权。法典第2.508条(a)款规定:“如果卖方的提示交付或交付因不符合合同而被拒收,且履约时间还未过期,卖方可将其准备进行补救的意图及时通知买方,然后可在合同规定的时间内,作出符合合同的交付。”根据这项规定,即使卖方的交付不符合合同,只要履约期限尚未过期,卖方就有权作出补救。又如,涉及分期交货时,法典第2.612条规定,即使任何一期交付不符合合同,只要未影响整体合同,买方就无权解除整体合同。同时,拒收是买方的权利,而不是买方的义务,因此,即使卖方的交付不符合合同或严重不符,买方仍然可以选择接受。如果选择接受,买方并不因此丧失以其他方式追究卖方违约责任的权利。

拒收的方式

买方如果决定拒收,应在卖方作出交付或提示交付后的合理时间内拒收,并应以合理方式向卖方作出拒收通知。法典第2.602条(a)款规定:“拒收货物必须在交付或提示交付后的合理时间内作出。如果买方未能及时通知卖方,拒收无效。”买方拒收和发出拒收通知后,仍可暂时收下卖方交付的货物或所有权凭证。实际上,在很多情况下,买方是先收到了货物或所有权凭证,然后发现存在与合同不符之处后才决定拒收。买方对货物或所有权凭证的暂时留持,不影响买方的拒收权利,但买方应在其他方面遵守法典或当事方协议的规定。

法典原则上不要求拒收通知使用任何特定的格式或语言,但在一定情况下,如果通知的内容不够详细或具体,买方可能会丧失一定权利。法典第 2.605 条规定:"(a)如果买方未说明导致拒收的具体瑕疵,且该瑕疵经合理检验可以看出,则在下列情况下,买方无权以此种未说明的瑕疵为理由作出拒收或证明违约:(1)假设及时说明瑕疵,卖方本可作出补救;或(2)在商人之间,在拒收后卖方已书面要求买方就其依据的全部瑕疵作出完整的最终的书面说明。(b)如果在未保留权利的情况下基于单据作出付款,随后即无权以单据表面可以看出的瑕疵为理由收回付款。"

法典的上述规定,总体是为了保护买方的拒收权。尽管买方的拒收通常存在合理理由,且买方一般也会作出说明,但有时买方对具体情况未必十分清楚,叙述也未必十分详细,甚至当时的叙述可能不很准确。因此,如果对买方说明的详细程度和准确程度过于苛求,可能对买方不够公平,也有可能导致买方原本有理的拒收成为无效。所以,原则上,买方对拒收的说明并不重要,关键在于货物是否存在致使买方拒收的情况。

但法典也规定了一些例外情况。根据上述第(a)(1)款,如果买方未对交付中存在的违约事实作出具体说明,致使卖方未能补救,买方即丧失追究卖方违约责任的权利。例如,卖方不小心将货物发错,而如果买方在发现该错误后将具体情况告诉卖方,卖方本可重新交付货物,此时,如果买方没有具体说明,买方可能就会丧失拒收的权利。根据上述第(a)(2)款,在买卖双方都是商人时,只要买方没有按照卖方的要求作出完整的书面说明,买方即丧失拒收的权利。根据上述第(b)款,如果付款的依据是卖方提交的单据,且单据存在表面即可看出的瑕疵,此时,如果付款时未看出瑕疵,买方即无权以该瑕疵为由取得退款。

拒收后买方对货物的权利和义务

假设买方决定拒收货物,但基于当时情况而将货物暂时收下,买方随后应如何处置货物?对此,法典第 2.602 条(b)款规定:"除涉及被拒收之货物的后述两条另有规定外(第 2.603 条和第 2.604 条),(1)拒收后,买方对货物任何商业单位行使所有权的行为，均构成对卖方的不当行为；并且(2)如果买方在拒收货物前已实际占有货物，且根据本篇规定不对货物持有担保权益[第2.711条(c)款]，买方即有义务在拒收后合理持有和照管货物，并使货物服从卖方处置，直至卖方有充分时间将货物运走；但是(3)对于被正当拒收的货物，买方无其他进一步的义务。”

根据上述规定，如果买方不是商人，且货物不属于易腐货物，则买方在作出拒收后，最主要的义务是“合理持有和照管货物”。如何持有和照管才算合理，取决于货物本身的情况，也取决于买卖双方各自的具体情况。例如，对于送到家里的电视机，如果当时无法直接退回，买方至少应把电视机放进家里，而不能留在楼道里。但是，假设家里比较潮湿，可能对电视造成不利影响，买方通常也没有义务另找其他地点。同时，买方在作出拒收后，不得再对货物作出“行使所有权”的行为。例如，对于被拒收的电视机，买方一般不应将电视机从包装里拿出使用。

上述规定中提到的担保权益，是指如果买方已支付货款，并因此对货物持有担保权益，则买方应该对货物享有更大的权利，例如，在卖方返还货款前，买方原则上没有义务将货物交还卖方。法典第2.711条(c)款规定：“买方正当拒收或正当撤销接受后，就其已支付的价款，并就检验、接收、运输、保管和存储货物的任何合理费用，对其占有或控制的货物享有担保权益，并可使用与受损害卖方相同的方法，持有和转售这些货物(第2.706条)。”所以，在买方持有担保权益且卖方不退还货款的情况下，买方不仅没有义务退还货物，甚至还有权转售货物。并且，根据法典第2.711条的规定，此种担保权益是自动产生的，无须买卖双方另行达成协议或采取任何其他行动。

如果买方拒收时已经占有货物，且买方不对货物持有担保权益，则卖方应在合理时间内取走货物。即使买方对货物持有担保权益，卖方也应该在合理时间内取走，只是需要先清偿买方的担保权益。但是，假设卖方没有及时取走货物，而是置之不理，买方应如何处置货物？法典第2.604条规定:“除上条对易腐货物另有规定外,如果在作出拒收通知后的合理时间内,卖方未给予指示,买方可代表卖方将被拒收的货物存入仓库,或将货物运回给卖方,或代表卖方出售货物,并有权为此种处置取得上条规定的补偿。买方的此种行为不构成对货物的接受或侵占。”

根据这项规定,如果卖方没有及时给予指示,买方即有权根据当时情况适当地处置货物。所谓给予指示,是指卖方告诉买方应如何处置货物。例如,卖方可以告诉买方将货物运回,而运输费用由卖方承担。假设卖方要求买方将货物运回给卖方,但卖方没有明确同意支付运费,或买方实际上没有能力安排运输,此时,买方还需要服从该指示吗?原则上,根据买方当时所处的实际情况,卖方的指示必须合理,而买方没有义务服从不合理的指示。如果卖方不明确表示承担运费,通常就属于卖方没有作出合理指示。

如果卖方在合理时间内没有给予指示,或卖方的指示不合理,买方下一步应如何处置货物?法典第2.604条规定:“买方可以代表卖方将被拒收的货物存入仓库,或将货物运回给卖方,或代表卖方出售货物,并有权为此种处置取得上条规定的补偿。”这条规定是说“可以”,但不是“必须”,所以处置货物是买方的权利,而不是义务。如果买方没有能力处置或不愿处置,也不属于违反义务。但是,如果买方实际作出了处置,买方就有权对相关费用获得补偿。同时,此种处置不属于对货物的接受,也不属于对货物的“侵占”(conversion)。

法典第2.602条是针对非商人买方所作的规定。如果买方是商人,则在上述规定的基础上,买方需要对货物承担更多的义务。尽管拒收是因为卖方的交付不符合合同,但买方仍然需要合理对待卖方,特别是商人买方具有专业能力,对被拒收的货物应该承担更多义务。

关于商人买方的义务,法典第2.603条规定:“(a)除买方持有担保权益外[第2.711条(c)款],当卖方在拒收地市场无代理人或营业场所时,商人买方在拒收其占有或控制的货物后,有义务遵从卖方有关货物处置的合理指示;如果未收到合理指示,且货物易腐或价值可能迅速降低,买方即有义务作出合理努力,代表卖方将货物出售。如果卖方在收到支付处置费用的要求后,未迅即作出支付,卖方的指示即属不合理。(b)买方如果根据(a)款出售货物,即有权就照管和出售货物的合理费用,从卖方或从售货收益中获得补偿;如果该费用未包括销售佣金,买方还有权获得金额为行业通常标准的佣金;如果无此标准,则应为合理金额,但不得超过总收益的10%。(c)买方根据本条作为时,只承担善意的义务。根据本条作出的善意作为,不构成对货物的接受或侵占,也不构成损害赔偿诉讼的理由。"

根据上述规定,如果卖方在买方当地没有代理人,则商人买方有义务服从卖方有关处置货物的合理指示,例如,将货物存入货仓,或将货物运回给卖方。前文提到,如果买方不是商人,买方在一定情况下可以处置货物,但没有义务必须进行处置。但在这项规定中,买方有义务根据卖方的指示采取处置措施。如果卖方没有给予指示,且货物可能会很快受损,则买方无须再等待,而是有义务代表卖方将货物尽快出售。买方如果将货物出售,不仅可以就相关费用获得补偿,还可以像经销商那样获得一定的销售佣金。并且,买方的出售,不需要以任何特定方式进行,而只需要遵守善意原则。因此,即使买方在出售时没有获得最好的或较好的价格,只要买方不是故意低价出售,卖方就不能追究买方的责任。

买方撤销接受

根据法典的规定,买方在接受货物后,即丧失了拒收货物的权利。但在接受货物后,买方在一定情况下仍然有权"撤销接受"(revocation of acceptance),即对先前的接受予以反悔。买方撤销接受,非常类似于拒收,带有解除合同的意味。也就是说,除非卖方随后作出令买方满意的补救措施,或除非双方另行达成协议,否则合同就会被解除。但是,撤销接受比拒收的条件更加严格。前面提到,至少在理论上,如果卖方的交付在任何方面不符合合同,买方即可拒收。但对于撤销接受,法典规定得更加严格。

关于在何种情况下买方有权撤销接受，法典第 2.608 条(a)款规定：“如果已被接受的一宗或一个商业单位的货物不符合合同，致使其对买方的价值严重降低，买方可以撤销接受，只要原来作出的接受系因：(1)有合理理由假定不符合合同之处将得到补救，但未得到及时补救；或(2)未发现该不符；但在此种情况下，该接受必须是合理地基于，在作出接受前难以发现该不符，或卖方曾作出过保证。”

根据法典上述规定，买方可以撤销接受的第一种情况是，买方原来有合理理由预期卖方会纠正货物的不符之处，并因此接受了货物，但卖方实际上并没有纠正。这是实际商业活动中常见的情况。如果以买方已接受货物为由而不允许买方撤销接受，对买方不够公平，也与法典注重的善意原则不相符。但这项规定包含了两个条件。首先，货物对买方的价值严重降低。有时不是货物本身的价值降低，而只是对买方的价值降低，例如，可能卖方交付的是一个价值更高的型号，但对于买方来说，该型号可能并不适用。其次，买方的预期必须基于合理理由。例如，如果在买卖双方以前的交易中，卖方在类似情况下通常都会进行补救，则买方可能就有理由预期，卖方这次也会进行补救。

买方可以撤销接受的第二种情况是，买方在接受货物时没有发现货物的缺陷，并且，没有发现是由于以下两个原因之一：第一个原因，缺陷当时难以发现。所谓难以发现，是指根据接受货物时的检验条件，相关问题难以发现。假设货物为某种钢材，则买方在接受货物时，可以检验尺寸或规格，也可以检验外观，但对于钢材的内部情况或成分，当时可能无法判断，甚至可能需要到使用时或在使用后才能发现。尽管可以说，如果在接受货物时配备相应设备，就可以发现这些问题，但此种要求可能是不合理的。第二个原因，卖方已作出相应保证。假设在买方接受货物前，卖方就货物作出相关保证，而买方基于对卖方的信任，没有发现货物中本应发现的问题。此时，从公平和善意的角度，未能发现缺陷的责任应由卖方承担，而不是因此剥夺买方撤销接受的权利。

同拒收一样，买方的撤销接受也必须在合理时间内作出。法典第2.608条(b)款规定："撤销接受必须在买方发现或应该发现撤销理由后的合理时间内提出，且在货物状况发生实质改变前提出，除非该改变系因货物自身瑕疵造成。在买方通知卖方之前，买方的撤销不发生效力。"此外，同拒收一样，买方可以就全部已被接受的货物作出撤销，也可以部分撤销。

买方撤销接受后，应如何处置货物？法典第2.608条(d)款规定："作出此种撤销的买方对货物拥有的权利和义务，与其拒收货物时一样。"根据这项规定，买方在撤销接受后，应根据法典第2.602条和第2.603条对买方拒收时的规定，承担相应义务并享有相应权利。原则上，买方必须合理照管货物。如果买方是商人，还要对货物承担进一步的义务，如协助卖方对货物进行处置。

买方补进货物

卖方违约后，无论是买方直接解除合同，还是买方作出拒收或撤销接受后导致合同最终被解除，实际结果都是一样的，即买方无法从卖方获得货物。此时，如果买方还需要相同的或类似的货物，买方就要考虑从第三方购买替代货物。此种购买，在法典中称为"补进"(cover)，即补充购进所需的货物。

关于买方如何补进，法典只在第2.712条(a)款中作出原则规定，即"发生上条所述的违约后，买方可以'补进'货物，即以善意和合理方式，购买或订立合同购买本应由卖方提供的货物，但不得不合理地耽延"。根据这项规定，买方在补进货物时，唯一需要遵守的义务就是善意和合理。

显然，买方在购买替代货物时，可能会面临与原始合同不同或非常不同的情况。例如，市场的具体情况可能已有所不同，包括品种、规格、质量或价格，都有可能不同。对于某些产品，也有可能很难找到合适的替代供应商。考虑到这些实际因素，法典给买方提供了最大限度的灵活性，对买方的补进货物没有任何具体限制，而是允许买方根据具体情况，以任何方式和任何条件补进货物。

根据法典的规定,只要买方以善意和合理的方式作为,买方就有权购买任何能够起到替代作用的货物。并且,买方在补进货物之后,可以根据补进价格与原始合同价格的差价,向卖方索取赔偿。例如,假设原始合同的货物价格是100元,而买方从第三方补进货物的价格是150元,则对于50元的差额,买方可将其作为自己的损失,向卖方索取赔偿。关于买方损失的计算问题,下文会进一步讨论。

补进货物是法典提供给买方的一项权利,而不是义务。在解除合同后,如果买方已不再需要相同或类似的货物,或至少当时不再需要,或市场上不存在具有替代作用的其他货物,买方就无须购买或无法购买替代货物。此时,买方可以就自己的损失,直接追究卖方的违约责任。法典第2.712条(c)款规定:"买方未能按本条规定补进货物,不妨碍其获得任何其他救济。"不补进时买方损失的计算问题,下文也会进一步讨论。

未交付货物时买方损失数额的计算

前文提到,如果卖方违约并导致卖方最终未交付货物,买方有两种选择,即补进货物和不补进货物。在有些情况下,这是买方的主动选择。例如,当市场上存在替代货物时,买方可以选择补进,也可以选择不补进。这是买方的权利,法典不加干预。在另外一些情况下,不补进可能不是买方不想补进,而是市场上没有替代货物。法典对不补进的原因不加区别,而只看买方是否实际上作出补进。

买方无论是否补进货物,都可以就自己受到的损失向卖方索取赔偿。也就是说,两种情况都属于卖方不交付货物时买方就自己所受损失提出索赔。但是,法典根据买方是否补进货物,分别规定了两种不同的计算方法,因此,损害赔偿的具体计算取决于买方是否补进货物。总体而言,两种计算方法的基本原理是相似的。

关于未补进时买方损失数额的计算,法典第2.713条(a)款规定:"除本篇涉及市场价格证明的条款另有规定外(第 2.723 条),卖方未能交付或作出毁约所造成的损失,是买方得知违约时的市场价格与合同价格的差额,加上本篇规定的任何附带损失和间接损失(第 2.715 条),减去因卖方违约致使买方节省的费用。”根据这项规定,如果买方未作出补进,则买方的损失数额是合同价格与市场价格的差额。这里的损失是指直接损失(direct damages),而附带损失和间接损失则要另行计算。

关于买方的直接损失,假设合同价格是 100 元,但在卖方拒绝交货或无法交货时,或在买方拒收或撤销接受时,市场价格为 200 元,则买方的直接损失为 100 元。这项规定的理由是,虽然买方并未补进,但假设买方需要按市场价格补进,买方就要额外支出 100 元,而这是买方的损失。即使买方不补进,但买方失去了用 100 元获得市场价格为 200 元的货物,损失也是 100 元。当然,如果市场价格低于合同价格,那么按上述公式计算,买方就没有直接损失,因此也就无法取得此处所讨论的赔偿。

关于市场价格,法典第 2.713 条(b)款规定:“市场价格应为提示交付地的市场价格;如果涉及货物到达后的拒收或撤销接受,则为货物到达地的市场价格。”在涉及预前毁约时,法典第 2.723 条(a)款规定:“如果就预前毁约提起诉讼,且在法院审理开始时,部分或全部货物的履约期限尚未超过,则在需要按市场价格确定损害赔偿时(第 2.708 条或第 2.713 条),应按受损方得知毁约时该货物的通行价格计算。”

根据上述规定,所谓“市场价格”(market price)和“通行价格”(prevailing price),大体上都是同一个概念,都需要根据市场的具体情况综合确定。如果货物是市场上常见的品种和规格,且交易比较规范,市场价格或通行价格一般不难确定。如果货物比较独特,或者市场比较混乱,判断就比较困难。此时,只能由法院根据情况予以判定。

如果难以找到市场价格或通行价格,但存在具有合理参考价值的相关价格,则此种相关价格应作为代替。例如,假设不存在当地或当时的通行价格,但其他地方或其他时间存在可以作为参考的相关价格,则该价格在经过适当调整后也可以用于计算买方的损失。法典第 2. 723 条(b)款规定:“在证明本篇所述的时间或地点的通行价格时,如果一时难以获得其证据,则可使用相关的通行价格,即在该时间之前或之后合理期间内的价格,或根据商业判断或行业惯例,可作为合理替代的其他地点的价格,但此时应适当考虑将货物运进或运出该地的费用。”

由于相关价格的来源具有不确定性,因此,如果一方提出某个相关价格作为证据,另一方应被给予合理机会对该证据进行了解。法典第 2. 723 条(c)款规定:“如果一方提出的相关价格证明,是本篇所述时间和地点以外的通行价格,则只有在该方已通知另一方,且法院认为通知系属充分,不致构成对另一方不公正的意外时,法院才可接受该证明。”

关于市场价格或通行价格的证明问题,法典第 2. 724 条规定:“如果任何货物在任何公认的商品市场上惯常进行买卖,则在确定该货物的通行价格或价值时,正式出版物、贸易杂志、公开发行之报纸或杂志中的报告,只要属于该市场的报告,均可作为证明被法院接受。此种报告制备的具体情况,可影响其证明力度,但不影响其可接受性。”可以看出,法典对市场价格的证明,采取了比较灵活的态度,尽量保证买方获得合理的损害赔偿。

除去上述讨论的直接损失,买方还有可能发生“附带损失”(incidental damages)或“间接损失”(consequential damages)。根据法典的规定,买方有权就任何附带损失取得赔偿,但只有在特定情况下,才有权就间接损失取得赔偿。这两种损失将在后文具体讨论。

无论是直接损失,还是附带损失和间接损失,都是买方的实际损失,并且都是经济损失。法典遵循了美国合同法的一般原则,不承认精神损失,也不支持惩罚性赔偿(punitive damages),即出于惩罚目的而要求违约方支付的赔偿,而不是用于补偿受损方的实际损失。如果当事方协议中存在惩罚性赔偿条款,该条款也是无效的。法典第 2. 718 条(a)款规定:“可以通过协议对任何一方违约时的损害赔偿金额进行约定,但相对于预期或实际的违约损失、证明损失的难度以及通过其他方法取得充分救济的不方便或不现实程度，所约定的金额应该合理。金额高至不合理的条款，应被视为惩罚而无效。”关于约定损害赔偿（stipulated damages），后文将会谈及。

上文谈到的是买方不补进货物时计算买方损失的方法。在买方作出补进的情况下，买方的损失应根据法典第2.712条（b）款的规定计算，即“补进成本与合同价格的差额，加上后述定义的附带损失或间接损失（第2.715条），减去因卖方违约致使买方节省的费用”。可以看出，在买方补进货物的情况下，计算相对简单，即把买方的实际补进价格与原始合同价格相比而计算差额。前文谈到，法典对买方补进货物的方式没有具体规定，也没有要求买方的补进价格与原始合同价格相近或可比，而只要求买方的补进必须是善意的和合理的。因此，只要买方遵守了这项义务，则无论补进的价格比原始合同价格高出多少，买方均可就差额取得赔偿。但是在补进的货物与原始合同的货物存在明显差别时，法院应该有权作出适当调整。例如，原始合同规定的货物是32英寸的电视机，但在买方作出补进时，市场上没有该尺寸的电视机，而只有37英寸的。此时，买方通常仍然有权补进，但法院在计算买方损失时，有可能会适当考虑电视机尺寸对价格的影响。

买方对合同货物的权利

上文讨论的是卖方在违约后最终没有交货的情况，无论该情况是因卖方不交货还是因买方不收货造成的。总而言之，买方没有从卖方取得货物。随后，买方既可以从第三方补进货物，也可以不补进。无论买方是否补进，买方都可以根据法典的规定，就自己的直接经济损失从卖方取得损害赔偿。但在有些情况下，买方实际上很需要原始合同项下的货物，而不是只取得赔偿。例如，买方非常希望获得合同所约定的古董家具，而并不满足于金钱赔偿。那么，买方是否有权迫使卖方交货？

美国合同法和法典的基本原则都是，买方在货物买卖合同项下的权利，主要是针对卖方的合同权利，而不是针对货物的财产权利。因此，在卖方未履行或拒绝履行合同时,买方的主要权利或基本权利是获得损害赔偿,而不是取得货物。因此,在卖方拒绝交货时,买方通常无权强迫卖方交货,而只能从卖方取得损害赔偿。但是,对于此种一般原则,法典规定了以下 3 种例外。

第一种例外,在一定情况下,买方可以要求卖方作出“实际履行”(specific performance)。实际履行是美国合同法中的传统概念,是指违约方必须实际履行原始合同的义务,如交付货物,而不是仅支付损害赔偿。支付损害赔偿是合同法中违约救济的一般原则,而实际履行是法院在特定情况下才会提供的特殊救济,需要受损方提供实际履行的充分理由。法典第 2.716 条(a)款规定:“如果货物具有独特性,或如果有其他适当原因,法院可以判决实际履行。”

根据上述规定,如果卖方拒绝交货,在两种情况下法院可以判决实际履行。首先,货物具有独特性。例如,古董或艺术品可能具有独特性。在这类情况下,即使卖方支付损害赔偿,买方可能也无法再获得相同或相等的货物。其次,存在买方需要该货物的其他特殊情况。这是法典有意提供给法官的自由裁量权。实际履行的本意是,绝大多数货物都有替代品,因此,在卖方拒绝交货的情况下,买方完全可以在取得赔偿后自行采购,没有必要强迫卖方交货。但在个别情况下,货物可能没有替代品,或虽然从其他人的角度来看存在替代品,但从买方的角度来看没有替代品。此时,法院可以使用自己的自由裁量权,强迫卖方必须交货。此外,在判决实际履行时,法院仍然可以同时判决卖方支付损害赔偿。法典第 2.716 条(b)款规定:“有关实际履行的判决,可以同时包含其他条款和条件,如价款支付、损害赔偿和法院认为公平的其他补救措施。”

第二种例外,如果相关货物比较紧缺或断货,或存在其他情况,致使买方无法采购到替代货物,买方在一定情况下有权要求卖方交付货物。在买方为消费者时,买方通常也有权要求卖方实际交付货物。法典第 2.716 条(c)款规定:“如果经过合理努力,买方无法补进货物,或客观情况合理表明此种努力没有意义,或如果货物在保留权利的情况下发运,但买方已偿付或已提示偿付该担保权益,则对于已特定于合同项下的货物,买方有权取回。涉及为个人、家庭或家用目的而购买的货物时,买方在取得货物的特殊财产权后,即有权取回货物,即使卖方当时尚未毁约或尚未出现未能交付。"

上述规定包含3种不同的情况。第一种情况,买方经过合理努力买不到适当的替代货物,如相关货物处于断货状态。此时,买方无法通过补进来购买替代货物。虽然这不属于美国合同法中实际履行的传统标准,即货物必须具有独特性,但基本属于上述法典第2.716条(a)款中所说的"其他适当情况"。第二种情况,货物已经发运,且买方已付款或已提示付款。由于买方已付款或已提示付款,且货物已脱离卖方的占有,因此即使卖方在发运时保留了担保权益,买方也应该对货物拥有优于卖方的权利。第三种情况,货物为消费品,且买方已根据法典第2.501条(a)款的规定,对货物取得了"特殊财产权"(special property),即有限的所有权。消费品一般都是普通的商品,基本上没有独特性,也存在各种替代品。所以,这项规定是法典向消费者提供的优待。

第三种例外,如果货物为消费品,或如果卖方破产,买方在一定条件下可以取得货物。法典第2.502条(a)款规定:"如果买方根据上条取得了货物的特殊财产权,且已支付了部分或全部价款,且对任何未付价款作出提示付款并保持该提示,则在下列情况下,即使货物尚未发运,买方仍可向卖方追索货物:(1)当货物为个人、家庭或家用目的购买时,卖方毁约或未能按合同规定交付;或(2)无论如何,卖方在收到价款的第一笔分期付款后十天内破产。"

上述规定包含两种不同的情况。第一种情况是,货物为消费品。这与上述提到的法典第2.716条(c)款非常类似,但该款通常涉及已发运的货物,而法典第2.502条(a)款则适用于尚未发运的情况。同时,法典第2.502条(b)款还规定:"买方取得货物的特殊财产权后,根据(a)(1)款追索货物的权利即开始存在,即使卖方尚未作出毁约或未能交付。”根据这项规定,即使卖方尚未出现违约,买方也有权追索货物。第二种情况涉及卖方破产,但只有在卖方收到付款后 10 天内破产,买方才能取回货物。超过 10 天之后,买方就失去对货物的权利,只能作为卖方的普通无担保债权人向卖方索赔。所以,这项条款对买方的意义相对有限。

货物不符合合同时买方损失数额的计算

如果卖方的交付不符合合同,但买方最终取得货物,并将货物予以保留,买方即属于最终接受了货物。买方保留不符合合同的货物,可以基于几种不同原因,包括:(1)在卖方的交付不符合合同的情况下,且在买方有权拒收或有权撤销接受的情况下,出于任何原因,买方仍然决定接受货物;(2)买方未能及时作出拒收,或由于法典规定的其他原因,买方被视为接受了货物,因而无权再拒收;(3)在买方接受货物后,由于不符合撤销接受的条件,或由于错过撤销接受的时间,买方无权再撤销接受;(4)卖方拒绝交货,但买方取得了实际履行,或成功追索到货物,因而取得货物。在所有上述情况下,买方虽然最终取得了货物,但都可以就卖方违约给自己造成的直接经济损失向卖方索取赔偿。

关于买方最终取得并保留货物时如何计算直接经济损失,法典第 2.714 条(a)款规定:“如果买方已接受货物并通知了卖方[第 2.607 条(c)款],买方可就不符合合同的提示交付取得损害赔偿,即按任何合理方式计算的卖方之违约在正常情况下给买方造成的损失。”此外,对于卖方违反货物担保(warranty)时买方损失的计算,该条第(b)款规定:“违反担保所造成的损失,是在接受货物的时间和地点,被接受的货物的价值与货物符合担保时本应具有的价值的差额,除非存在其他特殊情况,显示损失金额实际不同于此。”

在货物买卖交易中,即使卖方的交付不完全符合合同,但在很多情况下,买方仍然最终保留了货物。因此可以说,在买方最终保留了货物的情况下,如何计算买方的损失,是一个经常遇到且非常重要的问题。但是,对于如此重要的问题,上述第(a)款和第(b)款的规定却非常简单,特别是第(a)款,只规定要按任何合理方式(any reasonable manner),计算正常情况下(ordinary course of events)的损失,而完全没有规定如何计算才属于合理,何种情况才属于正常。可以想象,基于这种简单化和原则化的规定,要计算出买方的损失数额,有时是非常困难且容易产生争议的。计算的基本方法只能是根据当事案件的具体情况进行具体分析,并且主要由买方承担损失计算的举证责任。

大体上,卖方不符合合同的交付可以分为两类情况:一类是货物本身不符合合同,另一类是货物本身没问题,但交付方式不符合合同。如果是货物本身不符合合同,通常是因为不符合卖方对货物的明示担保(express warranty)或默示担保(implied warranty)。例如,合同的明示条款规定货物应具有某种规格,但实际上不具有该规格,或合同的默示条款规定货物应具有商销性,但实际上不具有商销性。不符合合同的另一类情况是,交付的方式不符合合同,如货物本身没问题,但实际交付的时间晚于合同规定的时间。

显然,上述两类情况究竟会给买方造成什么不利结果或带来什么损失,可以存在无数种的可能。因此,实际上无法对不利结果或损失进行归类,也无法制定具体的损失计算方法。这也是法典第2.714条(a)款和(b)款的规定如此简单化和原则化的原因。举例而言,假设合同规定卖方应交付一辆红色汽车,但卖方错误地交付了一辆绿色汽车,此时,买方是否受到损失?再假设合同规定卖方于2月1日交货,但卖方实际上2月2日交货,买方是否受到损失?从商业实际的角度来看,诉讼毕竟是比较烦琐的事情,因此,买方如果真的就此提起诉讼,一定是认为自己实际上受到损失,并受到较大的损失。

在这种情况下,证明损失的责任,首先要由买方承担。例如,买方可以证明,自己和第三方订立了出售红色汽车的合同,但由于自己收到的汽车是绿色的，因此第三方拒收，致使自己受到损失，或者，由于卖方延迟交货，致使自己向第三方支付违约金。但是，假设买方购买的汽车是自己使用，那如何证明绿色汽车所造成的经济损失？也许买方可以证明，自己出于特定原因，如宗教或心理原因，不能使用绿色汽车，因此该汽车对自己没有任何价值，只好按旧车行给出的80%的折价出售给旧车行。此时，法官也许会同意买方的理由，因此判定卖方按原始合同价格与旧车价格的差价支付赔偿。

但在上述例子中，假设买方无法证明特定理由，而只是因为不喜欢绿色而把车按80%的折价卖给了旧车行，法官也许就会认为，绿色汽车的市场价值与红色汽车是一样的，而只是对买方的心理价值稍有降低。在此种情况下，按“合理方式”计算，也许买方可以获得一定赔偿，但无权按旧车出售的实际差价获得赔偿。总而言之，在卖方的违约完全一样的情况下，由于买方的实际情况不同，买方的实际损失以及能够证明的损失可能也不同，并且，能被法院认定属于“合理计算”和“正常情况”的损失可能也不同。

在货物本身不符合合同的情况下，买方损失的计算主要是适用法典有关卖方担保的第2.714条(b)款，因为在货物不符合合同时，通常是由于卖方违反了合同中的明示担保或默示担保。在适用法典这项规定时，法院和当事方面临两个问题，而且有时是非常困难的问题：第一，货物符合担保时，本应具有什么价值；第二，货物不符合担保时，实际具有什么价值？

在“Soo Line Railroad Co. v. Fruehuaf Corp. 案”中，卖方以总价1000万美元的价格向买方出售了500辆轨道机车。买方接受机车后，发现存在结构裂缝和焊接问题，不得不花费大约50万美元进行修理，并随后起诉卖方。买方的证词说明，除去已经实际支出的修理费用外，机车还面临未来维修费用的增加、资金成本的增加以及修理期间的收入损失等。因此，机车的实际价值至少降低了100万美元。卖方则提出反对，认为未来的维修费和其他情况只是猜测，未经证实，不能作为买方的损失。法院判定，未来费用虽然具有一定的不确定性，但综合整体情况来看，将其计算在内是合理的。

在“Chatlos Systems, Inc. v. National Cash Register Corp. 案”中，法院认为，法典所说的“货物符合担保时本应具有的价值”实际上可以不同于货物的合同价格。该案的具体情况是，卖方根据买方的具体要求和规格，向买方出售一套自动取款机，总价为75,000美元，其中包括硬件40,000美元，软件8000美元，其他各种费用27,000美元。机器交付后，部分软件不能正常工作，且卖方最终无力解决。买方起诉后，主要的问题是如何计算买方的损失。法院认定，机器符合合同时本应具有的价值为208,000美元，而实际交付的机器的价值为6000美元，因此卖方应支付的损害赔偿为202,000美元。也就是说，卖方需要支付的赔偿数额，远高于原始合同的价格。法院的结论主要基于如下理由。

首先，交付货物时货物本应具有的价值，不一定等于货物的合同价格，因为各种因素都可以导致两者有所不同。例如，从合同订立到货物交付这段时间，货物的价值可能增加；或者，买方通过谈判或其他努力获得的合同价格，可能低于货物的实际价值。总而言之，法院必须根据货物交付时的情况，独立判断其本应具有的价值，而不应受限于合同价格。

其次，货物本应具有的价值，是货物能够按合同规定正常使用时的价值，而不一定是合同中所描述的货物的价值。在该案中，根据卖方工程师的证词，合同所描述的机器型号属于低型号的产品，而只有再高两个档次的机器型号，才能与卖方在该合同中提供的软件完美配合。较高型号机器的价格为150,000美元，远高于合同规定的机器价格。法院认为，既然合同描述了货物应具有的功能，卖方就要保证所交付的货物具有该功能。因此，既然能够达到该功能的机器价值较高，那么符合合同规定的货物本应具有的价值，就不限于合同所描述的型号的价值，而应以高型号的价值为准。法院据此认定，机器符合合同时本应具有的价值为208,000美元。

最后，关于已交付的货物的价值，法院认为，由于软件不能正常工作，因此没有任何价值，而机器的硬件也不适合买方的使用，基本没有多少价值。法院最终认定,已交付的机器的价值为6000美元。以机器本应具有的价值减去机器的实际价值,法院最终判定,买方的直接经济损失为202,000美元。因此,卖方除要退还买方已支付的全部合同价款外,还要另行支付买方损失的差额部分。

上述两个判例,都是法院适用法典第2.714条(b)款后得出的结论。但在有些情况下,虽然也属于货物不符合担保,但法院认为无法适用法典第2.714条(b)款,而应适用第2.714条(a)款。在“Hill v. BASF Wyandotte Corp.案”中,买方是农场主,卖方是农药制造商,买方从卖方购买了农药,用于大豆农田。在大豆收获之后,买方起诉卖方,认为农药不符合卖方的担保,影响了大豆收成。这个案件的争议在于如何计算买方的损失。法院认为,法典第2.714条(b)款不适用于这个案件,因为根据该款的规定,必须计算所交付的货物的实际价值,但对农作物生长有负面作用的农药,不仅没有任何价值,而且实际上具有负价值。

在上述情况下,法院认为,该案应该适用法典第2.714条(a)款,即按合理方式计算的,在正常情况下该农药给买方造成的损失。因此,买方的损失是,农药符合担保时大豆本应具有的产出价值,减去大豆实际获得的产出价值。至于如何计算大豆本应具有的产出价值,也是一个比较困难的问题。在该案中,正好农场主在两块田里分别使用了两个厂家的不同农药,因此两块田的产量起到了一定的参照作用。该案的另一个问题是,卖方认为,实际产出价值中包含了买方的利润,因此,如果按上述差额方式计算损失,就等于把买方的利润也包括在内了,但当事方的协议已经排除了间接损失的赔偿,即排除了对利润损失的赔偿。法院没有认可卖方的立场,认定本应产出的价值并不必然包含利润,而是也可能意味着亏损。盈亏的计算,要考虑农场主的实际投入,但法典并没有这个要求。

从上述讨论和判例中可以看到,在货物不符合合同但买方已经予以保留的情况下,如何计算买方的直接经济损失,是一个非常困难和模糊的问题,没有任何固定标准,只能根据当事案件的具体情况进行具体分析。即使这样，很多问题仍然具有高度的不确定性，甚至在一定程度上必然要辅以法官的主观判断。例如，红色汽车和绿色汽车对买方的价值到底有多少差别；修理过的货物比没有修理过的货物的价值到底降低了多少；未来的维修费用到底有多大的确定性或不确定性？不同的人可能有非常不同的答案。从法院的角度来讲，在很多情况下，真正的任务不是找到绝对准确或完美无瑕的答案，因为这种答案可能根本不存在。法院的任务，可能只是找到相对合理的平衡点。

买方的附带损失和间接损失

上面讨论的是买方的直接损失（direct damages），即在卖方违反担保或发生其他违约但买方保留了货物的情况下，实际的交付与符合合同的交付相比，货物价值或合同价值有所降低。前文还谈道，在买方没有保留货物的情况下，例如，卖方拒绝交付货物，或买方拒收或撤销接受，法典也提供了计算买方损失的原则，包括买方补进货物或没有补进货物时的计算方法。这些方法计算出来的数额，也都属于买方的直接损失。

除去直接损失，法典还原则上允许买方就附带损失（incidental damages）取得赔偿，并在一定条件下就间接损失（consequential damages）取得赔偿。对此，法典第 2. 714 条（c）款规定，“在适当情况下”，买方有权就附带损失和间接损失取得赔偿。

所谓附带损失，主要是指卖方违约致使买方附带发生的额外费用。法典第 2. 715 条（a）款规定：“卖方违约造成的附带损失包括：为检验、接收、运输、照管和存储被正当拒收的货物而支出的合理费用，因补进货物而发生的任何商业上合理的收费、费用或佣金，以及因耽延或其他违约而附带造成的任何合理费用。”根据这项规定，附带损失主要是指买方的实际支出，因此比较容易计算。原则上，所有合理的费用支出，都属于买方可以获得赔偿的附带损失。所谓合理，是指买方的支出必须符合日常商业活动的合理费用水平，而不一定是指买方的实际支出。同时，根据美国合同法的基本原则,买方还有义务避免发生不合理的费用。

所谓间接损失,主要是指买方的利润损失。假设卖方交付的机器不符合合同并导致买方工厂停工,此时,停工导致的利润损失就是间接损失。如何计算间接损失,以及买方在何种情况下可以就间接损失获得赔偿,是比较困难的问题。直接损失通常与货物本身的价值有直接关系。在绝大多数情况下,直接损失不会超过货物的价值。但是,间接损失可以与货物的价值完全没有关系,并可以远超货物的价值。例如,假设卖方出售一个汽车轮胎,由于汽车轮胎不符合合同,导致买方车辆损坏且人员严重受伤。此时,买方所实际受到的损失,远超轮胎本身的价值。在这种情况下,卖方是否要赔偿买方的全部损失?如果必须赔偿,则可以想象,卖方在出售任何货物时,都可能面临巨大的责任风险,而这对卖方可能不够公平,并且有可能会对整体市场造成不利影响。为此,法典与美国合同法一样,对间接损失采取非常谨慎的态度,认为只有在特定条件下,买方才有权就间接损失取得赔偿。

关于间接损失,法典第 2.715 条(b)款规定:"卖方违约造成的间接损失包括:(1)因未能满足买方一般或特殊要求和需要所造成的损失,只要在订立合同时卖方有理由知道该要求和需要,且该损失无法通过补进货物或其他方法合理避免;以及(2)主要因违反担保而对人身或财产造成的损害。"根据上述第(1)款,间接损失是指由于未能满足买方"一般或特殊"(general or particular)的要求和需求而给买方造成的损失。那么,这到底是指什么损失?从法院判例所确立的原则来看,买方如果希望就间接损失取得赔偿,通常需要满足以下 4 个条件。

首先,对于买方的需求(无论是一般需求还是特殊需求),卖方必须是在订立合同时已经知道或应该知道。如果卖方当时不知道此种需求,卖方就不对损失负责。其次,对于买方的损失,买方必须已经尽到减少损失的义务。如果买方没有尽到义务,卖方就不对本可避免的损失负责。再次,卖方的违约必须与损失有相当的因果关系。如果买方的损失主要不是因为卖方的违约造成,卖方也不承担责任。最后,买方必须以合理的确定性来证明所受到的损失。如果买方对损失的计算具有过度的推测性或不确定性,买方可能就没有完成举证责任。

上述第一个条件通常称为"可预见性"(foreseeability)。在很多情况下,损失的可预见性是买方取得间接损失赔偿的关键因素。可预见性原则起源于1854年英国的"Hardley v. Baxendale案"。在该案中,原告将发生故障的机器曲轴交给被告(一家运输公司)运回制造厂修理或更换,并告诉被告,自己的工厂已停工,因此需要马上安排运输。但被告的运输出现耽延,晚了几天才运到制造厂,导致工厂的停工时间延长,并产生利润损失。法院最终判决,原告无权获得利润损失赔偿,因为曲轴耽延所造成的结果,不是被告在订立合同时可以合理预见的结果。法院认为,尽管原告曾告诉过被告工厂停工,曲轴需要马上运走,但这不能完全排除原告存有备用曲轴的可能性,也不能说明曲轴故障是停工的唯一原因。因此,不能认为被告有理由知道曲轴耽延的严重后果,因此不应承担相应责任。

美国《合同法重述》第2版的第351条大体上延续了上述判例的原则,但同时也增加了赋予法院高度自由裁量权的条款。根据该条款的规定,即使违约方有理由预见损失,法院也有权根据实际情况适当掌握赔偿的限度,以避免产生不合比例的赔偿数额。该条第(3)款规定:"对于可预见的损失,法院可以通过排除利润损失来限制损害赔偿,而只就基于依赖产生的损失给予赔偿。如果法院基于其他原因认为,从实际情况看,为了保持公平并避免不合比例的赔偿,法院也可以排除可预见的利润损失赔偿。"该条款举例说,假设卡车司机与工厂约定,由司机在某个时间运送一台机器到工厂,且司机知道工厂没有这台机器不能运行,此时,即使卡车半路发生故障,致使机器没有按时运到,导致工厂停工,工厂也无权要求卡车司机赔偿利润损失。这是因为,考虑到低廉运费与庞大损失的极度失衡比例,让卡车司机承担此种损失是不公平的。美国《合同法重述》的这项原则是对传统的可预见性原则的重要补充和发展。法典第2篇没有具体涉及这个问题,但美国《合同法重述》所规定的原则,无疑对法典第 2 篇范围内的案例具有重大影响。

关于间接损失的赔偿,尽管有法典及《合同法重述》的上述原则,实际案例的结果仍然具有高度不确定性。对于很多问题,例如,卖方是否应该知道会发生损失,买方是否尽到了减少损失的义务,或损失的计算是否合理等,不同的人常常会作出不同的判断。特别是在案件使用陪审团时,普通市民的判断常常基于朴素的直觉和常识,因此其结果的不确定性更高。

在"Nezperce Storage Co. v. Zenner 案"中,种子公司向经销商出售春小麦种子,而经销商在收到货物后,将其分销给不同农户。农户播种之后发现,小麦不完全是春小麦,而是混合了一部分冬小麦。小麦因此大幅减产。经销商在赔偿了农户的损失后,起诉种子公司违反担保。法院认为,经销商向农户作出的赔偿,具有间接损失的性质,因此,首先需要解决的问题是,种子公司是否预见到或应该预见到这种损失。该案的实际情况表明,种子公司当时知道经销商所在地区的春小麦种子短缺,也知道经销商的购买是为了转售给农户。因此,法院认定,种子公司知道或应该知道,如果货物存在问题,农户必然要向经销商索赔,所以经销商的损失属于可以预见的损失。

该案的另一个问题是,经销商是否履行了减少损失的义务?相关专家的证词说明,可以通过科学检测方法,来测定小麦是冬小麦还是春小麦。但在该案中,经销商并未进行这种检测,而只是简单地检验了一下,但该检验不足以判断小麦的品种。种子公司认为,经销商没有履行减少损失的义务,因为如果经销商进行了科学检测,就不会将小麦转售给农户,也就不会产生间接损失。法院最终认定,经销商对种子公司的信任和依赖是合理的,因而没有义务专门对小麦品种进行进一步的科学检测。法院还认为,如果种子公司和经销商同样可以进行科学检测,并通过此种检测来减少损失,那么首先是种子公司应承担此种义务。

前面在谈到卖方对货物的默示担保时,曾提到"Lewis v. Mobil Oil

Corp. 案”。在该案中,卖方出售的机油不适用于买方的设备,造成设备不能正常工作。法院认定,卖方违反了货物适用于特定用途的担保。同时,该案中还需要解决另外几个问题,包括:(1)买方是否尽到了减少损失的义务;(2)卖方的违约是否引起买方的损失;(3)如何具体计算买方的利润损失。

在该案中,从买方购买错误机油到停止使用该机油,设备不能正常工作的时间长达两年半。卖方认为,买方没有履行减少损失的义务,因为既然设备不能正常工作,买方就应该停止使用该机油,而不应一直使用该机油长达两年半的时间。法院认定,在这两年半的时间里,无论是买方还是卖方,实际上都未能真正发现设备不能正常工作的原因。而且买方曾做过很多努力,包括更换电机。所以,不能认为买方没有尽到减少损失的义务。卖方则认为,买方可以雇请专家来进行检测,而只要进行此种检测,就可以发现问题。但法院认定,雇请专家不是买方的义务。关于买方损失与卖方违约之间的因果关系,法院采纳了买方的证明,即设备不能正常工作影响了产量,而当地市场对买方的产品有充分需求,因此只要买方有能力生产,就能够销售出去,且能够营利。关于利润的计算,法院参考了使用错误机油之前 3 年的利润水平,以及停止使用错误机油之后一段时间的利润水平,再加入其他因素进行适当调整,最终计算出两年半的利润损失。

上述讨论的是法典第 2.715 条(b)(1)款对间接损失的规定。除该款外,法典第 2.715 条(b)(2)款还有另外一项规定,涉及“主要因违反担保而对人身或财产造成的损害”。如果存在质量问题的货物导致事故,造成人身和财产损失,该损失也属于间接损失。这个概念并不复杂,但在涉及人身伤害时,损失数额的确定是极为困难的问题,因为人的健康是无价的,身体的伤害本质上是无法真正用金钱衡量的。

但是,在人身损害已经发生的情况下,仍然面临如何向买方进行赔偿的问题,因此,即使不存在任何能够真正反映买方损失的计算方法,也仍然要尽可能合理地进行计算。从上述第(b)(2)款的规定可以看到,该款不要求损失有可预见性,不要求买方减少损失,也不要求买方证明损失数额。特别是在买方受到人身伤害时,法典认为应该尽量降低买方取得赔偿的门槛。可以想象,如果要求买方证明其眼睛失明的经济损失,买方应如何证明?也许可以证明某些收入的损失,但这能代表买方的真实损失吗?所以,法典把此种情况下的赔偿,完全交由法官和陪审团决定。从这个角度来看,人身损害赔偿的计算,可以说没有任何特定的方法,因此案件的结果具有高度的不确定性。

卖方限制责任的3种方法

从前面的讨论可以看出,如果卖方的交付不符合合同,卖方有可能面临巨大的潜在责任。直接损失一般不超出货物本身的价值,附带损失一般也比较具体和有限,但间接损失则难以预测且没有上限。虽然法典和法院判例都为间接损失的赔偿设定了较严格的条件,但在很多情况下,买方仍然有可能取得间接损失的赔偿,且赔偿的数额可能远超货物的价值。

从卖方的角度来看,有些违约属于故意,但有些违约则并非出于故意,而是出于疏忽,或由于技术、设计、工艺、材料等其他原因,甚至是由于卖方供应商的原因。对于卖方的违约,法典原则上不区分故意和非故意,因此即使是非故意违约,卖方也有可能需要承担巨大的责任。

对卖方来说,也许并不愿意承担此种责任,或没有能力承担此种责任,或希望只承担有限的责任,特别是在单笔销售数额相对较小的情况下。例如,卖方在销售一个胶卷时,愿意承担买方在拍摄时所支出的高额费用吗?可以说,卖方希望在一定程度上限制自己的责任,不仅是很自然的,而且几乎是商业活动能够持续进行和正常进行所必需的。如果为飞机提供零件的供应商必须独自承担因该零件缺陷所引起的全部后果,可能就不会再有人提供该零件。

为此,法典原则上允许卖方通过当事方协议来限制自己的责任。从买方的角度,永远希望卖方承担更大的责任,但如果卖方宁可放弃销售也不愿承担更大责任，买方就必然作出选择，一种选择是不买，另一种选择是允许卖方限制责任。在实际货物买卖交易中，绝大多数卖方都会通过协议在一定程度上限制自己的赔偿责任，特别是绝大多数卖方都会排除间接损失的赔偿责任。根据法典的规定，卖方限制自己赔偿责任的方法主要有3种。

第一种方法是在订立合同时不作任何明示担保，并排除或修改法典规定的默示担保。如果卖方不提供任何担保，自然也就不会存在违反担保的责任。但在实际的买卖交易中，卖方不可能不提供任何担保，因为至少要说明销售的是什么货物，而这种说明就构成明示担保。并且，卖方提供的担保越少，销售的难度就越大，最终将导致卖方在市场上无法生存。所以，卖方对于所提供的担保，必须在市场的实际条件下，进行适度的平衡。

第二种方法是约定损害赔偿，即在当事方订立协议时，对卖方违反担保的责任限度事先作出约定。此种赔偿通常称为“约定损害赔偿”（stipulated damages）。例如，即使卖方已经担保货物具有某种品质，买卖双方也可以同时约定，如果货物实际上不具有这种品质，卖方只按一定数额或一定方法承担责任。关于此种赔偿，法典第2.718条(a)款规定：“可以通过协议对任何一方违约时的损害赔偿金额进行约定，但相对于预期或实际的违约损失、证明损失的难度以及通过其他方法取得充分救济的不方便或不现实程度，所约定的金额应该合理。金额高至不合理的条款，应被视为惩罚而无效。”

在美国合同法中，通常只允许一方就自己的实际损失向另一方索赔，而不允许惩罚另一方。在上述规定中，法典重申了惩罚无效的原则。但是，约定损害赔偿本身是对未来可能发生的损失的一种预估，因此，如果要求其完全对应实际损失，从理论上就与约定损害赔偿的概念存在矛盾。因此，法典并不要求预估的损失等于实际的损失，而只要求预估的数额或方法具有一定的合理性。

第三种方法是对救济的形式或方法进行具体约定或限制。也就是说，当事方可以约定,在卖方的交付不符合合同时,买方可以得到何种救济。例如,买卖双方可以约定,如果货物不符合合同,买方唯一的救济是获得替换货物,而卖方不承担任何其他责任。通过这种方法,卖方可以把责任限制在替换货物的范围内。法典第2.316条(d)款规定:"可以根据本篇关于约定或限制损害赔偿的条款,以及关于通过合同修改救济的条款(法典第2.718条和第2.719条),对违反担保的救济加以限制。"虽然限制救济本身不属于对担保的排除或修改,也不属于约定损害赔偿,但从效果上来讲,具有限制卖方责任的效果。

关于对救济的限制,法典第2.719条(a)款规定:"除本条(b)款和(c)款另有规定外,且除有关约定或限制损害赔偿的上条另有规定外,(1)可以通过协议约定救济,作为本篇规定之救济的补充或替代,也可以通过协议限制或改变本篇规定的损害赔偿,例如,可以把买方的救济限制为退回货物和收回价款,或限制为修理或调换不符合合同的货物或零件;并且(2)可以自行选择是否使用一项所提供的救济,除非该项救济被明确约定具有排他性;此时,该救济为唯一的救济。"

上述规定中提到的法典第2.719条(b)款和(c)款,意在防止当事方对救济作出过度限制。法典第2.719条(b)款规定:"如果客观情况致使一项排它的或有限的救济无法实现其基本目的,可以根据本法规定获得救济。"也就是说,如果当事方的协议只规定了一项救济,而这项救济由于客观情况又无法实现,则法院可以认为当事方对救济没有约定,因而根据法典的一般规定提供救济。

法典第2.719条(c)款涉及间接损失。该款规定:"可以限制或排除对间接损失的赔偿,除非此种限制或排除显失公平。涉及消费品时,对人身伤害的间接损失的赔偿作出限制,构成显失公平的表面证据;但对商业损失的限制,不构成此种证据。"这项规定中的"表面证据"(prima facie evidence),是将举证责任倒置,即在涉及消费品时,如果限制卖方对人身损害的责任,卖方就要证明该限制的合理性,否则该限制即构成显失公平。

从价款中扣除赔偿金额

前面讨论的是买方的几种主要救济，包括解除或不解除合同、补进或不补进货物，以及在保留或不保留货物的情况下取得相应的损害赔偿。除此之外，法典还为买方规定了一些零星救济，其中一项是在买方尚未支付价款或尚未支付全部价款的情况下，可以从中扣除买方有权从卖方获得的损害赔偿。法典第2.717条规定："买方可从同一合同中任何尚未支付的价款中，针对卖方对合同的任何违反，扣除部分或全部损害赔偿，但买方应在扣除前将此种意图通知卖方。"

这项规定是法典提供给买方的自助措施，避免买方在支付全部价款后，再费很大力气从卖方要回自己应得的损害赔偿。从理论上来讲，如果买方保留了货物，则即使货物不符合合同，买方也必须支付全部价款，然后再由法院判定买方应该获得的赔偿，并由卖方另行支付给买方。也就是说，损害赔偿和价款在理论上分别是卖方和买方的责任，因此每一方要分别履行，不能简单抵消，除非当事方另有协议。此外，扣除赔偿所引起的问题是，买方扣除的通常是买方自己认为应该获得的赔偿，但未必是法院最终认定买方应该获得的赔偿，因此，买方的扣除很容易引起争议。但在卖方已经违约的情况下，法典为了保护买方，宁可允许买方先按自己的计算进行扣除。如果卖方同意此种扣除，则不存在任何问题。如果卖方不同意，则需要由卖方向法院起诉。

存在欺诈时的救济

法典为买方提供的各项救济，都是针对非欺诈性的普通违约提供的。也就是说，法典规定的救济，都是假设卖方不存在欺诈行为。但是，假设卖方存在欺诈行为，如以欺骗的方式向买方提供不符合合同的货物，此时，买方可以享有哪些救济？

这可能涉及与其他相关法律衔接的问题，如某些欺诈可能触犯刑法。

如果涉及其他法律，买方享有其他法律提供的救济，但法典本身并不考虑欺诈的因素。法典第 2.721 条规定："本篇针对非欺诈性违约提供的全部救济，均可作为针对重大不实陈述或欺诈的救济。撤销买卖合同或要求撤销合同，或拒收或退回货物，均不排除或妨碍寻求损害赔偿或其他救济。"根据这项规定，无论卖方的违约是否存在欺诈，以及欺诈的性质如何，从法典的角度来说，买方的救济都是一样的。

第三方对货物造成损害

在有些情况下，卖方未能根据合同规定交付货物，是由于第三方的行为而引起的。例如，仓库中的货物被他人错误取走或偷走，致使卖方无法交货。从理论上来讲，如果货物的损失风险尚未转移至买方，那么除去法典规定的某些例外，例如，法典第 2.324 条所述的"货到成交"合同，第 2.613条所述的特定货物遭受损失，第 2.615 条所述的不可抗力等，在其他情况下，无论什么原因导致卖方无法交付货物，卖方均需承担违约责任。

但在第三方对货物造成损害的情况下，法典也允许买方直接追究该第三方的责任。在通常情况下，买方会直接追究卖方的责任，因为这是最方便的，而且双方有直接的合同关系。但在个别情况下，如已经找不到卖方，也许追究第三方的责任对买方来说更有利。但是，买方与第三方没有合同关系，因此追究第三方的责任需要其他法律依据。

为此，法典第 2.722 条规定："如果第三方对已特定于买卖合同项下的货物，作出有损于合同任何当事方的可被诉行为，(1)买卖合同的任何当事方，只要对货物拥有所有权，或担保权益，或特殊财产权，或保险利益，即有权对该第三方提起诉讼。如果货物已被毁坏或被侵占，根据买卖合同承担了损失风险的当事方，或在损害发生后相对于另一方已承担了此种风险的当事方，亦有权提起诉讼；(2)如果作为原告的当事方，在损害发生时相对于买卖合同的另一方，并不承担货物损失的风险，且他们也未就损害赔偿的处置作出安排，则该原告当事方，除涉及自己利益时，只是作为合同另一方的受托人提起诉讼或达成和解;(3)任何一方经另一方同意,均可为任何有关人的利益提起诉讼。”根据这项规定,在一定条件下,买方有权直接起诉对货物造成损害的第三方。

第八节　买方违约后的卖方救济

上面一节讨论了卖方违约后买方所享有的救济。同样,在买方违约时,卖方也享有相应的救济。卖方的有些救济具有独特性,如卖方控制和处置货物的权利,而有些救济则与买方的救济在原理和方法上非常类似,如解除合同和计算损失。

有关卖方救济的一般规定

买方在货物买卖合同项下的义务,主要是支付价款和接受货物。从一定角度来看,买方如果不接受货物,似乎也就不会支付价款,而如果已经支付了价款,似乎就会保留货物。但实际上,这两者是可分的,因为支付价款和接受货物不一定同时发生,所以可能会出现买方已经支付了价款,但在卖方交付货物时或在买方收到货物后,买方不接受货物的情况;反之,也有可能出现买方已经接受了货物,但拒绝支付价款的情况。

与买方的救济类似,卖方能够行使何种救济,在很大程度上取决于行使救济时双方的具体处境,例如,货物是否已准备好,是否已交付,或买方是否已收到货物,或是否已支付价款等。法典第 2. 703 条概括地列出了卖方有权获得的救济,但具体如何行使,需要根据当时双方的处境以及法典的具体规定来确定。有时卖方可以有不同的选择,有时则只有特定选择。

关于卖方救济的一般原则,法典第 2. 703 条规定:“如果买方对货物作出错误拒收或错误撤销接受,或未能在交付之时或之前支付到期款项,或部分或全部毁弃合同,则针对直接受到影响的货物,或在违反整体合同的情况下(第 2. 612 条),针对所有尚未交付的货物,受损害卖方可以:(1)中止交付相关货物;(2)根据后述规定,阻止货物保管人作出交付(第2.705条);(3)根据下条规定,对尚未特定于合同项下的货物进行处置;(4)根据后述规定,转售货物并取得损害赔偿(第2.706条);(5)就拒收取得损害赔偿(第2.708条),或在适当情况下,取得价款(第2.709条);(6)解除合同。"

买方直接表示将不承认或不履行合同,或错误地拒收货物,或错误地撤销对货物的接受,或拒绝支付价款,基本上都可以称为毁约,因为这几种情况在很大程度上意味着对买卖合同的否定,并很有可能导致合同最终被解除。此时,除非买方改变立场,或双方另行达成协议,否则,卖方通常只能解除合同。

前文已讨论买方在何种情况下有权拒收货物,或有权撤销对货物的接受。如果买方在没有权利拒收货物的情况下拒收或撤销接受,就属于错误拒收或错误撤销接受。此种拒收或撤销可能出于买方的恶意,也可能出于买方的误判,但法典对此不作区别。因此,只要买方无权拒收而拒收,或无权撤销接受而撤销接受,就属于毁约。

买方未能按时支付价款,不完全等于买方最终会拒绝支付,因此不一定说明买方具有毁约的意图。但从卖方的角度,很难判断买方随后是否会付款。所以,法典将买方未按时付款的行为,基本上视为毁约。因此,无论是买方完全拒绝付款,还是未能按时付款时,法典为卖方提供的救济基本上是一样的,包括有关处置货物的权利。从这个意义上来讲,法典的原则是,如同卖方的交付一样,在理论上,买方的付款必须严格符合合同的规定。当然,如前文在讨论有关卖方交付的"完美交付"原则时谈到的,在实际应用中,仍然还是要考虑到违约的具体情况和严重程度。

卖方解除合同

如果买方发生毁约、错误拒收、错误撤销接受或未能支付到期款项,那么,卖方将面临两个相互关联但稍有区别的问题:一个问题是合同的效力,另一个问题是货物的处置。假设合同规定,买方应在某日付款,而买方在该日并没有付款,但也没有明确表示是否完全拒绝付款。此时,从卖方的角度,就面临如何看待合同和如何处置货物的问题。

卖方如果认为买方已经毁弃合同,则可以立即解除合同,但也可以不解除合同,而是催促买方继续履约。如果卖方解除合同,则根据法典的规定,卖方可以选择处置货物,例如,将货物转售给他人,但也有权选择不处置货物,而由卖方自己保留货物。如果卖方不解除合同,则卖方一般就需要继续持有货物,而不能将货物转售给他人。但在这种情况下,卖方仍然可以对货物采取一定措施,如下文将要谈到的中止交付和阻止交付等。

总而言之,在买方违约后,卖方首先需要判断买方违约的性质,并考虑是否解除合同。根据法典第 2.703 条的规定,在理论上,只要买方错误拒收、错误撤销接受、未能支付到期款项,或有其他不承认合同的表示,就可能属于毁约,因而卖方就有权解除合同。但如前文所述,在实际商业活动中,买方是否已经达到毁约的程度,也许很难作出黑白分明的判断。同时,即使卖方认为买方有毁约行为,卖方常常也希望尽量维持合同的有效性,因此未必愿意立即解除合同。所以,尽管法典赋予了卖方很大的解除合同的权利,但该权利的实际行使,在很多情况下仍然需要依靠卖方的判断。

除是否解除合同的问题外,卖方需要考虑的另一个问题是如何对待货物。为此,法典也向卖方提供了多种选择,以便在买方违约的情况下,尽可能地从实际出发,为卖方提供方便,最大限度地保护卖方的权益。卖方对待货物的权利,有些只能在卖方已经解除合同的情况下才能行使,有些则属于临时措施,即使尚未解除合同也可以行使。

卖方中止交付

买方发生违约后,无论卖方对买方违约的性质是如何判断的,卖方通常都可以“中止交付”(withhold delivery),即暂时留持尚未交付的货物。这种措施非常适用买方未按时付款的情况,但也可以适用于买方的其他违约。例如,买方表示不打算履行合同,但卖方不能判断买方是否已经毁约,此时,卖方即使不宣布解除合同,也可以中止交付。

法典第2.703条规定的卖方中止交付货物的救济,既可以保证在买方最终不支付价款的情况下卖方不致货款两空,也可以保留在买方最终付款后卖方恢复交货的可能性。所以,中止支付给卖方提供了一个观望的机会,使卖方可以根据后续发展再决定如何应对。中止交付虽然属于临时措施,但对于保护卖方的权利,具有非常实际的效果和意义。

但是,中止交付本身属于一种临时措施,还不等于解除合同,因此,卖方在中止交付后,暂时还不能将货物转售他人或作出类似处置。此外,只有货物尚处于卖方持有或控制之下,才有可能中止交付。如果卖方已发运货物,或由于其他原因并不持有或控制货物,卖方就只能依赖法典提供的其他救济。

在买方尚未作出毁约表示,但实际上已处于破产状态时,只要买方尚未付款,卖方亦可以行使中止交付的权利,因为买方显然已无法付款。法典第2.702条(a)款规定:"卖方如果发现买方破产,可以拒绝作出交付,除非买方支付现款,并付清到当时为止根据合同已交付的全部货物的价款;卖方还可以根据本篇规定阻止交付(第2.705条)。"

卖方阻止交付

在买方发生违约时,如果货物不在卖方的占有或控制之下,而是处在运输途中,或存储在商业货仓,或由于其他原因处于他人控制之下,且承运人、承储人或占有货物的其他人正在安排向买方的交付,则法典向卖方提供了称为"阻止交付"(stop delivery)的另一项救济。该救济允许卖方阻止货物的承运人、承储人或其他保管人向买方作出交付。阻止交付类似于中止交付,也属于一种临时措施,使卖方可以根据后续发展来决定下一步的措施。

关于阻止交付,法典第2.705条(a)款规定:"如果卖方发现买方破产

(第2.702条),且货物当时由承运人或其他货物保管人占有,卖方可以阻止他们向买方交付货物。如果买方毁约或未能在交付前支付到期款项,或如果有其他原因使卖方有权中止交付或收回货物,卖方可就整车或整机的货物,或就大批量快递运输的货物,阻止承运人或其他货物保管人向买方作出交付。"这项规定涉及两种情况:一种情况是买方破产,此时,卖方有阻止交付的绝对权利;另一种情况是买方违约,此时,卖方只能针对大宗运输或保管的货物阻止交付。

卖方要阻止交付,必须在货物到达买方之前,或在买方已由于其他原因实际取得对货物的控制之前。法典第2.705条(b)款规定:"卖方只能在下列时间之前,针对上述买方阻止货物的交付:(1)买方收到货物;或(2)任何货物保管人(承运人除外)向买方确认,货物系为买方持有;或(3)转船承运人或兼为承储人的承运人向买方作出此种确认;或(4)覆盖货物的流通所有权凭证被流通至买方。"一旦买方已经收到或控制货物,阻止交付的权利也就不复存在。

关于卖方阻止交付的方式,法典第2.705条(c)款规定:"(1)为阻止交付,卖方必须适当通知货物保管人,使其通过行使合理勤勉,可以防止货物的交付。(2)收到此种通知后,货物保管人必须根据卖方的指示持有和交付货物,但卖方应承担货物保管人因此发生的费用和损失。(3)如果已就货物出具流通所有权凭证,则在凭证的占有或控制被交出之前,货物保管人没有义务服从阻止交付的通知。(4)出具不可流通提单的承运人,没有义务服从除发货人外的任何人作出的阻止交付货物的通知。"

根据上述规定,阻止交付必须在有实际操作可能的情况下进行,且卖方必须承担相应费用。前文提到,在买方破产的情况下,卖方有绝对的权利阻止交付,即使是运输中的小件物品。但可以想象,如果要求承运人专门挑出这个小件物品并停止交付,对卖方来说,所涉及的费用很可能是得不偿失的。因此,即使卖方有权阻止交付,在很多情况下可能经济上也不合算。这只能由卖方自己根据当时的情况进行判断。

卖方收回货物

如果在买方发生违约时,货物已经被交付给买方,通常只有在买方破产的情况下,卖方才有权将货物“收回”(reclaim)。也就是说,即使买方拒绝支付货款,只要买方已收到货物且拒绝退还,卖方通常也无权收回货物,而只能依赖法典允许的其他救济,如要求买方支付价款。

关于卖方收回货物的权利,法典第2.702条(b)款规定:“卖方如果发现买方在破产的情况下以信用方式收到货物,则只要在买方收到货物后10天内提出要求,即可收回货物;但如果买方在交货前3个月内,以书面形式向卖方作出了有清偿能力的不实陈述,则上述10天期限不适用。除本款的上述规定外,卖方无权以买方曾作出过有清偿能力或有付款意图的不实陈述为理由收回货物,无论该陈述系属欺诈还是无意。”

即使在买方破产的情况下,如果有其他权益人同样在追索该货物,卖方收回货物的权利也可能受到一定限制。法典第2.702条(c)款规定:“卖方根据(b)款收回货物的权利,受制于本篇项下正常业务中的买方或其他善意购买人或留置权债权人的权利(第2.403条)。”

卖方挽救半成品货物

假设卖方是设备制造商,并约定向买方出售一台设备。在双方订立合同后,卖方开始制造,但之后得知买方拒绝履行合同。此时,卖方的处境比较尴尬,因为合同规定的货物尚未完成,但卖方确实已为履行合同开始了制造并产生了成本。针对这种情况,法典第2.704条(b)款规定:“如果货物为半成品,受损害卖方基于合理的商业判断,并出于避免损失和有效兑现的目的,可以完成制造并将货物全部特定于合同项下,也可以停止制造并把现有半成品处理出售,也可以使用任何其他合理方式处置货物。”

根据上述规定,对于如何处置正在生产过程中的半成品,卖方拥有极大的自由决定权。卖方在进行处置时的唯一义务,就是做到商业上合理。

例如,假设上述例子中的设备具有一定的通用性和市场需求,则卖方可以完成制造,然后再寻找其他买家。如果该设备非常特殊,基本上找不到其他买家,卖方也可以停止制造,然后根据实际情况来决定如何处置。如果该半成品没有任何其他价值,那么卖方有权将其作为废钢铁出售。

法典向卖方提供高度的自由决定权,是为了尽可能地帮助卖方,允许其根据当时的实际情况寻求最适当的解决方法,而不是苛求卖方,为其设定过多的限制。根据这项规定,无论卖方如何处置半成品,只要卖方以当时情况下合理的方式作为,随后就有权以此为基础取得进一步的救济,包括取得相应的损害赔偿。

卖方将货物特定化

法典向卖方提供的另一项救济,是将尚未特定化的货物予以特定化。在买方发生违约时,如果货物尚未发生特定化,就意味着没有任何特定货物与现有合同具有特定联系,因此,卖方就无法对货物进行处置。例如,合同项下的货物是一台电视机,但并未指定任何特定的电视机。在买方违约后,卖方即使打算将电视机另行出售给他人,也不知道哪一台电视机是合同项下的电视机。为此,法典允许卖方通过任何合理方式,将符合合同的电视机特定于合同项下,以方便卖方的后续处置。例如,卖方可从仓库中选出一台符合合同规定的电视机,并将其视为合同项下的货物。

关于卖方的此项救济,法典第 2.704 条(a)(1)款规定,在买方发生违约后,卖方有权“将尚未特定于合同项下的符合合同的货物特定于合同项下,只要卖方在得知违约时,占有或控制货物”。在上文提到的电视机例子中,卖方从仓库中挑出一台电视机并将其视为合同项下货物的行为,就属于上述第(a)(1)款所述的特定化,因为当时卖方占有电视机,而唯一需要做的就是将其特定化。根据这项规定,卖方不能为了进行特定化而从他处获取货物。例如,在上文的电视机例子中,假设在买方发生违约时,卖方自己的仓库里并没有任何电视机,那么卖方不得为了该特定化而另行从供应商订购一台电视机。法典这样规定的理由在于,卖方另行获取货物的行为,有违这项规定的本意,因为这项救济本来是为了帮助卖方处理因买方违约而剩余的货物。

卖方转售货物

买方发生违约后,如果卖方决定解除合同,则卖方的下一个问题就是如何处置货物。如果货物尚未发运,卖方可能已经行使了中止交付的权利。如果货物处于运输途中或储存在货仓中,卖方可能已经行使了阻止交付的权利。如果货物已经到达买方,货物可能已因买方拒收或撤销接受而被退还给卖方。总而言之,如果在解除合同后,卖方实际上占有或控制货物,卖方就要决定如何处置该货物。

卖方处置货物的主要方式,是将货物另行转售给他人。如同在卖方违约时买方有权补进也有权不补进一样,在买方违约时,卖方有权转售,也有权不转售。关于卖方转售的权利,法典第 2.706 条(a)款规定:"卖方只要遵守有关卖方救济的第 2.703 条规定的条件,即可转售有关的货物,或转售尚未交付的剩余货物。"

上述规定中提到的法典第 2.703 条,主要是规定在买方违反整体合同时,卖方可以转售全部货物,而在部分违反合同时,卖方只能转售相关的那部分货物。由于转售代表卖方对原合同的取消,因此,将货物全部转售属于对整体合同的取消,而如果买方的违约只涉及部分货物,则卖方也只能部分解除合同。这与卖方违约时买方全部解除或部分解除的权利是一样的。

关于卖方转售货物的方式,法典第 2.706 条(b)款规定:"除(c)款另有规定外,且除另有协议外,转售可以公开进行或私下进行,并可以订立一个或多个买卖合同,也可以将货物特定于卖方任何现有合同的项下。货物出售可以整体或分批进行,可以在任何时间和地点以任何条件进行。但是,出售活动的各个方面,包括方法、方式、时间、地点和条件,都必须商业上合理。必须合理证明转售与被违反之合同的联系,但并不要求在违约发生前货物已经存在,或已部分或全部特定于合同项下。"

上述规定体现了法典对卖方的高度保护,即法典只要求卖方以合理方式作为,基本上不加以其他具体的限制。因此,卖方对于转售的各个方面,都拥有高度的自由决定权。即使转售时货物还不存在,或还没有特定于合同项下,卖方也可以转售,但"必须合理证明转售与被违反之合同的联系"。例如,原买卖合同项下的货物,系卖方从制造商为买方而采购的,但在买方毁约时,制造商尚未向卖方交货,因此,对于原买卖合同来说,可以认为货物还不存在,但根据法典的规定,这并不妨碍卖方与其他第三方订立转售合同,只要卖方可以证明,已经和制造商订立了采购合同,且所采购的货物原本确系用于买方。

上述规定中提到的第(c)款规定:"如果转售是私下进行,卖方必须将转售的意图向买方作合理的通知。"所谓"私下"(private),是相对于"公开"(public)来说的。公开转售一般是指在公认市场上或拍卖会上的出售,或发布公告后的出售,且出售面对所有公众开放。而私下转售则是指小范围内以协商方式进行的交易,不面对公众。公开转售比较透明,而私下转售则不透明,容易引起怀疑。因此,如果是私下转售,卖方要事先专门通知买方。

关于公开转售,法典第 2.706 条(d)款规定:"如果转售是公开进行,(1)只有已特定化的货物可以出售,除非对于该类货物存在公开出售待定货物的公认市场;并且(2)转售必须在用于公开出售的惯常地点或市场进行,只要存在可以合理使用的此种地点或市场;并且,除非货物易腐或价值可能迅速降低,卖方必须将转售的时间和地点向买方作出合理通知;并且(3)如果前来购买货物的顾客不能见到货物,出售通知中必须说明货物的存放地点,并向可能的竞购人提供合理的检验货物的机会;并且(4)卖方也可以买进。"上述第(1)款中所说的"待定货物"(future goods),是指在转售时尚未特定于转售合同项下的货物。

卖方取得价款的权利

所谓"价款"(price),是指根据货物买卖合同规定的价格,卖方本应获得的货物的款项,即合同价格。不言而喻,买方只要接受了货物,就应该支付价款。在货物不符合合同的情况下,买方可能有权从卖方取得损害赔偿,但从理论上来讲,支付价款和取得赔偿是两个独立的概念,因此,买方即使有权取得赔偿,也仍有义务支付价款。那么,在买方没有接受货物的情况下,例如,拒收货物,或撤销对货物的接受,或在卖方尚未交付货物时就直接毁约,买方是否还有义务支付价款;或者说从卖方的角度来看,在何种情况下有权取得价款?

前文提到,买方在合同项下的基本义务是接受货物和支付价款。关于支付价款,如果合同没有规定付款时间,则只要卖方作出适当的提示交付,买方就有义务付款;如果合同规定了付款时间,则买方应于规定的时间内付款,无论卖方当时是否已经交付货物。因此,无论是买方直接毁约,还是拒收或撤销接受,只要买方在应该付款的时间内没有付款,似乎卖方就有权取得价款,因为付款是买方的义务。

但是,实际情况并非如此,因为这里有一个重要的区别,即买方有义务付款,不等于卖方有权利强迫买方付款。也就是说,在买方拒绝付款的情况下,卖方可能并没有权利取得付款。这类似于卖方拒绝交货的情况。前文谈到,尽管交付货物是卖方的义务,但在卖方拒绝交付时,买方通常只能取得损害赔偿,而不能强迫卖方交货。只有在特定情况下,如当货物具有独特性时,买方才有权取得货物。买方取得货物的权利,通常称为"实际履行"(specific performance)。在买方拒绝付款的情况下,卖方取得价款的权利,也属于"实际履行",因此,也只有在法典规定的情况下,卖方才有权取得价款。

那么,卖方在何种情况下有权取得价款?法典第 2.709 条(a)款规定:"如果买方未能支付到期价款,卖方可以要求取得下列价款,以及下条规定的附带损失：(1)已被接受的货物的价款，或在损失风险转移至买方后商业上合理的时间内灭失或损坏的符合合同的货物的价款；以及(2)已特定于合同项下的货物的价款，只要卖方经过适当努力后未能以合理价格将货物转售，或情况合理表明此种努力没有意义。”

根据上述规定，卖方在3种情况下可以取得货物的价款。第一，货物已被买方接受。这一点显而易见，即买方如果已保留了货物，自然就应该支付价款。如果拒绝支付，卖方可以要求取得实际履行。第二，货物由于意外事故或其他原因而损失，且在损失发生时，损失风险系由买方承担。此时，相当于货物已经属于买方（无论所有权是否已经转移至买方），因此买方有义务付款，且卖方可以要求取得实际履行。关于“商业上合理的时间内灭失或损坏”这个概念，需要参考前文提到的法典第2.510条的规定。该条规定，如果买方发生违约，如错误拒收，则即使货物的损失风险已转移至买方，该风险也只在合理时间内停留在买方，之后将重新转移回卖方。这段合理时间是为了让卖方有时间处置货物。如果卖方未能利用这段合理时间对货物作出妥善安排，包括购买相应保险，就只能重新自行承担货物损失的风险。第三，货物无法转售。如果货物比较特殊或市场状况不好，卖方可能无法为货物找到其他买家。此时，法典认为买方必须支付价款，实际上就是必须由买方实际买下该货物。

上述第三种情况中的一个实际问题是，货物是否能够转售出去，有时较难判断，因为今天卖不出去的货物，也许明天就能卖出去。为此，法典第2.709条(b)款规定：“卖方为价款提起诉讼时，必须为买方持有已特定于合同项下但仍由卖方控制的货物；但如果遇有转售机会，卖方可在法院判决得到执行前的任何时间将货物转售。转售的净收入必须作为买方收入，且买方在按法院判决付款后，有权取得任何尚未转售的货物。”根据该款规定，即使卖方已经起诉买方，但在遇有转售机会时，卖方只要尚未从诉讼中实际获得赔偿，就仍然有权转售。但是，转售的收入此时应作为买方的收入，相当于卖方代表买方出售。之后，这笔收入将用于抵销买方应向卖方支付的赔偿。

根据法典的上述规定，在买方未接受货物的情况下，卖方原则上无权取得价款。但是，这并不妨碍卖方寻求损害赔偿，并且，卖方最终获得的赔偿数额，通常不会低于价款，因为无论是哪种救济，法典的精神都是使卖方的损失获得充分的赔偿。法典第 2.709 条(c)款规定："如果买方错误拒收或错误撤销接受货物，或未能支付到期款项，或毁弃合同(第 2.610 条)，则卖方即使无权根据本条取得价款，仍可根据上条就拒收取得损害赔偿。"

未接受货物时卖方损失数额的计算

无论买方作出何种违约行为，只要买方最终接受了货物，根据上文提到的法典第 2.709 条(a)款的规定，卖方即可就已被接受的货物取得价款。但是，如果买方最终没有接受货物，例如，买方毁约，或错误拒收或错误撤销接受，且根据法典第 2.709 条(a)款的规定，卖方无权取得价款，那么卖方可以取得何种损害赔偿？

前文提到，在买方没有接受货物的情况下，卖方首先面临如何处置货物的问题。根据法典第 2.706 条的规定，卖方可以转售货物，也可以不转售货物。从法典的规定来看，无论卖方是否转售货物，计算卖方损失的基本方法都是相同的，即根据货物的合同价格与买方违约时货物的市场价格的差额来计算卖方的损失。但是，在确定市场价格时，如果卖方转售货物，则转售价格一般即被视为市场价格，而如果不转售，则市场价格需要另行证明。但是，如果上述差额方法不能真正弥补卖方的损失，法典则另行提供了基于卖方应得利润的替代计算方法。

关于计算卖方损失的两种方法，法典第 2.708 条规定："(a)除(b)款和本篇涉及市场价格证明的条款另有规定外(第 2.723 条)，买方拒收或毁约所造成的损害，是提示交付之时之地的市场价格与未支付之合同价格的差价，加上本篇规定的任何附带损失(第 2.710 条)，减去因买方违约致使卖方节省的费用。(b)如果按(a)款计算的损害赔偿，不能使卖方处于合同履行时卖方本应达到的状态,那么,损害赔偿应为买方充分履行合同时卖方本应得到的利润(包括合理的运营费用摊销),加上本篇规定的任何附带损失(第 2.710 条),再加上适当计算的合理费用,减去适当计算的收款或转售收益。”下面分别就两种方法予以说明。

用差额方法计算卖方的损失

在买方最终没有接受货物的情况下,计算卖方直接经济损失的基本方法,是将合同价格减去市场价格后的差额作为卖方的损失。法典第 2.708 条(a)款规定:“买方拒收或毁约所造成的损害,是提示交付之时之地的市场价格与未支付之合同价格的差价。”这里的损失是指直接损失。此外,卖方还可就自己的附带损失另行取得赔偿。但是,法典没有规定卖方可以就间接损失取得赔偿。这个问题后文还会讨论。

关于卖方的直接损失,根据上述规定,假设合同价格是 100 美元,但提示交付之时之地的市场价格是 90 美元,则卖方的直接损失为 10 美元。这项规定的假设是,由于买方拒收,因此卖方只能将货物以市场价格卖给其他买家。在市场价格低于原合同价格时,两者的差额就是卖方受到的损失。即使卖方未将货物转售,由于市场价格降低,货物的价值也相应降低,因此卖方的损失是一样的。所以,无论卖方是否转售,都使用这个计算方法来计算卖方的损失。

关于市场价格,前文在讨论买方救济时已谈及。在计算卖方损失时,法典的相关原则是同样适用的。法典第 2.723 条(a)款规定:“如果就预前毁约提起诉讼,且在法院审理开始时,部分或全部货物的履约期限尚未超过,则在需要按市场价格确定损害赔偿时(第 2.708 条或第 2.713 条),应按受损方得知毁约时该货物的通行价格计算。”

如果难以找到通行价格,但存在具有合理参考价值的相关价格,相关价格经适当调整后可以作为替代。法典第 2.723 条(b)款规定:“在证明本篇所述的时间或地点的通行价格时,如果一时难以获得其证据,则可使用相关的通行价格,即在该时间之前或之后合理期间内的价格,或根据商业判断或行业惯例,可作为合理替代的其他地点的价格,但此时应适当考虑将货物运进或运出该地的费用。”

由于相关价格的来源具有不确定性,因此,如果一方提出某个相关价格作为证据,另一方应被给予合理机会对该证据进行了解。法典第 2.723 条(c)款规定:“如果一方提出的相关价格证明,是本篇所述时间和地点以外的通行价格,则只有在该方已通知另一方,且法院认为通知系属充分,不致构成对另一方不公正的意外时,法院才可接受该证明。”

关于市场价格的证明问题,法典第 2.724 条规定:“如果任何货物在任何公认的商品市场上惯常进行买卖,则在确定该货物的通行价格或价值时,正式出版物、贸易杂志、公开发行之报纸或杂志中的报告,只要属于该市场的报告,均可作为证明被法院接受。此种报告制备的具体情况,可影响其证明力度,但不影响其可接受性。”

由于在适用差额方法时必须确定市场价格,而市场价格本质上是一个理论概念,不是一个非常具体和固定的价格,因此,在确定市场价格时,不仅存在相当的不确定性,而且比较容易引起争议。总体而言,法典对市场价格的采纳和证明采取了非常灵活的态度,目的是尽量保证受损方获得合理的损害赔偿。

差额方法的通常假设是市场价格低于合同价格,因此,卖方可就差额部分取得赔偿。但是,假设市场价格高于合同价格,卖方需要把高出的部分还给原始买方吗?对此,法典第 2.706 条(f)款规定:“卖方没有义务向买方交出转售的利润。”也就是说,如果卖方没有损失,卖方无权取得赔偿,但如果卖方获得更高的转售价格,卖方也没有义务交出高出的部分。

用利润方法计算卖方的损失

如果上述差额方法不能真正弥补卖方的损失,法典则另行提供了一种基于卖方应得利润的替代计算方法。关于该方法,法典第 2.708 条(b)款规定："如果按(a)款计算的损害赔偿，不能使卖方处于合同履行时卖方本应达到的状态，那么，损害赔偿应为买方充分履行合同时卖方本应得到的利润(包括合理的运营费用摊销)，加上本篇规定的任何附带损失(第2.710条)，再加上适当计算的合理费用，减去适当计算的收款或转售收益。"根据这项规定，假设卖方在出售原合同项下的货物时，本来能够获得10美元的利润，那么在计算卖方损失时，无须考虑合同价格，无须考虑市场价格，也无须考虑卖方是否转售，即可直接确定卖方的损失为10美元。

那么，法典为什么要规定两种不同的计算方法？两种计算方法之间到底是什么关系？各自的适用范围是什么？这里首先需要明确的是，根据法典第2.708条(b)款的规定，法院应以第一种方法为主，即差额方法，而只有在第一种方法无法弥补卖方的损失时，法院才能使用第二种方法，即利润方法。所以，关键问题是，在何种情况下差额方法不能弥补卖方的损失？

根据差额方法，如果货物的合同价格是100美元，市场价格是90美元，则卖方可以获得10美元的赔偿。也就是说，在卖方实际上已将货物转售给他人的情况下，卖方必然是从转售中获得了90美元，因为在绝大部分情况下，法典会将卖方的实际转售价格就作为市场价格。在此基础上，法典另外要求买方向卖方支付10美元的赔偿。因此，卖方总共获得100美元，即原来的合同价格。如果卖方实际上没有转售，则法典认为其保留的货物具有90美元的价值，再加上10美元的赔偿，卖方仍然获得100美元。既然卖方已获得100美元，为什么还存在无法充分弥补卖方损失的可能？

主要问题在于，上述计算没有考虑另外一个因素，即由于买方的违约，卖方可能额外损失了一次获得利润的机会。也就是说，如果买方没有违约，卖方原本可以销售两次(原始买方加上转售买方)，因而获得两次利润，但在买方违约的情况下，卖方只销售了一次(转售买方)，因而只获得了一次利润。所以，卖方实际上受到了利润损失。美国法律界通常将此种卖方称为"损失了销量的卖方"(lost volume seller)。

举例而言，假设卖方是经销商，约定以100美元的价格向买方出售一把椅子,在买方拒绝接受椅子的情况下,卖方将该把椅子以 100 美元的价格卖给了另一个顾客。此时,根据前文谈到的差额方法,卖方不能从买方获得任何赔偿,因为合同价格与市场价格没有差别。但是,从卖方的角度来看,可能确实存在损失,因为在这种情况下,卖方实际上先后争取到两份出售合同,即原始买方的合同和转售买方的合同。假设卖方每出售一把椅子可以获得 10 美元的利润,那么在原始买方履行合同的情况下,卖方可以从原始买方和转售买方各获得 10 美元的利润,但在原始买方违约的情况下,卖方只从转售买方获得了 10 美元的利润,而损失了原本可从原始买方获得的另外 10 美元的利润。此时,差额方法实际上无法弥补卖方的损失。

适用利润方法的关键问题是,卖方是否实际上损失了一次利润机会?这与卖方是否转售没有必然联系。在上述椅子经销商的例子中,即使经销商没有再次销售给另一个买方,例如,暂时还没有其他人购买该把椅子,仍然可以说卖方损失了从原始买方本可获得的 10 美元利润,因此,仍然可以适用利润方法来计算损失。

卖方是否实际上损失了一次利润机会,主要取决于卖方是否本来实际上有可能销售两次。假设卖方本来只有一把椅子,且在买方违约后将该椅子出售给另一个买方,此时,就不能认为卖方损失了一次利润机会,因为卖方本来只有一把椅子,无论销售给谁,也只能销售一次,获得一次利润。在实际买卖交易中,如果卖方是相关货物的制造商或经销商,那么卖方通常有足够的产品来源,因此利润方法可能更适用。如果卖方没有额外的货物来源,如卖方出售的是一件孤品,那么利润方法就不适用。

另一个问题是,是否有可能将差额方法和利润方法结合起来同时使用?例如,在卖方是椅子经销商的例子中,假设原始合同价格是 100 美元,随后椅子的市场价格降为 95 美元,此时,按差额方法计算,卖方的差额损失为 5 美元。再假设每把椅子的成本是 90 美元,因此卖方每出售一把椅子可以获得 10 美元的利润。在这种情况下,是否可以说,根据差额方法,卖方损失了 5 美元的差价,同时,根据利润方法,卖方损失了 10 美元的利润,因此,卖方的实际损失是 15 美元。

法典没有明确涉及这个问题。从法典的规定来看,只能是在两种计算方法中选择一个,而不能同时使用。从实际情况来看,当卖方按 95 美元的价格将椅子转售给另一个买方后,说明市场价格从 100 美元降为 95 美元,因此看上去卖方确实受到了损失。但问题在于,这个损失是否应由原始买方承担?也许可以说,在原始买方毁约前,所谓的另一个买方是不存在的,因为在毁约之前,任何其他买方均与原始买方的毁约没有关系,不属于这里所说的另一个买方。而在另一个买方出现时,市场价格已经变为 95 美元,因此,不存在卖方原本可按 100 美元价格卖给另一个买方的可能性。因此,所谓的降价损失,是指卖方本应自行承担的市场价格变化。所以,也许不应把两种方法的结果相加。

另外一个问题是,在转售价格高出合同价格时,卖方无法采用差价方法,但是这不影响卖方按利润方法取得赔偿。例如,假设椅子的合同价格是 100 美元,转售价格是 105 美元,而卖方成本是 90 美元,此时,卖方仍可根据利润方法,从原始买方获得 10 美元的赔偿。也就是说,法院将不考虑转售的额外收入,而只考虑卖方原本可从原始买方获得的利润。

卖方的附带损失

与卖方违约时买方有权获得附带损失赔偿一样,买方违约时,卖方也有权获得附带损失赔偿。法典第 2.710 条规定:“受损害卖方的附带损失包括,为阻止货物交付,为买方违约后运输、照管和存放货物,为退还货物和转售货物而支出的任何商业上合理的收费、费用和佣金,以及买方违约造成的其他费用。”卖方的附带损失(incidental damages),概念上与买方的附带损失一样,主要是指卖方额外产生的实际费用和支出。

与买方不同的是,法典没有为卖方提供取得间接损失赔偿的规定。也就是说,法典不认为卖方会产生间接损失(consequential damages)。从某种意义上来讲,前面提到的利润方法,也可以说实际上赔偿了卖方的间接损失。前文在讨论买方的间接损失时提到,买方最主要的间接损失通常就是指利润损失。

无须证明损失的小额赔偿

除去约定的损害赔偿或实际的损害赔偿,法典还规定,如果买方拒绝接受货物,但之前已为货物支付了预付款,则卖方即使没有产生其他损失,亦有权从该预付款中扣除一笔小额赔偿,作为对卖方的弥补。法典第2.718条(b)款规定:"如果买方违约致使卖方正当中止交付货物,买方有权收回其付款金额超出下列金额的部分:(1)涉及(a)款所述的约定损害赔偿时,卖方根据协议条款有权得到的金额;或(2)如果无此种条款,则为买方在合同项下全部履约义务价值的20%或为500美元,以金额低者为准。"

根据上述第(2)款的规定,假设合同价格为10,000美元,而买方事先已支付8000美元,那么在买方违约致使卖方不交付的情况下,卖方即使没有其他损失,也可以从预付款中扣除500美元,作为从买方获得的赔偿。这个小额赔偿是为了弥补卖方的一些零星损失,不需要卖方对实际损失提供证明。当然,如果确有可以证明的卖方损失或买方收益,卖方还可以从预付款中相应扣除。法典第2.718条(c)款规定:"如果卖方能够证明下列情况,则买方根据(b)款收回付款的权利,应被相应抵销:(1)根据(a)款以外的本篇其他条款,卖方有权取得的损害赔偿;以及(2)买方从合同中直接或间接获益的金额或价值。"

第三章 货物租赁

法典第2A篇称为《租赁》(Leases),主要适用于货物的租赁,但也可以适用于不动产附着物(fixture)的租赁。租赁是货物的另一种主要交易形式,具有高度的普遍性和重要性。特别是在美国的商业活动中,注重的常常不是货物的所有权,而是货物的使用功能和资金的灵活高效,而租赁有时更符合这种理念和需求。不动产附着物的租赁不是法典第2A篇的重点,但货物在租赁后可能会转化为不动产附着物,而不动产附着物在一定情况下也可以像货物那样用于租赁,因此,法典第2A篇也有一些相应规定。法典第2A篇不适用于土地或房屋等不动产的租赁。

货物租赁涉及的很多问题与货物买卖非常类似,因此法典第2A篇与第2篇的内容在很多方面高度重合,在很多地方仅仅是把第2篇中的卖方和买方换成第2A篇中的出租方和承租方,把货物买卖合同改为货物租赁合同。由于法典第2篇与第2A篇具有高度重合性,美国法律学者的著述通常不单独讨论第2A篇,而是在讨论第2篇时,附带地对第2A篇进行一些介绍。但是,除重合部分外,法典第2A篇也涉及租赁合同的一些特有问题,特别是融资租赁中特有的问题。

第一节 与法典第2篇重合的内容

法典第2A篇有超过一半的内容与第2篇高度重合。对于重合部分，法典第2A篇的相关条款，几乎就是复制第2篇的相应条款。这些条款主要涉及租赁合同的订立、有关货物的明示担保和默示担保，以及租赁合同的违约和救济等。对于这些条款，可以参考本书前一章对货物买卖相应内容的介绍，本章不再详细介绍。

租赁的定义

关于货物租赁，法典第2A.103条(a)(10)款规定："'租赁'是指将货物在一定时间内的占有权和使用权进行转让，用于换取对价。买卖(包括试用或试销)，以及设立或保留担保权益，不属于租赁。除上下文明确另有所指外，'租赁'包括分租。"这个定义符合通常对租赁的理解，即出租方将货物交给承租方使用一段时间之后再还给出租方，而承租方支付使用期间的租金。后文将要谈到的融资租赁(finance lease)，虽然具有很多不同于普通货物租赁的特点，但总体而言，法典第2A篇中的融资租赁，只要不构成担保交易，就仍然属于租赁。

合同的订立

关于租赁合同的订立，第2A篇同样要求在金额超过一定限度时，即在租金总额达到或超过1000美元时，租赁合同必须以书面形式订立。租赁合同有时会给承租方提供选择权(option)，即承租方有权在原始租约到期时续租，或有权在一定条件下购买租赁合同项下的货物。续租后的租金，以及购买所租赁的货物的费用，不计算在上述1000美元之内。

对于租金未达到1000美元的租赁合同，可以使用任何方式订立，包括口头形式和行为形式。行为形式是指当事方通过自己的行为，承认合同的订立和存在。即使租赁合同的条款不十分完备或不十分准确,只要当事方承认合同的成立,租赁合同即可成立。

对于租金达到或超过 1000 美元但书面形式不符合法典第 2A 篇要求的租赁合同,与货物买卖合同一样,法典承认在某些情况下租赁合同可以强制履行。这些情况包括:出租方系为承租方特别制造或采购货物;当事方以其他形式承认租赁合同的订立和存在;承租方已收到货物并已接受。此外,在涉及合同的证明和解释时,有关口头证据和外部证据的规定,也与货物买卖相同。同时,法典第 2A 篇也同样承认履约过程、交易过程和行业惯例的效力。

对于订立租赁合同的要约与承诺,法典第 2A 篇的规定与第 2 篇也基本相同。一方面,有关要约和承诺的绝大多数问题都需要适用合同法的一般原则;另一方面,有关要约和承诺的几项特别规定,如不可撤销的要约、承诺的方式等,与适用于货物买卖的规则基本相同。

明示担保和默示担保

出租方对于货物的担保责任,与货物买卖中卖方的担保责任是基本相同的,包括以许诺、描述或样品作出的明示担保,以及有关商销性、货物适用于特定用途和不存在侵权的默示担保。同时,所有的担保都可以叠加,并在可能的情况下,应该作出互不矛盾的解释。当事方同样可以通过与货物买卖类似的方法,排除或修改担保,或对违反担保的损害赔偿方式或金额进行限制。但是,由于租赁不涉及货物所有权的转移,因此法典第 2A 篇的出租方不提供有关所有权的默示担保,而只担保承租方在租赁期间不受干扰。法典第 2A. 211 条(a)款规定:“租赁合同包含一项担保,即在租赁期限内,不因出租方的行为或不行为,导致他人对货物持有索赔或权益(侵权或类似原因引起的索赔除外),干扰承租方享用其租赁权益。”

违约和救济

关于当事方的违约和救济,租赁也与货物买卖有很多相似之处,所以法典第 2A 篇的规定也与第 2 篇非常相似。出租方违约的形式，主要包括毁约及交付的货物或方式不符合合同等，而承租方违约的形式，主要包括错误拒收货物、错误撤销对货物的接受以及不支付租金等。

在出租方违约的情况下，承租方的救济与货物的买方基本相似，包括拒收不符合合同的货物；在出租方不交付货物时另行购买替代货物；以及在货物具有独特性或有其他适当原因时，要求出租方实际履行交付货物的义务。在货物不符合担保但已被接受时，或在出租方不交付货物但承租方没有权利要求实际履行时，承租方可以要求损害赔偿。损害赔偿也分为直接损失、附带损失和间接损失。

在承租方违约的情况下，出租方的救济也与货物的卖方基本相似，包括中止交付货物或阻止承运人等第三方交付货物；将货物转租或转售给第三方；将货物特定于合同项下及挽救半成品货物；在一定情况下要求承租方实际履行支付租金的义务；以及就直接损失和附带损失取得损害赔偿。

第二节　租赁的特殊问题

除去与法典第 2 篇高度重合的条款，法典第 2A 篇的其余条款涉及货物租赁中相对独特的问题，例如，租赁权益的转让，租赁协议当事方与第三方的关系，以及不动产附着物的租赁等。此外，还有后文将会讨论的融资租赁问题。

租赁权益的可转让性

租赁权益（leasehold interest），是指出租方或承租方在租赁合同项下的权利。从出租方的角度，主要是指收取租金的权利，以及租赁到期后收回货物的权利。从承租方的角度，主要是指使用货物的权利。根据法典的规定，租赁权益原则上都可以转让，包括自愿转让和非自愿转让，无论租赁合同是否禁止此种转让，也无论该转让是否构成租赁合同项下的违约。

关于租赁权益的转让,法典第2A.303条(b)款规定:"除第9.407条(c)款另有规定外,如果租赁协议的条款:(1)在涉及租赁合同项下当事方的权益或货物中的出租方残余权益时,禁止该权益的自愿或非自愿转让,包括通过买卖、分租、设立或强制履行担保权益、查封、扣押或其他司法程序进行的转让;或(2)规定该转让构成违约,此时,该条款将触发(d)款提供的权利和救济,但该转让在其他方面仍然有效,即使该转让被协议禁止,或构成租赁协议项下的违约。"根据法典第2A.103条(a)(17)款的规定:"'出租方残余权益'指在租赁合同到期、终止或解除之后,出租方对货物拥有的权益。"

在上述规定中,租赁权益的转让也包括非自愿转让。非自愿转让,是指其他人行使法律提供的权利,强制取得出租方或承租方持有的租赁权益。例如,承租方是商场的经营人,其中部分设施系从出租方租赁。在承租方陷入财务困难后,承租方的债权人通过法律程序接管了该商场,包括商场内从出租方租赁的设施。此时,承租方对该设施的租赁权益,就被非自愿地转让给承租方的债权人。

法典有关租赁权益转让的规定,主要是为了保护此种转让的受让方,如上述例子中的承租方债权人。对于此种受让方来说,无论出租方和承租方之间的租赁合同如何规定,该转让都是有效的。但在出租方和承租方之间,此种转让如果构成对租赁合同的违反,转让方仍然需要承担违约责任,即法典第2A.303条(d)款所述的责任。

法典之所以原则上允许租赁权益的转让,主要是把租赁权益视为其持有方的财产权,并且在很多情况下,此种转让也不一定必然给另一方造成不利影响。从出租方的角度,租赁权益主要是收取租金的权利,以及租赁到期后收回货物的权利,而此种权利的转让,一般不会对承租方有真正的不利影响。从承租方的角度,主要是使用货物的权利。如果承租方将货物的使用权转让给另一方,对出租方来说,有时并无影响,但有时则会有不利影响。例如,受让方的使用方式,也许会增加货物的损耗,从而降低租赁终止时货物的价值,或者也有可能增加货物损失的风险。但在这种情况下,法典允许出租方追究承租方的违约责任,并获得相应赔偿。也就是说,如果承租方对货物使用权的转让确实给出租方造成损失,出租方仍然可以受到法典的保护。但在出租方无法证明损失的情况下,如果仅仅是对承租方的转让感到不高兴,出租方可能难以得到法典的实际保护。法典允许租赁权益自由转让的规定,一方面是尽量尊重和保护当事方的财产权,另一方面也是为了提高租赁权益的流通性和融资性,从而增加租赁权益的价值。

如果租赁权益的转让违反了出租方和承租方之间的协议,非转让方可以根据法典第2A.303条(d)款的规定获得保护,即"除第9.407条(c)款另有规定外:(1)如果发生转让,且根据租赁协议该转让构成违约,则租赁合同中未作出转让的一方,享有第2A.501条(b)款提供的权利和救济,除非其已就该违约放弃权利或通过其他方式表示同意;并且,(2)如果(1)款不适用且转让已发生,且该转让:(A)被租赁协议禁止,或(B)严重损害租赁合同另一方获得回报履约的机会,或严重改变其义务,或严重增加其负担或风险,此时,除非未作出转让的一方于任何时间在租赁合同中或通过其他方式同意该转让,否则,除合同另有限制外:(i)转让方应向未作转让的一方,就转让给后者造成的损失承担赔偿责任,但只限于未作转让的一方所不能合理防止的损失,并且(ii)拥有管辖权的法院可以提供其他适当救助,包括解除租赁合同或禁止转让"。

根据上述规定,如果转让人作出转让(包括非自愿转让),且该转让违反了当事方的协议,则另一方虽然原则上无权阻止该转让,但可以根据法典和租赁协议的规定,寻求损害赔偿和其他救济。上述规定中提到的法典第2A.501条(b)款的规定,即"如果出租方或承租方违反租赁合同,寻求强制履行的一方享有本篇提供的权利和救济,且除本篇另有限制外,还享有租赁协议提供的权利和救济"。同时,根据上述第(c)(2)(B)(ii)款,法院如果认为确有必要,也有权禁止该转让。

根据上述第(c)(2)(B)款,即使租赁协议没有明确禁止租赁权益的转让,但如果任何转让确实给非转让方造成了重大的不利影响,非转让方仍然可以根据法典的规定,寻求损害赔偿和其他救济。但是,根据法典第9.407条(c)款的规定,如果出租方在租赁权益中设立了担保权益,该情况并不构成对承租方的重大不利影响,该款规定:“涉及出租方在租赁合同项下的权益时,或涉及出租方在货物中的残余权益时,该权益中担保权益的设立、附着、完善或强制履行,不构成第2A.303条(d)款所述的转让,即该转让不对承租方获得回报履约的前景造成严重损害,或严重改变承租方的义务,或严重增加承租方的负担或风险,除非(并只在其限度内)强制履行已实际导致出租方重要履约义务的委托履行。”

出租方收取租金的权利,基本上属于应收款。出租方如何处置此种应收款,在通常情况下对承租方不会产生严重的不利影响。出租方对租金的处置,包括根据法典第9篇的规定,出售或抵押作为应收款的租金。无论是出售还是抵押,都相当于在应收款上设立担保权益。根据上述提到的法典第9.407条(c)款的规定,此种担保权益不属于对承租方的不利影响。

出租方在货物中的残余权益(residual interest),是指租赁结束后货物仍然具有的价值。例如,假设设备具有10年的使用寿命,而租赁期限是两年,那么在租赁结束之后,出租方还有可能将货物继续出租或用于其他目的。由于这个权益是指租赁结束之后的权益,因此出租方如何处置,对承租方没有影响。所以,根据法典第9.407条(c)款的规定,出租方残余权益中的担保权益,同样不属于对承租方的不利影响。

除去上述讨论的转让,还有一些特定种类的转让受到法典的进一步保护。对于这些转让,即使租赁协议加以禁止,转让不仅仍然有效,而且不属于对租赁协议的违反,因为法典不承认租赁协议中相关禁止条款的效力。法典第2A.303条(c)款规定:“如果租赁协议的条款:(1)在涉及一方违反整体租赁合同后另一方寻求损害赔偿的权利,或一方适当履行自己全部义务后要求另一方付款的权利时,禁止该权利的转让,或(2)规定该转让构成违约,此时,该条款不可强制履行,且该转让不属于(d)款所述的转让,即该转让不会严重损害租赁合同另一方获得回报履约的机会,或严重改变其义务,或严重增加其负担或风险。”

根据上述规定,假设出租方毁约,致使承租方有权寻求损害赔偿,而承租方将寻求损害赔偿的权利转让给第三方,那么,即使租赁协议禁止此种转让,该转让仍然是有效的,而且不构成对租赁协议的违反,因为协议的禁止条款是不可强制履行的。同样,假设出租方在完成了交付货物的义务及其他义务后,将自己收取租金的权利转让给第三方,则即使租赁协议禁止该转让,该禁止也是无效的。

法典此种规定的目的,是防止一方不合理地禁止另一方对租赁权益的转让。如果一方的转让具有合理商业目的,且对另一方没有或基本上没有不利影响,似乎就没有理由允许另一方仅仅因为自己不喜欢此种转让而对其加以禁止。

关于当事方协议对转让问题的约定,法典第 2A. 303 条(e)款规定:“转让‘租赁’,或转让‘我在租赁项下的全部权利’,或以类似的概括语言作出的转让,是权利的转让;并且,除语言或客观情况(如为提供担保而作的转让)另有所指外,该转让也是转让人履约义务的委托。受让人接受委托后,即允诺履行该义务。该允诺可由转让人或租赁合同的另一方强制履行。”

出租货物的权力

假设出租方以不正常手段取得货物,且在持有货物期间,将货物出租给承租方,此时,该租赁是否具有效力?或者说,如果出租方对货物的权利存在瑕疵,承租方是否可以根据租赁协议取得正常的租赁权益,因而正常使用货物?这涉及出租方在何种情况下有“权力”(power)转让完好租赁权益的问题。这个问题类似于法典第 2 篇中的相应情况,即当卖方对货物只拥有可撤销所有权时,卖方是否仍有权力转让完好的所有权。

根据法典第 2A. 304 条(a)款的规定,出租方即使只对货物拥有可撤销所有权,仍有权力向善意的承租方转让完好的租赁权益。该款规定:“拥有可撤销所有权的出租方,有权力向善意支付了价值的后手承租方转让完好的租赁权益。”根据这项规定,即使出租方本身对货物的权利存在瑕疵,承租方只要善意作为,仍然能够取得完好的租赁权益。善意作为的含义,包括承租方支付正常的租金,且不知道出租方的权利存在瑕疵。这里所说的可撤销所有权(voidable title),不一定是指对货物的所有权,也可以是指对租赁权益的权利。也就是说,如果出租方持有的是可撤销租赁权益,其仍有可能向承租方转让完好的租赁权益。

根据法典第 2A. 304 条(a)款的规定,即使出租方在取得用于出租的货物时,采取了不正当手段,出租方仍拥有出租货物的权力。该款规定:“出租方通过购买交易取得货物的交付后,即取得此种权力,即使:(1)对于出租方的真实身份,转让方受到欺骗;(2)交付系为换取支票,但支票随后被拒付;(3)交易被约定作为‘现金买卖’;或(4)交付系通过欺诈取得,且该欺诈构成刑法中的盗窃罪。”这项规定类似于法典第 2 篇对类似情况下的卖方转让货物完好所有权的规定。

出租方另行向第三方出租货物

假设出租方在与承租方订立租赁合同后,另行与第三方就同一货物订立租赁合同,此时,原始承租方享有什么权利?法典第 2A. 304 条(a)款规定:“除本篇第 2A. 303 条另有规定外,如果现有租赁合同的出租方,将货物另行出租给后手承租方,则该后手承租方取得的,是出租方拥有的或有权力转让的货物租赁权益,但不超出所转让的租赁权益;并且,除(b)款或第 2A. 527 条(d)款另有规定外,后手承租方所取得的权益,受制于现有租赁合同。”

根据法典上述规定,原则上该第三方(后手承租方)取得的租赁权益,要受制于现有承租方的租赁权益。例如,假设出租方在将货物交付给现有承租方之前,与第三方另行订立租赁合同并将货物交付给该第三方,那么,现有承租方有权从该第三方追回其已经占有的货物,因为该第三方不拥有对抗现有承租方的权利。所谓出租方"拥有的或有权力转让的",是指除在现有租赁合同中已经转让给现有承租方的权利外,出租方对货物的剩余权利。例如,如果设备的租赁期为每天两小时,那么出租方有权在每天的其余时间内将设备出租,但是,如果出租方向第三方所转让的租赁权益与现有承租方的租赁权益存在冲突,则现有承租方享有优先权。

上述规定中作为例外提到的法典第 2A. 304 条(b)款,涉及商人出租方。该款规定:"如果现有承租方将货物委托给经营该类货物的商人出租方,且后手承租方在正常业务中从出租方取得该货物,且上述委托发生在后手承租方之权益取得可对抗出租方强制履行力之前,则在所转让的租赁权益的范围内,后手承租方取得出租方以及现有承租方对货物的全部权利,且不受制于现有租赁合同。"根据这项规定,如果出租方是从事相关货物经营的商人,且现有承租方出于任何原因将货物"委托"(entrust)给出租方占有,则后手承租方对货物即享有优先权,因为在这种情况下,后手承租方有合理理由假设,出租方有充分的权利出租该货物。

前述规定中作为例外提到的法典第 2A. 527 条(d)款,涉及承租方违约后出租方处置货物的权利。该款规定:"即使出租方在根据本条作出处置时未能遵守本篇的一项或多项规定,从出租方购买或租赁货物的后手买方或承租方,只要以善意支付价值,即在取得货物后不受制于原始租赁合同或原始承租方的任何权利。"根据这项规定,在现有承租方发生违约后,出租方在处置货物时,即使处置方式不符合法典规定,善意的后手买方或承租方也可以不受制于现有承租方的权利。

从上述规定中可以看到,对于出租方将货物另行出租给第三方的行为,法典没有直接禁止,也没有将其称为违约行为。这是因为,法典上述规定的关注点,不在于出租方与承租方之间的关系,而在于第三方是否可以通过出租方的行为对货物取得权利,或者可以在何种程度上取得权利。如果出租方的行为违反了与现有承租方的租赁协议,则现有承租方可以另行根据法典和租赁协议的规定取得相应救济。

承租方另行向第三方出租或出售货物

上文提及，出租方在订立租赁协议后，仍有可能将货物另行出租给第三方。与此类似，承租方在订立租赁协议后，也有可能将货物另行出租或转租给第三方，甚至出售给第三方。此时，该后手承租方或买方享有什么权利?

法典对此种情况的规定，几乎与对出租方的规定完全相同。法典第2A.305条(a)款规定:“除第2A.303条另有规定外，如果现有租赁合同的承租方，将货物出售给买方，或分租给分租承租方，则该买方或分租承租方取得的，是承租方拥有的或有权力转让的货物租赁权益，但不超出所转让的租赁权益;并且，除(b)款或第2A.511条另有规定外，买方或分租承租方取得的权益，受制于现有租赁合同。”

根据上述规定，后手承租方或买方的权利，原则上都要受制于现有出租方的权利。例如，假设现有租赁协议的期限为1年，那么在该租赁期限到期时，出租方在任何情况下都有权收回货物，无论货物是被后手承租方取得，还是被后手买方取得。与出租方另行出租货物的情况类似，法典也没有直接禁止现有承租方另行出租或出售的行为，也没有涉及该行为是否属于违约的问题，而仅仅说明后手承租方或买方所能取得的权利。根据这项规定，除下文所谈的例外情况外，后手买方是不可能真正买到货物的，因为在现有租赁期限到期时，出租方有权收回货物。

上面提到的例外情况，与涉及出租方时类似，即如果承租方将货物另行出租或出售给第三方，则只要承租方是该种货物的商人，善意的后手承租方或买方即不受制于现有租赁合同。法典第2A.305条(b)款规定:“如果出租方将货物委托给经营该类货物的商人承租方，且买方或分租承租方在正常业务中从承租方取得该货物，则在所转让的权益范围内，买方或分租承租方取得出租方和承租方对货物的全部权利，且不受制于现有租赁合同。”这与前文对商人出租方的规定是一致的。

同时,与对货物仅拥有可撤销所有权或租赁权益的出租方一样,类似情况下的承租方也有权利转让完好的租赁权益,即使承租方系通过不正常手段从出租方取得货物。法典第 2A. 305 条(a)款规定:“拥有可撤销租赁权益的承租方,有权力向善意支付了价值的买方或分租承租方转让完好的租赁权益,但不超出前句所述的范围。承租方通过租赁交易取得货物的交付后即取得此种权力,即使:(1)对于承租方的真实身份,出租方受到欺骗;(2)交付系为换取支票,但支票随后被拒付;或(3)交付系通过欺诈取得,且该欺诈构成刑法中的盗窃罪。”根据这项规定,即使承租方通过不正当手段从出租方取得货物的租赁,承租方仍然有可能向善意的后手承租方转让完好的租赁权益。当然,对于后手买方来说,只能根据此条规定取得货物的租赁权益,而不能取得货物的所有权,除非属于法典第 2A. 305 条(b)款所规定的情况。

出租方对不动产附着物的优先权

关于“不动产附着物”(fixture),法典第 2A. 309 条(a)(1)款规定:“如果货物与特定不动产发生紧密联系,致使货物权益受到不动产法的约束,该货物即属于‘不动产附着物’。”例如,大楼的电梯一般属于不动产附着物。有些货物在租赁之后成为不动产附着物,有些货物在租赁时已经是不动产附着物,但都可以适用法典第 2A 篇的规定。法典第 2A. 309 条(b)款规定:“在本篇中,租赁的货物可以是不动产附着物;如果租赁的货物随后成为不动产附着物,租赁亦可继续。”但是,不动产附着物的租赁,并非一定要适用法典第 2A 篇,而是也可以适用相关的不动产法。法典第 2A. 309 条(c)款规定:“本篇不禁止根据不动产法租赁不动产附着物。”

涉及不动产附着物的租赁时,法典第 2A 篇项下的权利,可能会与不动产法项下的权利产生冲突,因为不动产附着物是不动产的一部分,而如果任何人根据相关不动产法而对不动产的整体持有权益,该权益即包括了对不动产附着物的权利。例如,如果大楼存在抵押,对大楼持有抵押权的人可能会同时主张对大楼内电梯的权利。

对此,法典第 2A. 309 条(d)款提供了解决权利冲突的基本原则,即"不动产附着物之出租方拥有的完善权益,优于不动产他项权人或不动产所有权人的冲突权益,只要:(1)租赁属于价款租赁,且该他项权人或所有权人的冲突权益在货物成为不动产附着物之前产生,且覆盖货物的不动产附着物登记在货物成为不动产附着物之前或其后十日内作出,且承租方对不动产持有注册权益或占有不动产;或(2)在该他项权人或所有权人的权益获得注册之前,出租方的权益通过不动产附着物登记获得完善,且出租方的权益优于该他项权人或所有权人的前手所有权人的任何冲突权益,且承租方对不动产持有注册权益或占有不动产"。

上述规定涉及法典第 9 篇中担保交易的很多概念。因此,要充分理解上述规定,需要参考和理解法典第 9 篇的相关规定。但是简单地说,出租方的"完善权益"(perfected interest),是指出租方通过对不动产附着物作出"不动产附着物登记"(fixture filing),而对货物取得的完善担保权利。关于不动产附着物登记,法典第 2A. 309 条(a)(2)款规定:"'不动产附着物登记'指在登记或记录不动产抵押的营业处,就已经属于或即将成为不动产附着物且符合第 9. 502 条(a)款和(b)款要求的货物,就覆盖该货物的融资声明作出登记。"

法典第 2A 篇允许进行上述登记,不是要把普通的租赁交易视为担保交易,而是为了更有效和更明确地保护出租方对货物的权利,避免与不动产权利人产生争议。并且,保护出租方的权利,就相当于保护承租方的权利,因为可以保证承租方对货物的使用不受干扰。对此,法典第 2A. 309 条(i)款规定:"即使租赁协议不属于设立担保权益,只要所租赁的货物根据第 9 篇已经属于或即将成为不动产附着物,不动产附着物的出租方即可使用融资声明对所租赁的货物进行不动产附着物登记,使自己的权益(包括出租方残余权益)获得完善。"不动产附着物登记通常由出租方作出,但实际的登记人也可以是承租方。

上述法典第2A.309条(d)款中的“不动产他项权人”(encumbrancer),是指对不动产持有除所有权外任何其他权利的人。法典第2A.309条(a)(5)款规定:“‘不动产他项权’包括不动产抵押权和其他不动产留置权,以及不动产上除所有权外的所有其他权利。”在通常情况下,不动产他项权就是指不动产抵押权。

上述法典第2A.309条(d)款中的“价款租赁”(purchase money lease),是指货物和租金有直接交换关系的租赁。法典第2A.309条(a)(3)款规定:“除非在租赁协议取得强制履行力之前,承租方已经占有或使用货物,或有权占有或使用货物,否则,租赁即属于‘价款租赁’。”这项规定意在说明,如果在订立有效的租赁协议之前,承租方已经占有或使用货物,那么承租方在租赁协议项下应支付的租金,就不是直接用于货物的交换,因为承租方已经占有或使用了货物。通常的租赁一般都是直接交换,因此都是价款租赁。这个概念类似于法典第9篇中“价款担保物”(purchase-money collateral)的概念。

在说明了上述法典第2A.309条(d)款中所涉及的几个概念后可以看到,该款意在说明,如果不动产附着物的出租方通过不动产附着物登记而完善了自己对不动产附着物的权利,那么只要满足两个条件之一,出租方的权利就优于不动产他项权人或所有权人对该不动产附着物的权利。而如果出租方拥有优先权,承租方自然也就拥有优先权。

第一个条件包含几个要素。首先,租赁必须是价款租赁。此时,由于出租方的货物直接用于换取租金,因而出租方是真正付出价值的一方。其次,其他人的权益必须产生于货物成为不动产附着物之前。也就是说,其他人在涉及不动产的价值交换中,其所支付的价值原本并未包含不动产附着物的价值。再次,出租方的登记,必须最晚在货物成为不动产附着物之后10日内。这项规定要求出租方及时申请对自己权利的保护。最后,承租方必须占有不动产或对不动产持有注册权益(interest of record)。这种情况说明,货物确实是为持有不动产的承租方而使用。这里的注册权益,是指出租方通过不动产登记对自己的权益作出的登记，而该权益不一定是所有权。

第二个条件也包含几个因素。如果出租方满足了条件，即可以享有优先权。首先，出租方必须首先作出不动产附着物登记。先登记的当事方享有优先权，这是一项基本原则。其次，基于法典的其他规定或基于其他法律，相对于持有冲突权益的不动产他项权人或所有权人的前手所有权人，出租方必须享有优先权。也就是说，如果出租方有权对抗不动产的前手权益人，就可以对抗该权益人的继任人。最后，承租方必须对不动产持有权益，如实际占有不动产文说明货物确实用于承租方。

上述权利冲突解决原则，适用于出租方对不动产附着物持有完善权益的情况。如果出租方不持有完善权益，则根据法典第 2A. 309 条(e)款的规定，应适用下列原则："不动产附着物之出租方对货物的权益，无论是否获得完善，均优于不动产他项权人或不动产所有权人的冲突权益，只要：(1)不动产附着物系方便拆移的工厂机器或办公机器，或方便拆移且并非主要用于(或租赁之后主要用于)不动产运营的设备，或方便拆移且属于消费者租赁项下家用电器的替换货物；同时，在货物成为不动产附着物之前，租赁合同取得强制履行力；或(2)冲突权益系在租赁合同取得强制履行力之后，通过法律或衡平程序取得的不动产留置权；或(3)不动产他项权人或不动产所有权人已书面同意该租赁，或已放弃将该货物作为不动产附着物主张权益；或(4)相对于该他项权人或所有权人，承租方有权拆移货物。如果承租方拆移的权利终止，出租方权益的优先权在合理时间内仍继续存在。"

根据上述规定，即使出租方的权益未获得完善，在某些情况下，该权益也可以优于不动产他项权人或所有权人。首先，在租赁合同生效时，不动产附着物尚未被固定于不动产，即当时还不属于不动产附着物，且属于方便拆移的机器等。在这种情况下，将优先权留给出租方，似乎比较合理，因为货物来自出租方，而且拆移也不会对不动产造成过多的不利影响。其次,上述规定中所说的“法律或衡平程序”,主要是指司法程序,即冲突权益的持有人不是通过正常的不动产抵押等合同方式对不动产(包括其中的不动产附着物)取得权益,而是通过司法执行等程序取得权益。这些其他人通常是不动产权利人的债权人。在这种情况下,法典认为,出租方的权利应该优于这些债权人的权利。再次,持有冲突权益的人已经弃权。最后,由于任何其他法律的规定,出租方享有优先权。

在上述法典第2A.309条(d)(1)款规定的情况下(租赁属于价款租赁;冲突权益原本不包括相关货物;出租方及时登记;承租方占有不动产),不动产附着物出租方的完善权益,原则上优于不动产他项权人或所有权人的冲突权益。但是,法典第2A.309条(f)款也规定了一种例外情况,即“如果货物在建设完成之前成为不动产附着物,则只要在货物成为不动产附着物之前登记建设抵押,不动产附着物之出租方的权益(包括出租方残余权益),即次于建设抵押中不动产他项权人的冲突权益”。

上述第(f)款的规定,涉及在不动产上进行的建设项目,如大楼的建造等。如果不动产的建设方首先作出“建设抵押”(construction mortgage),则建设方即享有优先权。关于建设抵押,法典第2A.309条(a)(4)款规定:“如果为在土地上进行改善性建设而承担债务(包括土地购置成本),则用于担保该债务的不动产抵押权,即属于‘建设抵押权’,但登记文件必须如此注明。”这项规定是为了更好地保护在不动产上进行较大规模建设的投资方,相当于给其提供了超级优先权。并且,这项超级优先权还适用于为建设抵押提供再融资(refinancing)的人,因为提供再融资的人也是投资方。法典第2A.309条(f)款规定:“如果任何不动产他项权人因对建设抵押提供再融资而取得不动产抵押权,则其持有的冲突权益,与前述建设抵押中不动产他项权人的权益,享有同等优先权。”

法典上述第2A.309条(d)款、(e)款和(f)款,规定了几种最常见情况下出租方对不动产附着物的优先权。除这几种情况外,在其他情况下,则需要根据不动产法的相关规定进行处理。法典第2A.309条(g)款规定:

"涉及上述各款以外的情况时，不动产附着物出租方的权益，包括出租方残余权益，在对抗不动产他项权人或不动产所有权人（承租方除外）的冲突权益时，两者之间的优先权，应根据不动产冲突权益优先权规则来确定。"

如果根据法典的上述规定，或根据法典以外的不动产法或其他法律的规定，出租方对不动产附着物享有优先权，那么在出现违约或其他需要强制履行出租方权利的情况时，或在租赁合同到期时，出租方即可将不动产附着物从不动产上拆走，但需要就拆移对不动产造成的物理损伤进行适当修复。

关于此种拆移和修复，法典第 2A. 309 条（h）款规定："如果不动产附着物出租方的权益，包括出租方残余权益，优于全部不动产所有权人和不动产他项权人的任何冲突权益，则出租方或承租方：（1）除租赁协议和本篇另有规定外，在租赁协议出现违约、到期、终止或解除时，或（2）在需要强制履行出租方或承租方在本篇项下的其他权利和救济时，可以从上拆移货物，且不受制于任何不动产所有权人和不动产他项权人的任何冲突权益。但是，如果不动产所有权人或不动产他项权人（承租方除外）未同意承担拆移所造成的物理损伤的维修费，出租方或承租方必须向其提供补偿。补偿无须包括货物拆移之后货物整体价值的降低，或替换被拆移货物的成本。在拆移货物的人就履行补偿义务提供充分保证之前，有权获得补偿的人，可以拒绝货物的拆移。"

出租方对添附物的优先权

租赁合同项下的货物被固定于其他不动产之后，即成为前文提到的不动产附着物，而被固定于其他动产之后，就成为这里所说的"添附物"（accession）。法典第 2A. 310 条（a）款规定："货物被安装或固定在其他货物上之后，即成为'添附物'。"与不动产附着物一样，添附物也存在优先权问题。并且，优先权问题也同样涉及承租方。添附物属于可以从其他货物上拆移而不致对该其他货物造成严重损害的货物。例如，汽车中的发动机可以是添附物,因为将发动机从汽车中拆除,通常不会对汽车造成严重损害。

法典第2A篇对添附物规定的基本原则是,出租方或承租方的权益,优于其他人对整体货物的权益。法典第2A.310条(b)款规定:“添附物中的出租方残余权益,或在涉及货物成为添附物之前订立的租赁合同时,出租方或承租方在租赁合同项下的权益,除(d)款另有规定外,优于任何对货物整体的权益。”这项规定涉及两种情况。一种情况是租赁合同已经到期。此时,承租方对租赁合同项下的货物已经不享有任何权益,只有出租方对货物持有残余权益。此时,由于货物还有剩余经济寿命期,出租方自然希望收回货物。根据上述规定,出租方的残余权益优于整体货物权益人的权益。另一种情况是租赁合同尚未到期,因此承租方和出租方都对货物持有租赁权益。此时,只要租赁合同是在货物成为添附物之前订立的,出租方和承租方的权益即享有优先权。

但是,如果整体货物的权益人在租赁合同订立之前即对整体货物持有权益,即租赁的货物是先成为添附物,后成为租赁货物的,此时,首先对整体货物取得权益的人享有优先权。法典第2A.310条(c)款规定:“添附物中的出租方残余权益,或在涉及货物成为添附物之时或之后订立的租赁合同时,出租方或承租方在租赁合同项下的权益,除(d)款另有规定外,优于任何后手取得的对货物整体的权益,但次于在租赁合同订立时已经存在的对货物整体的权益,除非货物整体权益的持有人已书面同意该租赁,或已放弃将该货物作为货物整体的一部分而主张权益。”

无论是上述哪一种情况,根据法典第2A.310条(d)款规定的例外,出租方或承租方的权益都不能对抗另外某些人的权益。该款规定:“上述(b)款或(c)款所述的添附物中的出租方残余权益,或出租方或承租方在租赁合同项下的权益,次于下列人的权益:(1)正常业务中的买方或正常业务中的承租方,只要其在货物成为添附物后取得对货物整体的权益;或(2)债权人,只要其在租赁合同订立前,完善了对货物整体的担保权益,但条件是,债权人随后提供的贷款,系在不了解租赁合同存在的情况下作出。”这项规定的第(1)项是为了保护善意的其他买方或承租方,即虽然他们在货物成为添附物之后取得对整体货物的权益,但他们对货物原始出租方或承租方的权益不知情。这项规定的第(2)项是为了保护善意的其他债权人,只要他们首先对整体货物取得完善的担保权益。

与不动产附着物一样,如果出租方或承租方对添附物享有优于任何其他人的权利,他们即可在发生违约或需要强制履行对添附物的权利时,将添附物拆走,并且只需要对整体货物的物理损伤进行必要的修复,而不需要对整体货物因此受到的其他损失负责。法典第 2A. 310 条(e)款规定:"如果根据(b)款或(c)款,以及根据(d)款,添附物的出租方或承租方的权益,优于任何对货物整体的权益,则出租方或承租方:(1)除租赁合同和本篇另有规定外,在租赁合同出现另一方违约、到期、终止或解除时,或(2)在需要强制履行出租方或承租方在本篇项下的其他权利和救济时,可以从货物整体上拆移货物,且不受制于任何对货物整体的权益。但是,如果任何对货物整体持有权益的人(承租方除外)未同意承担拆移所造成的物理损伤的维修费,拆移方必须向该权益人提供补偿。补偿无须包括货物拆移之后货物整体价值的降低,或替换被拆移货物的成本。在拆移货物的人就履行补偿义务提供充分保证之前,有权获得补偿的人,可以拒绝货物的拆移。"

第三节　融资租赁的特殊问题

上文讨论的是普通的货物租赁。法典第 2A 篇不仅适用于此种普通租赁,也适用于仍然属于租赁但与普通租赁有很大不同的融资租赁(finance lease)。针对融资租赁的特点,法典第 2A 篇作出了一些特别规定。同时,法典第 2A 篇也明确规定,有些规定只适用于普通租赁,而不适用于融资租赁。

在普通租赁中,通常只有出租方和承租方两方。出租方提供货物,承租方使用货物。但在融资租赁中,通常有出租方、承租方和货物供应商三方。在形式上，是出租方与承租方订立租赁合同，并由出租方向承租方出租货物；但在本质上，货物来自货物供应商，而出租方主要是提供融资服务，以使承租方能够在适当的融资安排下从供应商获得所需要的货物。融资租赁的这种三方关系，使融资租赁具有不同于普通租赁的一些特殊问题。

融资租赁的定义

关于融资租赁的定义，法典第 2A. 103 条(a)(7)款规定："'融资租赁'指下列租赁：(A)出租方不挑选、制造或供应货物；(B)出租方系为租赁目的取得货物，或取得货物的占有权和使用权；并且(C)存在下列情况之一：(1)承租方在订立租赁合同前，收到了出租方据以取得货物或货物占有权和使用权的合同的副本；(2)承租方对出租方据以取得货物或货物占有权和使用权的合同的批准，是租赁合同生效的前提条件；(3)承租方在订立租赁合同前，对于提供货物的人向出租方就货物所规定的下列条件，收到了准确和完整的说明：承诺和担保，以及对担保的排除；对救济的限制或修改，或对损害赔偿金额的约定。前述条件也可以来自第三方，如货物的制造商。前述条件可以包含在出租方据以取得货物或货物占有权和使用权的合同之内，也可以基于该合同另行提供；或(4)除消费者租赁外，在承租方订立租赁合同前，出租方以书面形式向承租方：(a)说明了向出租方提供货物的人的真实身份，除非系承租方挑选了该人，并指示出租方从该人取得货物或货物占有权和使用权；(b)说明了承租方根据本篇，有权受益于提供货物的人就货物所作的承诺和担保，无论该承诺和担保是来自于提供货物的人还是第三方，也无论其是基于出租方据以取得货物或货物占有权和使用权的合同本身，还是根据该合同另行提供；并且(c)说明了承租方可以联系向出租方提供货物的人，并从该人获得该承诺和担保的准确和完整的说明，包括对承诺和担保的排除和限制，或对救济的排除和限制。"

上述定义相当冗长，但分析之后可以看到，在融资租赁中，出租方提供初始资金并取得租赁所需的货物,然后从承租方支付的租金中逐渐回收成本。在承租方支付的租金中,包含了货物本身的成本以及出租方提供融资的成本。融资租赁中货物的种类和规格等条件,包括货物的实际供应商,以及有关货物的其他条件,如有关货物品质或规格的担保和其他保证,实际上都是由承租方挑选和确定的。

上述定义的第(A)款和第(B)款说明了融资租赁中出租方与普通租赁中出租方的主要区别。在普通租赁中,出租方通常是货物的制造商或经销商,或至少是从事相关货物交易的商人。但在融资租赁中,出租方本质上是融资机构,通常与相关货物没有任何关系,既不从事相关货物的经营,也不为承租方挑选相关货物,有时甚至对相关货物不具有任何行业知识。并且,融资租赁中用于租赁的货物,通常都是在当事方商量好租赁条件后,才由出租方专门为承租方单独采购的,而在普通租赁中,货物通常是出租方已有的货物,或是出租方日常经营的货物。

上述定义的第(C)款说明了融资租赁合同的三要特征。由于租赁的货物实际上不来自出租方,而是由出租方专门为承租方从第三方采购,所以在融资租赁中都有一个"供应商"(supplier),即实际提供货物的人。融资租赁中的货物,取决于当事方的需求和约定,可以是出租方从供应商购买,也可以是从供应商租赁。关于供应商,法典第2A. 103条(a)(24)款规定:"'供应商'指向出租方出售或租赁用于融资租赁之货物的人。"

供应商与出租方之间的供货合同,在法典第2A篇中称为"供应合同"(supply contract)。法典第2A. 103条(a)(25)款规定:"'供应合同'指出租方据以购买或租赁用于租赁之货物的合同。"供应合同项下的货物,虽然形式上是供应商出售或租赁给出租方的,但目的完全是供承租方使用的,与出租方没有实质关系。因此,供应合同的条款,特别是有关货物的规格、状况和担保,以及有关货物的重要权利和义务,出租方并不真正关心,但却对承租方有重大影响。所以,供应合同的条款需要事先通知承租方,并征得承租方的同意。

在出租方与承租方之间的融资租赁合同中,最主要的内容包括两部分:一部分涉及出租方与承租方之间的融资安排,另一部分则涉及对货物的约定。有关货物的约定,特别是对货物的担保和维修,对担保的排除和修改,对货物缺陷的责任,以及对责任的排除或限制,在很大程度上来自供应商与出租方之间的供应合同,再通过融资租赁合同,使承租方享受相应的权利,并受到相应的限制。如果把供应合同和融资租赁合同结合起来,实际效果就是供应商直接向承租方提供货物的担保和维修。

融资租赁中的货物所有权问题

在法典第2A篇对融资租赁的定义中,没有提到货物所有权的问题。在普通租赁中,货物所有权的问题是不言而喻的,因为承租方只享有使用货物的权利,而货物的所有权一直归出租方所有。在融资租赁中,情况则比较复杂,常常与承租方采用融资租赁的原因有关。

承租方采用融资租赁的一种常见情况是,承租方的本意是购买货物,但由于没有足够的资金,因此需要其他人提供融资服务。在这种情况下,出租方提供所需的资金,而承租方则通过支付租金,分期支付货物的价款和融资费用,大体上相当于分期付款购买货物。一定期限届满后,即在承租方所支付的租金已达到货物的价款及出租方的融资费用之后,承租方可以在不支付额外费用或只支付象征性费用的情况下,取得货物的所有权。

在上述这类交易中,承租方的本意就是取得货物的所有权,而当事方之间的协议也会有相应规定,即承租方将会取得货物的所有权。但是,如后文将要讨论的,在法典中,这种以融资租赁形式分期付款购买货物的交易,可能会被视为法典第9篇范围内的担保交易,而不是真正的融资租赁。因此,这种交易中的当事方,必须同时遵守法典第9篇的规定,否则当事方在租赁合同和货物供应合同中所约定的权利和义务,可能得不到法律的承认,因而不具有强制履行力。

承租方采用融资租赁的另一种情况是,承租方不是要购买货物,而是希望租赁货物,但货物的供应商不提供租赁服务,或提供的租赁条件与承租方愿意接受的条件有较大差别。此时,通过融资租赁方式,出租方按照供应商能够接受的条件从供应商购买或租赁货物,然后按照承租方能够接受的条件出租给承租方。从供应商的角度,已达到按照自己条件出售或出租货物的目的。从出租方的角度,只要租金总额能给自己带来足够收益,该融资租赁交易就具有商业价值。从承租方的角度,可以通过融资租赁获得本来无法获得的货物,或获得本来无法获得的租赁条件,也实现了自己的商业目的。

在上述这类交易中,承租方的主要目的确实是租赁货物,因此,在租赁期限届满时,承租方原则上需要并愿意将货物交还给出租方。但是,这种交易并不完全排除承租方取得货物所有权的可能性,并且承租方可能也确实愿意保留这种可能性。此时,只要根据法典的相关规定,该租赁不构成担保交易,则即使承租方拥有最终取得货物所有权的可能性或选择权,该租赁仍然属于真正的融资租赁。

从上文的讨论可以看到,融资租赁是否构成担保交易,对当事方有重要影响。如果不构成担保交易,当事方只需要遵守法典第 2A 篇的规定即可;如果构成担保交易,则当事方必须同时遵守法典第 9 篇的规定。关于融资租赁在何种情况下构成担保交易,后文将会详细讨论。

承租方是供应合同的受益人

在融资租赁中,承租方所需的货物,形式上由出租方提供,但本质上由供应商提供。但是,供应商虽然为承租方提供货物,却并不与承租方直接订立货物供应合同,而只与出租方订立合同。因此,从承租方的角度,最重要的问题之一,是供应商与出租方所订立的供应合同对承租方究竟有什么效力?或者说,在涉及货物时,承租方享有什么权利和受到什么限制?

对此,法典第 2A. 209 条(a)款规定:“供应商在供应合同中向出租方作出的承诺,以及全部的明示担保和默示担保,包括第三方提供的担保,无论其来自供应合同本身,还是根据供应合同另行提供,受益权均延及承租方;但是,承租方享有的权利,不超出承租方在供应合同所涉及之融资租赁项下的租赁权益,并受制于担保条款和供应合同条款,也受制于所有相关抗辩或索赔。"

根据法典上述规定,即使供应商与出租方之间的供应合同缺乏明确规定,承租方仍然成为供应合同的受益人。也就是说,供应商在供应合同中向出租方所提供的全部承诺,包括有关货物的明示担保和默示担保,均相当于提供给承租方。当然,如果出租方与承租方之间的融资租赁合同对承租方另有限制,则承租方仍然要受到租赁合同的限制,即承租方无权取得超出租赁合同条件的待遇。同时,承租方一方面享受供应合同带来的权利,另一方面也要受到相应的限制。例如,如果供应商在供应合同中对担保进行了限制或排除,该限制或排除对承租方也有约束力。

需要区别的是,承租方虽然对供应合同项下的货物享有相关的受益权,但不对供应合同本身承担任何义务或责任。如果出租方违反了与供应商的供应合同,违约责任仍然由出租方承担,而承租方不承担任何责任。法典第2A.209条(b)款规定:"尽管承租方对于各项担保及供应商的承诺享有受益权[第2A.209条(a)款],但该权利:(1)不修改供应合同当事方的权利和义务,无论其来自该合同还是其他来源;并且(2)不使承租方对供应合同承担任何义务或责任。"例如,如果出租方未能支付供应合同项下的费用,供应商无权要求承租方支付。但是,如果供应商与出租方之间的供应合同规定,在出租方未支付相关费用的情况下,供应商有权收回货物,那么,供应商仍然可以行使该权利。承租方在失去货物的使用后,可以追究出租方的违约责任,但不能追究供应商的责任。

在供应商、出租方和承租方的三方关系中,另一个问题是供应合同的修改问题,即供应商和出租方是否可以修改供应合同;如果可以修改,承租方会受到何种影响。对此,法典第2A.209条(c)款规定:"供应商和出租方对供应合同作出的修改或撤销,在供应商和承租方之间亦具有效力,除非在修改或撤销之前，供应商已得到通知，即承租方已基于该供应合同达成了融资租赁。如果该修改或撤销在供应商和承租方之间具有效力，则出租方应被视为，除向承租方承担租赁合同项下的义务外，还应按修改或撤销之前承租方有权受益的内容，向承租方承担原有的各项担保，以及供应商原本对出租方作出的承诺。”

根据上述规定，如果供应商不知道承租方基于供应合同已经与出租方订立融资租赁合同，则供应合同的修改，对承租方也具有效力。但是，如果承租方原本基于供应合同可以享受的权利受到削弱，出租方需要按原供应合同的条款对承租方承担责任，即相当于把原来由供应商承担的义务改为由出租方承担，以保持承租方的权利不受影响。如果在修改供应合同时，供应商已知融资租赁合同的存在，供应商就要继续承担修改前的义务。

如果承租方与供应商另行达成任何协议，或如果法典以外的其他法律对承租方提供了其他权利，则承租方可以另行根据其他协议和其他法律主张权利。法典第 2A. 209 条(d)款规定：“承租方除了根据(a)款受益于各项担保以及供应商的承诺，还保留根据承租方与供应商之间的协议或根据其他法律，其可能享有的对抗供应商的全部权利。”

独立和不可撤销的承诺

在普通租赁中，承租方在对货物作出接受后，如果发现货物存在问题，可能有权撤销对货物的接受，或可能有权要求降低租金。但在融资租赁中，承租方的这种权利受到很大的限制。法典第 2A. 407 条(a)款规定：“涉及融资租赁时(不包括消费者租赁)，如果租赁协议的条款规定，承租方在租赁合同项下的承诺，在承租方接受货物后，即成为不可撤销和独立存在的承诺，则该条款具有强制履行力。”

根据上述规定，如果出租方与承租方之间的租赁协议规定，承租方在接受货物之前可以检验货物，但只要承租方已经接受货物，则即使货物确实存在问题，承租方也要继续支付租金，那么这个条款就构成承租方向出租方作出的一项独立承诺，即无论货物状况如何，承租方都要履行这项承诺，并且这项承诺不可撤销。这项规定是基于融资租赁的特殊性质而制定的，即出租方本质上只是融资方，所以对货物的实际情况可能无法掌控。因此，融资租赁的出租方可能会规定，一旦承租方已经接受货物，则即使货物存在问题，承租方随后也不能拒付或扣减应向出租方支付的租金，而只能根据承租方在供应合同项下的受益权，追究供应商的责任。

关于承租方上述承诺的效力，法典第2A.407条(b)款进一步规定："根据(a)款成为不可撤销和独立存在的承诺：(1)在当事方之间系属有效并可强制履行；对第三方(包括当事方的受让人)亦属有效，并可由该第三方强制履行，或针对该第三方强制履行；并且(2)如果承诺的受益方未作出同意，不得解除、终止、修改、毁弃、免除或替换该承诺。"根据这项规定，如果承租方向出租方作出了上述承诺，则尽管该承诺是在融资租赁合同中向出租方作出的，该承诺对包括供应商在内的第三方仍然有效，因此相关的第三方也可以强制履行该承诺。

出租方不就货物提供默示担保

在融资租赁中，出租方本质上只提供融资，不提供货物，因此，法典第2A篇基本上免除了出租方对货物的默示担保义务。在法典第2A篇中，适用于普通租赁中的出租方的担保条款，包括第2A.211条(b)款有关出租方对货物不存在侵权的担保，第2A.212条(a)款有关商销性的担保，以及第2A.213条有关适用于特定用途的担保，均不适用于融资租赁的出租方。也就是说，在融资租赁中，出租方不提供任何此类有关货物状况或质量的默示担保。关于明示担保，出租方可能也不会提供，但是，如果出租方愿意提供，法典并不禁止。

融资租赁的其他特别规定

根据法典第2A.219条(a)款的规定，在融资租赁中，货物的损失风险由承租方承担,而在普通租赁中,损失风险在整个租赁期内不发生转移,一直由出租方承担。此外,根据法典第 2A. 220 条,涉及融资租赁时,如果货物不符合合同致使承租方有权拒收,损失风险不由出租方承担,而由供应商承担。在普通租赁中,此种情况下的风险由出租方承担。

在已经特定化的货物由于意外原因受到损失时,如果货物部分损失,根据法典第 2A. 221 条(b)款的规定,普通租赁中的承租方可以选择接受货物,并相应减少租金,但在融资租赁中,承租方没有这个选择,而只能或者拒收货物,或者接受货物后按原租金支付。在法典第 2A. 406 条所提到的产能不足的情况时,融资租赁的承租方也面临类似限制,即无权接受部分货物并相依降低租金,而只能或者全部拒绝,或者部分接受但仍支付原来规定的租金。

如果已接受的货物存在不符合合同的问题,在普通租赁中,承租方即使在接受时已经知道该不符,只要原来合理相信出租方会纠正不符,就可以在出租方没有纠正时撤销接受。但是,根据法典第 2A. 516 条(b)款以及第 2A. 517 条(a)款的规定,融资租赁中的承租方在同样情况下无权撤销对货物的接受。

融资租赁中的消费者租赁

在法典第 2A 篇涉及融资租赁时,常常会排除消费者租赁。也就是说,法典第 2A 篇有关融资租赁的很多规定,在融资租赁的承租方是消费者时,这些规定并不适用。这是因为,有关融资租赁的特别规定,基本上都是为了保护出租方的,因为出租方是融资方,不负责提供货物,因此有关货物的责任,由供应商承担最为适当。但是当承租方是消费者时,保护消费者有时比保护融资方更重要,所以如果融资租赁中的承租方是消费者,则承租方在有些情况下将享有普通租赁中承租方的权利。根据法典第 2A. 103 条(a)(5)款的定义:"'消费者租赁'指惯常从事租赁或销售业务的出租方向个人承租方提供的租赁,且承租方的租赁主要用于个人、家庭或家用目的,且租赁合同项下的付款总额不超过 25,000 美元(为续租或购买的选择权所支付的费用除外)。”

第四节　租赁与担保交易的区别

在涉及租赁时,特别是在涉及融资租赁时,法典关注的一个重要问题,是租赁与担保交易的区别。前文在介绍融资租赁时提到,如果在融资租赁中,承租方可以在租赁期限到期时,不再支付费用或只支付象征性费用即可取得货物的所有权,该项交易可能就不属于租赁,而属于担保交易。而如果属于担保交易,当事方就要同时遵守法典第 9 篇的规定。关于两者的区分,法典花费较大篇幅作出了详细的规定。

构成担保交易的因素

一项采用租赁形式的交易,是否本质上不是租赁而是担保交易,需要根据当事案件的实际情况综合判断。法典第 1.203 条(a)款规定:“采用租赁形式的交易,所设立的是租赁还是担保权益,需要根据交易的事实确定。”那么,判断的原则是什么?

关于判断的原则,法典第 1.203 条(b)款规定:“在采用租赁形式的交易中,如果承租方为取得占有和使用货物的权利向出租方支付的对价,是租赁期内一直存续且承租方无权终止的义务,并且,还同时存在下列情况,该交易即属于设立担保权益:(1)租赁的原始期限等于或大于货物的剩余经济寿命期;(2)承租方有义务在货物的剩余经济寿命期内续租,或有义务成为货物的所有权人;(3)在遵守租赁协议的情况下,承租方有权选择不支付额外对价或支付象征性额外对价,即可在货物的剩余经济寿命期内续租;或(4)在遵守租赁协议的情况下,承租方有权选择不支付额外对价或支付象征性额外对价,即可成为货物的所有权人。”

上述规定中有关货物的一个很重要的概念,称为“剩余经济寿命期”

(remaining economic life)。法典没有对这个概念作出定义，而只是在第1.203条(e)款中规定，货物的剩余经济寿命期“必须根据达成交易当时的事实和客观情况来确定”。在一般的商业活动中，用于租赁的货物通常是普通的商用物品，如机器设备等，而不是那种具有永久价值和精神意义的物品，如古董或其他珍稀物品。这些商用物品虽然从物理的角度也许可以长期存在，但其经济寿命通常只有一定的期限。例如，普通汽车在使用一定年限后，基本上不再具有市场价值。对于这些商用物品，所有权的意义并不是很大，因为在经济寿命期之后，物品基本上失去经济价值，因而所有权也就基本上失去意义。所以，对于普通的商用物品，真正的价值在于使用价值，而使用期限是有限的。

上述规定把货物的经济寿命期作为一个主要判断标准，是出于这样的理由：(1)如果承租人占有货物的时间，已经等于或大于货物的剩余经济寿命期，实际上就等于取得了货物的所有权；(2)如果承租人实际上等于取得了货物的所有权，该项交易也就不再是租赁，而变成了买卖；(3)如果是买卖，且所有权又直到最后才转移到承租方，就相当于出租方为了保证收到租金而把货物作为担保物，从而使该项交易变成担保交易。

上述规定同时意在说明，租赁的本质是承租方只能占有货物的一部分经济寿命期，而不能占有全部寿命期，因为如果占有全部寿命期，就等于将货物买下。因此，在承租方将货物归还给出租方时，货物必须仍然具有一定的剩余经济寿命期。此外，法典的上述规定还涉及另一个因素，即承租方是否拥有退出租赁的自由。如果承租方有退出租赁的自由，则无论租赁协议如何规定，承租方占有货物的期间，实际上就有可能短于货物的经济寿命期。

根据法典第1.203条(a)(3)款和(a)(4)款的规定，一项租赁交易是否构成担保交易，还要看承租方是否有权在租赁期限终止时，不支付额外对价或仅支付象征性额外对价，即可续租或取得货物的所有权。如果可以，这种交易就相当于出租方向承租方出售货物时保留了担保权益。在法典中,象征性对价(nominal consideration)是指低于正常的对价,但不一定是价值非常低或基本没有价值。

关于象征性对价,法典第1.203条(d)款规定:“如果额外对价低于在承租方不行使选择权时,其履行租赁协议的可合理预期的成本,该额外对价即为象征性对价。在下列情况下,额外对价不属于象征性对价:(1)在给予承租方续租选择权的当时,已说明应在行使选择权的当时确定租金,且租金应为续租期内使用货物的公平市场租金;或(2)在给予承租方成为货物所有权人的选择权的当时,已说明应在行使选择权的当时确定价格,且价格应为货物的公平市场价值。”

如果一项租赁确实属于担保交易,当事方就必须遵守法典第9篇有关担保交易的相关规定,否则可能就要受到某些不利影响。假设租赁协议规定,在承租方支付全部租金之前,出租方拥有货物的所有权,而全部租金支付之后,承租方可不支付额外费用而取得货物的所有权,此时,法院很可能认定该租赁属于担保交易,因此,承租方就会被视为从开始即已取得货物的所有权,而出租方只是保留了担保权益,但由于出租方没有按照法典第9篇的规定使该担保权益获得完善,因此该担保权益可能无法对抗货物的其他权益人。

不构成担保交易的因素

为了进一步明确租赁与担保交易的区别,法典还列出了一些本身并不构成担保交易的因素。如果租赁交易中存在这些因素,该因素并不必然导致租赁成为担保交易。法典第1.203条(c)款规定:“采用租赁形式的交易,并不仅因下列情况而成为设立担保权益的交易:(1)为取得占有和使用货物的权利,承租方有义务向出租方支付的对价,其现值基本等于或大于达成租赁时货物的公平市场价值;(2)承租方承担货物损失的风险;(3)承租方同意支付与货物有关的税务、保险、申报、记录或登记的费用,或服务或维修的费用;(4)承租方有权选择续租或成为货物的所有权人;(5)承租方有权选择以固定的租金续租，且租金等于或大于在行使选择权当时，为在续租期内使用货物而可合理预期的公平市场租金；或(6)承租方有权选择在支付固定价格后成为货物的所有权人，且价格等于或大于在行使选择权当时，可合理预期的货物的公平市场价值。”

根据上述规定，即使承租方支付的租金数额较大，甚至已经超过货物本身的价值，这个因素也不说明该交易必然是担保交易。法典这样规定的道理在于，租金的高低是双方从自身情况出发对租赁交易作出的价值判断，只要承租方归还给出租方的货物还有剩余经济寿命期，租金的高低不改变租赁的性质。同样，承租方是否承担一定风险，或是否承担一定费用，也不改变租赁的性质。此外，即使承租方拥有选择权，可以成为货物的所有权人，这本身也不改变租赁的性质，只要承租方为取得所有权需要另行付出真实价值。总而言之，租赁的任何商业条件，只要不改变前文所说的租赁本质，该交易仍为租赁交易。

涉及承租方的续租或购买的选择权时，为了判断承租方所需要支付的续租费用或购买费用是否属于象征性对价，要看该费用在订立租赁协议时是否属于“可合理预期”(reasonably predictable)的费用水平。假设租赁协议向承租方提供选择权，即在租赁到期时，承租方可以通过支付约定的费用而续租，并且在订立租赁协议的当时，这个约定费用从“可合理预期”的角度来看，低于正常的续租费用，那么该费用就属于象征性对价，而无论在实际续租的当时，该费用是否仍然低于市场价值。

在“In Re QDS Components，Inc. 案”中，法院对普通租赁和担保交易的区别进行了仔细的分析。在该破产案中，破产的债务人曾作为承租方从设备租赁公司租赁了两台车床，在破产发生后，车床被作为破产财产进行了处置，而相关的当事方则就该租赁的性质产生争议。一方(担保主张方)主张，该租赁为担保交易，因此出租方已失去车床的所有权，而仅保留担保权益；另一方(租赁主张方)则主张，该租赁为真实租赁，因此出租方仍然持有车床的所有权。

该破产案的具体情况是，每台车床的租赁合同均规定，车床的总租金约为 11 万美元，租期为 60 个月。在租期结束后，承租方有权支付大约 9000 美元购买车床，但也有权继续按月租用，每月租金约为 1400 美元。租赁合同中包含一项提前终止的条款，允许承租方在支付约定的费用后购买车床。在租赁合同中，出租方对车床不承担任何担保责任，且承租方承担车床的损失风险，并需要自行对车床购买保险。在承租方违约的情况下，出租方有权要求承租方支付约定的费用后购买车床。租赁合同还规定，出租方是车床的所有权人，且当事方同意，租赁合同为纯粹的租赁合同，但是，假设租赁被认定属于担保交易，则承租方承认出租方对车床拥有价款担保权益，并允许出租方在担保交易登记处进行登记。据此，出租方也实际在担保交易登记处进行了登记。

在债务人（车床的原始承租方）破产后，对车床主张权益的相关当事方就租赁的真实性质产生争议。相关当事方首先就某些基础事实进行了确认，其中包括：(1)在原始租赁期到期时，车床的市场价值为 12,000 美元；(2)将车床从承租方所在地运回出租方所在地的费用约为 7200 美元；(3)将车床存进当地仓库的运输成本约为 2000 美元，且每月的存储费约为 100 美元；(4)在原始租赁期到期后，车床的剩余使用寿命约为两年。

在当事方都同意以上数据的情况下，争议最终集中在一个问题上，即在原始租赁期到期时，承租方为了购买车床所需支付的费用，是否属于形式对价。法院认为，根据法典第 1.203 条的规定，如果租赁合同规定，购买货物的价格为市场价格，该价格就不是形式对价；反之，如果购买货物的价格低于承租方继续承租时可合理预期的成本，该购买价格就属于形式对价。法院认为，在该破产案中，租赁合同虽然规定了在租赁到期时承租方购买车床的具体价格，但并未规定应按市场价格确定购买价格，因此，租赁合同无法适用法典的上述第一项判断标准。因此，只能将合同规定的购买价格与续租时的可合理预期成本相比较，来确定购买价格是否为形式对价。

对于如何计算续租的可合理预期成本,当事方产生了较大分歧。担保主张方认为,可合理预期成本为19,200美元,大于9000美元的购买价格,因而购买价格为形式对价。其计算根据是,在无法购买的情况下,承租方损失了取得车床所有权的机会,而车床所有权的价值为12,000美元。同时,承租方最终需要支付将车床运回出租方的费用7200美元。两项相加,承租方的成本为19,200美元。租赁主张方则不同意以上计算,认为没有理由将车床的价值作为承租方的成本,因此承租方的真正成本只是车床的运费,即7200美元,低于9000美元的购买成本。

法院认为,当事方的争议确实提出了对法典第1.203条应如何进行解释的问题,即未能获得的货物所有权是否应该被计入可预期合理成本,但在该破产案中,可能没有必要解决该争议,因为根据法典第1.203条的规定,确定可合理预期成本的时间点,是订立租赁合同的时间,而当事方所同意的上述费用估计,都是在目前情况下的估计,不是在订立合同时的估计,且任何一方都没有提出证据,证明租赁合同原始当事方在订立租赁合同时作出过任何估计。

法院认为,在上述情况下,无法直接根据法典第1.203条的规定来判定租赁合同的真实性质,因此,应该回归法院在之前相关判例中确立的更传统的判断方法,即看出租方是否对所出租的货物保留了"实际可复原权益"(meaningful reversionary interest)。也就是说,要看在租赁结束时,出租方是否实际上可以收回货物的所有权。如果能收回,就是租赁,如果不能收回,就是担保权益。法院认为,之前相关判例确定的两项判断因素是:第一,购买价格与租赁结束时货物的价值相比,是否低至形式对价的程度;第二,根据租赁合同的条款,是否可以认定承租方已取得货物的所有权。对于这两项因素,法院认定,在该破产案中,车床在租赁到期时的价值是12,000美元,而承租方需要支付的购买价格是9000美元,看上去不属于形式对价,且担保主张方也未能证明9000美元仅为形式对价。另外,根据租赁合同的条款,无法认定承租方已取得货物的所有权,因为承租方尚需支付 9000 美元的额外价值来购买该所有权。法院据此判决,不能认为出租方已失去对车床的“实际可复原权益”,因此,该租赁属于真实租赁,而不是担保交易。

第四章　流 通 票 据

法典第 3 篇称为《流通票据》(Negotiable Instruments),涉及日常活动中或商业活动中作为支付工具的票据。法典第 3 篇范围内的所有“票据”均指流通票据。票据是否属于流通票据,要根据票据出立时的初始状态进行判断。如果初始状态为流通票据,随后就一直是流通票据,无论之后的背书人在票据上添加何种限制条款。如果初始状态不是流通票据,就不可能随后转变为流通票据,无论之后的背书人在票据上添加何种流通条款。法典第 3 篇范围内的票据均为纸质票据,没有电子形式,但银行在处理票据的过程中可以传送票据的电子图像,而不必实际递送票据本身。

不能满足法典第 3 篇规定的流通条件的票据,都属于不可流通票据。法典认为,不可流通票据在本质上不是票据,而只是在某些方面具有票据形式的普通合同关系。因此,不可流通票据的转让,本质上是合同法或财产法中的财产转让,而不是票据法中的票据流通。不可流通票据不属于法典第 3 篇的管辖范围。

第一节　票据的种类

法典第 3 篇中的票据有两种基本形式,即“本票”(note)和“汇票”(draft)。此外,还有这两种基本形式的衍生形式,包括“支票”(check)、“银行本票”(cashier’s check)、“银行支票”(teller’s check)、“旅行支票”(traveler’s check)和“存款凭证”(certificate of deposit)等。

本票的概念

关于本票,法典第3.104条(e)款规定:“一项票据,如果系承诺,即为‘本票’。”这里所说的“承诺”(promise),是指一个人对另一个人作出的付款承诺。法典第3.103条(a)(12)款规定:“‘承诺’指书面付款许诺,并经作出许诺的人签名。义务人对义务的承认,不是付款许诺,除非义务人另外作出付款许诺。”例如,甲从乙借款,并出具了承诺向乙归还欠款的借条,此时,只要该借条同时也符合法典第3篇对流通票据规定的其他条件,该借条就属于本票,因为它代表了甲对乙作出的付款承诺。

通常而言,作出付款承诺都有一定理由。例如,买方购买货物后,当时没有付款,但开出一张本票给卖方,其中承诺在未来某个时间付款,此时,货物买卖就是出立本票的理由。这种理由通常称为基础交易(underlying transaction)。在法典第3篇中,基础交易不需要在本票中注明,并且本票一旦被出立,在很大程度上就脱离了基础交易,形成了相对独立的权利和义务。

基础交易的问题涉及流通票据的基本概念,后面还会进一步讨论。但简单地说,假设在上述例子中,收到本票的卖方随后将该本票出售给受让人,且该受让人属于法典第3篇所规定的“正当执票人”(holder in due course),即受到最大保护的受让人,那么无论买卖双方就货物买卖交易(基础交易)发生何种纠纷,在正当执票人向买方出示本票并要求买方付款时,除去法典规定的少数例外,买方通常必须付款,而不能基于与卖方的纠纷而拒绝支付本票,因为本票代表了买方的独立付款承诺,已经和货物买卖交易没有关系。

但是,假设卖方并没有将本票出售,而是直接持本票要求买方付款,那么只要货物买卖交易(基础交易)存在任何问题(如卖方未交货),致使买方有权拒绝付款，买方就有权基于该纠纷而拒绝支付本票，因为在这种情况下，基础交易的纠纷在直接当事方之间，构成了买方可以“拒付”（dishonor）本票的“抗辩”（defense）。关于拒付和抗辩的问题，后文也会详细讨论。

现在再假设，卖方随后确实将本票出售了，但该出售不能构成法典第 3 篇所规定的“流通”（negotiation），或该出售后的受让人不属于第 3 篇规定的正当执票人，那么在该本票的受让人向买方出示本票并要求买方付款时，如果卖方并未交付货物，则买方就有权拒付该本票，因为在这种情况下，买方持有的本来可以对抗卖方的抗辩，很可能也能对抗该受让人。也就是说，在这种情况下，该本票的受让人的权利，基本上等同于卖方的权利。

从上述例子中可以看到，本票被出售给正当执票人后，基本上就脱离了基础交易，并成为本票制票人的独立付款承诺。但是，在直接当事人之间，以及在对抗非正当执票人时，本票与基础交易仍有一定关系。这个问题不仅涉及本票，而且涉及所有票据。实际上，上述例子中的几个重要概念，如正当执票人、流通、抗辩和拒付，都属于票据的核心概念，后文会分别详细讨论。

本票一般只有两个原始当事方，即作出付款承诺的人和收到付款承诺的人。作出付款承诺的人称为“制票人”（maker）。法典第 3. 103 条（a）（7）款规定：“‘制票人’指本票中作为付款许诺人签名的人，或本票中显示为付款许诺人的人。”本票上可能会包含不止一个人的签名，但只有作为付款许诺人签名的人才是制票人。有时，也可以由两人或多人作为共同制票人，因此在本票上签名的可以有一个以上的许诺人。此外，即使本票上没有制票人的签名，只要本票上的任何人被显示为付款许诺人，例如，以印刷形式显示某人为付款许诺人，该人即为制票人。本票中的被承诺人，也就是收到付款承诺的人，称为“受款人”（payee）。受款人也可以不止一人，即两人或多人可以作为共同受款人。

由于制票人和受款人都可以不止一人，因此，上述所说的两个当事方，实际上是两种身份的当事方,而不一定是两个人。同时,这两个当事方是原始当事方,即在本票出立时存在的当事方。在本票出立之后,可能会增加其他当事方,如在本票上作出背书的背书人。此外,两个原始当事方是一般情况。在个别情况下,除制票人和受款人外,原始当事方还可以包括其他当事方,如后文将会谈到的融通方(accommodation party)。本票的制票人可以是任何人,包括个人,而不需要是银行、金融机构或公司等。本票的受款人也可以是任何人。本票不需要具有任何固定格式,且内容可多可少,但需要符合法典对本票条款的基本规定。

汇票的概念

关于汇票,法典第3.104条(e)款规定,一项票据,"如果系命令,即为'汇票'"。这里所说的"命令"(order)是指付款命令。汇票的一般格式是,甲命令乙向丙付款。也就是说,汇票一般有3个原始当事方。出具付款命令的人称为"出票人"(drawer)。法典第3.103条(a)(5)款规定:"'出票人'指汇票中作为付款命令人签名的人,或汇票中显示为付款命令人的人。"这个定义与前文对本票制票人的定义是类似的。汇票中被命令作出付款的人称为"受票人"(drawee)。汇票中指定的有权获得付款的人同样称为"受款人"(payee),类似于本票中的受款人。

与本票类似,汇票的3个当事方,实际上也是3种身份的当事方,而不一定是3个人。实际上,有时汇票的出票人和受票人是同一人,因此该汇票的当事方只有两个人。同时,这里也是指原始当事方,因为在汇票出立之后,同样有可能增加其他当事方,如在汇票上作出背书的背书人。

关于命令,法典第3.103条(a)(8)款规定:"'命令'指书面付款指令,并经发出指令的人签名。可以将指令发给任何人,包括指令人本人;可以发给一人,也可以发给多人,但该多人只能系连带关系或任选关系,不得系先后关系。付款授权不是命令,除非拥有付款授权的人另外获得付款指令。"如果命令人将付款指令发给自己,出票人和受票人即为同一人。例如,甲可以在汇票中命令自己(甲)向乙付款。但是,如下文将要提到的,此种汇票实际上已构成本票。在通常情况下,汇票的受票人与出票人不是同一人,且通常受票人只有一人。但根据法典的上述规定,受票人也可以不止一人,而是多人。此时,受票人可以是连带关系(jointly),或任选关系(in the alternative),但不能是先后关系(not in succession)。

所谓连带关系,是指汇票的出票人可以命令"甲和乙"付款,此时,甲和乙是共同受票人,承担连带付款责任,受款人可以要求甲或乙之中的任何一人付款。如果被要求付款的那个人拒绝付款或未能付款,受款人可以转而要求另一人付款。受款人也可以同时要求两人付款,此时,其中任何一人均有义务付款,但受款人只有权利获得其中一人的付款,而没有权利从两人均获得付款。所谓任选关系,就是汇票的出票人可以命令"甲或乙"付款,此时,受款人可以要求甲付款,也可以要求乙付款,但不能同时要求两人付款。并且,受款人在选择一人之后,就不能再选择另一人。如果所选择的人拒绝付款,受款人不能再去要求另一人付款,而只能反过来追究出票人的责任。

所谓先后关系,是指汇票的出票人试图给受票人排列付款顺序,如规定"先甲后乙"付款。这种方式是法典不允许的,因为即使有多个受票人,其中任何一人所承担的仍然是受票人的责任。如果给两个或多个受票人排列顺序,就等于规定了他们之间的主次,使排在次位的受票人(如上述例子中的乙)的责任,与票据其他次位义务的当事方(如背书人或融通方)的责任产生混淆。

同本票一样,汇票的出票人和受票人可以是任何人,包括个人,而不需要是银行、金融机构或公司等。汇票的受款人,也可以是任何人。汇票同样没有任何固定形式。并且,除需要符合法典对汇票条款的基本规定外,汇票可以包含任何条款。如果汇票的出票人和受票人是同一人,出票人本质上就相当于本票的制票人,而该汇票就相当于本票。对此,法典第3.104条(e)款规定:"如果一项票据同时满足'本票'和'汇票'的定义,则有权强制履行该票据的人,可以将其视为任何一者。”

其他票据种类

支票是法典第 3 篇范围内的票据之一。根据法典的定义,支票实际上是汇票的衍生形式,是一种符合特定条件的汇票。关于支票,法典第 3.104 条(f)款规定:“‘支票’指(i)以银行为受票人的即时付款的汇票,但不包括跟单汇票,或(ii)银行本票或银行支票。即使票据的票面使用其他形容用语,如‘现金汇票’,该票据也可以是支票。”根据这项规定,除跟单汇票(documentary draft)外,如果汇票中的受票人是银行,且该汇票属于即时付款,该汇票即属于支票。支票的定义还包括下文提到的银行本票或银行支票。有时,这类票据会使用“现金汇票”(money order)这样的形容词,显示其具有准现金的作用。跟单汇票的受票人通常也是银行,并且也可以是即时付款,但跟单汇票的兑付,需要符合汇票对所附单据(如运输提单)的要求,并非可以简单兑付,因此,跟单汇票虽然在其他方面可能符合支票的定义,但不属于这里所说的支票。

支票除需要满足上述两个条件外,其另一个特殊之处在于,支票的受款人条款可以不同于法典第 3 篇对票据受款人的一般规定。根据法典第 3 篇的规定,所有的流通票据在出立时,受款人条款都必须使用“凭票付款”(payable to bearer)或“凭令付款”(payable to order)两种格式中的一种,否则,票据就不属于第 3 篇范围内的流通票据。但是,不符合这个规定的支票仍然属于流通票据。这个问题后文会详细说明。

银行本票形式上是汇票,但出票人和受票人都是同一家银行,因此本质上是本票。由于银行承担了付款责任,因此银行本票的付款有高度保证。关于银行本票,法典第 3.104 条(g)款规定:“‘银行本票’指出票人和受票人为同一银行(包括同一银行的不同分支)的汇票。”如果出票人和受票人是同一家银行的不同分支机构,从法律注册的角度来讲,两家分支机构有可能是互相独立的法律实体。此时,严格地讲,出票人和受票人不是同一人。但是,法典此时将同一家银行的两个分支机构视为同一人。所以,银行本票仍然被视为本票,因此出立银行本票的出票人银行,要承担本票制票人的责任。

银行支票的出票人和受票人也都是银行,但不是同一家银行,所以基本上属于汇票。关于银行支票,法典第 3.104 条(h)款规定:"'银行支票'指银行作为出票人的下列汇票:(1)受票人为另一银行;或(2)在另一银行付款,或通过另一银行付款。"根据这个定义,银行支票分为两种情况。一种情况是,出票人和受票人不是同一家银行。此时,银行支票不仅形式上是汇票,本质上也是汇票。另一种情况是,银行支票对受票人的标注稍显模糊,只注明该支票"在"(at)另一家银行付款,或"通过"(through)另一家银行付款,而没有明确命令该另一家银行付款。通常的情况是,出票人在受票人银行持有账户和存款,而该受票人银行在收到银行支票时,会从出票人的账户中支取。从受款人的角度,实际区别并不大,可以将该另一家银行视为通常意义上的受票人。银行支票虽然基本上属于汇票,但比一般汇票的付款更有保证,因为出票人和受票人都是银行。

关于旅行支票,法典第 3.104 条(i)款规定:"'旅行支票'指下列票据:(1)即时付款;(2)以银行为受票人,或在银行付款,或通过银行付款;(3)标注有'旅行支票'或实质类似的用语;以及(4)作为付款条件,要求票据上留有签名样本的人作出副签。"旅行支票曾经广泛使用,用于降低旅行者携带现金的风险。旅行者出发前在银行或其他机构购买旅行支票,到达目的地后,在当地银行通过兑现旅行支票而取得现金。旅行支票大体上属于汇票,出票人通常为银行,但也可以是其他机构。旅行支票通常会指定在全球各地有广泛分支机构的某家银行为受票人,而受款人为旅行者本人。为了确保只有旅行者本人可以兑现旅行支票,旅行者在购买时需要在每张支票上留下签名样本,在目的地兑现支票时,再在每张支票上另外签名(称为副签)。只有两次签名一致时,受票人银行才会付款。如果支票丢失,其他人因为无法作出与签名样本一致的副签,因而无法兑现支票。

关于存款凭证，法典第 3.104 条(j)款规定："'存款凭证'指载有银行确认和承诺的票据，确认银行已收到一定金额的款项，并承诺银行将偿还该金额的款项。存款凭证是银行的本票。"存款凭证基本上就是通常所说的银行存折，可以是定期定额，但也可以包含更加灵活的存取条款。出立存款凭证的银行承担了付款义务，所以存款凭证是本票，制票人是出立凭证的银行。

第二节　票据的条款

票据的条款原则上可由当事方自行决定，可繁可简，但必须符合法典第 3 篇的基本要求。绝大多数日常使用的票据都采用比较标准的格式，而且内容很少，基本上只注明日期、当事方、票据金额和付款日期等。但从法典的角度，票据的条款除包括票据出立时载明的条款外，可能还包括随后添加的条款，并包括根据法律规定而被视为包含在票据中的条款。这些条款共同构成票据的条款，并决定了票据的最终效力。

票据的出立

票据的产生，在法典中称为"出立"(issue)。票据一旦出立，票据的当事方就开始享有权利，并开始承担义务。关于出立，法典第 3.105 条(a)款规定："'出立'指制票人或出票人为向任何人提供对票据的权利，首次将票据交付给执票人或非执票人。"

根据上述定义，票据的出立必须经过"交付"(delivery)的程序。关于交付，法典第 1.201 条(b)(15)款规定："涉及票据、实体所有权凭证或动产契据时，'交付'指自愿转移占有。"所以，本票的制票人或汇票的出票人必须交付票据。如果制作完成的票据在交付前被他人偷走，就不属于票据的出立，因为不是自愿转移票据占有。

此外，交付还必须是"首次"，即在票据制作完成后，制票人或出票人第一次作出的交付。在有些情况下,票据在出立并流通一段时间后还会回到制票人或出票人手中。此时,如果再次发生交付,就不再属于票据的出立,而是票据的转让或流通。本票的制票人和汇票的出票人都是出立票据的人,因此都是"立票人"(issuer)。同时,由于其他票据种类都是本票和汇票的衍生形式,因此,"出立"的上述定义适用于法典第3篇范围内的所有票据。

根据上述定义,交付票据的目的必须是使某个人对票据取得权利。也就是说,出立不完全是交付票据的客观行为,而是在交付时必须带有主观愿望,即意图使某个人对票据取得权利。如下文将要解释的,该"某个人"不一定是接受交付的人,而可以是其他人,但无论如何,交付时必须具有赋予票据权利的意图。不带有此种主观意图的交付,不属于出立。例如,甲是制票人,在准备好一张本票后,将其交给秘书保管,此时,也许可以认为甲向秘书交付了本票,但甲此时没有出立本票的主观意图,所以此种交付不构成出立。

上文提到,虽然立票人在交付票据时必须意图使某个人对票据取得权利,但该人不一定是实际取得票据交付的人,甚至也不需要是任何特定的人。例如,甲是支票的出票人,在支票的受款人一栏中填入"向乙付款",然后将支票交付给丙,此时,丙是实际取得支票交付的人,但甲的意图不是使丙取得对支票的权利,而是意图由丙将支票转交给乙。这种交付仍然可以构成支票的出立,因为甲在交付时具有使乙取得票据权利的意图。再如,甲在支票的受款人一栏中填入"向持票人付款",此时,甲的意图不是使任何特定人对支票取得权利,而是意在说明,任何占有支票的人都有权利。此时,只要甲带着此种意图将支票交付给任何人,该交付即构成出立。

根据上述法典第3.105条(a)款的定义,在出立中取得票据交付的人,可以是"执票人"(holder),也可以是非执票人(non-holder)。根据法典第1.201条(b)(21)(A)款的定义,"执票人"是指"占有向持票人付款之流通票据的人;或占有向特定人付款之流通票据的人,且占有人即为该特定人"。执票人是票据的核心概念之一,但要真正理解这个定义,首先需要了解其他相关概念,如"持票人"(bearer)的概念。关于执票人和持票人的区别,下文将加以说明。但简单地说,如果一个人占有票据,且根据票据的条款,票据应向该人付款,该人就是执票人。即使取得票据交付的人不属于执票人,该交付也有可能构成出立。在上文提到的例子中,支票规定"向乙付款",但支票被交付给丙,丙此时就是非执票人,但该交付仍然构成支票的出立。

执票人;持票人

根据法典的规定,执票人和持票人都是占有票据的人,但区别在于,执票人不仅占有票据,而且还是票据规定的受款人(payee),即根据票据条款,票据应向其付款的人,而持票人仅指占有票据的人,而不一定是票据应向其付款的人。也就是说,有些持票人同时符合执票人的定义,因此既是持票人,也是执票人。

有些持票人不符合执票人的定义,因此仅是持票人。此时,该人无权根据法典第3篇的规定取得票据付款。在一定条件下,该人也许可以根据法典以外的其他法律(如合同法或财产法)取得付款,但也有可能不对票据享有任何真正的权利。根据法典第1.201条(b)(5)款的定义,持票人是指"占有流通票据"的人。根据这个定义,一个人无论通过何种方法取得票据的占有,也无论票据是否规定应向其付款,只要取得票据的占有,即属于持票人。因此,即使小偷通过偷窃取得票据的占有,该小偷也是持票人。持票人的概念,完全取决于票据的占有。

根据法典第1.201条(b)(21)(A)款规定,执票人是指"占有向持票人付款之流通票据的人;或占有向特定人付款之流通票据的人,且占有人即为该特定人"。这个定义涉及两种情况:第一种情况是,票据为凭票付款,也就是规定"向持票人付款"(payable to bearer)。如后文将会详细讨论的,这种票据不注明特定的受款人,而是在受款人一栏注明"向持票人付款"或类似条款。任何占有此种票据的人,不仅是持票人,而且也是执票人。上述例子中的小偷,如果偷到的是“向持票人付款”的票据,即同时成为持票人和执票人。第二种情况是,票据属于“向特定人付款”(payable to an identified person)的票据,且占有人为该特定人。这种票据会注明特定的受款人,例如,汇票可能会注明“向甲的指定人付款”,或支票可能会注明“向甲付款”。此时,如果甲占有该票据,甲就属于执票人,而任何其他人都不属于执票人,无论其是否占有票据。如果小偷不是甲,但偷到此种票据,小偷可以成为持票人,但不能成为执票人。对于此种票据,付款人只有义务向甲付款,或向甲所指定的人付款。关于“向甲付款”和“向甲的指定人付款”的区别,后文还会讨论。

法典使用“执票人”和“持票人”这两个概念,不是由于“执”(hold)和“持”(bear)两个词本身有内在区别,而只是需要使用两个不同的词来区分两种不同的概念。前文提到的“制票人”(maker)和“出票人”(drawer)这两个词,也是需要采用人为划分的方式,用两个不同的词来区分两个不同的概念。

票据必要条件之一:无条件的承诺或命令

在法典第3篇中,所有的流通票据都必须同时满足3个必要条件,即必须是无条件的付款承诺或付款命令,必须是即时付款或定时付款,必须是凭票付款或凭令付款。只要一份书面文件同时满足这3项要求,该文件就属于法典第3篇范围内的流通票据。反之,如果任何一项条件不满足,该文件就不属于流通票据。下面先讨论其中的第一项要求。

根据法典的定义,本票代表付款承诺,而汇票代表付款命令。法典进一步的规定是,流通票据中的付款承诺或付款命令,均不得附加任何条件。也就是说,本票必须是无条件承诺(unconditional promise),而汇票必须是无条件命令(unconditional order)。这项要求的目的是,取得票据的人可以放心,承诺或命令是无条件的,因此无须仔细研究票据条款即可接受票据,因而使票据具有更强的流通性。

关于这项要求，法典第3.104条(a)款规定："除(c)款和(d)款另有规定外，'流通票据'指无条件支付确定金额款项的付款承诺或付款命令，无论其是否对利息或其他费用予以说明。"该款同时规定，"无条件"是指，票据除作出付款承诺或付款命令外，"不包含付款承诺人或付款命令人有关其他行为的许诺或指令"。

关于哪些条款不违反上述"无条件"的规定，法典第3.106条(b)款规定："承诺或命令不因下列情况被视为附有条件：(i)提及的另一项记录说明了有关担保物、提前付款或要求对方提前履约的权利，或(ii)付款被限于使用特定资金或来源。"根据这项规定，如果票据仅仅提到其他相关文件，但没有将其作为付款承诺或付款命令的条件，该种提及不属于附加条件。并且，即使票据仅能使用特定资金支付，该种情况也不属于附加条件。

关于其他承诺对票据的影响，在"Woodworth v. The Richmond Indiana Venture案"中有所体现。在该案中，合伙企业的一个合伙人需要向合伙企业支付投资款，为此，该人在出具给合伙企业的支付文件中，除承诺支付约定的金额外，还同时注明，如果未能按时支付，该人将自动失去在合伙企业中的权益。在随后的纠纷中，一个关键的问题是，该文件是否属于流通票据。法院认定，该文件除承诺支付文件中注明的金额外，还约定放弃合伙企业中的权益，而放弃合伙权益属于付款承诺以外的其他承诺，因此，该文件不属于"无条件"的付款承诺。

对于旅行支票或要求副签的其他票据，法典第3.106条(c)款规定："如果承诺或命令规定，作为付款条件，在承诺或命令上留有签名样本的人需要作出副签，此时，该承诺或命令不因该规定成为第3.104条(a)款所述的附条件承诺或命令。票据上留有签名样本的人未能作出副签，构成立票人义务的抗辩，但不妨碍票据的受让人成为票据的执票人。"

关于立票人对票据后手执票人的抗辩，法典第3.106条(d)款规定："即使承诺或命令在出立时，或在首次被执票人占有时，根据适用法的要求包含一项说明，即如果立票人有权向原始受款人主张索赔或抗辩，则执票人或受让人的权利将受制于立票人的该权利，此时，该承诺或命令不因包含该说明而成为法典第3.104条(a)款所述的附条件承诺或命令；但是，如果该承诺或命令系票据，则该票据不可能存在正当执票人。”

根据上述规定，如果票据包含了立票人的抗辩权利，该条款可以影响执票人的权利，但不影响票据的流通性。但是，这项规定只适用于根据法律要求所明示或默示存在于票据中的声明。根据法典的正式评论，这主要涉及消费者保护法的某些规定。如果本票或支票的立票人系购买货物的消费者，那么只要消费者对货物的卖方持有抗辩，则即使卖方将票据转让，受让人也不能成为正当执票人，而是必须要受制于消费者的抗辩。

此外，法典第3.104条(a)(3)款还规定，票据中的下列条款不构成附加条件：“(A)许诺或授权提供、维续或保护担保物，用于担保付款；(B)向执票人提供授权或权力，允许其在诉讼中承认败诉，或允许其兑现或处置担保物；或(C)放弃法律向义务人提供的保护。”在这些情况下，尽管票据包含某些其他条款，但法典认为这些都是相对次要的问题。虽然这些条款会在一定程度上增加票据的复杂性，或在一定程度上影响票据当事方的某些权利和义务，但不构成对付款承诺或付款命令的根本性影响，不属于附加条件。

同时，法典也列举了一些构成附加条件的票据条款。根据法典第3.106条(a)款的规定，票据中的下列条款，构成附加条件：“(i)付款附有明确的条件，(ii)承诺或命令受到另一项记录的制约或管辖，或(iii)与承诺或命令有关的权利和义务，记载于另一项记录中。但是，提及另一项记录，其本身不使承诺或命令成为附条件承诺或命令。”根据这项规定，如果票据受制于票据以外的其他文件，该票据就属于附有条件，因为对于取得票据的人来说，要确定自己的权利和义务，需要另行查阅其他文件，而不能仅凭票据本身。

在“Booker v. Everhart案”中，不动产的买方出具了一份包含支付承诺的文件,而在判断该文件是否构成流通票据时,关键问题在于,买方的付款承诺是否附有条件。该文件的本意是用于支付购买不动产的余款,但其中提到了另一份有关不动产余款支付的协议。法院认为,尽管买方出具的付款承诺没有明确说明该付款承诺受到另一份文件的制约或管辖,但从总体来看,可以认为付款承诺与支付协议是存在密切联系的,因此应该认定该付款承诺是附条件的。

除上述因素外,如果票据的条款明确显示该票据不可流通,则无论付款命令或承诺是否附有条件,该票据均不可流通。法典第 3.104 条(c)款规定:"除支票外的承诺或命令,如果在出立时,或在首次被执票人占有时,包含醒目说明(无论使用何种措辞),即该承诺或命令不可流通,或不属于本篇管辖的票据,则该承诺或命令即不属于票据。"这里的"说明",可以只是默示的含义,而不需要是明确的规定。例如,假设票据规定"向甲付款",那么除法典对支票另有规定外,这个条款本身就属于不可流通的醒目说明,因为根据该条款,票据只能向甲付款,不能向其他人付款。因此,即使票据上没有其他说明,这个条款本身就具有否定流通性的效力。

票据必要条件之二:即时付款或定时付款

法典第 3 篇对流通票据规定的第二个必要条件是,票据必须规定付款时间,且付款时间只有两种选择:一种是"即时付款"(payable on demand),另一种是"定时付款"(payable at a definite time)。这个要求规定在法典第 3.104 条(a)(2)款中。

关于即时付款,法典第 3.108 条(a)款规定:"下列承诺或命令为'即时付款':(1)规定收到要求后或见到票据后即时付款,或以其他方式规定,根据执票人的意愿付款;或(2)未规定付款时间。"所以,这里的"即时",并非是出立票据后立即付款,而是在收到受款人的付款要求后立即付款。只要票据未规定付款时间,就表明受款人随时可以提出付款要求,所以此种票据也属于即时付款。

关于定时付款，法典第3.108条(b)款规定："如果承诺或命令应在见票后或承兑后一个确定期限到期时付款，或在一个或多个确定日期付款，或在一个或多个时间付款且该时间在承诺或命令出立时即可简单地确定，则该承诺或命令即为'定时付款'，即使该承诺或命令受制于下列权利：(1)提前付款的权利；(2)要求对方提前履约的权利；(3)执票人作出延期的权利；或(4)制票人或承兑人延期至另一个确定时间的权利；或在发生规定的行为或事件之时或之后，自动延期至另一个确定时间的权利。"

根据上述定义，定时付款的票据，首先是指明确注明特定付款时间的票据。这个时间可以是一个具体日期，如"2019年2月1日"，也可以是见票后或承兑后的一个期间届满的时间，如"承兑后的第30天"。所谓"见票"(at sight)，是指受款人向付款人提示票据。提示可以是实际出示票据，也可以使用当事方协议规定的其他提示方式，如提供票据的电子图像。所谓"承兑"(acceptance)，是指汇票的受票人在付款日期之前的某个时间，先行就汇票作出付款许诺，以便使受款人明确知道，在汇票的付款日，受票人将会付款。承兑的概念，后文会详细讨论。

定时付款的票据，也可以不明确注明特定付款日期，而只是说明如何确定该日期。但是，确定日期的方法必须很简单。例如，票据可以规定"在2019年最后一天付款"，因为很容易理解这是指2019年12月31日。如果付款日期不能"简单地确定"(readily ascertainable)，付款条款就存在问题。如果票据规定"在2019年感恩节和圣诞节这段时间的中间那天付款"，那么，尽管可以通过一定的计算确定该付款日期，但由于每年感恩节的具体日期不完全相同，需要查日历来计算，因此这个日期可能无法"简单地确定"。

在"In Re Estate of Balkus案"中，一位逝者在去世前签署了几份文件，其中都注明向其妹妹支付特定数额的款项。关于支付日期，文件的注明是"P. O. D."，即"payable on death"(去世之日支付)。在法典之前的美国法院判例中，曾将含有此种日期的票据视为含有确定付款日期的票据，但在该案中，法院判决，由于在文件出具时无法知道出具人何时去世，因此，此种文件不属于在确定日期付款的票据。

在“Ferri v. Sylvia 案”中，票据注明的付款日期是“within ten(10) years after date”，即从票据日期之日起 10 年之内。初审法院认为，这个日期的标注不清楚，难以看出是定时付款还是即时付款。因此，法院根据口头证据原则，要求当事方对当时的情况进行举证，以确定当事方当时的意图。最终，初审法院判定，当事方的意图是，只要受款人在 10 年之内的任何时间提出付款要求，付款人都要立即支付。因此，票据属于即时付款。上诉法院则判定，票据上注明的“within”相当于“on or before”，即应在期满 10 年之日或之前付款，因此，付款人有权在期满 10 年之日付款。根据这种解释，法院判定该票据属于定时付款票据。

关于付款时间，法典的上述定义还规定，即使当事方在一定情况下有权改变票据的付款时间，例如，付款人主动作出的“提前付款”(prepayment)，或受款人要求付款人作出的提前付款(acceleration)等，只要票据在出立时的付款时间是确定的，该票据仍然属于定时付款。

票据必要条件之三：凭票付款或凭令付款

法典第 3 篇对流通票据规定的第三个必要条件是，票据在出立时，必须规定向谁付款，且付款对象只有两种选择：一种是“凭票付款”(payable to bearer)，另一种是“凭令付款”(payable to order)。这个要求规定在法典第 3.104 条(a)(1)款中。

关于凭票付款，法典第 3.109 条(a)款规定：“下列承诺或命令属于凭票付款：(1)注明支付给持票人或支付给持票人的指定人，或以其他方式表明，占有承诺或命令的人，有权获得付款；(2)未注明受款人；或(3)注明支付给‘现金’或支付给‘现金’的指定人，或以其他方式表明，无须向任何特定人付款。”

凭票付款的第一种情况是，票据注明付款对象为“持票人”或“持票人的指定人"。绝大多数票据都是使用事先制作好的空白票据,然后在出立时填入相关内容。空白票据中有一个受款人栏,立票人需要填写。空白受款人栏一般有两种格式。最常见的格式是"pay to the order of ________"("向________的指定人付款")。假设立票人填入"bearer"(持票人),该受款人条款即成为"pay to the order of bearer",也就是上述定义所说的"向持票人的指定人付款"。这里的"order",是指受款人指定的后手受款人。例如,假设立票人出立含有此种受款人条款的支票,并将该支票交付给甲,此时,甲就是持票人。甲可以随后将支票流通给乙,并在支票上作出"向乙付款"的背书,此时,乙就是甲的指定人。另一种受款人格式是"pay to ________"("向________付款")。假设立票人填入"bearer"(持票人),该付款条款即成为"pay to bearer",也就是上述定义所说的"向持票人付款"。

上述两种方式都属于向持票人付款。当票据注明向"持票人的指定人"付款时,由于占有票据的人可以任意指定受款人,所以此种票据等于向该人付款。例如,如果甲占有"向持票人的指定人付款"的票据,那么,由于甲就是持票人,所以甲有权指定自己或任何其他人。如果甲在票据上背书"向甲付款",甲就成为持票人的"指定人"。

凭票付款的第二种情况是,票据上没有注明应向谁付款。虽然绝大多数票据都会填写受款人,但也有可能发生立票人没有在空白受款人栏填入内容的情况,即票据仍然只是显示"pay to ________"或"pay to the order of ________"。这有时是立票人的疏忽,而有时是立票人的故意,即立票人不在乎受款人是谁,因此把决定权留给收到票据的人,由该人自行填写,便于该人将票据作为准现金使用。根据法典规定,此种票据也属于凭票付款,因为法典默认空白处的内容是"持票人"。

凭票付款的第三种情况与上述情况有些类似。在实际商业活动中,有时立票人会在"pay to ________"或"pay to the order of ________"的空白处直接填上"现金"(cash)一词,表示票据相当于现金,应向占有票据的任何人付款。根据法典规定,注明"pay to cash"(向现金付款)或"pay to the order of cash”(向现金的指定人付款)的票据,也属于凭票付款。

关于凭令付款,法典第3.109条(b)款规定:“如果承诺或命令不属于凭票付款,则在下列情况下属于凭令付款:(i)支付给特定人的指定人,或(ii)支付给特定人或其指定人。”根据这项规定,如果票据的立票人在受款人栏“pay to the order of ________”的空白处填上特定人的名字,票据就只能向该特定人的指定人付款,因而属于凭令付款票据。

对于已填上特定人名字的凭令付款票据,如果该特定人希望取得票据项下的付款,可以将票据背书给自己,也就是将自己作为指定人。例如,甲在收到“向甲的指定人付款”的支票后,如果希望兑现支票,可以将该支票存入银行,并将该支票背书给自己。实际上,如果甲将支票存入银行,则即使不作背书,也相当于背书给自己。这个问题后文还会讨论。如果甲在收到支票后,希望将支票转让给乙,则甲可以在支票上背书,规定“向乙付款”或“向乙的指定人付款”。此时,乙就是甲的指定人。

凭令付款票据的另一种形式,是受款人栏采用“pay to ________ or order”(向________或其指定人付款)的格式。此时,如果票据的立票人在空白处填上特定人的名字,该票据即属于凭令付款。这个格式本质上相当于“pay to the order of ________”的格式,因为虽然先说了向特定人付款,但随后又允许该特定人指定其他受款人。

那么,哪些票据既不属于凭票付款,也不属于凭令付款?这主要是指向特定人付款的票据。如果票据规定“pay to John Smith”(向约翰·史密斯付款),则该票据既不符合凭票付款的定义,也不符合凭令付款的定义。这种票据只能向约翰·史密斯本人付款,因而不属于流通票据。但如下文将要讨论的,这个规定的唯一例外是支票。如果支票规定“pay to John Smith”,该支票仍然属于流通票据。

法典有关受款人的规定,只适用于票据出立时的情况,而不适用于票据流通后的情况。因此,如果票据在出立时规定“向持票人付款”,但在随后的流通过程中,由背书人填入“向约翰·史密斯付款”,这并不改变票据的流通属性，也不影响票据的流通。至于此时票据是否只能向约翰·史密斯付款，后文还会谈到。

支票的原始受款人

原则上，票据在出立时，必须在凭票付款和凭令付款两种格式中选择一种，但法典将支票作为例外。法典第3.104条(c)款规定，凭票付款和凭令付款的规定适用于"除支票外"的承诺或命令。这项规定的含义是，如果支票在出立时即规定"向甲付款"，则即使该支票既不是凭票付款，也不是凭令付款，但仍然属于流通票据。

如果支票规定"向甲付款"，那么，似乎该支票只能向甲付款，而不能向任何其他人付款，此时，该支票如何流通？法典第3.104条的正式评论说明，支票受款人栏中限制流通的条款是无效的，即不具有限制流通的效力。也就是说，在法典第3篇中，支票中包含的"向甲付款"的条款，实际上被视为"向甲的指定人付款"的条款。因而，包含此种付款人条款的支票，被视为凭令付款票据。

法典的此种规定主要出于公共政策考虑，目的是适应普通民众的认知水平和使用习惯。支票在美国普通民众中广泛使用，而他们通常不理解也不会特别注意"向甲付款"与"向甲的指定人付款"这两种格式的区别。因此，如果他们在支票上注明"向甲付款"，法律就认为其本意是"向甲的指定人付款"。

背书中的受款人

票据在出立之后，理论上可以无限次地转让，或者说无限次地流通。所谓的"流通"(negotiation)，是指根据法典第3篇规定的方式转让票据。流通也是转让，但与一般财产的转让有所不同。关于流通的概念和手续，后文会详细讨论。但简单地说，从法典的角度，票据的执票人在转让票据时，通常都应该采用流通的方式，而受让人也希望通过流通取得票据，因为这可以使受让人获得法典第 3 篇的相应保护。

在流通票据时，票据的现有执票人（也就是票据的转让人）有时会在票据上签名。此种签名称为“背书”（indorsement），而签名人则称为“背书人”（indorser）。背书的概念也会在后文详细讨论，这里只是简单地说明，背书可以只由执票人的签名构成，但也可以另外附有文字。签名主要是为了对流通表示同意。如果另外附有文字，则主要是指定票据流通后的受款人。也就是说，背书人对于流通后的票据，可以规定该票据是凭令付款，还是凭票付款。例如，背书可以规定“向甲的指定人付款”，也可以规定“向持票人付款”。

但是，背书对票据流通后受款人的指定，也可以采用另一种方式，即背书可以规定“向甲付款”。前文提到，此种“向甲付款”的条款具有限制流通的意图，因为背书人希望票据今后只能向甲付款，而不能向其他人付款。但是，为了维护票据的流通性，法典规定，背书中的此种限制是无效的。因而，法典将此种“向甲付款”的条款，一概视为“向甲的指定人付款”的条款，类似于法典对支票出立时包含此种条款的态度。根据法典的此种规定，背书人不可能通过在背书中加入限制性条款，将流通票据改为不可流通票据。因此，无论背书人如何填写票据转让后的受款人条款，票据在转让后都只能是凭令付款或凭票付款。这个问题后文在谈到背书的相关问题时会详细讨论。

票据应该向谁付款

作为支付工具，票据的核心问题之一是，票据应该向谁付款？票据出立时的受款人条款只有两种选择，即凭票付款和凭令付款，并不十分复杂，因此在绝大多数情况下，向谁付款不会成为问题。但在某些特定情况下，仍然会存在一定的判断上的困难。例如，假设支票的立票人甲本来希望向丙付款，但出立票据时出于疏忽而写为向丁付款。此时，票据应该向谁付款？

对此，法典规定的基本原则是，为确定票据原始出立时应该向谁付款，应以出立票据的签名人的意图为准，而票据上实际注明的受款人不具有决定意义。出立票据的签名人可以是立票人；但也可以不是立票人，而只是代表立票人签名的人；甚至也可以既不是立票人，也没有权利代表立票人，而只是自称代表立票人的人。

关于以签名人意图为准的问题，法典第3.110条(a)款规定："票据初始时应向何人付款，应根据下列人的意图决定：作为票据立票人签名的人，或以票据立票人名字签名的人，或代表票据立票人签名的人，而无论前述签名人是否拥有授权。票据应向该签名人意指的人付款，即使票据上显示的名字或其他识别方式，不属于该签名人意指的人。"根据这项规定，无论票据出立时的文字写明向谁付款，都应该以出立票据的签名人的意图为准。可以分为以下3种具体情况。

第一种情况，作出签名的人实际上就是立票人。也就是说，立票人自己在票据上作为立票人签名。这是最常见的情况，也是最正常的情况。此时，签名人的意图就是立票人的意图。例如，在上述支票例子中，支票的签名人就是立票人甲，而由于其意图向丙付款，因此虽然支票上写的是丁，支票仍然应向丙付款。

第二种情况，签名人所签的名字是立票人的名字，但签名人本身并不是立票人。例如，甲是立票人，乙是签名人，但乙的签名使用了甲的名字。这大体上相当于乙代表甲作出签名。但是，即使乙的签名没有得到甲的授权，该签名仍然具有出立票据的效力。并且，乙的意图仍然决定了票据应向谁付款。但需要说明的是，虽然签名使用的是甲的名字，但并不等于该签名对甲一定有约束力，而如果对甲没有约束力，该票据就不能作为甲出立的票据，而只能作为签名人自己出立的票据，并由签名人自己承担票据责任。也就是说，票据仍然应向乙所意图的人付款，但承担票据付款责任的人是乙而不是甲。这个问题下文会进一步讨论。

第三种情况，签名人使用自己的名字签名，但表明自己不是立票人，而只是以立票人的身份签名。例如,票据显示甲是立票人,但代表立票人签名的人是乙,且乙所签的名字也是乙的名字。同上述第二种情况一样,无论乙是否得到甲的授权,乙的签名都具有出立票据的效力,并且乙的意图都决定了票据应向谁付款。

在上述3种情况下,票据的付款对象都应以签名人的意图为准。前文提到,在第一种情况下,支票虽然注明向丁付款,但实际上应向丙付款。法典第3.110条(a)款的规定是:“票据应向该签名人意指的人付款,即使票据上显示的名字或其他识别方式,并不属于该签名人意指的人。”在第二种和第三种情况下,如果甲是立票人,或被显示为立票人,但乙是签名人,那么无论甲具有何种意图,也无论甲是否对乙的签名给予了授权,票据的受款人都要根据乙的意图予以决定。因此,即使甲的意图是向丙付款,甚至甲根本没有打算出立票据,但只要作为签名人的乙的意图是向丁付款,票据就应向丁付款。

后两种情况,主要存在于公司出立的票据中。此时,票据的立票人是公司,但公司在出立票据时,必须由公司的雇员实际操作。如果公司的雇员出于疏忽或欺诈,没有按照公司的意图操作,就会产生上文谈到的情况。例如,公司意图向丙付款,但雇员误以为公司意图向丁付款,因而票据注明向丁付款,此时,由于雇员确实意图向丁付款,所以票据应向丁付款。又如,公司的意图是向丙付款,雇员实际也知道,但为了欺诈公司,故意将票据写成向丁付款,此时,仍然要根据雇员的意图决定,所以票据仍应向丁付款。

在上述谈到的雇员疏忽和欺诈的例子中,雇员都违背了公司的意图。在这种情况下,难道公司真的必须为该票据向丁付款吗?这实际上涉及3个性质不同的问题。

第一个问题,票据应向谁付款?法典的规定是,受款人应根据签名人的意图决定。所以,如果签名的雇员意图向丁付款,票据就应向丁付款。

第二个问题,谁有权获得票据付款?这看上去与前面是同一个问题,但实际上角度并不同。即使票据根据法典规定应向丁付款，也不完全等于丁有权获得付款，因为公司可能持有对丁拒付票据的抗辩。反之，如果丁已将票据流通，则即使丁无权获得付款，票据流通后的执票人也有可能有权获得付款。

第三个问题，谁应该付款？即使票据应向丁付款，且丁也有权获得付款，也不等于公司必须付款。公司是否应该付款，取决于雇员是否拥有公司的授权，包括实际授权、默示授权或表见授权。在雇员存在疏忽或欺诈的情况下，如果雇员拥有公司的表见授权（apparent authority），即从第三方的角度来看，可以合理认为该雇员拥有公司的授权，公司就要受到该雇员行为的约束。如果雇员的行为不能约束公司，则该票据就属于该雇员自己的票据，并要自行为该票据承担责任。也就是说，也许雇员自己应该为该票据付款。这个问题后文还会详细讨论。

根据法典的规定，签名人的意图决定了票据应向谁付款，但如何确定签名人的意图？这基本上是一个事实问题，需要根据当事案件的具体情况综合判断，而法典仅对银行以自动或半自动方式制作的票据作出一项具体规定。法典第3.110条（b）款规定："如果票据立票人的签名以自动方式生成，例如使用支票打印机生成，则该票据的受款人，应根据提供受款人名字或识别方式的人的意图决定，无论该提供人是否拥有如此操作的授权。"自动化制作也需要人工输入指令，因此，法典将指令操作员的意图视为签名人的意图，无论该人是否获得相关输入的授权。如果操作员在输入时发生错误，例如，本想输入甲但误输入为乙，此时，因为操作员的意图是输入甲，因此票据仍应向甲付款。

票据在注明受款人时，通常是填入受款人的名字，包括个人的名字或组织的名字。但根据法典的规定，对受款人的描述，并不限于使用名字，而是可以采用任何其他方式，并且可以同时采用一种以上的方式。法典第3.110条（c）款规定："可以使用任何方式指定票据应向其付款的人，包括名字、识别号码、办公室或账号。"

如果对受款人的描述仅使用受款人的账户号码,或同时使用受款人的账户号码和名字,则法典第3.110条(c)款规定:“在确定票据的执票人时,应适用下列原则:(1)如果票据应向一个账户付款,且该账户仅用数字识别,则该账户应向其付款的人,即为票据应向其付款的人。如果票据应向一个账户付款,但该账户同时使用数字和一个人的名字识别,则具有该名字的人,即为票据应向其付款的人,无论该人是否系使用该数字识别之账户的所有权人。”根据这项规定,如果票据同时注明受款人的账户号码和名字,但两者不吻合,则应以名字为准,即受款人应为拥有该名字的人,而无论其账户号码是什么。如果票据只注明账户号码,则应向该账户号码的所有权人付款,无论账户的所有权人是谁。

在有些情况下,票据已经注明了某个受款人,但根据法典规定,某些其他人也被自动视为受款人。法典第3.110条(c)(2)款规定:“如果票据:(A)应向信托或遗产付款,或应向被称为信托或遗产之受托人或代表人的人付款,则票据应向其付款的人,为该信托或遗产的受托人或代表人,或他们的继任人,无论受益人或遗产的名字是否同时被列明;(B)应向被称为特定人之代理人或类似代表人的人付款,则票据应向其付款的人,为被代表人、代表人或代表人的继任人;(C)应向非为法律实体的基金或组织付款,则票据应向其付款的人,为该基金或组织之成员的代表人;或(D)应向办公室或被称为执掌该办公室的特定人付款,则票据应向其付款的人,为该特定人、该办公室的执掌人或该执掌人的继任人。”

上述第(A)款中的“遗产”(estate),是指逝者留下的遗产。在美国法律中,遗产从债权债务的角度被视为具有某种独立地位,因此,在法典中,遗产被视为组织,可以独立地享有权利和承担义务。如果票据规定应向某“遗产”付款,那么根据法典的上述规定,遗产的受托人或代表人,或该受托人或代表人的继任人,都自动成为该票据项下的受款人。同样,根据上述第(D)款,假设票据规定向“甲公司的乙总经理”付款,则该票据的受款人包括:(1)乙本人,无论乙是否为甲公司的总经理;(2)票据出立时的甲公司的总经理,无论该人是否为乙;(3)票据付款时的甲公司的总经理,无论其在票据出立时是否为甲公司的总经理。从上述规定可以看出,法典对受款人问题采取了灵活务实的态度,尽量照顾到商业活动的实际特点和合理需求。

上文讨论的情况,都是票据只注明了一名受款人,而其他受款人都是根据一定的原则和方法被推定视为受款人的。但是前文提到,法典实际上也允许票据注明一名以上的受款人。法典第3.110条(d)款规定:“如果票据应向两人或多人任选付款,则票据应向其付款的人,为他们中的任何一人,且票据可由他们之中占有票据的任何一人或全体人,作出流通、解除义务或强制履行。如果票据应向两人或多人付款,但不得任选,则票据应向其付款的人,为他们全体人,并只可由他们全体人共同作出流通、解除义务或强制履行。如果票据应向两人或多人付款,但未明确是否可以任选,则该票据属于可以任选。”

所谓可以“任选”(alternatively),就是票据可以规定“向甲或乙付款”。此时,甲和乙都可以单独要求取得票据付款或以其他形式行使票据权利,并且,无论谁实际取得票据的占有,随后都可以单独将该票据流通或转让。但是,票据也可以规定“向甲和乙付款”。这种规定不属于任选,而是把甲和乙作为一个集体。因此,有关票据的任何行为,甲和乙都必须作为一个集体共同行动。

上述讨论的内容适用于凭令付款的票据,因为这种票据需要注明特定的受款人。凭票付款的票据不存在这个问题,因为此种票据不指定特定的受款人,而是应向任何占有票据的人付款。

票据的付款地点

关于票据的付款地点,法典第3.111条规定:“除第4篇对票证另有规定外,票据应在其注明的付款地点付款。如果未注明付款地点,票据在其注明的受票人或制票人地址付款。如果未注明此种地址,付款地点为受票人或制票人的营业地。如果受票人或制票人拥有一个以上的营业地,则有权强制履行票据的人,可以选择受票人或制票人的任何一个营业地。如果受票人或制票人没有营业地,付款地点为受票人或制票人的住所。"

上述规定的付款地点,实际上是理论上的票据付款地点,并不意味着票据的执票人真的需要将票据拿到这个地点去兑付。除去个人当事方的直接交易,绝大多数的票据付款,都是通过法典第 4 篇所述的银行收款(bank collection)程序完成。在这种方式下,票据的执票人只要把票据存入自己持有账户的银行即可,剩下的收款工作由银行代为完成。例如,加利福尼亚州的卖方从纽约州的买方收到作为货款的支票后,无须考虑受票人银行在哪里,或如何去找这家银行,更不需要去纽约州,而只需将支票存入自己在加利福尼亚州的银行即可,无论自己的银行与受票人银行是否为同一家银行。这种收款方式在后文有关法典第 4 篇的讨论中将详细说明。

票据金额的利息

票据项下的付款金额可以附有利息,也可以不附有利息。法典第 3.112 条规定:"(a)除票据中另有规定外:(1)票据的付款不计利息;以及(2)对于支付利息的票据,利息从票据的日期开始计算。(b)票据对利息的说明,可以使用固定或浮动的金额,也可以使用固定或浮动的利率。票据对金额或利率的说明或描述,可以采用任何方式,并可以规定引用票据所载之外的信息。如果票据规定支付利息,但利息的金额无法从票据的描述中计算得出,则利率应为,在利息首次发生的时间,票据付款地法院判决书使用的利率。"

根据上述规定,支付利息的票据,可以不规定自己的利率,而是引用外部的利率,如政府机构或银行协会制定或采用的某种利率。如果应该支付利息,但缺乏约定或规定的计算方法,则应使用法院判案时使用的判定利率(judgment rate)。判定利率由州税务局或州最高法院确定,对不同情况可能有不同税率,并可不时调整。

票据日期

票据日期在很多情况下对当事方的权利和义务有重大影响。“票据日期”(date of instrument)相当于票据的“生日”。法典第3.113条规定：“(a)票据日期可以错前填写或错后填写。如果票据应在票据日期之后的确定期限付款，则票据日期决定付款日期。除第4.401条(c)款另有规定外，对于即时付款的票据，不得在票据日期之前要求付款。(b)如果票据未载明日期，则出立日期为票据日期；如果票据未曾出立，则执票人首次占有票据的日期为票据日期。”

根据上述第(a)款，票据日期不一定是票据的实际出立日期，而可以是立票人在票据上根据自己意愿任意填写的日期。假设票据的实际出立日期是2月1日，则立票人既可以错前填写日期(antedating)，如将票据日期填写为1月1日，也可以错后填写日期(postdating)，如将票据日期填写为3月1日。在这种错前填写或错后填写的情况下，票据日期应为立票人在票据上填写的日期，而不是票据的实际出立日期。此种做法在法典第3篇中是合法有效的。

上述第(a)款的后一句规定了票据日期对票据权利的某些影响。在其他方面，票据日期也可能会有一定影响。例如，对于支票来说，如果在票据日期之后6个月内未提出付款要求，银行即有权认为支票已经过期。有关此类影响，后面还会涉及。

不完整票据

如果在票据条款尚不完整的情况下，立票人即在票据上签名，且票据随后被其他人取得，该票据就属于法典所称的“不完整票据”(incomplete instrument)。法典第3.115条(a)款规定：“‘不完整票据’指已签名的书面文件(无论是否已由签名人出立)，且文件签名时的状况显示，其内容尚不完整，但签名人当时的意图是通过添加文字或数字使其完整。”

上述规定中括号内的文字意在说明，即使签名人尚未通过交付而出立票据，上述定义仍然适用。例如，在票据条款尚不完整的情况下，立票人原想在票据上先签名，随后再补充剩余条款，但在补充之前，票据被小偷偷走。此时，立票人尚未出立票据，但被小偷偷走的票据仍然构成上述定义中的不完整票据。在其他情况下，也有可能是立票人本想随后对票据条款进行补充，但由于疏忽或其他原因，票据未经补充即被出立。

票据在何种情况下属于不完整票据？或者说，票据包含哪些条款才算完整？通常的票据都是使用已制作好的空白格式，然后填入相关内容，但内容非常简单。需要填入的内容，主要就是受款人、付款金额和付款日期等。只要有了这些内容，票据一般就属于完整。而且，即使缺少其中某些内容，票据也未必就是不完整。例如，前文提到，如果票据没有填写受款人，法典将推定认为该票据是凭票付款票据。因此，该票据仍然属于完整票据。此外，支票都是即时付款，因此也不需要填写付款日期。票据日期通常也不是必须具备的，因为在票据没有注明日期的情况下，票据的出立日期就是票据日期。这样看来，对于支票来说，似乎只有付款金额一项是绝对必须的内容，其他都可有可无。

但是，根据法典的规定，票据是否完整，主要不取决于票据的客观状态，而取决于签名人的主观意图。也就是说，即使票据已达到法典第 3 篇所规定的最低标准，但只要签名人自己认为还需要添加内容，票据即属于不完整。法典所规定的“不完整票据”概念，涉及如何确定票据条款的问题，也涉及随后对票据的添补是否具有效力的问题。最终，涉及立票人对票据的责任问题。假设签名人原本没有填入票据日期，但其他人随后填入一个日期，此时的问题在于，所填入的日期对签名人的责任有什么影响？

如果不完整票据随后被其他人进行填补，那么对于此种添补的效力，法典第 3.115 条(b)款规定：“除(c)款另有规定外，如果不完整票据属于第 3.104 条所述的票据，则在尚未添补完整时，可按现有条款强制履行；在添补完整后，可按添补完整后的条款强制履行。如果不完整票据不属于第

3.104条所述的票据,但在添补完整后满足了第3.104条的规定,则票据可按添补完整后的条款强制履行。”

根据上述规定,对于不完整票据,首先要看其是否属于法典第3.104条所定义的流通票据。如果票据的内容不完整,且达不到法典第3.104条对流通票据的基本要求,该票据实际上就不属于法典范围内的票据,因此其效力问题就与法典无关。但是,如果票据不完整,但已达到法典第3.104条的要求,就需要进一步考虑该添补的效力。

法典正式评论给出的一个例子是,假设本票在被交付给受款人时,唯一的不完整之处是没有填写付款日期,那么该本票已经达到法典第3.104条对本票的基本要求,因为在本票没有填写付款日期的情况下,根据法典第3.108条(a)(2)款的规定,该本票为即时付款票据。此时,在本票未被添补付款日期前,本票的付款时间条款就是原有条款,也就是即时付款。

在票据被添补完整后,票据的条款就是填补后的全部条款。需要注意的是,这里所说的添补完整(completion),实际上是指经过立票人授权的添补。法典的正式评论说,假设在上述本票例子中,本票的制票人和受款人原先曾约定付款日期,但在本票出立时,本票上没有注明付款日期,此时,如果受款人在本票上添补所约定的付款日期,本票的付款时间就应该是添补后的日期。如果制票人不同意双方曾有这个约定,就需要承担举证责任。法典第3.115条(d)款规定:“如果任何人主张,在不完整票据上添加文字或数字的行为未得到签名人的授权,则主张缺乏授权的人应承担举证责任。”

假设在上述本票例子中,受款人添补的付款日期实际上不是制票人已同意的付款日期,也就是说,该添补未得到制票人的授权,那么此种添补就不属于这里所说的添补完整,而是后文将会讨论的“涂改”(alteration)。法典第3.115条(c)款规定:“如果在不完整票据上添加文字或数字的行为未得到签名人的授权,即构成第3.407条所述的对不完整票据的涂改。”对票据的哪些改动会构成涂改,以及涂改对当事方权利和义务的影响,后文会详细讨论。

第三节 票据的流通

法典第3篇只涉及流通票据,而不可流通票据不在第3篇的范围之内。那么,什么是流通？简单地说,流通是票据的转让方式,但不等于合同法上的财产转让,更不等于物品的流转,而是符合法典第3篇规定的特定转让方式。票据的流通,会在相关当事方之间产生法典第3篇所规定的特定的权利和义务。法典第3篇对流通的规定,主要目的在于保证票据转让的安全性和便利性。

流通与转让的区别

票据的"流通"(negotiation),基本上就是票据的转让,即票据的现有执票人将票据转让给另一人,但是,流通同时又是法典第3篇所规定的特定条件下的票据转让,具有不同于普通的合同法或财产法中普通财产转让的效力。关于财产转让,美国法律中存在两个很接近但有时也稍有区别的概念,即"transfer"和"assignment"。前者是比较通俗、宽泛的用语,可以指物理意义上的转手,也可以指法律意义上的转让;可以指权利和义务的整体转让,也可以单指权利的转让或义务的转让;可以指转让方主动作出的转让,也可以指司法扣押导致的被动转让。后者更加正式一些,通常仅指法律意义上的转让,主要是转让方自愿作出的权利和义务的整体转让。法典对这两个概念的使用并不十分严格,也没有作出定义。在法典第3篇中,基本上只使用"transfer"这个词,以及相应的"transferor"(转让人)和"transferee"(受让人),泛指任何意义上的转让。

关于合同法或财产法中的普通财产转让,美国法律的基本原则是,一个人只能转让自己所拥有的财产或权利,而不能转让自己不拥有的。根据这项原则,如果一个人对一项财产不拥有完好所有权,或只拥有有限的权利,则在转让之后,受让人最多也只能取得等同于转让人的权利。此外,从受让人的角度来看,是否能够从一项交易中取得完好所有权或所期待的权利,有时从交易的表面无法判断。假设小偷将偷来的物品转卖,那么即使买方完全以善意作为,且从交易的表面无法判断出任何问题,买方也无法取得物品的完好所有权。在这种情况下,买方在购买一项财产时,要对财产的内在权利进行必要了解,否则就要自行承担风险。显然,如果票据的转让也遵循这种原则,票据的可转让性就会大打折扣。

为了使票据能够很容易地转让,必须从法律上加强对受让人的保护。这是法典第3篇的核心任务。根据法典第3篇的规定,只要票据的转让能够达到法典第3篇对票据"流通"所规定的条件,那么即使转让人对票据的权利存在瑕疵,受让人也有可能取得优于转让人的票据权利。同时,受让人可以仅根据票据的表面情况进行交易,并据此判断自己有可能取得的权利,而无须探究票据的真实情况或背后情况。

可以说,这就是流通和转让的根本区别。假设票据的受让人在取得票据时,也必须像普通的财产转让那样,通过调查来确保权利的有效性,票据权利就会倒退为普通财产权利,票据关系就会倒退为合同关系,从而使票据失去其独特个性和存在意义。在这种情况下,也就不再需要票据法,而只需要合同法和财产法。

当然,法典第3篇对受让人的保护不是绝对的。一方面,通过流通方式取得票据的受让人也分为普通执票人和正当执票人两种,而他们所受到的保护程度也相应有所不同。另一方面,即使是获得最大限度保护的正当执票人(holder in due course),其权利在个别情况下也受到一定限制,因此并非零风险。这个问题后文会详细讨论。

构成流通的条件

关于何种转让才能构成流通,法典第3.201条(a)款规定:"'流通'指任何人(立票人除外)自愿或非自愿地将票据的占有转让给另一人,并使其因此成为票据的执票人。”根据这个定义，立票人作出的转让被排除在外，因为这属于票据的“出立”，而不是“转让”。所以，如果甲出立支票给乙，乙再将支票转让给丙，则从甲到乙的转让在任何情况下都不可能构成流通，而从乙到丙的转让是否可以构成流通，取决于该转让是否符合法典第3篇对流通规定的条件。

在上述定义中，票据的占有是物理意义上的持有，因此，该占有的转让，主要是指物理意义上的转移，而且包括了自愿和非自愿的转移。所以，如果上述例子中的乙自愿将支票出售并交付给丙，这无疑属于占有的转让，但假设小偷丙将票据从乙偷走，或假设乙将票据丢失而丙捡到该票据，则尽管乙的失窃和丢失都不是自愿的，这些情况仍然构成上述定义中的占有的转让。在这种情况下，只要法典对流通规定的其他条件也得到满足，该占有的非自愿转让仍可构成流通。

除转让票据的占有外，构成流通的另一个条件是，取得票据占有的人必须因该转让而“成为票据的执票人”。根据法典第1.201条(b)(21)(A)款的定义，执票人是指“占有向持票人付款之流通票据的人；或占有向特定人付款之流通票据的人，且占有人即为该特定人”。根据这个定义，如果涉及凭票付款的票据，则任何占有票据的人都是执票人，无论其通过何种方式取得占有。因此，上述例子中偷到或捡到支票的丙也是执票人，而该失窃或丢失的事件本身也因此构成票据的流通，因为丙是通过该转让(失窃或丢失)而成为执票人的。

涉及凭令付款的票据时，如果票据规定“向乙的指定人付款”，并且乙实际占有票据，则乙就是执票人。此时，即使丙偷到或捡到这项票据，丙也不属于执票人，而该失窃或丢失的事件本身也不能构成流通，因为丙不能通过该转让成为执票人。但是，假设乙没有丢失票据，而是希望将票据转让给丁，并在票据上作出“向丁付款”的背书，然后将票据交付给丁，那么该背书和交付即构成流通，因为丁通过该转让成为票据的执票人。

无论在上述哪种情况下，只有受让人取得票据的“占有”(possession)，才有可能构成流通。占有在大多数情况下是指实际持有，但也包括更广义的掌控。假设甲希望将票据转让给乙，但当时票据保存在银行保险箱里，因此甲指示银行将保险箱的控制权转移给乙，此时，从掌控的角度可以说，在转让前甲占有票据，在转让后乙占有票据，尽管他们都没有实际持有票据。法典本身没有对“占有”作出定义。如果产生争议，需要根据其他相关法律进行判断。

流通的具体方式

关于流通的具体方式，法典第 3.201 条(b)款规定：“除汇付人作出的流通外，如果票据应向特定人付款，则必须转让票据的占有，并由执票人作出背书，才能构成流通。如果票据属于凭票付款，则仅转让占有，即可构成流通。”

根据上述规定，凭票付款票据的流通方式非常简单，只要转让人将票据交付给受让人即可。例如，甲将“向持票人付款”的支票出立给乙，而乙希望将该支票流通给丙，此时，乙只要将支票交付给丙即可，而不需要做任何其他事情。这是凭票付款票据的特点，其转让几乎相当于现金的转手。如果任何人偷到或捡到凭票付款票据，不仅该人属于通过流通方式取得票据，而且该人只要将票据交付给另一人，就可以再次流通该票据。但是，凭票付款票据的流通虽然可以仅凭交付，但根据转让人和受让人的约定，转让人在转让时也可以作出背书。这个问题下面会谈到。

凭令付款票据的流通，必须由转让人在票据上作出“背书”(indorsement)。最简单的背书就是仅由转让人在票据上签名。背书有两个主要作用。首先是表示转让人同意作出转让。对于凭令付款的票据，转让人的签名就相当于转让人的转让“令”。没有这个“令”，票据就无法流通。转让人的背书，除对转让表示同意外，还可以通过填写受让人的名字，进一步指定具体的受让人。所以，凭令付款票据的背书大体分为两种：一种称为“空白背书”(blank indorsement)，另一种称为“记名背书”(special indorsement)。

空白背书就是转让人只在票据上单纯签名,但不另行指定具体的受让人。此时,被转让的票据从凭令付款票据转化为“向持票人付款”的凭票付款票据。例如,甲将“向乙的指定人付款”的支票出立给乙,乙希望将该支票流通给丙,但不希望指定具体的受让人,此时,乙可以单纯地在支票上签名,然后将支票交付给丙。此时,丙成为执票人,而该支票也从凭令付款票据转化为凭票付款票据。

记名背书就是转让人除在票据上签名外,还用文字指定具体的受让人。例如,甲将“向乙的指定人付款”的支票出立给乙,乙希望将该支票流通给丙,并希望具体指定丙作为受让人,此时,乙可以在支票上注明“向丙的指定人付款”后签名,然后将支票交付给丙。在这种情况下,丙成为执票人,而该支票仍然是凭令付款票据。

前文提到,如果乙持有凭票付款的支票,则乙在将其流通给丙时,可以仅将支票交付给丙,而无须签名,即无须作出背书。交付后,丙成为执票人,而支票仍然是凭票付款票据。但是,如果乙希望指定具体的受让人,乙也可以在支票上作出“向丙的指定人付款”的记名背书。在这种情况下,丙仍然成为执票人,而支票则从凭票付款票据转化为凭令付款票据。

如果在上述例子中,乙在支票上作出空白背书,即只签名而不指定具体受让人,则该支票虽然带有乙的背书,但仍然是凭票付款票据。所以,对支票本身来说,无论是乙不作背书,还是乙作出空白背书,区别似乎不大,因为支票在转让后都属于凭票付款票据。但是,实际上乙所承担的责任是有区别的。如果乙不作背书,乙就只是单纯的转让人,而如果乙作出背书,乙就既是转让人,也是背书人,因而除承担转让人的责任外,还要承担背书人的责任,责任更重一些。也正因如此,受让人丙在接受乙的转让时,可能会坚持要求乙作出背书。关于转让人和背书人的责任,后文还会详细讨论。

如果转让人在转让凭令付款的票据时,出于疏忽或其他原因而没有作出背书,票据就不可能发生流通,因为在缺少背书的情况下,受让人无法成为执票人。只有在个别情况下,主要是在票据被存入银行进行收款时,即使缺少必要背书,也不影响票据的流通。这个问题在后文涉及有关银行收款的法典第4篇时会进一步讨论。此外,缺少必要背书的转让,虽然不能构成流通,但仍然可以构成票据的转让(assignment),具有合同法和财产法上财产转让的效力。因此,在直接的转让人和受让人之间,即使缺乏背书,转让本身还是有效的,因此受让人仍然具有可以对抗转让人的权利。但是,这种转让不属于法典第3篇范围内的问题。

在上述有关流通方式的法典第3.201条(b)款中,法典规定,即使涉及凭令付款票据,汇付人在作出流通时也无须作出背书。那么谁是“汇付人”(remitter)?为什么汇付人就可以不作出背书?法典第3.103条(a)(15)款规定:“如果票据应向特定人付款,‘汇付人’指从票据的立票人购买票据的人,只要该购买人不是该特定人。”根据法典的正式评论,汇付人的概念主要涉及银行支票或银行本票,而此时汇付人的背书是不必要的。

举例而言,假设买方购买货物后,为向卖方支付货款而从银行购买银行本票,此时,虽然银行会将本票交付给买方,但票面上的受款人条款通常会规定“向卖方的指定人付款”,因为这样对卖方来说更方便,也让卖方更放心。买方购买本票后,会将其交付给卖方。从法典对流通的定义看,买方向卖方的交付似乎构成了银行本票的流通。首先,该交付是银行向买方交付之后,由买方向卖方的再次交付,所以不属于银行本票的出立。其次,买方向卖方的交付转让了银行本票的占有。最后,根据银行本票的条款,票据应向卖方付款,因此,卖方在取得银行本票的占有之后,成为本票的执票人。

如上所说,票据流通的条件似乎都满足了。但问题在于,该银行本票属于凭令付款票据,因此,假设买方向卖方的交付构成流通,则该流通本来需要转让人作出背书。但是,对于这项银行本票,谁来背书?银行本票规定的是“向卖方的指定人付款”,因此似乎应该由卖方来背书,但卖方正是取得银行本票的受让人，而不是转让人。而买方虽然支付了购买银行本票的费用，且属于银行本票的所有权人，但不是银行本票本身的当事方，也不是银行本票的执票人，无权通过在银行本票上作出背书而转让银行本票。

为了解决上述矛盾，法典设立了“汇付人”的概念，将上述情况中的买方称为“汇付人”，而卖方则属于上述定义中的“特定人”。买方将银行本票交付给卖方的行为，虽然从某种角度来看似乎构成流通，但并非真正的流通，而法典也承认其不属于流通，因此，法典将买方视为银行本票的转手人，不是凭令付款票据的转让人，所以不需要买方作出背书。但需要明确的是，汇付人并不仅是银行本票交付过程中的转手人。如果仅是转手人，该人基本上属于代理人，既可以是银行的代理人，也可以是卖方的代理人，但不是独立的权利人。而汇付人则是独立的权利人，因为其从银行“购买”票据，且通常是票据的所有权人，而并非仅仅是受委托递送票据的人。

在上述谈到的买卖交易中，假设买方从银行购买银行本票时，本票的受款人条款注明“向买方的指定人付款”，那么银行此时实际上是将银行本票出立给买方，在这种情况下，当买方向卖方交付银行本票时，就必须作出背书，因为此时买方向卖方的交付就属于通常意义上的流通，而买方成为转让人，而不再是汇付人。

流通的效力：对抗 3 种不利情况

从某种意义上可以说，票据的流通是一种“超级转让”，具有某些超级效力。这种效力的主要体现是，即使转让人的票据权利存在瑕疵，票据的善意受让人也可以不受制于此种瑕疵。前文提到，在传统的财产法中，如果转让人不拥有某种权利，无论受让人是否善意作为，均不可能通过转让获得该权利。

在法典第 3 篇中，票据流通后的善意受让人可以获得比普通财产转让方式更好的保护。但要理解法典向受让人提供的保护，首先要看受让人有可能会受到哪些不利情况的影响。在法典第 3 篇中，不利情况主要分为 3

种,分别规定在法典第3.305条和第3.306条中。

第一种情况称为“抗辩”(defense),主要是指本来有义务支付票据的人,在一定情况下有权拒绝支付票据。例如,本票代表了制票人的付款承诺,但如果制票人持有抗辩,就有权不支付本票。显然,任何人都不希望在取得票据的转让后,出现票据付款人持有抗辩并可拒付票据的情况。

第二种情况称为“扣减权”(claim in recoupment),主要是指本来有义务支付票据的人,有权不充分支付票据。也就是说,票据的付款人有权在票据的原始金额中作出扣减,因而只支付部分金额。对于取得票据转让的人来说,这是类似于抗辩的不利情况,因为票据的价值降低了。

第三种情况称为“票据索赔”(claim to instrument),主要是指另一人对票据的权利主张。例如,一个人在取得票据的转让后得知,该票据曾发生失窃,而票据失窃前的所有权人正在主张对该票据的权利,并且有可能对票据拥有优先权。这自然也属于不利情况。

以上是有可能对票据受让人产生不利影响的3种主要情况。法典对受让人的保护,也主要是围绕这3种情况而制定的。法典的保护主要分为两个等级。较低等级的保护适用于所有的执票人,而较高等级的保护只适用于正当执票人。根据法典的规定,票据流通后的执票人可以在一定程度上不受上述3种不利情况的影响,而票据流通后的正当执票人可以在更大程度上对抗上述3种不利影响。但是,保护是一种相对概念,即使是正当执票人,也不享受绝对的保护。关于正当执票人的概念,以及执票人和正当执票人在对抗3种不利情况时分别能够享有的权利,后文会详细讨论。

不影响流通的情况

法典第3篇对执票人和正当执票人的保护,是建立在票据流通这个前提条件之上的。如果票据的转让达不到流通的条件,票据转让后就不可能产生执票人或正当执票人。关于票据转让在何种情况下构成流通,前文已经讨论过,但法典也特别说明了一些不影响票据流通的情况。最主要的一种情况，是受让人以不正当手段取得票据的转让。法典第3.202条(a)款规定："流通即使以下列方式取得，仍然有效：(1)从未成年人、越权公司或无行为能力人取得；(2)以欺诈、胁迫或误解方式取得；或(3)以违反义务的方式取得，或在非法交易中取得。"

根据上述规定，以不正当方式获得的转让，仍然可以构成流通。例如，甲是凭票付款票据的执票人，在乙的欺骗或胁迫下，甲将票据交付给乙。在甲和乙之间，虽然乙取得了票据的占有，但乙的票据权利自然存在瑕疵。在这种情况下，只要凭票付款票据的流通条件已满足(转让占有)，乙就被视为通过流通取得票据，尽管乙是通过欺骗或胁迫手段取得票据的。

看上去法典似乎在保护上述例子中的乙，而乙是不值得被保护的，因为乙是通过欺骗或胁迫手段取得票据的。但是，法典实际上不是在保护乙，而是在保护票据的流通性。甲和乙之间的争议无须由法典第3篇来解决，因为完全可以根据其他法律解决。法典第3篇所要解决的问题，是如何使票据的流通性尽量不受影响。在上述例子中，假设在甲追回票据之前，乙已将票据流通给善意且不知情的丙，此时，如果法典不承认甲向乙的交付构成流通，不承认乙可以将该票据再次流通，那么丙的权利也就成了问题。在这种情况下，接受票据转让的丙就会存在担心，而票据的转让就会倒退为普通的财产转让。

关于上述例子中的甲如何受到保护的问题，法典第3.202条(b)款规定："在其他法律允许的范围内，流通可以被撤销或受制于其他救济，但此种救济不能对抗后手正当执票人，也不能对抗以善意支付了票据，且对导致撤销或其他救济之事实不了解的其他人。"这里所说的"流通"，是指上述例子中票据从甲到乙的流通。这项规定意在说明，在甲和乙之间，甲可以根据其他法律取得救济，包括撤销从甲到乙的流通。但是，无论甲对乙持有何种救济，该救济不能用于对抗正当执票人和其他善意受让人。因此，如果正当执票人已经取得了票据，甲即失去对票据的权利，也无权以其他方式追究正当执票人的责任。

法典的主要目的是尽量保护票据的流通性,即使这意味着某些权利人的某些权利可能要受到不利影响。例如,在上述例子中,在甲和乙之间,甲对票据拥有更优先的权利,但在乙将票据转让给正当执票人丙之后,甲就失去对票据的权利。虽然甲此时可以追究乙的责任,但如果已经找不到乙,或者乙已没有能力承担责任,甲就只好自行承担损失。所以,为了保护票据的流通性,在甲和丙之间,法典选择保护丙而牺牲甲。

关于法典的此种立场,法典第 3.202 条的正式评论说,“即使存在无行为能力或非法行为,对交易产生根本的影响,并导致交易完全无效”,法典第 3.202 条(a)款“依然适用”,因为“流通票据的本质就是,如果任何人占有票据,且根据票据条款,票据应向该人付款或应向持票人付款,该人就是执票人,而任何其他人就可以将该人作为执票人对待”。该评论还说,“这项原则所适用的极端情况是,正当执票人即使是从小偷取得票据的转让,仍然可以对抗合法所有权人的主张。这项原则已经根深蒂固”。上述评论中所说的“交易”,是指票据转让人得以获得票据的交易,包括小偷的偷窃行为。

票据的转让

法典第 3 篇的规定,主要是围绕票据的流通而制定的。达不到流通条件的转让都是普通的财产转让(assignment),而此种转让的效力原则上不属于法典第 3 篇范围内的问题,而是要根据合同法或财产法等其他法律确定。但是,法典第 3.203 条也有一项原则规定,即“(a)如果任何人(立票人除外)交付票据,且目的在于使取得交付的人有权强制履行票据,票据即被转让。(b)票据的转让,无论是否构成流通,均使受让人取得转让人所拥有的强制履行票据的任何权利,包括正当执票人的权利。但是,受让人如果参与涉及票据的欺诈或非法活动,则即使直接或间接从正当执票人取得票据的转让,亦不能取得正当执票人的权利”。根据这项规定,如果一个人希望将票据流通,但由于任何原因,未能满足法典对流通所规定的条件,此时,该人的转让行为仍然可以构成普通的财产转让,并使受让人根据一般法律原则,取得等同于转让人的权利。

同时,如果票据的转让人本身是正当执票人,那么,即使该转让不构成流通,受让人也能成为正当执票人,因为根据财产转让的一般法律原则,受让人可以取得同于转让人的权利。这项原则一般称为“庇护原则”(shelter doctrine),因为转让人为受让人起到庇护作用。但是,根据上述法典第3.203条(b)款第2句的规定,假设票据的受让人曾参与票据欺诈活动,则即使其从正当执票人取得转让,仍然不能依靠庇护原则成为正当执票人。

关于庇护原则的应用,在“Piper v. Goodwin案”中可见一斑。在这个案件中,被告是两张本票的制票人,而持有该本票的原告要求被告为本票付款。而被告认为,原告没有起诉的权利,因为原告不是两张本票的执票人,因而不属于本票的权利人。该案的实际情况是,两张本票的原持有人是地产开发商,因为发生财务困难而从原告取得一笔贷款。作为对贷款的偿还,开发商将自己的一批财产转让给原告,其中就包括两张本票。被告认为,流通票据在流通时,必须转让票据的占有,才能使受让人成为票据的执票人,而只有执票人才享有票据权利。但在该案中,原告在从地产开发商获得本票的转让时,由于本票已被法院扣押,因此原告未取得票据的占有,被告因此主张,原告不能成为执票人。法院认定,转让票据的占有确实是票据发生流通的必要条件,但在这个案件中,无须判断转让是否构成流通,或原告是否属于执票人或正当执票人,因为根据案件的具体情况,地产开发商无疑有权起诉被告,因此,根据庇护原则,从地产开发商获得票据转让的原告,同样有权起诉被告。在“American National Bank & Trust Co. v. St. Joseph Valley Bank案”中,法院的判决是,只要票据的转让人是执票人,票据的受让人实际上就是执票人,即使该受让人本来不能满足法典第3篇对“执票人”规定的条件。

影响流通的另一个因素是,如果票据的流通需要转让人在票据上作出背书,而转让人未能作出背书,该转让即不能构成流通。此时,受让人一般有权要求转让人补充背书,但在补充之前,票据的转让不构成流通,而只能是普通的财产转让。对此,法典第 3.203 条(c)款规定:“如果通过支付价值取得票据转让,但转让人未作背书,致使受让人未能成为执票人,则受让人有权要求转让人实际履行,作出无限制背书;但是,在作出背书之前,票据不发生流通。”

上述规定中所说的“实际履行”(specific performance),是指受让人有权要求转让人实际作出背书,而不能以其他形式承担未作出背书的责任。所谓“无限制背书”(unqualified indorsement),是指转让人所补充的背书不得对受让人的权利或票据的进一步流通作出任何限制。这是与后文将要提到的“限制性背书”(restrictive indorsement)相对而言的。

此外,任何票据的流通,都是票据的整体转让,因为票据权利在法典第 3 篇范围内是一个整体且不能分割。如果转让人意图转让票据的某一部分权利或义务,该转让就不能构成流通,但仍有可能构成普通的财产转让。法典第 3.203 条(d)款规定:“如果转让人意图转让少于整体票据的权利,则票据不发生流通,且受让人在本篇项下不能取得任何权利,而只能作为部分权益的受让人取得权利。”

票据的背书

涉及凭令付款的票据时,执票人如果希望将票据流通,就必须作出适当背书。涉及凭票付款的票据时,执票人在将票据流通时,可以作出背书,也可以不作出背书。关于背书,法典第 3.204 条(a)款规定:“‘背书’指在票据上作出的伴有或不伴有其他文字的签名(不包括以制票人、出票人或承兑人身份作出的签名),且目的在于:(i)将票据进行流通,(ii)对票据的付款作出限制,或(iii)使背书人对票据承担责任。但是,无论签名人具有何种目的,签名及伴随签名的文字均构成背书,除非伴随的文字、票据条款、签名位置或其他客观情况毫无疑义地表明,签名系为背书以外之目的。在确定签名是否在票据上作出时,固定在票据上的纸张,亦为票据的组成部分。”

根据上述定义,首先,背书可以只是一个签名,但也可以附有文字。至于附有什么文字,后文会进一步讨论。其次,票据上哪个签名是背书,需要进行一定的判断,因为票据上还有其他签名,如立票人的签名或其他当事方的签名。判断的主要依据是签名在票据上的位置,同时参考票面的整体情况。立票人的签名在票据正面,而背书人的签名则在票据背面,且票据通常留有专门的背书位置,因此,该位置内的签名,很容易看出是背书。最后,背书通常都是出于一定目的,但是无论背书人是否真有目的,也无论背书人是何种目的,背书的性质都不受影响,背书人都要承担相应的责任。这也是对签名的性质进行区分的主要目的,因为不同身份的签名,签名人要承担不同的责任。这些后文也会进一步讨论。

尽管没有目的的签名也可以构成背书,但在正常情况下,几乎不可能没有目的而作出背书。上述定义列出了 3 种常见目的。

第一种目的是转让票据,或者说将票据流通给受让人。这是最常见和最主要的目的。例如,甲是凭令付款票据的执票人,为了将票据流通给乙,甲必须要在票据上作出背书,否则票据就不可能流通。

第二种目的是限制票据项下付款的用途。例如,甲是凭令付款票据的执票人,但不需要再度流通票据,而是希望将票据存入银行,以取得票据项下的付款。此时,甲会将票据存入银行,同时可能会在票据上注明“仅用于存款”(for deposit only)。这种文字也属于背书的一部分,是写给银行看的,说明甲的目的是将票据项下的付款存入自己的账户。

第三种目的是表示背书人愿意对票据承担责任。此时,背书人实际上成为其他当事方的保证人。例如,本票制票人甲向乙出立了本票,乙希望将本票流通给丙,但丙对乙的信誉没有把握,对甲的信誉也没有把握,因此不愿意接受该本票。此时,由于丙认可丁的信誉,因此乙请求原本与票据无关的丁作为背书人在本票上签名。丁在本票上作出背书后,就向丙承担了背书人的责任,相当于甲和乙的保证人。

背书人在作出背书时,当然应该使用自己的名字。但是,如果票据原来对背书人名字的书写就存在错误,则如何背书可能会成为问题。例如,甲在将支票出立给乙时,本应在支票上注明“向乙付款”,但错写为“向丙付款”。根据前文讨论的原则,票据仍然应该向乙付款,因为这是甲的本意。所以,在甲和乙之间,这个错误没有实质影响。但是,当乙打算通过背书将票据流通时,乙应该用什么名字作出背书?对此,法典第3.204条(d)款规定:“如果票据应向执票人付款,但票据上注明的该执票人的名字,实际上不是该执票人的名字,则该执票人在背书时,可以使用票据上注明的名字,也可以使用自己的名字,或同时使用两者。但是,支付票据的人,或支付价值取得票据用于收款的人,有权要求该执票人同时签署该两个名字。”根据这项规定,乙在背书时,可以使用“乙”,也可以使用“丙”,也可以两者并用,但如果受让人提出要求,乙就要两者并用。

背书的种类

前文提到,背书主要分为“记名背书”(special indorsement)和“空白背书”(blank indorsement)两种。关于记名背书,法典第3.205条(a)款规定:“如果背书系由票据(无论票据是向特定人付款,还是凭票付款)的执票人作出,则只要背书将特定人指定为票据应向其付款的人,该背书即为‘记名背书’。票据被记名背书后,成为凭令付款的票据,并仅可由背书指定的特定人作出背书而流通。法典第3.110条所述的原则,适用于记名背书。”

根据上述规定,无论是凭令付款票据,还是凭票付款票据,执票人都可以作出记名背书。对于凭票付款票据,记名背书的目的是使票据在流通后转变为凭令付款票据;对于凭令付款票据,记名背书的目的是使票据在流通后继续作为凭令付款票据。例如,甲是凭票付款的执票人,在背书注明“向乙的指定人付款”后,凭票付款转变为凭令付款。如果票据原为“向甲的指定人付款”的凭令付款票据,则在甲注明“向乙的指定人付款”后,票据仍然属于凭令付款,只是变为需要凭乙的指令付款。

记名背书在指明票据流通后的受款人时，通常有两种表述方式：一种是“向甲的指定人付款”，另一种是“向甲付款”。前文曾提到，如果票据在出立时使用了“向甲付款”这样的条款，那么除支票外，其他票据均不能成为流通票据，因为票据限定只能向甲付款，致使票据无法流通。但是，这个原则在票据出立之后即不再适用。无论随后的背书是规定“向甲的指定人付款”还是“向甲付款”，效果都是一样的，都被视为“向甲的指定人付款”。

关于上述原则，法典第 3.206 条(a)款规定：“即使背书规定只能向特定人付款，或以其他方式禁止票据的进一步转让或流通，该背书也不具有阻止票据进一步转让或流通的效力。”法典这项规定的目的是保持票据的流通性，避免由于背书人的无意行为而使票据失去流通性。同时，即使背书人是有意为之，该行为也是违背法典第 3 篇基本精神的行为，不为法典所承认。

关于空白背书，法典第 3.205 条(b)款规定：“如果票据的执票人作出背书，但该背书不属于记名背书，则该背书即为‘空白背书’。票据被空白背书后，即成为凭票付款的票据，并在下一次被记名背书前，可以仅凭转让票据的占有而流通。”可以看到，空白背书不是没有背书，而是仅由背书人签名构成的背书。严格地讲，即使背书人的签名同时附有文字，只要背书在整体上未达到记名背书的要求，该背书就仍然属于空白背书。

在转让人以空白背书的形式流通票据后，票据的受让人有可能担心票据不安全，因为带有空白背书的票据属于凭票付款票据，一旦丢失，任何人都有可能将其兑现。如果受让人存在此种担心，或由于其他原因不希望持有凭票付款票据，受让人可以自行将其改为凭令付款票据。对此，法典第 3.205 条(c)款规定：“如果空白背书仅由签名构成，执票人可在背书人签名的上方添加文字，指定有权取得票据付款的特定人，从而将空白背书转化为记名背书。”根据这项规定，受让人可以填入自己的名字，使票据成为凭自己指令付款的票据。

限制性背书

如果任何背书试图对票据的进一步流通作出限制，该背书即属于“限制性背书”(restrictive indorsement)。限制性背书不是一种独立形式的背书，而只是用于说明，背书人在作出背书时，添加了限制票据流通的文字。从法典的角度，此种限制性背书不具有任何效力。法典第3.206条(a)款规定：“即使背书规定只能向特定人付款，或以其他方式禁止票据的进一步转让或流通，该背书也不具有阻止票据进一步转让或流通的效力。”根据这项规定，如果背书人作出“向甲付款”的背书，该背书即属于限制性背书，因为受款人被限制为甲。但是，此种限制实际上不具有任何效力，因此，该背书就相当于规定“向甲的指定人付款”。

法典第3.206条(b)款进一步规定：“即使背书对被背书人获得付款的权利规定了条件，被背书人强制履行票据的权利亦不受影响。支付票据的人，或通过支付价值或为收款目的取得票据的人，可以无视该条件，且该人的权利和义务不受该条件是否得到满足的影响。”法典正式评论给出的一个例子是，如果背书人在背书中规定，“向甲付款，但甲必须发运符合我们之间合同的货物”，此时，甲强制履行票据的权利不受限制性文字的影响。当该票据为本票时，如果甲要求制票人付款，制票人不得以未发运货物为理由拒绝付款，因为有关发运货物的文字完全不具有效力。

第四节　票据的兑付

票据虽然具有高度的流通性和金融性，且理论上可以无限次地流通，但票据毕竟不是现金，绝大多数票据还是主要用于付款，不会流通多次。即使流通多次，到了一定阶段也要结束。到流通终止时，票据的执票人需要将票据兑现，取得票据项下的付款。此种兑现在法典中称为“兑付”(honor)，即票据的付款人在收到执票人的付款要求后，根据票据条款向执票人作出付款。票据被兑付后,即完成其使命并退出流通。显然,对于票据的执票人来说,票据能否获得兑付,以及如何获得兑付,几乎是有关票据的最重要问题。

票据兑付的两个终极问题

票据的兑付看上去并不复杂,因为只涉及两个直接当事方,即根据票据提出付款要求的人,以及根据该要求为票据作出付款的人。所谓的兑付,就是后者向前者作出付款。但实际上,谁有权提出付款要求,以及谁有义务作出付款,有时并不是可以简单回答的问题,因为这涉及法典第3篇的很多相关规定。在一定意义上也可以说,法典第3篇所有的重要规定,都是围绕这两个问题制定的,也都是为了最终回答这两个问题。

在很大程度上,上述两个问题是交织在一起的,但角度有所不同,因为权利和义务都是相对于具体当事方来说的。例如,关于甲的付款义务,在乙持有票据时,甲可能有义务向乙作出付款,但在丙持有票据时,甲可能就没有义务向丙作出付款,所以在谈到甲是否有义务为票据作出付款时,要看是乙提出付款要求,还是丙提出付款要求。同样,关于获得付款的权利,在甲持有票据时,甲可能有权要求乙付款,但没有权要求丙付款,所以,甲的获得付款的权利,也是针对特定的付款人而言的。这是法典第3篇中非常关键的概念。脱离了具体的对象,权利和义务的概念在很大程度上就失去意义。

为了讨论的方便,暂且把两个问题分开。在本书后文有关票据责任的第五节,将讨论谁有义务作出付款,这里先主要讨论谁有权提出付款要求。需要说明的是,这里的"权",不一定是指权利,而是一个相对复杂的概念。例如,假设甲出立凭票付款的本票给乙,但小偷丙随后从乙处将本票偷走,并向甲出示本票,要求取得付款,此时,丙是本票的执票人,因此,根据本票的条款,甲在不知发生偷窃的情况下,有义务凭票向丙付款。从这个意义上可以说,相对于甲来说,丙此时有权提出付款要求。

但是,上述提到的丙的"权",并不是真正的"权利"(right),而更多是一种实际可能性,更像是一种"权力"(power)。丙作为小偷,并不真正对本票享有权利,但只要丙是执票人,就可以依据票据的条款,向甲提出付款的要求。如果在甲付款之前,甲发现丙持有的本票是偷窃而来,或者乙发现失窃并对本票提出主张,丙可能就不能获得付款,因为其本来就没有权利获得付款。正因如此,对于丙的"权",法典没有使用"权利"这个词,而是使用了"entitled to"这个概念,带有"可以"的含义,即可以提出付款要求。出于同样原因,法典也没有直接说丙可以获得付款,而只是说丙可以提出付款要求,即可以"enforce"(强制履行)该本票。这就是下文要讨论的概念。

有权强制履行票据的人

谁可以要求获得票据项下的付款,或者说,谁可以提出兑现票据的要求,是票据的关键问题之一。可以提出此种要求的人,在法典第 3 篇中称为"有权强制履行票据的人"(person entitled to enforce instrument)。如前所说,这里的"entitled to"主要表示"可以",而不完全等于拥有权利,因为小偷不真正拥有票据权利,但仍然有可能属于"有权强制履行票据的人"。对此,法典第 3.301 条规定:"'有权强制履行票据的人'指(i)票据的执票人,(ii)占有票据且享有执票人权利的非执票人,或(iii)不占有票据但根据第 3.309 条或第 3.418 条(d)款有权强制履行票据的人。一个人即使不是票据的所有权人,或即使不当占有票据,仍有可能成为有权强制履行票据的人。"根据这个定义,有 3 种人可以提出兑现票据的要求。

首先,票据的执票人可以提出兑现要求。这是最正常的情况,也是绝大多数票据会遇到的情况。对于凭票付款的票据,占有票据的人就是执票人,无论其通过何种方法取得票据。因此,占有凭票付款票据的小偷,也属于执票人。对于凭令付款票据,谁有权指定受款人,谁就是执票人。例如,如果一项票据规定"向甲付款"或"向甲的指定人付款",则甲就是执票人。乙即使偷到此种票据,也无法成为执票人。

其次，某些“非执票人”（non-holder）也可以提出兑现要求。根据法典的正式评论，这里所说的非执票人主要包括“通过代位方式或根据第3.203条(a)款取得执票人权利的人，也包括从立票人取得票据但尚未将票据转让或流通给其他人的汇付人，也包括根据其他法律继承了或以其他方式取得了执票人权利的任何其他人”。根据这种解释，如果任何人不符合法典对执票人的定义，但根据法典或其他法律享有类似于执票人的权利，该人就属于上述定义中的非执票人。

前文曾提到买卖交易中的买方从银行购买银行本票的例子。假设买方从银行购买的银行本票规定向卖方的指定人付款，那么买方就不属于银行本票的执票人，因为银行本票是凭令付款票据，而买方不是可以指定受款人的人。但是，买方实际拥有银行本票的所有权，因为买方为银行本票支付了价值。因此，在买方由于任何原因未向卖方交付银行本票时，买方虽然不是执票人，但可以凭该银行本票从立票人银行取得付款。在这个例子中，买方就是上述所说的占有票据且享有执票人权利的非执票人。

非执票人还可以包括很多其他类型的人，例如，根据法典第3.203条(a)款以非流通方式取得票据转让的受让人。由于票据的转让不构成流通，因此票据的受让人不能满足法典对执票人的要求，只能算是非执票人。但是，如果转让人有权强制履行票据，则受让人亦有权强制履行票据，因为法典第3.203条(b)款规定：“票据的转让，无论是否构成流通，均使受让人取得转让人所拥有的强制履行票据的任何权利，包括正当执票人的权利。”这就是前文提到的庇护原则。非执票人还包括以代位方式取得票据权利的人，如根据法典第3.419条(f)款取得代位权的人。取得代位权的人并不是执票人，但可能有权强制履行票据。此外，非执票人也还包括执票人的继承人等。

最后，如果执票人的票据丢失或损毁，该人仍然可以根据法典第3.309条强制履行票据，尽管此时该人因不再占有票据，因而根据法典对执票人的定义，该人已不再是票据的执票人。在银行由于误解对票据作出付款的情况下，银行有权根据法典第3.418条(d)款的规定收回付款，此时，对于被收走票据但实际未取得最终付款的人，其仍然享有执票人的权利，尽管其因不占有票据而不再是执票人。

上述法典第3.301条定义的最后一句，特别强调了所有权与票据权利的区别。在法典第3篇中，不拥有票据所有权的人，或不当占有票据的人，仍有可能是有权强制履行票据的人。虽然前文提到，这个“权”对于小偷这类的票据占有人来说，并不是真正的权利，但从票据付款人的角度，票据占有人提出付款要求的“权”，在没有其他已知的否定因素时，几乎就是该人的“权利”。票据权利与票据所有权或其他权利的区别，是票据法与财产法等其他法律的重要区别。票据法的主要目的是维护票据的流通性，减少影响流通的因素。因此，票据法的关注点主要在于票据本身，而尽可能地忽视票据背后的情况。票据权利与其他权利的分离，是法典第3篇的核心概念之一。

付款提示；承兑提示

在绝大多数情况下，也就是在最正常的情况下，所谓“有权强制履行票据的人”，就是票据的执票人，包括占有凭票付款票据的人，和占有凭令付款票据并有权指定受款人的人。假设票据的执票人不希望再度流通票据，而是希望取得票据项下的付款，也就是兑现票据，执票人应如何做？

本书下一章将介绍有关银行收款的法典第4篇。从该章可以看到，在实际商业活动中，执票人通常都是通过银行收款的方式取得票据付款，而不是自己亲自去找票据的付款人。如果通过银行收款，执票人无须关心票据的兑现手续，即无须关心通过何种方式取得票据项下的付款，而只要将票据存入自己持有账户的银行即可，其余工作由银行代为完成。但是，法典第3篇不涉及银行收款的方式，而是假设执票人自己去找付款人付款。在这种情况下，执票人就要了解和遵守法典第3篇的规定。实际上，即使是通过法典第4篇的银行收款方式兑现票据，银行同样也要遵守第3篇的规定,只是执票人自己无须关心而已。

根据法典第3篇的规定,执票人为了取得票据付款,在通常情况下,必须向票据的付款人作出“付款提示”(presentment for payment),也就是要求付款人为票据付款。但除付款提示外,也还有另一种“承兑提示”(presentment for acceptance),即要求付款人对汇票作出承兑。承兑的概念后文还会讨论,但简单地说,承兑是汇票付款的中间步骤,是指汇票的受票人在付款之前,先作出付款承诺。到了规定的付款日期,执票人通常还需要再作出付款提示。

关于提示,法典3.501条(a)款规定:“‘提示’指有权强制履行票据的人提出的下列要求,也包括代表该人提出的下列要求:(1)向受票人或有义务支付票据的人提出的票据付款要求,或对于在银行支付的本票或已承兑的汇票,向银行提出的票据付款要求;或(2)向受票人提出的汇票承兑要求。”根据这项规定,提示是向“受票人”或“有义务支付票据的人”提出的要求。那么,两者有何区别?

受票人的概念只存在于汇票中。在汇票中,受票人是被出票人命令向受款人作出付款的人。但是,受票人收到命令,不等于必须接受或服从命令。实际上,受票人没有义务必须接受该命令,且在接受命令之前,不对汇票承担任何责任,除非在此之前受票人已经承兑汇票。当然,在实际商业活动中,受票人一般会接受命令,因为受票人事先已经与出票人有约定,因此有时可以把受票人粗略地称为付款人,但严格地说,汇票的受票人不是“有义务支付票据的人”。尽管如此,根据法典第3篇的规定和汇票的性质,汇票的执票人要取得汇票的付款,仍然必须首先向受票人作出提示。关于受票人的责任,后文还会进一步讨论。

所谓“有义务支付票据的人”,是指在执票人作出提示时,对票据直接承担支付义务的任何人。上文提到,汇票的受票人不属于此种人。那么此种人都包括哪些人?这不是一个十分固定的概念,需要根据提示当时的情况来判断。例如,本票的制票人是对本票直接承担支付义务的人,因此,只要尚未发生制票人拒付的情况,制票人就是唯一的有义务支付票据的人。但是,假设本票还有一位背书人,那么一旦制票人表示拒付,该背书人就要直接承担支付义务,因而与制票人共同成为有义务支付票据的人。对于汇票来说,执票人首先要向受票人作出提示。如果受票人表示拒付,执票人即可转而要求出票人付款,而此时出票人就成为有义务支付票据的人,受票人仍然没有支付义务。但是,假设受票人之前对汇票作出承兑,但随后拒绝付款,那么,该受票人即与出票人共同成为有义务支付票据的人。所以,谁是有义务支付票据的人,要根据具体情况予以具体判断。

法典第3篇中的提示,主要是指付款提示。承兑提示只适用于汇票,并且作为付款前的中间步骤,基本上只适用于定时付款的汇票,因为对于即时付款的汇票,提示时即可获得付款,通常没有必要增加承兑程序。但在个别情况下,即时付款汇票的执票人也可能不希望立即兑现汇票,而是希望先取得承兑。例如,执票人可能希望将该汇票转让,但未经承兑的汇票不能保证得到受票人的接受,因此执票人为了加强汇票的可接受性,可能先行从受票人取得承兑,然后再转让汇票。此外,支票也可以先行由受票人银行作出承兑,成为"保兑支票"(certified check),以确保支票可以得到受票人银行的兑付。

提示的方式

关于提示的方式,法典第3.501条(b)款规定,提示首先要遵守法典第4篇的规定、当事方的协议、票据清算行的规则和类似规则。如果法典、当事方协议或清算行规则没有规定票据的提示地点,则根据法典第3.501条(b)(1)款的规定:"提示可在票据付款地点作出;如果票据应在位于美国的银行付款,则提示必须在票据付款地点作出。"

前文提到,在实际商业活动中,执票人通常无须关心此类问题,只要将票据交给银行处理即可,而银行之间会有相应的做法和安排。在银行的操作方式中,整个流程可能会通过银行之间建立的清算系统完成,而不是由一家银行亲自拿着票据去找另一家银行作出提示。但理论上,票据还是需要一个提示地点,例如,假设货物的买方向卖方出立一张本票作为货款,理论上卖方还是需要知道,如果不通过银行进行收款,卖方应该如何向买方提出付款要求。上述规定中所说的“票据付款地”,需要根据法典第 3. 111 条的规定予以确定。

提示不需要使用任何特定的方式。法典第 3. 501 条(b)(1)款规定:“提示可用任何商业上合理的方式作出,包括口头、书面或电子形式。”这也包括有关银行收款的法典第 4. 110 条中的“电子提示协议”(electronic presentment agreement)。根据此种协议,银行在提示票据时,可以只发送票据的电子图像,而无须提示纸质的票据。

关于提示的生效时间,法典第 3. 501 条(b)(1)款规定:“提示在下列时间生效:(A)被提示人收到付款或承兑要求的时间;以及(B)如果制票人、承兑人、受票人或其他付款人不止一人,向其中任何一人作出提示的时间。”关于提示人要满足的条件,法典第 3. 501 条(b)(2)款规定:“如果被提示人提出要求,提示人必须:(A)出示票据;(B)提供合理的身份证明;如果代表另一人作出提示,提供合理的授权证明;以及(C)就收到的付款在票据上签名确认;或如果款已付清,则交出票据。”

在正常情况下,收到提示的人,即汇票的受票人,或有义务支付票据的人,都应该接受该提示。如果是付款提示,应作出付款;如果是承兑提示,应作出承兑。如果被提示人没有正当理由而不接受提示,就属于后文将要讨论的“拒付”(dishonor)。关于正当拒绝理由,法典第 3. 501 条(b)(3)款规定:“收到提示的当事方,可以作出下列行为而不构成对票据的拒付:(A)在缺乏必要背书时,退回票据;或(B)在提示未能遵守票据条款、当事方协议或其他适用法时,拒绝付款或承兑。”

提示的免除

提示的意义主要体现在两个方面:一方面,如果票据的执票人不作出提示,受票人或其他付款人就不知道执票人的付款要求或承兑要求,难以相应作出付款或承兑;另一方面,作出提示之后,需要根据被提示人的反应,来相应确定被提示人和票据其他当事方的责任。如果被提示人拒付票据,执票人可以相应追究被提示人拒付的责任,除非被提示人是汇票的受票人。无论如何,执票人都可以相应追究票据其他当事方的责任。除非被法典或相关当事方特别免除,否则付款提示永远是必要的。承兑提示通常不是汇票付款的必要程序,因此执票人可以不作承兑提示,而是在付款日期到期时,直接提出付款提示。

关于提示的免除,法典第3.504条(a)款规定:“票据的付款提示或承兑提示,在下列情况下被免除:(1)有权提示票据的人,经过合理努力后无法作出提示;(2)制票人或承兑人已就票据支付义务毁约,或已死亡,或已进入破产程序;(3)根据票据条款,无须提示即可强制履行背书人或出票人的义务;(4)被要求履行义务的出票人或背书人,已放弃对提示的要求,或已因其他原因无理由期待或无权要求票据获得付款或承兑;或(5)出票人指示受票人不得支付或承兑汇票,或受票人不对出票人承担支付汇票的义务。”

上述列出的几种提示被免除的情况,都说明付款提示或承兑提示已经没有必要或没有可能。一旦提示被免除,基本上就属于被提示人已拒付票据,因此,执票人可以相应地决定如何追究票据当事方的责任。承兑提示虽然不是汇票付款的必要程序,但执票人有权作出承兑提示,以便提前确认汇票的受票人是否同意付款。在上述情况下,执票人即使没有作出承兑提示,也可以认为承兑提示已被拒付,因而直接要求汇票的出票人为汇票付款。

票据的付款

除作为中间程序的承兑提示外,执票人提示票据的根本目的,是取得票据项下的付款。一旦付款人作出付款,提示的目的即已达到,而票据的使命亦已完成。应该为票据作出付款的人，包括汇票的受票人和对票据承担付款义务的其他人。在付款人作出付款后，不仅付款人本身的责任被解除，而且对票据承担责任的所有其他人的责任也都被解除。

对于汇票，如果受票人作出付款，则汇票的出票人和所有的背书人均被解除责任，而对于本票，如果制票人作出付款，则所有的背书人均被解除责任。涉及汇票时，如果受票人拒绝支付或承兑汇票，则只要出票人作出付款，该汇票所有的背书人均被解除责任。也就是说，只要票据的任何责任方为票据作出付款，对该票据承担责任的所有其他当事方就被解除责任，包括承担保证责任的融通方，或与任何当事方承担连带责任的其他当事方。

票据是否已获得支付，在绝大多数情况下不言而喻，但在某些情况下，也有可能产生判断上的困难。关于票据付款，法典第 3.602 条(a)款规定："如果承担票据支付义务的当事方或其代表人，向有权强制履行票据的人作出付款，票据即被视为获得付款。"根据这项规定，票据是否已被支付，关键在于是否已向"有权强制履行票据的人"作出付款。

前文谈到，在绝大多数情况下，"有权强制履行票据的人"就是票据的执票人。由于偷到凭票付款票据的小偷也是执票人，因此，对于有义务支付票据的人来说，只要在不知道该偷窃的情况下向小偷作出付款，即属于已为票据作出付款，并被相应解除票据责任。相应地，对该票据承担责任的所有其他人也均被解除责任。随后，即使是票据的真正所有权人找到付款人，付款人也无须对所有权人承担责任，而任何其他人也无须承担责任。

这里的关键因素是，付款人必须是以善意作出付款，包括上述例子中对偷窃不知情的情况。如果付款人的付款不是善意作出的，或存在其他不正常情况，付款人即使已经作出付款，仍然不能被解除责任。对此，法典第 3.602 条(e)款规定："如果存在下列情况，当事方支付票据的义务不能根据(a)款至(d)款得到解除：(1)第 3.306 条所述的票据索赔可对收到付款的当事方强制履行，同时：(A)付款人在作出付款时知道，有管辖权的法院已发出禁令或类似命令,禁止该付款;或(B)涉及银行本票、银行支票或保兑支票以外的票据时,作出付款的当事方从对票据持有索赔的人接受了赔偿保证,即如果有权强制履行票据的人未能得到付款,该索赔人将赔偿所产生的损失;或(2)作出付款的人知道票据系被盗票据,且知道获得付款的人系不当占有票据。”

根据法典上述规定,如果票据付款人已根据法典第 3.602 条(a)款至(d)款的规定作出付款,付款人的付款责任通常即被解除,除非存在法典第 3.602 条(e)(1)款或(e)(2)款所述的情况。上述第(e)(1)款中提到的“票据索赔”(claim to instrument),是指执票人以外的人对票据提出的权利主张。例如,假设票据被小偷偷走,而票据所有权人随后发现,并对处于小偷占有之下的票据提出权利主张,该主张就属于票据索赔。

关于票据索赔,法典第 3.306 条规定:“取得票据的人,如果不拥有正当执票人的权利,即受制于票据上或其收益上存在的财产权或占有权,包括撤销流通及收回票据或其收益的权利。”根据这项规定,即使小偷偷到的是凭票付款票据,因而可以成为票据的执票人,小偷也不可能成为正当执票人,因此,票据的所有权人对该票据拥有优先权。

但是,从票据付款人的角度,票据索赔仅仅是一种主张,而不是已经得到证明的权利。因此根据法典上述第(e)(1)(A)款,只有在法院发出禁止付款的命令后,付款人才有义务停止对执票人的付款。另一种情况是,除涉及特定种类的票据外,如果提出票据索赔的人根据第(e)(1)(B)款向付款人支付了赔偿保证金,付款人也就不能再向执票人付款。另外,就是第(e)(2)款所说的情况,即付款人已知执票人系不当占有票据。

从法典的上述规定可以看到,付款人在向有权强制履行票据的人作出付款时,除需要遵守上述法典第 3.602 条(e)款外,原则上无须考虑票据是否存在争议。也就是说,即使付款人知道两人或多人对票据均主张权利,付款人原则上也应忽视该争议,而只向“有权强制履行票据的人”作出付款。对此,法典第 3.602 条(c)款规定:“除(e)款另有规定外,如果承担票据支付义务的当事方作出(a)款和(b)款所述的付款,其付款义务即被解除,即使其在支付票据时,知道另一人根据法典第3.306条对票据持有索赔。”

有关票据付款的另一个问题是,假设甲是本票的制票人,乙是本票的受款人,且双方都知道甲将向乙付款,但在甲付款之前,乙将本票流通给丙,且并未告知甲,而甲随后向乙作出付款,此时,甲是否已完成本票项下的付款义务？对此,法典第3.602条(b)款规定:“除(e)款另有规定外,如果承担本票支付义务的当事方或其代表人,向曾经有权强制履行本票的人作出付款,本票即被视为获得付款,只要在付款当时,有支付义务的当事方未得到充分通知,即本票已被转让,因此付款本应向受让人作出。通知必须经转让人或受让人签名,合理指明被转让的本票,并提供用于随后付款的地址,方属充分。受让人在收到要求时,应及时提供本票已被转让的合理证明。如果受让人未能满足该要求,则为(c)款目的,向曾经有权强制履行本票的人作出的付款系属有效,即使有义务支付本票的人,已收到了本款所述的通知。”

根据上述规定,如果甲未获得合理的转让通知,则甲在向乙付款后,即被解除责任。之所以会出现甲不知道票据已被转让的情况,是因为根据法典第3.501条(b)(2)款的规定,付款人在付款时并非必须看到票据。也就是说,执票人并不一定要出示票据。但是,如果付款人不要求出示票据,就要为因此发生的错误支付承担责任。在上述例子中,甲实际上作出了错误支付,因为在向乙作出付款时,乙已不是有权强制履行票据的人,但是基于法典第3.602条(b)款的特别规定,在乙未作出合理转让通知的情况下,甲无须承担错误支付的责任,因而没有义务再向丙付款。

付款表示

在有些情况下,如果付款人已经作出了适当的“付款表示”(tender of payment),但由于对方的原因而没有完成付款,付款人即无须承担未实际付款的违约责任，并且，对票据承担责任的其他当事方，有可能会因此被解除责任。付款表示的概念，大体上类似于货物买卖中的相应概念。在法典第 2 篇中，卖方的交付分为实际交付和提示交付，而买方的付款也分为实际付款和提示付款。法典第 3 篇中的付款“表示”，在概念上等同于第 2 篇中的付款“提示”，这里只是为了避免与票据的提示（presentment）相混淆，而称其为“表示”。

付款表示是指付款人在具有付款能力和意愿的情况下，向有权强制履行票据的人作出的付款表示，而只是由于后者的原因，付款未能完成。对此，法典第 3.603 条（b）款规定：“如果向有权强制履行票据的人作出履行票据支付义务的表示，但该表示被拒绝，则在表示支付之金额的限度内，对相关付款义务拥有追索权之背书人和融通方的义务即被解除。”而法典第 3.603 条（c）款规定：“如果向有权强制履行票据的人作出支付票据到期金额的表示，则对于到期日之后相关金额的利息，义务人的义务即被解除。”

根据上述规定，付款人的付款表示被拒绝后，有两个主要后果。第一个后果是，付款人无须对之后发生的利息承担责任。但是，付款人对票据原始金额的付款责任仍然存在，因此，有权强制履行票据的人，仍然可以在随后某个时间要求取得票据金额的支付。第二个后果是，对票据承担责任的所有其他人的责任均被解除。例如，甲出立本票给乙，而乙背书后将本票流通给丙，此时，如果甲向丙作出付款表示，而丙出于任何原因没有接受甲的付款表示，乙的背书人责任就被解除。

为什么要解除乙的背书人责任？主要是因为丙的行为增加了乙的责任风险。举例而言，本票应在 2 月 1 日付款，且甲于当日作出了付款表示，但丙当日忙于其他事务，没有接受该付款表示，但随后于 4 月 1 日向甲提出付款要求，而此时甲已破产，丙转而要求乙付款，此时，乙作为本票的背书人，在甲不付款时，自然有义务付款，但是乙本来在付款之后可以转而向甲索赔，但在这个例子中，由于甲已经破产，因而乙很难再从甲取得赔偿。所以，丙没有接受甲最初付款表示的行为，损害了乙的利益。因此，只要有权强制履行票据的人没有按时接受付款人的付款表示，对票据承担责任的其他当事方的义务即被解除。

关于何种“付款表示”才具有上述效力，法典第3.603条(a)款规定：“如果向有权强制履行票据的人作出履行票据支付义务的表示，则该表示的效力，由适用于简式合同项下付款表示的相关法律原则约束。”也就是说，付款表示的效力问题，需要根据法典以外的合同法原则予以确定。但法典第3.603条(c)款同时规定：“如果票据需要提示，且义务人有能力并已准备好于到期日在票据注明的任何一个付款地点付款，则该义务人即被视为已向有权强制履行票据的人作出在到期日付款的表示。”

正当执票人的定义

正当执票人是法典第3篇的核心概念之一。所谓正当执票人，就是以正常方式通过流通取得票据转让的人。法典第3篇的规定，主要就是围绕如何为正当执票人提供最大限度的保护而设计的。从法典的角度来看，加强对正当执票人的保护，就是加强对票据流通性的保护，而此种流通性是票据法的根本目的。从执票人的角度来看，在取得票据转让时，自然希望成为正当执票人，以便获得法典最好的保护。

任何人在通过流通方式取得票据转让时，如果达不到正当执票人的条件，就只能仅仅成为执票人。执票人也是“有权强制履行票据的人”，但所受到的保护程度低于正当执票人。如果任何人取得了票据的转让，但转让不能构成流通，则受让人甚至不能成为票据的执票人，而只能是合同法或财产法意义上的受让人，其权利和义务主要由法典第3篇以外的法律管辖。所以，从法典第3篇的角度，主要关注的是正当执票人和执票人的权利。

关于正当执票人的条件，法典第3.302条规定(a)款规定：“除(c)款和第3.106条(d)款另有规定外，‘正当执票人’指下列情况下的票据执票人：(1)票据在出立或流通给执票人时，不存在导致票据真实性存疑的伪造迹象、涂改迹象或其他不正常或不完整之处；并且（2）执票人以下列方式取得票据：（A）支付了价值；（B）以善意作为；（C）未得到票据已经过期或曾被拒付的通知；也未得到通知，即作为票据同一系列的另一票据，存在未得到补救的付款违约；（D）未得到票据存在无授权签名或涂改的通知；（E）未得到票据存在第3.306条所述权利主张的通知；以及（F）未得到任何当事方持有第3.305条（a）款所述之抗辩或扣减权的通知。”

上述定义对正当执票人规定了两类条件。首先，票据必须表面看上去一切正常，不存在可疑之处，而无论票据是否实际上存在表面上看不出来的伪造或涂改。根据这项规定，受让人在取得票据时需要行使正常谨慎，包括对票据进行适当查验。但是，受让人无须通过其他检验方法对票据进行检验与核实，因为如果对受让人过于苛求，票据就很难流通。其次，除票据表面正常外，受让人取得票据的方式还必须正常，且未得到票据存在争议或其他问题的通知。总而言之，上述定义中的6项条件必须全部得到满足。如果受让人取得票据的方式不正常，或已知票据存在问题，受让人就不能成为正当执票人。

上述所列的一个重要条件，是受让人在取得票据时必须以善意作为。在“Funding Consultants，Inc. v. Aetna Casualty & Surety Co. 案”中，本票的制票人认为，执票人在取得本票时未能以善意作为，因而不能成为正当执票人。在这个案子发生的当时，法典对“善意”的定义是“有关行为和交易中事实上的诚实”。这个定义一般被认为属于主观标准，即只考虑当事方的主观状态。也就是说，即使一个人在作为时没有行使正常谨慎，或存在疏忽，也不能因此认定该人具有主观恶意。基于这个原则，在制票人没有直接证据可以证明执票人存在不诚实行为的情况下，初审法院驳回了制票人的主张。上诉法院认为，初审法院不适当地排除了制票人的某些证据，特别是关于票据市场价值的证据，而根据这些证据，执票人为票据所支付的价值，可能低于该票据的市场价值。上诉法院认为，尽管价值高低本身不能直接说明主观状态，但属于整体证据的一部分，有助于对主观状态进行综合判断。也就是说,所支付的价值越低,执票人的善意就越存在疑问。上诉法院因此判决,初审法院必须综合考虑制票人的证据。

为了克服类似于上述案件所造成的困难,在法典目前的版本中,“善意”已被法典第1.201条(b)(20)款定义为“事实上的诚实,以及对公平交易之合理商业准则的遵守”。根据这个定义,善意既是主观状态,也是客观作为。如果将这个定义适用于上述案件,法院在作出判断时可能会更容易一些,因为即使无法证明执票人存在主观恶意,只要能够证明,执票人在取得票据时存在比较严重的疏忽,或没有遵守适用的行业准则或惯例,执票人就有可能被视为缺乏善意。

关于正当执票人的条件,法典第3.302条(c)款还规定:“以下列方式取得票据的人,不能获得正当执票人的权利,除非其转让人或前手权益人拥有正当执票人的权利:(1)在司法程序中取得,或在执行程序、破产程序或债权人出售或类似程序中通过购买取得;(2)在转让人的非正常的业务整体转让中,通过购买取得;或(3)作为遗产或其他组织的权益继承人取得。”这几种情况都不属于正常的商业交易,因此,取得票据的人没有理由期待票据一定不存在问题。上述定义中的“除非”这句话,就是前文提到的庇护原则,即如果转让人本身是正当执票人,那么除去法典规定的个别例外,受让人由于继承了转让人的全部权利,自然也就成为正当执票人,即使其本来不符合正当执票人的条件。

上述法典第3.302条(a)款中提到的第3.106条(d)款,涉及消费者保护的一个特殊问题。前文提到,根据法典第3.106条(d)款,在一定情况下,如果票据的消费者付款人持有可以对抗票据原始执票人的抗辩,这种抗辩可以一直存在,因此该票据不可能有正当执票人。也就是说,任何随后取得票据转让的人,即使在其他方面符合正当执票人的条件,在涉及此种票据时,也无法成为正当执票人。

对正当执票人的保护

在法典第3篇中,所有的执票人,包括正当执票人,都是“有权强制履行票据的人”。也就是说,都有权要求就票据获得付款。但是,执票人有权要求获得付款,并不完全等于付款人就必须付款,因为付款人可能持有不付款的合理理由。前文提到,对执票人具有不利影响的因素主要有3类,即付款人的抗辩(defense)、付款人的扣减权(claim in recoupment)以及来自其他人的票据索赔(claim to instrument)。因此,执票人是否实际上可以获得付款,主要取决于是否存在这3类不利因素,以及执票人在多大程度上可以抵抗这些不利因素。

法典对正当执票人的保护,主要就体现在正当执票人抵抗3类不利因素的能力上。也就是说,正当执票人比普通的执票人具有更强的抵抗力。关于正当执票人的此种抵抗力,后文在具体讨论抗辩、扣减权和票据索赔时会详细说明。这里需要说明的是,正当执票人的抵抗力也并不是绝对的,因此在一定条件下正当执票人也无法取得票据的付款。并且,正当执票人的权利有时也与执票人本身支付的价值具有比例关系。例如,如果正当执票人自己应该履行的义务没有完全履行,其权利就有可能相应受到限制。对此,法典第3.302条(d)款规定:“如果根据第3.303条(a)(1)款,票据的对价是履约承诺,且履约已部分完成,则票据的执票人可以主张正当执票人的权利,但不超过票据项下付款的相应比例,即完成的履约价值除以承诺的履约价值所得出的比例。”

关于上述所说的权利比例,法典的正式评论作了举例说明。假设甲从制票人取得面值1000美元的本票,然后以900美元的价格流通给乙,乙在支付了500美元之后发现,甲系通过欺诈手段从制票人处取得票据,此时,如果乙以正当执票人的身份要求制票人兑付本票,则乙可以主张的权利限度为:$500 \div 900 \times 1000$,即乙可以主张约为556美元的金额,而不能要求制票人按1000美元的面值兑付本票,因为乙自己只为该本票支付了500美元,并未支付1000美元或900美元。

在担保债权人行使自己的票据权利时,法典第3.302条(e)款也有类似规定:“如果(i)有权强制履行票据的人,对票据仅拥有担保权益,且

(ii)有义务支付票据的人,持有抗辩、扣减权或票据索赔,可以对抗提供了担保权益的人,此时,有权强制履行票据的人在主张正当执票人的权利时,仅限于在强制履行时,不超出票据项下未偿担保债务的金额。”

价值和对价

根据法典第3.302条(a)款的规定,执票人取得正当执票人地位的条件之一,是必须支付“价值”(value)。价值的概念在前文介绍法典第1篇的通用定义时曾讨论过,但法典第3.303条(a)款对价值这个概念在第3篇中的含义单独作出规定,即“在下列情况下,票据的出立或转让被视为取得价值:(1)票据的出立或转让系用于换取履约承诺,但已履行的承诺方可构成价值;(2)受让人对票据取得了担保权益或其他留置权,但司法程序中取得的留置权除外;(3)票据的出立或转让系用于偿付对任何人的前存索赔,或为该索赔设立担保权益,无论该索赔是否已到支付日期;(4)票据的出立或转让系用于换取流通票据;或(5)票据的出立或转让系用于换取票据取得人向第三方承担的不可撤销义务。”

为了说明“价值”这个概念在法典第3篇中的含义,法典的正式评论进行了举例说明。其中一个例子是,甲过去从乙取得贷款,因此欠乙1000美元,在过了一段时间之后,甲出立1000美元的本票给乙,用于偿还该欠款,此时,根据上述第(a)(3)款,该本票的出立即被视为收到了价值,虽然根据一般的合同法原则,该本票的出立不构成价值的同时交换,因而不构成“对价”。

在有些情况下,虽然根据一般的合同法原则可以认为支付了对价,但在法典第3篇中,却不认为支付了价值。法典正式评论给出的一个例子是,甲向乙出立本票,而乙承诺未来向甲提供服务,此时,根据一般的合同法原则,尽管乙尚未提供服务,但可以认为乙已经提供了对价,因为乙已经作出了许诺,但在法典第3篇中,根据上述第(a)(1)款,尚未提供的服务不构成价值。在乙提供了一部分服务后,已提供的服务只在相应价值的范围内构成法典第3篇的价值。

法典的正式评论认为,在法典第3篇中,价值和对价的区别比较微妙,需要小心掌握。正式评论给出的另一个例子是,买方甲和卖方乙于4月1日订立货物买卖合同,约定买方当日支付50%的货款。4月1日在另一项交易中,丙向买方甲出立了“向甲付款”的支票,金额等于甲乙之间货款的50%。买方甲当日在该支票上背书“向乙付款”,然后将支票交付给卖方乙。合同约定的交货日期是5月1日。卖方甲4月2日将支票提示给受票人银行,但银行拒绝付款,称丙已经指示银行停止该支票的支付。此时,由于交货期尚未到达,卖方自然也还没有交货。在此种情况下,如果丙持有可以拒付该支票的任何抗辩,丙都可以使用该抗辩对抗卖方,因为根据上述第(a)(1)款,卖方此时被视为尚未支付价值,因而不属于正当执票人。

法典正式评论对上述例子作出的解释是,如果执票人只作出未来履约的许诺,但尚未实际履约,票据的拒付通常不会使该执票人遭受“实际支出”(out-of-pocket)的损失。也就是说,尽管执票人未能兑现票据,但没有因此产生额外的财物损失。在上述例子中,由于卖方尚未交货,因此支票在4月2日被拒付的情况,只相当于买方4月1日未能支付约定的50%货款,但卖方并未因此损失任何货物。因此,尽管在这个例子中卖方是善意且无辜的,但实际上并不需要正当执票人身份的保护。

根据上述法典第3.303条(a)(2)款,如果票据的执票人或受让人对票据取得了担保权益或其他留置权,该人即被视为已支付了价值,因此可以成为正当执票人。例如,假设在上述例子中,卖方在取得丙出立的支票后,将该支票抵押给向卖方提供融资的银行,此时,如果卖方破产,导致银行成为该支票的执票人,那么丙原本可以对抗甲的抗辩,可能就不能再用于对抗银行,因为银行已成为支付了价值的正当执票人。但是,根据法典第3.303条(a)(2)款的规定,只有法典范围内的担保权益和其他法律规定的“法定留置权”(statutory lien)或类似留置权属于价值,而“裁定留置权”(judicial lien)不构成价值。

上述法典第 3.303 条(a)(4)款和(a)(5)款意在说明,虽然一般而言,未来履约的许诺不构成价值,但流通票据或对第三方承担的其他不可撤销的义务(如信用证)属于例外。这是因为,尽管这些许诺涉及未来履约,但许诺人的义务是提供给第三方的,已经不可收回,因而大体上可被视为已作出的履约。

关于执票人是否支付了价值的问题,在“European Asian Bank, A. G. v. G. Crohn & Co. 案”中成为争议焦点。在该案中,银行在收到客户存入的汇票后,立即在客户的账户中作出贷记,但同时将这笔贷记用于归还客户欠银行的另一笔款项。在发生争议后,客户认为银行未支付价值,因而不属于正当执票人。客户提出的第一个理由是,银行虽然贷记了自己的账户,但立即按相同数额借记了自己的另一个账户,因而等于银行没有提供任何价值。法院认为,银行对客户第二个账户的借记仅为满足记账规则的要求,从该案的整体情况来看,不能认为此种借记本身足以否定给第一个账户的贷记。客户提出的第二个理由是,银行在贷记第一个账户时,只提供了临时信贷,且银行向客户明确说明,该信贷以银行最终收到票据款项为条件。法院则认为,银行只有在票据最终被拒付时才有权收回信贷,而无权随时自行收回信贷,因此,信贷的此种临时性不足以否定银行所支付的价值。

过期票据

执票人取得正当执票人地位的另一个必要条件是,在执票人取得票据的当时,票据尚未过期(overdue)。那么,票据在什么情况下被视为过期?法典第 3.304 条(a)款规定:“即时付款的票据,在下列最早时间开始时,即成为过期票据:(1)正常提出付款要求当日后的下一日;(2)当票据是支票时,支票日期后超过 90 天;或(3)当票据不是支票时,根据票据的性质和行业惯例,票据日期后已超过该案具体情况下的合理时间。”

根据法典第 3 篇的规定,对于即时付款的票据,只要执票人提出付款要求,付款人当天即应支付。因此,在上述规定中,只要付款人当天未支付,票据在第2天即被视为过期票据。如果执票人未曾提出付款要求,则经过一段期限之后,票据也被视为过期。对于支票,该期限为90天,而对于其他票据,则为合理期限。

对于定时付款的票据,法典第3.304条(b)款规定:"(1)如果本金应分期支付,且到期日未被提前,则只要票据任何一笔分期付款因违约未能支付,票据即属过期,且在违约被纠正前,票据一直属于过期;(2)如果本金不属于分期支付,且到期日未被提前,则票据在到期日后的下一日过期;以及(3)如果本金的到期日被提前,则票据在被提前后之到期日后的下一日过期。"但是,该条的第(c)款规定:"除本金的到期日被提前外,如果利息的支付存在违约,但本金的支付不存在违约,则票据不属于过期。"

票据过期不等于票据一定存在问题,也不一定影响票据的兑付。例如,即时付款的票据即使在提出付款要求的当天没有支付,也不等于第2天或之后不会支付,而超过90天的支票,通常也不会受到银行的拒付,且支票的出票人仍需对支票承担责任。但从法典的角度,过期票据毕竟已过了正常的支付期,因此取得这种票据的执票人被视为自行承担风险,因而不能成为正当执票人。

票据遗失、损毁或被盗

法典第3篇对执票人的要求之一,是必须占有票据。也就是说,一个人如果不占有票据,一般就不属于执票人。同时,为了取得票据的兑付,执票人通常需要向付款人提示和交还票据。但是,在票据发生遗失、损毁或被盗的情况下,原有的执票人已经不再占有票据,此时,其是否仍然属于有权强制履行票据的人?

对此,法典第3.309条(a)款规定:"在下列情况下,一个人即使不占有票据,亦有权强制履行票据:(1)寻求强制履行的该人:(A)在失去票据占有的当时,有权强制履行票据;或(B)直接或间接从另一人取得票据的所有权,而该另一人在失去票据占有的当时,有权强制履行票据;(2)失去票据占有,非因该人作出转让,亦非因发生合法扣押;并且(3)该人无法合理获得票据的占有,系因票据已损毁、已无法找到,或已被任何人非法占有且该占有人处于未知、无法找到或无法送达诉讼通知的状态。"

根据上述规定,原执票人的权利仍然得到法典的承认,但是,原执票人需要适当证明自己的权利,并提供一定的保证,如提供保函或保证金。法典第3.309条(b)款规定:"根据(a)款寻求强制履行票据的人,必须证明票据的条款,并证明其强制履行票据的权利。如果能够作出此种证明,则应适用第3.308条,视该人已出示票据。对于寻求强制履行票据的人,法院在作出支持判决之前,必须首先认定,被要求付款的人已获得充分保护,不会在另一人寻求强制履行票据时受到损失。法院可以采用任何合理方式提供此种充分保护。"

涉及银行本票、银行支票或保兑支票时,法典对原执票人规定了一些特别的条件,因为这些票据的付款人均为银行,需要更加谨慎。法典规定的条件之一是,该人必须提供"报失声明"(declaration of loss)。法典第3.312条(a)(3)款规定:"'报失声明'指在同意接受伪证罪责任的条件下,以记录形式作出的声明,其中说明:(A)声明人失去票据的占有;(B)涉及保兑支票时,声明人系支票的出票人或受款人;涉及银行本票或银行支票时,声明人系支票的汇付人或受款人;(C)失去占有,非因声明人的转让,亦非因合法扣押;以及(D)声明人无法合理取得票据的占有,因为票据已损毁;已无法找到;或已被任何人非法占有,且该人处于未知、无法找到或无法送达诉讼通知的状态。"在美国法律中,"伪证罪"(perjury)具有相当严重的后果。如果一个人在同意承担伪证罪责任的情况下提供证词,且事后证明该证词属于虚伪或不实,则即使没有其他违法行为或后果,提供伪证本身就会引起刑事责任。

希望取得付款的人在作出报失声明后,需要向银行提出自己对票据的权利的合理证明。法典第3.312条(b)款规定:"主张人为就支票金额提出权利主张,可向承债银行发送通信,合理描述支票的特征,并要求支付支票金额,只要(i)主张人系保兑支票的出票人或受款人,或系银行本票或银行支票的汇付人或受款人,(ii)通信中包含或附有主张人就支票作出的报失声明,(iii)基于银行收到该通信的时间和方式,银行有合理时间能在支付支票前,根据该通信据以作为,以及(iv)在承债银行提出要求时,主张人提供了合理的身份证明。报失声明的提交,构成一项保证,即担保声明中的陈述系属真实。"根据这项规定的第(iii)款,如果银行在收到该权利主张时已经没有时间就该主张采取行动,则银行没有义务遵从该主张。例如,假设小偷在偷到凭票付款的票据后已先行到银行取得兑付,则银行即无法再遵从该主张人的权利主张。

如果主张人提出的权利主张符合法典的上述规定,则法典第3.312条(b)(1)款规定:"在下列较晚时间,该权利主张取得强制履行力:(i)提出权利主张的时间,或(ii)涉及银行本票或银行支票时,支票日期之后的第90天;涉及保兑支票时,承兑日期之后的第90天。"而法典第3.312条(b)(4)款规定:"在该权利主张取得强制履行力时,承债银行即有义务向主张人支付支票金额,只要之前未曾向有权强制履行支票的人付款。除第4.302条(a)(1)款另有规定外,向主张人付款之后,承债银行对支票的全部义务即被解除。"同时,法典第3.312条(b)(3)款规定:"如果在支票被提示付款前,该权利主张取得强制履行力,则承债银行无义务支付支票。"

如果主张人提出权利主张时,尚未超过票据日期或承兑日期90天,则该主张对承债银行没有约束力,因此银行有权根据票据条款向占有票据的人作出兑付,并可以因此解除自己对票据的付款义务。并且,银行在兑付票据后,也就没有义务再遵从上述主张人的主张。法典第3.312条(b)(2)款规定:"在该权利主张取得强制履行力之前,该权利主张没有法律效力,因此,承债银行可以支付票据,或在涉及银行支票时,可以允许受款人支付票据。在向有权强制履行票据的人付款之后,承债银行对票据的全部义务即被解除。"

但是，即使主张人已经根据上述规定从银行取得付款，该主张人在一定情况下仍有可能需要退还该付款。法典第3.312条(c)款规定："如果承债银行根据(b)(4)款向主张人支付票据金额，但享有正当执票人权利的人出示票据并要求付款，则主张人有义务：(1)当票据已被支付时，向承债银行退回付款；或(2)当票据已被拒付时，向拥有正当执票人权利的人支付票据金额。"也就是说，如果票据丢失后被正当执票人取得，则该主张人的权利不能对抗该正当执票人的权利。

第五节　票据的责任

票据作为支付工具，意味着必须有人承担票据项下的付款责任。前文在讨论票据的付款问题时，粗略地使用过不同的概念，如付款人或承担支付义务的人等，也提到过票据的不同当事方，如出票人、制票人、受票人、背书人或融通方等。这些都是在不同程度上和不同条件下承担票据支付义务的当事方。从执票人的角度，需要明确理解他们支付义务的程度和条件。

对于一项票据，承担付款责任的有时只有一人，有时可以是多人。责任的性质也可以不同，有人承担主要责任，有人承担次要责任。有时是多人共同承担主要责任，有时是多人共同承担次要责任。这些都取决于责任人相对于票据的身份。例如，假设本票只有一个制票人和一个受款人，那么承担付款责任的只有制票人。但是，如果本票流通过一次，中间存在一个背书人，那么制票人和背书人都对票据承担付款责任，但制票人的责任是主要的，背书人的责任是次要的。假设本票有两个共同制票人，则两人都承担主要的付款责任。

除去上述所说的票据支付义务，票据的转让人还要向受让人承担"担保"(warranty)责任，即类似于货物的卖方对货物承担的担保责任。虽然支付义务和担保责任都与票据有关，并都直接影响票据受让人的权利，但严格而言,两者的性质有所不同,因为支付义务属于票据责任,而担保责任则主要是合同责任。同时,这是两种互相独立的责任。也就是说,一个人可能既要承担票据的支付责任,也要承担票据的担保责任,而权利人有权对两种责任分别追究。但是,权利人无权获得超出自己损失程度的赔偿。

票据上的签名

有关票据付款责任的基本原则是,一个人只有在票据上签名,才对票据承担付款责任。一个人即使自己没有实际在票据上签名,但只要受到其代理人或代表人的签名的约束,该人即被视为已在票据上签名。关于签名与票据付款责任的关系,法典第3.401条(a)款规定:"只有在下列情况下,一个人才对票据承担责任:(1)该人在票据上签名;或(2)该人的代理人或代表人在票据上签名,且根据第3.402条,该签名对被代表人有约束力。"

上述规定没有明确提到付款责任,而只是说对票据承担责任,但实际上,这就是指票据项下的付款责任。没有在票据上签名的人,在任何情况下都不承担票据的付款责任,但仍然有可能要承担担保责任,因为担保责任是转让票据的行为引起的,与是否签名没有关系。例如,假设一个人将凭票付款的票据流通给另一人,但在流通时仅将票据交付,而没有在票据上背书,那么转让人不承担票据的付款责任,但要对受让人承担票据的担保责任。关于这两种责任的具体情况,后文会详细讨论。

关于签名的方式,前文曾提到,法典对签名方式采取非常灵活的态度,即任何有意作出的符号都可以构成签名。法典第3.401条(b)款规定:"签名可以通过下列方式作出:(i)手写或使用工具或机器,并且(ii)使用任何名字,包括商号或别名,或使用或采纳任何字词、标识或符号,只要在使用或采纳的当时,行为人的意图是对书面文件进行认证。"也就是说,即使一个人只在票据上画了一个圆圈,只要是为了表示对文件的认可,该圆圈就构成签名。

根据上述定义,签名不仅是客观行为,而且必须带有主观意图,且签名的客观行为和主观意图必须同时存在。在"First National Bank of Alamosa v. Ford Motor Credit Co. 案"中，争议的主要问题是，汇票上事先印制的受票人名字，是否代表了受票人在汇票上的签名，并因此代表了受票人对汇票的承兑。在该案中，汇票的受票人是一家提供汽车融资的公司，并将事先印制的空白格式汇票提供给希望获得融资的客户。客户在需要资金时，可以使用该格式汇票，以客户作为出票人和受款人，而以融资公司作为受票人。在格式汇票上，有两个地方显著印制着受票人公司的名字，即"Ford Motor Credit Company"（福特汽车金融公司）。在该金融公司拒付汇票后，汇票的执票人试图追究金融公司作为汇票承兑人的责任。

执票人主张，汇票的格式是金融公司提供的，而汇票正面两个地方显著印制的金融公司的名字，明显让人感到受票人已经认可该汇票，因此，该名字构成受票人在汇票上的签名，并因此构成受票人对汇票的承兑。法院认为，签名是两个因素的结合，即签名人在文件上作出签名的同时，还必须具有对该文件予以认可或接受的"现实意图"（present intention）。签名人是否具有现实意图，需要根据常识、习惯和惯例综合判断。在该案中，汇票上印制的名字，类似于空白信纸上方事先印制的公司名字，而在通常理解中，不会认为此种公司名字代表了公司对随后完成的信件内容的承认或签名。法院据此判决，汇票上印制的融资公司的名字，不构成融资公司对汇票的承兑签名。

代表人的签名

如果一个人通过其"代表人"（representative）在票据上签名，则只要该代表人有代表权，无论是实际授权还是法律认定的默示授权或表见授权，被代表人就要受到该签名的约束，并承担与该签名相应的票据责任。法典第 3.402 条(a)款规定："如果在票据上签名的人，系代表人或显示为代表人，且在签名时使用被代表人的名字，或使用签名人自己的名字，此时，该签名对被代表人的约束力，相当于该签名签于简式合同时，被代表人所受到的约束。如果被代表人受到签名的约束，则代表人的签名即属于‘被代表人的授权签名’，且被代表人即对票据承担责任，无论票据上是否注明了该被代表人。”这项规定并没有直接规定，在何种情况下代表人的签名对被代表人产生约束力，而只是规定，这个问题需要根据法典以外的合同法或代理法来确定。如果确定存在约束力，被代表人即被视为已在票据上签名。

关于代表人签名的效力，法典第3.402条(b)款规定：“如果代表人在票据上签署代表人的名字，且该签名属于被代表人的授权签名，则应适用下列原则：(1)如果签名的格式毫无疑义地表明，签名系代表被代表人作出，且票据上注明了被代表人，则代表人不对票据承担责任。(2)除(c)款另有规定外，如果正当执票人在取得票据时未得到通知，即代表人无意对票据承担责任，则在下列情况下，代表人应对票据承担责任：(i)签名的格式并非毫无疑义地表明，签名系以代表人的身份作出，或(ii)票据上未注明被代表人。涉及任何其他人时，除非代表人能够证明，各个原始当事方无意让代表人承担票据责任，否则，代表人即对票据承担责任。”根据这项规定，如果代表人已明确说明系代表特定被代表人签名，则仅由被代表人承担该签名的责任，而代表人不承担责任；在其他情况下，代表人有可能必须和被代表人共同承担票据的付款责任。

无授权签名

如果代表人的签名不能根据法典的前述规定构成“被代表人的授权签名”，则该签名即不能约束被代表人。此时，该签名即属于“无授权签名”(unauthorized signature)。法典第3.403条(a)款规定：“除本篇或第4篇另有规定外，无授权签名不具有效力；但是，为保护以善意支付票据的人，或通过支付价值取得票据的人，无授权签名构成签名人自己的有效签名。为本篇任何目的，无授权签名均可被事后批准。”

根据上述规定，无授权签名如果得到被代表人的事后批准，也可以具有效力。此外,即使无授权签名不能约束被代表人,但仍有可能作为签名人的签名而约束签名人。例如,乙未得到甲的授权,但代表甲作为制票人在本票上签名,此时,甲不受该签名的约束,也不对本票承担付款责任,但是,乙在本票上作出了签名,因此自己可能要受到该签名的约束,并对本票承担付款责任。也就是说,该本票不能构成甲出立的本票,但却有可能构成乙出立的本票。

虽然无授权签名原则上不能约束被代表人,但根据法典的规定,在个别情况下,被代表人也有可能由于自己的疏忽而受到无授权签名的约束。法典第3.406条(a)款规定:“(a)如果任何人未能行使正常谨慎,且该过失对票据发生涂改或出现伪造签名起到重大助推作用,则在对抗以善意支付票据的人时,或在对抗通过支付价值或为收款目的取得票据的人时,未能行使正常谨慎的人即无权以票据存在涂改或伪造而主张权利。(b)为(a)款目的,如果主张他人丧失主张权的人,自己在支付或取得票据时亦未能行使正常谨慎,且该过失对损失的发生亦起到助推作用,则丧失主张权的人,和主张他人丧失主张权的人,应按他们各自未能行使正常谨慎对损失发生的影响程度,分担损失。(c)为(a)款目的,证明未能行使正常谨慎的举证责任,由主张他人丧失主张权的人承担。为(b)款目的,证明未能行使正常谨慎的举证责任,由丧失主张权的人承担。”

根据上述规定,如果任何人应该发现无授权签名,但由于疏忽未能发现,该人可能就要受到该签名的约束,以便保护其他的善意当事方。在不同当事方都存在疏忽时,他们要按照各自的过错程度分担损失。但是,即使被代表人受到约束,作出签名的人仍要为其无授权行为承担责任。法典第3.403条(c)款规定:“即使为本篇目的,本篇任何条款允许无授权签名具有效力,但对于作出无授权签名的人,其应负的民事或刑事责任不受此种条款影响。”

冒名人;虚构受款人

谈到票据责任时,通常都是假设,票据所有的当事方都是真实当事方。

但在有些情况下,票据确实可能存在不真实当事方,并对票据责任造成影响。其中一种情况是,票据存在冒名顶替的当事方。例如,甲欠乙一笔款项,丙冒充是乙,诱使甲出立了"向乙的指定人付款"的本票,而由于甲误认为丙就是乙,因此甲将本票交付给丙。此时,丙即属于法典所说的"冒名人"(imposter)。

作为冒名人的丙拿到该本票后能做什么?法典第3.404条(a)款规定:"如果冒名人通过邮件或其他形式,冒充票据的受款人或受款人的授权代表人,诱使票据的立票人向冒名人出立票据,或向冒名人的合谋人出立票据,此时,如果任何人以该受款人的名字在票据上作出背书,则为保护以善意支付票据的人,或为保护通过支付价值或为收款目的取得票据的人,该背书具有该受款人背书的效力。"

根据上述规定,丙实际上有能力或有可能将该本票进行流通,即丙可以使用乙的名字在本票上作出背书,然后将该本票进行流通,如流通给丁。此时,丙使用乙的名字作出的背书,被视为具有乙的背书的效力。也就是说,似乎丙可以代表乙作出背书,然后使票据进行正常流通。法典的这项规定,主要是为了保护票据的流通性,因为从丙得到本票的丁,可能无法判断票据上的背书究竟是乙的背书,还是别人用乙的名字作出的背书。所以,只要本票规定凭乙的指令付款,而背书的名字就是乙,票据就可以流通,虽然在这种情况下,乙不仅没有作出背书,甚至根本对该本票的存在一无所知。

那么,乙的处境会如何?由于乙未参与上述本票的出立和流通,也对其完全不知情,因此该事件对乙的权利没有影响。也就是说,乙仍然像本票出立之前一样,可以要求甲偿还本应偿还的款项,因为在甲和乙之间,甲被视为尚未向乙作出偿还。那么,从甲的角度来看,假设丁拿到本票后要求甲付款,甲是否有义务付款?这取决于丁是否属于正当执票人,也取决于其他一些因素。因此,甲可能有义务付款,也可能没有义务付款。关于甲的付款义务问题,后文会进一步讨论。那么,丙应该承担什么责任?丙可能要承担民事责任或刑事责任,但这属于法典以外其他法律管辖的问题。

另外一种票据欺诈情况,涉及所谓的“虚构受款人”(fictitious payee)。关于虚构受款人,法典第3.404条(b)款规定:“如果(i)票据应向何人付款系由某人的意图决定[第3.110条(a)款或(b)款],而该人无意让被注明为受款人的人对票据取得任何权益,或(ii)被注明为票据受款人的人系虚构的人,此时,在票据通过记名背书被流通之前,应适用下列原则:(1)任何占有票据的人,均为票据的执票人。(2)如果任何人以票据上被注明之受款人的名字作出背书,则为保护以善意支付票据的人,或为保护通过支付价值或为收款目的取得票据的人,该背书具有该受款人背书的效力。”

法典的正式评论对此进行了举例说明。假设有权代表公司出立支票的财务主管以公司作为出票人,出立了一张“向甲付款”的支票,但实际上甲并不存在,而财务主管在自己占有支票的情况下,用甲的名字作出背书后,将支票存入银行,委托银行对支票进行收款,并将款项存入甲指定的账户(银行不知道甲并不存在),此时,财务主管无意让甲取得票据权益,且实际上甲也根本不存在,因此,根据上述第(b)(1)款,占有支票的财务主管被视为执票人,因而成为“有权强制履行票据的人”。而根据上述第(b)(2)款,支票被存入银行时,财务主管以甲的名字作出的背书,被视为具有甲的背书的效力(尽管甲根本不存在),因此,银行亦成为支票的执票人,也属于“有权强制履行票据的人”。因此,无论是财务主管还是银行,均有能力使该支票进行流通,尽管公司并未授权出立该支票,且甲也不存在。

法典有关冒名人和虚构受款人的规定,一方面是为了保护票据的流通,另一方面是为了确定损失的分担。法典第3.404条(d)款规定:“涉及(a)款或(b)款适用的票据时,如果任何人在支付票据时,或在通过支付价值或为收款目的取得票据时,未能行使正常谨慎,且该过失对票据付款损失起到助推作用,则受到损失的人,可就未能行使正常谨慎所造成的那部分损失,从未能行使正常谨慎的人取得赔偿。”根据这项规定,如果出现冒名人或虚构受款人,就需要判断当事方是否存在疏忽,并根据疏忽的情况来确定损失应该由谁承担。

虚构受款人是一个相对复杂的问题,可以有很多变化形式。法典的正式评论给出的另一个例子是,在上述财务主管出立“向甲付款”支票的例子中,即使甲是实际存在的人或公司,并与公司确有业务往来,最终结果还是与上述例子一样,因为财务主管无意让甲取得票据权益。并且,即使当时公司欠甲一笔款项,且支票的数额与欠款数额一致,甲也不能对支票取得任何权益,原因也同样是财务主管在出立支票时无意让甲对支票取得权益。但是,法典的正式评论同时说明,如果财务主管是在出立支票后才改变主意,即原想让甲对支票取得权益但出立后不再这样想,那么法典第3.304条即不适用,因为甲不再属于“虚构受款人”。此时,应该适用后文将要讨论的法典第3.305条,即雇员对公司的欺诈。

法典的正式评论给出的另一个例子是,假设公司出立支票时需要两个人签名,即总经理和财务主管,而财务主管意图欺诈公司,向公司总经理谎称公司欠乙一笔款项,因此应出立一张“向乙付款”的支票,但实际上,乙虽然与公司有业务往来,但当时公司并不欠乙任何款项。公司总经理在不知情的情况下,误以为公司确有欠款,就与财务主管共同在支票上签名,并将支票交给财务主管。财务主管随后以乙的名字作出背书,然后将支票流通。在此种情况下,乙不能对支票取得权益,因为虽然公司总经理意图让乙取得权益,但财务主管占有支票,因此根据上述法典第3.304条(b)(1)款,财务主管是执票人,因此财务主管的意图决定谁应对票据取得权益。

雇主的责任

从上文的讨论中可以看到,在商业活动中,公司或其他组织的雇员可能会利用自己的便利地位从事票据欺诈行为,而此种行为既有可能损害雇主,也有可能损害其他当事方。从雇主的角度来看,最重要的问题是,这些行为在何种程度上会牵累雇主,导致雇主对雇员以欺诈方式出立的票据承担责任。

对此,法典第3.405条(b)款规定:“如果任何人以善意支付票据,或通过支付价值或为收款目的取得票据,则在确定该人的权利和义务时,如果雇主已将票据的职责委托给雇员,即使该雇员或其同谋人在票据上作出欺诈性背书,只要背书系以票据应向其付款的人的名字作出,该背书即具有该受款人背书的效力。”根据这项规定,确定雇主责任的关键因素,在于雇主是否已经“将票据的职责委托给雇员”。如果雇员具有该“职责”(responsibility),雇主可能就要为雇员的行为承担责任。

例如,公司收到一张向公司付款的支票,公司的雇员在处理公司信件时拿到了这张支票,并在支票上伪造了公司的背书,使支票成为向雇员自己付款的支票,然后将支票存入银行,并取得支票项下的付款。此时,该伪造背书的效力,取决于公司的雇员是否具有相关职责。如果没有该职责,该背书就是无授权背书,因此银行的付款就是错误付款,公司可以追究银行的责任。如果具有该职责,该背书就是授权背书,银行就没有责任,公司只能追究雇员的责任。

雇员在何种情况下被视为具有相关职责?法典第3.405条(a)(3)款规定:“涉及票据时,‘职责’指作出下列行为的权限:(i)代表雇主在票据上签名或背书,(ii)就雇主收到的票据,进行账目处理、存入账户或其他处置,(iii)对票据进行准备或处置,以便使用雇主的名字出立票据,(iv)对于以雇主名字出立的票据,提供相关信息,以便确定票据受款人的名字或地址,(v)对于以雇主名字出立的票据,管控票据的处置,或(vi)以履行职责的身份,从事其他有关票据的行为。如果雇员的权限,仅限于接触储存、运输或寄送过程中的票据、空白票据表格或半成品票据表格,或发生类似接触,该权限不构成‘职责’。”根据这项规定,如果上述例子中的雇员是公司的财务负责人,平时有权代表公司在票据上签名,该雇员即被视为具有相关职责,而如果该雇员只是秘书,平时只负责处理信件往来,该雇员即不具有相关职责。

在上述例子中,假设作出背书的雇员具有相关职责,那么从银行的角度,是否有义务辨别该背书是否实际上已得到公司授权?法典把这个问题视为谨慎问题,即银行是否行使了正常谨慎(ordinary care)。如果银行行使了正常谨慎,银行即不承担责任,否则银行就要承担责任。法典第3.405条(b)款规定:“如果任何人在支付票据时,或在通过支付价值或为收款目的取得票据时,未能行使正常谨慎,且该过失对欺诈造成的损失起到助推作用,则受到损失的人,可就未能行使正常谨慎所造成的那部分损失,从未能行使正常谨慎的人取得赔偿。”至于什么是正常谨慎,法典没有作出定义,因此只能根据法典以外的其他法律,由法院根据每个案件的具体情况进行判断。在作出这个判断时,公司与银行的交往习惯,以及该雇员在类似票据业务中的作用,对确定银行是否行使了正常谨慎具有重要影响。

引起票据责任的疏忽

从上述讨论中可以看到,在确定票据责任时,除其他因素外,还要看相关当事方是否行使了正常谨慎。如果任何当事方未能行使正常谨慎,即被认为存在疏忽,并可能要为此种疏忽承担责任。法典第3.406条(a)款规定:“如果任何人未能行使正常谨慎,且该过失对票据发生涂改或出现伪造签名起到重大助推作用,则在对抗以善意支付票据的人时,或在对抗通过支付价值或为收款目的取得票据的人时,未能行使正常谨慎的人即无权以票据存在涂改或伪造而主张权利。”

举例而言,在公司雇员伪造背书的上述例子中,如果伪造背书的是公司的秘书,背书可能会被视为无授权背书,因为该秘书不具有相关职责。此时,银行一般要承担责任,因为银行的付款被视为错误支付。但是,假设该秘书能够成功伪造背书的原因之一是公司存在疏忽,例如,本来应该能够及时发现伪造,但实际上未能发现,那么公司在对抗银行时,就要为自己的疏忽承担相应责任。

假设公司和银行都存在疏忽,双方之间应如何划分责任?法典第3.406条(b)款规定:“为(a)款目的,如果主张他人丧失主张权的人,自己在支付或取得票据时亦未能行使正常谨慎,且该过失对损失的发生亦起到助推作用,则丧失主张权的人,和主张他人丧失主张权的人,应按他们各自未能行使正常谨慎对损失发生的影响程度,分担损失。”根据这项规定,如果公司和银行都存在疏忽,则应根据各自的过错程度,按比例分担责任。

票据的涂改

票据条款除受到法典和其他相关法律的限制或补充外,主要是指立票人在出立票据时为票据制定的条款,其中最关键的条款,如付款金额、付款时间和受款人等,都注明在票据表面。如果其他人在没有经过立票人授权的情况下,改动票据的条款,并意在改变票据当事方的义务,就属于对票据的“涂改”(alteration)。

关于涂改,法典第3.407条(a)款规定:“‘涂改’指:(1)未经授权在票据上作出的,意图在任何方面修改任何当事方义务的改动;或(2)未经授权在不完整票据上添补的,影响任何当事方义务的文字或数字,或其他改动。”根据这项规定,涂改首先是未经立票人授权的改动,其次是具有改变当事方义务的意图。例如,任何人如果在没有经过立票人授权的情况下,把票据的付款金额从100美元故意改为1000美元,就属于意图改变当事方义务的无授权改动。前文提到,如果对票据的改动经过立票人的授权,该改动就属于对票据的添补,而不属于涂改。

关于涂改对票据的影响,法典第3.407条(b)款规定:“除(c)款另有规定外,以欺诈方式作出的涂改,如果影响到任何当事方的义务,该当事方的义务即被解除,除非该当事方同意该涂改或已丧失对该涂改的主张权。任何其他涂改,均不解除当事方的义务,且票据可按原始条款强制履行。”根据这项规定,涂改可以分为两种:一种具有欺诈意图,另一种不具有欺诈意图。是否具有欺诈意图,主要判断是否存在主观恶意。有些涂改,虽然未经立票人授权,但涂改人可能并无恶意。

对于欺诈性涂改,例如,票据的执票人故意将票据的付款金额从100美元改为1000美元,以使自己获得更多的付款,那么根据上述规定,票据义务受到此种涂改影响的当事方,即被解除票据义务。例如,甲出立本票给乙,乙背书后将本票流通给丙,丙故意将本票金额从100美元改为1000美元,然后要求甲支付本票。此时,由于丙具有欺诈意图,且甲的付款金额增加,因此甲对本票的付款责任被彻底解除。同时,由于乙作为背书人的支付责任也受到影响,因此乙对本票的责任也被彻底解除。其结果就是,丙彻底失去从甲或乙获得本票付款的权利。

对于非欺诈性涂改,根据法典上述规定,此种涂改基本不影响票据原有的效力,因此当事方仍要承担原有的义务。例如,票据上缺乏出立日期,执票人随后善意地填上日期,但由于执票人的记忆错误,所填上的日期不是票据的实际出立日期,此时,尽管该补充未经授权,并在一定程度上改变了当事方的原有义务,但该补充不属于欺诈,因此,票据仍可按立票人出立票据时的原始条款强制履行,即票据的日期仍为实际出立日期。在类似上述例子的情况下,法典有时明确规定执票人可以添补日期。例如,法典第3.409条(c)款规定:"如果汇票应于见票后一个确定期间后付款,但承兑人未写承兑日期,则执票人可善意地填上一个日期,使承兑变为完整。"

有关涂改的法典第3.407条(b)款中提到一项例外,即该条的第(c)款。该款规定:"如果票据存在欺诈性涂改,但付款银行或受票人支付了票据,或任何人通过支付价值取得了票据,则只要其以善意作为,且未得到票据存在涂改的通知,即有权按下列条款强制履行相关票据的权利:(1)按票据的原始条款;或(2)涉及不完整票据通过无授权涂改被添补完整时,按添补完整后的条款。"

根据上述规定,如果执票人以欺诈方式将支票的付款金额从100美元涂改为1000美元,而银行在收取支票时虽然行使了正常谨慎,但没有看出该涂改,因而按1000美元作出支付,此时,根据上述第(c)(1)款,银行可以从出票人收取票据的原始金额100美元,因为出票人的义务虽然由于该涂改而受到影响,但根据法典第(c)(1)款,出票人的票据责任并没有被解除,仍然要按票据原始条款向银行支付 100 美元。此时,对于另外的 900 美元,银行只能自行承担损失,或去追究其他责任人的责任。但是,根据上述第 (c)(2)款,如果出票人在出立支票时忘记填写金额,而其他人在未经授权的情况下在票据上填入 1000 美元的金额,则银行可以从出票人收取涂改后的 1000 美元。这是因为,不完整票据在很大程度上是立票人的疏忽,且此种无授权涂改很难从票据的表面看出。

受票人的责任

对于一张汇票,在汇票中被出票人命令付款的人称为"受票人"(drawee)。根据法典的规定,汇票项下的"受款人"(payee)如果希望取得付款,需要首先向受票人提出付款要求。但是,如前文曾提到的,受票人此时实际上没有义务必须为汇票付款。法典第 3.408 条规定:"支票或其他汇票本身,不构成受票人手中的可用于支付该票据的资金的转让。受票人在承兑支票或其他汇票前,不对票据承担责任。"这与前文讨论过的另一个原则有关,即任何人只要没有在票据上签名,就不承担票据支付责任。对于受票人来说,在受款人将汇票提示给受票人之前,受票人未曾在汇票上签名,因此,受票人不对汇票承担责任。

当然,在正常情况下,受票人尽管在理论上和法律上没有付款义务,但实际上会作出付款,因为出票人与受票人必然存在相关安排,并已经授权受票人银行从出票人在受票人处设立的账户内扣款。但是,为汇票付款只是受票人对出票人承担的合同义务,而不是受票人对汇票承担的票据责任,也不是受票人对受款人承担的任何义务。

虽然受票人在正常情况下会为汇票付款,但也有很多原因可以导致受票人拒付。例如,当出票人账户内存款不足时,或当出票人向受票人发出停付指令时,或当受票人认为汇票本身存在疑问或出现其他误判时,受票人都有可能对汇票拒付。此时,无论受票人的拒付是否存在正当理由,受款人都无权追究受票人的责任。当然,在受票人错误拒付的情况下,受票人可能要对出票人承担一定的违约责任。但是,这是出票人和受票人之间的问题,与汇票本身无关。对于汇票的受款人,此时只能转而要求出票人付款,追究出票人的票据责任。关于出票人对汇票的责任,后文将会讨论。

汇票的承兑

前文提到,汇票的受票人实际上不对汇票的受款人承担支付汇票的义务。那么,从持有汇票的受款人角度,如何知道受票人是否实际上会支付汇票?对于即时付款汇票,法典规定,只要受款人提出付款要求,受票人就要立即作出答复,无论是肯定的答复,还是否定的答复。从受款人的角度,此时自然就会知道受票人是否同意付款。受款人的此种付款要求,就称为“付款提示”。

对于定时付款汇票,如果受款人希望在付款日期之前就知道受票人是否同意付款,就需要向受票人作出“承兑提示”,即要求受票人先行对汇票作出“承兑”(acceptance)。例如,受款人 2 月 1 日收到付款日期为 5 月 1 日的定时付款汇票。通常而言,受款人需要等到 5 月 1 日到来时再向受票人作出付款提示。受票人如果未在当天付款,一般即构成拒付。但在此之前,受款人并不知道受票人在 5 月 1 日是否会付款。

如果受款人确实希望提前知道,可以先要求受票人作出承兑,如在 2 月 2 日向受票人作出承兑提示。此时,受票人需要立即作出答复。受票人可以作出承兑,也可以拒绝承兑。无论如何,受款人可以知悉受票人的态度。所谓承兑,就是受票人通过在汇票上作出签名等形式,承诺在付款日期到期时支付汇票。也就是说,承兑虽然不是付款,但构成受票人同意支付汇票的承诺。

如果受票人拒绝承兑,就表示受票人不同意在付款日期到期时支付汇票,等于立即对汇票作出拒付。此时,受款人只能转而追究出票人的责任。关于拒付的问题,后文还会详细讨论。如果受票人同意作出承兑,受票人的身份和责任就发生转化。从身份来看,受票人此时转化为承兑人

(acceptor),而不再是受票人;从责任来看,不对汇票承担支付义务的受票人此时转化为承担支付义务的承兑人,因为此时其已在汇票上签名,承担了支付汇票的直接责任。

关于承兑,法典第3.409条(a)款规定:"'承兑'指受票人以签名方式,同意在汇票被提示时支付汇票。该同意必须写在汇票上,并可仅由受票人的签名构成。承兑可在任何时间作出,并在作出下列行为的时间生效:根据相关指示作出通知;或交付已承兑的汇票,以便使任何人基于该承兑取得权利。"

根据上述规定,在受票人作出承兑签名并将票据退还给执票人时,承兑即开始生效。有时,为了简化手续,免除执票人在随后付款时再次提交汇票,受票人作出承兑后也可以不再退回汇票,而只是向执票人作出承兑通知。如果承兑附有任何文字,该文字不应具有改变汇票原始条款的含义,否则该文字就有可能被视为对汇票的拒付。对此,法典第3.410条(a)款规定:"如果受票人之承兑的条款,与所提示的汇票的条款不同,执票人可以拒绝该承兑,并视汇票已被拒付。此时,受票人可以撤销该承兑。"

举例而言,假设汇票金额是1000美元,但受票人的承兑注明,只同意支付500美元,或将付款时间推迟一段时间,此时,执票人可以将该承兑视为对汇票的拒付。如果执票人将其视为拒付,受票人可以撤销该承兑。这实际上是给受票人作出纠正的机会,因为受票人撤销该承兑后,可以重新作出符合汇票原始条款的承兑。

在承兑改变了汇票条款的情况下,受款人有权拒绝该承兑,但也有权接受该承兑。如果接受该承兑,汇票其他当事方的责任可能会因此被解除。法典第3.410条(c)款规定:"如果执票人对改变汇票条款的承兑表示同意,则每一个未明确同意此种改变的出票人和背书人,即被解除义务。"根据这项规定,受款人接受修改票据条款的承兑后,如果其他票据当事方未同意该修改,则其他当事方将不再为票据承担责任。因此,如果承兑人在汇票的付款日期到期后拒绝支付汇票,受款人就无权再追究票据其他当事方的责任，因为他们已被解除责任。

为了保护受票人善意作出的承兑，法典第 3.409 条(b)款规定："汇票即使未经出票人签名，或在其他方面不完整，或已过期，或已被拒付，仍可被承兑。"根据这项规定，即使汇票存在某些问题，只要受票人根据当时的情况愿意作出承兑，受票人仍有权利作出承兑。例如，超过票面日期 90 天的支票属于过期支票，但如果此种支票被提示给受票人，受票人仍然有权作出承兑。而如果受票人作出承兑，并最终作出付款，受票人即有权从出票人的账户中扣除相应款项。

承兑人的责任

受票人在承兑汇票后，即转化为汇票的承兑人，对汇票承担直接的支付责任。法典第 3.413 条(a)款规定："汇票的承兑人有义务按下列条款支付票据：(i)按汇票承兑时的条款支付，即使承兑规定按'原始出票'条款支付汇票，或使用了类似用语，(ii)如果承兑改变了汇票条款，则按改变后的汇票条款支付，或(iii)如果承兑的是不完整票据，则在第 3.115 条和第 3.407 条所述的限度内，按汇票被添补完整后的条款支付。此项义务的受益人，是有权强制履行汇票的人，或出票人，或根据法典第 3.414 条或第 3.415条支付了汇票的背书人。"

上述第(a)(i)款中的"原始出票"(as originally drawn)一词，是考虑到汇票在出立后可能存在添补情况或涂改情况。例如，汇票在出立时忘记填写付款金额，但在受票人承兑汇票时，汇票上已被添补上一个金额。此时，即使承兑注明承兑人将按"原始出票"条款付款，根据法典第 3.413 条(a)(i)款的规定，承兑人仍然有义务按承兑时汇票上的金额付款，尽管该金额并不是"原始出票"条款。上述第(a)(ii)款所适用的情况是，承兑人的承兑修改了票据条款，但该修改被受票人接受。此时，承兑人就有义务按自己所承兑的条款承担票据责任。上述第(a)(iii)款提到的第 3.115 条和第 3.407 条，涉及不完整票据被添补完整以及票据存在涂改的情况。根据该两条的规定，即使汇票存在添补或涂改，承兑人在该两条规定的限度内，仍有义务按添补或涂改之后的条款付款。

如果汇票在承兑后发生涂改且付款金额被提高，承兑人在一定情况下可能必须按涂改后的票据金额付款，而不是按承兑时的票据金额付款。法典第3.413条(b)款规定："如果对支票的保兑或对汇票的承兑，规定了保兑或承兑的金额，则该金额即为承兑人的义务。在下列情况下，承兑人的义务，为正当执票人取得票据时的票据金额：(1)保兑或承兑未规定金额；(2)票据金额随后被提高；并且(3)票据再随后被流通给正当执票人。"根据这项规定，如果承兑未注明承兑金额，且票据金额随后被涂改提高，且票据随后被流通给正当执票人，则出于对正当执票人的保护，承兑人有义务按提高后的金额付款。这个规定看上去对承兑人不太公平，但实际上根据法典的其他条款，承兑人可能不会真正受到损失，因为承兑人还有权追究其他当事方的责任。这个规定的主要目的是减少正当执票人在取得票据时的担心。

上述规定中提到的"保兑支票"(certified check)，是指经过受票人银行承兑的支票。法典第3.409条(d)款规定："'保兑支票'指已由受票人银行承兑的支票。承兑可以按(a)款所述的方式作出，也可以在支票上写明支票已获保兑。支票的受票人没有义务对支票作出保兑，且拒绝作出保兑不构成对支票的拒付。"

支票的出票人可以是个人，但受票人永远是银行。由于出票人的信誉不一定可靠，因此，支票在未获得受票人银行承兑前，具有较大风险。而支票一旦成为保兑支票，银行就承担了支票的付款责任，因此支票的风险大为降低，更容易被接受。支票的保兑通常由出票人从银行取得，以增加支票的可接受性。从受款人的角度，如果已经接受了未经保兑的支票，就说明已经接受了支票的风险，再去银行要求承兑已经没有意义，通常只能直接要求银行付款。但是，如果受款人的目的是将该支票流通给他人，则银行的承兑可以使支票的流通更加容易。

在有关银行对支票保兑的"Greyhound Lines, Inc. v. First State Bank of Rollingstone 案"中，作为被告的银行是否对支票作出过保兑，成为主要的争议问题。在该案中，经销商向原告出立个人支票，并说支票已获得受票人银行的保兑。在支票的正面有一个签名，并注明签名人是银行的副总裁。原告随后打电话给银行的副总裁进行询问。原告被告知，经销商在银行账户有足够的资金。原告当时没有立即兑付支票。一段时间之后，当原告希望兑付支票时，银行以账户内资金不足为由而拒付。原告因此要求银行承担承兑人的责任。银行声称，对副总裁的签名并不知情，该签名属于副总裁个人的签名，而不属于银行的保兑。银行同时声称，从签名的位置来看，签名不构成银行的保兑，因为受票人银行的名字和标识印刷在支票正面的左下角，而副总裁的签名是在支票正面的右下角，而且是在出票人（经销商）签名的下面，明显是为出票人提供个人保证，与银行无关。但法院认定，综合所有情况，可以认定副总裁是被告银行的代理人，而其在支票上的签名，无论出现在支票的哪个位置，都构成银行的签名，因此，银行必须承担承兑人的责任。

汇票得到承兑后，受票人转化为承兑人，对汇票承担直接的支付责任。但是，承兑仍然只是汇票兑付的中间程序，不等于汇票付款，因为承兑是付款承诺，而不是实际付款。在汇票的付款日期到期时，受款人仍然需要提示汇票，以取得承兑人的付款。此时，如果承兑人拒绝付款，受款人可以直接追究承兑人的票据责任。至于受款人是否仍然可以同时追究出票人的责任，下文将会讨论。

出票人的责任

出票人作为汇票的立票人，对汇票承担最终的付款责任。这种责任的表现是，如果汇票的受票人不接受出票人的命令，出票人就必须自己支付汇票。但是，受款人必须首先要求受票人付款，而不能首先要求出票人付款。只有在受票人拒绝付款或拒绝承兑后，受款人才能追究出票人的责任。关于出票人的责任,法典第3.414条(b)款规定:"如果未承兑的汇票被拒付,出票人有义务按下列条款支付汇票:(i)按汇票出立时的条款支付;或如果未出立,按汇票首次被执票人占有时的条款支付,或(ii)如果出票人签署了不完整票据,则在法典第3.115条和第3.407条所述的限度内,按汇票被添补完整后的条款支付。此项义务的受益人,是有权强制履行汇票的人,或根据法典第3.415条支付了汇票的背书人。"这项规定适用于未经承兑的汇票。如果汇票之前已经获得受票人的承兑,但承兑人随后拒绝付款,则不适用这项规定,而是要适用下文将要讨论的另外一项规定。

根据上述规定,出票人对汇票的责任,原则上以汇票出立时的条款为准,因为这是出票人当时同意承担的责任。如果出立时的汇票不完整,但随后被添补完整,则只有在法典第3.115条和第3.407条有特别规定的情况下,出票人才有义务按添补后的汇票条款承担责任。如果汇票存在涂改,根据前文的讨论,出票人有可能被完全解除责任;但也有可能要按票据原始条款承担责任,而对涂改后的变化不承担责任。

出票人在出立汇票时,如果希望在汇票受到拒付时自己无须承担付款责任,可以出立"无追索权"(without recourse)的汇票。法典第3.414条(e)款规定:"如果汇票注明以'无追索权'方式出立,或以其他方式排除出票人支付汇票的义务,则当汇票非系支票时,出票人不承担(b)款的义务,但当汇票系支票时,对(b)款义务的排除无效。"

对于受款人来说,无追索权的汇票当然具有较大风险,因为一旦受票人拒付,受款人既不能追究受票人的票据责任,也不能追究出票人的票据责任。因此,无追索权的汇票只有在特殊情况下才有可能被受款人接受。当然,出票人不承担票据责任,不等于不承担任何责任,因为受款人也许仍然可以追究出票人的合同责任。根据上述规定,无追索权条款不适用于支票。

另外一个重要问题是,如果受票人已经承兑了汇票,但随后拒绝付款,那么,受款人除可以追究承兑人的责任外,是否还可以同时追究出票人的责任？根据法典规定，这取决于承兑人是否为银行。法典第3.414条(c)款规定："如果汇票被银行承兑，无论承兑在何时或由何人取得，出票人即被解除义务。"而该条第(d)款则规定："如果汇票被承兑，但承兑人不是银行，则在承兑人拒付汇票时，出票人支付汇票的义务，等同于第3.415条(a)款和(c)款所述的背书人的义务。"

根据上述规定，如果承兑人是银行，在汇票得到承兑后，出票人的责任即被解除，因而受款人不能再追究出票人的责任。如果承兑人不是银行，出票人就要继续承担票据责任。主要原因在于，当承兑人是银行时，付款几乎可以得到完全保证，因此不再需要追究出票人的责任。而当承兑人不是银行时，受款人能否最终从承兑人获得付款，仍存在风险，因此需要由出票人继续承担责任。

关于出票人与汇票的关系，有一个比较特殊的案例。在"Smart v. Woo案"中，出票人生前出立了支票，但受款人当时未兑现支票。出票人去世后，出票人的继承人主张受款人无权兑现支票，因为支票已经不存在出票人。在该案中，出票人生前与被告是情人关系，并在去世前的几天内给被告出立了3张支票，目的是帮助被告维持日后的生活。出票人去世后，被告兑现了两张支票，并继续持有另一张支票。出票人的继承人要求被告退还尚未兑现的支票，并退回两张已兑现支票的款项。被告则认为，支票是出票人生前赠送的礼物，原告无权收回。

法院认为，此种礼物需要满足3个条件，其中之一是交付，即必须将礼物交付给受赠者。在该案中，出票人确实生前将支票交付给被告，但法院认为，出票人的意图是向被告赠送钱，而支票不代表钱，因此出票人实际上没有向被告交付礼物。支票不代表钱的理由在于，首先，法典第3.408条规定："支票或其他汇票，本身不构成受票人手中可用于支付该票据之资金的转让。"其次，在支票被兑现前，支票的决定权掌握在出票人手中，而出票人可以使用不同方法来阻止支票的兑现，包括向银行发出停付命令。最后，支票代表着对受票人的付款命令，但受票人是否接受该命令，具有不确定性。法院因此认定,出票人生前交付的支票,不构成给被告的礼物,而出票人的去世,使支票所代表的付款命令自然终止。

制票人的责任

制票人是出立本票的人,在出立本票时承诺支付本票,因此对本票承担直接的付款义务。关于制票人的票据责任,法典第 3.412 条规定:“本票或银行本票的立票人,或以出票人为付款人的其他汇票的立票人,有义务按下列条款支付票据:(i)按票据出立时的条款支付;或如果票据未出立,按票据首次被执票人占有时的条款支付,或(ii)如果立票人签署了不完整票据,则在法典第 3.115 条和第 3.407 条所述的限度内,按票据被添补完整后的条款支付。此项义务的受益人,是有权强制履行票据的人,或根据法典第 3.415 条支付了票据的背书人。”上述有关制票人的规定,与受票人拒付未经承兑的汇票时出票人的责任类似。上述规定中所说的“以出票人为付款人的其他汇票”,是指形式上为汇票但本质上为本票的票据。如果汇票的出票人和付款人为同一人,该汇票本质上就是本票。

背书人的责任

在绝大多数情况下,背书人是为了转让票据而在票据上作出背书的转让人。例如,甲出立本票给乙,注明“向乙的指定人付款”,乙为了将本票流通给丙,在本票上作出背书,并注明“向丙的指定人付款”,而丙为了将本票流通给丁,在本票上作出背书,并注明“向丁的指定人付款”。此时,乙和丙都是背书人。

关于背书人的票据责任,法典第 3.415 条(a)款规定:“除(b)款、(c)款、(d)款和(e)款或第 3.419 条(d)款另有规定外,如果票据被拒付,背书人有义务按下列条款支付票据的到期金额:(i)按票据背书时的条款支付,或(ii)如果背书人系对不完整票据作出背书,则在法典第 3.115 条和第 3.407条所述的限度内,按票据被添补完整后的条款支付。背书人此项义务的受益人,是有权强制履行票据的人,或根据本条支付了票据的后手背书人。"

从上述规定中可以看到,除去该条所提到的例外,背书人的责任似乎基本上相当于本票制票人的责任,或受票人拒付未经承兑的汇票时出票人的责任。也就是说,基本上相当于立票人的责任。那么,在背书人与立票人之间,以及在不同背书人之间,责任究竟如何划分?例如,在上述本票例子中,丁作为本票的执票人,是否可以要求甲、乙、丙三者中的任意一位为本票付款;还是在三者中存在先后关系;还是要受制于一定条件?

从上述法典第3.415条(a)款的规定可以看出,背书人的支付义务,实际上是以"票据被拒付"为前提条件的。也就是说,在票据被拒付之前,背书人没有支付义务。拒付的问题,后文还会讨论,但简单地说,对于本票来说,如果制票人拒付,就属于票据被拒付;对于未经承兑的汇票来说,如果受票人拒付,就属于票据被拒付;对于已经被承兑的汇票,如果承兑人拒付,也属于票据被拒付。因此,在上述本票例子中,从丁的角度,必须首先向制票人甲提出付款要求,而只有在甲拒付本票后,丁才可以要求背书人履行支付义务。

那么,在两个背书人乙和丙之间,是否存在顺序问题?法典没有给两者排列责任顺序,因此两者实际上是承担了连带责任。所以,在甲拒付后,丁可以向乙或丙任何一人提出付款要求。假设丁要求乙付款而乙拒绝,丁可以再要求丙付款。丁也可以同时要求乙和丙付款,但只能从其中一人获得付款,因为只要一人付款后,其他所有责任方都被解除责任。

在制票人甲拒付后,丁当然也可以立即通过法律程序追究甲作为制票人的责任。但从丁的角度来看,起诉甲毕竟比较麻烦,而转而要求乙或丙付款则更简单,因为乙和丙毕竟为本票承担了支付责任,并非没有可能为本票付款。从这里也可以看出,票据的背书人越多,票据的付款就越有保证,因为相当于有更多的人为付款提供了保证。

在上文的例子中,假设在甲拒付后,丙作出付款,此时,丙只能自行承担损失吗？理论上并非如此，因为在甲、乙、丙之间，甲是本票的制票人，并收到了本票项下的价值，因而必须对本票承担最终责任。丙在不得不向丁付款后，有权反过来向甲索赔。从丙的角度来看，这自然比较麻烦，并且如果已经找不到甲，或如果甲已经破产，乙未必真能从甲获得补偿，但在理论上丙可以向甲索赔，而不必自行承担损失。这个问题后文还会讨论。

另一个问题是，假设丙作出付款后未能从甲获得补偿，那么丙是否有权向乙索赔？毕竟乙也是背书人，本来也承担了本票的支付义务。在丙和乙之间，如果不存在其他约定，原则上需要由作为前手的乙承担责任。因此，如果丙向丁作出付款，应该可以转而要求乙承担责任。

从上述讨论中可以看出，背书人的责任还是比较重的。如果背书人在作出背书时，不希望对受让人承担票据责任，背书人可以像汇票的立票人那样，通过作出无追索权背书来排除自己的责任。法典第 3.415 条(b)款规定："如果背书注明以'无追索权'方式作出，或以其他方式排除了背书人支付票据的义务，则背书人不承担(a)款规定的支付票据的义务。"因此，在上文的本票例子中，乙和丙均可作出无追索权背书，此时，即使制票人甲拒付，丁也不能要求乙或丙为票据付款。当然，如果乙或丙作出无追索权背书，就有可能降低本票对受让人的可接受度。

在"First Valley Bank v. First Savings & Loan Assn. of Central Indiana 案"中，争议问题在于，转让本票的银行是否属于背书人。在该案中，银行会定期将自己从客户收到的本票整批转让给融资公司。银行会与融资公司签订转让合同，规定银行将其在本票中的所有权和其他全部权益均出售和转让给融资公司。同时，银行会在每张本票上签名。在本票的制票人(银行客户)拒付本票后，融资公司起诉银行，要求银行承担背书人的责任。银行认为，本票转让采用了转让合同的形式，因此银行只是转让人，而不是背书人，融资公司不享有追索权。法院认为，在过去的有些判例中，如果当事方使用"转让"这样的词汇，转让人即不对被转让的票据承担背书人的责任，但是从法典的规定来看，转让人只要在票据上作出签名，即属于作出背书,并且,只要背书没有明确规定受让人不享有追索权,背书人就必须对票据承担责任。法院据此判决,银行的转让不属于无追索权转让。

但是,背书人的票据责任在一定情况下可以得到解除。法典第3.415条(c)款规定:"如果第3.503条要求就票据拒付作出通知,但并未向背书人作出符合该条要求的拒付通知,则背书人在(a)款项下的义务即被解除。"该条第(d)款规定:"如果汇票在背书后被银行承兑,则背书人在(a)款项下的义务即被解除。"而该条第(e)款规定:"如果支票的背书人承担(a)款规定的义务,但支票在背书后超过30天后,未被提示付款或交付给存款银行用于收款,则背书人在(a)款项下的义务即被解除。"

关于背书人的票据责任,上述法典第3.415条(a)款还提到了有关融通方的第3.419条(d)款。绝大多数背书人都是因为转让票据而成为背书人,但有些背书人可以仅仅是作为票据其他当事方的保证人而在票据上作出背书。此种背书人属于下文将要讨论的融通方,而其承担的票据责任与上述讨论的背书人责任稍有不同。

融通方的责任

融通方是为票据另一当事方提供保证的票据当事方,其自愿与票据的某个当事方共同为票据承担连带责任。所谓"融通"(accommodation),就是为票据另一当事方提供有法律约束力的信誉支持,也就是提供保证(guaranty)。因此,融通方是票据另一当事方的保证人。

融通方可以为票据的任何当事方提供融通,包括本票的制票人、汇票的出票人、承兑人或背书人。因此,融通方的身份并不固定,而是取决于其为谁提供融通。例如,如果融通方为本票的制票人提供融通,融通方就成为制票人的共同制票人,相当于本票有两个制票人,共同对本票承担连带责任。如果对某个背书人提供融通,融通方就成为共同背书人。法典第3.419条(b)款规定:"融通方可以作为制票人、出票人、承兑人或背书人而签署票据。除(d)款另有规定外,融通方有义务根据其签名的身份支付票据。无论反欺诈法如何规定,也无论融通方是否就融通获得对价,融通方的义务均可被强制履行。”

关于融通方的定义,法典第3.419条(a)款规定:“如果为票据出立支付的价值,系以票据的一个当事方为受益方(‘受融通方’),且票据的另一当事方(‘融通方’)在票据上签名时,意图在于对票据承担责任,但并不直接受益于为票据支付的价值,则该融通方对票据的签署,即属于‘用于融通’。”根据这个定义,融通方为受融通方提供的融通,是一种单纯的保证,融通方并不直接从票据受益。或者说,仅从票据本身的角度来看,融通方相当于为受融通方提供无偿服务。当然,融通方不直接受益,并不等于不间接受益,因为融通仍然是一种商业交易,但从法典的角度,是否直接受益,是区别融通方与非融通方的决定因素。

如何判断票据上的哪个签名是融通方的签名?法典第3.419条(c)款规定:“票据上的任何签名,如果属于异常背书,或如果伴有文字,说明签名人系作为保证人签名,用于担保票据另一当事方的义务,签名人即应被假定为融通方,并应认为存在通知,即对票据的签署系用于融通。除第3.605条另有规定外,有权强制履行融通方票据支付义务的人,即使在取得票据时已得到通知,即融通方对票据的签署系用于融通,融通方支付票据的义务亦不受影响。”

根据上述规定,如果票据上的签名伴有文字,说明签名人是融通方,则该文字就直接确定了签名人的身份。如果票据上的签名没有明确作出说明,则只要签名属于“异常背书”(anomalous indorsement),就可将该签名作为融通方的签名。关于异常背书,法典第3.205条(d)款规定:“如果作出背书的人不是票据的执票人,该背书即为‘异常背书’。”在通常情况下,背书是票据的执票人在转让票据时作出的签名,而其他人不会作出背书。凡是不属于为转让票据所作的背书,都是异常背书。异常背书从表面上来看缺乏签名的理由,因此背书人属于为其他当事方提供保证的融通方。

融通方无论以何种具体身份(出票人、制票人、背书人等)承担票据责任，该责任都可以进一步细分为两类：一类称为保证付款，另一类称为保证收款。所谓保证付款，就是融通方和受融通方承担同等的付款责任。例如，甲是本票的制票人，乙同意成为甲的融通方，并承担了保证付款的责任，此时，乙成为甲的共同制票人，并与甲承担同等责任。因此，执票人既可以要求甲付款，也可以要求乙付款，而不必先向甲提出付款要求。

所谓保证收款，就是融通方保证执票人最终可以收到票据项下的款项，但融通方不承担付款的首要责任，而是需要执票人先向受融通方提出付款要求。例如，甲是本票的制票人，乙同意成为甲的融通方，但只承担保证收款的责任，此时，乙与甲承担的责任不相等。执票人必须先向甲提出付款要求，并只有在甲拒付，且经过了必要法律程序后甲仍然未能付款时，执票人才可以要求乙付款。

关于融通方保证收款的责任，法典第 3.419 条(d)款规定："如果票据当事方的签名伴有文字，毫无疑义地表明，其保证就另一当事方的义务获得收款，但不保证该另一当事方付款，此时，只有在下列情况下，签名人才有义务向有权强制履行票据的人支付票据的到期金额：(1)针对该另一当事方的法院判决，未能获得执行；(2)该另一当事方已破产或处于破产程序中；(3)无法向该另一当事方送达起诉通知；或(4)存在其他情况，显示无法从该另一当事方取得付款。"

关于融通方保证付款的责任，法典第 3.419 条(e)款规定："如果票据当事方的签名伴有文字，说明该当事方对付款作出保证，或如果签名人作为融通方以其他方式在票据上签名，但该方式并非毫无疑义地表明，签名人的意图是保证收款，而不保证付款，此时，签名人向有权强制履行票据的人支付票据到期金额的义务，等同于受融通方的义务，而该权利人亦无须首先向受融通方追索。"

根据上述规定，如果融通方在签名时没有明确无误地说明只保证收款，融通方即被认为保证付款。如果保证付款，则只要受融通方拒绝付款，融通方就有义务付款。实际上，执票人也可以直接要求融通方付款，而无须向受融通方提出付款要求。但是，如果融通方只是保证收款，则在受融通方拒绝付款后，执票人需要先起诉受融通方，并只有在确实无法从受融通方取得付款时，融通方才有义务付款。显然，对于融通方来说，保证收款是相对较轻的责任。但是，在受融通方最终不能付款时，无论哪种情况，融通方仍有义务付款。

融通方在为票据作出付款后，并非一定遭受损失，因为融通方有权向受融通方索赔。法典第3.419条(f)款规定："支付了票据的融通方，有权从受融通方获得补偿，并有权对受融通方强制履行票据。在适当情况下，融通方可以通过司法程序要求受融通方履行票据义务。支付了票据的受融通方，无权对融通方进行追索，也无权要求融通方分担付款。"从美国保证法的角度，融通方是受融通方的保证人，并因此成为受融通方的债权人。

前文提到，融通方最主要的特征是不直接从票据受益。在"In Re Robinson Brothers Drilling, Inc."的破产案件中，法院对这个问题进行了说明。在该案中，破产的债务人是一家钻探公司，在公司破产之前，公司和其总经理共同签署了一张本票，用于偿还欠工程公司的款项。破产托管人主张，该本票属于可被撤销的优惠清偿，而该主张涉及另一个必须首先解决的问题，即总经理到底是作为本票共同制票人的融通方，还是单纯的共同制票人。

要理解这个问题，需要先说明一下相关背景。根据美国破产法的规定，债务人在破产前90天内作出的清偿，属于可被撤销的优惠清偿(voidable preference)，但是，如果涉及向内部债权人(insider-creditor)作出的清偿，该期限则延长为破产前一年内。在该案中，出立本票和付款的时间是在90天之外到1年之内这段时间，因此，如果本票系用于清偿外部债权人，本票就不属于优惠清偿，而如果用于清偿内部债权人，就属于优惠清偿，并可被破产托管人撤销。破产托管人认定工程公司是内部债权人，而工程公司则不同意此种认定。

该案的大体情况是，在钻探公司破产前，工程公司曾起诉钻探公司，而为了结束该诉讼,钻探公司与其总经理共同签署了向工程公司付款的一张本票,而工程公司也相应撤诉。破产托管人主张,工程公司本身无疑是外部债权人,但是,钻探公司总经理作为融通方而签署该本票,因而成为钻探公司的保证人,因此,根据美国《保证法》(surety law)的规定,总经理成为钻探公司的债权人。在该本票被用于终止针对钻探公司的诉讼后,总经理对钻探公司的债权也因此消失,相当于该本票被用于支付了钻探公司的债权人。因此,本票属于向内部债权人的支付,因为总经理无疑属于钻探公司的内部人。但是,工程公司则主张,总经理只是纯粹的共同制票人,对钻探公司没有追索权,不属于钻探公司的债权人。因此,该本票也就不存在导致总经理债权消失的问题,或者说,不构成对内部债权人的支付。初审法院支持了破产托管人的主张。

上诉法院认为,根据法典的规定,为了确定总经理是本票的融通方还是纯粹的共同制票人,需要判断总经理是否从本票中直接受益。如果直接受益,就是纯粹的共同制票人,而如果不直接受益,就只是融通方。对于该案来说,在何种情况下总经理会直接受益?在工程公司起诉钻探公司的案件中,如果总经理有可能承担个人责任,那么使用本票进行和解,就会使总经理直接受益,因为总经理的个人责任被解除了。而如果总经理没有可能承担个人责任,该本票就不会使总经理直接受益。那么在该诉讼中,总经理是否有可能承担个人责任?由于钻探公司是有限责任公司,因此,除非总经理以某种形式对公司的债务提供了保证,否则总经理不会承担个人责任。上诉法院认为,初审法院在没有真正回答这个问题的情况下就支持了破产托管人的主张,属于审理错误。也就是说,初审法院没有真正查明总经理是否从该本票中直接受益。据此,上诉法院推翻了初审法院的判决。

转让时的担保

在货物买卖交易中,卖方通常要就货物的状况和所有权向买方作出一定的担保,其中包括法典认为默示存在的担保,即"默示担保"(implied warranty)。涉及票据的转让时,转让人也要向受让人作出类似担保。这种担保同样属于默示担保,因此,转让人即使未作出特别表示,也被视为承担了此种担保义务。

关于担保的内容,法典第3.416条(a)款规定:"为取得对价转让票据的人,向受让人担保,并且,如果转让系以背书方式作出,则同时向任何后手受让人担保:(1)担保人系有权强制履行票据的人;(2)票据上所有的签名均属真实并业经授权;(3)票据不存在涂改;(4)票据不受制于任何当事方持有的可对抗担保人的抗辩或扣减权;(5)担保人不知道任何针对制票人或承兑人提起的破产程序;或如果票据为未承兑的汇票,针对出票人提起的破产程序;以及(6)涉及远程制作的票证时,票证支取账户的持有人,已授权按票证显示的金额出立票证。"

上述规定中所说的"转让"是一个笼统的概念,包括构成流通的转让以及不符合流通条件的普通转让。但是,不构成流通的转让原则不在法典第3篇的范围之内,所以上述规定主要针对票据流通。这项规定中所列出的转让人的各项担保,基本上保证了所转让的票据在各个方面都是完好的。

在上述规定中,转让人的担保分为两种情况:一种情况是,转让人在转让票据时没有在票据上作出背书。凭票付款的票据在转让时,可以仅凭交付,因此只要转让人不打算将票据转化为凭令付款票据,就没有必要作出背书。另一种情况是,转让人在票据上作出背书。凭令付款的票据在转让时,必须由转让人作出背书。而凭票付款的票据,只要转让人希望作出背书,也可以作出背书。

根据上述规定,如果转让人在转让时没有作出背书,则转让人只向直接受让人作出担保。如果转让人作出背书,则转让人即向所有的后手受让人作出担保。例如,甲持有凭票付款的票据,并通过单纯交付将票据转让给乙,此时,甲只对乙作出转让担保,而不对乙之后的任何后手受让人承担担保责任。但是,如果甲在将票据转让给乙时作出背书,则不仅要对乙承担担保责任,而且要对随后取得票据的任何后手受让人承担担保责任。

如果转让人违反了担保，即如果票据的实际情况不符合担保中的任何一项或多项，转让人应承担什么责任？法典第3.416条(b)款规定："如果获得上述(a)款担保的人以善意取得票据，则在担保人违反担保时，前者可就违反担保所造成的损失，从担保人取得不超过票据金额的损害赔偿，再加上违反担保造成的费用及利息损失。"根据这项规定，转让人违反担保的责任，类似于货物买卖中卖方违反担保的责任，即转让人需要赔偿受让人的实际损失。

受让人在知道或应该知道存在违反担保后，必须尽快提出索赔，否则就有可能丧失索赔权。关于索赔的时间，法典第3.416条(d)款规定："索赔人应在有理由知道违反担保并有理由知道担保人的真实身份后30日内，将违反担保的索赔通知发送给担保人，否则，就延迟发出通知所造成的那部分损失，担保人在(b)款项下的义务即被解除。"根据这项规定，如果受让人在规定的30天内不提出索赔，且随后情况发生变化，例如，某个本来应该承担责任的人已被解除责任，导致担保人在向受让人支付赔偿后，无法相应追究其他责任人的责任，担保人就不再承担担保责任。

在上述规定中，担保人的"真实身份"(identity)是指什么？受让人怎会不知道转让人是谁？前文提到，如果转让人在转让时作出背书，则其提供的担保惠及任何后手受让人。因此，从受让人的角度，不仅可以追究自己直接转让人违反担保的责任，还可以追究前手非直接转让人违反担保的责任，而受让人不一定准确知道这些前手非直接转让人是谁，可能需要一定时间去了解。

上文所说的担保，是担保人对票据状况的保证，属于一种独立于票据责任的合同责任。在前文提到的例子中，如果甲在将票据转让给乙时作出背书，则甲不仅承担票据转让人的担保责任，而且要承担票据背书人的票据责任。如果最终证明，票据不符合担保，甲首先要承担违反担保的责任，同时，甲还要承担背书人的票据责任。例如，如果甲在本票上背书并将其转让给乙时，已经知道本票的制票人进入破产程序，但并未将此情况告诉乙,而乙在随后要求制票人付款时才发现制票人已经破产,没有能力再兑付本票,此时,乙可以要求甲以背书人的身份承担票据责任,并可以同时追究甲违反担保的责任,以便就票据金额以外的损失取得赔偿,如利息损失等。

担保责任与票据责任的区别,在"Union Bank v. Mobilla 案"中可以看出。在该案中,汽车经销商在出售一辆汽车后,为了取得新的融资,把购车人出立的用于支付货款的本票转让给银行,并向银行提供了购车合同。在转让本票时,经销商在本票上作出背书,但同时注明"无追索权"(without recourse)。银行在向合同和本票所注明的购车人提示本票并要求其付款时,该人否认曾购买汽车,并否认曾出立过该本票。法院审理后查明,合同和本票中所注明的人,实际上并没有购买汽车,也没有出立本票,而是另外一个人以该人的名义购买汽车和出立本票的。所以,本票本身存在问题。银行因此要求经销商承担责任,而经销商则认为,已将本票以无追索权的方式转让给银行。法院认定,无追索权只针对票据责任,但并不能免除经销商在转让本票时的担保责任,在该案中,经销商显然违反了所提供的担保,因此必须承担违约责任。

在货物买卖交易中,卖方可以明确排除担保。对于票据转让的担保,法典没有直接规定转让人可以排除上述担保,更没有提到转让人如何排除担保,但是,法典第 3.416 条(c)款规定:"涉及支票时,上述(a)款所述的担保不得被排除。"从这个规定来看,不涉及支票时,法典第 3.416 条(a)款所述的担保确实可以被排除。虽然法典没有规定排除的方法,但如果转让人通过背书或其他形式明确说明自己不担保票据的状况,大概就应该可以起到排除担保的作用。

提示时的担保

票据的执票人为了取得付款人对票据的付款,需要向付款人提示票据。在正常情况下,票据被提示后即可获得相应的付款。虽然兑付票据不属于转让票据，但是，付款人毕竟为票据作出了付款，有点类似于执票人将票据转让给付款人。为了保护付款人，法典规定，执票人在提示票据时，对于票据的状况，必须向付款人作出担保。此种担保类似于上文讨论的转让人对票据状况的担保，并且同样是法典规定的默示担保，无须执票人作出特别表示。

如果所提示的是未经承兑的汇票，法典第3.417条(a)款规定："如果未经承兑的汇票被提示给受票人，要求其付款或承兑，且受票人支付或承兑了汇票，则(i)取得付款或承兑的人，在提示之时，以及(ii)汇票的前手转让人，在转让之时，向以善意支付或承兑汇票的受票人担保：(1)担保人系有权强制履行汇票的人，或有权代表该人取得汇票的付款或承兑，或在转让汇票时拥有该权利；(2)汇票不存在涂改；(3)担保人不知道汇票出票人的签名未经授权；以及(4)涉及远程制作的票证时，票证支取账户的持有人，已授权按票证显示的金额出立票证。"

上述担保称为"提示担保"，也就是提示汇票的执票人向付款人(汇票的受票人)作出的担保。但是根据上述规定，实际上不仅提示汇票的执票人要作出担保，并且汇票所有的前手转让人，如将汇票转让给现有执票人的人，都被视为向付款人作出担保。也就是说，从付款人的角度，所有曾经参与汇票转让的人，都要向付款人作出担保。法典的此项规定，保证了汇票在全部转让过程中的衔接性，而一旦汇票存在问题，付款人不仅可以追究直接提示人的责任，而且可以追究任何前手转让人的责任。

关于上述担保中的第三项，担保人并不担保出票人的签名确实业经授权，而只担保自己不知道存在未经授权的情况。关于出票人的签名，通常情况下受票人相对更了解一些，因为汇票本来就是出票人和受票人之间事先作出的安排。上述第四项担保涉及一种特殊的汇票，称为"远程制作的票证"(remotely-created item)。关于该汇票，法典第3.103条(a)(16)款规定："'远程制作的票证'指由付款银行以外的第三方制作的票证，其显示已获得票证出票人的授权，用于从出票人的银行账户支取款项，只是其所显示的出票人的签名，不是出票人的手写签名。”汇票通常由出票人制作，因为汇票最终要从出票人账户中扣款。但是，有时出于某种需要，如票据业务的外包，出票人会委托第三方帮助自己制作汇票，而出票人并不参与制作过程。此时，出票人不会在汇票上实际签名，但该第三方需要确保拥有出票人的授权，而出票人就是“票证支取账户的持有人”。

如果汇票的实际情况证明，提示担保的担保人违反了担保，付款人（汇票的受票人）即可获得相应的损害赔偿。法典第3.417条(b)款规定：“如果担保人违反担保，作出付款的受票人可就其支付的金额，从担保人取得赔偿，但应减去受票人因付款而从出票人收到的或有权收到的金额。此外，受票人有权就违反担保造成的费用和利息损失取得赔偿。受票人即使在付款时未能行使正常谨慎，其根据本款取得赔偿的权利亦不受影响。如果受票人承兑汇票，则违反担保构成承兑人义务的抗辩。承兑人如果为汇票作出付款，可就任何担保人的违反担保，从担保人取得本款所述的赔偿。”根据这项规定，受票人如果只是作出了承兑，而尚未付款，则违反担保可以构成受票人的抗辩，使受票人有权拒绝付款。此外，如果受票人从出票人已经获得或有权获得任何支付，就不能再向担保人索赔该数额，因为受票人没有就该数额受到损失。

如果执票人所提示的不是未经承兑的汇票，而是其他情况或其他类型的票据，则关于提示担保，法典第3.417条(d)款规定：“如果(i)被拒付的汇票被提示给出票人或背书人要求付款，或(ii)任何其他票据被提示给有义务支付票据的当事方要求付款，并且(iii)付款被收到，此时，应适用下列原则：(1)取得付款的人以及票据的前手转让人，向善意付款的人担保，担保人系有权强制履行票据的人，或有权代表该人取得付款，或在转让票据时拥有该权利。(2)如果担保人违反担保，作出付款的人可就其支付的金额，从担保人取得赔偿，再加上违约造成的费用和利息损失。”由此可见，在这项规定中，担保人实际上只作出一项担保，即担保人是有权强制履行票据的人。

与转让时的担保相同,在涉及支票时,上述担保不得被排除。并且,索赔人应在有理由知道违反担保并有理由知道担保人真实身份后 30 日内,向担保人发送违反担保的索赔通知,否则,就延迟发出通知造成的那部分损失,担保人的义务即被解除。

基于误解的付款或承兑

在有些情况下,汇票的受票人基于"误解"(mistake)而对汇票作出付款或承兑。此时,法典允许受票人在一定情况下追回付款或取消承兑。法典第 3.418 条(a)款规定:"除(c)款另有规定外,如果汇票的受票人支付或承兑汇票,但支付或承兑系基于下列误解:(i)不知道存在根据第 4.403 条针对汇票付款作出的停付,或(ii)不知道汇票出票人的签名未经授权,此时,受票人可从付款的接收人或获益人追回所付的汇票金额,或在涉及承兑时,可取消承兑。受票人即使在付款或承兑时未能行使正常谨慎,其在本款项下的权利亦不受影响。"

上述第(a)(i)款提到的停付,是有关银行存款和收款的法典第 4 篇向汇票的出票人提供的一项权利,即出票人有权向受票人银行发出"停付命令"(stop-payment order)。汇票本来就是出票人向受票人发出的付款命令。出票人既然可以发出命令,也就可以撤回命令。出票人发出停付命令后,受票人需要遵守此种命令。如果继续支付,将无法就付款从出票人获得补偿。如果出票人已作出停付命令,但受票人出于误解等原因而作出支付,此时,受票人也许不能从出票人处获得补偿,但可以从收到支付的受益人那里追回付款。上述第(a)(ii)款涉及未经出票人授权的汇票,例如,公司职员未经公司授权而以公司名义出立的票据。如果出票人有权不承认此种票据,受票人在付款后,就无法从出票人获得补偿,但同样有权向本来无权获得该付款的受益人追索。

如果受票人基于误解作出付款或承诺,但误解不属于上述两种情况中的任何一种,则根据法典第 3.418 条(b)款,受票人是否有权收回付款或取消承兑，将取决于法典以外有关误解的法律的规定。根据该款规定，除法典第3.418条(c)款另有规定外："作出付款或承兑的人，可在有关误解或返还之法律允许的范围内：(1)从付款的接收人或获益人收回付款；或(2)在涉及承兑时，取消承兑。"

上述规定中提到的法典第3.418条(c)款，系对受票人收回付款或撤销承兑的权利作出限制。该款规定："对于以善意支付价值取得票据的人，或因善意依赖付款或承兑而改变处境的人，不得针对该人主张(a)款或(b)款的救济。本款不限制法典第3.417条或第4.407条提供的救济。"在实际商业活动中，取得受票人付款或承兑的人，绝大多数都是"以善意支付价值取得票据"或处境随后发生变化，因此，法典第3.418条(a)款和(b)款提供给受票人的权利，在大多数情况下无法行使。但是，受票人仍然有可能根据法典第3.417条就违反转让担保或违反提示担保取得救济，或根据法典第4.407条取得代位权。

抗辩和扣减权

从票据执票人的角度来看，如果不需要将票据再度流通，而是需要将票据兑现，那么最重要的问题是，有哪些不利因素会妨碍执票人获得票据项下的付款？前文提到，在法典第3篇中，不利因素主要有3种，即付款人的抗辩、付款人的扣减权以及第三方对票据的索赔。法典没有对抗辩和扣减权这两个概念本身作出定义，但对其基本内容作出规定。所谓"抗辩"(defense)，就是付款人可以拒绝付款的合理理由，而所谓"扣减权"(claim in recoupment)，就是付款人可以从票据原始付款金额中扣除部分金额的合理理由。无论是构成完全拒付的抗辩，还是构成部分拒付的扣减权，都是妨碍执票人获得票据付款的不利因素。

关于抗辩和扣减权，法典第3.305条(a)款规定："除本条另有规定外，对当事方票据支付义务进行强制履行的权利，受制于下列抗辩或扣减权：(1)义务人基于下列理由的抗辩：(A)义务人系未成年人，只要该情况可以构成简式合同项下的抗辩;(B)存在胁迫、无法定行为能力或非法交易,且根据其他法律,该情况导致义务人的义务无效;(C)义务人受到欺诈,在既不了解也无合理机会了解票据的性质或关键条款的情况下,被诱导签署票据;或(D)义务人的义务在破产程序中被解除;(2)义务人根据本篇其他条款持有的抗辩;或义务人在简式合同项下可以使用的其他抗辩,即假设有权强制履行票据的人在强制履行简式合同项下的收款权利时,义务人本可使用的抗辩;以及(3)义务人持有的可对抗票据原始受款人的扣减权,只要扣减权与票据产生于同一交易;但是,义务人对抗票据受让人的扣减权,只能用于扣减在提起诉讼时票据项下的未偿金额。"这项规定将抗辩分为两类:第一类是法典第3.305条(a)(1)款所列的抗辩,第二类是法典第3.305条(a)(2)款所列的抗辩。

法典第3.305条(a)(1)款所列第一类抗辩,有时也称为"绝对抗辩"(real defense),包括未成年、无行为能力、非法交易、胁迫、欺诈、破产等情况,都是合同法和其他相关法律中最基本的抗辩理由。根据法典规定,绝对抗辩可以对抗票据的任何执票人,包括正当执票人。法典第3.305条(b)款规定:"正当执票人强制履行当事方票据支付义务的权利,受制于(a)(1)款所述的义务人抗辩。"但是,对于这类抗辩中所列出的种类,通常需要具体情况具体分析,而不能简单地基于名称而加以适用。例如,上述第(a)(1)(C)款中提到的欺诈,就只有在该款提到的具体情况下才构成绝对抗辩,而其他欺诈可能并不构成绝对抗辩。

关于上述第(a)(1)(B)款中提到的非法交易,其对票据权利的影响在"Casanova Club v. Bisharat案"中有所体现。在该案中,原告是英国公司,在伦敦合法经营赌场,被告是美国人,在该赌场赌博时从原告贷款,用于购买赌博的筹码。被告向原告出立的多张支票随后因账户存款不足被退回,因而原告在被告的美国所在地提起诉讼。被告主张,其所在州的法律将赌博视为非法行为,法律不承认因赌博所欠的债务,因此要求法院直接驳回原告的起诉。原告则认为,被告的债务在交易发生地不涉及非法交易,此外,原告的贷款并非必然用于赌博,因为被告在取得贷款后,随时可以用该贷款从事其他活动,也可以将购买的筹码随时退还,因此贷款与赌博没有必然联系。初审法院支持了被告的立场,驳回了原告的起诉。

上诉法院支持了初审法院的两项认定。第一,被告所在州的法律禁止赌博,不承认赌债的合法性。第二,从整体情况来看,债务确实与赌博有直接关系,因为原告的贷款和被告的使用都发生在赌场内,而且双方都明确知道贷款将用于赌博。但是,上诉法院同时认为,还有其他因素需要考虑,因为根据美国法学会编撰的《冲突法重述》(*Restatement*, *Conflict of Laws*),非法交易对合同效力的影响,应根据对当事方和当事交易有最直接关系的法律予以确定。根据这个原则,起诉地的法律不一定对案件有决定影响。在美国其他州,很多法院也正是根据起诉地以外的法律来裁定赌债纠纷的。因此,并不排除该案应适用英国法律的可能。

在另一个涉及非法行为的"Kedzie & 103rd Currency Exchange, Inc. v. Hodge案"中,原告是支票的正当执票人,而被告是支票的出票人,由于被告通知受票人银行拒付支票,原告提起诉讼。在该案中,被告聘请一名工人安装家庭水电设施,并出立一张支票给该工人,作为工程费用。但是,该工人随后并未根据合同提供服务,被告因此通知银行拒付支票。此时,工人已将支票转让给原告。被告承认原告是正当执票人,但认为原告无权取得付款,因为被告持有绝对抗辩。被告的理由是,事后可以证明,提供水电服务的工人没有取得政府执照,而根据相关州法,没有取得执照而从事水电设施服务属于非法行为。法院认为,虽然工人的行为属于非法,但根据相关法律,该非法行为并非必然导致合同无效,因此,法院必须通过审理来确定该非法行为是否确实构成被告的绝对抗辩。

法典第3.305条(a)(2)款所列的第二类抗辩,有时也称为"相对抗辩"(personal defense)。此类抗辩可以进一步分为两种。第一种是原则性的抗辩,即只要合同法承认的可用于简式合同的抗辩,在法典第3篇中也构成抗辩。合同法承认的抗辩包括欺诈、不实陈述、误解等。具体哪些抗辩可以用于简式合同,需要根据法典以外的合同法确定。第二种是法典第 3 篇其他条款特别规定的抗辩,但此处并没有列举这些抗辩。例如,在涉及票据的出立时,法典第 3.105 条(b)款规定:“未出立的票据,或未出立且不完整但被添补完整的票据,亦对制票人或出票人具有约束力;但是,未出立之事实构成抗辩。附条件出立或为特殊目的出立的票据,亦对制票人或出票人具有约束力,但是,该条件或该特殊目的未获满足之事实构成抗辩。”又如,在涉及旅行支票时,法典第 3.106 条(c)款规定:“如果承诺或命令规定,作为付款条件,在承诺或命令上留有签名样本的人需要作出副签,此时,该承诺或命令不因该规定成为第 3.104 条(a)款所述的附条件承诺或命令。票据上留有签名样本的人未能作出副签,构成立票人义务的抗辩,但不妨碍票据的受让人成为票据的执票人。”

绝对抗辩和相对抗辩的界限,有时并非绝对清晰。两种抗辩的区别可能只在于具体情况或具体程度。例如,根据具体情况,欺诈既有可能构成绝对抗辩,也有可能构成相对抗辩。在“Exchange International Leasing Corp. v. Consolidated Business Forms Co. ,Inc. 案”中,原告作为本票的正当执票人,要求作为被告的本票制票人付款,但被告声称其所出具的本票是因受到欺诈而出立的。该案的大体情况是,被告租赁了一批计算机设备,并向出租方出立了本票,作为应支付的租金。该本票随后被流通给原告。在原告要求被告付款时,被告声称因受到欺诈而持有拒付本票的抗辩。由于原告是正当执票人,因此,只有被告的抗辩属于绝对抗辩时,被告才可以拒绝付款。法院审理后认定,出租方在出租计算机设备时,确实作出了很多不实陈述(misrepresentation),包括设备的情况以及承租方享有的合同权利等,但法院认为,案件中并不存在法典第 3.305 条(a)(1)(C)款所述的“在即不了解也无合理机会了解票据之性质或关键条款的情况下,被诱导签署票据”的情况。也就是说,被告并不是没有机会作进一步的了解,而只是简单地相信了出租方的不实陈述。在这种情况下,出租方的欺诈,构成相对抗辩,但不构成绝对抗辩。

从上文的讨论中可以看到,法典将抗辩分为绝对抗辩和相对抗辩两种抗辩的主要目的,是相应地确定对不同执票人的保护程度。相对抗辩可以对抗普通的执票人,但不能对抗正当执票人,而绝对抗辩可以对抗任何执票人,包括正当执票人。关于相对抗辩的效力,法典第 3.305 条(b)款规定,正当执票人"不受制于(a)(2)款所述之义务人的抗辩"。

除去上文讨论的抗辩,义务人拒绝为票据付款的另一个合理理由是法典第 3.305 条(a)(3)款所述的扣减权。虽然抗辩和扣减权常被法典并列提及,但扣减权也可以算是抗辩中的一种,即抗辩是对票据全部拒付,而扣减权是部分拒付。但相对于抗辩的宽泛性质,扣减权只在特定环境下产生,并更多地存在于票据的立票人和原始受款人之间。

举例而言,假设卖方向买方出售一台机器,而买方向卖方出立本票作为货款,但买方在接受机器后,发现机器存在一定缺陷,构成卖方对担保的违反,此时,如果卖方要求买方支付本票,买方可以主张扣减权,即从本票金额中减去卖方违反担保而给买方带来的损失。这个例子就是法典第 3.305 条(a)(3)款所说的情况,即在票据的原始受款人要求获得付款时,如果付款人所主张的权利与票据产生于同一交易,付款人就无须支付票据的全部金额,而是可以扣除受款人应向自己支付的金额。在上述例子中,买方主张的扣减权与卖方所持的本票都产生于同一货物买卖交易,且卖方是原始受款人,因此买方可以主张扣减权。

但是,如果上述例子中的卖方将本票流通给他人,则扣减权是否可以对抗该执票人,将取决于后手执票人在取得本票时是否对扣减权知情。如果知情,买方的扣减权可以对抗该执票人,但仅限于扣减权尚未获得支付的部分。对此,法典第 3.305 条(a)(3)款规定:"义务人对抗票据受让人的扣减权,只能用于扣减在提起诉讼时票据项下的未偿金额。"

举例而言,假设上述例子中的本票金额为 1000 美元,在卖方违反担保后,买方认为自己的损失为 100 美元,而卖方认为损失为 60 美元,并向买方支付了 60 美元作为赔偿。此时,如果卖方转让本票后的后手执票人要求买方支付本票，买方应向该执票人支付960美元，即买方只能扣减卖方尚未支付的40美元，而对于卖方已经支付的60美元，买方就不能再从票据金额中扣减。但是，如果卖方转让本票后的后手执票人对买方的扣减权不知情，则该执票人可能就属于正当执票人。此时，根据法典第3.305条(b)款的规定，买方的扣减权不能对抗该正当执票人，因此买方必须支付本票的原始金额1000美元。

票据的付款人在主张法典规定的抗辩和扣减权时，原则上必须是自己享有该抗辩和扣减权，而不能主张票据另一当事方所享有的抗辩和扣减权。也就是说，付款人被要求付款时，不能以其他义务人持有的抗辩或扣减权作为自己拒绝支付的理由。法典第3.305条(c)款规定："在强制履行当事方票据支付义务的诉讼中，义务人在对抗有权强制履行票据的人时，不得引用其他人的抗辩、扣减权或票据索赔(第3.306条)；但是，如果该他人加入诉讼，并自行对有权强制履行票据的人提出票据索赔，则义务人亦可主张该索赔。"

对于上述规定，法典的正式评论进行了举例说明。假设买方购买货物时为了支付货款，从银行取得银行本票，并将银行本票流通给卖方，但买方随后发现卖方的出售存在欺诈，此时，如果卖方要求银行支付该银行本票，即使卖方不属于正当执票人(因为卖方自己存在欺诈行为)，且银行知道卖方的欺诈行为，银行也必须支付，而不能以买方受到欺诈为理由拒绝支付，因为这不是银行自己的抗辩。但是，如果买方参与该争议，并根据下文将要讨论的有关票据索赔的法典第3.306条，主张撤销该银行本票的流通并收回该本票，则银行可以根据买方对票据的主张而拒绝向卖方付款。此时，法院将决定银行应向买方付款还是应向卖方付款。

在"Federal Deposit Insurance Corp. v. Moore案"中，原告作为州政府银行监管机构任命的接管公司，负责处理一家失去清偿能力的银行的善后事宜和清算程序。在这个过程中，原告作为从银行接管的一张票据的执票人，要求作为票据付款人的被告付款，而被告则提出，州政府对原告的任命是非法的，因此原告本来就无权担任银行的接管公司，也无权成为该票据的执票人。法院判决，原告的任命是否非法，或原告是否有权取得票据，不属于被告可以提出的抗辩，因为被告作为票据的付款人，只能提出自己针对原告所拥有的抗辩。法院据此驳回了被告的主张。

上述规定的一个例外，是融通方可以主张受融通方持有的抗辩或扣减权，即融通方相当于取得代位权。法典第3.305条(d)款规定："在强制履行融通方票据支付义务的诉讼中，融通方在对抗有权强制履行票据的人时，可以主张(a)款所述的抗辩或扣减权，只要受融通方有权对强制履行票据的人主张该抗辩或扣减权，但下列抗辩除外：破产程序中的解除义务、未成年人行为以及无法定行为能力。"

票据索赔

影响执票人获得票据付款的另外一个不利因素是"票据索赔"(claim to instrument)。关于票据索赔，法典第3.306条规定："取得票据的人，如果不拥有正当执票人的权利，即受制于票据上或其收益上存在的财产权或占有权，包括撤销流通及收回票据或其收益的权利。拥有正当执票人权利的人取得票据后，不受制于上述权利。"

票据索赔是一个含义广泛的概念，法典没有对这个概念作出具体定义，但此种索赔主要是指一个人对另一个人就票据本身提出的权利主张，包括对票据所有权的主张、对票据占有权或财产权的主张、根据法典第3.202条提出的撤销票据流通的主张，以及在票据已再次流通后对票据收益的主张等。例如，甲出立票据给乙，但随后丙将票据偷走，此时，即使票据为凭票付款票据，因此小偷已成为票据的执票人，丙仍然是票据的正当所有权人，因此可以对票据提出"票据索赔"，也就是主张对票据的所有权。对于任何执票人来说，如果另一个人对票据持有有效的票据索赔，自然就会影响执票人获得票据付款的可能性。

由于产生票据索赔的原因多种多样，且法典没有作出具体规定，因此，一个人是否对票据拥有有效的票据索赔，需要根据法典以外的其他法律予以确定。法典第3篇只是规定，票据索赔可以对抗普通的执票人，而不能对抗正当执票人。在上述小偷丙从乙偷走票据的例子中，小偷不属于正当执票人，因此不能对抗票据的所有权人乙，但是，假设小偷将票据流通给正当执票人丁，则所有权人乙就无权对丁提出票据索赔。

在"Williams v. Stansbury案"中，卖方将洗衣公司出售给买方，而买方出立本票给卖方作为价款。卖方的债权人随后通过法院程序，迫使买方按本票金额将价款支付到法院。而卖方随后将本票流通给他人，且受让人取得正当执票人的身份。正当执票人要求买方支付本票，但买方认为已将价款支付至法院，因而主张自己的票据义务已得到解除，并有权收回本票。换言之，买方认为自己是该本票的所有权人，而本票的持有人不是所有权人。法院判决，即使买方对该本票持有票据索赔，买方也无权对抗正当执票人，因此必须向正当执票人付款。

在"First National Acceptance Co. v. Bishop案"中，甲将本票出售给乙，而乙系代表丙购买本票，且在购买后将本票转让给丙。乙和丙均未向甲支付本票的价款，因而甲要求撤销本票的出售，并要求丙交还本票。丙称自己是正当执票人，因而不受甲的对抗。法院判决，尽管乙未向甲透露其代表丙的情况，但乙实际上是丙的代理人。乙未付款，因而不能成为正当执票人，而由于乙是丙的代理人，因此丙即使实际上不了解乙未付款的情况，也被视为了解该情况，所以丙也不能成为正当执票人。在这种情况下，丙受制于甲对本票的票据索赔，并受制于甲撤销本票出售的权利。

票据责任的解除

前文曾讨论过如何确定票据付款人是否已经为票据作出付款的问题。为票据付款，是解除付款人票据责任的最正常和最主要的方式。并且，任何付款人的付款，不仅可以解除自己的票据责任，还可以解除对该票据承担付款责任的所有其他当事方的票据责任，因为尽管一项票据可以存在多个承担了付款义务的当事方，但一项票据的执票人只能取得一次票据付款。

根据法典第 3 篇的规定，除通过付款解除票据责任外，也有一些其他情况会导致当事方的票据责任被解除。例如，前文曾提到，票据的涂改有可能导致当事方票据责任的解除，因为法典第 3.407 条(b)款规定："以欺诈方式作出的涂改，如果影响到任何当事方的义务，该当事方的义务即被解除。"这些其他情况，有时会导致单独当事方的票据责任被解除，有时可以导致所有当事方的责任均被解除。

有关票据责任的解除，法典第 3.601 条规定了一项基本原则，即"(a)当事方支付票据的义务，可以根据本篇规定被解除，也可以通过对该当事方作出的行为或与该当事方达成的协议被解除，只要该行为或协议足以解除简式合同项下支付金钱的义务。(b)如果任何人在取得正当执票人的权利时，未得到解除义务的通知，则任何当事方的义务解除，对该人不具效力"。

根据上述规定，票据责任如何得到解除，以及是否已经得到解除，法典第 3 篇没有统一的规定，而是要根据分散在第 3 篇不同之处的相关条款确定。除去上述提到的因票据涂改导致的当事方责任的解除，票据责任还可以通过当事方的协议得到解除。法典第 3.117 条规定，"除相关适用法对于同时达成的或之前达成的协议作为证据另有排除外，义务人可以通过与有权强制履行票据的人另行订立协议，修改、补充或免除票据任何当事方支付票据的责任，只要该协议系出立票据或承担责任的基础，或只要出立票据或承担责任，与该协议系同一项交易的组成部分。如果该责任被本条所述的协议修改、补充或免除，则该协议即构成该责任的抗辩"。任何协议是否足以解除当事方的票据责任，需要根据合同法的一般原则予以确定，即只要该协议根据合同法的规定，足以解除简式合同项下的合同责任，即可解除法典第 3 篇项下的票据责任。

此外，票据责任还可通过注销票据等方式得到解除。法典第 3.604 条

(a)款规定:"无论是否存在对价,有权强制履行票据的人,均可通过下列方式,解除任何当事方的票据支付义务:(1)通过有意的自愿行为,例如把票据交回该当事方,销毁、剪缺或注销票据,取消或划掉该当事方的签名,或在票据上加注解除义务的文字;或(2)通过签名的记录,同意不起诉该当事方,或以其他方式放弃对抗该当事方的权利。"但是,取消或划掉任何背书,只在直接当事方之间有效,而不影响其他当事方的权利。法典第3.604条(b)款规定:"任何当事方基于任何背书取得的地位或权利,不受根据(a)款取消或划掉该背书的影响。"

根据上述规定,票据的"交回"(surrender)或"注销"(cancelling)等行为,必须是权利人的"有意"(intentional)行为,才具有解除付款人票据责任的效力。在"Firstier Bank v. Triplett案"中,票据是否被有意注销,成为争议的问题。在该案中,银行是本票的受款人,而银行的客户是本票的制票人。在客户尚未完全付清本票项下欠款的情况下,银行雇员由于疏忽,将本票交回给客户,并在本票上注明"已付"。银行随后发现了该错误,要求客户支付剩余款项,而客户则主张自己的票据义务已被解除。代表多数法官意见的法院判决是,法典所规定的"有意",不仅是指交回票据或注销票据等行为本身是有意的,而且主要是指权利人必须具有解除付款人票据责任的主观意图,但在该案中,银行并没有解除付款人责任的意图,因此,付款人的票据责任不能被解除。该院的另一位法官则表达了不同意见。该法官认为,票据的特殊之处在于获得了商业活动参与方的高度信任。在该案中,如果银行已在本票上注明"已付",而我们仍然需要猜测银行的意思是否真的是"已付",那么票据本身的可信度就受到削弱,而这对贷款人和借款人都不是一件好事。

次义务人的概念

前文在讨论票据抗辩时,从法典的规定中可以看到,承担票据付款责任的人的正式名称是"义务人"(obligor)。但是在此基础上,法典第3篇又进一步将义务人细分为“主义务人”(principal obligor)和“次义务人”(secondary obligor)两种。

关于主义务人,法典第3.103条(a)(11)款规定:“‘主义务人’指受融通方,或指次义务人有权根据本篇对其进行追索的任何其他的票据当事方。”关于次义务人,法典第3.103条(a)(17)款规定:“‘次义务人’指(A)背书人或融通方,(B)承担第3.414条(d)款所述义务的出票人,或(C)票据的任何其他当事方,只要其根据第3.116条(b)款,有权对票据的另一当事方进行追索。”

如何理解法典的上述定义?以融通方和受融通方为例,假设甲是本票的制票人,乙是为甲提供融通的共同制票人,此时,甲成为受融通方,并且根据上述定义,甲是主义务人,而乙是次义务人。前文在讨论当事方的票据责任时谈到,本票的制票人对本票承担直接的付款责任,因此,对于执票人来说,要获得本票的付款,首先就要向制票人提示付款。从这个意义上来讲,本票的制票人似乎自然就是本票的主义务人。但是,前文也曾谈到,如果融通方乙承担了“保证付款”的义务,那么乙就实际上成为与甲承担同等责任的共同制票人。在这种情况下,从执票人的角度来看,不仅可以直接要求甲付款,也可以直接要求乙付款。如果是这样,为什么上述定义要将乙称为次义务人?

法典对主义务人和次义务人的定义,实际上主要涉及不同义务人之间的责任关系,而不是从执票人的角度来区分主次。这主要反映在上述定义中对追索权问题的表述。根据法典的定义,在一项票据的全部义务人之间,对其他义务人持有追索权的义务人就是次义务人,而可以被追索的就是主义务人。

例如,在上述本票例子中,从执票人的角度来看,可以任意选择要求甲或乙作出付款,因此不分主次,但在甲和乙之间,如果甲为本票付款,甲不能转而要求乙对自己给予补偿,因为甲本来就有为本票付款的义务,但如果乙为本票付款,乙就可以向甲追索,因为乙只是作为甲的保证人向执票人付款，但付款之后，有权从甲获得补偿。从这个意义上来讲，甲是主义务人，而乙是次义务人。

如果再具体一点看上述定义，那么次义务人除包括融通方和有追索权的当事方外，还具体地指背书人和出票人。关于背书人，前文曾提到，其付款责任不是第一位的。从票据执票人的角度来看，如果希望兑现本票，首先应向制票人提出要求；如果希望兑现已获承兑的汇票，首先应向汇票的承兑人提出要求。只有该要求被拒绝，也就是只有发生拒付，执票人才可以转而要求背书人承担责任。从这个角度来看，似乎将背书人称为次义务人是合适的。但是，法典实际上并不是从这个角度将背书人称为次义务人的。次义务人的关键，仍然是上文所说的追索权，而背书人确实拥有该追索权。在上文列出的情况下，即在制票人或承兑人作出拒付的情况下，背书人如果为票据付款，则在付款后可以转而追究制票人或承兑人的责任。所以在涉及背书人时，只是追索权和次位付款义务正好重合。

从另一个角度来看，背书人虽然通常是次义务人，但在一定情况下也可以转化为主义务人。例如，甲是本票的制票人，乙和丙是共同背书人，而丁是执票人。在丁要求甲付款时甲已破产，丁转而要求乙付款。乙不否认自己的付款义务，向丁作出付款。由于甲已破产，乙无法向甲追偿。由于丙同样是承担了付款义务的共同背书人，根据法典第 3.116 条(b)款的规定，乙转而向丙追偿，要求丙分担本票的付款金额。此时，在乙和丙之间，乙是次义务人，而丙是主义务人；在甲和丙之间，甲是主义务人，丙是次义务人。法典第 3.116 条(b)款的规定是："承担连带责任的一方在支付票据后，可以根据适用法，向承担同样连带责任的任何其他方追索该其他方应承担的份额。"

关于对票据的连带责任，法典第 3.116 条(a)款规定："除票据另有规定外，对票据承担相同责任的两个或多个制票人、出票人、承兑人、以共同受款人身份背书的背书人，或异常背书人，应根据该两人或多人签名时的身份，对票据承担连带责任。"因此，如果本票有甲、乙两个制票人，该两人即对本票承担连带责任，而本票的执票人可以要求他们中的任何一人付款。如果甲作出付款，且根据甲和乙之间的协议，甲有权要求乙承担全部或部分票据金额，甲就可以向乙索赔。此时，甲是次义务人，而乙是主义务人。

根据法典对次义务人的定义，汇票的出票人也可以是次义务人，但前提条件是汇票已获承兑且承兑人不是银行。出票人的责任状况有点复杂，可以分为4种情况。第一种情况，汇票尚未被提示给受票人。此时，从执票人的角度，即使希望获得汇票的付款或承兑，也只能先向受票人提出。由于尚未向受票人提出，因此，虽然出票人在理论上是汇票的义务人，但此时尚无须对汇票承担任何责任。第二种情况，汇票已被提示给受票人，而受票人作出拒付，包括拒绝承兑和拒绝付款。此时，根据法典第3.414条(b)款的规定，出票人必须直接承担付款义务。并且，出票人在付款之后，无权向任何其他人追索，因为出票人本来就对汇票承担最终的付款责任。在这种情况下，出票人不可能是次义务人。第三种情况，汇票已得到受票人的承兑，且承兑人是银行。在这种情况下，根据法典第3.414条(c)款的规定，出票人被彻底解除责任，因此也不再可能成为次义务人。第四种情况，汇票已得到受票人的承兑，且承兑人不是银行。在这种情况下，如果承兑人最终拒绝为汇票付款，出票人仍有付款义务。但是，根据法典第3.414条(d)款的规定，出票人此时相当于背书人，因此承兑人是主义务人，而出票人是次义务人。

从某种角度来看，对于任何票据，无论有多少个义务人，通常都只有一个主义务人，因为通常都只有一个义务人是真正应该为票据承担付款责任的，而其他义务人虽然根据法典的规定也需要向执票人承担付款责任，但这完全是为了保护执票人的利益，而不是因为这些义务人确实应该自行承担付款责任。或者说，票据存在对内和对外两个关系。所谓对内关系，就是不同义务人之间的关系。在他们之间，只有一个人是主义务人，真正应该为票据承担责任，而其他义务人都是次义务人。次义务人即使为票据作出付款,最终也可以要求主义务人支付补偿。但如果主义务人为票据作出付款,主义务人无权要求次义务人支付补偿,因为主义务人本来就应该为票据付款。所谓对外关系,就是执票人与义务人的关系。从执票人的角度来看,原则上不必区分不同义务人的主次或先后,而是可以根据法典规定要求义务人付款。

为什么票据只有一个义务人是主义务人?举例而言,假设甲是本票的制票人,乙是甲的融通方和共同制票人,甲将本票出立给丙,而丙在背书后将本票流通给丁,而丁在背书后将本票流通给戊。在这个过程中,甲没有付出价值,而是就本票收到价值,也就是丙在取得本票时向甲支付的价值。乙仅仅提供融通,没有收到本票的价值。丙虽然从丁处收到其所支付的价值,但同时向甲支付了价值,所以没有剩余的价值。同样,丁虽然从戊处收到其所支付的价值,但同时向丙支付了价值,所以也没有剩余的价值。因此,只有甲是只有收入而没有付出的人。由于这个原因,甲自然应该为本票的兑付承担最终的责任。如果乙或丙或丁不得不向戊支付本票,他们都有权从甲获得补偿,也就是都对甲拥有索赔权。对于任何票据,无论中间的流通过程如何,只有收入而没有付出的人,永远只有一人。所以,主义务人只有一人。

但是,如前文提到的,在特定的情况下,次义务人也有可能转化为主义务人。例如,在前文提到的制票人甲破产的例子中,由于作为次义务人的背书人乙已无法追究甲的责任,因而转而追究另一个背书人丙的责任。此时,背书人丙就从原来的义务人转化为主义务人。又如,融通方在通常情况下是次义务人,因为其对受融通方有追索权,但是假设甲是本票的制票人,乙是甲的融通方和共同制票人,丙是背书人,那么在甲已破产和乙拒绝为本票付款的情况下,如果丙作为背书人作出付款,丙有权转而向乙追索,因为乙虽然是融通方,但同时也是共同制票人,需要承担制票人的责任。根据法典第3.412条的规定,背书人拥有向其追索的权利。此时,乙就成为主义务人,即法典上述定义所说的"次义务人有权根据本篇对其进行追索的任何其他的票据当事方”。

前文谈到，法典对主次义务人的区分，主要是为了在同一票据不同义务人之间分配责任。那么从执票人的角度来看，是否还有必要区分主次义务人？可以说，基本上没有必要。这可以从法典第3篇对执票人取得付款的相关规定看出。在涉及执票人如何取得票据付款的问题时，法典并不是从主次义务人角度作出规定的，而只是规定在何种情况下应该或可以向谁提出付款要求。在有些情况下，付款要求的首要对象确实是主义务人，如本票的制票人，但这只是巧合，而不是必然。

另外一个问题是，一项票据必须有主次义务人吗？当然不是。例如，甲是本票的制票人，乙是本票的执票人，此时，甲是唯一对本票承担付款责任的人，是唯一的义务人，因此也就谈不上主次。也就是说，只有存在次义务人时，才有可能存在主义务人，因为主次本来就是相对的概念。

主义务人票据责任变更对次义务人的影响

次义务人与主义务人之间的关系，本质上是保证人与被保证人之间的关系。也就是说，对于由主义务人承担的义务，次义务人为该义务的履行提供保证（guaranty）。在美国法律中，保证人和被保证人之间的关系，通常由所谓的“保证法”（law of suretyship and guaranty）管辖。此种法律主要由判例法构成，但美国法学会将其主要原理和规则加以整理，编撰了《保证法重述第三版》（*Restatement of the Law, Third, Suretyship and Guaranty*）。法典第3篇根据美国保证法的基本原则，在第3.605条中对次义务人与主义务人之间的某些问题作出规定。但是，这些规定并非有关保证人和被保证人关系的全面规定。对于法典第3.605条及法典第3篇其他条款所未能涉及的问题，需要根据美国保证法的原则加以判断和处理。

法典第3.605条主要涉及三个方面的问题。第一，法典第3.605条(a)款涉及执票人对主义务人责任的整体或部分免除。例如，主义务人的票据金额原为100美元，但执票人同意主义务人可以仅支付80美元，此时，相当于执票人对主义务人的票据责任作出部分免除。这种免除对次义务人的义务会产生影响。第二,法典第3.605条(b)款涉及执票人对主义务人履约时间的延长。例如,票据付款时间原为2月1日,但执票人同意主义务人可以延迟至3月1日付款。这对次义务人的义务也会产生影响。第三,法典第3.605条(c)款涉及其他一些情况,而这些情况也会对次义务人的义务产生影响。

关于上述第一个问题,即主义务人票据责任的整体或部分免除,法典第3.605条(a)款规定:“如果有权强制履行票据的人,全部或部分解除了主义务人的义务,且相对于主义务人的义务,票据的另一当事方为次义务人,则应适用下列原则:(1)如果次义务人之前已作出付款,主义务人基于该付款对次义务人承担的义务不受影响。但是,除非解除义务的条款保留了次义务人的追索权,否则,在解除条款的范围内,主义务人在本篇项下对次义务人的任何其他义务均被解除。(2)除非解除条款规定,有权强制履行票据的人,保留对次义务人强制履行票据的权利,否则,次义务人将和主义务人在同等程度上,被解除票据的任何尚未履行的义务。如果票据是支票,且次义务人基于背书对支票承担责任,则无论解除义务使用何种语言或基于何种情况,该次义务人的义务均被解除。(3)如果次义务人未根据(2)款被解除义务,则在为该解除所支付之对价的价值限度内,并在该解除对次义务人所造成的损失的范围内,次义务人被解除义务。”

对于如何理解上述规定,法典第3.605条的正式评论进行了举例说明。第一个例子是,债务人从债权人借款1000美元,并向债权人出立了一张1000美元的本票作为偿还借款的证据。背书人为了向债务人提供融通,在本票上作出背书。在付款日期临近时,债务人的财务状况恶化,有可能陷入破产。债权人为了在债务人破产前获得一定的支付,同意接受债务人的100美元现金付款,同时解除了债务人的票据责任,但解除文件没有提到背书人的责任。此时,根据法典第3.605条(a)(2)款的规定,背书人的票据责任也同时被解除,因为该款规定:“除非解除条款规定,有权强制履行票据的人，保留对次义务人强制履行票据的权利，否则，次义务人将和主义务人在同等程度上，被解除票据的任何尚未履行的义务。”

法典正式评论给出的第二个例子是，在上述例子中，假设对债务人的解除条款规定，债权人保留对背书人强制履行票据的权利，此时，根据法典第3.605条(a)(1)款，债务人对背书人的义务即被解除，因为该款规定："除非解除义务的条款保留了次义务人的追索权，否则，在解除条款的范围内，主义务人在本篇项下对次义务人的任何其他义务均被解除。"由于债权人没有专门保留背书人对债务人的追索权，所以，债务人对背书人的义务即被解除。同时，根据法典第3.605条(a)(2)款的规定，背书人对债权人的票据责任并没有被解除。但是，背书人也并非必然要受到损失，因为根据法典第3.605条(a)(3)款的规定，假设在债权人未解除债务人责任的情况下，背书人本来有权向债务人追索，那么背书人就被视为受到该解除的损害，并因此被解除对债权人的义务。

法典正式评论给出的第三个例子是，假设在上述第一个例子中，解除条款规定，债权人保留向背书人强制履行票据的权利，但同时保留背书人向债务人追索的权利，此时，根据法典第3.605条(g)款的规定，背书人的追索权获得保留，因此，根据法典第3.605条(a)(2)款的规定，背书人对债权人的票据责任没有得到解除，但根据法典第3.605条(a)(1)款的规定，债务人对背书人的义务也没有得到解除。由于背书人对债务人的追索权被保留了，背书人没有受到上述第二个例子中的损失，因此，即使债权人解除了债务人的票据责任，背书人也不能因此同时被解除票据责任。

法典正式评论给出的第四个例子是，假设在上述第三个例子中，债务人为了偿还本票项下的欠款，另找了一份工作，以便获得额外收入，但是，在债权人解除了债务人的票据责任后，债务人放弃了该份工作。此时，尽管背书人仍然保留了对债务人的追索权，但假设债务人放弃另外一份工作的情况导致背书人无法从债务人获得补偿，背书人就被解除对债权人的票据责任。

总体来说,法典第3.605条(a)款意在说明,如果票据的执票人解除了主义务人的票据责任,次义务人的票据责任并非必然同时得到解除,而是有可能继续存在,但是,如果次义务人因为执票人的解除而受到损失,则次义务人在损失范围内即被解除对执票人的票据责任。在这种安排下,一方面允许执票人与主义务人就票据责任作出一定的修改,另一方面使次义务人不会真正受到不利影响。

需要说明的是,如果解除责任所涉及的票据是支票,那么,根据法典第3.605条(a)(2)款的规定,无论主义务人与执票人是如何订立解除协议的,作为背书人的次义务人的票据责任均被解除。这项规定是考虑到,支票在日常生活中得到广泛使用,特别是普通公众的使用,而普通公众在通过背书流通支票时,一般都认为支票的出票人会承担支票的最终责任,而不会意识到出票人的票据责任有可能被解除,因而自己要对支票承担最终的责任。

除去解除主义务人的付款责任,对主义务人票据责任进行修改的另一种情况是,执票人同意推迟主义务人的付款时间。在这种情况下,次义务人在票据项下的风险有可能增加,因为主义务人的财务状况可能随后发生恶化,影响次义务人向主义务人进行追索。

对于此种推迟,法典第3.605条(b)款规定:"如果有权强制履行票据的人,就票据到期的一笔或多笔付款,给主义务人一段时间的延期,且相对于主义务人的义务,票据的另一当事方为次义务人,则应适用下列原则:(1)如果次义务人已作出付款,主义务人基于该付款对次义务人承担的义务不受影响。但是,除非延期的条款保留了次义务人的追索权,否则,主义务人在本篇项下对次义务人的任何其他义务,履行时间均被相应延期。(2)如果延期给次义务人造成其他损失,则在损失的限度内,次义务人被解除义务。(3)如果次义务人未根据(2)款被解除义务,则对于未被解除的义务,次义务人可按付款时间未曾被延期一样,向有权强制履行票据的人履行义务;或者,次义务人可认为其履行义务的时间也被相应延期,除非延期条款规定,有权强制履行票据的人保留权利,可按付款时间未曾被延期一样,对次义务人强制履行票据。”可以看到,法典对推迟时间的规定,在一定程度上类似于对解除付款责任的规定,即原则上只要次义务人受到损失,其票据责任即被解除。

除去解除票据责任和推迟付款时间,如果执票人与主义务人达成其他方面的修改协议,则应适用法典第 3.605 条(c)款的规定,即“无论是否存在对价,如果有权强制履行票据的人,同意修改主义务人的义务,但并非全部或部分解除义务,亦非延长到期日,且相对于主义务人的义务,票据的另一当事方为次义务人,则应适用下列原则:(1)如果次义务人已作出付款,主义务人基于该付款对次义务人承担的义务不受影响。主义务人在本篇项下对次义务人的任何其他义务,均被相应修改。(2)如果修改给次义务人造成其他损失,则在损失的限度内,次义务人尚未履行的任何义务即被解除。(3)如果次义务人未根据(2)款被解除义务,则对于未被解除的义务,次义务人可按修改未曾发生一样履行其票据义务,也可认为其票据义务已被相应修改”。这款规定的原则也基本上与上述两款类似。

第六节 票据的拒付

如果票据的执票人提出兑现票据的要求,但票据的付款人未能按照法典的规定作出付款,即属于对票据的“拒付”(dishonor)。拒付不一定意味着执票人最终无法取得票据付款,或最终要遭受损失,但无疑意味着票据可能存在较大问题,收款可能存在较大障碍。执票人需要根据法典第 3 篇的规定来确定自己的权利选项,并决定如何采取下一步行动。

拒付的概念

有权要求获得票据付款的人称为“有权强制履行票据的人”。在绝大多数情况下,该人就是票据的执票人。执票人如果希望获得票据的付款,需要将票据提示给应为票据付款的人，包括汇票的受票人，以及其他应为票据付款的人，例如，本票的制票人或已承兑汇票的承兑人等。如果执票人的提示符合法典的要求，而付款人未能及时作出付款，即构成对票据的拒付。受票人拒绝承兑汇票，也属于拒付。

票据是否受到拒付，取决于 3 个因素。第一，提出付款要求的人是否属于执票人，或者严格地说，是否属于"有权强制履行票据的人"。第二，执票人的提示方式，是否符合法典和票据的规定。第三，应为票据付款的人是否未能在规定的时间内为票据付款。如果提示人是执票人，且提示方式正常，则只要付款人未能按时付款，即属于拒付。

付款人未能按时付款，有时是由于疏忽或错误。例如，忘记为票据付款，或误以为用于支付票据的账户内存款不足但实际上存款充足等。有时则是因为有正当理由，例如，付款人持有抗辩、票据存在问题或支付票据的账户内存款确实不足等。有时可能是付款人已经破产等。所以，拒付可以分为很多种情况，包括错误拒付、正当拒付和其他情况引起的拒付等。但无论是哪一种情况，从执票人的角度，都属于拒付，因为票据未获得付款。

票据受到拒付，不等于票据最终不能获得支付，因为有很多原因会导致票据最终获得支付。例如，票据可能有多个承担付款责任的当事方，因此，即使一个当事方拒付，其他当事方仍有可能会为票据付款。作出拒付的当事方，也有可能改变立场，最终为票据付款。当然，执票人也可以通过法律程序使票据获得付款。但在有些情况下，票据也确有可能最终无法获得支付。这是执票人在取得票据时必须承担的风险。

另外需要说明的是，票据的拒付，在很多情况下都是相对于特定执票人来说的。也就是说，不一定是票据本身不能获得支付，而只是提示票据的执票人不能获得支付。这就是前文曾提到的原则，即票据的权利和义务通常都是相对于特定当事方来说的。例如，甲是货物的买方，出立本票给货物的卖方乙作为货款，但卖方乙最终没有交付货物。此时，如果乙要求甲支付本票，甲可以拒付，因为乙未交货的情况，构成了甲对本票的抗辩。

但是,假设乙将该本票流通给正当执票人丙,则即使乙没有交货,甲仍然不能对丙拒付,因为甲不持有对丙拒付的抗辩。

但是,在上述例子中,假设甲没有拒绝向丙付款的合理理由,但仍然拒绝付款,该拒绝仍然构成拒付,即使其属于错误拒付且最终无法得到法院的支持。从法典第3篇的角度来看,错误拒付也具有拒付的效力,因此执票人随后的权利几乎是一样的。例如,在上述例子中,在甲错误拒付后,丙可以基于自己的正当执票人身份起诉甲,但也可以转而追究乙的责任。假设乙在转让本票时曾作出背书,乙即对本票承担背书人的次义务人责任,在甲不付款时,乙必须付款。即使乙未曾作出背书,丙也可以追究其违反转让担保的责任。在追究乙的责任时,不区分甲的拒付是正当拒付还是错误拒付。

如果票据只有一个付款人,且付款人最终决定拒付,则无论拒付是否存在合理理由,对于执票人来说,都只能通过法律程序来强制履行付款人的票据责任。如果票据有不止一个承担票据责任的当事方,则执票人可以根据当时的情况决定自己的策略。一般而言,诉讼是比较烦琐的程序,因此,如果票据存在多个承担付款责任的当事方,执票人通常会首先要求其他当事方付款。在上述本票例子中,丙通常不会立即起诉甲,而是会要求乙付款。如果甲和乙都拒绝付款,丙就没有其他选择了,只能起诉。

本票的拒付

关于本票的拒付,法典第3.502条(a)款规定:“下列原则适用于本票的拒付:(1)对于即时付款的本票,如果向制票人作出正常提示后,本票未在提示日获得付款,即属于拒付。(2)如果本票不是即时付款,且系在银行付款或通过银行付款,或如果本票条款要求作出提示,则只要在作出正常提示后,本票未在付款日或提示日(以晚者为准)获得付款,即属于拒付。(3)如果本票不是即时付款,且(2)款不适用,则只要本票未在付款日获得付款,即属于拒付。”

本票不存在承兑程序，而只有付款程序，因为本票就代表制票人的付款承诺，不需要在付款前增加一个确认程序。所以，本票只有付款提示，即执票人向制票人提出的付款要求。对于即时付款的本票，提示是必要程序，因为即时付款的本票没有固定的付款期，因此如果执票人不作出提示，制票人即无法知道执票人是否有付款要求。所谓“正常提示”（due presentation），是指符合法典第3.501条要求的提示。对于即时付款本票，根据上述第(a)(1)款的规定，付款必须在提示当日作出，否则即属于拒付。

上述第(a)(2)款所说的“不是即时付款”的本票，主要就是指定时付款本票，因为根据法典第3篇对票据付款时间的规定，除即时付款票据外，另一种就是定时付款票据。但在个别情况下，当事方也有可能对即时付款本票的付款时间作出其他约定。对于定时付款本票，根据上述第(a)(2)款的规定，如果本票系在银行付款，或如果本票规定应作出提示，则执票人应作出提示。提示可以在付款日之前作出，但制票人可以等到付款日再付款。提示也可以在付款日之后作出。根据法典第3.304条有关过期票据的规定，定时付款的票据在付款日之后即属于过期。但是，过期票据只在一定程度上影响流通，但并不影响票据的付款责任。因此，如果定时付款的本票在付款日之后作出提示，制票人必须在提示日作出付款，否则即属于拒付。

上述第(a)(3)款亦是指定时付款的本票。对于该款中的定时付款本票，提示不是必要程序，即制票人一般有义务在付款日或之前主动作出付款，而无须等待执票人的提示。如果制票人未在付款日或之前主动付款，即属于拒付。

需要说明的是，在法典第3篇中，票据的付款时间，都是假设执票人直接向付款人提出付款要求，而不是通过法典第4篇的银行收款程序进行票据收款。如果通过银行收款程序，那么付款时间要根据法典第4篇和其他适用法的规定来确定。例如，如果甲持有乙出立的即时付款的本票，那么当甲直接找到乙并要求乙付款时，乙必须在当天作出付款，否则即构成拒付。但是,如果甲将该本票存入自己使用的银行丙,要求银行丙通过银行收款程序取得本票的付款,那么银行丙没有义务当时向甲作出付款,因为银行丙自己并不是付款人,而是需要将该本票通过一定程序转给乙,例如,转给乙所在的银行丁,并由银行丁向乙提出付款要求。在丁向乙提出付款要求后,乙有义务在当日作出付款,因为此时丁相当于本票的执票人。丁收到乙的付款后,还需要通过银行系统最终将款项转给甲。所以,甲获得付款的时间,实际上会稍长一些。

未经承兑的汇票的拒付

对于未经承兑的汇票,法典第 3.502 条(b)款规定:“下列原则适用于未经承兑的汇票(跟单汇票除外)的拒付:(1)如果支票被正常提示给付款银行要求付款,但未要求在柜台立即付款,则只要付款银行及时退回支票,或根据法典第 4.301 条或第 4.302 条及时发出拒付通知或未付通知,或根据法典第 4.302 条对支票金额承担责任,即属于拒付。(2)如果汇票属于即时付款,且(1)款不适用,则只要在向受票人作出正常付款提示后,汇票未在提示日获得付款,即属于拒付。(3)如果汇票应在汇票上载明的日期付款,下列情况构成对该汇票的拒付:(A)向受票人作出正常付款提示后,汇票未在付款日或提示日(以晚者为准)获得付款;或(B)在汇票付款日之前作出正常承兑提示后,汇票未在提示日获得承兑。(4)如果汇票应在见票后或承兑后的一段时间期满时付款,则只要在作出正常承兑提示后,汇票未在提示日获得承兑,即属于拒付。”

在上述规定中,前两款涉及即时付款汇票,后两款涉及定时付款汇票。关于即时付款汇票,只要不涉及执票人要求在柜台上获得付款的支票,即应适用上述第(b)(2)款。根据该款,在执票人作出提示后,受票人必须在当日作出付款,否则即构成拒付。如前文提到的,这里的付款时间,是假设执票人直接向受票人提出要求,而不是通过银行收款程序进行。

对于即时付款汇票,如果属于第(b)(1)款所述的情况,即支票的执票人并未要求在付款银行柜台上获得付款,则只有在该款所列的3种情况下,支票才被视为受到拒付。这3种情况,都规定在有关银行存款和收款的法典第4篇中。

第一种情况,银行及时退回了支票。如果银行及时退回支票,即代表银行对支票的拒付。根据法典第4.202条(b)款的规定,银行如果要退回支票,就必须及时,通常需要在其“午夜截止期”(midnight deadline)之前退回。关于该时间,法典第4.104条(a)(10)款规定:“如果在某个银行营业日,银行收到有关票证或通知,或就任何行为开始计算时间(以迟者为准),则该日下一个银行营业日的午夜,即为‘午夜截止期’。”午夜截止期的概念,有关银行收款程序的下一章会具体讨论。

上述第(b)(1)款所列的第二种情况,银行及时作出了拒付通知。根据法典第4.301条(a)款和(b)款的规定,银行如果决定拒付支票,并决定发出拒付通知,则只要其在午夜截止期之前发出通知,即属于及时。

上述第(b)(1)款所列的第三种情况,银行未及时采取行动,因而被视为承担了票据责任。根据法典第4.302条(a)(1)款的规定,如果银行在午夜截止期之后,既未退回支票,也未发出拒付通知,银行即被视为对该支票承担了付款责任。但是,既然银行已对支票承担了付款责任,为什么还属于拒付?因为银行实际上并没有作出付款,或者说银行实际上未能按时作出付款,而只是由于法律的规定,被动承担了付款责任。

上述第(b)(3)款涉及定时付款汇票。根据该款的规定,两种情况会构成拒付。第一种情况,执票人在票据付款日到期之前作出了付款提示,此时,只要汇票在付款日未得到付款,即构成拒付;如果执票人在付款日到期之后作出付款提示,则只要在提示日未得到付款,即构成拒付。第二种情况,在付款日到期之前,执票人作出承兑提示,此时,只要在提示日未得到承兑,即构成拒付。受票人拒绝承兑,通常也就意味着拒绝付款,所以拒绝承兑构成拒付。上述第(b)(4)款也涉及定时付款汇票,但付款时间是根据承兑的时间来计算的,如承兑后10天付款。如果受票人拒绝作出承兑,也属于拒付,因为相当于受票人不承认存在付款时间。

已获承兑的汇票的拒付

对于之前已经获得受票人承兑的汇票,法典第3.502条(d)款规定:"下列原则适用于已承兑汇票的拒付:(1)对于即时付款的汇票,只要在向承兑人作出正常付款提示后,汇票未在当天获得付款,即属于拒付。(2)如果汇票不是即时付款,只要在向承兑人作出正常付款提示后,汇票未在付款日或提示日(以晚者为准)获得付款,即属于拒付。"

在上述第(d)(1)款中,如果汇票原来就是即时付款汇票,为什么执票人不直接作出付款提示,而是先有承兑程序?在有些情况下,执票人当时不需要获得付款,但为了确认受票人随后会支付汇票,因而先要求受票人作出承兑。更常见的情况是,执票人希望转让该汇票,因此先为汇票取得承兑,因为经过承兑的汇票自然比未经承兑的汇票更容易被受让人接受。在这种情况下,后手执票人所持的汇票,就是已获承兑的汇票。

对于已获承兑的即时付款汇票,由于其本来就应即时付款,因此即使经过了承兑程序,承兑人仍有义务在付款提示的当天作出付款。对于定时付款的汇票,承兑后仍然应在原有的付款日付款。因此,如果在付款日提示,或如果付款日之后作出提示,均应在当日付款。这与前文对于未经承兑的汇票的规定是类似的。

银行本票、银行支票和保兑支票的拒付

对于银行本票、银行支票和保兑支票,承担付款责任的都是银行。法典将承担此种责任的银行称为"承债银行"(obligated bank)。法典第3.411条(a)款规定:"'承债银行'指保兑支票的承兑人;或指银行本票或银行支票的立票人,只要票据系从该立票人购买。"

银行本票、银行支票和保兑支票代表着银行的付款责任,因此在商业中常被视为准现金,很容易被接受。需要作出支付的人(如货物的买方),

为了避免现金支付的风险或麻烦，可以先从银行购买银行本票或银行支票，或者自己出立支票后取得银行的保兑，然后交付给需要取得支付的人（如货物的卖方）。当然，虽然银行的付款基本上有保证，但也不是万无一失，因为银行也有可能发生经营困难。在法典中，银行的停止支付称为“暂停对外付款”（suspension of payments），指银行在遇到经营困难或受到监管机构要求时暂时停业，并一般性地停止对客户作出支付。

在多数情况下，如果银行本票、银行支票或保兑支票出现付款问题，主要是因为商业交易的当事方产生争议，因此票据的所有权人要求银行停止付款。前文提到，假设货物的买方从银行购买向卖方付款的银行本票，并将其交付给卖方，此时，卖方是该银行本票的执票人，而买方不是该银行本票的当事方。但是，由于买方为银行本票支付了款项，因此被视为银行本票的所有权人。在买方和卖方发生争议的情况下，买方有可能要求银行停止支付该银行本票。此外，如果在出立银行本票时，银行受到欺诈或存在类似原因，银行也有可能作出拒付。对于银行拒付银行本票的问题，法典没有单独作出规定，因此通常应适用有关立票人责任的一般原则，但是，法院为了维护银行本票这类票据在市场上的信誉，对银行的拒付会加以更严格的审查。

在“Hotel Reviera，Inc. v. First National Bank & Trust Co. 案”中，原告是拉斯维加斯的一家酒店，持有被告银行出立的银行本票，但银行拒绝付款。案件的基本情况是，银行的一个客户要求银行出立银行本票，而作为对该本票的付款，客户向银行交付了其雇主公司出立的且已被背书给银行的两张支票。银行收到支票后，贷记了客户账户，并使用其中的部分贷记出立了银行本票。客户在拿到银行本票后，用其支付了在原告酒店的赌博支出。银行随后注意到，客户交付给银行的两张支票上的背书是伪造的，因此拒绝为银行本票付款。

初审法院认定，由于涉及赌债支付，因此，根据相关法律，酒店不能成为银行本票的正当执票人。在这种情况下，银行本可对抗其客户的理由，即伪造背书导致银行本票缺乏对价，也同样可以用于对抗酒店。初审法院据此驳回了酒店的起诉。上诉法院认为，尽管在一般情况下，本票的制票人可以基于此种理由拒付本票，但在这个具体案件中，尽管酒店因为赌债支付的原因不属于正当执票人，但是赌博本身在拉斯维加斯是合法的，而酒店对伪造背书的情况并不知情，也不是造成银行损失的原因。银行在没有等到客户所交付的支票获得付款后再出立银行本票，在一定程度上是银行自己的过错。在酒店并无过错而银行存在过错的情况下，要求由酒店承担银行的损失似乎并不合理。上诉法院特别强调了银行本票的特殊性质。在商业活动的当事方之间，银行本票几乎相当于现金，因为银行的付款承诺已得到商业界的一致尊崇。基于上述考虑，上诉法院推翻了初审法院的判决。

无论如何，如果银行错误地拒绝为银行本票、银行支票或保兑支票付款，银行就需要承担相应责任。法典第 3.411 条(b)款规定："如果承债银行错误地：(i)拒绝支付银行本票或保兑支票，(ii)阻止支付银行支票，或(iii)拒绝支付被拒付的银行支票，此时，强制履行该票据的人，有权就该未能支付所造成的费用和利息损失取得赔偿，并且，如果承债银行在收到造成间接损失之情况的通知后，仍然拒绝支付，则该人还有权就间接损失取得赔偿。"

在上述规定中，法典的用语是承债银行"拒绝支付"(refusal to pay)，而没有说银行"拒付"(dishonor)。两者的区别有些微妙，但可能仍然具有一定意义。法典第 3 篇第 5 章的标题是"拒付"，上文讨论的对普通汇票和本票的拒付也都是规定在法典第 5 章中。但是，关于银行本票、银行支票和保兑支票的拒绝支付，不仅用语不一样，而且也没有被放在法典第 3 篇第 5 章中，而是被放在有关票据当事方责任的第 4 章中。

前文提到，拒付包括制票人或承兑人拒绝支付票据，以及受票人拒绝支付或承兑汇票。制票人和承兑人都对票据承担直接的付款责任，因此他们如果作出拒付，自然要承担责任。但是，确定是否存在拒付的另一个重要意义是,对于就票据承担付款责任的其他当事方来说,制票人、承兑人或受票人的拒付,通常是其他当事方为票据付款的前提条件。例如,对于未经承兑的汇票,只有受票人拒付,执票人才可以要求出票人付款。对于本票,只有制票人拒付,执票人才可以要求背书人付款。从这个意义上来讲,拒付概念的主要作用,是确定其他当事方承担票据责任的前提条件是否已经满足。

涉及银行本票、银行支票和保兑支票时,法典第3.411条对银行拒绝支付的规定,似乎主要是为了加重银行的责任。根据法典第3.411条(b)款的规定,如果承债银行拒绝支付,不仅要对票据金额承担责任,而且还要对附带损失甚至间接损失承担责任,而对于承担票据责任的其他当事方,法典并没有明确这样规定。此外,对于保兑支票来说,根据法典第3.414条(c)款和第3.415条(d)款的规定,在支票经过银行承兑后,出票人和背书人的票据责任均被解除,因此,银行成为唯一对保兑支票承担责任的当事方。

拒付通知

假设汇票的执票人向受票人提示汇票,但受票人拒付,此时,执票人下一步能做什么或需要做什么?汇票的受票人在承兑汇票前不对汇票承担票据责任,因此执票人无权追究受票人的责任,只能转而要求出票人承担票据责任。为此,执票人需要将受票人拒付的情况,通知给出票人。此种通知称为"拒付通知"(notice of dishonor)。

在一般情况下,拒付通知是使出票人承担票据责任的前提条件,也是使票据其他当事方承担票据责任的前提条件。法典第3.503条(a)款规定:"在满足下列条件之前,不得强制履行背书人在第3.415条(a)款项下的义务,以及出票人在第3.414条(d)款项下的义务:(1)已向背书人或出票人作出符合本条规定的票据拒付通知;或(2)根据第3.504条(b)款,拒付通知被免除。"

在“Brannons Number Seven, Inc. v. Phelps 案”中,被告是一家公司的雇员,从公司收到两张用于支付工资的支票,随后用该支票在原告超市购买物品,并将支票背书给超市。在支票被受票人银行以账户资金不足为由退回后,超市起诉被告,要求被告作为背书人承担支付票据的责任。被告称超市从未将拒付的情况通知被告,而超市称已经通知过。初审法院支持了超市的请求,未经具体审理,直接判决被告承担背书人的责任。上诉法院认为,超市将拒付情况向被告作出通知,是被告承担背书人责任的必要条件,但初审法院没有确认超市是否发出了通知,属于审理错误。基于此种理由,上诉法院推翻了初审法院的判决。

拒付通知无须采用特定格式或用语,也不是必须由执票人发出。原则上,只要将相关情况通知到相关责任人,即满足拒付通知的要求。法典第3.503条(b)款规定:“拒付通知可由任何人作出,并可使用任何商业上合理的方式,包括口头、书面或电子形式。如果拒付通知合理指明票据,并说明票据已被拒付,或说明票据未获得付款或承兑,通知即为充分。将银行用于收款的票据退回,即构成充分的拒付通知。”

拒付通知必须在一定时间内及时发出。法典第3.503条(c)款规定:“除第3.504条(c)款另有规定外,涉及收款银行收到的用于收款的票据时:(i)该收款银行在收到票据拒付通知后,应在收到通知的银行营业日的下一个银行营业日午夜之前,发出拒付通知,或(ii)任何其他人在收到拒付通知后,应在收到通知的次日起30日内,发出拒付通知。涉及任何其他票据时,拒付通知必须在拒付发生的次日起30日内发出。”

拒付通知的免除

在个别情况下,拒付通知可以被免除。法典第3.504(b)款规定:“拒付通知在下列情况下被免除:(i)根据票据条款,无须拒付通知即可强制履行当事方支付票据的义务;或(ii)被要求履行义务的当事方,放弃了对拒付通知的要求。放弃对提示的要求,即同时构成对拒付通知的放弃。”

第五章　银行存款和收款

法典第 4 篇称为《银行存款和收款》(Bank Deposits and Collections),主要涉及银行对票证的处理。在第 4 篇中,“票证”(item)主要包括第 3 篇范围内的流通票据,但同时也包括法典第 3 篇范围之外的不可流通票据,以及第 8 篇范围内的投资证券。第 4 篇使用“票证”这个概念,是为了与第 3 篇范围内的“票据”(instrument)有所区别。

法典第 4 篇中的“存款”(deposits),是指持有票证的客户将票证存入银行,并委托银行办理票证的收款手续,而不包括现金存储业务。法典第 4 篇中的“收款”(collections),是指银行在收到客户交付的票证后,经过银行收款程序,取得票证项下的付款,并将该款项交付给客户。所以,存款和收款都是指银行对票证的处理。

第一节　收款的基本概念

假设在货物买卖交易中,买方为支付货款向卖方出立以银行甲为受票人的支票,那么卖方在拿到该支票后,如何获得支票项下的付款?这就是法典第 4 篇所要解决的问题。如果卖方使用法典第 4 篇范围内的银行收款程序,卖方就无须关心银行甲是谁,无须知道银行甲在什么地方,也无须考虑自己是否与银行甲有业务联系,而只需将支票存入自己持有账户的银行乙,并委托银行乙代表自己取得该支票项下的付款。银行乙在收到该支票后,会完成支票的收款程序,然后将款项存入卖方在银行乙的账户。这个过程涉及3个因素,即票证、客户和银行。

用于收款的票证

关于票证,法典第4.104条(a)(9)款规定:"'票证'指银行出于收款或付款目的所处理的票据,或支付金钱的承诺或命令,但不包括受第4A篇管辖的支付命令,也不包括信用卡或借记卡的记账凭单。"在这个定义中,"票据"指法典第3篇范围内的流通票据,而"支付金钱的承诺和命令"则泛指任何用于付款的票证或证券,包括法典第3篇所不包含的不可流通票据,以及第8篇范围内的投资证券。这里所说的"承诺"(promise),是指具有本票性质的付款承诺,即使该承诺不能构成流通票据。这里所说的"命令"(order),则是指具有汇票性质的付款命令。法典第4篇不涉及有关资金转让的第4A篇范围内的"支付命令"(payment order),因为法典第4A篇对该支付命令的转账程序另有专门规定。

在涉及法典第3篇的流通票据和法典第8篇的投资证券时,该两篇的规定有时可能会和法典第4篇的规定发生冲突。对此,法典第4.102条(a)款规定:"如果本篇范围内的票证同时也在第3篇和第8篇范围之内,则在相关范围内,该票证亦受第3篇和第8篇的约束。如果存在冲突,本篇优于第3篇,但第8篇优于本篇。"

在法典第4篇中,"汇票"的含义比法典第3篇所定义的汇票更宽泛一些。在法典第4篇中,根据第4.104条(a)(7)款的规定:"'汇票'指第3.104条所定义的汇票;或指除票据外的票证,只要其属于命令。"所以,法典第4篇范围内的汇票,除包括第3篇范围内的流通汇票外,也包括第3篇范围之外的其他支付命令,如不属于流通票据的"跟单汇票"(documentary draft)。关于跟单汇票,法典第4.104条(a)(6)款规定:"'跟单汇票'指下列汇票:汇票在提示承兑或提示付款后,受票人或其他付款人需要先收到特定文件、票式证券(第8.102条)或无票证券的指示(第8.102条),或其他凭证、声明或类似材料,才能承兑或支付汇票。”在货物买卖中,特别是国际货物买卖中,通常需要在汇票付款时交付提单等运输单据。包含此种要求的汇票,即属于跟单汇票。此种汇票虽然也是汇票,但附有诸多条件,不属于可以流通的流通票据。

此外,在法典第4篇中,票证不仅指票证本身,还可以指票证的提示通知。法典第4.110条(c)款规定:“如果通过提示通知作出提示,则本篇在提到‘票证’或‘支票’时,即指提示通知,除非上下文另有所指。”根据这项规定,如果相关银行以通知的方式作出提示,该通知本身即属于票证。

从以上规定可以看出,法典第4篇的关注点在于票证的支付功能,而不在于其流通功能,因为银行收款程序的目的是收取票证项下的款项,而在此时,即使是流通票据,其实也已经退出流通阶段而进入兑付阶段。所以,任何票证,只要具有收款价值,都可以成为法典第4篇范围内的票证。例如,如果法典第8篇范围的债券需要兑付,也可以成为第4篇范围的票证。

接受收款服务的客户

银行收款程序的目的是由银行为客户提供收款服务。在前文提到的例子中,买方为支付货款向卖方出立以银行甲为受票人的支票。卖方将支票存入自己持有账户的银行乙。银行乙联系银行甲,银行甲兑付买方的支票,将款项转给银行乙,银行乙将款项交给卖方。至此,支票的收款程序全部完成。在这个过程中,卖方明显属于客户,即银行乙的客户,因为是卖方将支票存入银行乙并委托其收款。但是,根据法典第4篇的规定,买方和银行乙也都是客户。买方是银行甲的客户,而银行乙也是银行甲的客户。

所以,在银行收款的过程中,通常有多位客户,例如,在上述例子中有3个客户。如果上述例子中的买方和卖方都在银行甲持有账户,且卖方将支票存入银行甲用于收款,那么就只有两个客户,即买方和卖方。反之,在链条比较长的收款过程中，除银行甲和银行乙外，可能还会有其他中间银行参与，因而客户的数量会更多。

在上述例子中，买方和卖方明显是银行乙和银行甲的客户，但为什么银行乙能成为银行甲的客户？这是由银行收款程序的特点所决定的。在收款过程中，卖方将支票存入银行乙，但支票的受票人是银行甲，因而银行乙需要向银行甲提示该支票，并要求银行甲付款。假设支票没有问题，银行甲就会同意付款，但银行甲如何将付款转给银行乙？通常的情况是，银行乙已经在银行甲设立了账户，因此银行甲可以将付款直接存入银行乙的账户。由于银行乙在银行甲持有账户，因而属于银行甲的客户。关于客户的定义，法典第4.104条(a)(5)款规定："'客户'指在银行设立账户的人，或银行同意代其进行票证收款的人，也包括在其他银行设立账户的银行。"

从上述讨论中可以看到，客户实际上分为两类，即非银行客户(如上述例子中的买方和卖方)和银行客户(如上述例子中的银行乙)。虽然他们都被定义为客户，但实际上，非银行客户才是真正的客户，而银行客户(如上述例子中的银行乙)只是在收款过程中为非银行客户提供服务的服务商。因此，法典第4篇在谈及客户时，原则上是指使用银行收款服务的非银行客户。在下文的讨论中，客户也是指非银行客户。

法典第4篇原则上只涉及客户与银行的关系，以及银行与银行之间的关系，而不涉及客户之间的关系。例如，对于上述例子中的卖方与买方，他们之间的买卖关系受法典第2篇的管辖，而他们之间的票据关系受法典第3篇的管辖。此外，对于他们之间的合同关系，如果超出了法典第2篇的范围，则受法典以外的合同法和其他法律的管辖。

对于特定票证来说，客户之所以成为银行的客户，在绝大多数情况下是因为双方在之前即存在客户关系。例如，买方之所以能够出立以银行甲为受票人的支票，是因为买方之前已经在银行甲设立了支票账户，并在账户中存有可以用于该支票的款项；而卖方之所以将收到的支票存入银行乙，一般也是因为卖方之前已经在银行乙设立了账户，因此支票项下的款项可以在收款后存入该账户。客户和银行在建立客户关系时，通常会订立一定的协议，规定双方的权利和义务。在绝大多数情况下，监管机构和行业机构也会制定相关的行业规则。因此在收款过程中，客户与银行之间的关系，不仅受到法典第 4 篇的约束，也受到当事方协议、行业规则和监管规则的约束。

在涉及客户与银行之间的关系时，法典原则上允许当事方通过协议修改法典第 4 篇的规定。法典第 4.103 条(a)款规定："可以通过协议修改本篇条款的效力；但是，协议的当事方不得排除银行因缺乏善意或未能行使正常谨慎而应承担的责任，也不得为缺乏善意或未能行使正常谨慎限制损害赔偿金额。但是，当事方可以通过协议，确定衡量银行责任的标准，只要该标准不是明显不合理。"

上述规定与法典第 1.302 条的规定非常类似。法典此处的规定，特别提到不得排除银行缺乏善意的责任，但并没有提到是否可以排除客户缺乏善意的责任。这是因为，在客户与银行的关系中，银行一般占主导地位，因此双方订立的协议，基本上都是银行自己起草的标准协议，会尽量降低银行的责任，而客户基本上只能服从。但是，法典第 1 篇有关善意的原则适用于法典通篇，因此，客户即使有能力与银行讨价还价，实际上也不能免除自己缺乏善意的责任。

关于行业规则，法典第 4.103 条(b)款规定："联邦储备条例或实施细则、票证清算行规则或类似规则，具有(a)款所述之协议的效力，无论该等规则是否得到对相关票证拥有权益之全部当事方的特别同意。"根据这项规定，这些规则被视为当事方已默示接受的协议。无论当事方是否实际上知道该规则，也无论他们是否专门对这些规则给予同意，他们都被视为已经接受并受其约束，因为从实际商业活动的角度来看，不太可能在处理每一项票证时，专门去征求相关当事方对此等规则的意见。

提供收款服务的银行

法典第 4 篇范围内的存款和收款，属于银行提供给客户的服务。在这个过程中，需要对票证进行收款的客户，除开始时将票证存入银行外，以及结束时收到款项，无须参与其余程序，因为该程序均由银行完成。在多数情况下，收款程序需要多家银行的参与和合作。因此，银行在收款过程中的作用和地位，以及相关的权利和义务，是法典第 4 篇关注的重点。

根据银行在收款过程中的不同作用，法典将银行分为几类，包括“存款银行”（depositary bank）、“收款银行”（collecting bank）、“中间银行”（intermediary bank）、“提示银行”（presenting bank）和“付款银行”（payor bank）。这几类都是银行的不同身份，但不一定是指不同的银行，因为在票证收款的不同阶段，相对于不同当事方，同一家银行可以具有不同身份。

例如，在前文提到的买方和卖方使用银行甲和银行乙为支票收款的例子中，银行乙因为接受了卖方存入的支票而成为存款银行，并因为随后要进行支票收款而成为收款银行，再因为向银行甲提示支票而成为提示银行。所以，银行乙在这个过程中具有 3 种身份。存款银行身份是相对于作为卖方的客户来说的，收款银行身份是相对于其提供的收款服务来说的，而提示银行是相对于向银行甲提示支票来说的。上述例子中的银行甲要为支票作出付款，因而属于付款银行。如果银行乙没有直接将支票提示给银行甲，而是使用了其他银行将支票转交给银行甲，则这个转交银行即属于中间银行。

根据法典第 4.105 条的定义，银行几种身份的定义如下：“存款银行”，是指首个取得票证的银行，即使其亦为付款银行，除非票证系在柜台提示，用于即时付款。“付款银行”，是指作为汇票之受票人的银行。“中间银行”，是指在收款过程中取得票证转让的银行，但不包括存款银行和付款银行。“收款银行”，是指为收款而处理票证的银行，但不包括付款银行。“提示银行”，是指提示票证的银行，但不包括付款银行。

根据上述定义，在前文提到的卖方和买方的例子中，如果卖方和买方都使用银行甲，则银行甲即同时具有存款银行和付款银行的身份。中间银行可以没有，也可以有一家或多家。如果有中间银行，每一家中间银行都是提示银行,因为他们均需要向下一家银行提示票证。存款银行与所有的中间银行都参与收款,都是收款银行。最后一家为票据付款的银行是付款银行,因此付款银行只有一家。但在个别情况下,如果收款过程的最终付款人不是银行,则最后一家银行只是收款银行,只负责将票证交给非银行付款人,因而收款过程中就不存在付款银行。

银行相对于客户所承担的义务,以及所享有的权利,取决于银行相对于具体客户和具体行为的身份。例如,当银行甲同时具有卖方存款银行的身份和买方付款银行的身份时,银行甲对卖方承担存款银行的义务,而对买方承担付款银行的义务。同时,银行也相应受到与客户之间的协议和相关行业规则的约束。在银行之间,他们的权利和义务也取决于他们在从事具体行为时的具体身份。

第二节　收款的基本原则

要较好地理解法典第 4 篇的规定,包括收款当事方的做法、义务、责任和相互关系,首先需要了解收款过程中涉及的一些基本原则,因为这些原则是法典第 4 篇的结构基础,并将相关的具体规定连接在一起。

票证形式上的转让

假设在收款过程中只涉及两家银行,即前文提到的买方的银行甲和卖方的银行乙,那么收款过程大致如下:卖方将支票存入银行乙;银行乙为了取得支票付款,向银行甲提示支票;银行甲为支票付款,将款项支付给银行乙,同时借记买方的账户;银行乙收到款项后,贷记卖方的账户。至此,收款过程完成。

在上述收款过程中,卖方将支票存入银行乙的行为,以及银行乙将支票提示给银行甲的行为,均被法典第 4 篇视为票证的“转让”(transfer),即相当于卖方将支票转让给银行乙,而银行乙又将支票转让给银行甲。如果在银行乙和银行甲之间还存在一家或多家中间银行,则支票在银行之间的每一次转手,都被视为一次转让。

在美国法律中,“transfer”这个词的含义比较模糊,既可以指物理意义上的转手,也可以指法律意义上的转让。在法典第 4 篇中,这个词没有定义,也属于一种比较模糊的概念。一方面,收款过程本质上是银行为持有票证的人提供的收款服务,因此,在上述例子中,无论是卖方将支票存入银行乙,还是银行乙将支票提示给银行甲,都不是为了出售支票,即本意不是转让票证,而只是转手或转递。另一方面,由于收到票证的银行通常需要通过贷记形式立即为票证作出付款,相当于为票证支付价值,因此将此种转手在一定意义上视为转让,有利于确定当事方之间的某些权利和义务。

例如,只要上述例子中的卖方将支票存入银行乙,银行乙就要贷记卖方的账户,相当于银行乙是支票的“买方”。同样,只要银行乙向银行甲提示支票,银行甲就要贷记银行乙的账户,相当于银行甲是支票的“买方”。而卖方和银行乙作为该支票的“卖方”,要按法典的规定,相应地向“买方”提供票证转让中的默示担保,类似于货物卖方就货物所有权和状况提供的担保。从这个意义上来讲,票证的每一次转手,确实带有转让的某些特征。

但总体而言,收款过程中的票证转让主要还是形式上的转让,而不是真正的转让。因此,如后文将要讨论的,根据法典第 4 篇的规定,即使当事方之间在形式上存在转让关系,本质上他们只是代理关系,因此他们之间的相关权利和义务,本质上要根据代理法来确定。所以在上述例子中,银行乙主要是卖方的代理人,而不是支票的受让人。银行甲实际上是支票的受票人,不是任何人的代理人,其接受支票的行为,属于汇票受票人兑付支票的行为。

票证收款过程中的“转让”,是根据法典第 4 篇的规定自动发生的,无须采用特定形式,也无须当事方订立书面转让协议。特别是银行之间的转让,完全根据行业程序和规则进行,无须任何额外手续。法典第 4.206 条规定:“任何约定的方法,只要能够指明转让人银行,即足以使票证再度向另一银行转让。"由于程序和规则已事先确立,因此在收款过程中,一家银行只要根据惯常做法将票证交给下一家银行,就构成票证的转让。

存入票证时的背书

在法典第 3 篇中,凭令付款的票据需要执票人作出必要背书后才能流通。在法典第 4 篇中,客户将票证存入银行的行为,相当于向银行转让票证。因此,涉及此类票证时,客户一般也需要在票证上作出背书。但是,有些客户在将票证存入银行时,会忘记作出背书。如果要求银行再逐一去找客户补充背书,一方面增加工作量,另一方面也无很大必要,因为客户将票证存入银行进行收款的意图已经非常明确。特别是,银行每天收到的票证数量非常大,而且很多是通过邮寄或自动存款机存入银行的,因此银行无法在收取票证的环节上加以管控。

为了提高收款程序的效率,法典第 4.205 条规定:"存款银行在收到用于收款的票证时,即成为该票证的执票人,无论客户是否为票证作出背书,只要客户在交付票证时,其自己是票证的执票人;并且,如果银行满足第 3.302 条的其他要求,银行即成为正当执票人。"根据这项规定,存入银行的票证即使缺乏必要背书,也不影响银行就票证取得的权利,同时也不影响银行将票证转让给下一家银行的权利。

本质上的代理关系

前文提到,在收款过程中,票证在当事方之间的每一次转手,都构成形式上的转让,并给当事方带来相应的权利和义务。但从本质上来讲,当事方本来并没有转让票证的意图,而只是将票证顺次传递至最终为票证付款的付款银行或其他付款人。因此,法典第 4 篇为收款过程规定的一个重要原则是,所有的"收款银行"(collecting bank),包括存款银行和任何中间银行,都是票证所有权人的代理人或再代理人,而这里的所有权人,就是将票证存入存款银行的人,即存款银行的客户。不属于代理人或再代理人的银行,只有在最后环节时为票证付款的“付款银行”(payor bank)。

基于这种代理关系,在收款过程中,收款银行实际上不对票证承担真正的责任,无论银行是否从形式上曾经在票证上背书,或曾经成为票证的所有权人。法典第4.201条(a)款规定:“除另有明确表示的相反意图外,在收款银行对票证作出的结算成为最终结算之前,就所涉及的票证,银行是票证所有权人的代理人或再代理人,且对票证的任何结算均属临时结算。无论背书为何种形式,或是否存在背书,也无论给予票证的信贷是否有权即时提用,或是否事实上已被提用,上述原则均适用。”此外,该款还规定:“如果票证在提示、付款、收款或退回的过程中经由多家银行处理,则即使当事方的行为明确证实,其中某家银行已购买了票证并成为其所有权人,本篇的有关条款仍然适用。”

根据上述规定,所有的收款银行,也就是在收款过程中除付款银行外的所有银行,都是票证所有权人的代理人或再代理人,只为票证所有权人提供收款服务,而不对票证本身承担真正的责任。因此,即使在收款过程中银行需要作出背书,甚至从形式上购买了票证并成为票证的所有权人,银行也不因此种背书或购买而承担票据责任。并且,如后文将要讨论的,当票证最终被拒付时,只要收款银行遵守了法典的相关规定,如法典对行动时间的要求,银行的责任就只是退回票证和转达拒付通知,而没有义务为票证承担付款责任。

由于收款银行根据上述规定只具有代理身份,因此票证的真正所有权在本质上仍然属于票证的所有权人。但是,毕竟收款银行在收款过程中要暂时为票证支付价值,因此有必要对收款银行提供保护。为此,法典第4.201条(a)款规定:“票证所有权人所继续拥有的所有权,以及该所有权人对票证收益享有的任何权利,均受制于收款银行的权利,例如银行因票证尚存未偿贷款而享有的权利,以及银行的扣减权或抵销权。”根据这项规定,收款银行如果在收款过程中已支付费用或已提供贷记,则在银行所支付价值的限度内,银行对票证享有权利,并享有优先权。因此,票证所有权人对票证的任何权利,均受制于银行为票证所支付的价值。票证所有权人只有在首先清偿银行所支付的价值,银行才有义务交还票证。

法典规定的代理关系,只适用于收款银行,而不适用于付款银行。这是因为,付款银行是最终为票证付款的银行,已经不涉及任何代理问题。例如,卖方将支票存入银行乙,而银行乙向买方的银行甲提示支票,此时,银行乙是卖方的代理人,而银行甲需要自己为支票付款,不会再代理银行乙进一步转让支票,所以银行甲作为付款银行,不涉及代理问题。

转让人的指示

在收款过程中,接受客户票证的存款银行,必须在收款过程中服从客户的指示,以保证收款过程能够符合客户的要求。同时,存款银行有义务将客户的指示发送给下一家银行,如中间银行或付款银行。由于只有存款银行与存款客户有直接接触,因此对于中间银行和付款银行,无法直接得知客户的指示是什么。所以,每家银行都只服从上家银行的指示,而没有义务也没有权利再单独向客户核实。从客户的角度来看,也只能向存款银行发出指示,而没有权利向任何后手银行发出指示。

关于客户的指示,法典第4.203条规定:"除第3篇涉及侵占票据(第3.420条)和限制性背书(第3.206条)时另有规定外,只有收款银行的转让人向银行发出的指示,才对银行有效,或构成对银行的通知。收款银行如果根据此种指示作为,或根据与银行的转让人的协议作为,即不对前手当事方承担责任。"

前文谈到,客户在将票证存入存款银行时,相当于向存款银行转让票证,因此客户被视为票证的"转让人"(transferor)。在存款银行向下一家银行递送票证时,存款银行也是转让人。因此,每一家银行都是下家银行的转让人。在传递客户指示的过程中,每家银行都只服从自己的转让人的指示,而没有义务服从任何其他人的指示。并且,如果任何下家银行服从了上家银行的指示,那么即使此种指示与客户实际作出的指示不同,下家银行也不承担责任。

临时贷记的概念

在票证收款过程中,有一个很重要的概念,称为“临时贷记”(provisional credit)。这个概念也称为“临时结算”(provisional settlement),因为贷记相当于为票证付款,属于为票证作出的结算。按照银行界的通行做法,在客户将票证存入存款银行后,存款银行会立即按票证金额贷记客户在存款银行持有的账户。同时,在存款银行将票证转让给下一家银行时,以及在随后的每一次转让时,收到票证的银行都会给上家银行作出贷记。这种贷记只是临时付款,不具有最终性,因此称为临时贷记。关于临时贷记,法典第4.201条(a)款规定:“在收款银行对票证作出的结算成为最终结算之前,就所涉及的票证,银行是票证所有权人的代理人或再代理人,且对票证的任何结算均属临时结算。”

在客户将票证存入存款银行时,存款银行不可能立即将票证发送到付款银行,更不可能立即收到票证项下的付款,甚至根本不知道票证最终是否可以收到付款。在这种情况下,似乎存款银行应该先收下票证,并等收到票证项下的付款后,再贷记客户的账户。那么存款银行为什么要先作出临时贷记,而不等到最终收到票证项下的付款后再贷记客户的账户?从银行系统的角度来看,这是为了提高系统运作的效率。

在实际商业活动中,绝大多数票证最终都会收到付款,因而银行的运作方式是,收到票证后立即作出临时贷记,如果随后不出现问题,临时贷记自动转为最终贷记,无须再次操作,因此收款流程在不增加额外工作量的情况下即可完成。在极少数情况下,如果票证出现问题,可以反过来撤销临时贷记或追究上家责任。由于出现问题的概率很低,这种“无罪推定”的方式可以显著减少银行的工作量。此外,如后文将要谈及的,账户即使获得临时贷记,也不意味着可以从账户中立即提取款项。因此,从客户的角度,获得临时贷记并不等于获得可以使用的现金。

在整个收款流程中，临时贷记如何操作？假设这个过程涉及 3 家银行，即存款银行、中间银行和付款银行，那么典型的操作方法是，存款银行从客户收到票证后，会立即临时贷记客户在自己银行持有的账户。然后，存款银行将票证发送给中间银行。中间银行收到票证后，会立即临时贷记存款银行在自己银行持有的账户，然后再将票证发送给付款银行。付款银行收到票证后，会立即临时贷记中间银行在自己银行持有的账户。也就是说，客户、存款银行和中间银行会陆续收到临时信贷。

在付款银行为上家中间银行作出临时信贷后，将查验所收到的票证。如果票证没有问题，付款银行应该在法典规定的期限内，为票证作出最终付款。在付款银行作出最终付款后，中间银行从付款银行收到的临时贷记变为最终贷记，而存款银行从中间银行收到的临时贷记也变为最终贷记，而客户从存款银行收到的临时贷记也变为最终贷记。至此，客户最终收到票据项下的付款，而每家银行也完成了自己的服务，整个收款过程最终完成。

由于票证收款很少出现问题，因此绝大多数临时贷记都会顺利成为最终贷记。并且，如后文将要讨论的，一旦出现问题，也存在相应解决方法。因此，这种"无罪推定"的方式，可以使银行在无须承担过高风险的情况下，提高整个系统的运作效率，而每个转让票证的人，也都可以立即收到临时贷记，且该临时贷记随后会自动转为最终贷记，因而转让人无须通过额外步骤再次确认。

临时贷记的概念，是银行收款流程的设计基础。与临时贷记相关的其他概念，如临时贷记如何成为最终贷记、临时贷记如何使用，以及收款出现问题时如何撤销临时贷记等，后文在具体讨论收款流程时会分别说明。此外，除上述方法外，银行也还可以有其他收款方法，如使用票证清算行等，但上述程序是典型方法。法典第 4 篇的大部分规定，也是围绕这种方法制定的。

午夜截止期

收款流程中的一个重要时间概念，称为“午夜截止期”（midnight deadline）。在很多情况下，银行有义务在法典所规定的时间内采取行动。如果超过了规定的时间，银行可能就要承担一定责任。法典规定的时间，在很多情况下以“午夜截止期”作为标准。关于这个概念，法典第 4.104 条(a)(10)款规定：“如果在某个银行营业日，银行收到有关票证或通知，或就任何行为开始计算时间（以迟者为准），则该日下一个银行营业日的午夜，即为‘午夜截止期’。”假设周一和周二都是银行营业日，那么如果银行周一收到票证，则周二夜里 12 时即为午夜截止期。关于银行营业日，法典第 4.104条(a)(3)款规定：“‘银行营业日’指一天中银行对公众开放并处理几乎全部银行业务项目的这段时间。”所以，这里的“日”不是指 24 小时，而是指银行开门营业的这段时间。过了这段时间，就不再是营业日。

根据上述规定，在计算银行收到票证的时间时，如果当天收到票证的时间较晚，可以将下一天作为收到票证的时间。并且，也不一定要根据营业日的结束时间而定，而是可以单独为票证规定一个时间。法典第 4.108 条规定：“(a)为留出时间处理票证、核对收支并作出必要入账用于确定当日账目，银行可以将钱款和票证之受理业务的截止时间，以及进行项目入账的截止时间，定为下午两点或更晚的一个时间。(b)在任何一天的上述截止时间之后或在银行营业日结束之后收到的票证或存款，可被视为在下一个银行营业日开始时收到。”根据这项规定，即使银行营业日的结束时间为下午 5 时，银行也可以把票证业务的截止时间定为下午 2 时。在当天下午 2 时以后收到的票证，都可以视为是第二天收到。因此，午夜截止期也相应推后一天。

在收款过程中，午夜截止期的具体作用是什么？后文会详细讨论这个问题，但简单而言，银行的很多行动，如果未在午夜截止期之前作出，可能就属于不及时，并有可能产生相应后果。例如，法典第 4.202 条(b)款规定:“如果收款银行在收到票证、通知或结算后,在其午夜截止期前作出了适当行为,即属于行使了(a)款所述的正常谨慎。如果作出适当行为的时间,超过了上述期限但仍在合理限度内,也有可能属于行使了正常谨慎,但银行应对行为的及时性承担举证责任。”根据这项规定,银行在收到票证后,原则上需要在午夜截止期前采取行动。稍微过期可能不算不及时,但银行需要承担举证责任。如果超过时间,且超过合理限度,银行就要承担责任。此外,法典第4.302条(a)(1)款规定,付款银行如果未能在午夜截止期之前支付票证,亦未退回票证或发出拒付通知,就必须对票证承担付款责任,无论票证本身是否存在问题。

及时与谨慎

银行在收款过程中的基本义务之一是及时采取行动,包括上文提到的在午夜截止期前采取行动,除非法典另有特别规定。例如,法典第4.109条(a)款在一定情况下为收款银行提供了额外时间,即“除另有指示外,当票证指明的付款人不是银行时,只要收款银行系为取得票证付款而善意作出努力,则无论是否得到有关人的批准,收款银行均可放弃、修改或延长本法所规定或允许的时间限制,但最多不超过额外的两个银行营业日。收款银行的此种行为,不解除出票人或背书人的义务,也不使收款银行对其转让人或任何前手当事方承担责任”。根据这项规定,如果最终承担票证付款责任的人不是银行,收款过程中的最后一家银行就要设法从该非银行付款人取得付款,而由于非银行付款人的行动时间缺乏可预见性,因此银行被赋予一定的自由决定权,可以额外等待一定时间。

此外,如果不可抗力事件导致银行出现耽延,银行通常不必承担责任。法典第4.109条(b)款规定:“在下列情况下,即使收款银行或付款银行出现耽延,超出了本法或其他指示所规定或允许的时间,银行亦无须承担责任:(1)耽延系因通信或计算机设备故障、其他银行暂停对外付款,或战争、紧急情况、设备故障或其他超出银行控制的原因引起;并且(2)银行行使了当时情况下所需的努力。”

银行的另一项基本义务是，在收款过程中行使正常谨慎。法典第4.202条(a)款规定：“收款银行从事下列行为时，必须行使正常谨慎：(1)提示票证，或寄送票证用于提示；(2)在得知票证未获付款或未获承兑后，寄送拒付通知或未付通知，或将票证（跟单汇票除外）退回给银行的转让人；(3)在银行收到最终结算后，为票证作出结算；以及(4)在发现收款过程中的任何损失或耽延后，在合理时间内通知银行的转让人。”

法典第4.103条还对银行的正常谨慎作出一般性规定，即“(c)任何作为或不作为，只要被本篇允许，或符合联邦储备条例或实施细则，即属于行使了正常谨慎。任何作为或不作为，在没有特别指示的情况下，只要符合票证清算行规则或类似规则，或符合本篇不禁止的银行一般惯例，即构成行使正常谨慎的表面证据。(d)即使本篇规定或认可某些程序，该认可并不等于否定在具体情况下可能为合理的其他程序。(e)处理票证中未能行使正常谨慎所造成的损失，为票证金额减去行使正常谨慎亦无法实现的金额；如果存在恶意，还包括当事方主要因该恶意而受到的任何其他损失”。

关于及时与谨慎的关系，法典第4.202条(b)款规定：“如果收款银行在收到票证、通知或结算后，在其午夜截止期前作出了适当行为，即属于行使了(a)款所述的正常谨慎。如果作出适当行为的时间，超过了上述期限但仍在合理限度内，也有可能属于行使了正常谨慎，但银行应对行为的及时性承担举证责任。”所以在有些情况下，及时作为就构成谨慎。但是，谨慎并不限于及时作为，也还包括前文提到的遵守行业规则等其他义务。

在收款过程中，虽然需要各家银行互相配合，但每家银行原则上都是独立的，都只对自己的行为负责，而不对其他银行的行为负责。法典第4.202条(c)款规定：“银行不对另一银行或另一人的破产、疏忽、不当行为、错误或违约承担责任，也不对转送中或其他人占有中之票证的遗失或损毁承担责任。”但是，收款银行如果决定使用中间银行，在选择中间银行时就要行使适当谨慎，否则在中间银行发生问题时，收款银行有可能要为中间银行的问题承担责任。

第三节　收款的操作流程

法典第4篇范围内的票证收款流程，是从持有票证的客户将票证存入存款银行开始，直到票证项下的款项最终收进客户在存款银行的账户为止。前文提到，如果一切顺利，一系列的临时贷记将变为最终贷记，从而完成收款。如果出现问题，则临时贷记无法变成最终贷记，并导致贷记被取消，致使收款失败。

客户存入票证

假设货物买卖中的买方出立以卖方为受款人的支票，而卖方为了获得支票项下的付款而将支票存入自己持有账户的存款银行，卖方就被视为在存款银行存入票证，即法典第4篇所说的“存款”（deposit）。对于存入存款银行的票证，无论是法典第3篇范围内的流通票据，抑或是第3篇范围之外的不可流通票据，还是法典第8篇范围内的投资证券，法典第4篇均假设，将该票证存入银行的人是有权存入票证并获得票证付款的人。但是，该人是否确实有权将票证存入银行，是否确实有权获得票证项下的付款，不属于法典第4篇范围内的问题。从存款银行的角度来看，银行的主要义务是在收到票证时行使正常谨慎。银行如何作为才属于行使正常谨慎，需要根据银行业的惯例和规则予以判断。

为客户作出临时贷记

在客户将票证存入存款银行后，银行会立即在客户的账户上按票证的金额作出临时贷记。客户的账户通常是之前已经存在于存款银行的，但法典并不要求客户必须已经在存款银行持有账户，因为银行可以使用其他方式收款。但是，如果客户在存款银行没有账户，银行就无法以临时贷记账户的方式向客户支付票证金额。存款银行的临时贷记基本上是无条件的，即存款银行不考虑票证是否可以最终获得付款，因为银行假设票证不存在问题。但是，银行在任何情况下都必须行使正常谨慎，例如，存款银行有义务检查票证的表面情况，以便判断票证是否看上去一切正常。

在存款银行为客户作出临时贷记后，客户是否可以立即提取？根据法典的规定，账户中的临时贷记实际上不能立即提取，而是原则上要等到临时贷记变为最终贷记。对此，法典第4.215条(e)款规定："除受制于(i)适用法对资金开始使用之时间的规定，以及(ii)银行将信贷用于抵偿客户债务的权利外，银行就票证给客户账户提供的信贷，在下列时间成为有权提取的信贷：(1)如果银行已收到票证的临时结算，则在结算成为最终结算的时间，只要已有合理时间使银行收到退回的票证，但票证在该时间内未收到；或(2)如果银行同时为存款银行和付款银行，且票证已获最终付款，则在银行收到票证后的第二个银行营业日开始的时间。"

上述第(e)(1)款涉及的是一般情况。在客户将票证存入存款银行后，存款银行为客户作出临时贷记，同时将票证发送给下家银行，如中间银行或付款银行。下家银行因此为存款银行作出临时贷记，即该款中所说的"临时结算"。在存款银行所收到的临时结算成为"最终结算"时，存款银行就最终收到了票证项下的付款，因此，其提供给客户的临时信贷，自然也就可以提取和使用了。该款所规定的条件是，此时已经超过了退回票证的合理时间而票证并未被退回。也就是说，除非票证实际上被下家银行退回，否则只要存款银行收到最终结算，客户就可以使用该款项了。上述第(e)(2)款涉及的是特殊情况，即存款和付款都在同一家银行进行。在这种情况下，银行同时可以看到存款客户和付款客户的账户情况，因此只要支取票证的账户有足够款项，且不存在其他异常情况，结算很快可以完成，客户提取款项的时间也可以更早。

上述规定中提到，如果其他法律"对资金开始使用之时间"另有规定，则应遵守该法律的规定。实际上，此类法律确实存在，特别是在消费者保护领域。由于票证收款流程通常涉及不同银行,且每家银行都需要一定的处理时间,因此,对于存入票证的客户来说,虽然马上就可以看到临时贷记,但实际上不能使用,而是要等到该贷记成为最终贷记。取决于参与银行的数量,以及银行所在的位置和系统,这段时间有时是比较长的。这当然是为了保护银行的利益,因为银行在这个过程中只是提供服务,不应被迫承担票证收款的风险。所以,临时贷记和最终贷记的概念是合理的,但在有些情况下,该时间并非不可缩短。例如,有些票证具有高度的付款可靠性,因而允许客户提前使用资金,并不会真正使银行承受明显的风险。为此,逐渐发展出一些有关票证资金使用的法律,包括根据票证种类和客户种类等因素确定资金的使用时间和比例。法典第 4 篇的规定,受制于这些其他法律。

将票证发送给下家银行

如果收款过程涉及一家以上的银行,票证就需要在银行间传递,例如,存款银行需要将票证发送给付款银行。法典第 3 篇范围内的流通票据都是纸质的,但第 3 篇范围之外的其他票证有可能是无纸的,例如,法典第 8 篇范围内的证券就包括“无票证券”(uncertificated security)。此外,如后文将提到的,纸质票据也可以被电子化。

对于票证在收款过程中如何发送,法典没有固定要求,因此,银行只要根据行业规则和具体情况以合理方式发送即可。例如,对于纸质票据,银行也可以只发送电子图像,而不是发送票据本身。法典第 4.204 条(a)款规定:“收款银行在发送票证时,应在考虑到相关指示、票证性质、手中该种票证的数量、相关收款费用以及自己或他人在提示该种票证时惯常采用的方式后,以合理迅捷的方式发送票证。”

如果票证的付款人是银行,那么收款的最后环节就是将票证发送给最后一家的付款银行,由该银行作出付款。但是,有些票证的付款人并不是银行,而是非银行的个人或公司。在这种情况下,如果票证通过银行收款流程进行收款，最后收到票证的银行就仍然是收款银行，而不是付款银行。此时，该银行的任务是将票证发送给该付款人，并从该付款人取得票证付款。

但是，将票证发送给非银行付款人将面临较大风险，包括票证遗失、损毁或类似风险。因此，法典规定，收款银行只有在得到相应指示或在行业规则允许的情况下，才有权将票证发送给非银行付款人。法典第4.204条(b)款规定："收款银行可以：(1)将票证直接发送至付款银行；(2)在得到其转让人授权后，将票证发送至非银行付款人；以及(3)在联邦储备条例或实施细则、票证清算行规则或类似规则给予授权的情况下，将票证(跟单汇票除外)发送至非银行付款人。"

向付款人提示票证

将票证发送给付款银行或其他付款人的行为，称为票证的"提示"(presentment)，相当于对付款人提出付款要求。对于此种提示，法典第4.204条(c)款规定："提示银行可在付款银行或其他付款人所要求的提示地点作出提示。"如果付款人对提示没有作出具体要求，则对于流通票据，应遵守法典第3.501条(b)款的规定，即"(1)提示可在票据付款地点作出；如果票据应在位于美国的银行付款，则提示必须在票据付款地点作出。提示可用任何商业上合理的方式作出，包括口头、书面或电子形式。提示在下列时间生效：(A)被提示人收到付款或承兑要求的时间；以及(B)如果制票人、承兑人、受票人或其他付款人不止一人，向其中任何一人作出提示的时间。(2)如果被提示人提出要求，提示人必须：(A)出示票据；(B)提供合理的身份证明；如果代表另一人作出提示，提供合理的授权证明；以及(C)就收到的付款在票据上签名确认；或如果款已付清，则交出票据"。

前文提到，如果票证的付款人不是银行，提示票证会使票证面临一定风险，因此，法典允许提示银行可以不直接提示票证，而只是向付款人发出通知，且此种通知具有等同于提示的作用。法典第4.212条(a)款规定：

“除另有指示外,收款银行为提示一项非由或非在或非通过银行付款的票证,可向承兑或付款的当事方发送构成通知的记录,说明银行持有待承兑或待付款的票证。通知必须及时发出,以便在提示到期之日或之前可以被收到;并且,对于承兑或付款方根据法典第3.501条提出的任何要求,银行必须在得知要求后的下一个银行营业日结束之前予以满足。”如果付款人收到此种通知后未作出付款或承兑,就构成拒付。

票证的电子提示

由于提示纸质票证比较麻烦,银行已采用电子提示方法,即向付款银行发送票证的图像或信息,而不是发送票证本身。电子提示需要银行事先订立相关协议。可以是两家银行之间的协议,也可以是多家银行之间的协议。关于电子提示,法典第4.110条规定:“(a)‘电子提示协议’指有关票证提示的协议、票证清算行规则、联邦储备条例或实施细则,只要其允许通过传送票证的图像或描述信息(‘提示通知’)作出提示,而无须交付票证本身。该协议可以规定票证的保留、提示、付款和拒付程序,以及协议项下票证的其他事项。(b)对于提示协议项下的票证,收到提示通知即被视为作出提示。(c)如果通过提示通知作出提示,则本篇在提到‘票证’或‘支票’时,即指提示通知,除非上下文另有所指。”电子提示不仅适用于提示银行向付款银行作出的提示,也可以适用于整个收款过程,甚至客户也可以向存款银行存入票证的图像,以代替存入票证本身。

票证的结算

票证的“结算”(settlement)就是支付票证项下的款项,但主要是通过记账方式进行支付。临时贷记是票证结算的一种方式,但结算也可以采用其他方式。如何进行结算,首先取决于行业规则和当事方协议。法典第4.213条(a)款规定:“联邦储备条例或实施细则、票证清算行规则、类似规则或协议,可以规定银行作出结算的方法和时间。”如果不存在适用的规则或协议，则结算可以贷记账户，但自然也可以支付现金。法典第4.213条(a)(1)款规定，在没有适用的规则或协议时，“结算的方法为支付现金，或贷记在联邦储备银行的账户，或贷记收取结算的人所规定的账户”。

关于结算发生的时间，法典第4.213条(a)(2)款规定：“结算的时间为：(A)如果提示结算以现金、银行本票或银行支票作出，则为发出或交付现金或票据的时间；(B)如果提示结算以贷记联邦储备银行账户作出，则为作出贷记的时间；(C)如果提示结算以贷记或借记银行账户作出，则为作出贷记或借记的时间；或如果提示结算通过给予账户支取授权作出，则为发出或交付授权的时间；或(D)如果提示结算以资金转账作出，则为根据第4A.406条(a)款向收取结算的人付款的时间。”如果结算不使用上述方法或不属于上述情况，则法典第4.213条(b)款规定，“只有在收取结算的人接受提示结算时，结算才发生”。所谓“提示结算”(tender of settlement)，就是作出适当的结算表示，且愿意并有能力作出结算，大体上相当于货物买卖中买方的提示付款。

结算的上述方法和时间，适用于收款过程的全部参与方。假设收款过程中有存款客户和3家银行，即存款银行、中间银行和付款银行，那么存款客户会从存款银行收到结算，存款银行会从中间银行收到结算，而中间银行会从付款银行收到结算。如果结算采用临时贷记的方法，则此处的结算都属于临时结算。关于临时结算在何种情况下成为最终结算，后文将会进一步讨论。

临时结算的撤销

在整个收款过程中，所有的收款银行，包括存款银行和任何中间银行，本质上都只是提供票证的传递服务。他们虽然要给上家作出临时贷记，但并不知道票证最终能否获得付款，也不能决定票证的最终付款。只有在最后一个环节，即在票证被提示给付款银行或其他付款人时，才是最终检验票证能否获得付款的时刻。如果付款银行或付款人拒绝付款，则之前所有的临时结算都只能被撤销。

如果票证的付款人为银行，则在收款流程的最后一环，票证到达付款银行。付款银行在给上家银行作出临时贷记后，需要决定是否真正要为票证付款。此时，付款银行需要检查与票证相关的情况，包括用于付款的账户内是否存款充足。如果一切正常，付款银行会对票证作出最终付款，并导致前面一系列的临时贷记成为最终贷记，完成票证的收款流程。有关最终付款的概念和方式，后文还会详细讨论。

如果票证存在问题，包括账户内资金不足，付款银行通常就会拒付票证。此时，付款银行会撤销之前已经给上家提示银行作出的临时贷记。关于付款银行撤销临时结算的权利，法典第 4. 301 条(a)款规定："如果对于所提示的即时付款票证(跟单汇票除外)，付款银行在收到票证的银行营业日午夜前作出结算，且结算非为柜台即时付款，则银行只要在作出最终付款之前，并在午夜截止期之前，作出下列行为，即有权撤销并收回结算：(1)退回票证；(2)退回票证的图像，只要被退回的人已订立协议，同意接受图像作为退回票证，且该图像系根据协议规定被退回；或(3)当不存在可用于退还的票证时，发出构成拒付通知或停付通知的记录。"

上述规定不涉及付款银行撤销临时结算的原因或依据。银行为什么要撤销临时结算，以及银行的撤销是否存在合理依据，是另外的问题。上述规定只涉及行使撤销权的最晚时间。根据上述规定，如果银行以柜台即时付款的形式作出结算，银行就不能再撤销，因为即时付款属于后文将要讨论的最终付款。并且，撤销必须及时进行，最迟不得超过午夜截止期，即第二个营业日的午夜。撤销结算的方式，是退回票证或票证的图像，或在原本没收到票证或因其他原因无法退回票证时，发出拒付通知。无论以何种形式撤销临时贷记，该撤销均构成对票证的拒付。法典第 4. 301 条(c)款规定："除之前已发出拒付通知外，如果为拒付目的而根据本条退回票证或发出通知，则退回和通知的时间，即为票证的拒付时间。"

何时退回票证，对银行的责任有重大影响，所以需要确定退回的时间。

关于时间的计算，法典第4.301条(d)款规定："(1)涉及通过票证清算行提示的票证时，退回票证的发生时间为：向提示银行或最后一个收款银行交付票证的时间，或向票证清算行交付票证的时间，或根据票证清算行规则发送或交付票证的时间；或(2)在所有其他情况下，退回票证的发生时间为：向银行客户或转让人发送或交付票证的时间，或根据客户或转让人指示发送或交付票证的时间。"

如果付款银行原本有理由作出拒付，但未能及时退回票证或发出拒付通知，银行可能也无权再作出拒付，而是要为票证承担付款责任。法典第4.302条(a)款规定："如果付款银行收到提示的票证：(1)无论票证是否属于正常可付，在下列情况下，银行均对即时票证(跟单汇票除外)的票证金额承担责任：银行在任何情况下均非兼为存款银行，且在收到票证的银行营业日的午夜过后，仍留持票证而未作出结算；或无论银行是否兼为存款银行，其在午夜截止期之前未支付票证，亦未退回票证或发出拒付通知；或(2)除非银行在票证允许的承兑或付款时间内，承兑或支付票证，或退回票证和附属单据，否则，银行即对其他任何正常可付票证的票证金额承担责任。"

上述第(a)(1)款适用于即时付款凭证，且无论票证是否本应获得支付。该款分别对两种情况作出规定。一种情况，付款银行不是存款银行，此时，银行必须在收到票证当日的午夜前作出"结算"，否则就要对票证承担责任，除非银行当天将票证退还。另一种情况，无论付款银行是否兼为存款银行，银行最晚必须在收到票证的下一个营业日的午夜前作出"付款"，否则就要对票证承担责任，除非银行在该日退回票证或发出拒付通知。两者的区别是，第一种情况可以是临时结算，事后还可以撤销，而第二种情况是付款，不能再撤销。上述第(a)(2)款适用于定时付款的票证。如果银行未能在规定的时间付款或退回票证，则只有在该票证本应获得付款时，银行才承担付款责任。

票证的最终付款

如果票证的付款人是银行，那么票证成功完成收款的基本标志，是位于整个流程最后一环的付款银行对票证作出"最终付款"（final payment）。付款银行之前可能已经为票证作出了临时贷记，但当时还不知道票证是否存在问题。如果存在问题，付款银行可以撤销临时贷记。如果不存在问题，或如果根据法典规定付款银行不再有权撤销临时贷记，付款银行的临时贷记即转化为对票证的最终贷记，即最终付款。这意味着票证在经过整个收款流程后，最终得到了兑付。

关于最终付款，法典第4.215条(a)款规定："付款银行首次作出下列任何一种行为时，付款银行即完成对票证的最终付款：(1)用现金支付票证；(2)对票证作出结算，且不因任何法律、票证清算行规则或协议而拥有撤销结算的权利；或(3)对票证作出临时结算，且未能根据法律、票证清算行规则或协议允许的时间和方式撤销结算。"根据这项规定，用现金作出的结算，在任何情况下都属于最终付款。此外，如果付款银行原先作出了临时结算，但未能在规定时间内撤销，或原先作出的结算已经属于不可撤销的结算，银行即被视为作出了最终付款。付款银行作出最终付款后，如果随后发现票证确有问题，付款银行只能根据法典或其他法律的规定取得相应救济，如根据后文将要谈到的担保条款，追究相应当事方的责任。

顺次前推的最终结算

付款银行对票证作出最终付款后，所有的前手银行和存入票证的客户将最终收到付款。收到付款的方式，是之前的临时贷记转化为最终贷记，即最终结算。这是一个顺次发生的过程，而且是自动发生。假设收款过程涉及3家银行，即存款银行、收款银行和付款银行，那么在付款银行作出最终付款后，付款银行给中间银行的临时贷记即转化为最终贷记，使中间银行最终收到付款。中间银行给存款银行的临时贷记也顺次转化为最终贷记，而存款银行给客户的临时贷记再顺次转化为最终贷记。

这个过程所需的总体时间，取决于很多因素。从法典第 4 篇规定的流程来看，假设付款银行给中间银行的临时贷记在付款银行的午夜截止期转化为最终贷记，则从该时起，中间银行给存款银行的临时贷记在中间银行的午夜截止期转化为最终贷记，而再从该时起，存款银行给客户的临时贷记在存款银行的午夜截止期转化为最终贷记。这个转化过程是自动发生的，无须银行的进一步操作。由于转化是顺次发生，所以从付款银行为票证付款到客户获得最终贷记，需要一定的时间。在这个过程完成之前，客户可能无法提取账户中的临时信贷。

但是前文提到，在有些情况下，客户取得票证项下付款的时间，可能并不是上述流程所显示的时间，因为其他法律对此另有规定。比较主要的法律，是美国的联邦法——《加快资金提取法》（Expedited Funds Availability Act）。这部法律根据票证类别、银行差别和其他因素，规定了客户在不同情况下可以获得票据项下资金的时间。总体而言，这部法律加快了资金提取的时间。

倒账权

如果收款银行在为票证作出临时贷记或其他临时结算后，自己未能收到票证的最终结算，即未能收到票证的付款，则收款银行有权撤销其为上家银行或客户作出的临时结算。在法典中，收款银行的此种权利称为“倒账权”（right of charge-back）。法典第 4.214 条（a）款规定：“收款银行就票证与客户作出临时结算后，如果因拒付、银行暂停对外付款或其他原因，致使收款银行自己未能就票证收到最终结算，银行可以撤销已作出的结算，或就票证给予客户账户的信贷金额倒记客户账户，或从客户取得退款，而无论自己是否能够退回票证，只要银行在得知相关事实后的午夜截止期前，或更长的合理时间内，退回票证或发出有关事实的通知。如果银行出现耽延，未能在其得知相关事实后的午夜截止期前，或更长的合理时间内，作出退回或通知，银行仍可撤销结算、倒记信贷或从客户取得退款，但应对耽延造成的损失负责。撤销、倒记和取得退款的权利，在收款银行收到对票证结算成为最终结算时终止。”

根据上述规定，收款银行的权利不限于倒记账户，即不限于借记客户账户，而是也可以从客户取得退款。而且，对倒记权或退款权的时间限制，并不十分严格，因此在银行发生耽延时，银行只对耽延造成的损失承担责任，但仍然享有倒记权或退款权。但是，一旦付款银行收到票证的最终结算，倒账权即终止，因为此时票证项下的款项已经收到，或至少已由付款银行承担责任，因此其他银行已不再需要该倒账权。

关于倒账权的行使，法典第 4.214 条(d)款还规定："倒账权不受下列因素的影响：(1)给予票证的信贷已被使用；或(2)任何银行未能就票证行使正常谨慎；但是，未能行使正常谨慎的银行仍须承担责任。"同时，该条第(e)款规定："未能作出倒账或未能要求退款，不影响银行对抗客户或任何其他当事方的其他权利。"法典有关倒账权的规定，体现了收款银行的服务性质，即收款银行不应该因为提供收款服务，而承担与票证有关的损失。

第四节　收款中的担保

为了合理保护参与收款流程的各家银行的利益，法典规定，客户在将票证存入银行时，首先要就票证的状况向存款银行和所有的后手银行作出"转让担保"(transfer warranty)，类似于卖方对货物作出的担保。此外，由于下家银行系从上家银行收到票证，因此每一家银行都要对下家银行作出同样的转让担保。最后的提示银行要向为票证付款的银行作出"提示担保"(presentment warranty)。在任何一方出现违反担保的情况时，受损方可以依据该担保追究担保方的责任，并取得相应赔偿和其他救济。

转让时的担保

客户向存款银行转让票证时，以及每一家银行向下家银行转让票证时,均被视为作出一定的转让担保。此种担保由法典规定,属于默示担保,无须当事方作出特别约定。法典第 4.207 条(a)款规定:“客户或收款银行如果转让票证,并收到结算或其他对价,即对受让人和任何后手收款银行担保:(1)担保人系有权强制履行票证的人;(2)票证上全部签名均属真实并业经授权;(3)票证不存在涂改;(4)票证不受制于任何当事方持有的可对抗担保人的抗辩或扣减权[第 3.305 条(a)款];(5)担保人不知道任何针对制票人或承兑人的已开始的破产程序;或在涉及未承兑汇票时,针对出票人的破产程序;以及(6)涉及远程制作的票证时,票证支取账户的持有人,已授权按票证显示的金额出立票证。”可以看到,此种担保的内容,类似于前文讨论过的法典第 3 篇对票据转让人规定的担保(法典第 3.416 条)。

如果转让人违反担保,即如果事后发现实际情况不符合转让人的担保,转让人就需要承担赔偿责任。法典第 4.207 条(c)款规定:“任何人如果获得(a)款项下的担保,并善意取得票证,即可在担保人违反担保时,就违反担保所造成的损失,从担保人取得相当于损失金额但最多不超过票证金额的赔偿,再加上违反担保所造成的费用和利息损失。”与法典第 3 篇的相应规定类似,第 4 篇也要求被担保人及时提出索赔。法典第 4.207 条(d)款规定:“出现违反担保时,索赔人应在有理由知道该违约以及担保人的真实身份后,在 30 天内发出索赔通知,否则,对于耽延发出索赔通知所造成的那部分损失,担保人不承担责任。”

如果由于转让人违反担保或其他原因致使票证被拒付,转让人即有义务退还已收到的票证项下的款项。法典第 4.207 条(b)款规定:“如果票证被拒付,则转让票证并收到结算或其他对价的客户或收款银行,有义务按下列条款支付票证的到期金额:(i)按票证转让时的条款支付,或(ii)如果转让的是不完整票证,则按法典第 3.115 条和第 3.407 条所述的被添补完整的票证条款支付。转让人此项义务的受益人,是受让人和以善意取得票证的任何后手收款银行。转让人不得在背书时,通过使用‘无追索’文字或以其他方式,排除其在本款项下的义务。”根据这项规定,转让人不得排除其退回款项的责任，但是法典允许转让人排除第4.207条(a)款所述的转让担保，除非涉及的是支票。法典第4.207条(d)款规定："涉及支票时，不得排除(a)款所述的担保。"

提示时的担保

提示，是指最后一个收款银行向付款银行或其他付款人出示票证并提出付款要求。收款银行一旦提示票证，即被视为作出一定担保，类似于货物买卖中卖方的担保。此种担保同样由法典规定，属于默示担保，无须当事方作出特别约定。

如果提示的是未经承兑的汇票，法典第4.208条(a)款规定："如果未承兑汇票被提示给受票人，要求付款或承兑，且该受票人支付或承兑该汇票，则(i)获得付款或承兑的人在提示时，以及(ii)汇票的前手转让人在转让时，向善意支付或承兑汇票的受票人担保：(1)担保人系有权强制履行汇票的人，或有权代表该人取得汇票付款或承兑，或在转让汇票时拥有该权利；(2)汇票不存在涂改；(3)担保人不知道显示为汇票出票人的签名系无授权签名；(4)涉及远程制作的票证时，票证支取账户的持有人，已授权按票证显示的金额出立票证。"此种提示时的担保，类似于前文所述的票证转让时的担保。提供担保的人，包括提示汇票的收款银行，也包括全部的前手转让人。

如果最后一家收款银行或任何前手转让人违反上述担保，受票人可以取得损害赔偿。法典第4.208条(b)款规定："如果出现违反担保，作出付款的受票人可从担保人取得相当于受票人支付金额的损害赔偿，但应减去受票人因付款从出票人收到的或有权收到的金额。此外，受票人有权就违约所造成的费用和利息损失取得赔偿。受票人即使在付款时未能行使正常谨慎，其根据本款取得赔偿的权利亦不受影响。如果受票人承兑汇票，则违反担保构成承兑人义务的抗辩。如果承兑人为汇票作出付款，在出现违反担保时，承兑人有权从担保人获得本款规定的损害赔偿金额。"根据这项规定，如果受票人仅作出承兑，而尚未作出付款，则受票人有权以违反担保作为抗辩而拒绝付款。受票人如果已经作出付款，则有权就实际损失取得赔偿，包括未能收回的款项，以及费用和利息损失。

在担保人持有适当抗辩时，即使发生违反担保的情况，可能也无须承担责任。法典第4.208条(c)款规定："如果受票人基于汇票存在无授权背书或涂改而根据(a)款提出违反担保的索赔，则只要担保人能够证明，根据第3.404条或第3.405条，背书系属有效，或根据第3.406条或第4.406条，出票人无权以该无授权背书或涂改对抗受票人，担保人即可将其作为抗辩。"根据这项规定，即使票证的背书存在问题，只要根据法典其他条款的规定，该背书具有效力，担保人即无须承担违反担保的责任。

如果所提示的票证不是未经承兑的汇票，或如果受到拒付的汇票被提示给出票人或背书人，法典第4.208条(d)款规定："如果(i)被拒付的汇票被提示给出票人或背书人付款，或(ii)其他票证被提示给有义务支付票证的当事方付款，且票证获得付款，则取得付款的人，以及票证的前手转让人，向善意作出付款的人担保，担保人系有权强制履行票证的人，或有权代表该人取得付款，或在转让票证时拥有该权利。如果担保人违反担保，付款人可从担保人取得相当于支付金额的损害赔偿，再加上违约所造成的费用和利息损失。"可以看到，与前文有关未经承兑的汇票的担保相比，此处列出的担保不包括有关涂改的担保，因为本票的制票人或汇票的出票人应该知道票证的原始条款，应该自己可以看出是否存在涂改，而背书人在背书时也看到过票证，因此也应该知道背书后是否存在涂改。

上述提示担保原则上也可以由担保人予以排除，但法典第4.208条(e)款规定："涉及支票时，不得排除(a)款和(d)款所述的担保。"

录入信息时的担保

随着票证数量的不断增加，为了提高银行的操作效率，美国银行协会从20世纪50年代开始，在银行统一采用"磁性墨水字体识别"(Magnetic

Ink Character Recognition,MICR)的计算机处理方法,用于自动处理票证,包括票证信息的自动录入。票证信息录入一般在存款银行进行,但有时也有可能由存款银行的客户进行。如果在这个过程中,录入计算机的信息发生错误,谁应该承担责任?对此,法典第4.209条(a)款规定:“票证出立后,在票证上录入信息的人,或就票证录入信息的人,向任何后手收款银行担保,并向付款银行或其他付款人担保,信息的录入系属准确。如果信息由存款银行的客户录入,则银行同时作出该担保。”信息录入无论是由机器操作还是由人工操作,这项规定均适用。法典第4.209条(c)款规定:“出现违反担保时,收到本条所述担保且善意取得票证的人,可就违反担保从担保人取得相当于损失金额的损害赔偿,再加上违约所造成的费用和利息损失。”

银行的担保权益

法典对银行提供的另一项保护,是收款银行可以对票证享有法典第9篇规定的担保权益。这项规定使收款银行不仅可以就违反担保取得赔偿,还可以依据自己担保债权人的身份,就票证本身享有权利。法典第4.210条(a)款规定:“收款银行对票证和任何附属单据,或其中任何一项的收益,享有下列担保权益:(1)涉及存入账户的票证时,担保权益的限度为已被提取或使用于该账户的信贷;(2)涉及为票证提供有权随时提取的信贷时,担保权益的限度为已提供的信贷,无论该信贷是否已提取,也无论银行是否拥有倒账权;或(3)如果银行为票证或因票证提供贷款,担保权益的限度为已提供的贷款。”

根据上述规定,如果收款银行已就票证提供价值,即可在该价值的范围内对票证享有担保权益,同时也对票证的附属单据(如跟单汇票项下的运输单据)和票证的收益(如票证所收到的临时贷记)享有担保权益。此种担保权益是根据法典规定自动产生的,无须银行采取任何额外行动。为了加强对银行的保护,该条第(b)款还规定:“涉及多项同时收到或根据同一协议出立的票证时，为该等票证提供的信贷，即使仅被部分地提取或使用，银行仍对全部票证、附属单据或其中任何一项的收益享有担保权益。为本条目的，首先提供的信贷被视为首先提取。”

关于上述担保权益，法典第 4.210 条(c)款还规定：“只要银行未收到票证的最终结算，亦未因收款以外的原因放弃占有票证，或放弃占有或控制附属单据，担保权益即在相应限度内继续存在，并受第 9 篇的约束，只是：(1)无须担保协议，该担保权益亦可具有强制履行力[第 9.203 条(b)(3)(A)款]；(2)无须登记，该担保权益亦可获得完善；并且(3)该担保权益优于票证、附属单据或收益中冲突的其他已完善担保权益。”根据这项规定，担保权益不仅可以自动产生，而且可以自动获得完善，并且享有高度的优先权。有关担保权益的具体问题，后文在讨论法典第 9 篇时会详细论述。

第五节　付款银行的权利和义务

在提示银行将一项票证提示给付款银行后，付款银行除作出临时贷记外，主要任务是判断票证是否应该得到付款，即最终付款。如果票证一切正常，付款银行就应该付款。如果付款银行错误拒付，可能要承担相应的责任。但是，如果付款银行为不正常票证作出付款，可能也要承担相应责任。

此外，付款银行还要服从自己客户的指示，例如，当付款银行是支票的受票人时，付款银行自己的客户就是支票的出票人，而该出票人可能有权发出停付命令。如果付款银行未能遵守此种命令，可能也要承担责任。所以，如何处理票证付款，是付款银行需要适当把握的问题。

正常可付票证

只要票证是“正常可付票证”(properly payable item)，付款银行就应该为票证付款。关于此种票证，法典第 4.401 条(a)款规定："票证只要得到客户的授权，且符合客户与银行之间的任何协议，即属于正常可付。"这里所说的客户，是指付款银行的付款客户，即在付款银行持有账户且支付票证的资金需要从其账户中支取的人。例如，货物买卖交易中的买方向卖方出立以银行甲为受票人的支票，且该支票通过收款流程最终被提示给银行甲，此时的买方就是上述规定中的客户，而支付该支票所需款项，需要从买方在银行甲持有的账户中支取。

上述例子中的银行甲在收到支票的提示后，需要确认该支票是否为"正常可付票证"。如果该支票得到买方的授权，且符合买方与银行甲之间的协议，银行甲就应该为该支票付款。票证是否得到了客户的授权，属于法典第 4 篇以外的问题。如果票证是法典第 3 篇范围内的流通票据，那么可以根据法典第 3.401 条、第 3.402 条以及其他相关条款来确定票据是否得到客户授权。

一般而言，支票的金额不能超出账户中的余额，否则将会导致账户透支(overdraft)，并导致付款银行对支票的拒付。但是，付款银行可以通过协议事先与客户约定，允许客户在一定程度上出立造成账户透支的支票。如果存在此种协议，且客户的支票符合该协议，则透支的支票仍然属于正常可付票证。法典第 4.401 条(a)款规定："如果票证属于可从客户账户支取的正常可付票证，银行即可就该票证支取该账户，即使此种支取将造成透支。"

支取客户账户的权利

只要是正常可付票证，付款银行就有权付款，并有权相应借记自己客户的账户。但是，如果票证存在涂改或无授权添补，且银行在付款时未能发现，付款银行还有权借记客户账户吗？根据法典规定，存在涂改或无授权添补的票证不属于正常可付票证，因此付款银行本应拒付。但是，如果银行出于疏忽等原因作出支付，则根据法典第 4.401 条(d)款的规定，"善意支付执票人的银行,可以按下列条款支取客户的指定账户:(1)按受到涂改之票证的原始条款;或(2)按被添补完整之票证的条款,即使银行知道票证曾被添补完整,只要银行未得到存在不适当添补完整的通知”。

根据上述规定,只要银行以善意作为,则即使支付了不属于正常可付的票证,银行在一定情况下也可以支取客户的账户。根据上述规定,假设票证原始付款金额是 100 美元,但被涂改为 1000 美元,且银行按 1000 美元作出付款,则银行可以从客户的账户中支取 100 美元,而对于另外的 900 美元,银行只能自己承担,或向其他责任方追索。但是,假设原始票证缺少付款金额,而被无授权添补为 1000 美元,则银行只要不知道添补是未经授权,即可从客户账户中支取全部 1000 美元。

法典之所以区别涂改和添补,是因为涂改通常比较容易被发现,而且涂改基本都是非正常的,因此如果票证存在涂改而银行仍然作出付款,银行就要承担较大的责任。添补不容易被发现,且立票人本身存在一定疏忽,未能防止不完整的票证流入市场。另外,添补是否属于无授权,几乎无法从票据表面判断,因为银行即使看到票证表面存在一些迹象,如票证上面的字体不一致,也很难据此判断票证上的内容是否未经授权。法典认为,银行没有义务为此作出进一步的调查。因此,即使票证存在无授权添补,银行只要善意作为,且未得到该添补为无授权的通知,就有权从客户账户支取全部金额。

涉及支票时,一个常见的情况是错后填写日期(postdating)。例如,实际出立支票的日期是 1 月 1 日,但支票上注明的日期是 1 月 10 日。通常这是出票人和受款人的约定,并且这种做法也是法典所允许的。但是,银行在大量处理票证的过程中,很难注意到每张支票的具体日期,通常都假设支票是立即支付的。因此,如果上述例子中的受款人在 1 月 1 日收到支票后,于 1 月 2 日将支票提示给银行,而银行未注意到该日期,因而立即作出付款。此时,银行仍然有权支取客户账户。

法典第 4.401 条(c)款规定:“银行可在支票日期之前作出付款,并就该支票支取客户账户，只要该支票在其他方面为该账户的正常可付票证，除非客户已通知银行，支票系错后填写日期，且合理描述了票证的细节。该通知的有效期限，为第4.403条(b)款所述的停付命令的有效期限，但收到通知的时间和方式，必须使银行有合理机会，在就支票采取第4.303条所述的行动之前，能够根据通知据以作为。如果银行收到有关错后填写日期的通知，但在通知所述日期之前就支票支取了客户账户，银行即应对所造成的损失承担责任。损失可以包括第4.402条所述的后续票证受到拒付的损失。”

根据上述规定，如果客户事先已将错后填写日期的情况通知了银行，银行即有义务服从，否则就要对客户的损失承担责任。客户会有什么损失？最常见的情况是，因为账户当时资金不足，导致支票被拒付，因此给客户带来相应问题，包括业务上和信誉上的损失，也包括实际造成的费用支出。此外，即使账户当时资金充足，但资金可能本来另有用途，而在用于支付支票后，客户无法再使用该资金。

涉及支票时，另一个常见情况是，支票在外流通的时间过长。根据法典第3篇的规定，超过票面日期6个月的支票就属于过期支票。但在实际票证业务中，这种过期支票很常见，并且通常没有问题。因此，银行虽然有权拒付此种过期支票，但通常会根据自己的判断，仍然为此种支票付款。此时，银行只要善意作为，即有权支取客户账户。法典第4.404条规定：“对于持有支票账户的客户，银行无义务支付超过票证日期六个月才提示的支票(保兑支票除外)；但是，如果银行善意支付了超期支票，银行有权支取客户账户。”

付款银行的不当付款

如果票证不属于正常可付票证，但付款银行支付了票证，除法典另有其他规定外，付款银行就要承担责任。承担责任的通常方式是，付款银行无权借记客户账户。但是，这也不意味着付款银行必然要自行承担损失，因为银行可能有权向其他责任方追索。为此目的，法典还向付款银行提供了代位权，便于付款银行进行追索。

关于付款银行的代位权，法典第4.407条规定："如果付款银行支付了票证，但出票人或制票人之前已发出停付命令，或账户之前已被关闭，或出票人或制票人因其他理由有权对付款提出异议，则为防止不当得利，且只在避免银行因支付票证而遭受损失的必要限度内，付款银行就下列人的权利取得代位权：(1)正当执票人就票证拥有的对抗出票人或制票人的权利；(2)受款人或票证任何其他执票人就票证拥有的对抗出票人或制票人的权利，或因票证基础交易拥有的此种权利；以及(3)出票人或制票人因票证基础交易拥有的对抗受款人或票证任何其他执票人的权利。"根据这项规定，付款银行可以代位票证的正当执票人或一般执票人取得付款的权利，也可以代位出票人或制票人的抗辩权。

付款银行的错误拒付

如果票证属于正常可付票证，但付款银行由于误判或其他原因拒绝支付票证，付款银行也要承担责任。关于此种责任，法典第4.402条(b)款规定："付款银行对客户主要因错误拒付而受到的损失承担责任。责任限于可证明的实际损失，并可包括客户受到逮捕或起诉的损失，或其他间接损失。任何间接损失是否主要因错误拒付引起，属于事实问题，应根据当事案件的情况确定。"根据这项规定，付款银行要承担的责任包括间接损失。这里所说的客户，是指付款银行自己的客户，主要包括汇票或支票的出票人，因为他们通常在付款银行持有账户，并与付款银行存在有关汇票或支票付款的协议关系。汇票或支票的受款人，也就是将票证存入存款银行并通过收款流程取得付款的人，不是付款银行的客户，除非付款银行同时也是存款银行。

付款银行对正常可付票证的支付，以相关账户中存在充足款项为前提条件。如果资金不足，致使票证兑付后造成透支，则付款银行是否有义务支付,取决于银行与客户的协议。前文曾提到,银行有时会事先同意客户可以在一定程度内透支。法典第 4.402 条(a)款规定:“除本篇另有规定外,如果付款银行拒付正常可付的票证,即属错误拒付;但是,如果票证将造成透支,银行可以拒付该票证,除非银行已同意支付透支的票证。”而法典第 4.402 条(c)款规定:“付款银行可以核实客户账户的余额,以便在可用资金不足时作为拒付票证的理由。从付款银行收到票证时起至退回票证时止,或至发出通知以代替退回票证时止,银行可在该期间内的任何时间进行上述核实,且只需核实一次。如果付款银行选择随后再次核实余额,以重新评估银行的拒付决定,则该时账户余额的资金充足度,对于以资金不足作为拒付理由是否构成错误拒付,具有决定意义。”

客户的停付命令

涉及支票时,付款银行的客户为支票的出票人,付款银行为受票人,而支票代表客户向付款银行发出的付款命令。客户既然有权命令付款银行付款,就应该有权阻止付款银行付款。在法典中,客户阻止付款的命令称为“停付命令”(stop-payment order)。

关于停付命令,法典第 4.403 条(a)款规定:“对于任何支取客户账户的票证,客户可以向银行发出命令,停止该票证付款,或关闭该账户。如具一个以上的人对该账户有支取权,则其中任何一人均可发出此种命令。命令应以合理的明确性描述票证或账户,且收到命令的时间和方式,必须使银行有合理机会,在根据第 4.303 条对票证采取任何行动前,能够根据命令据以作为。即使支取该账户需要一个以上的人签名,其中任何一人均可停止付款或关闭账户。”

每次停付命令的有效期为 6 个月,但可以多次延续。法典第 4.403 条(b)款规定:“停付命令的有效期为六个月。构成停付命令的记录,必须注明日期、经过认证并确切描述票证,才对银行具有约束力。可以通过向银行发出经认证的记录延续停付命令的有效期,每次延续 6 个月,但必须在停付命令有效期内发出延续命令。”

如果付款银行未能遵守客户有效的停付命令，可能就要对客户受到的损失承担赔偿责任。法典第4.403条(c)款规定：“对于未能遵从停止付款或关闭账户的命令是否造成损失，以及损失的程度，客户应承担举证责任。在违反停付命令的情况下支付票证所造成的损失，可以包括第4.402条所述的后续票证受到拒付的损失。”

如果客户对付款银行发出的停付命令不能及时到达银行，致使银行无法遵守该命令，银行即不承担责任。法典第4.303条(a)款规定：“如果付款银行收到任何信息、通知、停付命令或诉讼传票，或作出任何账目抵销，但银行在收到信息、通知、停付命令或诉讼传票后，未能在合理时间内据以作为，或银行在下列最早发生者之后作出账目抵销，则该信息、通知、停付命令、诉讼传票或账目抵销，即被视为过迟，不能终止、中断或改变银行支付票证或就票证支取客户账户的权利或义务：(1)银行承兑票证，或保兑票证；(2)银行用现金支付票证；(3)银行对票证作出结算，且不因任何法律、票证清算行规则或协议而拥有撤销结算的权利；(4)根据第4.302条有关耽延退回票证时付款银行之责任的规定，银行对票证金额承担责任；或(5)涉及支票时，银行收到支票的银行营业日后下一个银行营业日的截止时间已到，只要该截止时间不早于该下一个营业日开始后一小时且不晚于其营业结束的时间；或如果未规定截止时间，银行收到支票的银行营业日后下一个银行营业日的结束时间已到。”

法典第4.303条(b)款还规定：“除(a)款另有规定外，可按任何顺序承兑、支付或保兑票证，或按任何顺序就票证支取银行客户指定的账户，并可在银行正常营业时间之前或之后作出。银行无义务确定一天中收到票证的具体时间；并且，如果需要核实有关票证的任何信息、通知、停付命令或诉讼传票的效力、后果或优先权，则在核实期间，银行可留持票证金额而无须承担责任；银行亦可参与诉讼，以便就该款项及款项主张人进行确权。”

客户的适当谨慎

付款银行在支付票证时必须行使适当谨慎。同样,付款银行的客户也有义务行使适当谨慎,主要是有义务及时发现票证支付中的不正常情况,并向银行报告。如果客户没有做到适当谨慎,可能就要为自己未能行使适当谨慎所造成的那部分损失承担责任。

根据法典的规定,银行如果定期向客户发送有关票证支付的报告,就要以合理细节对票证作出描述,以方便客户的核实。法典第4.406条(a)款规定:"只要银行向客户发送或提供账户报告单,显示账户内的票证支付情况,银行即应将已支付的票证退还给或提供给客户,或在账户报告单中提供充分的信息,使客户能合理辨别已支付的票证。如果账户报告单给出票证的序号、金额及支付日期,信息即为充分。银行如果不退还票证,即应在账户报告单上提供电话号码,使客户可以打电话要求退还票证,或获得(b)款所述的票证的清晰复印件。"银行是否有义务向客户发送报告,取决于银行与客户的协议。

法典第4.406条(b)款还规定:"如果票证未被退还给客户,留持票证的人应保存票证,或如果票证被销毁,应有能力提供票证的清晰复印件,直至收到票证后超过七年。客户可向支付票证的银行索要票证,而银行必须在合理时间内提供票证,或在票证已被销毁或无法获得时,提供票证的清晰复印件。对于每一份给客户的账户报告单,银行只要收到要求,即应免费向客户提供至少两项票证或其清晰复印件。"

客户在收到银行提供的报告后,必须进行一定审核,并将发现的问题报告银行。如果客户不进行审查,可能就属于未能行使适当谨慎。法典第4.406条(c)款规定:"如果银行根据(a)款发送或提供账户报告单或票证,客户必须以合理迅捷查验报告单和票证,以确定是否由于票证存在涂改,或是否由于显示为客户之签名或代表客户作出之签名未经授权,致使任何付款未经授权。如果根据所提供的报告单或票证,客户本应合理发现付款未经授权,客户必须将相关事实及时通知银行。”

法典第4.406条(d)款还规定:“如果银行能够证明,客户在涉及某项票证时,未能遵守(c)款对客户规定的义务,则在对抗银行时,客户即无权主张:(1)票证上存在客户无授权签名或涂改,只要银行还能够证明,银行由于客户的该失查而受到损失;以及(2)在银行善意支付的任何其他票证上,存在同一不法行为人作出的客户无授权签名或涂改,只要银行的付款,系在银行收到客户有关无授权签名或涂改的通知之前,且在客户已有合理时间(最长不超过30天)查验票证或账户报告单并通知银行之后。”

如果客户在收到报告后超过一年而未报告票证支付的异常情况,则在任何情况下均无权再追究银行的责任。法典第4.406条(f)款规定:“无论客户或银行是否行使了谨慎,在报告单或票证提供给客户后[上述(a)款],客户如果在一年内未能发现和报告票证的任何无授权签名或涂改,即无权对该银行主张该无授权签名或涂改。如果根据本款无权追责,则对于相应的无授权签名或涂改,银行即无权根据第4.208条就违反担保取得赔偿。”

如果银行和客户都存在一定过错,则他们需要根据各自的过错程度分担损失。法典第4.406条(e)款规定:“如果(d)款适用,且客户能够证明,银行在支付票证时未能行使正常谨慎,而该过失对于损失的发生具有助推作用,则该损失应由无权追责之客户与提出该无权追责之银行,根据客户未能遵守(c)款及银行未能行使正常谨慎各自造成的损失程度,按比例分担。如果客户能够证明,银行未善意支付票证,则(d)款所述的无权追责即不适用。”

第六章　资 金 转 账

法典第4A篇称为“资金转账”(Funds Transfers),主要涉及完全以电子通信方式将资金从一家银行转移到另一家银行的资金转账。在支付领域,法典第3篇、第4篇、第4A篇和第5篇起到相互配合的作用,为商业活动的当事方提供不同的支付方式。法典第3篇涉及纸质票据,主要关注票据当事方之间的权利和义务。法典第4篇涉及银行对票证的处理,使票证的持有人可以通过使用银行服务来获得票证项下的付款。法典第4A篇涉及电子转账,使当事方可以不使用纸质票据或其他票证,而是完全以电子通信方式在银行间完成资金转账。法典第5篇对美国国内和国际贸易中使用的信用证作出最原则的规定。法典第3篇、第4篇、第4A篇和第5篇结合起来,基本覆盖了商业活动中除现金外的主要的资金支付和转移方式。

第一节　资金转账的概念

如果在任何商业交易中,一个人需要向另一个人支付款项,并且希望采用银行转账的方式支付,此种转账大体上就是法典第4A篇所说的“资金转账”(fund transfer)。资金转账的一种典型情况是,付款的发起人向与自己有业务关系的银行甲提出转账要求,而银行甲将相应款项支付给与受益人有业务关系的银行乙，而银行乙将该款项支付给受益人。在这个过程中，除去发起人和受益人，另有两家银行。在有些情况下，发起人和银行甲是同一人，因此参与方的数量更少。在有些情况下，中间还有其他银行参与，因此参与方的数量更多。

资金转账的定义

关于资金转账，法典第 4A. 104 条(1)款规定："'资金转账'指一项系列交易，从发起人出具支付命令开始，目的在于向支付命令的受益人付款。'资金转账'包括任何由发起人银行或中间银行出具的支付命令，只要其目的在于执行发起人的支付命令。在受益人银行为了发起人之支付命令的受益人的利益而接受一项支付命令后，资金转账即告完成。"这个定义涉及资金转账的绝大部分关键概念，包括支付命令、发起人、发起人银行、中间银行、受益人、受益人银行等。这些概念后文会分别加以介绍。

如果具体地对一项资金转账进行举例描述，过程大体如下：假设货物买卖交易中的买方需要向卖方支付 1000 美元，且双方约定由买方通过资金转账支付给卖方，那么根据法典第 4A 篇的规定，买方就称为"发起人"(originator)，而卖方就称为"受益人"(beneficiary)。

作为资金转账的第一步，买方作为发起人，向与自己有业务关系的银行甲提出向卖方转账 1000 美元的要求。此时，银行甲就称为"发起人银行"(originator's bank)，而买方提出的转账要求就称为"支付命令"(payment order)。买方之所以向银行甲提出转账要求，通常是因为买方在银行甲设有账户，且在账户内有足够资金。

作为资金转账的第二步，银行甲收到转账要求后，一方面，从买方的账户内扣除 1000 美元作为转账款项；另一方面，向卖方使用的银行乙提出向卖方转账 1000 美元的要求。在法典第 4A 篇中，银行甲向银行乙提出的转账要求，也称为支付命令，而银行乙则称为"受益人银行"(beneficiary's bank)。银行甲之所以向银行乙提出转账要求，一方面，是因为银行甲在银行乙设有账户，且在账户内有足够资金；另一方面，也是因为银行乙与作为受益人的卖方有业务关系。

第三步，银行乙收到转账要求后，一方面，从银行甲的账户内扣除1000美元作为转账款项；另一方面，根据银行甲的要求，向作为受益人的卖方付款1000美元，并将该款项存入卖方在银行乙设立的账户内。至此，买方完成了通过资金转账向卖方支付1000美元的目标。

在上述过程中，发起人（买方）是需要作出付款的人，受益人（卖方）是需要获得付款的人。发起人银行（银行甲）和受益人银行（银行乙）是提供转账服务的银行。银行乙向卖方支付的1000美元来自银行甲，而银行甲向银行乙支付的1000美元来自买方。此外，两家银行需要收取一定的服务费。参与资金转账的银行至少有两家，因为法典第4A篇规定的资金转账，是指资金从一家银行转移至另一家银行。如果付款人和收款人的账户都在同一家银行，则只是同一家银行不同账户之间的资金转移，不属于法典第4A篇所述的资金转账。如果发起人银行和受益人银行之间没有合适的业务关系，中间还可以加入一家或多家银行，称为“中间银行”（intermediary bank）。

发起人；发送人；发起人银行

关于发起人，法典第4A.104条(3)款规定：“‘发起人’指资金转账中首个支付命令的发送人。”之所以说“首个支付命令”，是因为在资金转账中，通常有两个或多个支付命令。例如，在上述例子中，作为买方的发起人需要向作为发起人银行的银行甲出具支付命令，而发起人银行需要向作为受益人银行的银行乙出具支付命令，因此，该资金转让中存在两个支付命令，但只有首次发出支付命令的买方才是发起人，因为买方是真正需要作出资金转账的人，而随后发起人银行自己出具的支付命令，只是为了执行买方的支付命令。

资金转账中只有一个发起人，但通常有两个或多个“发送人”（sender），因为所有出具过支付命令的人都是发送人,而第一个发送人是发起人。在上述例子中,发起人(买方)和发起人银行(银行甲)都出具过支付命令,因此都是发送人。法典第4A. 103条(a)(5)款规定:"'发送人'指向接收银行发送指示的人。"根据法典第4A. 103条(a)(1)款,这里所说的"指示"(instruction),就是支付命令。

发起人可以是个人或公司,但也可以是银行。如果发起人不是银行,从发起人收到支付命令的第一家银行称为"发起人银行"(originator's bank),如上述例子中的银行甲。如果发起人本身就是银行,则银行既是发起人,也是发起人银行。对此,法典第4A. 104条(4)款规定:"'发起人银行':(A)当发起人不是银行时,指发起人向其出具支付命令的接收银行;或(B)当发起人是银行时,指发起人。"发起人银行有时自己需要向受益人作出付款,因此成为发起人兼发起人银行。在后文的讨论中,为避免混淆,均假设发起人不是银行,而从发起人收到支付命令的是发起人银行。

接收银行;受益人银行;中间银行;受益人

发起人向发起人银行出具支付命令后,收到该命令并负责执行该命令的发起人银行称为"接收银行"(receiving bank)。随后每一次支付命令的接收银行,也都称为接收银行。在上述例子中,银行甲和银行乙都是接收银行。法典第4A. 103条(a)(4)款规定:"'接收银行'指发送人向其发送指示的银行。"由于资金转账中通常有两个或多个发送人,所以也有两家或多家接收银行。

第一家接收银行是发起人银行,而最后一家接收银行则称为"受益人银行"(beneficiary's bank),因为这家银行需要负责向受益人付款。法典第4A. 103条(a)(3)款规定:"'受益人银行'指支付命令中指定的,应根据支付命令贷记受益人在该银行所持账户的银行;或如果支付命令未规定向某个账户付款,则指支付命令中指定的,应以其他方式向受益人付款的银行。"在上述例子中,银行乙是最后一家接收银行,也是受益人银行。

如果在资金转账中有3家或更多家银行,即在第一家发起人银行和最后一家受益人银行之间还有其他银行,则这些其他银行称为“中间银行”(intermediary bank)。所有的中间银行都是接收银行,并且与发起人银行一样,所有的中间银行都需要向下家银行出具自己的支付命令。

获得支付命令项下付款的人称为“受益人”(beneficiary),如上述例子中的卖方。法典第4A.103条(a)(2)款规定:“‘受益人’指从受益人银行获得付款的人。”前文提到,发起人可以是银行,也可以不是银行。对于受益人,法典没有明确作出此种区分,但似乎在理论上受益人也可以是银行,但与受益人银行不可能是同一人。

客户

在法典第4A篇中,“客户”(customer)这个概念有时会与其他概念重合。法典第4A.105条(a)(3)款规定:“‘客户’指在银行持有账户的人,或银行同意从其接收支付命令的人。‘客户’包括银行。”根据这个定义,在资金转账中,如果发起人在发起人银行持有账户,或出于其他原因,发起人银行同意接收发起人的支付命令,发起人就是发起人银行的客户,如上述例子中的买方就是银行甲的客户。如果发起人银行在下家接收银行持有账户,发起人银行就是该接收银行的客户,如上述例子中的银行甲就是银行乙的客户。在这些情况下,“客户”与“发送人”是同一个概念。例如,发起人向发起人银行出具支付命令后,即属于发送人;同时,由于在发起人银行持有账户,因而又属于发起人银行的客户。有所不同的是,受益人在受益人银行持有账户,因此是受益人银行的客户,但受益人不是发送人。

支付命令

发起人出具支付命令后,即启动了资金转账的整个过程,同时致使参与转账的所有银行,为了执行发起人的支付命令,顺次向下家银行出具自己的支付命令。关于支付命令,法典第4A.103条(a)(1)款规定:“‘支付命令’指发送人以口头、电子或书面形式发送给接收银行的指示，要求其向受益人支付或致使另一银行向受益人支付金额固定或金额可算的款项，但是：(A)该指示除了说明向受益人付款的时间，不得包含其他付款条件；(B)接收银行获得补偿的方式，必须是借记发送人账户，或以其他方式从发送人得到付款；并且(C)发送人必须直接把指示发送给接收银行；或发送给代理人、资金转账系统或通信系统，再转发给接收银行。”

根据上述定义，所有的支付命令，包括发起人的支付命令以及下家银行的支付命令，都可以使用口头、电子或书面形式。命令的内容是向受益人支付一定金额的款项。所支付的款项可以是固定金额，也可以是能够按照一定方式计算出来的金额。发起人银行可以直接将支付命令发送给受益人银行，也可以使用中间银行，由中间银行向受益人银行发送支付命令。根据上述定义，所有的支付命令都必须同时满足下列 3 个条件。

第一，支付命令必须是无条件的，即只规定付款金额和付款时间，而不能附带任何条件。如果支付命令规定，只有在一定条件下才能向受益人付款，这种支付命令就不能构成法典第 4A 篇项下的支付命令。

第二，接收银行只能从上家发送人获得补偿。在资金转账中，发起人银行收到发起人出具的支付命令后，会相应地向下家银行(如中间银行或受益人银行)出具支付命令，并支付该支付命令所需的资金。例如，在前文提到的例子中，发起人银行在向受益人银行出具 1000 美元的支付命令后，必须向受益人银行支付 1000 美元，用于向受益人的付款。此时，发起人银行自然有权从发起人相应获得 1000 美元的补偿。所有的下家接收银行，都是以同样方式从自己的上家获得补偿。根据法典第 4A 篇的规定，从上家发送人获得补偿，是接收银行获得补偿的唯一方式，否则该交易就不属于资金转账，而是其他形式的资金安排了。

第三，所有的支付命令都必须发送给下家接收银行后才构成命令的出具，但可以直接发送，也可以转发。法典第 4A. 103 条(c)款规定：“将支付命令发送给接收银行，即构成支付命令的出具。”

支付命令的取消与修改

与支付命令具有大体同等地位的指令，是发送人对支付命令予以取消或修改的指令。也就是说，发送人在出具支付命令后，可以出具新的指令，取消或修改之前的支付命令。法典第4A.211条(a)款规定："支付命令的发送人可以通过口头、电子或书面形式，将有关取消或修改该命令的通信，发送给接收银行。如果在发送人和接收银行之间存在有效的安全程序，则只有在根据安全程序对通信进行核实后，或在银行同意该取消或修改后，该通信才能有效取消或修改该命令。"

取消或修改支付命令的指令，必须及时到达银行，方为有效。法典第4A.211条(b)款规定："除(a)款另有规定外，发送人取消或修改支付命令的通信，只有在其收到的时间和方式使接收银行有合理机会在接受支付命令前根据该通信据以作为时，该通信才能有效取消或修改该命令。"这意味着，取消或修改的指令，不仅需要在接收银行已经执行相关支付命令之前到达接收银行，而且还需要再提前一些，以便银行能够有时间作出相应反应。具体需要提前多久到达，需要根据银行的程序和做法而定。

如果在收到取消或修改的指令时，接收银行已经执行了相关的支付命令，或已经没有时间服从该取消或修改指令，原则上就不能再作出取消或修改。法典第4A.211条(c)款规定："如果支付命令已被接受，则对该命令的取消或修改，只有在接收银行同意时，或在资金转账系统规则允许不经银行同意而作出取消或修改时，方为有效。"根据法典第4A.209条(a)款的规定，所谓支付命令已被"接受"，在大多数情况下，就是指接收银行已经执行了支付命令。

即使有上述规定，如果一家接收银行在收到上家银行关于取消或修改其支付命令的指令时，虽然自己已经执行了上家银行的支付命令，但尚有可能取消或修改自己向下家银行出具的支付命令，则该接收银行可以接受上家银行的取消或修改。法典第4A.411条(c)(1)款规定："如果支付命令已被接收银行(受益人银行除外)接受,则对该命令的取消或修改,只有在接收银行对自己的支付命令也相应取消或修改后,方为有效。”例如,银行甲向银行乙出具支付命令后,银行乙为了执行银行甲的支付命令,向银行丙出具自己的支付命令。随后,银行甲向银行乙发出修改指令,而此时银行乙已经向银行丙出具了支付命令,即已经执行了银行甲的支付命令。在这种情况下,银行甲的修改指令一般不再具有效力,但是,假设银行乙此时还有可能修改向银行丙出具的支付命令,则银行乙也可以接受银行甲的修改指令。

如果支付命令已经被发送到受益人银行,且受益人银行已执行了支付命令,则除非该命令存在特定错误,否则该命令原则上即不可再被取消或修改,因为受益人此时已获得付款。法典第4A.211条(c)(2)款规定:“如果支付命令已被受益人银行接受,则对该命令的取消或修改,只有在下列情况下,方为有效:该命令系为执行另一项无授权支付命令;或该命令系发送人在资金转账中出现错误,致使所产生的支付命令:(i)构成发送人之前已经发送的命令的重复,(ii)向无权从发起人收到付款的受益人付款,或(iii)向受益人支付的金额,大于其有权从发起人收到的金额。如果该支付命令被取消或修改,受益人银行有权在有关误解和返还之法律允许的限度内,从受益人追回所付的金额。”

根据上述规定,如果受益人银行已向受益人作出了付款,则只有在支付命令存在特定种类错误时,该命令才可以被取消或修改。此时,受益人银行无权从上家银行取得补偿,而只能试图从受益人追回付款,或如下文所述,另行从发起人取得赔偿。上述规定中所列的几种情况,都是受益人本来就无权获得付款的情况。因此,在支付命令被取消后,受益人应该退回所收到的款项。

根据法典的上述规定,虽然在受益人已经获得支付的情况下,发送人仍然可以在支付命令存在特定种类错误时取消或修改该支付命令,但是,如果因此给接收银行造成任何损失,发送人仍然需要承担责任,因为是发送人自己的原因或错误而取消或修改了支付命令。法典第 4A. 211 条(f)款规定:“除当事方协议或资金转账系统规则另有规定外,如果接收银行在接受支付命令后同意发送人对命令的取消或修改,或如果资金转账系统规则规定,该取消或修改无须银行同意,且银行受到该规则约束,则无论该取消或修改是否有效,对于作出或试图作出取消或修改而给银行造成的损失和费用,包括合理的律师费,发送人应对银行承担责任。”所以,发送人取消或修改自己的支付命令,即使无须再为该支付命令本身付款,但仍需要赔偿接收银行的损失。尽管两者从性质上有所区别,但从金额上,赔偿甚至有可能高于支付命令。

客户的授权账户

在转账过程中,执行支付命令的任何银行,除收取必要的服务费外,都需要就自己执行支付命令的成本获得补偿。假设发起人希望向受益人转账 1000 美元,因此向发起人银行出具金额为 1000 美元的支付命令,而发起人银行为了执行发起人的命令,向受益人银行出具金额为 1000 美元的支付命令,而受益人银行根据发起人银行的命令,向受益人支付了 1000 美元。此时,发起人银行和受益人银行都需要就自己支付的 1000 美元获得补偿。根据法典的规定,资金转账中的所有银行都只能从自己的上家获得补偿。因此,在上述例子中,受益人银行需要从自己的上家,即发起人银行,获得 1000 美元的补偿,而发起人银行需要从自己的上家,即发起人,获得 1000 美元的补偿。在绝大多数情况下,获得补偿的方式是借记上家在自己银行中设立的账户。在上述例子中,受益人银行将借记发起人银行的账户,而发起人银行将借记发起人的账户。

可以用于上述借记的账户,在法典中称为“授权账户”(authorized account)。法典第 4A. 105 条(a)(1)款规定:“‘授权账户’指客户在银行持有的并由客户指定的存款账户,在客户向银行出具支付命令后,作为付款的来源。如果客户未指定此种账户,则客户的任何账户均为授权账户,只要根据支付命令从该账户付款,并不违反该账户的使用限制。”前文提到,客户就是在银行持有账户的人。因此,在上面的例子中,发起人是发起人银行的客户,发起人银行是受益人银行的客户,所以发起人银行可以借记发起人的授权账户,而受益人银行可以借记发起人银行的授权账户。如果银行之间不存在此种账户,资金转账就需要通过票证清算行等中间系统进行。此外,对于受益人银行来说,一方面,发起人银行是客户,因此其账户可以用于借记;另一方面,受益人也是客户,但其账户系用于贷记支付命令项下的付款。

资金转账系统规则

资金转账需要按照一定的规则进行,包括客户和银行之间约定的规则,以及不同银行之间约定的规定。这些规则的主体,不可能在每一笔资金转账之前临时制定,而必然是事先制定好的标准规则,包括客户与银行订立的协议、银行之间的协议、相关资金转账系统的规则以及银行监管机构为行业制定的规则等。只要客户使用该系统进行资金转账,无论是否知道该规则,以及无论是否对该规则表示特别同意,都要受到该规则的约束。最重要的规则主要是银行界的行业规则,包括所谓的“资金转账系统规则”(funds transfer system rule)。

关于该规则,法典第 4A. 501 条(b)款规定:“‘资金转账系统规则’指银行协会管辖下列事项的规则:(i)通过协会之资金转账系统传送的支付命令,以及有关此种支付命令的权利和义务,或(ii)作为资金转账当事方之各银行之间的权利和义务,只要在该转账中,任何联邦储备银行作为中间银行向受益人银行发送支付命令。除本篇另有规定外,一项资金转账系统规则,如果涉及使用该系统之成员银行的权利和义务,则即使与本篇冲突并间接影响到资金转账中未同意该规则的另一方,该规则仍有可能具有效力。除约束成员银行外,一项资金转账系统规则,在第 4A. 404 条(c)款、第 4A. 405 条(d)款和第 4A. 507 条(c)款所述的范围内,亦可约束使用该系统之其他当事方的权利和义务。”

根据上述规定,资金转账系统规则默示地适用于所有参与资金转账业务的当事方。但是,从理论上来讲,如果对于一项资金转账,当事方希望订立特别的规则,他们也有权利这样做。法典第4A.501条(a)款规定:“除本篇另有规定外,资金转账中当事方的权利和义务,可以通过受影响之当事方的协议加以改变。”

第二节 支付命令的出具

关于发送人所发送的支付命令,最主要的问题是如何核实支付命令,因为支付命令都是通过电子方式传送的,而且数量庞大,因此靠人与人之间的核实是不可行的。另一个主要问题是,在支付命令的内容或发送出现错误时,应该由谁承担责任。

安全程序

支付命令的核实,主要依赖当事方通过协议方式设立的“安全程序”(security procedure)。法典第4A.201条规定:“‘安全程序’指客户与接收银行通过协议为下列目的设立的程序:(i)确认支付命令以及有关修改或取消支付命令的通信系来自客户,或(ii)发现支付命令或通信中的发送错误或内容错误。安全程序可能需要使用密码或其他代码、识别词语或数字、加密措施、回叫程序或类似保密设施。将支付命令或通信中的签名与客户的授权签名样本进行比对,其本身不构成安全程序。”根据这个定义,安全程序是客户与接收银行共同设立的程序,因此任何一方的单方核实程序,如果未包含在安全程序协议中,即不属于法典所述的安全程序。

在通常情况下,由于资金转账的服务由银行提供,因此安全程序的设立应由银行主导。根据法典的规定,所设立的安全程序必须合理,并如下文将要讨论的,只有安全程序在商业上合理,且银行遵守了该程序,银行才可以基于该程序的核实,执行所收到的支付命令。

关于商业上合理(commercially reasonable)的安全程序,法典第4A.202条(c)款规定:"安全程序的商业合理性,属于法律问题,应根据下列因素确定:客户向银行表达的愿望、银行所知的客户情况(包括该客户通常出具给该银行的支付命令的金额、类型和频率)、提供给客户选用的其他安全程序以及类似情况下其他客户和接收银行一般使用的安全程序。在下列情况下,安全程序被视为商业上合理:(1)安全程序系由客户选定,且银行在此之前提供了对客户商业上合理的安全程序,但被客户拒绝;并且(2)客户以书面明确同意,对于以其名字出具的支付命令,无论是否业经授权,只要银行在遵守客户选定之安全程序的情况下作出接受,该支付命令即对客户有约束力。"

根据上述规定,安全程序是否属于商业上合理,不是单纯的技术问题,而是要取决于客户与银行的协商情况,并考虑多种因素,包括客户的具体情况和主观意愿。如果客户自主选用某种程序,且同意受到该程序的约束,那么无论该程序处于何种技术水平,该程序都属于商业上合理。如果不是客户自主选用,银行就有义务推荐适合客户的程序。之所以说"商业上"合理,是因为必须考虑到成本和效益的平衡。如果一种程序非常安全,但价格昂贵或使用不便,那么尽管这种程序从技术角度来说很先进,但在客户实际交易金额不大的情况下,这种程序可能也不属于商业上合理。此时,技术等级更低的程序,可能反而属于商业上合理。

支付命令的有效性

在客户向下家接收银行出具支付命令后,包括发起人向发起人银行出具的支付命令,以及发起人银行和任何中间银行随后出具的支付命令,对于接受银行来说,最重要的问题是,该支付命令是否有效?如果有效,接收银行就应该执行,并有权在执行之后从客户获得补偿;如果无效,接收银行就应该拒绝。如果支付命令无效,但接收银行错误地予以执行,银行就无权从客户处获得补偿，而只能自行承担损失，或通过其他方式挽回损失。如果支付命令有效，但接收银行错误地予以拒绝，银行也要承担相应的责任。因此，接收银行在收到支付命令后，首先需要判断支付命令的有效性。

根据法典规定，有效的支付命令分为两种：一种称为"授权命令"(authorized order)，即获得客户授权的支付命令；另一种称为"有效命令"(effective order)，即虽然该命令没有获得客户的授权，但客户必须承担该命令的后果，所以该命令是有效的。

关于授权命令，法典第4A.202条(a)款规定："如果任何人对一项支付命令作出授权，或根据代理法，基于其他原因受到该支付命令的约束，且支付命令显示该人系发送人，则接收银行收到的该支付命令，即构成该人的授权命令。"根据这个定义，授权命令可以由命令人出具，也可以由命令人的代理人出具。代理人出具的命令是否可以约束命令人，要根据法典以外的代理法确定。

关于有效命令，法典第4A.202条(b)款规定："如果银行与客户约定，对于以客户名字作为发送人出具给银行的支付命令，将使用安全程序予以核实，此时，只要接收银行收到的支付命令符合下列，即为客户的有效命令，无论命令是否业经授权：(i)作为防止无授权支付命令之安全措施的安全程序，是商业上合理的方法，并且(ii)银行能够证明，其以善意接受了支付命令，且遵守了安全程序，也遵守了书面协议或客户指示中对接受以客户名字出具的支付命令的限制性规定。如果任何指示违反与客户的书面协议，或该指示收到的时间与方式使银行没有合理机会在接受支付命令前据以作为，银行即无须服从该指示。"根据这个定义，只要接收银行与客户设立了商业上合理的安全程序，且接收银行在核实支付命令时遵守了该程序，则即使支付命令实际上未得到客户的授权，该支付命令也是有效的。对于此种支付命令，接收银行有权也有义务执行，且在执行之后，有权从客户获得补偿。

上述规定有一项例外，即如果客户能够证明，自己对于该命令的出具不存在疏忽,那么客户就不对该支付命令承担责任。法典第4A.203条(a)(2)款规定:“如果客户能够证明,支付命令非由下列人直接或间接引起,则接收银行对于该支付命令,无权作出付款或留持付款:(A)该人曾在任何时间接受委托,有义务代表客户就支付命令或安全程序采取行动;或(B)该人曾接触过客户的发送设施;或曾获取到有助于破解安全程序的信息,无论该信息如何获取,也无论客户是否存在过错,只要该信息的获取,系通过客户控制的端口,且未得到接收银行的授权。信息包括任何接入设备、电脑软件或类似设施。”也就是说,只要客户能够证明,支付命令不是自己发送的,并且实际的发送人既没有接触过客户的发送设施,也没有获取过破解程序的信息,此时,客户就不受该支付命令的约束。在这种情况下,如果银行作出付款,就要自行承担损失,或通过其他方式挽回损失。

支付命令中的错误

客户在出具支付命令时,自然存在发生错误的可能。法典第4A.205条(a)款列出了3种情况,即支付命令:“(i)错误地指定了非属发送人本意的付款受益人,(ii)错误地规定了大于发送人本意的付款金额,或(iii)错误地重复发送了发送人已经发送过的支付命令。”对于此种错误,法典第4A.205条(a)(1)款规定:“如果发送人能够证明,发送人或根据第4A.206条代表发送人作为的人遵守了安全程序,且在接收银行亦遵守该程序时该错误本可被发现,则在(2)款和(3)款所述的范围内,发送人没有义务为该命令付款。”

根据上述规定,如果发送人的支付命令存在错误,但发送人在发送时遵守了双方约定的安全程序,那么如果接收银行未能发现该错误,且未能发现的原因在于接收银行没有遵守安全程序,银行就要承担责任。关于接收银行承担责任的方式,法典第4A.205条(a)(2)款规定:“如果资金转账已基于(a)(i)款或(a)(iii)款所述的错误支付命令完成,则发送人没有义务就该命令付款,但接收银行有权在有关误解和返还之法律允许的限度内,向受益人追索所支付的金额。”该条第(a)(3)款规定:“如果资金转账已基于(a)(ii)款所述的支付命令完成,则对于受益人收到的超出发送人本意的金额部分,发送人没有义务就该命令付款。此时,接收银行有权在有关误解和返还之法律允许的限度内,向受益人追索所支付的额外金额。”

从上述规定可以看到,即使发送人在发送支付命令时存在疏忽,只要接收银行也存在疏忽,错误的后果就要由接收银行承担。但是,发送人有一定义务在事后发现该错误。法典第4A.205条(b)款规定:“如果(i)(a)款所述的错误支付命令的发送人没有义务就该命令作出全部或部分付款,但是,(ii)发送人从接收银行收到通知,即银行已接受该命令,或已就该命令借记发送人账户,此时,发送人在收到银行通知后,即有义务行使正常谨慎,根据发送人可以获得的信息发现命令中的错误,并在最多不超过九十天的合理时间内,将相关事实通知银行。如果银行能够证明,发送人未履行该义务,且银行因此受到损失,则发送人应对银行承担赔偿责任,但责任的限度不超过发送人命令中的金额。”根据这项规定,发送人有义务在事后尽快发现支付命令中的错误,以便接收银行能够尽快采取措施,并向其他人进行追索,以避免或减少银行的损失。

错误描述受益人的支付命令

除去上述3种错误,支付命令也有可能存在其他错误,如对受益人的描述出现错误。关于对受益人的描述,法典第4A.207条(a)款规定:“除(b)款另有规定外,如果在受益人银行收到的支付命令中,受益人的名字、银行账户号码或其他识别信息,涉及不存在或无法识别的人或账户,则任何人均不享有该命令之受益人的权利,且该命令也不可能被接受。”通常而言,支付命令对受益人的描述至少包括受益人的名字和银行账户。如果根据这些信息,受益人银行无法找到符合这些信息的受益人,支付命令的描述就是错误的。如果存在这种错误,支付命令就不存在有效的受益人。因此,支付命令不可能被接受。

有时,支付命令中所包含的受益人名字和账户号码并非完全不存在,而是不匹配。例如,支付命令中的受益人名字为公司甲,账号为 12345,尽管公司甲也存在,账号 12345 也存在,但公司甲的账号不是 12345,因此两者不匹配。对此,法典第 4A. 207 条(b)款规定:“如果在受益人银行收到的支付命令中,同时以名字和识别号码或银行账户号码指明受益人,但该名字和号码属于不同的人,则应适用下列原则:(1)除(c)款另有规定外,如果受益人银行不知道该名字和号码属于不同的人,或如果受益人银行以全自动方式处理该资金转账,则银行可以把号码作为识别受益人的适当方法。受益人银行无须核实该名字和号码是否属于同一个人。(2)如果受益人银行向被指明名字的人付款,或如果代表受益人银行处理该资金转账的个人,知道该名字和号码属于不同的人,则从受益人银行收到付款的人,只有在其有权从资金转账的发起人获得付款时,才能享有受益人的权利,而任何其他人均不享有受益人的权利。如果任何人均不享有受益人的权利,则该命令不可能被接受。”

根据上述规定的第(1)款,银行在收到此种支付命令后,只要实际上不知道两者不匹配,或只要银行使用自动处理方式,就可以仅根据账号付款。在上述公司甲的例子中,银行可以无视受益人的名字,而直接向 12345 账号作出付款,且无须核实该账号的持有人是否为公司甲。但是,如果银行根据名字作出付款,则根据上述规定的第(2)款,只有在收到付款的人实际上有权收到付款时,该人才属于法典承认的受益人。

在上述例子中,假设银行向 12345 账号付款,但支付命令实际上是希望向公司甲付款,此时,银行甲没有收到付款,而账号 12345 的持有人却收到一笔本来不应收到的款项。这种情况应如何处理? 法典第 4A. 207 条(c)款规定:“如果(i)上述(b)款所述的支付命令已被接受,(ii)发起人的支付命令对受益人名字和号码的描述存在矛盾,并且(iii)受益人银行根据(b)(1)款允许的方式,向被指明号码的人付款,则应适用下列原则;(1)如果发起人是银行,则发起人有义务就该命令付款。(2)如果发起人不是银行,且能够证明,以号码指明的人无权从发起人获得付款,则发起人没有义务就该命令付款,除非发起人银行能够证明,在发起人命令被接受前,发起人已得到通知,即在涉及发起人支付命令项下的付款时,受益人银行可以根据识别号码或银行账户号码付款,即使该号码指明的人,与使用名字指明的受益人不同。要证明已得到通知,可以使用任何允许的证据。如果发起人银行能够证明,在支付命令被接受前,发起人签署过书面文件,其中注明了通知的相关信息,发起人银行即完成举证责任。”

根据上述规定,该种情况如何处理,首先取决于发起人是否为银行。如果发起人是银行,发起人就要受到此项付款的约束,也就是需要补偿受益人银行,因为银行是专业机构,具有防止错误发生的专业系统,更应该为自己的错误承担责任。同时,受益人银行以号码为依据作出付款,是银行界普遍采纳的方式,有利于进行自动化操作。如果发起人不是银行,则只有发起人已经同意以号码作为识别方法时,发起人才需要补偿受益人银行。

无论发起人是否需要为相关支付命令补偿受益人银行,在上述例子中,对于 12345 账号的持有人来说,确实收到了不应收到的款项。对此,法典第 4A. 207 条(d)款规定:“涉及(b)(1)款适用的情况时,如果受益人银行正当地付款给以号码识别的人,但该人无权从发起人获得付款,则银行可以在有关误解和返还之法律允许的范围内,根据下列原则从该人追回所付的金额:(1)如果根据(c)款,发起人有义务就支付命令付款,则发起人有权追回付款。(2)如果发起人不是银行,且没有义务就支付命令付款,则发起人银行有权追回付款。”根据这项规定,该账号的持有人有义务退还该付款,而有权对该持有人进行追索的,是因该付款实际受到损失的人。

错误描述中间银行或受益人银行的支付命令

支付命令中指定的中间银行或受益人银行也有可能会发生错误。特别是,如果仅使用银行识别号码来描述中间银行或受益人银行,发生错误的概率就更大。对于号码描述的错误，法典第 4A. 208 条(a)款规定："(1)接收银行可以依赖该号码，作为识别中间银行或受益人银行的适当方法，而无须确认该号码是否属于一家银行。(2)如果接收银行依赖该号码执行命令或试图执行命令，并因此受到损失或发生费用，发送人有义务补偿接收银行。"根据这项规定，如果发送人仅使用号码来指明下家银行，且该号码存在错误，则发送人要自行承担该错误的责任。

支付命令有时会同时以名字和识别号码来识别中间银行或受益人银行，但命令存在错误，即名字和号码并不属于同一人。对此，法典第 4A. 208 条(b)款规定："(1)如果发送人是银行，则接收银行可以依赖该号码，作为识别中间银行或受益人银行的适当方法，只要接收银行在执行发送人命令时，不知道名字和号码属于不同的人。接收银行无须确定该名字和号码是否属于同一个人，或该号码是否属于一家银行。如果接收银行依赖该号码执行命令或试图执行命令，并因此受到损失或发生费用，发送人有义务补偿接收银行。(2)如果发送人不是银行，但接收银行能够证明，在支付命令被接受前，发送人得到通知，即接收银行可能会依赖号码作为识别中间银行或受益人银行的适当方法，即使该号码所识别的人，不是该名字所识别的银行，此时，发送人和接收银行的权利和义务，与发送人为银行时一样，受(b)(1)款的约束。要证明已得到通知，可以使用任何允许的证据。如果接收银行能够证明，在支付命令被接受前，发送人签署过书面文件，其中注明了通知的相关信息，接收银行即完成举证责任。(3)无论发送人是否为银行，接收银行均可把名字作为识别中间银行或受益人银行的适当方法，只要接收银行在执行发送人命令时，不知道该名字和号码属于不同的人。接收银行无须确定该名字和号码是否属于同一个人。(4)如果接收银行知道名字和号码属于不同的人，则无论是依赖名字还是依赖号码执行发送人的支付命令，均属于对第 4A. 302 条(a)(1)款所述义务的违反。"这与前面的规定基本类似，即接收银行只要不知道两者不匹配，就可以根据账号作出付款，但如果知情，则属于不当支付。

资金转账系统导致的错误

支付命令发生错误,在绝大多数情况下是因为发送人所发出的支付命令是错误的,但在个别情况下,也有可能由于资金转账系统的系统问题或通信问题而导致错误。关于谁应该对这种错误承担责任,法典第 4A. 206 条(a)款规定:"如果通过资金转账系统或其他第三方通信系统向接收银行转发支付命令,则对于向该银行发送的支付命令,该系统被视为发送人的代理人。如果发送给该系统之支付命令的条款,与该系统发送给银行之支付命令的条款存在差异,则该系统发送的条款,被视为发送人支付命令的条款。"根据这项规定,发送人应为系统或通信错误承担责任,因为所使用的系统被视为发送人的代理人。

客户报告无授权支付命令的义务

前文提到,如果支付命令缺乏发送人的授权,并对发送人没有约束力,因而既不属于"授权命令",也不属于"有效命令",接收银行就不应执行。如果接收银行出于疏忽而执行了此种支付命令,原则上应自行承担责任。但是,相关支付命令的客户也有一定义务,及时发现和报告缺乏授权或缺乏效力的支付命令,以便接收银行可以及时向相关人进行追索,并防止类似情况的再次发生。

法典第 4A. 204 条(a)款规定:"如果接收银行接受了以客户名字作为发送人的支付命令,但该命令:(i)根据第 4A. 202 条,不能作为具有授权或具有效力的客户命令,或(ii)根据第 4A. 203 条,不能对客户全部或部分地强制履行,此时,在银行无权强制履行付款的限度内,银行对于从客户就支付命令收到的付款,应予退还;同时,应就所退还的金额,从银行收到款项到退还款项这段时间,支付利息。但是,如果客户未能行使正常谨慎,即未能注意到该命令未经客户授权,且未能在收到银行通知,说明该命令已被接受或已就该命令借记客户账户后,在最长不超过 90 天的合理时间内,将相关事实通知银行，客户即无权就应被退还的款项，从银行获得利息。即使客户未能根据本条向银行作出通知，银行亦无权向客户索赔。”

根据以上规定，首先，对于缺乏授权或缺乏效力的支付命令，接收银行在执行后无权从客户获得补偿，而对于已经收取的款项，不仅要退还，而且要支付利息。其次，如果客户事后未能行使正常谨慎，发现支付命令中的问题，客户就无权获得利息，但无须对银行承担进一步的责任。

支付命令的收到时间

接收银行在收到客户发来的支付命令后，需要在支付命令和法典规定的时间内予以执行。为了确定执行的时间，需要先确定支付命令的收到时间。对此，法典第 4A. 106 条(a)款规定：“收到支付命令的时间，或收到取消或修改支付命令之通信的时间，应根据第 1. 202 条有关通知收到时间的原则确定。接收银行可为资金转账营业日制定一个或多个截止时间，用于接收和处理支付命令，或接收或处理有关取消或修改支付命令的通信。可以为支付命令、取消或修改制定不同的截止时间，也可以为不同种类的支付命令、取消或修改制定不同的截止时间。可以将同一个截止时间适用于所有发送人，也可以为不同的发送人或不同的支付命令种类，制定不同的截止时间。如果支付命令，或有关取消或修改支付命令的通信，在资金转账营业日结束之后收到，或在资金转账营业日的相关截止时间之后收到，接收银行可将该支付命令或通信，视为在下一个资金转账营业日开始时收到。”

关于时间问题，法典第 4A. 106 条(b)款规定：“如果本篇涉及到执行日或付款日，或涉及到接收银行需要采取行动的行动日，但该日不是资金转账营业日，则应将下一个资金转账营业日，视为所涉及的该日，除非本篇有相反规定。”关于资金转账营业日，法典第 4A. 105 条(a)(4)款规定：“接收银行的‘资金转账营业日’指一天中接收银行公开营业的那段时间，在此期间可以接收、处理和发送支付命令，以及取消或修改支付命令。”

第三节　支付命令的执行

发送人向接收银行出具支付命令后,接收银行就要决定如何处理该支付命令。如果支付命令是适当的,接收银行就应该执行;如果支付命令是不适当的,接收银行就应该拒绝。如果接收银行执行了不应执行的支付命令,接收银行就要承担责任;如果接收银行拒绝了不应拒绝的支付命令,接收银行也要承担责任。

支付命令的接受和执行

接收银行在收到发送人出具的支付命令后,如果认为支付命令是适当的,就应予以接受。根据法典的规定,对于受益人银行以外的其他接收银行,所谓的"接受"(accept),就是执行支付命令;而所谓的"执行"(execute),就是向下家银行出具自己的支付命令。法典第 4A. 209 条(a)款规定:"只要接收银行(受益人银行除外)执行支付命令,即构成对命令的接受。"而法典第 4A. 301 条(a)款规定:"如果接收银行收到支付命令后,为了履行该命令而出具自己的支付命令,即属于'执行'收到的支付命令。受益人银行收到的支付命令可以被接受,但不可能被执行。"

根据上述规定,除受益人银行外,接收银行在收到支付命令后,应该通过向下家银行出具自己的支付命令而"执行"客户的支付命令,而此种执行,即构成对客户支付命令的"接受"。受益人银行在收到支付命令后,需要向受益人付款,但不再有下家银行,因此受益人银行对受益人的付款,构成对支付命令的"接受",但不属于法典所定义的"执行"。

接收银行对支付命令的执行必须及时。法典第 4A. 301 条(b)款规定:"为了执行发送人的支付命令,接收银行应在适当之日出具自己的支付命令。该出具日即为支付命令的'执行日'。执行日可以在发送人的指示中规定,但不得早于支付命令的收到日,且除非另有不同规定,应为支付命令的收到日。如果发送人在指示中规定了付款日，则执行日即为付款日；但是，如果为使受益人在付款日获得付款，需要先行作出执行，则执行日应为一个更早的合理之日。"根据这项规定，在一般情况下，接收银行在收到客户的支付命令后，应于当日执行该支付命令，即于当日向下家银行出具自己的支付命令，但根据当事方的约定，也可以稍晚作出执行。但是，如果发送人规定了受益人获得付款的时间，接收银行有时需要提前一定时间作出执行，以便受益人在规定时间内获得付款。

上文提到，受益人银行对于收到的支付命令，不存在执行问题，而只需要作出接受。关于接受的准确含义，法典第4A.209条(b)款规定："下列最早发生的时间，为受益人银行接受支付命令的时间：(1)银行(i)根据第4A.405条(a)款或(b)款所述，向受益人付款的时间，或(ii)向受益人作出通知的时间，说明收到该命令，或已就该命令贷记受益人账户，除非通知还说明，银行准备拒绝该命令，或说明该命令项下的资金，在银行收到命令发送人付款之前不能提取或使用；(2)根据第4A.403条(a)(1)款或(2)款，银行收到发送人命令项下全部付款的时间；或(3)支付命令的付款日后银行下一个资金转账营业日开始的时间，只要在那个时间，在发送人授权账户中，相对于发送人命令的金额，存在足额的可用信贷，或银行通过其他方式已从发送人收到充分付款；除非在那个时间之前，该命令已被拒绝，或(i)在那个时间之后一小时内被拒绝，或(ii)在付款日后发送人下一个营业日开始后一小时内被拒绝(如果此时间更晚)。如果发送人在付款日之后收到拒绝通知，且发送人的授权账户不产生利息，则银行有义务向发送人支付利息，即根据命令的金额，从付款日起到发送人收到通知或得知命令未被接受时止，按该期间的天数计算，包括得到通知的那天。如果在这个期间，可用信贷余额低于命令金额，应付的利息金额应相应减少。"

根据上述规定，只要发生了以下3种情况中的任何一种，受益人银行即被视为接受了支付命令。第一种情况，受益人银行已向受益人作出付款，或发出付款通知。第二种情况，受益人银行自己收到了用于支付命令的付款。也就是说，受益人银行已获得补偿，因此必须把相关款项用于向受益人的付款。第三种情况，用于向受益人付款的账户就设立在受益人银行，且账户内有充足的资金，受益人银行有权使用该资金付款，而受益人银行也未对支付命令作出拒绝。

接收银行在执行支付命令时要承担一定义务。法典第4A.302条(a)款规定："如果接收银行根据第4A.209条(a)款接受了支付命令，则银行在执行该命令时，承担如下义务：(1)接收银行有义务在执行日出具符合发送人命令的支付命令，并遵从发送人有关下列事项的指示：(i)完成资金转账所应使用的中间银行或资金转账系统，或(ii)资金转账中支付命令的传送方式。如果发起人银行向中间银行出具支付命令，则发起人银行有义务根据发起人的指示向中间银行作出指示。资金转账中的中间银行，在接受发送人的支付命令后，也同样受到发送人指示的约束。(2)如果发送人的指示说明，资金转账应通过电话或电汇完成，或以其他方式说明，资金转账应以最快捷的方式完成，则接收银行有义务以可行的最快捷方式传送自己的支付命令，并向任何中间银行作出相应指示。如果发送人的指示说明了付款日，则接收银行有义务合理选择自己支付命令的发出时间和方式，以使受益人在付款日获得付款，或在其后尽可能快的时间获得付款。"根据这项规定，接收银行的义务主要包括两个方面：第一，及时出具自己的支付命令；第二，遵守客户作出的指示，并准确地向下家银行传达此种指示。

尽管有上述规定，法典仍然允许接收银行在执行支付命令时，自行决定某些事项。法典第4A.302条(b)款规定："除另有指示外，接收银行在执行支付命令时，(i)可以使用任何资金转账系统，只要根据当时情况，使用该系统属于合理，并且(ii)可以向受益人银行出具支付命令；也可以向中间银行出具支付命令，以便通过该银行，迅捷地向受益人银行出具符合发送人命令的支付命令，但是，接收银行在选择中间银行时，应当行使正常谨慎。如果发送人指定了资金转账使用的资金转账系统，但接收银行善意地相信，缺乏可行的方法遵从该指示，或遵从该指示后将不适当地延迟资金转账的完成，则接收银行无须遵从发送人的指示。”根据这项规定，接收银行有权自行决定是否使用及如何选择中间银行，也有权自行选用资金转账系统，甚至在一定情况下可以根据自己的善意判断，而不遵从客户的指示。

此外，法典第4A.302条(c)款规定：“除涉及应适用(a)(2)款的情况外，且除接收银行获得不同指示外，接收银行为执行支付命令而出具自己的支付命令时，可以使用一等邮件或在当时情况下为合理的任何方式进行发送。如果接收银行得到指示，在执行发送人命令时使用特定方式发送自己的支付命令，则接收银行可以使用所要求的方式出具自己的支付命令，也可以使用同等速度的其他方式。”

支付命令的拒绝

接收银行收到发送人的支付命令后，如果认为支付命令不适当，如存在错误或缺乏授权，可以拒绝该支付命令，同时也应该拒绝，否则就有可能承担错误执行不当支付命令的责任。只要遵守了与发送人的协议，对支付命令的拒绝，无须使用任何特定方式。法典第4A.210条(a)款规定：“如果接收银行通过口头、电子或书面形式，就支付命令向发送人发送拒绝通知，即构成对该支付命令的拒绝。拒绝通知无须使用任何特定词语，而只要说明接收银行拒绝该命令，或不会执行或支付该命令，即属充分。如果拒绝通知的发送方式在当时情况下为合理，则拒绝在发出通知时生效。如果拒绝通知使用的方式不合理，则拒绝在收到通知时生效。如果发送人与接收银行的协议规定了对支付命令的拒绝方式，则：(1)任何符合协议的方式均属合理；以及(2)任何不符合协议的方式均属不合理，除非使用该不符方式并未造成通知收到的时间显著延迟。”

如果接收银行对支付命令作出拒绝，原则上应使发送人在支付命令的执行日或之前收到拒绝通知。但是，即使接收银行未能及时作出通知，其责任也仅限于向发送人支付延迟阶段内的利息。法典第4A.210条(b)款规定：“如果在执行日，发送人未就有关命令收到拒绝通知，且发送人的授权账户不产生利息，则银行有义务向发送人支付利息，即根据命令的金额，从执行日起，到命令根据第4A.211条(d)款被取消之日止，或到发送人得到通知或得知命令不会被执行之日止(以较早日期为准)，按该期间的天数计算，包括该期间的最后一天。如果在这个期间，可用信贷额度低于命令金额，应付的利息金额应相应减少。”

接收银行对支付命令的拒绝，必须在接受该支付命令之前。而且，一旦作出拒绝，不得再改变立场。法典第4A.210条(d)款规定：“支付命令被接受后，不得随后再被拒绝。支付命令被拒绝后，不得随后再被接受。”

接收银行如果错误地拒绝了不应拒绝的支付命令，应承担什么责任？根据法典的规定，接收银行要对发送人承担违反合同的责任，但没有其他责任。法典第4A.212条规定：“如果接收银行未接受一项支付命令，但根据明示协议其有义务接受该命令，则银行应根据协议或本篇规定，承担违反合同的责任。但是，除此之外，银行没有义务接受任何一项支付命令；并且，在作出接受前，也没有义务就支付命令采取或不采取任何行动，除非本篇或明示协议另有规定。”

由于接收银行(不包括受益人银行)在资金转账中只是提供日常传送服务，而且通常要处理数量庞大的票证。因此，一方面，银行确有可能出现判断上的疏漏和错误；另一方面，银行不应为此种疏漏和错误承担太大的责任，否则就没有银行愿意从事这项业务了，或者即使愿意，银行也要为此种业务收取高昂的费用，不利于商业活动的进行。因此，法典尽量将接收银行的责任限制在较小的范围内。

支付命令的错误执行

接收银行在执行支付命令时，如果自己发生执行中的错误，可能就需要承担更大一些的责任。所谓责任，主要是指接收银行无权从发送人获得补偿，即使接收银行已经向自己认为的受益人作出付款。此时，接收银行可以向收到错误付款的人进行追索，未必一定会受到最终损失，但追索的程序比较烦琐,而且能否追回或能否全部追回尚具有不确定性。

接收银行执行中的两种常见错误,即超额付款和重复付款。法典第4A.303条(a)款规定:“如果接收银行(i)在执行发送人的支付命令时,自己出具的支付命令的金额,大于发送人命令的金额,或(ii)为执行发送人的命令,自己已出具过支付命令,但之后又重复出具,此时,该银行有权根据第4A.402条(c)款,按发送人命令的金额取得付款,只要该(c)款的其他要求也得到满足。银行有权在有关误解和返还之法律允许的限度内,从错误命令的受益人追回多付的金额。”在上述两种情况下,接收银行仍然有权按发送人支付命令的金额获得补偿,但对于第一种情况中的超额部分,以及第二种情况中的重复部分,银行只能向收到错误付款的人进行追索。

当然,接收银行也有可能发生付款不足的情况。此时,接收银行一般会通过再次付款来补足欠额。如果未能补足,则只能就实际支付的金额从发送人获得补偿。法典第4A.303条(b)款规定:“如果接收银行在执行发送人的支付命令时,自己出具的支付命令的金额,小于发送人命令的金额,则接收银行仍有权根据第4A.402条(c)款,按发送人命令的金额取得付款,只要(i)该(c)款的其他要求得到满足,并且(ii)银行纠正其错误,为发送人命令的受益人出具额外的支付命令。如果错误未得到纠正,则错误命令的出具者,仅在错误命令的范围内,有权就所接受的发送人命令,取得或保留命令发送人的付款。”

接收银行可能发生的另一种错误是认错受益人,即没有将款项支付给发送人指定的受益人,而是支付给了其他不应获得付款的人。法典第4A.303条(c)款规定:“如果接收银行在执行发送人的支付命令时,自己出具的支付命令的受益人,不是发送人命令的受益人,且资金转账基于该错误获得完成,则支付命令被错误执行的发送人,以及资金转账中所有之前的发送人,均无义务就他们出具的支付命令付款。出具错误命令的人,有权在有关误解和返还之法律允许的限度内,从该命令的受益人追回其收到的付款。”根据这项规定,接收银行只能自行承担此种错误的后果,无法从发送人获得相应补偿。

在接收银行发生错误后，发送人也有一定义务发现此种错误。发送人如果未能发现，可能要承受利息损失，但没有其他责任。法典第4A.304条规定："涉及第4A.303条所述的被错误执行的支付命令时，如果发送人得到接收银行的通知，即命令已被执行，或发送人的账户已因该命令被借记，则发送人有义务行使正常谨慎，根据发送人能够得到的信息，发现该命令被错误执行，并在发送人从银行得到通知后最长不超过九十天的合理时间内，将相关事实通知银行。如果发送人未能履行该义务，则对于根据第4A.402条(d)款银行应退还给发送人的任何金额，银行没有义务就其得知错误执行之前的这段时间支付利息。即使发送人未能履行本条所述的义务，银行亦无权向发送人索赔。"

支付命令的其他不当执行

如果接收银行在执行支付命令时发生耽延，接收银行要承担利息损失，但没有其他责任。法典第4A.305条(a)款规定："如果资金转账获得完成，但接收银行在执行支付命令时，违反了本篇第4A.302条的规定，并造成向受益人付款的延迟，则对于不当执行造成延迟的期间，银行有义务向发起人或资金转账受益人支付利息。除(c)款另有规定外，银行不对其他额外损失负责。"

接收银行对于自己的其他不当行为，可能也要承担责任。法典第4A.305条(b)款规定："如果接收银行在执行支付命令时，违反了第4A.302条的规定，造成(i)资金转账未能完成，(ii)未能使用发起人指定的中间银行，或(iii)发出的支付命令不符合发起人支付命令的条款，此时，银行应就发起人在资金转账中的费用、附带费用及利息损失，向发起人承担责任，只要这些损失系因不当执行引起，且未包括在本条(a)款的范围内。除(c)款另有规定外，银行不对其他额外损失负责。"

上述两项规定中作为例外提到的第(c)款，涉及当事方的另行约定。

该款规定："除根据(a)款和(b)款规定可以获得赔偿的金额外,还可根据接收银行之明示协议的规定,就包括间接损失在内的损失取得赔偿。"根据这项规定,如果接收银行事先在协议中同意赔偿发送人的间接损失等其他损失,发送人就有权取得此种赔偿。但实际上,对于一般客户,银行基本上不会订立此类协议,因为这对银行是一种非常大的责任,而银行通常没有必要为了收取有限的转账服务费而承担此种责任。

但对于发送人的附带损失,即发送人额外支出的费用,银行一般有义务作出赔偿。法典第4A.305条(d)款规定:"如果接收银行未能执行根据明示协议其有义务执行的支付命令,则银行应就未能执行而给发送人造成的交易费用、附带费用和利息损失,承担赔偿责任。其他额外损失,包括间接损失,只有在银行的书面明示协议规定应予赔偿时,才应赔偿,而在其他情况下不予赔偿。"

第四节　付款义务的履行

法典第4A篇范围内的资金转账,本质是发起人向受益人的付款。因此,最终的付款责任要由发起人承担。但在程序和形式上,每个发送人都要付款,因为每个发送人都要顺次出具自己的支付命令,并要为自己的支付命令承担付款责任。所以,在资金转账过程中,存在多个承担付款责任的人。例如,发起人向发起人银行出具支付命令后,有义务向发起人银行付款,而发起人银行向受益人银行出具支付命令后,有义务向受益人银行付款。

但除发起人和受益人外,参与资金转账的银行都只是在提供转账服务,因此其在承担付款责任的同时,也相应享有获得补偿的权利。例如,发起人银行向受益人银行付款后,有权从发起人获得补偿,而受益人银行向受益人付款后,有权从发起人银行获得补偿。因此,确定应该付款的人是否已经作出付款,是资金转账中最重要的问题之一。

法典第4A篇所说的付款，大体上分为两类。一类是发送人的付款，包括发起人向发起人银行的付款，以及任何接收银行向下家银行的付款，包括最后一家接收银行向受益人银行的付款。另一类是受益人银行向受益人的付款。受益人银行只有一家，并且是资金转账的最后环节。只有受益人银行向受益人作出付款，资金转让流程才算真正完成。

发送人的付款义务

发送人包括发起人和随后的发送人。发送人出具支付命令后，如果下家接收银行接受了该支付命令，发送人就有义务向下家银行付款，用于补偿下家银行。例如，发起人银行向受益人银行出具支付命令后，就有义务向受益人银行付款，补偿受益人银行因为向受益人付款而产生的支出。

受益人银行的发送人向受益人银行付款的时间，规定在法典第4A.402条(b)款中，即"受益人银行接受向其出具的支付命令后，发送人即有义务就支付命令的金额向银行付款，但该付款只有在命令的付款日才到期"。所谓付款日，法典第4A.401条规定："支付命令的'付款日'，指受益人银行应向受益人就支付命令的金额作出付款之日。付款日可以在发送人的指示中规定，但不能早于受益人银行收到命令的收到日，且除另有规定外，应为受益人银行收到命令的收到日。"

除受益人银行外的其他接收银行的发送人向接收银行付款的时间，规定在法典第4A.402条(c)款中，即"接收银行(受益人银行除外)接受向其出具的支付命令后，发送人即有义务就支付命令的金额向银行付款，但该付款只有在发送人命令的执行日才到期"。所谓执行日，法典第4A.301条(b)款规定："为了执行发送人的支付命令，接收银行应在适当之日出具自己的支付命令。该出具日即为支付命令的'执行日'。执行日可以在发送人的指示中规定，但不得早于支付命令的收到日，且除非另有不同规定，应为支付命令的收到日。如果发送人在指示中规定了付款日，则执行日即为付款日；但是，如果为使受益人在付款日获得付款，需要先行作出执行，则执行日应为一个更早的合理之日。”根据这项规定,发送人向下家接收银行的付款,不应晚于下家银行自己向再下家银行作出付款的时间。换言之,接收银行原则上只有收到上家的付款后,才向下家付款。

资金转账的最后一个环节,是受益人银行向受益人的付款。如果受益人银行不接受收到的支付命令,整个资金转账就不能完成,所有的前手银行也就被相应解除付款义务。如果任何发送人已经作出付款,就有权取得退款。法典第4A.402条(c)款规定:“如果发送人的支付命令指示向受益人付款,但受益人银行未接受该支付命令,致使资金转账未能完成,则发送人就其支付命令作出付款的义务即被免除。”发送人如果此时已经作出付款,则有权获得退款。法典第4A.402条(d)款规定:“如果发送人就其支付命令作出付款,但对于所支付之金额的部分或全部,其本来没有义务支付,则收到付款的银行,有义务就发送人没有义务支付的那一部分退还付款。除第4A.204条和第4A.304条另有规定外,对于应退还的部分,应从发送人付款之日起支付利息。”

在个别情况下,如果任何上家银行有权取得退款,但下家银行无法作出退款,则有权取得退款的银行可以取得代位权,向其他相关银行取得退款。法典第4A.402条(e)款规定:“如果资金转账如(c)款所述未能完成,且中间银行有义务根据(d)款退回付款,而相关法律不允许退款,或银行因已暂停对外付款而无法退款,则资金转账的任何发送人,只要已根据第4A.302条(a)(1)款,遵从所得到的指示,通过该中间银行执行了资金转账的支付命令,即有权从其所接受之支付命令的发送人,获得付款或保留已付款。在资金转账中,如果任何银行已支付该中间银行,则首个发出指示,要求通过该中间银行进行资金转账的发送人,即取得代位该支付银行的权利,有权得到(d)款所述的退款。”

发送人的付款方式

关于发送人在何种情况下被视为已经向接收银行作出付款,法典第

4A.403条(a)款规定:“(1)如果发送人为银行,则付款时间为接收银行通过联邦储备银行或资金转账系统,收到该付款之最终结算的时间。(2)如果发送人为银行,且发送人(i)贷记了接收银行在发送人的账户,或(ii)致使接收银行在另一家银行的账户被贷记,则付款时间为信贷被提取的时间,或如果未被提取,则为信贷可被提取且接收银行亦得知该事实之日的午夜。(3)如果接收银行借记发送人在接收银行的账户,则付款时间为作出借记的时间,但该账户中的可用信贷余额必须能够满足该借记。”根据这项规定,接收银行从发送人获得付款的方式可以有很多种,例如,从发送人在自己银行设立的账户中作出借记,或从自己银行在发送人银行设立的账户中收到贷记,或以其他方式从发送人获得付款。

由于银行需要处理大量的转账项目,且银行之间常常互有付款义务,法典允许在银行之间进行账目抵销。在抵销范围内,银行被视为已作出付款。法典第4A.403条(b)款规定:“如果发送人和接收银行均为某个资金转账系统的成员,且系统为成员各方互相抵销债务,则在根据该系统的规则完成清算时,接收银行被视为收到最终结算。对于通过资金转账系统传送的任何支付命令,发送人就支付命令之金额作出付款的义务,可在该系统规则允许的限度内,与发送人有权从接收银行获得的付款金额进行抵销,即与该接收银行通过该资金转账系统传送给发送人的任何其他支付命令的金额进行抵销。每个发送人在该资金转账系统中对每个接收银行所欠债务的总体余额,可在该系统规则允许的限度内,用于抵销系统其他成员对发送人所欠债务的总体余额。总体余额应在行使了本款第二句所述的抵销权之后予以确定。”而该条第(c)款规定:“如果两家银行互相发送支付命令,且双方同意,一家银行根据第4A.402条对另一银行所欠的债务,应在每天(或其他期限)结束时进行结算,则应将一家银行的全部支付命令的欠付总额,与另一银行的全部支付命令的欠付总额进行抵销。在所作抵销的范围内,一家银行被视为向另一银行作出付款。”

除去上述情况,在其他情况下如何确定发送人是否已作出付款,则需要根据法典以外的法律予以确定。法典第4A.403条(d)款规定:“涉及(a)款以外的情况时,发送人履行第4A.402条(b)款或(c)款项下付款义务的时间,应根据有关义务履行时间的适用法确定。”

受益人银行的付款义务

受益人银行向受益人的付款,是资金转账过程中的最后一个环节。如果受益人银行拒绝接受上家银行的支付命令,且该拒绝违反了与上家银行的协议,受益人银行要对上家银行承担违反合同的责任,但没有义务向受益人付款。如果受益人银行接受了上家银行的支付命令,受益人银行就承担了对受益人付款的义务,因而必须对受益人作出付款。

在绝大多数情况下,受益人银行可以通过对受益人实际作出付款,来表示受益人银行对上家银行支付命令的接受,因此受益人银行无须另行作出接受表示。但如前文曾讨论的,在另外一些情况下,虽然受益人银行尚未实际作出付款,但因为已作出接受表示,或已收到付款所需的款项,抑或是在规定时间内没有拒绝上家银行的支付命令,因而被视为已经接受了上家银行的支付命令。

关于受益人银行向受益人付款的义务,法典第4A.404条(a)款规定:“除第4A.211条(e)款和第4A.405条(d)款和(e)款另有规定外,受益人银行接受支付命令后,即有义务向命令的受益人就支付命令的金额作出付款。付款在命令的付款日到期,但如果在付款日接受命令,且接受系在银行资金转账营业日结束后,则付款在下一个资金转账营业日到期。”除非另行约定了付款日,否则受益人银行原则上要在收到支付命令的当日向受益人付款。

受益人银行向受益人的付款,通常是贷记受益人在银行持有的账户。由于受益人可能无法知道账户已收到贷记,因此法典要求银行作出通知。法典第4A.404条(b)款规定:“如果受益人银行接受的支付命令系指示向受益人的账户付款,银行有义务在付款日后下一个资金转账营业日午夜前,将收到命令的情况通知受益人。”如果不是向受益人的账户付款,则该款规定:“如果支付命令未指示向受益人的账户付款,则只有在命令要求作出通知时,银行才需要作出通知。”

通知可以使用任何合理方式。法典第4A.404条(b)款规定:“作出通知,可以使用一等邮件或当时情况下为合理的其他方式。如果银行未能作出必要的通知,银行有义务就支付命令的金额,从通知本应作出之日,至受益人得知银行收到支付命令之日,向受益人支付利息;但是,银行无义务支付其他赔偿。如果曾提出支付利息的要求,但被拒绝,则在随后提起的索赔诉讼中,可以要求赔偿合理的律师费。”

如果受益人银行已经接受了上家银行的支付命令,但随后拒绝向受益人付款,则不仅要对受益人承担付款责任,而且在一定情况下,还要对受益人的间接损失承担责任。法典第4A.404条(a)款规定:“如果受益人提出付款要求,但银行拒绝付款,且银行已得到通知,即根据当时的具体情况,不付款会产生间接损失,则受益人可就拒绝付款的损失,在银行所得到的损失通知的限度内,从银行取得赔偿,除非银行能够证明,拒绝付款系因对受益人取得付款的权利存在合理怀疑”。

受益人银行的付款方式

关于受益人银行在何种情况下被视为向受益人作出付款,法典第4A.405条(a)款规定:“如果受益人银行贷记支付命令之受益人的账户,则在下列时间和下列程度内,受益人银行被视为履行了第4A.404条(a)款项下的付款义务:(1)受益人收到其有权提用信贷的通知;(2)银行合法地将该信贷用于偿还受益人的债务;或(3)银行以其他方式将命令项下的资金提供给受益人。”

受益人银行贷记受益人的账户,是受益人银行付款的最主要方式。如果受益人银行以其他方式作出付款,则应根据法典以外的法律来确定是否已经付款。法典第4A.405条(b)款规定:“如果受益人银行未贷记支付命令之受益人的账户,则受益人银行履行第4A.404条(a)款项下付款义务的时间,应根据有关义务履行时间的法律原则确定。”

受益人银行向受益人的付款,必须是不可撤销的。即使受益人银行规定了撤销条件,除法典规定的两种情况外,所规定的撤销条件也不具有效力。法典第4A.405条(c)款规定:“除(d)款和(e)款另有规定外,如果受益人银行向支付命令的受益人付款,但附有条件或得到受益人同意,即银行有权在自己就命令未收到付款时从受益人追回付款,此时,该付款条件或同意不可强制履行。”也就是说,在法典规定的情况以外,即使受益人同意该付款可以被撤销,受益人银行仍然无权撤销。

法典规定的第一种可撤销情况是,受益人银行自己未收到上家银行的补偿,且转账系统规则允许受益人银行撤回付款。法典第4A.405条(d)款规定:“资金转账系统规则可以规定,通过该系统向资金转账受益人作出的付款,在受益人银行就所接受的支付命令收到付款前,付款具有临时性。根据该规则作出临时性付款的受益人银行,在下列条件下可从受益人获得退款:(i)规则规定,在发起资金转账前,应通知受益人和发起人双方,该付款具有临时性,(ii)受益人、受益人银行和发起人银行均同意受该规则的约束,并且(iii)受益人银行未就所接受的支付命令收到付款。只要受益人有义务向受益人银行退还已作出的付款,受益人银行对支付命令的接受亦被撤销;同时,第4A.406条所述的资金转账发起人向受益人作出的付款,亦未发生。”

法典规定的第二种可撤销情况是,资金转账系统未能完成对受益人银行的补偿。法典第4A.405条(e)款规定:“在资金转账中,如果任何支付命令系通过下列资金转账系统传送,本款即适用于该资金转账:(i)该系统在其成员中进行多边债务抵销,并且(ii)该系统成员之间存在损失分担协议,以便提供必要的资金,在一个或多个成员未履行清算义务时,使用该资金完成债务清算。如果该资金转账中的受益人银行接受了支付命令,但对于资金转账中的任何支付命令,该系统未能根据系统规则完成清算,则:(1)受益人银行的接受即被撤销,且任何人均不因该接受取得任何权利或义务;(2)受益人银行有权从受益人追回付款;(3)第4A.406条所述的发起人向受益人的付款被视为未曾发生；以及(4)除第4A.402条(e)款另有规定外，由于资金转账未能完成，资金转账中的每一个发送人，均被解除第4A.402条(c)款项下的就自己的支付命令作出付款的义务。”

发起人的付款义务

前文提到，资金转账本质上是发起人向受益人的付款，例如，发起人是货物的买方，受益人是货物的卖方，资金转账的原因是买方需要向卖方支付货款。此种原因被视为资金转账的“基础债务”(underlying obligation)。发起人需要通过资金转账中的付款来履行自己的义务，使基础债务得以解除。但是，资金转账需要通过银行转账完成，因而在形式上，受益人是从受益人银行获得付款，而不是从发起人获得付款。那么如何确定发起人是否已向受益人付款？

对此，法典第4A.406条(a)款规定：“除第4A.211条(e)款和第4A.405条(d)款和(e)款另有规定外，资金转账的发起人，被视为在下列时间和按下列金额，向其支付命令的受益人作出付款：(1)付款时间为受益人银行在资金转账中，为受益人利益接受支付命令的时间；以及(2)付款金额为受益人银行所接受的支付命令的金额，但不超过发起人命令中的金额。”根据这项规定，只要受益人银行接受了上家银行的支付命令，发起人就被视为已履行对受益人的付款义务。

如果发起人根据上述规定被视为已向受益人付款，则发起人的基础债务即被解除。法典第4A.406条(b)款规定：“如果(a)款项下的付款系为履行发起人的义务，则作出该付款后，该义务即被解除，相当于向受益人支付了同样金额的金钱后，该义务所得到的解除，除非(i)本条(a)款项下之付款采用的方法，被受益人有关该义务的合同所禁止，(ii)受益人收到通知，即受益人银行已收到该命令，且受益人在收到该通知后的合理时间内通知发起人，拒绝该付款，(iii)该命令项下的资金没有被受益人取用，也未用于受益人的债务，并且(iv)受益人将会受到损失，而假设付款以符合合同的方法作出时,该损失本可合理避免。如果根据本条,发起人的付款不能导致义务解除,则发起人将代位取得受益人的权利,可以根据第 4A. 404 条(a)款从受益人银行获得付款。"根据这项规定,如果发起人本来不应该通过资金转账来解除基础债务,且受益人也拒绝了受益人银行的付款,则该资金转账就不能解除发起人的基础债务。此时,发起人只能收回付款,再以其他方法履行自己对受益人的义务。

账户的支取

在转账过程中,每家银行都需要就自己向下家银行(或受益人)的付款,从上家银行(或发起人)获得付款,作为对自己的补偿。从上家银行获得补偿的方式,通常是借记上家银行在自己银行持有的账户。在法典中,此种借记称为"支取"(charge),即从相关账户中扣除相关款项,也就是借记。例如,受益人银行为了从上家银行获得补偿,会支取或借记该银行在自己银行持有的账户。

由于任何一家银行通常都会从上家银行收到很多项支付命令,因此,法典第 4. 504 条(a)款对支取上家银行账户的顺序规定了一项原则,即"如果接收银行从发送人收到一个以上的支付命令,或收到应从发送人账户支取的一个或多个支付命令和其他票证,银行可以使用任何顺序,就不同命令和票证支取发送人的账户"。根据这项规定,银行没有必要根据支付命令收到的时间顺序支取,而是可以按照任何顺序支取,从而免去为支付命令排序的困难和不便。

对于此种支取,被支取的客户有义务进行检查。如果存在错误,但超过 1 年后客户仍未提出异议,客户就无权再提出异议。法典第 4A. 505 条规定:"如果客户作为发送人以自己的名字发出支付命令,且命令被接收银行接受,且接收银行已从客户收到付款,且客户已收到合理指明该命令的通知,此时,只要客户未在收到通知后的 1 年内,向银行发出反对该付款的通知,客户即无权对银行保留该付款提出异议。"

第七章　信　用　证

法典第 5 篇称为《信用证》(Letters of Credit)。根据法典第 5. 103 条(a)款的规定,第 5 篇"适用于信用证,并适用于与信用证有关之交易所引起的某些权利和义务"。虽然法典没有明确规定,但第 5 篇范围内的信用证,既可以是传统的主要用于货款支付的"商业信用证"(commercial letter of credit),也可以是现代的主要用于履约保证的"备用信用证"(standby letter of credit)。

在美国的商业活动中,备用信用证的使用数量和资金总额目前已经超过商业信用证,因此,虽然传统意义上的信用证是商业信用证,但法典第 5 篇在制定时综合考虑了信用证的一般特征和基本规则,因此可以同时适用于主要用于支付的商业信用证,和主要用于担保和融资的备用信用证。

第一节　信用证的概念

传统的商业信用证是在货物买卖和其他商业活动中,特别在是国际贸易和远程贸易中,为解决当事方在支付中的特定需求而发展出来并沿用至今的一种支付方式。后来出现的备用信用证,则是利用了商业信用证的独特功能而发展出来的一种保证方式,主要不直接用于支付,而是作为履约保证。

信用证的概念

无论是商业信用证还是备用信用证，通常情况下有 3 个主要当事方，即“申请人”（applicant）、“开证人”（issuer）和“受益人”（beneficiary）。开证人根据申请人的申请，向受益人作出书面承诺，保证在受益人满足规定条件时，向受益人付款。开证人的此种书面承诺，即称为信用证。

传统的商业信用证主要用于国际货物买卖中的货款支付。当货物买卖合同的双方处于不同国家时，则会面临如何支付货款的问题。如果卖方先发货，等待买方在收到货物后再通过银行转账等方式付款，则卖方会担心买方收到货物后不付款；如果买方先付款，等待卖方在收到付款后再发货，则买方会担心卖方收到付款后不发货。商业信用证的使用，就是为了解决这类支付问题。

当货物买卖合同规定使用信用证的支付方式时，买方通常会请求与自己有日常业务往来的银行向卖方出具信用证，但也可以使用其他知名度更高的银行出具信用证。信用证规定，只要卖方满足信用证所规定的条件，包括向银行提供发运货物的提单及其他附属单据，银行就保证向卖方付款。在上述情况下，买方是申请人，银行是开证人，而卖方是受益人。

卖方在收到银行出具的信用证后，可以不再担心发货后收不到货款，而买方也可以不再担心付款后收不到货，因为银行只有在收到卖方提供的货物单据后，如提单及其他附属单据，才会向卖方付款。同时，只要卖方按信用证的规定提供单据，银行就必须付款，而买方没有权利阻止银行的付款。在这种安排下，信用证为货物买卖的双方提供了一种对双方均有保证的支付方式。在信用证支付方式中，共有 3 种相互联系但又相互独立的关系。

第一种关系是申请人与受益人之间的关系。在货物买卖交易中，就是买方与卖方之间的货物买卖合同关系。双方需要在买卖合同中约定买方以信用证方式支付货款，并约定信用证的具体要求和内容，但买方和卖方之间的关系基本上不受有关信用证的法律的影响。信用证一旦开立,也基本上与货物买卖合同无关。

第二种关系是申请人与开证人之间的关系。开证人之所以承诺向受益人付款,是因为申请人向开证人提出申请,并承诺补偿开证人的支出。也就是说,如果开证人承诺向受益人支付 1000 美元,申请人就要向开证人支付 1000 美元作为补偿,同时另行支付一定的服务费。申请人和开证人需要订立协议,规定双方的权利和义务。尽管信用证是应申请人的申请而开立的,但开立之后,申请人基本上失去对信用证的控制,因此不能再阻止银行对信用证的支付。申请人和开证人之间的关系,在很大程度上受到有关信用证的法律的约束。

第三种关系是开证人与受益人之间的关系。开证人承诺根据信用证条款向受益人作出支付,而主要条件就是受益人必须提供信用证所规定的单据。开证人与受益人之间的关系,是纯粹的信用证关系,受到信用证条款和有关信用证的法律的约束。开证人向受益人付款的义务,是一种独立于上述两种关系的义务。

从商业的实际情况来看,上述 3 种关系是有密切联系的,即都是基于同一项货物买卖合同而产生的。但是,信用证的特点和本质是,开证人一旦开立信用证,上述 3 种关系就成为相互独立的关系,基本上互相不受影响。特别是对于开证人来说,无论开证人与申请人之间发生何种问题或纠纷,也无论申请人与受益人之间发生何种问题或纠纷,只要受益人能够满足信用证规定的条件,开证人就必须根据信用证的条款向受益人付款。

基于信用证的这些特点,从货物买卖交易的卖方的角度来看,信誉良好的银行开立的信用证,几乎就等于买方的预付款。卖方不仅可以据此放心地安排货物的采购和生产,而且在一定条件下还可以将信用证用于融资目的。例如,其他银行可能愿意基于卖方取得的信用证,向卖方提供融资,购买必要的生产设备。

备用信用证是后来发展起来的一种信用证,主要不是用于传统买卖交易中的支付，而是更多地作为一种履约义务的后备保证。由于备用信用证的主要作用是提供履约保证，因此其使用范围更加广泛，几乎可以适用于任何需要就当事方的付款义务提供第三方保证的交易。即使在传统的货物买卖交易中，也可以使用备用信用证。例如，在货物买卖交易中，买方出具的用于支付货款的商业信用证可以免除卖方的担心。但是，在解除了卖方的担心后，买方可能也会有担心，例如，担心收到的货物存在质量问题而卖方届时可能不愿支付赔偿。为了解除买方的担心，有时买卖双方可以在合同中约定，由卖方银行开立备用信用证，对货物存在缺陷时卖方支付损害赔偿的义务提供履约保证。

又如，假设买卖双方存在长期的贸易关系，彼此之间建立了一定的信任，此时，为每笔货物买卖开立一份信用证，不仅比较麻烦、费用较高，而且必要性不大。作为替代方式，双方可能会同意，由买方的银行开立备用信用证，承诺在任何一笔买卖交易中，只要买方不付款，银行就保证向卖方付款。因此，在每笔交易中，就可以不再使用商业信用证，而是由买方采用转账等其他简单和便宜的支付方式。

无论是商业信用证还是备用信用证，当事方的具体情况和要求千差万别，因此信用证的具体格式和内容，以及当事方使用信用证的具体方式，都存在巨大差别。对此，法典第 5 篇采取了尊重当事方协议的态度，允许当事方自主决定信用证的相关问题，也允许当事方采用通行的国际惯例和规则。法典第 5 篇只在个别问题上作出一些强制性规定。例如，当事方不得改变法典第 5 篇中“信用证”的定义，也不得改变法典第 5 篇对信用证有效期的限制等。

信用证与普通保证的区别

无论是商业信用证还是备用信用证，都属于开证人对受益人提供的一种付款保证。那么，信用证和其他普通的保证有什么区别？所谓的保证，就是一个人对另一个人的债务所提供的付款保证，但这种保证与信用证有本质不同。在美国法律中,保证法是一个专门的法律领域,主要以判例法的形式存在,而其基本原则,则体现在美国法学会编撰的《保证法重述》(*Restatement of the Law,Suretyship and Guaranty*)中。在该重述中,信用证被明确排除在"保证"的范围之外。

信用证与普通保证的本质区别就体现在,信用证是保证人的独立义务,而普通保证则不是保证人的独立义务。在普通保证中,假设货物的卖方要求买方就货款的支付提供第三方保证,而买方的母公司提供了此种保证,则在买方不支付货款时,母公司有义务作出付款,但是,假设货物的质量存在问题,因而买方本来就有权不支付货款,那么母公司也可以依据该理由而拒绝付款。也就是说,在上述保证中,如果买方拥有可以对抗卖方的抗辩,那么承担保证义务的母公司也可以基于该抗辩而拒绝付款。但在信用证中,开证人的付款义务是独立的。假设在上述例子中,提供保证的不是母公司,而是开立信用证的银行,那么即使买方持有对抗卖方的抗辩,银行也不能基于该抗辩而拒绝为信用证付款。

法典第 5 篇与国际惯例和当事方协议的关系

商业信用证的使用,在国际贸易中已有超过百年的历史。信用证的相关规则,早期以"商人法"(law merchant)的形式存在。所谓"商人法",一般是指存在于商人中间并得到商人普遍接受和遵守的商业规则和惯例。为了规范信用证的使用和规则,作为国际商业界民间组织的国际商会(International Chamber of Commerce),于 1929 年制定了《商业跟单信用证统一规则》(Uniform Regulations for Commercial Documentary Credit),并于 1933 年将其改为使用至今的名称,即《跟单信用证统一惯例》(Uniform Customs and Practice for Documentary Credits,UCP)。UCP 已得到国际商业界和银行界的普遍接受和使用,是信用证领域最重要的国际规则。UCP 制定之后,已进行过多次修改,目前使用的是 2007 年生效的《UCP 600》版本。除去有关商业信用证的 UCP,国际商会还于 1998 年制定了适用于备用信用证的《国际备用信用证惯例》(International Standby Practicies),简称《ISP 98》。

法典第5篇是在1952年法典第一次颁布时产生的。当时,美国法律界和银行界对法典第5篇持较大的反对意见,主要是认为国际惯例已经比较成熟并得到广泛接受,因此没必要再单独制定适用于美国的信用证法,此外,由于UCP及相关的国际惯例和规则会不断修订和发展,因此担心法典第5篇无法保持与相关国际惯例的衔接,对美国庞大的信用证业务产生不利影响。但是,法典的制定者最终还是决定为美国单独制定信用证法,并在法典第5篇的最新版本中(1995年版),充分考虑到了第5篇与国际惯例的衔接,并高度尊重当事方的自主选择。

首先,法典第5.116条(c)款明确允许信用证的当事方选用UCP等国际惯例和规则,并承认此种惯例和规则具有优先效力。该款规定:“除本款另有规定外,开证人、指定人或通知人的责任,应由信用证、保兑或其他承诺所明确采纳的任何惯例或做法中的规则管辖,例如《跟单信用证统一惯例》。如果(i)根据(a)款或(b)款,开证人、指定人或通知人的责任应受本篇管辖,(ii)相关承诺采纳了该惯例或做法中的规则,以及(iii)本篇与适用于该承诺的该规则存在冲突,此时,应适用该规则,但第5.103条(c)款规定的不可改变的条款除外。”

其次,无论当事方是否明确采用UCP等国际惯例和规则,开证人都有义务遵守相关惯例和规则。法典第5.108条(e)款规定:“开证人应遵守惯常从事信用证开立之金融机构的标准做法。开证人是否遵守了该标准做法,属于解释问题,应由法院判定。法院应向当事方提供合理机会,用于提交有关标准做法的证据。”

最后,法典第5篇还原则上允许信用证的当事方通过协议对相关事项自行作出约定,包括排除或修改第5篇的规定。法典第5.103条(c)款规定:“本篇的效力可以通过协议加以改变,或通过在承诺中陈述或引用的条款加以改变。如果协议或承诺的条款一般性地排除责任,或一般性地限制未履行义务时的救济,则该条款不足以改变本篇规定的义务。”根据这项规定,当事方在排除或修改法典第5篇的相关规定时,不得使用笼统语言,而是必须对当事方希望采用的替代做法作出具体约定。

但是,根据法典第5.103条(c)款的规定,法典第5篇的某些规定具有强制性,当事方不得通过协议进行修改或排除。这些强制性规定包括有关信用证适用的第5.103条(a)款、(c)款和(d)款,有关开证人和信用证定义的第5.102条(a)(9)款和(10)款,有关信用证有效期的第5.106条(d)款,有关受益人担保的第5.110条(c)款,有关开证人对信用证收益之转让给予同意的第5.114条(d)款,有关开证人的代位权的第5.117条(d)款等。

信用证的定义

关于信用证,法典第5.102条(a)(10)款规定:“‘信用证’指满足第5.104条之条件的下列确定承诺:基于申请人的要求或担责,开证人向受益人承诺,通过作出付款或交付有价值之物品,对跟单提示予以兑付;或在开证人为金融机构时,开证人向自己承诺或由自身担责,承诺通过作出付款或交付有价值之物品,对跟单提示予以兑付。”

上述定义中提到的法典第5.104条,涉及信用证的形式问题。该款规定:“可以使用任何方式开立信用证、保兑、通知、转让、修改或取消,只要该方式构成一项记录,并且该记录:(1)通过签名得到认证;或(2)根据当事方协议或第5.108条(e)款所述的标准做法得到认证。”这里所说的“记录”(record),包括书面形式、电子形式或其他任何可以记录并提取信息的形式。所谓的“认证”(authenticate),则是指以任何方式对记录表示承认和接受,相当于纸质文件上的签名。

在法典第5.102条(a)(10)款有关信用证的定义中,信用证的开立,既可以是应申请人的“要求”,也可以基于申请人的“担责”(for the account)。例如,甲是货物买卖中的买方,需要一份以卖方为受益人的信用证,此时,如果甲直接向开证人申请开立信用证,就属于甲提出"要求",但是,如果甲的母公司代为向开证人提出申请,则属于由甲"担责"。无论哪一种情况,只要甲对开证人承担申请人的义务,甲就是申请人。信用证项下的承诺,可以是作出付款,也可以是交付其他"有价值的物品"(item of value),但在绝大多数信用证中,均是承诺付款。信用证定义中的最后一句,允许金融机构(financial institution)自己同时作为信用证的申请人和开证人。这个问题后文会再讨论。

上述有关信用证的定义使用了"跟单提示"(documentary presentation)的概念,但法典没有对其作出定义。在通常情况下,信用证项下的付款都是以受益人提交必要单据为条件的。例如,货物买卖交易中买方开出的信用证通常都会规定,卖方在取得信用证付款时,需要提交货物的运输提单和其他相关单据,如质量检验报告等。因此,卖方在向银行提示信用证并要求取得付款时,必须同时提示交付信用证所规定的单据。这就是所谓的"跟单提示"。这是信用证用以保护当事方利益的根本机制。与信用证相关的单据,可以是交易当事方所约定的任何种类的单据或文件。法典第5.102条(a)(6)款规定:"'单据'指:汇票或其他指令、所有权凭证、投资证券、证书、发货单,或关于事实、法律、权利或意见的其他记录、说明或陈述,只要:(i)该材料之提示使用了信用证允许的书面形式或其他媒介;或者,除被信用证所禁止外,使用了第5.108条(e)款所述的标准做法;并且(ii)存在查验该材料是否符合信用证条款和条件的方法。单据不得为口头形式。"

法典第5篇中与跟单提示相关的一个概念是,信用证只能规定所需的单据,而不能包含任何"非单据条件"(nondocumentary conditions)。法典第5.108条(g)款规定:"如果一项承诺构成第5.102条(a)(10)款项下的信用证,且包含了非单据的其他条件,则开证人应无视该非单据条件,并应视承诺未注明该条件。"根据这项规定,即使信用证包含了非单据条件,该条件也无效,相当于信用证中并未包含此种条件。如果信用证规定,信用证必须包含此种条件,则该信用证就不再属于信用证,而可能变成普通的保证(guaranty)。

除上述规定外,法典对信用证的具体措辞、格式和内容没有限制。尽管绝大多数信用证都会标明是信用证,但即使没有标明,只要符合信用证的定义,仍然属于信用证。反之,即使标明为信用证,只要不符合信用证的定义,仍然不是信用证。

信用证的当事方

在绝大多数情况下,信用证的主要当事方为 3 个,即申请人、开证人和受益人。此外,信用证还可以有一些其他当事方,包括“通知人”(adviser)、“指定人”(nominated person)、“保兑人”(confirmer)和“提示人”(presenter)等。实际上,这些都是身份种类的概念,因为同一个人可以拥有一种以上的身份。例如,指定人如果同意对信用证作出保兑,就同时成为保兑人。如下文所论,有时申请人和开证人也可以是同一人。

关于申请人,法典第 5.102 条(a)(2)款规定:“‘申请人’指要求或引起信用证开立的人。‘申请人’也包括代表他人要求开证人开立信用证的人,但提出该要求的人必须对开证人承担补偿义务。”在前文提到的甲作为货物买方的例子中,甲可以自己提出开立信用证的申请,也就是由甲提出要求,但是甲的母公司也可以为甲提出开立信用证的申请,即基于甲的担责而引起的信用证开立。无论是哪种情况,只要甲对开证人承担补偿义务,即承担信用证的成本,甲就是申请人,因为申请人的主要义务,就是根据与开证人的协议,向开证人支付信用证的金额及相关服务费。如果在上述例子中,甲的母公司承担了补偿开证人的义务,则根据上述定义,甲的母公司即被视为申请人。

开证人是为申请人开立信用证并承担信用证项下付款义务的人。关于开证人,法典第 5.102 条(a)(9)款规定:“‘开证人’指开立信用证的银行或其他人,但不包括为个人、家庭或家用目的承担义务的个人。”根据这个定义，开证人不必是银行，而可以是非银行的公司或其他组织，甚至可以是个人，只要该个人不是为个人或家庭目的而开立信用证。但在实际商业活动中，信用证基本上都是由银行开立。开证人在同意开立信用证之前，需要确信能够从申请人获得相应的补偿。在很多情况下，开立信用证的申请人本身就是开证银行的客户。

在绝大多数情况下，申请人与开证人是不同的人，例如，申请人是货物的买方，而开证人是商业银行。但是，在开证人是金融机构时，法典允许没有其他申请人，而是由金融机构为自己开立信用证。法典第5.102条(a)(10)款规定，在开证人为金融机构时，开证人可以"向自己承诺或由自身担责，承诺通过作出付款或交付有价值之物品，对跟单提示予以兑付"。这种信用证有时也称为"两方信用证"(two-party credit)，由开证人自己主动向受益人承诺付款。例如，银行可以为支付自己办公室的房租而开立信用证等。根据法典的正式评论，此种信用证不属于典型的信用证，希望尽量限制其使用，因此只有金融机构才可以开立"两方信用证"。

受益人是有权获得信用证项下付款的人，如货物买卖交易中的卖方。法典第5.102条(a)(3)款规定："'受益人'指根据信用证条款，有权就自己符合要求的提示得到兑付的人。'受益人'也包括可转让信用证项下提款权被转让后的受让人。"根据法典规定，有些信用证是可以由受益人转让的，而转让之后的受让人，可以相应取得受益人的权利。因此，此种受让人在法典第5篇中也属于受益人。

除去上述3种人，信用证在使用过程中还有可能存在通知人、指定人、保兑人和提示人。关于通知人，法典第5.102条(a)(1)款规定："'通知人'指基于开证人、保兑人或另一通知人的要求，就信用证已被开立、保兑或修改的情况，向受益人作出通知的人；也指要求另一通知人作出此种通知的人。"在信用证开立后，或在出现某些情况时，需要将信用证的相关情况通知受益人，但开证人有时与受益人没有直接联系，因此需要由中间人转达，而这个中间人就是通知人。通知人通常是与受益人有业务关系的另一家银行。如果需要更多层次的中转，也有可能存在一个以上的通知人。

指定人是开证人指定或授权的，可以代表开证人履行信用证付款义务的人。关于指定人，法典第 5.102 条(a)(11)款规定："'指定人'指开证人对其作出下列行为的人：(A)指定或授权其就信用证作出付款、承兑或流通，或以其他方式支付价值；并且(B)根据协议或习惯和做法，承诺对其给予补偿。"在很多情况下，开证人位于买方所在地，而作为卖方的受益人则在另一个地方或国家。因此，由于地域的阻隔，受益人要提交信用证规定的单据并取得信用证付款，存在相当的不便。为了解决这个问题，开证人可以指定或授权卖方所在地的一家银行，代表开证人接受单据并作出付款。有时，根据信用证条款，多家不同银行都可以成为指定人，并可由受益人选用。指定人有权接受受益人提示的单据并作出付款，但没有义务必须承担该责任。有时，通知人可以兼任指定人。

保兑人是保证兑付开证人所开立之信用证的人。有时，申请人选择的开证人，是受益人不完全熟悉或不完全信任的银行，且开证人的营业场所可能也不在受益人的所在地，且受益人也不知道开证人在受益人所在地的指定人是否会为信用证付款。此时，当事方可能会约定，信用证需要由受益人所在地或受益人可以接受的其他银行予以保兑，以免除受益人的担心。经过保兑的信用证，相当于得到开证人和保兑人两家银行的付款承诺。关于保兑人，法典第 5.102 条(a)(4)款规定："'保兑人'指经开证人要求或同意的指定人，其承诺兑付另一人所开立之信用证项下的提示。"根据这项规定，保兑人必须已经是指定人，并进一步作出兑付承诺。

受益人为了获得信用证项下的付款，需要向信用证的付款人(开证人、保兑人或指定人)作出提示，提交信用证所要求的单据，并提出付款要求。此时，受益人就是提示人。如果受益人委托他人代为作出提示，该受委托人就是提示人。如果受益人向指定人作出提示，且指定人同意接受单据并作出付款，指定人需要随后将单据提交给开证人，并要求开证人支付补偿，此时，指定人也属于提示人。关于提示人，法典第 5.102 条(a)(13)款规定："'提示人'指以受益人或指定人身份作出提示的人，或代表该人作出提示的人。"法典之所以设立"提示人"的概念，是因为提示人要为自己的提示承担一定的担保义务。

信用证权利和义务的独立性

任何信用证的开立都有基础原因。例如，当买方为了向卖方支付货款而开立信用证时，货物买卖合同及买方的相关付款义务，就是信用证的基础原因。但是，信用证一旦开立之后，即构成不同当事方之间的独立的权利和义务，特别是开证人与受益人之间的独立的权利和义务，而与原来的基础原因脱离关系，不受原来基础原因的影响。例如，在买方为支付货款而开立信用证后，即使买方收到的货物存在瑕疵，致使买方可以拒收货物，信用证的开证人也不能应买方的要求拒付信用证，而是必须根据信用证本身的规定向卖方付款。

信用证的上述特性，通常称为"独立原则"（independence principle）。这是信用证区别于其他类型的保证的最本质特征。关于此项原则，法典第5.103条（d）款规定："即使一项合同或安排是信用证的起因或基础，开证人在信用证项下对受益人或指定人持有的权利和义务，亦不受该合同或安排之存在、履行或不履行的影响。此种合同或安排包括开证人和申请人之间的，以及申请人和受益人之间的合同或安排。"

第二节　当事方的权利和义务

信用证通常有3个主要当事方，即申请人、开证人和受益人。此外，还有一些其他当事方，如通知人、指定人、保兑人和提示人。这些可以是不同的人，也可以是同一个人所拥有的不同身份。对于不同的人，或不同的身份，法典第5篇规定了相应的权利和义务。法典第5篇最主要的关注点是开证人与受益人之间的关系，因为这是有关信用证付款的两个最基本的当事方。但法典第5篇也涉及其他当事方的权利和义务,因为开证人通常要在通知人、指定人和保兑人的配合下履行对受益人的付款义务。

信用证的开立和修改

开证人将信用证制作完成并交付给受益人之后,或交付给向受益人进行转交的通知人之后,信用证即被视为已经“开立”,开始产生对抗开证人的效力。法典第5.106条(a)款规定:“只要开证人将信用证发送给或以其他形式传送给被要求作出通知的人,或发送或传送给受益人,信用证即为开立,并可按其条款对开证人强制履行。”

信用证通常代表开证人的不可撤销的承诺,但是,如果开证人规定信用证可以撤销,则法典也允许开证人开立可撤销信用证。法典第5.106条(a)款规定:“信用证只有在规定可以撤销时,才可被撤销。”可撤销信用证随时可以被撤销,对受益人缺乏保障,受益人自然不愿接受,因此在实际应用中,信用证基本上都是不可撤销的。

不可撤销的信用证,在没有得到相关当事方同意的情况下,也不能被修改,否则就相当于可撤销。法典第5.106条(b)款规定:“如果信用证在开立后被修改或取消,对于未同意该修改或取消的受益人、申请人、保兑人和开证人,其权利和义务不受该修改或取消的影响,除非信用证规定可以撤销,或规定开证人可不经此种同意而修改或取消信用证。”根据这项规定,如果信用证的某些当事方同意修改,但其他当事方未给予同意,则修改只在同意修改的当事方之间具有效力。

信用证的兑付和拒付

开证人的基本义务,是根据信用证条款向受益人付款,即对信用证予以“兑付”(honor);而开证人的基本权利,是要求受益人作出符合信用证条款的提示,并在提示不符合信用证条款时予以“拒付”(dishonor)。法典第5.108条(a)款规定:“除第5.109条另有规定外,如果根据(e)款所述的标准做法能够确认，提示的外在情况显示，提示严格符合信用证的条款和条件，则开证人即应作出兑付。除第5.113条另有规定外，且除与申请人另有约定外，对于显示未达到上述条件的提示，开证人应予拒付。”

上述规定中有两个关键概念：一个是“外在情况显示”（appears on its face），另一个是“严格”（strictly）。所谓“外在情况显示”，是指开证人有义务对所提示的单据和其他文件进行必要和合理的检查，以确信其符合信用证的规定，但开证人没有义务对相关单据进行深入调查。也就是说，开证人只负责表面审查，并根据提示的表面情况作出兑付或拒付的决定。无论实际情况如何，只要提示的表面情况符合信用证的规定，开证人即应作出兑付，而只要表面情况不符，开证人即应作出拒付。

所谓“严格”，就是开证人有义务确保提示的外在情况严格符合信用证的规定，而不是基本上符合或大体上符合。但是，此种严格是相对于有关信用证的“标准做法”（standard practice）来说的，而所谓的标准做法，是指UCP等被银行界普遍接受的国际惯例。因此，严格不一定是指开证人对每一项单据都非常挑剔。例如，根据UCP，开证人对于单据可能拥有一定的自由裁量权，有时可能有权放弃某些要求，有时可能有权忽视某些瑕疵等。也就是说，所谓的严格，在很大意义上是指开证人严格遵守有关信用证的标准做法，而不一定是指单据严格符合信用证的规定。

关于兑付的概念，法典第5.102条(a)(8)款规定：“信用证的‘兑付’，指履行开证人在信用证项下之作出付款或交付有价值之物品的义务。除信用证另有规定外，‘兑付’：(A)在付款时发生；(B)如果信用证要求作出承兑，则在对汇票作出承兑并于到期日作出付款时发生；或(C)如果信用证要求承担延后履行的义务，则在承担该义务并于到期日作出履行时发生。”根据这项规定，信用证的兑付分为以下3种情况。

第一种情况，开证人直接作出付款。如果信用证规定即时付款，则开证人在收到受益人的提示后，如下文所述，应在合理时间内付款，但最迟不得超过7个工作日。第二种情况，信用证规定在某个较晚的日期付款，且开证人应承兑受益人出具的定时付款汇票。因此,受益人将出立以开证人为受票人的汇票,而开证人将承兑该汇票。受益人可以继续持有该汇票至规定的付款日期,也可以提前转让该汇票,或请求开证人或其他银行作出“贴现”(discount),即按一定的折扣购买该汇票。第三种情况,信用证规定开证人在某个较晚的日期付款,即承担所谓的“延后履行的义务”(deferred obligation),此时,只要开证人同意承担该义务且在付款日期付款,即属于对信用证的兑付。根据法典的规定,信用证项下的兑付,可以是付款,也可以是交付有价值的物品,但实际上,信用证几乎都是付款。

开证人收到信用证的兑付提示后,必须在一定时间内作出兑付或承兑,或就提示存在的瑕疵发出通知。法典第 5.108 条(b)款规定:“收到提示后,开证人有合理时间作出下列行为,但至迟不得超过开证人收到单据后第七个工作日结束:(1)作出兑付;(2)承兑汇票或承担延后履行的义务,只要信用证规定应在提示后七个工作日之后完成兑付;或(3)向提示人作出通知,说明提示存在瑕疵。”

根据上述规定,对于即时付款的信用证,开证人至迟应该在 7 个工作日内付款,而对于付款日期为提示日期 7 个工作日后的信用证,开证人至迟应该在提示后 7 个工作日内作出承担付款义务的表示,或承兑受益人提示的定时付款汇票。如果提示存在瑕疵,开证人至迟应该在 7 个工作日内通知提示人,否则开证人就不能以该瑕疵为由拒付。法典第 5.108 条(c)款规定:“如果在涉及任何瑕疵时,开证人未能及时作出通知,或及时作出通知但未能说明瑕疵,开证人即不得以该瑕疵作为拒付的理由。”

有关兑付和通知的上述法典第 5.108 条(b)款和(c)款受制于某些例外。如果提示中的瑕疵涉及欺诈或伪造,或涉及过期信用证,则开证人即使未能就该瑕疵发出通知,亦不丧失拒付的权利。法典第 5.108 条(d)款规定:“即使开证人未能作出(b)款规定的通知,或未能在通知中提到欺诈、伪造或过期,亦不妨碍开证人将第 5.109 条(a)款所述的欺诈或伪造,或将信用证在提示前即已过期的事实,作为拒付的理由。”有关欺诈和伪造,后文还会具体讨论。

开证人在收到兑付信用证的提示后，除去应遵守上述时间限制，在所有其他方面均应遵守行业内的惯例或标准做法。法典第5.108条(e)款规定："开证人应遵守惯常从事信用证开立之金融机构的标准做法。开证人是否遵守了该标准做法，属于解释问题，应由法院判定。法院应向当事方提供合理机会，用于提交有关标准做法的证据。"前文提及，UCP是有关商业信用证的最主要的行业惯例或标准做法。

同时，前文还提到，开证人只能以信用证规定的单据作为付款条件，因此不得受到非单据条件的影响。也就是说，如果信用证中包含了非单据条件，或受益人存在不涉及信用证中单据条款的情况，开证人的付款义务不受影响。法典第5.108条(g)款规定："如果一项承诺构成第5.102条(a)(10)款项下的信用证，且包含了非单据的其他条件，则开证人应无视非单据的条件，并应视承诺未注明该条件。"法典的正式评论说，有些信用证中可能会包含一些非单据条款，如禁止使用船龄超过15年的船，但这些条款从信用证的角度来看实属多余，属于非单据条款，不得影响信用证的付款。

开证人除就信用证承担以上所述的义务外，不对基础交易承担责任，不对信用证其他当事方的行为承担责任，也没有义务了解信用证行业以外其他行业的惯例或做法。法典第5.108条(f)款规定："开证人：(1)不对基础合同、安排或交易之履行或未履行承担责任；(2)不对他人的行为或不行为承担责任；或(3)没有义务遵守或了解任何特定的行业惯例，但(e)款所述的标准做法除外。"

如果开证人收到的信用证兑付提示不符合信用证规定的单据条件，开证人即应作出拒付。拒付不需要采用任何特定方式。实际上，根据法典规定，开证人只要未及时作出兑付，即等于拒付。法典第5.102条(a)(5)款规定："信用证的'拒付'，指未能及时作出兑付，或未能及时作出信用证可能要求的中间环节行为，如汇票承兑。"开证人作出拒付后，应遵守法典第5.108条(h)款的规定，即"开证人在对提示作出拒付后，应归还单据；或在服从提示人处置的条件下留持单据,并将此告知提示人”。

开证人在履行了信用证项下的兑付义务后,有权就信用证金额从申请人获得补偿。法典第5.108条(i)款规定:“开证人对提示作出本篇允许或要求的兑付后,即:(1)有权要求申请人以立即可用的资金作出补偿,且不晚于开证人支付资金的付款日;(2)对于所取得的单据,不受受益人或提示人的索赔;(3)不得根据第3.414条和第3.415条对汇票主张追索权;(4)除第5.110条和第5.117条另有规定外,无权以误解为理由,追回所作出的付款或所支付的价值,只要该误解涉及单据不符或提交方式不符,且该不符从提示的表面即已显现;以及(5)在其所完成的信用证履约的范围内,被解除义务,除非在开证人兑付的提示中,受益人的必要签名系属伪造。”

根据上述规定,申请人向开证人的补偿,原则上要在开证人向受益人付款之前支付。也就是说,开证人原则上没有义务为申请人垫付资金。对于受益人所提示的单据,一旦提示之后,受益人就不得再对单据主张权利。开证人对于已承兑的汇票,要独立承担付款责任,无权根据法典第3.414条或第3.415条的规定,追究汇票出票人或背书人的票据责任。

上述规定中提到的法典第5.110条,涉及受益人向开证人提供的提示担保,而法典第5.117条则涉及开证人在信用证付款后代位受益人的权利。除这两条规定的追索权外,开证人即使在付款时存在误解,也不得再追回付款,只要开证人在收到票据时,理应从票据表面看出问题但未看出问题。上述规定中的最后一项意在说明,如果提示时出示的受益人签名系伪造,则开证人即使已经作出付款,仍然不能解除自己的义务,仍然要对真正的受益人承担付款责任。

保兑人、指定人和通知人的权利和义务

保兑人在对信用证作出保兑后,就对信用证承担了直接的兑付责任,相当于成为开证人。法典第5.107条(a)款规定:“保兑人对信用证承担直接义务,并在保兑范围内,持有开证人的权利和义务。保兑人亦对开证人持有权利和承担义务,相当于开证人为申请人,而保兑人系出于开证人的要求或担责而开立信用证。”由于保兑人代替开证人承担了信用证项下的付款义务,因而开证人有义务对保兑人作出补偿。从这个角度来讲,开证人相当于成为信用证的申请人。

指定人是开证人指定或授权为信用证付款的人。如果指定人根据开证人的指定或授权为信用证作出付款,就相当于接受了指定,代表开证人履行了信用证义务,并有权从开证人取得相应补偿。指定人也可以不接受开证人的指定或授权。此时,指定人对信用证没有任何义务。法典第5.107条(b)款规定:“指定人如果不是保兑人,即没有义务对提示作出兑付,或以其他方式支付价值。”

被开证人要求担任通知人的人,同样可以接受或不接受。只有在接受要求后,该人才成为通知人。法典第5.107条(c)款规定:“被要求作出通知的人,可以拒绝担任通知人。通知人如果不是保兑人,即没有义务对提示作出兑付,也没有义务以其他方式支付价值。通知人向开证人和受益人承诺,对于通知人收到的信用证、保兑、修改或通知,将就其条款作出准确通知;同时,向受益人承诺,对于请通知人作出通知的要求,将查验表见授权。即使作出的通知不准确,信用证、保兑或修改仍可按开立时的条款强制履行。”通知人的基本义务是传达信息,因此这种身份不涉及信用证的付款。并且,即使通知人的传达出现错误,信用证原有的效力亦不受影响。

但是,如果信用证已被转让,则通知人在向转让后的受益人作出通知时,通知的内容可以不同于原通知,只要信用证允许这样做。法典第5.107条(d)款规定:“涉及身为受让人之受益人时,向该受益人就信用证、保兑、修改或通知之条款作出通知的人,拥有(c)款项下之通知人的权利和义务。向该受益人所作通知的条款,可以不同于向身为转让人之受益人所作通知的条款,只要通知人收到的信用证、保兑、修改或通知允许此种不同。”

开证人、申请人和指定人的代位权

为了加强对开证人的保护，法典第5篇规定，开证人向受益人兑付信用证后，不仅有权从申请人获得补偿，同时还就受益人和申请人因信用证基础交易而拥有的对抗任何人的权利，取得代位权。例如，假设信用证的基础交易是货物买卖合同，受益人是货物买卖中的卖方，则开证人在向卖方付款之后，就代位了卖方在货物买卖合同项下的权利，此时，如果由于任何原因开证人未能从作为申请人的买方获得补偿，且卖方持有对抗买方的权利，开证人即有可能基于此种代位权，以卖方的身份追究买方的责任。同样，如果申请人在基础交易中享有任何权利，开证人也代位取得此种权利。换言之，如果开证人为信用证作出付款，但没有收到申请人的相应补偿，开证人就可以代位申请人或受益人的任何权利，以减少或避免损失。

关于上述代位权，法典第5.117条(a)款规定："开证人在兑付受益人的提示后，代位受益人的权利，即对于向受益人承担的基础义务，开证人相当于该义务的次义务人；并且，还代位申请人的权利，即对于向申请人承担的基础义务，开证人相当于该义务的次义务人。"这项规定中所说的"次义务人"(secondary obligor)，通常是指对债务承担次级义务的人，如对他人债务承担保证责任的保证人。在主义务人不偿付债务时，次义务人就要代为偿付，但在偿付之后，次义务人有权向主义务人追索，取得相应补偿或赔偿。同时，次义务人代位主义务人的任何权利。

根据上述规定，开证人就相当于拥有代位权的次义务人。例如，假设信用证的基础交易是货物买卖，其中的"基础义务"(underlying obligaiton)之一是买方应支付的货款，且信用证系用于支付该货款，那么在一定意义上，可以将买方视为主义务人，将开证人视为次义务人，而将信用证的付款，视为次义务人代替主义务人对该基础义务的支付。因此，开证人在信用证付款后，可以向主义务人追索，即向买方追索，同时，可以享有买方持有的对抗卖方的权利。从理论上来讲，这种追索权和代位权的基础是美国的保证法，因此独立于开证人和申请人之间的信用证协议，但该典在此规定，信用证的独立原则不妨碍此种代位权。

出于同样道理，申请人在向开证人支付补偿后，即代位取得开证人的权利。法典第5.117条(b)款规定："申请人在补偿开证人后，在对抗任何受益人、提示人或指定人时，代位开证人的权利，即对于向开证人承担的义务，申请人相当于该义务的次义务人；并且，还享有开证人拥有的代位权，可以代位(a)款所述受益人的权利。"

仍出于同一道理，指定人在就信用证作出兑付后，即代位取得开证人、受益人及申请人的权利。法典第5.117条(c)款规定："涉及根据信用证作出提示的汇票或指令时，指定人在付款或支付价值后，即代位下列权利：(1)开证人对抗申请人的权利，即对于申请人向开证人承担的义务，指定人相当于该义务的次义务人；(2)受益人的权利，即对于向受益人承担的基础义务，指定人相当于该义务的次义务人；以及(3)申请人的权利，即对于向申请人承担的基础义务，指定人相当于该义务的次义务人。"

开证人或指定人的担保权益

假设在开证人或指定人对信用证作出兑付之前或之时，由于任何原因，开证人或指定人未就信用证金额获得补偿，那么为了保护开证人或指定人的权益，法典规定，在收到补偿之前，开证人或指定人对所收到的单据享有担保权益。例如，如果单据为货运提单，则对该提单享有担保权益，并对提单所覆盖的货物享有担保权益。法典第5.118条(a)款规定："开证人或指定人对提示作出兑付或支付价值后，即相应对所提示的信用证项下的单据拥有担保权益。"此种担保权益属于法典第9篇范围内的担保权益，但可以在开证人或指定人兑付信用证后自动产生，无须当事方订立担保协议或采取任何其他行动。

对于此种担保权益，法典第5.118条(b)款规定："涉及(a)款所述的对单据的担保权益时，只要开证人或指定人尚未获得补偿，或尚未以其他方式收回就该担保权益支付的价值,则在相应范围内,担保权益即继续存在,并受第9篇的约束,只是:(1)无须担保协议,亦可使该担保权益具有第9.203条(b)(3)款项下的强制履行力;(2)如果单据非以书面或其他有形介质作出提示,该担保权益即属于完善担保权益;并且(3)如果单据以书面或其他有形介质作出提示,且该单据不是票式证券、动产契据、所有权凭证、票据或信用证,则只要债务人不占有该单据,该担保权益即属于完善担保权益,且优于单据中冲突的担保权益。"有关担保权益的概念和规则,后文在讨论法典第9篇时将详细介绍。

第三节　信用证及其收益的转让

信用证通常被视为特定当事方之间的安排,因此,信用证项下的付款或其他权利通常是不可转让的。特别是从申请人的角度,其通常的意图是,信用证只能用于其选定的特定受益人,因为申请人和受益人通常是同一项基础交易的当事方,而信用证就是适用于该基础交易的。但是,法典第5篇并不完全禁止信用证的受益人转让其在信用证项下的提款权。受益人有时可以通过协议主动作出转让。在特定情况下,受益人的提款权也可以依法自动发生非自愿转让。

除信用证本身的转让外,信用证的收益也可以被转让。信用证的"收益"(proceeds),是指信用证项下将要收到的款项或其他价值。信用证的转让,是在原始受益人向开证人作出提示之前的转让,并由新受益人提交信用证所需单据。信用证收益的转让,是在原始受益人已向开证人提交了信用证所需单据后的转让,因而只是转让将要收到的信用证项下的付款。

信用证的主动转让

所谓信用证的转让,仅指受益人对信用证的转让。从开证人的角度来看,既没有必要转让,也基本上不会有人愿意接收转让。根据法典第5篇的规定,信用证原则上不能转让,因为申请人所申请开立的信用证,通常都是用于特定受益人的,并需要特定受益人提交信用证所规定的单据。因此,申请人通常不认为受益人有权将信用证转让,也通常不会同意此种转让。但是,受益人有时可能确有转让信用证的需要,而申请人也表示同意。在这种情况下,只要当事方同意使用可转让信用证(transferabloe letter of credit),法典第5篇并不禁止。关于信用证的转让,法典第5.112条(a)款规定:"除第5.113条另有规定外,只要信用证未规定可以转让,受益人在信用证项下提取款项或以其他方式获得履约的权利,均属不可转让。"也就是说,如果当事方希望使用可转让信用证,必须在信用证中明确作出规定。

关于信用证转让的具体方法和程序,法典第5篇没有作出规定。通常而言,信用证的转让不可能由受益人自行作出,而是必须要在开证人的同意和配合下进行。例如,受益人通常需要向开证人提出申请,并填写必要的表格,而开证人可以为此种转让设定相应的条件。法典第5.112条(b)款规定:"即使信用证规定可以转让,开证人在下列情况下,仍可拒绝承认或执行转让:(1)转让将违反适用法;或(2)转让人或受让人未能遵守信用证规定的条件,或未能遵守开证人提出的其他转让条件,只要该条件在第5.108条(e)款所述的标准做法范围之内,或根据当时情况为合理。"但是,开证人设定的条件必须合理,否则就相当于否定信用证的可转让性。

原始受益人将信用证转让后,新受益人将取得信用证项下的提款权(drawing right)。通常而言,这意味着新受益人需要自行作出法典第5篇所规定的提示,即提交信用证所规定的单据,并满足信用证规定的其他条件。根据法典的正式评论,信用证的转让相当于受益人的"更新"(novation)或"替代"(substitution),即受益人的完全更换。法典没有涉及信用证整体转让和部分转让的问题。关于这个问题,当事方可以在信用证中作出具体规定,也可以引用或适用UCP中的相关规定。

关于信用证转让对基础交易的影响,法典第5篇没有涉及。这基本上取决于当事方之间的协议。假设基础交易是货物买卖,在卖方将信用证转让给受让人后,受让人即有义务向开证人提示信用证所需的单据,如货运提单等,并有权取得信用证项下的付款,但在货物买卖合同出现纠纷时,当事方各自享有何种权利,或承担何种义务,则不属于法典第 5 篇范围内的问题。

信用证的自动转让

即使信用证规定不可转让,信用证在一定条件下仍可依法自动发生转让。例如,当受益人破产时,破产受托人将依法自动成为信用证受益人的受让人。在法典第 5 篇中,依法自动取得信用证转让的受让人称为“受益人的继承人”(successor of beneficiary)。关于此种继承人,法典第 5.102 条(a)(15)款规定:“‘受益人的继承人’指依法继承受益人几乎全部权利的人,包括对受益人作出兼并或整合的公司,也包括管理人、执行人、私人代表人、破产受托人、管理破产财产的债务人、清算人和破产接收人。”

上述继承人在获得转让后,取得受益人在信用证项下的提款权,并且可以使用原始受益人的名字行使信用证权利。法典第 5.113 条(a)款规定:“受益人的继承人可以使用受益人的名字,对修改作出同意、签署并提示单据以及接受付款或其他有价值的物品,而无须表明其继承人的身份。”

但是,继承人在说明自己的继承人身份后,也可以使用自己的名字行使信用证权利,而开证人则应承认其受益人的地位。法典第 5.113 条(b)款规定:“受益人的继承人在表明其继承人的身份后,可以使用自己的名字,对修改作出同意、签署并提示单据以及接受付款或其他有价值的物品。除(e)款另有规定外,如果受益人的继承人已表明其身份,开证人应承认其系完全取代被继承人的受益人;但是,对于依法自动发生的提款权的转让,如果第 5.108 条(e)款所述的标准做法规定了开证人承认该转让的条件,则应遵守该规定,或如果不存在此种标准做法,则应遵守足以保护开证人的其他合理程序。”

在继承人声称自己是受益人的继承人后,开证人可以信赖该声明,而没有义务进行核实。法典第5.113条(c)款规定:"如果任何人声称是受益人的继承人,开证人没有义务核实该人是否为受益人的继承人,或该人的签名是否系属真实或业经授权。"并且,即使该人是假冒的继承人,该人的行为也具有继承人的效力。

法典第5.113条(d)款还规定:"如果声称的继承人所作出的提示,表面上符合(a)款或(b)款,则对该提示的兑付,即具有第5.108条(i)款规定的后果,即使声称的继承人实际不是受益人的继承人。如果单据上的签名使用了受益人的名字,或使用了已表明身份的继承人的名字,但签名人既不是受益人,也不是受益人的继承人,则该单据属于第5.109条所述的伪造单据。"也就是说,尽管假冒的继承人可能要承担伪造的责任,但该人的行为仍然可以产生与真实继承人的行为同样的效力。法典的此种规定,是为了保护信用证其他善意当事方的权益。

信用证收益的转让

信用证收益的转让,是与信用证转让不同的另一种转让。为了将两者加以区别,法典第5篇将前者称为"assignment",而将后者称为"transfer"。关于"收益"(proceeds)的概念,法典第5.114条(a)款规定:"'信用证收益'指开证人或指定人根据信用证作出兑付或支付价值时,所支付或交付的现金、支票、已承兑汇票或其他有价值的物品。'信用证收益'不包括受益人的提款权,或受益人提示的单据。"

根据上述规定,收益主要是指信用证项下的付款。如果原始受益人曾开立以开证人为受票人的定时付款汇票,且开证人已经承兑该汇票,则该汇票也属于信用证的收益。但是,原始受益人提交给开证人的单据,如货运提单等不属于收益,因为这些单据系用于转交给申请人,不可能被转让给受益人的受让人。此外,原始受益人的提款权也不属于收益,因为提款权是指原始受益人提示票据并要求开证人付款的权利。如果将此种权利转让给他人,就不再属于信用证收益的转让,而成为信用证的转让。

所以,信用证收益的转让,是指原始受益人在已经作出符合信用证规定的提示后,即在已经提交相关单据后,将开证人即将支付的付款转让给他人,即由开证人直接将该付款支付给受益人的受让人。受益人可以转让全部收益,也可以转让部分收益。法典第 5.114 条(b)款规定:“受益人可将其获取部分或全部信用证收益的权利予以转让。受益人亦可在提示前,以即时转让的方式,转让其获取收益的权利,但前提是受益人必须满足信用证的条款和条件。”根据这项规定,受益人的转让,实际上也可以在其向开证人作出提示之前,即在提交相关单据之前,但是,无论是提示之前还是提示之后,提示的义务仍然属于原始受益人。

与信用证的转让不同,开证人原则上没有权利拒绝信用证收益的转让。对于开证人来说,只要原始受益人仍然承担提示的义务,则开证人在取得所需单据后,无论实际向谁作出付款,都没有太大区别,对开证人也不会产生不利影响。对此,法典第 5.114 条(d)款规定:“开证人或指定人没有义务对信用证收益的转让给予或不给予同意,但如果受让人占有并出示信用证,且提示信用证是兑付的条件,则开证人或指定人不得不合理地拒绝给予同意。”而该条第(c)款规定:“开证人或指定人在对信用证收益的转让给予同意之前,无须承认该转让。”

根据上述规定,原则上,信用证收益的转让还是需要取得开证人的同意,但开证人不得在没有合理理由的情况下予以拒绝。特别是,如果信用证规定,受益人在提示时必须出示信用证原件,且受益人在转让信用证收益后,已将信用证原件交给受让人,且受让人向开证人出示了信用证原件,开证人即没有理由拒绝承认该转让,因为不存在不同的人分别向开证人提出付款要求的可能。

第四节　信用证的其他问题

除上述问题外,法典第 5 篇还就信用证的其他几个主要问题作出规定,包括涉及信用证的欺诈与伪造、信用证提示人所必须提供的担保以及违约时的救济等。

提示单据中的欺诈与伪造

如果受益人向开证人提示的单据存在欺诈或伪造,如货运提单系属伪造或经过涂改,开证人应如何处理?如果开证人在收到提示时已经确知存在伪造或涂改,自然没有义务兑付,因为该提示不可能属于符合信用证规定的提示。但是,如果在提示时开证人没有看出问题,或基本上没有能力看出问题,此时应如何处理?原则上,适用的标准都是一样的,即单据是否表面上严格符合信用证的规定。开证人的具体处理和应承担的责任,在通常情况下,可以分为下列 3 种情况。

第一种情况,单据表面严格符合信用证的规定,且开证人亦没有疑问,此时,开证人自然会正常兑付信用证,也应该兑付。即使事后证明某项单据存在欺诈或伪造,开证人也不承担责任。第二种情况,单据表面不严格符合,但开证人没有产生疑问,而是作出正常兑付。这属于开证人的疏忽,即开证人没有遵守法典第 5 篇的规定。此时,如果单据确实存在欺诈或伪造,开证人就要对错误兑付承担责任。第三种情况稍微复杂一点,即单据表面严格符合信用证的规定,但出于某种原因,开证人对单据存有疑问。此时,开证人有一定的权利对单据作出进一步了解,但必须在法典规定的兑付时间内作出是否兑付的决定。如果开证人兑付,则即使单据确实存在欺诈或伪造,开证人一般也无须承担责任,因为单据表面严格符合。如果开证人拒付,且单据实际上存在欺诈或伪造,开证人也无须承担责任。如果开证人拒付,但单据实际上不存在欺诈或伪造,开证人就要承担错误拒付的责任。开证人原则上不能仅根据任何人提出的欺诈或伪造主张而拒付,或仅根据自己的怀疑而拒付,而是需要有比较确定的理由。总体而言,只要提示的表面严格符合信用证的规定,且开证人实际上不知道提示存在欺诈或伪造,开证人就应该作出兑付,否则就要承担错误拒付的责任。

但是,除去上述情况,开证人还有可能面临其他 3 种情况。第一种情况,对受益人的兑付,不是由开证人直接作出的,而是由指定人或保兑人作出的。在指定人或保兑人作出兑付时,受益人的提示表面严格符合信用证的规定,但在指定人或保兑人要求开证人支付补偿时,开证人已经知道受益人的提示存在欺诈或伪造。此时,开证人是否还有义务根据信用证的规定向指定人或保兑人支付补偿,并相应从申请人获得补偿?第二种情况,受益人在取得开证人承兑的汇票后,将汇票流通给他人,而开证人在承兑汇票时不知存在欺诈或伪造,但在汇票的执票人要求开证人为汇票付款时,开证人已经知道受益人曾经存在欺诈或伪造。此时,开证人是否还有义务兑付该汇票?第三种情况,原始受益人在提示之后,将信用证收益转让给他人,而该受让人随后要求开证人作出支付,但开证人此时已经知道原来存在欺诈或伪造。

在所有上述情况下,根据法典的规定,开证人仍然必须作出兑付。法典第 5.109 条(a)款规定:"当提示表面显示严格符合信用证的条款和条件时,即使某个必要单据存在伪造或严重欺诈,或兑付该提示将有助于受益人对开证人或申请人的严重欺诈:(1)只要下列人要求得到兑付,开证人仍应兑付该提示:(A)善意支付了价值且未得到伪造或严重欺诈通知的指定人;(B)善意兑付了保兑的保兑人;(C)信用证项下之汇票的正当执票人,只要汇票系在开证人或指定人作出承兑之后取得;或(D)开证人或指定人之延后履行义务的受让人,只要受让系在未得到伪造或严重欺诈之通知的情况下,通过支付价值,在开证人或指定人承担该义务之后取得。"

上述规定的第(1)(A)款涉及指定人。如果指定人根据开证人的指定或授权,在对伪造或欺诈不知情的情况下,善意地兑付了表面上严格符合信用证条款的提示,指定人就有权从开证人获得补偿。上述规定的第(1)(B)款涉及保兑人。比较第(A)款和第(B)款的规定后可以看出,法典对保兑人的保护更强一些。保兑人只要善意作为,就有权获得补偿。这是因为,保兑人已经承担了相当于开证人的责任,因此要对错误拒付承担责任,但指定人在兑付前不对信用证承担任何责任,因此如果指定人对所提示的单据存在疑问,完全可以不兑付,而没有必要冒险兑付。上述规定的第(1)(C)款涉及法典第3篇中的正当执票人。如果受益人基于信用证而出立的汇票得到开证人或指定人的承兑,且该汇票随后被流通给正当执票人,则该正当执票人即有权获得汇票的兑付。上述规定中的第(1)(D)款涉及信用证的受让人。这里所说的"延后履行"的义务,是指信用证项下的付款不是即时付款,而是远期付款。在这种情况下,如果原始受益人在提示单据后,将信用证收益转让给善意受让人,开证人或指定人即不能对抗该受让人。除去法典第5.109条(a)(1)款列出的上述几种情况,开证人原则上有权根据自己的判断,来决定信用证是否符合兑付条件,并决定是否作出兑付。法典第5.109条(a)(2)款规定:"在所有其他情况下,开证人只要善意作为,即可选择兑付提示或拒付提示。"

即使受益人的提示存在伪造或欺诈,且申请人在兑付前了解到相关情况,申请人原则上也无权直接阻止开证人的兑付,因为开证人的兑付义务不受申请人的控制。但是,申请人可向法院申请,由法院禁止信用证的兑付。法典第5.109条(b)款规定:"如果申请人声称,某个必要单据存在伪造或严重欺诈,或兑付该提示将有利于受益人对开证人或申请人的严重欺诈,则有适当管辖权的法院,可以暂时禁止或永久禁止开证人兑付提示,也可以提供对抗开证人或其他人的类似救济,但必须首先认定:(1)适用于已承兑汇票或开证人延时履行之义务的法律,并不禁止该救济;(2)可能受到该救济不利影响的受益人、开证人或指定人,已得到充分保护,不致在提供该救济后受到损失;(3)本州法律对获得该救济所规定的全部条件,均已获得满足;并且(4)根据向法院提交的信息,申请人就该伪造或严重欺诈提出的指控,成立的可能性大于不成立的可能性,且要求取得兑付的人没有资格获得(a)(1)款的保护。"根据这项规定,申请人虽然可以向法院申请禁止信用证的兑付,但法院不会轻易作出禁付令,而是需要确信,确实存在伪造或严重欺诈,并且其他当事方已获得适当保护。

上述法典第 5.109 条的第(a)款和第(b)款提到的“严重欺诈”(material fraud),是为了区别一般欺诈和严重欺诈。如果信用证所要求的单据存在一般欺诈,例如,文件的日期被故意更改了一天,但对整体交易没有实质影响,那么即使开证人在兑付前已经知道该事实,开证人可能也有一定的裁量权作出兑付,甚至在一定情况下可能无权拒付,因为该种情况可能尚不导致单据与信用证不符。但是,如果存在严重欺诈,且开证人已确知该事实,则开证人有权拒付,并应该拒付。

受益人提示时的担保

信用证的受益人在提示信用证所需的单据时,必须就自己的提示,向兑付信用证的人作出担保(warranty),大体上相当于票据的执票人在取得票据兑付时,向票据的付款人作出的担保。如果实际情况证明担保不属实,受益人就要承担违反担保的责任。此种担保是法典为开证人和其他兑付信用证的人所提供的保护。法典第 5.110 条(a)款规定:“如果受益人的提示获得兑付,受益人即:(1)向开证人、收到提示的其他人、以及申请人担保,不存在第 5.109 条(a)款所述种类的欺诈或伪造;并且(2)向申请人担保,提款不违反申请人与受益人之间的任何协议,也不违反他们意图以信用证作为补充的任何其他协议。”

此外,如果提示所涉及的单据在法典其他篇的范围之内,且法典其他篇规定了担保责任,则该规定也适用。法典第 5.110 条(b)款规定:“如果单据的提示或转让在第 3 篇、第 4 篇、第 7 篇和第 8 篇范围之内,且该各篇就该提示或转让规定了相应担保,则上述(a)款中的担保,为该各篇中之担保的补充。”

受益人的救济

如果开证人错误地拒绝兑付信用证,受益人或其继承人可以根据法典的规定获得赔偿,包括直接损失和附带损失,但不包括间接损失。法典第

5.111 条(a)款规定:“如果开证人错误拒付,或在提示之前就信用证项下的付款义务毁约,则受益人、继承人或代表自己作出提示的指定人,可以就拒付或毁约涉及的金额,从开证人获得赔偿。如果开证人在信用证项下的义务非属付款,索赔人可以获得实际履行,但亦可选择取得金钱赔偿,其金额为开证人履约的价值。无论哪种情况,索赔人均可就附带损失取得赔偿,但无权就间接损失取得赔偿。对于开证人在本款项下可能需要承担的损失,索赔人无义务采取行动避免该损失。尽管索赔人无义务避免该损失,但是,如果其实际避免了该损失,索赔人从开证人取得的赔偿,应减去被避免的损失。开证人有义务证明被避免之损失的金额。如果发生毁约,索赔人无须提示单据。”根据上述规定,如果信用证项下的义务不是付款,而是其他类型的履约,则受益人可以要求获得“实际履行”(specific performance),即由开证人履行信用证所实际规定的履约。

开证人如果作出错误拒付,也要相应对申请人承担责任。法典第 5.111 条(b)款规定:“如果开证人错误拒付信用证项下提示的汇票或请求,或在兑付汇票或请求时违反对申请人的义务,申请人可就该违约造成的损失取得赔偿,包括附带损失,但不包括间接损失,再减去因违约节省的金额。”

对于开证人的其他违约,或信用证其他当事方的违约,原则上适用上述原则。法典第 5.111 条(c)款规定:“如果通知人或指定人(保兑人除外)违反本篇规定的义务,或如果开证人违反(a)款或(b)款范围以外的义务,有权获得履约的人,可以就该违约造成的损失取得赔偿,包括附带损失,但不包括间接损失,再减去因违约节省的金额。在保兑的范围内,保兑人承担本款及(a)款和(b)款规定的开证人的责任。”

此外,当事方也可以事先对损害赔偿的方式和金额进行约定。法典第 5.111 条(f)款规定:“对于当事方违反本篇义务而应支付的损害赔偿,可以通过协议或承诺,事先约定赔偿金额,但相对于预期的损害,所约定的金额或计算公式必须合理。”

第八章　所有权凭证

法典第 7 篇称为《所有权凭证》(Documents of Title),涉及商业活动中被视为代表货物所有权的凭证,主要包括在货物运输中由“承运人”(carrier)出具的“提单”(bill of lading),以及在货物存储中由“承储人”(warehouse)出具的“仓单”(warehouse receipt),但也包括符合法典第 7 篇中所有权凭证定义的任何其他凭证。提单和仓单产生于货物的运输和存储,但在现代商业活动中,因为其本身具有的流通性和便利性,在很多情况下已脱离原始的实用功能,而成为具有高度融资功能的金融工具。

法典第 7 篇中的“所有权凭证”与法典第 9 篇所提到的“产权证书”(certificate of title)是不同性质的文件。所有权凭证在很大程度上代表货物的所有权,并可以通过转让或抵押所有权凭证而转让或抵押货物,而产权证书只是记录相关财产权属的证书,如汽车或游艇的登记证书。此种证书虽然对相关财产的权属具有证明效力,但本身没有独立价值。

法典第 7 篇范围内的所有权凭证可以是纸质文件,也可以是电子文件。前者称为“实体所有权凭证”(tangible document of title),后者称为“电子所有权凭证”(electronic document of title)。两者效力相同,但由于载体不同,在某些方面法典对两者有不同的规定。同时,法典第 7 篇范围内的所有权凭证,可以是“流通所有权凭证”(negotiable document of title),也可以是“不可流通所有权凭证”(non-negotiable document of title)。两者都是所有权凭证,但权利的范围有所不同,转让方式和效力也有所不同。

第一节　所有权凭证的概念

所有权凭证在很大程度上可以代表其所覆盖的货物,即在取得对所有权凭证的权利后,可以取得对其中所记载的货物的权利。在某些情况下,所有权凭证所代表的对货物的权利,甚至优于对货物本身所取得的权利。特别是,流通所有权凭证具有类似于法典第 3 篇范围内的流通票据的特性,可以通过流通进行转让,并产生类似于票据流通后的效力,使受让人获得比普通转让更好的保护。所有权凭证还可以根据法典第 9 篇的规定进行抵押,成为融资的工具。

所有权凭证的定义

在法典第 7 篇中,所有权凭证主要是指提单和仓单,但也包括符合所有权凭证定义的任何其他种类的凭证。提单和仓单的定义没有包含在法典第 7 篇中,而是在法典第 1 篇中,而有关所有权凭证的一般性定义,也包含在第 1 篇中。关于提单,法典第 1.201 条(a)(6)款规定:"'提单'指直接或间接从事货物运输或递送业务的人所出具的,证明收到待运货物的所有权凭证。该词不包括仓单。"根据这个定义,出具提单的人不一定直接负责货物运输,例如,后文将会提到的货物递送人(freight forworder),就只负责从发运人收集货物并将货物交付给运输货物的人,而不负责运输,但其向发运人出具的货物收据,也属于提单。关于仓单,法典第 1.201 条(a)(42)款规定:"'仓单'指从事货物存储业务经营的人出具的所有权凭证。"所谓"经营"(for hire),是指从事收费存储业务的商人,而不包括其他形式的存储。

关于所有权凭证的一般定义,法典第 1.201 条(a)(16)款规定:"'所有权凭证'指具有全部下列特征的记录:在正常业务或融资中,被认为足以证明其占有人或控制人有权接收、控制、持有或处置该记录及其所覆盖的货物;显示系由货物保管人出具,或系出具给货物保管人;覆盖由货物保管人占有的货物;该货物已特定化,或系已特定化的批量货物中一定份额的种类物。'所有权凭证'包括提单、运输文件、码头收货单、码头收据、仓单和交货命令。"这里所说的"记录",包括纸质文件和电子文件。根据上述定义,一份文件需要具有4个特征,才能构成所有权凭证。

第一个特征,在日常商业活动中,该凭证的作用和效力必须得到商业界的普遍认可和接受,即占有或控制凭证的人,有权像货物的所有权人那样,以任何方式处置该凭证,以及凭证所覆盖的货物。占有人系相对于实体凭证来说的,而控制人系相对于电子凭证来说的。所谓凭证"覆盖"(cover)的货物,是指凭证中所列明的货物。

第二个特征,凭证由货物保管人出具,或出具给货物保管人。这里的"货物保管人"(bailee),是指保管货物的人,如出具提单的承运人或出具仓单的承储人。法典第7.102条(a)(1)款规定:"'货物保管人'指通过出具仓单、提单或其他所有权凭证,承认占有货物并约定交付货物的人。"

上述法典第1.201条(a)(16)款中所说的"出具给货物保管人"的凭证,主要是指"交货命令"(delivery order)。法典第7.102条(a)(5)款规定:"'交货命令'指向承储人、承运人或其他在正常业务中出具仓单或提单的人所发出的,指示其交付货物的记录。"有权向货物保管人出具交货命令的,通常是将货物交付给货物保管人的人,即"货物交管人"(bailor)。该人可以是货物的所有权人,也可以是占有货物的其他人。货物交管人在交付货物时,可以不取得提单或仓单,而是直接与货物保管人订立协议,规定货物保管人应根据货物交管人的指令,将货物交付给指令中指定的任何人。

例如,货物交管人将一批大米储存在商业货仓内,并与保管人商定,交管人有权向保管人出具交货命令,而保管人则有义务按交货命令中注明的大米数量,将大米交付给交管人所指定的人。交管人在出售大米的任何部分后,都可以出具要求保管人交付大米的命令,并将该命令交付给买方,从而完成向买方的交货。此种交货命令,也属于法典第 7 篇范围内的所有权凭证。

第三个特征,凭证所覆盖的内容是货物。法典第 7 篇范围内的所有权凭证,都必须是用于货物的凭证,而不能是货物以外的其他财产。相关货物均应注明在凭证上,并应是处于货物保管人占有之下的货物。

第四个特征,货物必须是特定的,否则凭证无法与特定货物产生联系。货物是否属于特定,有时因凭证的描述比较简单,或只描述货物的外包装,而无法从凭证本身看出。在法典中,描述不具体的凭证仍然可以是有效凭证。但无论描述是否具体,凭证所实际涉及的货物必须是特定的。例如,即使凭证只注明“5 台电视机”,而没有包含其他可以指向特定电视的细节,但这 5 台电视机必须实际上是特定的,且货物保管人可以根据该凭证找到该货物。

所有权凭证的当事方

提单的主要当事方包括“发运人”(shipper)、“发货人”(consignor)、“收货人”(consignee)和“承运人”(carrier)。发运人是将货物交给承运人并与承运人订立运输合同的人。法典第 7.102 条(a)(12)款规定:“‘发运人’指与承运人订立运输合同的人。”相对于实际订立运输合同的发运人,发货人可以是货物的实际所有权人,也可以不是,但提单上会将该人注明为交付货物的人,尽管实际交付货物的人是发运人。法典第 7.102 条(a)(4)款规定:“‘发货人’指提单中注明其名字并将其作为交付货物用于发运的人。”也就是说,从法律上来讲,承运人将发货人视为有权支配货物的人,而不是发运人。收货人是提单上注明的有权接收货物的人。法典第 7.102 条(a)(3)款规定:“‘收货人’指提单中注明其名字并承诺向其或其指定人交付货物的人。”

承运人一般就是货物的运输人,但从理论上来说,出具提单的人就是承运人,无论其是否实际承担货物的运输。法典第 7.102 条(a)(2)款规定："'承运人'指出具提单的人。"也就是说，无论运输由谁实际承担，承运人是对提单承担责任的人。

在法典第7篇的定义中，仓单的主要当事方只有一个，即"承储人"（warehouse），也就是接受货物存储并出具仓单的人。法典第7.102条（a）（13）款规定："'承储人'指从事货物收费存储业务的人。"如果将承储人和承运人的定义相比较，可以看出两个定义稍有区别，即承运人的定义与提单相连，但和运输无关，而承储人的定义与存储相连，但和仓单无关。但是，基于前文有关提单和仓单的定义，则承运人的承储人的实际区别并不大，都需要对其出具的所有权凭证承担责任。

法典第7篇为什么没有包含仓单其他当事方的定义？对于货物存储，似乎应该也有存货人和提货人这样的当事方。此种缺乏，也许和仓单的特点有关。在实际商业活动中，提单更多地用于货物的实际运输，而仓单的流通和抵押作用更强。也就是说，在很多情况下，货物确实需要存储，但在很多其他情况下，取得仓单的重要目的是便于货物的转让和抵押，即在货物原地不动的情况下，可以仅凭交付或抵押仓单而将货物转手或抵押。因为如果仅仅是存储，通常可以订立单纯的存储协议，而无须出具仓单，更无须出具流通仓单。由于仓单的这个特点，其重点在于谁有义务管理和交付货物，以及如何交付货物。至于谁有权取得仓单和仓单项下的货物，则要根据仓单的条款和转让情况予以决定。这个问题后文会进一步讨论。

法典第7篇还有"开单人"（issuer）的概念，主要是指承运人和承储人，但也包括向货物保管人出具交货命令的人。法典第7.102条（a）（8）款规定："'开单人'指出具所有权凭证的货物保管人；涉及未被接受的交货命令时，也指命令货物占有人交付货物的人。如果任何人的代理人或雇员声称代表前者出具凭证，则只要该代理人或雇员具有出具凭证的真实授权或表见授权，该前者亦属于'开单人'，即使开单人未收到任何货物，或货物的描述不正确，或代理人或雇员以其他方式违反了开单人的指示。"根据这个定义，向货物保管人出具交货命令的人，只有在该命令被货物保管人接受前才属于开单人。一旦交货命令被货物保管人所接受,货物保管人就承担了交货的责任,而出具交货命令的人就不再承担责任。

流通凭证与不可流通凭证

在法典第 7 篇中,所有权凭证分为流通凭证和不可流通凭证两种。在一定程度上,这类似于流通票据和不可流通票据。法典第 3 篇只涉及流通票据,因此不可流通票据被完全排除在第 3 篇的范围之外。但是,法典第 7 篇同时包含流通所有权凭证和不可流通所有权凭证,只是各自代表的权利和义务有所不同。流通凭证可以方便地多次转让,类似于流通票据,带有很强的融资属性。

关于流通所有权凭证,法典第 7.104 条(a)款规定:"如果所有权凭证的条款规定,货物应交付给持票人,或交付给特定人的指定人,该凭证即属于流通所有权凭证。"大体上讲,如果流通所有权凭证规定,应将货物交付给凭证的持票人,该凭证就相当于流通票据的凭票付款;如果规定应将货物交付给特定人的指定人,该凭证就相当于流通票据的凭令付款。关于持票人,法典第 1.201 条(b)(5)款规定:"'持票人'指控制流通电子所有权凭证的人,或占有流通票据或实体流通所有权凭证的人。"根据这个定义,涉及流通所有权凭证时,对于实体凭证,持票人是指占有凭证的人,对于电子凭证,持票人是指控制凭证的人,而无论该人系以正当方式还是不正当方式取得占有或控制。这与流通票据持票人的概念是一致的。

在法典第 3 篇中,除去票据"持票人"的概念,还有"执票人"的概念,是指可以要求取得票据付款的人,即"有权强制履行票据的人"(person entitled to enforce the instrument)。法典第 7 篇中也有类似概念,即除去凭证的持票人,还有凭证的执票人,是指可以要求取得所有权凭证项下货物的人,称为"所有权凭证的权利人"(person entitled under the document)。法典第 7.102 条(a)(9)款规定:"涉及流通所有权凭证时,'所有权凭证的权利人'指执票人。"法典第 1.201 条(b)(21)款规定,执票人是指:"(B)占有实体流通所有权凭证的人，只要货物应交付给持票人，或应交付给占有凭证之人的指定人；或(C)控制电子流通所有权凭证的人”。

根据上述定义，对于实体流通所有权凭证，如果凭证属于凭票付款类型，其占有人即为执票人；如果凭证属于凭令付款类型，即向特定人的指定人交付货物，则只要凭证的占有人为该特定人，该占有人即为执票人。对于电子流通所有权凭证，无论其规定向谁交货，任何控制凭证的人都是执票人，都属于所有权凭证的权利人。这主要是因为电子凭证无法背书，因此，为了便于电子凭证的流通，法典将任何控制电子凭证的人均视为权利人，而无论其如何取得控制。这是与法典第3篇中的票据有所不同的地方，因为票据只有纸质票据，没有电子票据。关于所有权凭证的控制，后文会具体讨论。

任何所有权凭证，只要不属于流通所有权凭证，就是不可流通所有权凭证。法典第7.104条(b)款规定：“上述(a)款以外的其他所有权凭证，均属于不可流通。如果提单规定，货物的收货人为特定人，但同时规定，应仅凭该特定人或另一特定人在签名记录中的指示交付货物，该提单亦不成为流通所有权凭证。”此外，该条第(c)款规定：“如果所有权凭证在出具时即带有不可流通的明显标注，则凭证即属于不可流通，无论标注采用何种形式。”

根据上述规定，如果所有权凭证的原始条款规定，应向特定人交付货物，而不是向特定人的指定人交付货物，该所有权凭证即为不可流通凭证，因为根据凭证条款，只有凭证上的特定人有权取得货物。这与流通票据的原理相类似。上述规定提到，即使提单项下的特定人可以通过签发指示，要求承运人将货物交付给另一人，该提单仍属于不可流通提单，因为这种转让是一次性的，受让人不能再次转让，所以提单本质上是不可流通的。这也与流通票据的规定相类似，即所有权凭证是否属于可以流通，取决于凭证出具时的原始状态，而随后添加的交货条款，不能改变凭证的原始属性。

对于不可流通所有权凭证,凭证的权利人基本上就是凭证中规定可以要求取得货物的人。法典第7.102条(a)(9)款规定,在涉及不可流通所有权凭证时,“所有权凭证的权利人”是指“根据凭证条款或根据凭证项下记录中的指示,应向其交付货物的人”。

实体凭证与电子凭证

为了适应电子时代的要求,法典本来应该对电子文件在法典每一篇中的适用作出明确规定,并采用相应措辞和条款。但法典每一篇的修订时间不一样,而且考虑到传承和习惯,不希望仅为电子文件的问题作出过多的修改,因此在法典中,电子文件的地位总体而言比较模糊。但法典第7篇对电子文件的规定则相当清晰,不仅明确规定所有权凭证分为实体凭证和电子凭证两种,而且针对两种形式分别作出相应规定。

法典第7篇允许所有权凭证以两种形式中的任何一种形式出具,并且第7篇同时给“所有权凭证的权利人”提供选择的权利,即权利人如果持有的是电子凭证,可以要求开证人将凭证换成实体凭证;反之,也可以要求将实体凭证换成电子凭证。法典第7.105条规定:“(a)如果电子所有权凭证的权利人提出要求,在下列情况下,电子凭证的开单人可以出具实体所有权凭证,用于代替电子凭证:(1)电子凭证的权利人向开单人交出凭证的控制;并且(2)实体凭证在出具时注明,该凭证的出具用于代替电子凭证。(b)在根据(a)款出具实体所有权凭证用于代替电子凭证后:(1)电子凭证不再具有任何作用或效力;并且(2)取得实体凭证出具的人,向实体所有权凭证的所有后手权利人担保,在向开单人交出电子凭证的控制时,担保人是电子凭证的权利人。”

相对于实体凭证,电子凭证的持有和转让方式具有特殊性,因此需要加以特别规定。执票人可以占有实体凭证,但对于电子凭证,则只能“控制”(control)。因此,法典第7篇有关电子凭证的很多规定,是以“控制”为基础的。在何种情况下才算对电子凭证拥有控制?法典第7.106条(a)款规定:"只要用于证明电子所有权凭证权利转让的系统能够可靠地确认,电子所有权凭证已出具给或转让给一个人,该人即对该电子凭证拥有控制。"

但是,在何种情况下系统的确认才被视为可靠?法典第7.106条(b)款规定:"如果该系统中的电子所有权凭证之产生、存储或转让的方式符合下列要求,该系统即满足(a)款的规定,且下列人即被视为对电子所有权凭证拥有控制:(1)凭证只存在一份权威版本,且该版本具有唯一性和可辨性,且除(4)款、(5)款和(6)款另有规定外,该版本不可更改;(2)对于声称控制凭证的人,该权威版本确认:(A)凭证已出具给该人;或(B)如果权威版本注明凭证曾被转让过,该人为取得凭证最新一次转让的人;(3)权威版本被发送至声称拥有控制的人或其指定的保管人,且由该人或该保管人持有;(4)只有在声称拥有控制的人给予同意后,才能制作权威版本的副本或修订本,用于增加或改变权威版本的指定受让人;(5)权威版本的每一个副本,以及该副本的任何副本,都可以容易地看出是副本,而不是权威版本;以及(6)权威版本的任何修改,都可以容易地看出是否业经授权。"总体而言,系统必须能够从技术的角度毫无疑义地确认电子凭证的权利人,被确认的人才被视为对所有权凭证拥有控制。

第二节　仓单的特殊规定

所有权凭证的形式并不限于提单和仓单,但是,提单和仓单是两种最重要和最常见的所有权凭证,因此,法典第7篇也主要是围绕这两种类型的凭证作出规定。由于两种凭证既有一定的个性,又有一些共性,所以法典第7篇一方面对两者分别作出规定,另一方面也对共性问题作出统一规定。以下是有关仓单的一些特殊规定。

仓单的格式

法典第7.202条(a)款规定:"仓单无须使用特定格式。"因此,承储人可以自行制定仓单的具体格式。但是,法典第 7.202 条(b)款对仓单的必备内容有规定,即“如果仓单缺失下列任何一项条款,承储人应对该缺失对任何人造成的损失承担赔偿责任:(1)存储货物之货仓的位置;(2)仓单的出具日期;(3)仓单的唯一识别码;(4)对于所收到的货物,说明货物应交付给持票人,还是交付给特定人,还是交付给特定人或其指定人;(5)存储费及手续费,但如果货物属于原地存储,且仓单为不可流通仓单,则只要在仓单上注明原地存储的事实即可;(6)货物的描述,或货物外部包装的描述;(7)承储人或其代理人的签名;(8)如果承储人对仓单覆盖的货物拥有所有权,无论是独立所有权,还是按份共有或共同共有的所有权,仓单均应注明此种事实;并且(9)说明贷款金额,并说明承储人所主张的留置权或担保权益所涉及的债务金额。如果在出具仓单时,承储人或出具仓单的代理人不知道贷款或债务的准确金额,则只需注明贷款已支付或债务已发生的事实和原因即可”。

上述规定中的第(b)(4)款涉及仓单是否为流通仓单的问题。如果仓单规定向持票人交货,或向特定人的指定人交货,仓单即为流通仓单,因为仓单可以根据法典规定的方式进行流通。如果规定向特定人交货,则属于不可流通仓单,因为除该特定人外,其他人无法通过流通方式取得仓单及仓单项下的货物。

上述第(b)(5)款所说的“原地存储”(field warehousing),是承储人存储货物的一种方法。存储货物时,通常需要将货物运到承储人的仓库,但原地存储不需要搬动货物,而是将货物留在原地,例如,留在工厂的车间里,或留在经销商自己的仓库里,然后由承储人以一定方式对货物作出围护或标识,说明货物已处于承储人的管理之下。此时,尽管货物没有存在承储人的货仓里,但承储人仍然可以出具仓单。这种方法可以将货物交管人自己持有并自己存放的货物,简单地转变为由流通仓单代表的货物。例如,粮食加工厂可以采用原地存储的方法存储加工后的粮食,然后在需要出售或融资时,将流通仓单进行转让或抵押。显然,这为货物经营人提供了极大的灵活性和便利性。原地存储的方式,说明此时并非真正需要存储货物,而主要是为了取得仓单。这种存储形式,充分体现了仓单的流通和融资功能。

上述第(b)(9)款涉及承储人对货物的留置权。根据相关法律,承储人在收到存储管理费之前,对货物持有"法定留置权"(statutory lien)。任何希望购买流通仓单的人都需要对此加以注意,因为承储人所持有的留置权,效力优于后手受让人的权利。有关承储人的留置权,后文还会详细讨论。

除去上述必备内容,承储人可以在仓单中增加任何其他条款,但不得违反法典的强制性规定。法典第 7.202 条(c)款规定:"承储人可在仓单中加入任何条款,只要该条款不与本法抵触,且不削弱第 7.403 条规定的承储人交付货物的义务,或第 7.204 条规定的承储人行使谨慎的义务。任何违反此处规定的条款,均属无效。"

错误描述货物

承储人在仓单中应该正确描述货物,但正确描述并不等于具体描述。根据上述提到的法典第 7.202 条(a)(6)款的规定,仓单对货物的描述,可以仅是货物的外部包装,而无须描述包装内的货物。因此,仓单即使未对货物作出具体描述,仍然可以符合法典的规定。法典的关注点在于仓单是否会对执票人造成误解,而不在于描述是否具体。描述不具体的仓单是否可以满足购买人的要求,可以由购买人自己判断。

如果承储人实际上没有收到仓单所描述的货物,或如果仓单对货物的描述是错误的,承储人就要承担相应的责任,即仍然有义务交付仓单所描述的货物,或支付相应的损害赔偿。法典第 7.203 条规定:"所有权凭证(提单除外)的当事方或善意支付价值的购买人,只要依赖凭证对货物的记述,即有权在开单人未收到货物或错误描述货物时,就受到的损失从开单人取得损害赔偿。"

但是，承储人可以通过在仓单上加注相应文字，说明自己对货物状况的了解程度，并只在相应范围内承担责任。法典第7.203条规定，如果仓单醒目注明，“开单人不知道货物是否事实上已全部或部分收到，或是否与描述相符，例如，描述系以商标、标签、种类、数量或状况作出，或仓单（或描述）使用了‘内容、状况和质量未知’‘据报装有’或具有类似含义的用语”，则表明承储人对存储的货物的实际情况并不了解，因而仓单的购买人应自行作出进一步的了解。但是，该条也同时规定，只有该注明系属真实，承储人才能免责。此外，该条还规定，如果“当事方或购买人对于未收到货物或错误描述货物的情况已通过其他方式得到通知”，则无论仓单如何描述货物，承储人均不承担错误描述的责任。

涂改的仓单

如同票据或其他单据一样，仓单也有可能出现涂改的情况。所谓“涂改”（alteration），就是在未得到承储人同意的情况下对仓单内容作出改动，无论改动是出于何种目的，也无论改动是否构成欺诈。关于涂改的效力，法典第7.208条规定：“如果实体流通仓单的空白处在未经授权的情况下被填入内容，支付了价值且未得到无授权通知的善意购买人，可将填入的内容视为业经授权。涉及任何其他未经授权的涂改时，实体仓单或电子仓单可按原始条款对开单人强制履行。”

根据上述规定，如果实体流通仓单在出具时留有空白，而随后在无授权的情况下，该空白处被填入内容，则对于不知情的后手购买人来说，可按添补后的仓单条款强制履行该仓单。也就是说，假设仓单的“货物数量”一栏原来是空白的，但随后被任何人自行填入一个数量，那么即使该数量远大于本应填写的数量，承储人也有义务按添补后的数量交货。这个规定是考虑到，对于后手购买人来说，几乎无法判断在空白处填入的内容是否经过授权，因此为了保护后手购买人，法典规定由承储人承担无授权添补的风险。并且，仓单留有空白本来就是承储人的过错。除上述情况外，对实体仓单的任何其他涂改,或对电子仓单的任何种类的涂改,都对承储人没有效力,即承储人此时的责任仅限于原始仓单的条款,而无授权涂改的风险将由后手购买人承担,即使后手购买人对涂改完全不知情且完全以善意作为。

承储人的责任

承储人在接受货物的存储后,基本义务就是谨慎照管货物,并在存储结束时将货物交还给有权获得货物的人。关于照管货物,法典第 7.204 条(a)款规定:“如果承储人未能以合理谨慎的人在类似情况下应该行使的谨慎照管货物,即应对因此造成的货物遗失或损坏承担赔偿责任。但是,除另有协议外,对于行使该谨慎亦不能避免的损失,承储人不承担赔偿责任。”

谨慎照顾货物是法典对承储人规定的强制性义务,不得通过协议予以排除。法典第 7.202 条(c)款规定:“承储人可在仓单中加入任何条款,只要该条款不与本法抵触,且不削弱第 7.403 条规定的承储人交付货物的义务,或第 7.204 条规定的承储人行使谨慎的义务。任何违反此处规定的条款,均属无效。”

但是,承储人可以通过协议,为自己的疏忽设立责任标准或赔偿限度。法典第 7.204 条(b)款规定:“仓单或存储协议可以设立条款,对货物遗失或损坏的赔偿金额加以限制,并规定承储人不对超出的金额承担责任。”如果承储人的责任限度与存储费率相关,那么在货物交管人希望获得较高赔偿金额时,承储人有权相应收取较高的存储费。法典第 7.204 条(b)款规定:“货物交管人在订立存储协议时,或在收到仓单后的合理时间内,可以使用记录形式,就存储协议或仓单项下之货物的部分或全部,要求增加承储人的责任。此时,可根据货物价值的增加,提高存储费。”

承储人还可以通过协议,对争议的解决方式作出约定。法典第 7.204 条(c)款规定:“仓单或存储协议可以设立合理条款,对于因货物存储产生的索赔或诉讼,规定提起索赔或诉讼的方式和时间。”但是,对于承储人自己故意造成的货物损失,法典不允许对责任进行限制。法典第 7.204 条(b)款规定:“如果条款对承储人侵占货物供自己使用时的责任加以限制,则该限制无效。”

承储人除在照管货物时需要行使正常谨慎外,还需要遵守一些其他准则。例如,对于来自不同交管人的货物,除种类物外,承储人原则上不能将货物混合。法典第 7.207 条(a)款规定:“除仓单另有规定外,承储人应将每份仓单所覆盖的货物分开存储,以便在任何时候均可辨别并交付该货物。但是,不同份的种类物可以混合。”对于混合存储的种类物,如何区分不同交管人的权利?法典第 7.207 条(b)款规定:“如果不同份的种类物混合在一起,则货物的所有各个权利人将共同拥有该种类物,且承储人对每个所有权人就其份额分别承担责任。”

承储人终止存储的权利

在存储协议到期时,承储人可以要求货物交管人或其他权利人将货物取走。如果不取走,承储人有权将货物出售或进行其他处置。法典第 7.206 条(a)款规定:“承储人可以通知货物的存储人及已知对货物主张权益的任何其他人,在所有权凭证规定的存储期限结束时,或如果未规定存储期限,则在作出通知后不少于 30 天的规定时间内,支付所有费用,并从承储人取走货物。如果在通知规定的时间期满时货物未被取走,承储人可根据第 7.210 条将货物出售。”

在货物有可能出现损坏时,承储人可将上述时间缩短。法典第 7.206 条(b)款规定:“如果承储人善意地相信,在(a)款和第 7.210 条规定的时间内,货物的价值将损失至或降低至不足承储人留置权的金额,则承储人可在根据(a)款作出的通知中,将取货时间合理缩短。如果届时货物未被取走,承储人可将货物公开出售,但至少应在出售的一星期前登出一次广告或布告。”这项规定主要是为了保护承储人对货物的留置权的有效性。假设货物目前的价值为1000美元,承储人应收的费用为50美元,那么在货物交管人支付存储费之前,承储人对货物的留置权具有50美元的价值。根据上述规定,只有在货物的价值有可能从1000美元降至不足50美元时,承储人才可以缩短取货时间,否则承储人就没有理由将时间缩短。

但法典还规定了另一项例外,即在紧急情况下,承储人也有权将取货时间缩短。法典第7.206条(c)款规定:"如果货物因质量或状况原因,对其他财产、货仓设施或其他人的人身构成危险,且承储人在收货时未得到该质量或状况的通知,承储人可在向所有已知对货物主张权益的人作出合理通知后,不经登出广告或布告,即对货物作出公开或私下出售。承储人如果经合理努力无法将货物售出,即可用任何合法方式处置货物,且不因该处置承担责任。"这项规定没有具体说明承储人可以将时间缩短多少,而只是要求作出合理通知。假设货物随时有可能发生腐烂并影响货仓内的其他货物,那么即使承储人立即将货物移出货仓,也应该属于合理的处置方式。

在承储人处置货物之前,任何权利人均可及时取回货物。法典第7.206条(d)款规定:"在根据本条出售或以其他方式处置货物之前的任何时间,如果任何根据本篇对货物享有权利的人提出适当请求,承储人即应将货物交付给该人。"同时,该条第(e)款规定:"对于根据本条出售或处置货物后的收益,承储人可以用于支付留置权,但必须保留任何余款,并在任何人要求取得余款时,将余款交给该人,只要承储人原有义务向该人交付货物。"

承储人的留置权

承储人的主要义务是谨慎保管货物。相应地,承储人的主要权利是收取约定的存储费。在货物交管人支付存储费之前,承储人对处于自己占有之下的货物享有留置权。同时,此种留置权同时用于担保承储人有权收取的其他费用,如根据法典规定而处置货物时所支出的费用等。法典第

7.209 条(a)款规定:“承储人就所发生的存储费或运输费(包括滞期费和码头费)、保险费、人工费、货物目前及未来的费用、保存货物的必要费用、以及依法出售货物的合理费用,对仓单或存储协议所覆盖的货物,或对其所占有之货物的收益,享有对抗货物交管人的留置权。”根据这项规定,承储人的留置权既存在于仓单中,也存在于仓单所覆盖的货物中,也存在于货物处置后的收益中。

为了加强对承储人的保护,法典还规定,如果货物交管人在承储人处存有或曾经存有其他货物,并有尚未支付的存储费,那么承储人也可以对没有欠费的现有货物享有留置权,只要该货物的仓单允许此种留置权。法典第7.209条(a)款规定:“如果货物的存储人还就所存储的其他货物(无论何时存入)欠付此类费用,且目前的仓单或存储协议规定,承储人就其他货物的费用亦享有留置权,则无论承储人是否已将该其他货物交付,承储人亦对目前仓单或存储协议所覆盖的货物,或对其所占有之货物的收益,享有留置权。”

承储人就费用对货物和货物收益享有的留置权,在对抗现有交管人时,限度为双方所约定的全部费用,但在对抗仓单流通之后的后手购买人时,限度仅为仓单上所注明的费用,或在仓单未注明时,仅限于合理费用。法典第7.209条(a)款规定:“在对抗流通仓单正常流通后取得仓单的人时,承储人的留置权仅限于仓单上注明的费用或费率,或如果仓单上未注明,则限于仓单所覆盖的特定货物在收到后发生的合理存储费用。”

此外,如果还存在其他费用,承储人即使不享有上述留置权,也可能享有法典第9篇规定的担保权益。法典第7.209条(b)款规定:“承储人还可就(a)款以外的其他费用,如贷款或利息,以仓单注明的最高费用金额为限,保留第9篇项下对抗货物交管人的担保权益。担保权益受第9篇的约束。”留置权和担保权益都是担保权利,但留置权是依据法典以外的其他法律产生的,而担保权益是依据法典第9篇产生的,所以两者不完全一样。

假设货物交管人不是货物的所有权人,而只是接受委托而占有货物,但在占有货物期间，将货物交付给承储人保管，且由于未交存储费，致使承储人持有留置权或担保权益，此时，承储人的留置权和担保权益是否可以对抗货物的所有权人？法典第7.209条(c)款规定："承储人根据(a)款就费用所享有的留置权，以及根据(b)款享有的担保权益，亦可有效对抗将货物委托给货物交管人占有的人，只要该委托的方式，在假设货物交管人将货物质押给支付了价值的善意购买人时，本可构成有效质押。"

根据上述规定，假设甲是货物的所有权人，并将货物"委托"(entrust)给货物经销商乙，而乙随后作为货物交管人，将货物交给承储人保管，那么在乙未能支付存储费时，承储人对货物的留置权和担保权益，不仅能对抗乙，而且能对抗甲。因此，如果甲不代为支付存储费，甲就无权取回货物。这里所说的"委托"，是指甲主动将货物交付给乙，并使乙有"权力"(power)将货物进行有效质押。至于乙在何种情况下有权力将货物质押，则需要根据法典以外的其他相关法律予以确定。

但是，如果上述例子中甲向乙的交付不构成"委托"，则承储人的留置权和担保权益就不能对抗甲。法典第7.209条(c)款规定："在对抗所有权凭证出具前对货物取得法定权益或完善担保权益的人时，该留置权或担保权益在下列情况下无效：(1)该人未将货物或覆盖货物的所有权凭证，交付或委托给货物交管人或其指定人，并使其具有运输、存储或出售货物的实际授权或表见授权，或具有根据第7.403条取得货物交付的权力，或具有根据第2.403条、第2A.304条(a)(2)款、第2A.305条(a)(2)款、第9.320条、或其他法律对货物进行处置的权力；以及(2)该人未对货物交管人或其指定人取得所有权凭证给予默认。"

根据上述规定，如果上述例子中的甲并未明示或默示对乙提供处置货物的权力，则只要甲在承储人出具仓单之前即对货物拥有法定权益(如所有权或其他权益)或拥有完善担保权益，承储人的留置权或担保权益就不能对抗甲。例如，假设乙从甲偷走货物，然后将货物交给承储人存储，那么承储人就不能对抗甲。

如果货物交管人不支付存储费,承储人如何兑现其留置权？法典第7.210条(a)款规定:“除(b)款另有规定外,承储人为强制履行留置权,可在通知所有已知对货物主张权益的人后,在任何时间和地点,以任何商业上合理的条件,将货物整批或分批进行公开或私下出售。通知必须说明到期应付的金额、拟进行之出售的性质、以及公开出售的时间和地点。”

上述规定的原则是,对货物的处置必须合理。只要合理,承储人可以使用任何处置方式。而且,即使能够证明,还存在其他更好的处置方案,这也不等于承储人的处置方式不合理。法典第7.210条(a)款规定:“即使在承储人选择的出售货物的时间或方式以外,存在能够取得更好售价的时间或方式,该事实本身也不足以说明该项出售未以商业上合理的方式进行。只要承储人在该种货物的任何公认市场上以通常方式出售该货物,或在此种市场上以当时的时价出售该货物,或以其他符合该种货物经营人所采用的商业上合理的其他方式出售该货物,即属以商业上合理的方式出售该货物。如果出售货物的数量,明显超出偿付债务所必需的数量,则除上句所述的情况外,不属商业上合理。”

如果货物交管人是消费者,则为了加强对消费者的保护,承储人在处置货物时要受到稍多的限制。法典第7.210条(b)款规定:“如果货物不属于商人在业务过程中存储的货物,则只有满足下列条件时,承储人才能强制履行对货物的留置权:(1)必须通知所有已知对货物主张权益的人。(2)必须在通知中:逐项列出索赔;说明留置权涉及的货物;要求在收到通知后不少于十天的规定日期付款;醒目注明如果未能在规定时间内付款,将发布出售货物的广告并在规定的时间和地点拍卖货物。(3)必须按通知说明的条件出售货物。(4)必须在与货物留存地或储存地最接近的适当地点出售货物。(5)必须在通知规定的时间到期后,在货物出售地公开发行的报纸上每星期一次,连续两个星期登出广告。广告必须描述货物,说明货物存储人的名字,并说明出售货物的时间和地点。出售必须在广告第一次登出的十五天后进行。如果出售地无公开发行的报纸,则必须在出售前至少十日前，在拟出售地点的临近区域不少于六处的明显位置贴出布告。”

在承储人处置货物之前，如果任何对货物主张权利的人支付了所欠的存储费，承储人原则上必须停止处置。法典第 7.210 条(c)款规定：“在根据本条进行出售之前，任何对货物主张权利的人，均可支付足够的金额，用于偿付留置权和根据本条支出的合理费用。此时，除仓单条款和本篇另有规定外，承储人不得出售货物，而必须保留货物。”在这种情况下，承储人需要暂时停止处置货物，但不等于承认主张人对货物的权利主张。该主张是否能够成立，还需要另行确定。如果没有人同意支付欠费，则承储人在处置货物之后，“对于根据本条出售货物后的收益，承储人可以用于支付留置权，但必须保留任何余款，并在任何人要求取得余款时，将余款交给该人，只要承储人原有义务向该人交付货物”。

如果承储人在处置货物时未能遵守法典的上述规定，承储人就要承担责任，但在处置中取得货物的人不受影响，仍然可以取得对货物的相应权利。法典第 7.210 条(i)款规定：“承储人如果未能按本条规定出售货物，即应对造成的损失承担责任；如果属于故意，应承担侵占货物的责任。”但该条第(e)款规定：“即使承储人在强制履行留置权的出售中未能遵守本条规定，善意购买人在取得货物后，亦不受制于任何人的权利，只要承储人的留置权可以有效对抗该人。”例如，在上述例子中，如果甲将货物委托给乙，乙随后将货物交付给承储人保管，那么如果承储人最终将货物处置，则即使处置方式不符合法典的规定，在处置中善意取得货物的人，仍可对抗甲和乙对货物的权利，因为承储人的留置权可以对抗甲和乙。

第三节　提单的特殊规定

除去有关仓单的特殊规定，法典第 7 篇还对提单作出一些特殊规定。有关提单的规定，虽然类似于对仓单的规定，但仍有一定差别。例如，第 7 篇对仓单的必备内容作出规定，但在涉及提单时，则没有作出任何具体规定。

错误描述货物

同仓单一样,如果提单对货物的描述存在错误,开单人可能要承担相应责任。法典第 7.301 条(a)款规定:“善意支付价值取得不可流通提单的收货人,或流通提单正常流通后的执票人,如果依赖提单对货物的描述或提单所标明的日期,即有权在提单错填日期,或在开单人未收到货物或错误描述货物时,就所受的损失从开单人取得损害赔偿,除非所有权凭证注明,开单人不知道货物是否事实上已部分或全部收到,或是否与描述相符,例如,描述系以商标、标签、种类、数量或状况作出,或提单(或描述)使用了‘包装内的内容或其状况不详’、‘据报装有’、‘发运人提供重量、装载及数量’或类似的限制用语;但是,该注明必须系属真实。”根据这项规定,如果提单对货物的描述存在错误,则在涉及不可流通提单时,收货人可以追究承运人的责任,因为其是唯一有权取得提单项下货物的人;涉及流通提单时,执票人可以追究承运人的责任,因为执票人是有权要求承运人交货的人。

法典的上述规定允许开单人在实际并不了解货物内容时,通过在提单上加注相应文字,排除自己错误描述的责任。但在有些情况下,开单人则需要履行规定的义务,并对货物承担相应的责任,而不能对该义务和责任进行排除。法典第 7.301 条(b)款规定:“如果提单的开单人装载货物,则在货物为箱装时,其必须清点箱数,在货物为散装时,其必须核实种类和重量。此时,除包装内的货物存在隐瞒外,‘发运人提供重量、装载及数量’,或其他表示由发运人提供货物情况的用语,系属无效。”此外,该条第(c)款规定:“如果发运人自行装载散装货物,但向提单的开单人提供了充分的称重设备,则开单人必须在收到发运人以记录形式提出的称重要求后,在合理时间内核实种类和重量。此时,‘发运人提供重量’或其他类似用语,系属无效。”

即使开单人在提单上没有特别注明对自己责任的排除,也不意味着开单人必然要对货物的错误描述承担责任，因为如果错误系由发运人引起的，发运人可能要承担责任。法典第7.301条(d)款规定："开单人可在提单中加入'发运人提供重量、装载和数量'或其他类似用语，用于表示货物由发运人装载。如果该说明系属真实，开单人对不适当装载造成的损失不承担赔偿责任。但是，省略此种说明，不意味着开单人应对不适当装载造成的损失承担责任。"

关于发运人的责任，法典第7.301条(e)款规定："发运人向开单人保证，其向开单人提供的描述、商标、标签、数字、种类、数量、状况及重量，在发运时系属准确。如果该等情况存在不准确之处，发运人应就所造成的损失赔偿开单人。"根据这项规定，发运人相当于向承运人作出有关货物状况的担保(warranty)。因此，如果货物不符合担保，致使承运人对不可流通提单的收货人或流通提单的执票人承担责任，承运人可以相应追究发运人的责任。但是，这本身并不能免除开单人对收货人或执票人的责任。法典第7.301条(e)款规定："开单人取得此种赔偿的权利，不对开单人根据承运合同，向发运人以外的任何其他人承担的义务和责任构成限制。"

承运人的义务和责任

同承储人一样，承运人对货物的主要义务是行使正常谨慎。法典第7.309条(a)款规定："承运人无论出具的是流通提单还是不可流通提单，均必须以合理谨慎的人在类似情况下应该行使的谨慎照管货物。"在有些情况下，法典以外的法律可能对公共承运人规定了"严格责任"(strict liability)的标准，即承运人无论是否行使了正常谨慎，都要为所造成的损害承担责任。对此，法典第7.309条(a)款规定："如果任何法律规定，公共承运人应对非疏忽性损失承担责任，该法律不受本款影响。"

承运人同样可以通过协议对自己的责任进行限制。法典第7.309条(b)款规定："承运人可在提单或运输协议中设立条款，限制损害赔偿的金额，即只要承运人基于价值收费，而发货人被告知和被给予机会申报较高价值,则承运人对损失的赔偿,即不超过提单或运输协议中注明的价值。”也就是说,如果承运人的责任限度与运费相连,发运人可以通过支付较高运费来提高承运人的责任限度。此外,该款还规定:“提单或运输协议可以设立合理条款,规定就运输提起索赔或诉讼的时间和方式。”但该款同时规定:“涉及承运人侵占货物供自己使用时,对承运人责任进行限制的上述条款,即属无效。”

提单的涂改

涉及提单的涂改时,法典第 7.306 条规定:“如果未经授权,提单被涂改或在空白处被填入任何内容,提单应按原始条款强制履行。”这与法典对仓单的规定稍有不同。涉及实体流通仓单时,在仓单空白处所作的无授权添补对承储人具有约束力,也就是说,即使此种添补属于欺诈,承储人也必须按填补后的仓单条款承担责任。但在涉及提单时,任何无授权添补都不具有效力,因此承运人不承担无授权添补的风险。法典及正式评论对此种区别没有作出说明。从道理上来讲,如果无授权添补不具有效力,会增加提单流通中的风险,即后手购买人所购买的提单,可能对承运人不具有约束力。但在实际商业活动中,提单主要用于运输,一般不会转手,而仓单的融资作用更大,多次转手的情况更多。也许从这个角度来说,法典希望加强对流通仓单后手购买人的保护。

改变目的地或收货人

在提单出具时,都会注明运输的目的地和收货人。涉及流通提单时,可以注明收货人是“持票人”,即任何占有提单的人,都有权取得货物;也可以注明收货人是“甲的指定人”,即提单上注明了甲的名字,而甲可以通过在提单上作出背书,而将自己或其他任何人指定为收货人。涉及不可流通提单时,收货人均为特定人,即提单上注明了特定人的名字,且只有该人有权取得货物。

提单上初始注明的目的地和收货人，是根据发运人的要求填写的。提单出具之后，如果需要改变目的地或收货人，则提出修改要求的，必须是有权作出此种改变的人。法典第7.303条(a)款规定："除提单另有规定外，承运人在收到下列人的指示后，可以遵从该指示将货物交付给不同于提单注明的人或目的地，或以其他方式处置货物，而无须承担错误交付的责任：(1)流通提单的执票人；(2)不可流通提单的发货人，即使收货人作出相反指示；(3)不可流通提单的收货人，只要发货人未作出相反指示，且货物已到达提单注明的目的地，或收货人占有实体提单或控制电子提单；或(4)不可流通提单的收货人，只要相对于发货人，该收货人有权处置货物。"

上述第一种情况涉及流通提单。流通提单的执票人属于"所有权凭证的权利人"，因此其有权对承运人发出任何指示，包括改变运输的目的地、改变货物的收货人以及改变货物的交付或处置方式等。当然，这只是说执票人有权提出要求，至于承运人是否实际能够做到，以及此种改变所引起的费用等相关问题，则需要与承运人协商确定。上述后3种情况都涉及不可流通提单。对于此种提单，在发货人将提单交付给收货人之前，发货人的权利优于收货人的权利，因此承运人要服从发货人的指示。在收货人收到提单之后，收货人即属于"所有权凭证的权利人"，因此承运人要服从收货人的指示。在最后一种情况中，收货人的权利是否优于发货人的权利，需要根据其他法律原则予以确定。

在涉及流通提单时，由于提单有可能多次流通，因此每次流通后都会有一个执票人。假设一个前手执票人在向承运人作出指示后，将提单流通给后手执票人，此时，前手执票人的指示是否仍具有效力？法典第7.303条(b)款规定："涉及流通提单时，如果(a)款所述的指示未在提单上注明，则提单正常流通后的受让人，可要求货物保管人按提单原始条款履约。"根据这项规定，前手执票人对提单的修改必须注明在提单上，才对后手执票人具有约束力。

目的地提单

提单一般在发运地出具，即在发运人将货物交付给承运人的地方出具。但是，如果发运人提出要求，法典也允许在货物的目的地或其他地点出具提单。法典第 7.305 条(a)款规定："承运人可以根据发货人的要求，不在发运地向发货人出具提单，而在目的地出具提单，或在要求中指定的任何其他地点出具。"发运人为什么需要在其他地点出具提单？法典的正式评论说，这是为了适应商业中的实际需求。例如，空运或公路运输的到达速度很快，如果在发运地出具提单，寄送提单的时间有可能超出货物运输的时间，因此会出现货物到达后提单仍未到达的情况，而在目的地由承运人的代理人出具提单，即可避免这个问题。

成套提单

成套提单是国际贸易中的传统做法，即一项提单分为一式多份（如 3 份），每份均为正本。这种做法是为了满足国际贸易中的特定需要，不同正本可以分别由不同当事方持有。这种传统的成套提单在通信不便的早期具有一定效用，但在现代通信手段条件下，效用已大为降低，并具有较大副作用，因为多份正本有可能造成权利的混淆。

出于此种考虑，法典原则上不允许承运人在美国国内的运输中出具成套提单。法典第 7.304 条(a)款规定："除国际运输中另有习惯做法外，出具实体提单不得一套多份。开单人对违反本款造成的损失承担责任。"但是，由于成套提单在国际贸易中仍在使用，且出具提单的承运人不一定受美国法律的管辖，因此该条第(b)款规定："如果一套多份的实体提单系合法出具，且成套提单中的每一份均有编号，并注明只有在未曾就另一份提单交付货物时该份提单方为有效，则所有各份构成一项提单。"

对于成套提单，最重要的问题是如何确定不同正本持有人之间的权利。法典第 7.304 条(c)款规定："如果一套多份的实体流通提单系合法出具，且各份被流通至不同的人，则首次正常流通的执票人对所有权凭证和货物享有的所有权，具有优先权，即使随后的任何执票人已善意地从承运人收到货物，并通过交付其所持的那份提单，解除了承运人的义务。”根据这项规定，首先通过“正常流通”（due negotiation）取得提单正本的人对提单和货物享有优先权，即使随后取得另一份提单正本的人先从承运人取得货物。也就是说，在不同正本持有人之间，后取得提单但先取得货物的人，要把货物交还给先取得提单的人。关于“正常流通”的概念，后文还会具体讨论。

那么，承运人如果把货物交付给后取得提单的人，是否要对先取得提单的人承担责任？实际上，承运人不仅不需要承担责任，而且有义务必须将货物交付给第一个向承运人交付提单的人。法典第7.304条（e）款规定：“涉及合法出具的实体成套提单时，货物保管人有义务根据本篇第4章的规定，在收到首先提示的那份提单时即交付货物。货物保管人如此交付货物后，即被解除对全套提单的义务。”

如果成套提单的任何一份正本被流通给后手执票人，则转让人对后手执票人的责任，相当于整套提单。法典第7.304条（d）款规定：“流通或转让实体成套提单中任何一份的人，对那份提单的执票人，承担相当于该份提单为全套提单时的责任。”根据这项规定，如果持有一份提单正本的人将提单转让给受让人，但持有其他正本的人先行将货物取走，致使该受让人无法取得货物，则提单的转让人要对受让人承担责任。

联运提单

在有些情况下，货物涉及分段运输问题，甚至需要分别通过不同运输工具运输，因此，需要由不同承运人配合来完成全程的运输。如果由货物发运人与不同承运人分别订立运输合同，有时过于烦琐，有时则不可能。此时，与发运人订立运输合同的首个承运人，可能会同意代为安排不同承运人的运输，并向发运人出具“联运提单”（through bill of lading）。在这种安排下，发运人不需要再找其他承运人，即可完成货物的全程运输。

对于此种提单，出具联运提单的承运人承担什么责任？法典第7.302条(a)款规定："如果开单人出具联运提单或其他所有权凭证，说明部分履约将由开单人的代理人或由其他承运人承担，则在该代理人或该承运人违反凭证义务时，开单人仍然应对有权根据凭证取得赔偿的人承担责任。但是，如果提单涉及在海外或在与美国大陆本土不相接的地域履行的义务，或涉及运输以外的其他义务，则当事方可以通过协议，改变该代理人或该承运人违反义务时的责任。"根据这项规定，联运提单的开单人相当于总承包商，需要就全程运输承担提单责任。开单人的此种责任，在美国大陆本土的运输中不得被排除，但在其他运输中可以通过协议被排除。美国大陆本土一般是指美国大陆的相连区域，因此不包括阿拉斯加或夏威夷等与美国大陆分离的地区。

尽管联运提单的开单人承担类似总承包商的责任，但其他参与运输的承运人也要承担自己的相应责任。法典第7.302条(b)款规定："如果覆盖货物的联运提单或其他所有权凭证，包含由开单人以外的其他人履行部分义务的承诺，则该其他人在收到货物后，应就其自己这部分义务，在占有货物期间，履行开单人的义务。该人根据凭证将货物交付给另一人后，即被解除义务，且不对任何其他人或开单人的违约承担责任。"根据这项规定，参与运输的其他承运人类似于分承包商，只对自己的那部分承担运输责任，但不对其他承运人的违约承担责任。

如果参与联运的承运人未能履行自己的义务，致使联运提单的开单人被索赔，前者要对后者承担责任。法典第7.320条(c)款规定："上述(a)款所述的联运提单或其他所有权凭证的开单人，有权从承担运输的承运人或凭证项下违约发生时占有货物的其他人，取得下列损害赔偿：(1)因凭证项下的违约，开单人可能有义务向有权就凭证违约取得赔偿的人支付的赔偿金额。该金额可由任何收据、法院判决或判决副本予以证明；以及(2)在有权就凭证违约取得赔偿的人提起的诉讼中，开单人为抗辩而支出的合理费用。”

承运人的留置权

与承储人一样，承运人就尚未收到的运费和其他费用，对货物和货物的收益享有留置权。法典第 7.307 条(a)款规定：“承运人就收到货物后的存储或运输费用(包括滞期费和码头费)、运输过程中保存货物的必要费用、以及依法出售货物的合理费用，对提单覆盖的货物，或对其占有之货物的收益，享有留置权。但是，在对抗通过支付价值取得流通提单的购买人时，承运人的留置权仅限于提单上或相关费率表上注明的费用；如果未注明，则限于合理费用。”

关于上述留置权的效力，法典第 7.307 条(b)款规定：“如果法律要求承运人收取并承运货物，则承运人根据(a)款就货物费用享有的留置权，可以有效对抗发货人，或货物的任何权利人，除非承运人曾得到通知，即发货人缺乏将货物抵偿上述费用的授权。”也就是说，如果根据法律规定，承运人对某些类别的运输没有权利拒绝，则法典相应对承运人给予最大保护，即承运人的留置权原则上可以对抗任何人。

如果承运人并非被法律要求接受承运，则承运人的留置权仅可对抗发货人，以及将货物委托给发运人的人。法典第 7.307 条(b)款规定：“根据(a)款取得的任何其他留置权，可以有效对抗发货人，以及允许货物交管人控制或占有货物的任何人，除非承运人曾得到通知，即货物交管人缺乏该授权。”根据这项规定，如果小偷从商家偷走货物，并交付给承运人承运，则承运人的留置权可以对抗小偷，但不能对抗商家，因为商家未允许小偷控制或占有货物。

与承储人一样，承运人在运费未获支付的情况下，可以通过处置货物来兑现自己的留置权。法典第 7.308 条(a)款规定：“承运人为强制履行留置权，可在通知所有已知对货物主张权益的人后，在任何时间和地点，以任何商业上合理的条件，将货物整批或分批进行公开或私下出售。通知必须说明到期应付的金额、拟进行之出售的性质以及公开出售的时间和地点。即使在承运人选择的出售货物的时间或方式以外,存在能够取得更好售价的时间或方式,该事实本身也不足以说明该项出售未以商业上合理的方式进行。只要承运人在该种货物的任何公认市场上以通常方式出售该货物,或在此种市场上以当时的时价出售该货物,或以其他符合该种货物经营人采用的商业上合理的其他方式出售该货物,即属以商业上合理的方式出售该货物。如果出售货物的数量,明显超出偿付债务所必需的数量,则除上句所述的几种情况外,不属商业上合理。”这个规定与承储人处置货物的规定是一致的。此外,在其他方面,承运人处置货物的规定也与承储人相同。但是,法典此处没有为消费者另行制定规则,因为消费者很少会涉及承运业务。

第四节　所有权凭证的流通

所有权凭证的流通类似于票据的流通。所有权凭证的流通同样是一种转让,但又是符合法典特定条件的转让,具有特定效力。前文在讨论流通票据时谈到,票据的转让基本上属于合同法和财产法的范畴。原则上,转让人只能转让自己所拥有的权利,而受让人不能取得优于转让人的权利。票据的流通属于票据法的范畴。票据流通后的受让人在一定情况下可以取得优于转让人的权利。法典第 7 篇对流通所有权凭证的规定,在很多方面类似于对流通票据的规定,而所有权凭证的流通也在相当程度上类似于票据的流通。

转让;流通;正常流通

前文在讨论流通票据时谈及,在法典第 3 篇中,所有的票据均为流通票据。并且,只要符合法典第 3 篇对流通所规定的条件,票据的转让即属于流通。根据法典以外的合同法和财产法对票据作出的转让,不属于流通，也基本上不在法典第3篇的管辖范围之内。所有通过流通而取得票据的人都是执票人，但满足特定条件的执票人可以成为正当执票人，并受到法典最大限度的保护。

法典第7篇同时包括流通所有权凭证和不可流通所有权凭证。因此，法典第7篇的规定，需要同时考虑两种不同凭证的转让问题。不可流通所有权凭证虽然不可流通，但仍然可以转让，即合同法和财产法意义上的转让。不可流通所有权凭证在绝大多数方面受到法典第7篇的约束，包括当事方的权利和义务，但此种凭证的转让效力，原则上需要根据法典第7篇以外的其他法律予以确定。

对于流通所有权凭证的转让，法典主要将其分为“流通”(negotiation)和“正常流通”(due negotiation)两种。流通和正常流通都属于流通，但效力不同。流通后的执票人大体上相当于票据流通后的普通执票人，而正常流通后的执票人则大体上相当于票据流通后的正当执票人。在理论上，如果流通所有权凭证的转让既达不到正常流通的条件，也达不到流通的条件，该凭证仍然有可能发生转让，但只相当于不可流通凭证的转让。从法典第7篇的角度，对于流通所有权凭证，主要是从流通和正常流通的角度作出规定。

通过正常流通取得所有权凭证的人，可以获得法典第7篇最大限度的保护。因此，所有通过转让取得流通所有权凭证的人，都希望该转让可以构成正常流通。那么何种转让才符合法典第7篇对正常流通所规定的条件？基于实体凭证和电子凭证的不同特点，法典第7篇为两种类型的凭证分别作出规定。

关于实体流通所有权凭证的正常流通，法典第7篇首先说明了在何种情况下凭证的转让可以构成流通，然后再说明何种流通可以构成正常流通。关于流通，法典第7.501条(a)款规定：“(1)如果凭证的原始条款是向特定人的指定人交付货物，则在该特定人作出背书并交付后，凭证即完成流通。如果该特定人作出空白背书，或背书给持票人，则任何人均可仅凭交付使凭证流通。(2)如果凭证的原始条款是向持票人交付货物,则凭证可仅凭交付而流通。(3)如果凭证的原始条款是向特定人的指定人交付货物,则把凭证交付给该特定人,具有相当于该凭证被流通的效果。(4)将凭证背书给特定人后,需要该特定人作出背书并交付,凭证才能再度流通。"这项规定非常类似于法典第3篇对票据的流通所规定的条件。也就是说,凭票交货的所有权凭证,可以仅凭交付而流通,而凭令交货的所有权凭证,原则上需要执票人作出背书并交付后才能流通。

上述第(a)(1)款涉及的是凭令交货的所有权凭证。对于此种凭证,如果执票人作出背书并随后交付凭证,凭证即被流通。如果是记名背书,即背书给特定人,则凭证的再次流通还需要该特定人背书并交付。如果是空白背书,即背书只由签名构成,没有具体指定收货人,则凭证的再次流通只需要交付,不需要背书。这与法典第3篇对凭令付款票据流通的规定是一致的。

上述第(a)(2)款涉及的是凭票交货的所有权凭证,即凭证规定将货物交付给持票人。这种凭证可以仅凭交付而流通。凭证的再次流通,也可以仅凭交付。如果在流通的过程中,凭证被作出记名背书,则凭证即从凭票转变为凭令。此种凭证再次流通时,需要记名背书中指定的特定人作出背书。

上述第(a)(3)款意在说明,涉及凭令交货的凭证时,只要把凭证交付给凭证上注明的指定人,即使转让人不作背书,该交付亦构成流通,因为该指定人在拿到凭证后,可以自己补充背书,包括记名背书或空白背书。虽然此种背书不是转让人的背书,但符合转让人的意愿,因此属于代表转让人作出的背书。

上述第(a)(4)款涉及凭证流通后的再流通。对于凭令交货的凭证,如果执票人在作出记名背书后将凭证流通,则为了使凭证再次流通,前次流通的受让人(被背书人)需要在凭证上再次背书并交付,凭证才能再次流通。这与第一次流通的方式是一样的。

在何种情况下,凭证的流通才能构成正常流通?法典第7.501条(a)(5)款规定:“如果按照本款规定的方式,将凭证流通给任何以善意支付价值购买凭证的执票人,且该人未得到凭证上存在任何人对凭证持有抗辩或权利主张的通知,该凭证的流通即为正常流通,除非能够证明,该流通不属于正常商业活动或融资活动,或涉及为清偿或支付金钱债务而接受凭证。”

根据上述规定,流通能够成为正常流通的关键在于,取得凭证流通的人必须以善意作为、支付价值,且未得到凭证不正常情况的通知。同时,如果凭证的流通不属于正常的商业或融资活动,或目的在于清偿前存债务,则即使能够满足上述要求,流通仍然不属于正常流通。此种要求基本上类似于法典第3篇对正当执票人的要求。

以上是法典第7篇对实体凭证的规定。关于电子流通所有权凭证的流通,法典第7.501条(b)款规定:“(1)如果凭证的原始条款是向特定人的指定人或向持票人交付货物,则凭证只要被交付给另一人,即完成流通。凭证的流通,无须该特定人作出背书。(2)如果凭证的原始条款是向特定人的指定人交付货物,且该特定人对凭证拥有控制,则该控制的效果,相当于凭证已被流通。”

上述第(b)(1)款同时包括了凭令交货的凭证(向特定人的指定人交货)和凭票交货的凭证(向持票人交货)。无论哪一种凭证,均可仅凭交付完成流通,而无须背书。这是考虑到电子凭证无法实际作出背书的特点。那么,电子凭证应如何交付?对此,法典第1.201条(b)(15)款规定:“涉及电子所有权凭证时,‘交付’指自愿转移控制。”

对于电子凭证,原则上,只有执票人主动将凭证的控制转移给受让人,才属于向受让人作出交付。但是,根据上述第(b)(2)款,如果取得控制的人正是凭令交货凭证中指定的特定人,则无论该特定人是否实际上通过自愿转移取得控制,均被视为取得交付。这两项规定意在说明,对于电子凭证,虽然无须背书,但原则上仍然需要自愿转移控制。因此,如果通过不正当手段使凭证的控制发生转移,那么除去上述规定所提到的例外,该转移不构成流通。

对于电子所有权凭证，构成正常流通的条件，与对实体凭证的要求类似。法典第7.501条(b)(3)款规定："如果按照本款规定的方式，将凭证流通给任何以善意支付价值购买凭证的执票人，且该人未得到凭证上存在任何人对凭证持有抗辩或权利主张的通知，该凭证的流通即为正常流通，除非能够证明，该流通不属于正常商业活动或融资活动，或涉及为清偿或支付金钱债务而接受凭证。"

无论是实体凭证还是电子凭证，流通的前提条件都是一样的，即凭证在原始出具时属于流通凭证。法典第7.501条(c)款规定："对不可流通所有权凭证作出背书，不能使凭证变成流通凭证，也不能给受让人增加权利。"也就是说，不可流通凭证在出具后，永远都不可流通，无论转让人作出何种背书。例如，如果不可流通凭证的原始条款是"向甲交货"，那么，即使甲在收到凭证后作出背书，注明"向乙的指定人交货"，也不能将该凭证转化为流通凭证。此时，甲将凭证作出背书并交付给乙的行为，只能构成转让，而不能构成流通。但是，法典第7.501条(d)款规定："在流通提单上注明货物到达时的联系人，并不限制提单的流通性，也不构成对提单购买人的通知，即该联系人对货物拥有权益。"

正常流通的效力

如果流通所有权凭证的流通构成正常流通，凭证的受让人即可获得法典最大限度的保护。法典第7.502条(a)款规定："除第7.205条和第7.503条另有规定外，通过正常流通取得流通所有权凭证的执票人，取得下列权利：(1)对凭证的所有权；(2)对货物的所有权；(3)代理法或禁止食言法所提供的全部权利，包括涉及凭证出具后交付给货物保管人的货物时，对该货物的权利；以及(4)要求开单人根据所有权凭证条款，履行持有或交付货物的直接责任的权利，且该权利不受开单人任何抗辩或权利主张的对抗，除非抗辩或权利主张系根据所有权凭证条款或本篇规定提出。涉及交货命令时,货物保管人只有在接受命令后才承担责任;执票人所取得的,是开单人和任何背书人致使货物保管人接受命令的义务。”

根据上述规定,受让人通过正常流通取得流通所有权凭证后,仍然要受到一些限制和面临一些风险,即法典第7.205条和第7.503条所述的凭证无效的情况。关于这两条,后文会具体讨论。但是,除去这两条所述的情况,受让人基本上可以对抗任何其他人。受让人的权利,主要是对凭证的所有权和对货物的所有权。虽然流通所有权凭证在很大程度上代表了货物的所有权,但两者还是有区别的,因为两项所有权具有一定独立性。例如,遗失凭证不完全等于遗失货物,而出售货物的收益不完全等于转让凭证的收益。所以,上述第(a)(1)款和第(a)(2)款将两项所有权分别列出。

上述第(a)(3)款涉及某些异常情况下出具的所有权凭证。例如,甲将货物交付给乙占有,但实际上并没有授权乙将货物进行存储,而乙仍然将货物交付给承储人并取得流通仓单,且该仓单随后通过正常流通被丙取得。此时,虽然乙没有权利向承储人交付货物,但只要根据代理法的规定,乙向货物保管人交付货物的行为可以被视为已得到甲的授权,甲即无权主张乙的交付行为无效。又如,货物保管人实际没收到货物,但出于某种原因出具了所有权凭证,此时,只要根据禁止食言的法律,货物保管人无权否认该所有权凭证的效力,凭证正常流通后执票人的权利即不受影响。

上述第(a)(4)款涉及两种情况:一种是仓单或提单的执票人,另一种是交货命令的执票人。在前一种情况下,执票人基本上享有绝对权利,即承储人或承运人必须履行交付货物的直接责任,且原则上无权提出任何抗辩。在后一种情况下,因为发出交货命令的不是承储人或承运人,因此,在此种命令被承储人或承运人接受前,执票人对他们不享有直接权利。执票人的权利,只是要求出具交货命令的人,促使承储人和承运人接受交货命令。在承储人或承运人接受交货命令后,执票人才对他们享有直接权利。

为了进一步说明正常流通给受让人带来的权利,法典第7.502条(b)

款规定："除第7.503条另有规定外，即使所有权凭证所代表的货物被阻止交付，或即使货物保管人已交出货物，通过正常流通取得的所有权和其他权利，仍然保持有效；并且，即使存在下列情况，该所有权和其他权利，亦不受削弱：(1)该正常流通或任何先前的正常流通构成违反义务；(2)任何人由于不实陈述、欺诈、事故、误解、胁迫、遗失、被盗或侵占，失去实体流通凭证的占有，或失去电子流通凭证的控制；或(3)货物或凭证在此之前已被出售给或转让给第三人。"

上述规定首先说明，即使出现了影响货物保管人交付货物的某些情况，出具所有权凭证的承运人或承储人可能仍然要对凭证承担责任。例如，在货物买卖中，如果卖方将货物发运，取得流通提单并将提单交付给买方，而买方随后将提单正常流通给另一人，此时，即使卖方根据货物买卖合同的规定，享有可以阻止货物交付的情况，卖方也无权阻止承运人向持有提单的人交付货物，因为在承运人和执票人之间，承运人仍然有责任向提单的执票人交付货物。

上述规定还说明，即使流通中存在不正常因素，正常流通的属性也不一定受到影响。例如，假设公司的雇员私自转让公司持有的流通提单，那么，虽然雇员的行为显然不正当，但对于被转让的提单，只要该雇员因职务原因或其他原因而拥有转让提单的"表见授权"(apparent authority)，该提单的转让就有可能构成正常流通。

凭证在流通中的其他异常情况，可能也不妨碍该流通成为正常流通。例如，甲在受乙欺骗的情况下将凭证交付给乙，此时甲向乙的交付仍然构成流通。由于乙不属于善意作为，因此该流通不属于正常流通。但是，如果乙随后将凭证转让给不知情且以善意支付价值的丙，该交付即构成正常流通，丙的权利不受之前乙对甲的欺骗的影响。但是，如后文将要讨论的，假设乙不是通过欺骗取得货物，而是通过偷窃取得货物，则即使丙通过正常流通取得流通所有权凭证，丙的权利也不能对抗甲的权利。

非正常流通的效力

上文讨论的是所有权凭证正常流通后的效力。不构成正常流通的流通，在法典中称为流通，但大概也可以称为非正常流通。关于非正常流通的效力，法典第7.504条(a)款规定："所有权凭证(无论流通凭证或不可流通凭证)的受让人，如果只取得凭证的交付，但未取得凭证的正常流通，则只取得转让人拥有的或有实际授权转让的所有权和权利。"从文字来看，这项规定似乎有一点问题，因为不可流通凭证根本不存在流通的问题，更不存在正常流通的问题，为什么这项规定要提到不可流通凭证？

根据法典的正式评论，不构成正常流通的流通，基本上属于普通的转让。也就是说，流通所有权凭证的流通，如果不构成正常流通，大体上就相当于不可流通所有权凭证的转让，即受让人原则上只能取得转让人"拥有的或有实际授权转让的"全部权利。所以，对于受让人来说，即使完全以善意作为并支付了价值，其所取得的权利也不可能优于转让人的权利。这是取得所有权凭证的受让人需要承担的风险。上述规定不区分实体凭证和电子凭证，并且同样适用于不可流通所有权凭证。

此外，法典第7.504条(b)款单独为不可流通凭证制定了另一项规定，即"涉及不可流通所有权凭证时，在货物保管人收到转让通知之前(不包括之后)，凭证受让人的权利在对抗下列人时，系属无效：(1)转让人的任何债权人，即使该债权人有权根据第2.402条或第2A.308条视转让为无效；(2)转让人正常业务中的买方，只要货物保管人已将货物交付给该买方，或已收到有关该买方之权利的通知；(3)转让人正常业务中的承租方，只要货物保管人已将货物交付给该承租方，或已收到有关该承租方之权利的通知；或(4)货物保管人，只要货物保管人与转让人的交易系以善意进行"。

根据上述规定，在货物保管人收到不可流通所有权凭证的转让通知之前，货物的所有权被视为属于转让人，而不是受让人。因此，转让人的债权人，以及从转让人买进或租赁货物的买方或承租方，都对货物拥有可以对抗受让人的权利。但这项规定同时意味着,一旦货物保管人收到转让通知,受让人的权利就不受上述人的对抗。在这种情况下,不可流通凭证受让人的权利,甚至可能优于流通凭证非正常流通后受让人的权利,因为对于后一种受让人来说,在同样情况下可能无权对抗上述人。

法典如此规定的道理在于,不可流通所有权凭证本质上不构成独立于货物的权利,因此,不可流通凭证的转让,在很大程度上是货物的转让,要受到有关货物转让规则的约束。前文在讨论法典第 2 篇时谈到,在个别情况下,货物的受让人可以取得优于货物转让人的权利。法典第 7 篇上述有关不可流通凭证的规定,延续了法典第 2 篇的规定。但是,在涉及流通所有权凭证时,法典第 7 篇原则上要求,凭证的转让应该满足正常流通的条件。如果能够满足,凭证的受让人可以获得类似于票据正当执票人的最大限度的保护。但是,如果不能满足,凭证的受让人就要自行承担风险,其处境甚至不如直接购买货物时的处境。

所有权凭证无效的情况

通过正常流通取得流通所有权凭证的受让人,可以获得法典最大限度的保护,但其权利仍然受到法典第 7.503 条和第 7.205 条所述的一些限制。虽然这只是一些例外情况,但如果受让人遇到这些情况,所有权凭证就会失去原有效力。

法典第 7.503 条(a)款规定:“如果任何人在所有权凭证出具之前,对货物拥有合法权益或完善担保权益,则在对抗该人时,不能基于所有权凭证主张对货物的任何权利,只要:(1)该人未将货物或覆盖货物的凭证,交付给或委托给货物交管人或其指定人,使其具有发运、存储或出售货物的实际授权或表见授权,或具有根据第 7.403 条收取货物交付的权力,或具有根据第 2.403 条、第 2A.304 条(a)(2)款、第 2A.305 条(a)(2)款、第 9.320 条、以及其他法律处置货物的权力;以及(2)该人未对货物交管人或其指定人取得凭证给予默认。”

根据上述规定,通过正常流通取得所有权凭证的受让人,虽然可以对抗出具凭证的承储人或承运人,以及几乎所有其他对凭证或货物主张权利的人,但只要货物的真正所有权人,在货物被交付给承储人或承运人之前,未曾明示或默示同意放弃货物的占有,凭证的受让人即不能对抗该所有权人。

举例而言,假设小偷从商店窃取到所有权人的货物,随后将货物交付给货物保管人存储并取得流通仓单,随后通过正常流通将仓单流通给不知情的善意受让人,此时,受让人属于通过正常流通取得仓单的执票人,有权对抗出具仓单的承储人,也有权对抗其他对货物或仓单主张权利的人,但不能对抗将货物放在商店里的所有权人,因为该所有权人在仓单出具前即对货物拥有合法权益,且并未明示或默示同意小偷占有货物。

在上述情况下,如果仓单的执票人要求承储人交付货物,承储人原则上必须交付,但如果货物的所有权人在交付之前阻止承储人的交付,该所有权人对货物的权利即优于执票人的权利。假设承储人已经向执票人交付了货物,该所有权人虽然无权再追究承储人的责任,但可以向已经取得货物的执票人追索货物。

法典的上述规定,与第 2 篇中对货物转让的规定是一致的,即如果货物的真正所有权人从未明示或默示放弃货物的占有,则通过不正当手段取得货物的人即使随后将货物转让,善意的受让人仍然不享有对抗货物真正所有权人的权利。这项规则是传统财产法基本规则的延续,即一个人不能转让自己不拥有的财产。

除去提单和仓单,交货命令也属于一种所有权凭证,但交货命令与提单和仓单的性质有所不同。前文提到,交货命令是货物交管人出具给货物保管人的命令,要求货物保管人将货物交付给命令中指定的人。交货命令在被货物保管人接受之前,虽然也属于所有权凭证,并且也可以是流通所有权凭证,但效力相对有限。因此,持有交货命令的人,即命令中指明的有权获得货物的人,对货物的权利也有限。法典第 7. 503 条(b)款规定:"如果交货命令尚未获得接受,则基于该命令的对货物的所有权,受制于通过正常流通取得覆盖货物的流通仓单或流通提单的人的权利。”也就是说,在交货命令被接受之前,如果任何人通过正常流通取得了覆盖同一货物的提单或仓单,该人的权利即优于交货命令的持有人。

所有权凭证无效的另一种情况涉及“货物递送人”(freight forwarder)。货物递送人是货物运输业务中的一种服务商,自己并不实际运输货物,但与承运人进行协调并就运输作出安排,例如,从发运人收取货物后交付给承运人进行运输。货物递送人从发运人取货时,通常会向发运人出具类似提单的收据,而在货物递送人将货物交付给承运人时,承运人会向货物递送人出具提单。因此,对于同一份货物,实际上存在两份提单。那么两份提单之间的效力如何确定?

对此,法典第 7.503 条(c)款规定:“如果提单被出具给货物递送人,则基于该提单的对货物的所有权,受制于任何人通过正常流通取得货物递送人自己出具之提单后拥有的权利。”根据这项规定,如果两份提单都被正常流通给后手受让人,则在两个后手受让人之间,货物递送人出具的提单,效力优于承运人出具的提单。但是,该款同时规定:“承运人如果基于自己的提单,根据本篇第 4 章的规定交付了货物,即被解除交货的义务。”也就是说,从承运人的角度,只要根据自己出具的提单交付了货物,就算履行了自己的义务,而不需要参与到两份提单的冲突之中。

除法典第 7.503 条所列的所有权凭证失效的情况外,还有第 7.205 条对种类物的规定。法典第 7.205 条(a)款规定:“如果承储人向正常业务中的买方出售并交付种类物,且承储人从事该类货物买卖的经营,则买方取得货物后,不受制于根据仓单所提出的索赔,即使仓单属于流通仓单,且已被正常流通。”根据这项规定,在货物为种类物时,如果货物已经被出售给善意买方,则流通仓单正常流通后的执票人不能对抗该买方。这项规定的理由在于,货物是种类物,不具有独特性,因此仓单的执票人没有必要向货物的买方追索货物,而是可以追究承储人的责任。

对于不可流通提单,尽管收货人是提单项下唯一的权利人,对货物的权利比较固定,但在一定情况下,收货人也有可能失去对货物的权利。法典第7.504(c)款规定:“涉及不可流通提单时,如果发货人改变货物目的地,或改变其他运输条款,致使货物保管人未向收货人交付货物,且货物已被交付给正常业务中的买方或承租方,收货人即丧失对货物的所有权;无论如何,收货人均丧失对抗货物保管人的权利。”

根据上述规定,虽然发货人在货物发运时已将收货人作为有权取得货物的人,因此通常无权将货物另行处置,但从承运人的角度,对于不可流通提单,承运人原则上有义务服从发货人的指示。因此,如果发货人另行作出指示,致使收货人收不到货物,收货人也不能再追索货物,也无权向承运人索赔,而只能追究发货人的责任。

除上述情况外,在涉及不可流通所有权凭证时,根据法典第 2 篇或第 2A 篇的相应规定,货物买卖的卖方或货物租赁的出租方可能有权阻止货物的交付。在这种情况下,凭证指定的收货人即无权取得货物。法典第7.504条(d)款规定:“卖方可以根据第 2.705 条,或出租方可以根据第2A.526条,阻止不可流通所有权凭证项下的交货,但应遵守该条款有关适当通知的规定。货物保管人对于遵从卖方或出租方指示而受到的损失或产生的费用,有权要求卖方或出租方给予补偿。”这项规定不适用于流通所有权凭证。

所有权凭证的背书

凭令交货的实体流通所有权凭证在流通时,需要像票据那样作出背书。如果缺乏必要背书,转让就不能构成流通,因而更不能构成正常流通。如果转让人在转让时出于疏忽或其他原因未能作出必要背书,受让人有权要求转让人事后补充背书。法典第 7.506 条规定:“涉及实体流通所有权凭证时,受让人有权要求转让人实际履行补充必要背书的义务。只有完成对背书的补充,转让才从该时起构成流通。”所谓“实际履行”(specific performance),是指义务人必须实际作出其本来有义务作出的履行,而不能仅以支付损害赔偿代替。

转让人的背书是凭令交货凭证发生流通的必要条件,但与票据的背书人不同,所有权凭证的转让人不因此种背书而对凭证其他当事方的违约承担责任。法典第7.505条规定:"涉及货物保管人出具的实体所有权凭证时,背书人不因在凭证上背书而对货物保管人或前手背书人的违约承担责任。"也就是说,所有权凭证的背书,仅仅用于凭证的流通,而不使背书人成为票据背书人那样的"次义务人"(secondary obligor)。因此,如果凭证存在问题,背书本身并不引起任何责任,但作为凭证的转让人,背书人要承担转让人的责任,如后文将要谈及的担保(warranty)责任。

第五节　所有权凭证的其他规定

除去上文讨论的问题,法典第7篇还对所有权凭证的其他一些问题作出规定,包括所有权凭证的不正常出具或超量出具、货物的交付、所有权凭证转让时的担保、所有权凭证项下货物的扣押、所有权凭证的遗失等。

所有权凭证的非正常出具

所有权凭证的开单人在出具仓单或提单时,应该遵守法典的规定和其他适用的规则。但从另一个角度来讲,为了保护所有权凭证的执票人,法典同时规定,即使开单人在出具所有权凭证时存在问题,所出具的凭证仍然属于所有权凭证,因此开单人仍然要承担开单人的责任。也就是说,即使开单人在出具所有权凭证时违反了相关法律,也并非必然导致凭证执票人对抗开单人的权利无效。法典第7.401条规定:"即使存在下列情况,本篇就所有权凭证对开单人规定的义务,仍然适用于该凭证:(1)凭证的出具、格式或内容,不符合本篇或其他法律的规定;(2)开单人违反了约束其商业活动的法律;(3)在凭证出具时,货物保管人系凭证所覆盖之货物的所有权人;或(4)出具凭证的人不是承储人,但凭证却注明为仓单。”

上述第(3)款意在说明,由于货物保管人是提供货物存储或运输的服务商,本质上是为他人存储或运输货物,因此,如果货物是货物保管人自己拥有的,该人实际上就不是货物保管人,理论上其所出具的文件也就不是所有权凭证。上述第(4)款也涉及类似问题,即如果一个人不是承储人,理论上其所出具的文件也就不是所有权凭证。但是,为了保护取得凭证的人,此类文件被视为所有权凭证,而出具凭证的人也要承担开单人的相应义务。

所有权凭证的重复出具或超量出具

由于所有权凭证代表特定货物,因此相对于该货物,应该只有一份凭证,且凭证应该与货物的数量一致。但是,有时也会出现重复或超量现象,例如,对于同一份货物出具了两份所有权凭证。对此,法典第 7.402 条规定:“如果开单人出具的覆盖货物的所有权凭证尚流通在外,则该凭证的任何副本,或显示覆盖同一货物且由同一开单人出具的其他所有权凭证,不赋予对货物的任何权利,但涉及下列情况时另有规定的除外:一套多份实体提单;种类物超量出具的凭证;凭证遗失、被盗或损毁后出具的替代凭证;根据第 7.105 条出具的替代凭证。”根据这项规定,如果不涉及例外情况,开单人在针对特定货物出具所有权凭证后,覆盖同一货物的任何其他凭证都不具有效力。该款同时规定:“如果开单人超量出具凭证,或未能在副本上醒目注明为副本,即应对造成的损失承担责任。”

上述规定有 4 项例外。首先,是成套提单。尽管法典不允许在美国大陆本土运输中使用成套提单,但在本土以外和国际贸易中允许使用成套提单。其次,是种类物。种类物具有互换性,特定性不强,很容易取得替代货物。因此,如果货物保管人出具的凭证超出其实际收到的货物,法典只规定货物保管人要承担交货责任,但重复或超量出具的所有权凭证仍然有效。法典第 7.207 条(b)款规定:“如果承储人就一批种类物超量出具仓单，致使该批种类物无法满足全部仓单，则超量出具之仓单正常流通后的执票人，亦属于货物的权利人。”再次，法典第 7.601 条允许开单人在所有权凭证发生遗失等情况后出具替代凭证，而替代凭证具有同于原始凭证的效力。最后，法典第 7.105 条允许执票人在实体凭证和电子凭证之间自由转换。

货物保管人交付货物的义务

货物保管人在收到货物并出具所有权凭证之后，除必须提供约定的存储或运输服务外，另一项最主要的义务就是，根据所有权凭证的条款和法典的规定，将货物交还或交付给有权取得货物的人。前文提到，有权取得货物的人称为“所有权凭证的权利人”。因此，除去法典规定的例外情况，承储人或承运人必须将货物交给所有权凭证的权利人。

关于货物保管人交付货物的义务，法典第 7.403 条(a)款规定：“只要所有权凭证的权利人遵守了(b)款和(c)款，货物保管人即应向其交付货物，除非货物保管人能够证明：(1)已将货物交付给另一人，且在对抗上述权利人时，该另一人有权收到货物；(2)货物发生损坏、延迟、遗失或灭失，且货物保管人不承担责任；(3)已将货物出售或作其他处置，用于依法强制履行留置权，或依法终止承储人的存储；(4)卖方已根据第 2.705 条的规定，或出租方已根据第 2A.526 条的规定，行使了阻止交付货物的权利；(5)已根据第 7.303 条，改变了货物的目的地或收货人，或对货物作了其他处置；(6)货物保管人已被解除责任或已履行义务，或享有其他可对抗上述权利人的相应抗辩；或(7)货物保管人享有任何其他合法的免责权利。”

上述规定中提到的第(b)款和(c)款，是要求所有权凭证的权利人在提取货物时，首先支付货物保管人的费用，并出示和交还所有权凭证。该条第(b)款规定：“对所有权凭证所覆盖之货物主张权利的人，必须偿付货物保管人的留置权，只要货物保管人提出此种要求，或法律规定货物保管人必须收取费用后才能交付货物。”该条第(c)款规定：“如果任何人对货物主张权利，则除涉及第7.503条(a)款所述的情况外，即所有权凭证并不赋予该人对货物的任何权利，否则：(1)根据凭证主张货物权利的人，应交出覆盖货物并流通在外的流通所有权凭证的占有或控制，用于注销凭证，或注明已交付的部分货物；并且(2)货物保管人应注销凭证，或在凭证上醒目注明已交付的那部分货物；否则，其应对凭证正常流通后取得凭证的人承担责任。”

如果所有权凭证的权利人遵守了第(b)款和(c)款的规定，货物保管人就必须将货物交付给该人，除非存在上述规定中所述的例外情况。例外情况是否存在，需要根据该条以外的规定予以明确，包括法典第7篇的其他规定、法典其他篇的规定以及其他法律的规定。例如，关于第(a)(1)款所述的例外，前文曾提到，所有权凭证的执票人在有些情况下不能对抗货物的真正所有权人，因此，如果货物保管人已将货物交付给该所有权人，货物保管人即被视为已经履行了交付货物的义务，因此所有权凭证的执票人不能追究货物保管人在凭证项下的交付义务。又如，关于第(a)(2)款所述的例外，货物保管人对货物的责任仅限于行使正常谨慎，因此，如果货物灭失，但不属于货物保管人的疏忽，则货物保管人即不承担责任。上述第(a)(7)款是原则规定，即只要根据任何相关法律的规定，货物保管人不再有义务交付货物，货物保管人即被解除交付货物的义务。

货物保管人在根据上述规定、法典的其他规定以及法典以外其他法律的规定交付货物后，即使之前向货物保管人交付货物的人或从货物保管人取走货物的人存在问题，货物保管人可能也无须承担责任。法典第7.404条规定：“如果货物保管人以善意并根据所有权凭证条款或本篇规定，收取了货物，并已交付货物或以其他方式处置货物，货物保管人即不就该货物承担责任，即使存在下列情况：向货物保管人交管货物的人，不具有取得所有权凭证或处置货物的授权；或从货物保管人接受货物交付的人，不具有接受货物的授权。”这项规定的关键在于，货物保管人必须以善意作为，即对不正常情况不知情，并遵守了正常的商业做法。法典这样规定的理由在于,货物保管人不应承担对交货或取货的人进行背景调查的义务,因为这在实际商业活动中是不可行的。因此,只要交货和取货行为在表面上系属正常即可,而货物保管人没有义务核实背后的真实授权和相关关系。

转让所有权凭证时的担保

如果所有权凭证的持有人将凭证转让给受让人,转让人必须就所有权凭证的状况向受让人作出担保。这种担保类似于货物卖方对货物状况的担保,或票据转让人对票据状况的担保。此种担保同样属于法典规定的自动产生的默示担保,无须当事方作出约定或采取其他行动。法典第 7.507 条规定:"任何为取得价值而流通或交付所有权凭证的人(第 7.508 条所述的纯粹中间人除外),除另有协议外,仅向其直接购买人作出以下担保,作为出售或出租货物时所作之担保的补充:(1)凭证系属真实;(2)转让人不了解有损凭证效力或价值的事实;以及(3)对于凭证的所有权,以及凭证所覆盖的货物的所有权,该流通或交付系属正当和充分有效。"根据这项规定,此种担保只提供给"直接购买人",即转让人的直接受让人。因此,如果担保存在问题,持有凭证的人只能向自己的直接转让人追索,而不能向之前的转让人追索,且无论之前的转让人是否在凭证上作出背书。

上述规定排除了凭证转让过程中的中间人。关于此种中间人,法典第 7.508 条规定:"收款银行或其他中间人,如果已知系接受委托代表他人持有所有权凭证,或系接受委托通过交付该凭证,就汇票或其他权利主张进行收款,则该银行或中间人在交付所有权凭证时,只担保其本身的善意和授权,即使该银行或中间人已购买了用于收款的权利主张或汇票,或已为其提供贷款。"这里所说的"中间人"(intermediary),是指本身不对所有权凭证真正持有利益,而仅仅是在凭证的流通过程中提供金融服务或相关服务的人,如法典第 4 篇中的收款银行。对于这些中间人,即使从法律的角度也属于凭证的转让人,但出于其参与转让的性质,法典不要求他们对凭证的情况提供担保,而只需担保自身的善意和授权。

货物的扣押

流通所有权凭证代表着对货物的权利，并且在很多情况下，凭证的权利甚至高于货物本身的权利。例如，法典第 7.602 条规定："只要覆盖货物的流通所有权凭证尚流通在外，即不能通过司法程序，使留置权附着于货物保管人占有的货物，除非首先向货物保管人交还凭证的占有或控制，或首先由法院禁止凭证流通。在向货物保管人或法院交还凭证的占有或控制之前，不得通过司法程序强迫货物保管人交付货物。购买人如果通过支付价值购买凭证，且购买时未得到上述司法程序或禁令的通知，即不受制于该司法程序设立的留置权。"

根据上述规定，任何人在通过司法程序扣押货物时，需要先取得流通所有权凭证，或先扣押流通所有权凭证，而不能直接扣押货物，且货物保管人也没有义务根据对货物的扣押令而交出货物。并且，如果所有权凭证的执票人在取得凭证时未得到相关争议的通知，则即使扣押了货物，扣押对该人也是无效的，该人仍有权取得货物。但是，如果先前向货物保管人交付货物的人本身就不具有交付货物的权力，则所有权凭证的执票人就不享有上述权利。法典第 7.602 条规定，如果"流通所有权凭证最初基于货物的交付而出具，但交付货物的人本身不具有处置货物的权力"，则上述规则不适用。

所有权凭证的遗失等

如果所有权凭证的权利人将凭证丢失，该权利人原则上需要通过法院程序取得替代凭证或取得货物。法典第 7.601 条(a)款规定："如果所有权凭证遗失、被盗或损毁，法院可以判决交付货物或出具替代凭证。货物保管人不因遵守法院判决对任何人承担责任。涉及流通所有权凭证时，只有在权利主张人交付保证金之后，法院才可判决交付货物或出具替代凭证，除非法院认定，因未交出凭证之占有或控制而可能受到损失的人，已就该损失获得充分保护。涉及不可流通所有权凭证时,法院可以决定是否需要保证金。在根据本款提起的诉讼中,法院还有权判决支付货物保管人的合理费用和律师费。"

除法院已出具判决外,货物保管人也可以凭自己的判断来决定是否将货物交付给声称凭证丢失的人,但是货物保管人此时一般会要求该人支付保证金,否则货物保管人就要自行承担风险。法典第 7.601 条(b)款规定:"如果货物保管人在未得到法院判决的情况下,将货物交付给声称遗失流通所有权凭证的人,货物保管人应对因此受到损失的人承担责任。如果交货非以善意作出,货物保管人应承担侵占货物的责任。如果善意交付货物,且权利主张人向货物保管人交付了至少两倍于货物当时价值的保证金,用于补偿因该交付受到损失并在货物交付后一年内发出索赔通知的人,该交付即不属侵占货物。"

第九章　投资证券

法典第 8 篇称为《投资证券》(Investment Securities),主要涉及证券(security)的持有和转让,包括持有和转让的形式、要求和程序,以及当事方的权利和义务。证券主要包括通常所说的股票和债券。法典第 8 篇同时也适用于"金融资产"(financial asset)。金融资产包括证券,同时也包括证券以外的某些其他具有金融性质的财产。

法典第 8 篇的一个重要特点是,将证券的持有方式分为"直接持有"(direct holding)和"间接持有"(indirect holding)两种,并分别为两种持有方式制定不同规则。所谓直接持有,是指证券的发行人直接将证券发行给投资者,并由投资者自己持有证券,因此,发行人和投资者之间存在直接关系。所谓间接持有,是指在发行人和投资者之间存在作为中间人的专业证券公司,并由证券公司代表投资者持有发行人发行的证券。但是,间接持有不是一般的代理关系,因为证券公司在法律上是证券的名义所有权人,而投资者对证券公司持有的证券基本上不拥有直接的财产权。在美国目前的证券市场上,间接持有已成为主流方式,因为此种方式极大地提高了证券交易的便利和效率。

虽然间接持有方式已成为美国证券界的主流持有方式,但对于任何证券来说,都需要由某个人持有,只是在直接持有时,持有人是投资者,而在间接持有时,持有人是为投资者服务的证券公司。所以,直接持有仍然是证券持有方式的基础。法典第 8 篇的绝大多数规定也仍然是针对直接持有方式的。但在涉及间接持有的独特问题时,法典也作出单独规定,包括投资者和证券公司之间的权利和义务,以及投资者对证券公司所代为持有的证券和其他金融资产的权利。

法典第 8 篇虽然适用于证券,但并不构成美国证券法的主体,因为法典第 8 篇基本上只涉及证券持有和转让中的形式和程序问题,以及证券当事方的某些权利和义务。法典第 8 篇没有涉及美国证券法中更重要的一些法律问题,如证券的发行或政府对证券的监管等。证券的发行与监管主要受美国联邦政府管辖,主要管理机构为联邦"证券与交易委员会"(Securities and Exchange Commission,SEC)。证券发行和交易领域的法律也主要是美国联邦法,例如,《1933 年证券法》(Securities Act of 1933)和《1934 年证券交易法》(Securities Exchange Act of 1934)。此外,每个州也有一些统称为"蓝天法"(blue sky laws)的证券法,主要用于保证证券交易的公开和透明,防止欺诈和误导。因此,法典第 8 篇只是美国证券法中一个相对较小的组成部分。

尽管法典第 8 篇的范围有限,但对于法典来说,仍然有其存在的意义。与货物买卖一样,证券和其他金融资产早已成为日常交易的商品,是美国商业活动中的重要组成部分。证券买卖范围广泛、交易活跃、规模巨大。因此,此种商业活动需要有相关的程序性规定。更重要的是,证券具有极强的金融属性,不仅可以用于投资,也大量应用于商业活动中的融资,可以方便地配合法典其他领域内的商业活动。例如,法典第 2 篇中货物买卖交易的买方如果缺乏购买货物的资金,可以将第 8 篇范围内的证券,按照第 9 篇规定的方法抵押给提供融资的人,用于获取购买货物的资金。所以,虽然法典第 8 篇范围内的证券看似与法典其他篇的商业活动相距较远,但完全可以成为并实际上已经成为其他商业活动的有机组成部分。

第一节　证券的概念

法典第8篇的标题是“投资证券”,但在正文中只使用了“证券”这个概念,而去掉了“投资”。标题的本意应该是为了避免歧义,因为英文中的“证券”(security)可以有多种不同的含义。法典第8篇范围内的证券主要包括股票(stocks)和债券(bonds),但第8篇并没有直接使用这两个概念或词汇,而是通过对证券作出定义,间接地表明了证券的主要类别是股票和债券。

除证券外,法典第8篇中的另一个重要概念是“金融资产”。金融资产除包括证券外,还包括具有股权和债权性质的某些其他金融财产。在法典第8篇中,金融资产只适用于间接持有。也就是说,在直接持有中,投资者持有的只能是证券,不能持有金融资产;而在间接持有中,证券公司持有的是金融资产,其中包括证券,但也包括证券以外的其他一些金融财产。

直接持有是证券的基本持有方式,而间接持有是建立在直接持有基础上的。间接持有是相对于投资者来说的,而对于作为中间人的证券公司来说,仍然是直接持有。所以,有关直接持有的规定,仍然是法典第8篇的重点。本章前面几节的讨论,都与证券本身以及直接持有相关,而本章第六节则主要讨论间接持有的特殊问题。

此外,间接持有可以不止一层,而可以是两层或多层。例如,发行人将100股股票发行给证券公司甲,此时,公司甲直接持有该股票。公司甲可以随后将其中的50股股票分售给证券公司乙,但不是将股票本身出售给乙,而是将代表股票的权利,即法典所说的“证券权利”(security entitlement)出售给乙,而股票本身仍由公司甲持有。此时,公司乙间接持有50股股票。公司乙随后可以将其中的10股股票出售给投资者,但出售的仍然是证券权利,因为公司乙本身不持有股票,而只持有证券权利。因此,投资者此时也是间接持有10股股票。因此,在间接持有方式中,只有最接近发行人的持有人是直接持有,随后的任何持有人都是间接持有。与间接持有相关的问题,在本章最后一节详细讨论。

证券的定义

关于证券,法典第 8.102 条(a)(15)款规定:“除第 8.103 条另有规定外,‘证券’指发行人的债务,或对发行人或发行人之财产或企业持有的份额、参股或其他权益,并且:(A)由持票式或登记式的证券证书所代表,或其转让可以登记在发行人设立或代表发行人设立的证券转让账册上;(B)属于一个类别或系列之一,或根据其条款可被分割成一个类别或一个系列的份额、参股、权益或债务;并且(C)还:(i)实际在或其类型可以在证券交易所或证券市场进行交易或买卖;或(ii)属于投资媒介,且其条款明确规定系本篇管辖的证券。”

根据上述定义,证券实际上主要是指股票和债券,但法典并没有直接使用“股票”和“债券”这两个词汇,因为股票和债券是比较笼统的概念,在实际商业和金融活动中,具体的名称和种类多种多样,且根据使用的场合和目的,含义也不十分统一。因此,直接对证券的本质进行定义,可以更加准确地描述法典第 8 篇的适用范围。无论是股票还是债券,都涉及“发行人”(issuer)的概念,即发行股票或债券的人。发行人可以是个人,也可以是组织,如公司、其他商业组织或政府机构。关于发行人的定义,以及发行人的权利和义务,后文还会详细讨论。根据上述法典第 8.102 条(a)(15)款的定义,证券主要有下述 4 个特征。

首先,证券是发行人的“债务”(obligation)或“份额”(share)。所谓债务,就是通常理解的债券。债券代表的是发行人需要偿还的债务,在发行时需要规定偿还的期限、债券的利息以及其他相关条件。持有债券的人,是发行人的债权人。所谓份额,就是通常理解的股票。股票代表企业中的股权份额。例如,如果发行人为一个企业,并将该企业的全部股权分为 100 股,则每股即代表该企业 1% 的份额。持有股票的人,是发行人的股权人,也就是所有权人。法典第 8 篇主要关注证券的持有和转让问题,因此没有对股票和债券的其他具体问题作出进一步规定。

其次,证券可以有 3 种形式,包括实体证券的两种形式,以及非实体证券。实体证券是传统的纸质证券,法典称其为“票式证券”(certificated security)。实体证券有两种形式:一种是“持票式”(bearer form),即大体上相当于凭票付款的票据;另一种是“登记式”(registered form),即需要实名登记的证券。证券的另一种形式是非实体证券,即只记录在发行人或证券公司的账册上,但没有纸质证书,甚至也没有电子文件,法典称其为“无票证券”(uncertificated security)。非实体证券在转让时,只能通过变更账册上的记录来表示证券已被转让给另一人。证券的形式问题,后文还会具体讨论。

再次,证券必须是一个系列中的一部分,即其中之一,或是具有可分割性。关于前者,假设发行人发行 100 股股票,每股股票代表 1% 的股权,则每股股票即属于该系列“之一”,而假设发行人发行 100 份债券,每份债券具有 100 元面值,则每份债券也属于该系列“之一”。关于后者,该规定主要是为了适应间接持有方式的需要。在间接持有方式中,常见的做法是由证券公司集中持有发行人发行的证券,再由证券公司零售给投资者。根据法典的正式评论,在这种情况下,发行人甚至可以只发行 1 份股票或债券,只要该股票或债券具有可分割性。例如,发行人可以只发行 1 份代表百分之百股权的股票,但规定该股票可以分为 100 份,此时,尽管证券公司是所发行的股票的唯一持有人,而不是之一,但随后可以按 1% 股权为单位出售给不同的投资者。这项规定的目的,是将证券与其他类型的股权交易或债权交易加以区分。假设公司将百分之百的股权出售给一个证券公司,但该出售本身并未规定股权可以分割,则该交易相当于将公司整体出售给证券公司,而不是发行股票。又如,假设公司向证券公司出售一定数额的债务,但该债务本身不可分割,则该出售相当于公司向证券公司借款,而不是发行债券。

最后,很关键的一点是,此种股权或债权可以在证券市场(securities market)进行交易,或属于可以在证券市场进行交易的“类型”(type),或发行人将其所发行的股权或债权视为投资媒介(investment medium),并明确规定该股权或债权属于法典第8篇范围内的证券。这项规定包含以下3种情况。

第一种情况,证券实际上在证券市场上进行交易,如在纽约证券交易所公开买卖。如果一家公司的股票在证券交易所公开买卖,这家公司就是通常所说的“上市公司”(public company)。同样,很多债券也可以在证券市场上公开买卖。此种公开买卖的证券,最符合公众对证券的通常理解,也是投资者可以方便地购买和持有的证券。

第二种情况,证券实际上并没有在证券市场上进行交易,但属于可以交易的“类型”。例如,假设一家公司的全部股权分为100股,由10个股东持有,每个股东持有10股,此时,如果该公司的股票没有在证券市场上交易,该公司即属于通常所说的“非上市公司”(private company)。任何一个股东是否可以将其持有的股票转让给第三方,或者需要以何种条件转让,受到股东之间协议的约束。由于此种股票的转让通常都有限制条件,因此即使转让,通常也是个别当事方私下谈判的结果。但在法典第8篇中,此种股票仍然被视为证券,因为其仍然可以作为股票进行持有和转让。

第三种情况,即使发行人所发行的股权或债权不符合前文所述的两种情况,但只要发行人自己将其称为法典第8篇范围内的证券,该股权或债权就是证券。法典的这项规定,主要是为了尽可能地提高法典第8篇的灵活性和适用性,以适应金融市场的实际需求和未来发展。前文提到,法典第8篇的主要目的不是对股权或债权本身所涉及的问题作出规定,而是为了对证券的持有和转让提供程序规定。因此,如果当事方自己愿意根据法典第8篇的规定来持有和转让相关的股权和债权,法典第8篇愿意尽可能地予以接纳,而不是尽可能地拒绝。法典第8篇的这种指导思想,也导致其对证券的定义,在很多方面不同于美国联邦法或州法对证券的定义。这也是美国法律中一种普遍和正常的现象，即每一部法律中使用的概念或词汇，都是为了该法律自己的目的而制定的，可能只适用于该法律，而不能简单地套用到其他法律之中。

金融资产的定义

除去证券，法典第 8 篇中还有一个更宽泛的概念，称为“金融资产”（financial asset）。法典第 8.102 条（a）（9）款规定：“除第 8.103 条另有规定外，‘金融资产’指：（A）证券；（B）任何人的债务，或对任何人或任何人之财产或企业持有的份额、参股或其他权益，只要该债务或权益实际在或可以在金融市场上进行交易或买卖，或只要其在发行或交易区域属于投资媒介；或（C）证券中间人在证券账户中为另一人持有的任何财产，只要该证券中间人与该另一人明确约定，该财产被视为本篇项下的金融资产。（D）根据上下文，‘金融资产’可以指一项权益本身，也可以指证明任何人对该权益之主张权的工具，包括票式证券、无票证券、证券证书或证券权利。”

法典第 8 篇引入“金融资产”这个概念，主要是为了适应间接持有的方式。在间接持有方式下，作为中间人的证券公司会为投资者设立一个“证券账户”（securities account），并将金融资产放入该账户，而账户的受益人则为投资者。如果投资者需要进行金融资产的买卖，就需要向证券公司发出指示。在法典第 8 篇中，此种投资者称为“权利持有人”（entitlement holder），而其向证券公司发出的投资指示称为“权利命令”（entitlement order）。在法典第 8 篇的直接持有方式中，投资者只能持有证券，而不能持有金融资产，因此，金融资产只适用于间接持有方式。

关于哪些财产构成金融资产，从上述定义中可以看到，首先，证券属于金融资产；其次，任何可以在金融市场（financial market）上交易的或属于投资媒介的股权或债权也属于金融资产；最后，对于任何财产，只要证券公司和投资者都承认其为金融资产，该财产就属于金融资产。例如，合伙企业中合伙人的权益不属于证券，通常也不属于金融资产，但是，如果通过证券账户持有该权益,且证券公司和投资者将其视为金融资产,则无论该权益是否可在金融市场交易,也无论该权益是否通常被视为投资媒介,该权益均可构成法典第8篇范围内的金融资产。可以看到,法典对金融资产的定义同样非常宽泛,当事方几乎无须纠结一项财产是否属于金融资产,因为只要他们愿意称其为金融资产,并且可以将该财产放入证券账户,该财产就是金融资产。

上述法典第8.102条(a)(9)款定义中的第(D)款意在说明,“金融资产”这个词,根据其使用环境,既可以指资产本身,也可以指证明资产的文件,尽管该文件从理论上来说不是资产,而只是资产的证明。例如,纸质的股票证书不是股权,而只是股权的证明,但根据上下文,股票证书也可以称为“金融资产”。

证券与金融资产的区分

尽管法典第8篇对证券和金融资产的定义都相当宽泛,但由于涉及直接持有和间接持有的区分问题,仍然需要对证券和金融资产加以较明确的区分。为此,法典第8.103条设定了几项认定原则,并且在证券和金融资产的定义中,都规定第8.103条中的认定原则具有优先效力。法典第8.103条规定:“(a)公司、商业信托、股份公司或类似实体所发行的份额或类似的股本权益属于证券。(b)投资公司证券属于证券。‘投资公司证券’指根据联邦投资公司法注册为投资公司的任何实体所发行的份额或类似的股本权益;或指按前述方式注册的按份投资信托中的权益;或指按前述方式注册的面额证券公司发行的面额证券。‘投资公司证券’不包括保险公司出具的保险单、定期人寿保险单或年金合同。(c)合伙或有限责任公司中的权益不属于证券,除非该权益在证券交易所或证券市场上进行交易或买卖,或该权益的条款明确规定其为受本篇管辖的证券,或该权益为投资公司证券。但是,如果合伙或有限责任公司中的权益存在于证券账户中,该权益即属于金融资产。(d)构成证券证书的书面文件,即使同时满足法典

第3篇的规定,亦由本篇管辖,而不由第3篇管辖。但是,如果法典第3篇项下的流通票据存在于证券账户中,即属于金融资产。(e)清算公司向其成员发行的选购权或类似债务,不属于证券,但属于金融资产。(f)第9.102条(a)(15)款所定义的商品合同,不属于证券或金融资产。(g)第1.201条(b)(16)款所定义的所有权凭证,不属于金融资产,除非第8.102条(a)(9)(c)款适用于该凭证。"

根据上述规定的第(a)款,公司等类似商业组织的份额股权均属于证券。这个规定可以减少某些判断上的困难,也大体上符合一般投资者对份额股权性质的认知和理解。从这个规定也可以看出,公司是否为上市公司,不影响其股权的证券性质,只要该股权已被分割为一定份额。

上述第(b)款涉及根据美国《1940年投资公司法》(Investment Company Act of 1940)注册成立的投资公司所发行的证券,即所谓的"投资公司证券"(investment company security)。这种公司通常是专门为投资者提供证券交易服务的公司。根据法典的正式评论,法典之所以单独提到这种公司的证券,是因为这种投资公司的证券交易方式,与一般概念上的证券转让和交易方式有所不同,即不是通过不同投资者之间的转手完成,而是对于希望退出的投资者,由投资公司赎回投资者持有的证券,而对于希望进入的客户,由投资公司发行新的证券。该规定之所以提到保险公司,是因为有些保险公司也是根据美国《1940年投资公司法》注册成立的,但其产品不是作为证券提供给客户的。

上述第(c)款涉及"合伙"(partnership)和"有限责任公司"(limited liability company,LLC)。合伙企业是两个或多个合伙人组成的企业,并由合伙人个人承担合伙企业的债务,因此通常被视为无限责任企业。有限责任公司是美国法律中一种独特的公司组织形式。一方面,这种公司的股东不必为公司的债务承担责任,因此属于有限责任企业;另一方面,在税收和其他很多方面,这种公司都类似于合伙。例如,有限责任公司不必缴纳公司所得税,而只由股东根据其从公司获得的收益缴纳个人所得税。所以,有限责任公司不同于美国法律中的“股份公司”(corporation),即通常理解的有限责任、双重纳税且以股划分的公司。合伙和有限责任公司都比较封闭且高度私人化,其权益不适宜作为证券进行交易。因此,除非存在第(c)款所列的特殊情况,其权益不属于证券。

上述第(d)款涉及符合法典第3篇定义的流通票据。有些流通票据,如公司出具的具有系列性质的本票,可能既符合法典第3篇对流通票据的定义,也符合法典第8篇对证券的定义。此时,根据第(d)款的规定,该票据将不再属于法典第3篇范围内的票据,而属于第8篇范围内的证券。如果该票据通过间接持有方式被存入证券账户,该票据即成为法典第8篇范围内的金融资产。

上述第(e)款中的“清算公司”(clearing corporation),通常是与证券交易所或商品交易所有合作关系或股权关系的服务公司,为证券公司、银行和其他金融机构的证券交易和其他金融产品交易提供类似中间人性质的清算服务。参与其清算系统的公司、银行和机构称为“成员”(participants)。根据上述第(e)款的规定,清算公司向其成员提供的某些投资产品,可以构成金融资产,但不属于证券。

上述第(f)款涉及法典第9.102条(a)(15)款描述的“商品合同”(commodity contract)。根据该款的定义,商品合同主要是指在商品交易所交易的商品期货合同、期权或类似合同。根据上述第(f)款的规定,此种合同既不属于证券,也不属于金融资产。

根据上述第(g)款,法典第1.201条(b)(16)款所定义的所有权凭证,如提单或仓单,通常不属于金融资产,但如果在间接持有方式中,所有权凭证被存入证券账户,且证券公司与投资者有明确约定,则该所有权凭证作为第8.102条(a)(9)(c)款所说的其他“财产”,也可以成为金融资产。

证券的形式

法典第8篇中的证券,按载体区分,分为票式证券和无票证券两种。

法典第8.102条(a)(4)款规定:"'票式证券'指由证书代表的证券。"而法典第8.102条(a)(16)款规定:"'证券证书'指代表证券的证书。"也就是说,所谓的"票式证券",就是由纸质票证所代表的证券,而纸质票证称为"证券证书"(security certificate)。

关于无票证券,法典第8.102条(a)(18)款规定:"'无票证券'指非由证书代表的证券。"那么,此种证券以何种形式存在?根据法典规定,这种证券只能登记在发行人设立或代表发行人设立的证券登记账册上。因此,证券持有人本身不持有可以证明证券的任何证书,而只能通过证券登记账册的记录来确认证券的持有情况。

票式证券又细分为持票式和登记式两种。关于持票式,法典第8.102条(a)(2)款规定:"涉及票式证券时,'持票式'指证券的一种格式,即证券应根据其条款,而不是基于背书,向证券证书的持票人付款。"持票式证券大体上相当于凭票付款的票据,即无论任何人因何种原因持有证券,发行人均应将其视为证券的权利人。

持票式证券需要在证券证书上注明为持票式。由于这种证券不需要也不能进行登记,因此证券的权利几乎完全取决于证券的持有。如果证券丢失,捡到证券的人同样可以成为证券的执票人。根据法典的正式评论,这项规定中的"不是基于背书"这个表述,不仅说明持票式证券无须背书,而且,即使任何执票人在登记式证券上添加了空白背书,试图将其改为"持票式",该背书也不具有转换证券形式的效力。这一点与法典第3篇的流通票据不同,因为票据可以因空白背书而从凭令付款改为凭票付款。

关于登记式证券,法典第8.102条(a)(13)款规定:"涉及票式证券时,'登记式'指下列证券格式:(A)证券证书上注明了证券的权利人;并且(B)可以将证券的转让,登记在发行人设立或代表发行人设立的证券转让账册上;或证券证书规定可以进行此种登记。"根据这个定义,"登记式"证券有两个特征。

第一个特征,证券上注明了权利人,因此只有该人有权享有证券的权益。此种证券在转让时，需要证券的权利人作出背书，指定证券转让后的新权利人。证券的背书在一定程度上类似于票据的背书，也分为“记名背书”（special indorsement）和“空白背书”（blank indorsement）两种。法典第8.304条（a）款规定：“背书可以是空白背书，也可以是记名背书。空白背书包括背书给持票人的背书。记名背书注明接受证券转让的人，或注明有权力转让证券的人。持票人可将空白背书转化为记名背书。”

根据上述规定，如果登记式证券的现有权利人在转让时作出空白背书，则取得证券转让的受让人可将自己的名字填入，此时，该背书即相当于转让人以受让人的名字作出了记名背书。但是，如前所述，空白式背书并不能使登记式证券转化为持票式证券，因为即使在空白背书后，证券仍需登记在一个具体的人的名字之下。并且，如下文提到的，从发行人的角度，可以只承认作出登记的人为证券的所有权人。

第二个特征，证券在转让时可以进行登记，也可以不进行登记。如果不进行登记，转让在当事人之间仍然有效，并且在对抗第三方时也仍然有效，但是发行人有权不承认该转让，而是可以继续将转让人作为注册所有权人。法典第8.207条规定：“发行人或债券受托人，在收到登记式的票式证券之转让登记的适当提示之前，或在收到无票证券转让登记之指示的适当提示之前，可将证券的注册所有权人视为唯一有权进行投票、获得通知、以及通过其他方式行使所有权人全部权利和权力的人。”因此，登记式证券的转让虽然不是必须进行登记，但受让人通常会坚持作出登记，以确保自己的权利得到发行人的正式承认。登记式证券有点类似于不可流通票据，其权利人在每一次转让后是特定的。

证券的发行人

发行证券并对证券承担责任的人称为“发行人”（issuer）。关于发行人，法典第8.201条（a）款规定：“涉及证券项下的义务或对证券的抗辩时，‘发行人’包括下列人：（1）该人（鉴证受托人、登记人、转让代理人或其他类似的人除外)在证券证书上注明其名字,或授权注明其名字,用于证明在该人财产中或在某个企业中的份额、参股或其他权益,或用于证明该人有义务履行由该证书所代表的某种义务;(2)该人在其财产中或在某个企业中创设份额、参股或其他权益,或承担某种义务,只要该创设或承担构成无票证券;(3)该人直接或间接在其权利或财产中创设份额化权益,只要该份额权益由证券证书所代表;或(4)该人为本条所描述的发行人承担了责任,或取代了另一发行人。”

根据上述定义,对于票式证券,发行人的名字需要注明在证券证书上,但是有些注明在证券证书上的名字,并不是发行人的名字,而是其他服务商的名字。只有承担发行人责任的人才是发行人。如前所述,此种责任主要分为股权和债权两种。对于无票证券,由于无法在证券证书上注明发行人的名字,因此只能在其他记录中注明由谁承担发行人的义务。发行人的义务,后文还会进一步讨论。

如果其他人为发行人承担保证义务,则保证人将与发行人承担连带责任,并因此被视为发行人。法典第 8.201 条(b)款规定:“涉及证券项下的义务或对证券的抗辩时,保证人在所作保证的限度内,被视为发行人,无论其责任是否注明在证券证书上。”此外,法典第 8.201 条(c)款规定:“涉及转让登记时,‘发行人’指证券转让账册的实际持有人。”负责转让账册日常维护和登记的人通常是证券服务商,受发行人的委托维护该账册,但其本身不是发行人。

证券项下的适格人

法典第 8 篇为了说明谁属于证券项下的权利人,使用了“适格人”(appropriate person)这个概念,而没有使用票据中执票人和持票人的概念,但证券的适格人大体上相当于票据的执票人。根据法典第 8.107 条(a)款的规定,适格人主要包括三种人,即“(1)涉及一项背书时,指证券证书或有效记名背书注明的对证券享有权利的人;(2)涉及一项指示时,指无票证券的注册所有权人；(3)涉及一项权利命令时，指权利持有人”。

首先，涉及票式证券时，如果证券证书上注明了证券的权利人，或证券的转让背书注明了证券的受让人，该人就是适格人。关于证券的背书，法典第8.102条(a)(11)款规定：“‘背书’指在登记式证券证书上或独立文件上作出的仅有名字的签名，或伴有其他文字的签名，用于转让或赎兑该证券，或提供转让或赎兑该证券的权力。”根据这项规定，背书只适用于登记式证券证书，因为持票式证券证书仅凭交付证书本身即可转让或赎兑，无须背书。所谓“赎兑”(redeem)，是指证券的权利人将证券交回发行人，并从发行人取得相应的价值。这种情况不属于向另一投资者的转让，但大体上可以被视为向发行人的转让。从发行人的角度，属于证券的赎回，从权利人的角度，则属于证券的兑现。

其次，涉及无票证券时，转让人无法通过作出背书而对转让或赎兑给予同意和指定受让人，因此只能通过向发行人作出“指示”(instruction)进行。法典第8.102条(a)(12)款规定：“‘指示’指发送给无票证券发行人的通知，命令其就证券的转让作出登记，或命令其赎兑证券。”对于无票证券，登记在证券转让账册中的所有权人称为“注册所有权人”，而只有注册所有权人才有权向发行人发出指示。

最后，如果证券采用间接持有方式，即由作为中间人的证券公司代为持有，则有权对中间人发出权利命令的权利持有人就是适格人。关于权利持有人，法典第8.102条(a)(7)款规定：“‘权利持有人’指持有可对抗证券中间人之证券权利的人，只要在该证券中间人的记录中，承认此种权利。如果任何人根据第8.501条(b)(2)款或(3)款取得证券权利，该人即为权利持有人。”

上述定义涉及间接持有方式中的几个关键概念，后文还会详细讨论，但简单而言，关于权利命令，法典第8.102条(a)(8)款规定：“涉及对金融资产拥有证券权利的权利持有人时，‘权利命令’指该权利持有人向证券中间人传送的通知，指示该中间人转让或赎兑该金融资产。”关于证券权利，法典第 8.102 条(a)(17)款规定:"'证券权利'指本篇第 5 章所述的权利持有人对金融资产享有的权利和财产权益。"关于证券中间人,法典第 8.102条(a)(14)款规定:"'证券中间人'指:(A)清算公司;或(B)在正常业务中为他人掌管证券账户并以该身份作为的人,包括银行或经纪人。"

除上述 3 种人属于适格人外,他们的继承人、代表人、其他法定代理人也属于适格人。关于此类人,法典第 8.107 条(a)款规定:"(4)当(1)款、(2)款或(3)款规定的人已去世时,指其他法律规定的该人的继承人,或指代表该人处置遗产的私人代表人;或(5)当(1)款、(2)款或(3)款规定的人不具行为能力时,指该人的监护人、保护人或根据其他法律有权力转让该人的证券或金融资产的人。"

证券的受保护购买人

对于法典第 3 篇范围内的票据,在票据转让后,如果受让人符合"正当执票人"的条件,受让人就可以获得法典最大限度的保护。对于法典第 7 篇范围内的所有权凭证,在凭证转让后,如果受让人系通过"正常流通"取得凭证,受让人也可以获得法典最大程度的保护。在法典第 8 篇中,获得最大程度保护的证券受让人,称为"受保护购买人"(protected purchaser)。

关于受保护购买人,法典第 8.303 条(a)款规定:"票式证券、无票证券或证券中之权益的购买人,在满足下列条件时,即属于'受保护购买人':(1)支付了价值;(2)未得到证券存在对立主张的通知;并且(3)取得了票式证券或无票证券的控制。"需要说明的是,"购买"在法典中不仅指买卖,也指很多其他取得方式。法典第 1.201 条(b)(29)款规定:"'购买'指通过下列方式取得:买卖、租赁、贴现、流通、不动产抵押、质押、留置、设立担保权益、发行或再发行、赠与或任何其他在财产上设立权益的自愿交易。"因此,购买包括任何有偿或无偿的自愿转让。

受保护购买人需要满足上述规定的 3 个条件。首先,支付价值。这是任何种类的善意受让人通常都需要满足的条件。其次,未得到异常情况的通知，即所谓没有得到“对立主张”(adverse claim)的通知。关于这个问题，法典第8篇的规定与法典其他篇对“通知”的规定稍有不同，后文会进一步讨论。最后，取得对证券的“控制”(control)。这里的控制，不区分证券是否为实体，但票式证券和无票证券的控制方式有所不同。

对于持票式的票式证券，法典第8.106条(a)款规定：“将持票式的票式证券交付给购买人后，购买人即取得对证券的控制。”对于登记式的票式证券，法典第8.106条(b)款规定：“将登记式的票式证券交付给购买人后，在下列情况下，购买人取得对证券的控制：(1)证书被有效背书给购买人，或被作出有效空白背书；或(2)通过原始发行登记或发行人转让登记，证书被登记在购买人名字之下。”

根据上述规定，对于登记式的票式证券，转让人在转让时通常作出背书，以便指定受让人，但是，即使没有背书，只要在发行人的转让账册中作出登记，受让人同样可以取得完好权利。如果当事方在转让后没有登记，则只要证券证书上有转让人的背书，转让在当事方之间和在对抗第三方时同样有效，但是发行人可以继续将转让人作为证券的权利人。背书通常会指定受让人，但是，即使是没有指定受让人的空白背书，也相当于指定了受让人，因为受让人可以将自己的名字填入背书。

对于无票证券，法典第8.106条(c)款规定：“在下列情况下，购买人被视为取得对无票证券的控制：(1)无票证券被交付给购买人；或(2)发行人同意遵从购买人发起的指示，而无须再经注册所有权人的同意。”但是，在上述第(1)款中，无票证券如何进行交付？法典第8.301条(b)款规定：“无票证券在下列时间被视为交付给购买人：(1)发行人在原始发行或转让登记中，将购买人登记为注册所有权人；或(2)另一人(证券中间人除外)代表购买人成为无票证券的注册所有权人；或在成为注册所有权人后，承认代表购买人持有权益。”

根据上述规定，无票证券的控制就是交付，而交付就是在证券转让账册上作出登记。而且，受让人本身取得控制与其代理人取得控制，都具有同样效力。上述规定将证券中间人排除在外的原因是，如果是证券中间人取得控制，则证券已经不属于直接持有，而是间接持有，因此不再适用于上述规定。根据上述规定的第(2)款，如果发行人已明确承认受让人有权处置证券，则受让人就属于取得控制。

对立主张

在法典第8篇中，假设证券的所有权人甲将证券丢失，随后发现乙捡到该证券且试图将证券转让给丙，甲可以就该证券提出自己的权利主张，此时，甲的主张就称为“对立主张”(adverse claim)，也就是与乙或丙对证券的权利发生对立的主张。法典第8.102条(a)(1)款规定：“‘对立主张’指主张人声称对金融资产拥有财产权益，并声称另一人对该金融资产的持有、转让或支配，构成对主张人权利的侵犯。”这个定义使用了“金融资产”的概念，因此，对立主张的概念同样适用于直接持有方式和间接持有方式。

如果金融资产上存在对立主张，就说明财产权存在争议。在争议最终解决前，可能无法准确判断谁的主张是合法的。并且，无论谁的主张最后被证明是合法的，争议本身就会影响金融资产的价值。因此，在金融资产的转让中，是否存在对该金融资产的对立主张，是一个非常重要的问题。前文提到，如果金融资产的受让人在取得金融资产的转让时已得到对立主张的通知，受让人就不可能成为受保护购买人。也就是说，购买人对金融资产的权利，可能要受制于对立主张。

关于对立主张的通知，法典第8.105条(a)款规定：“在下列情况下，一个人被视为得到对立主张的通知：(1)该人知道该对立主张；(2)该人所了解的事实足以表明，极有可能存在对立主张，但该人故意回避可以证明存在对立主张的信息；或(3)根据法律，该人有义务调查是否存在对立主张，且所要求的调查能够证明对立主张的存在。”

此处对“通知”的定义，与法典第1篇中对“通知”的一般定义稍有不同。在法典第1.202条(a)(3)款中，除实际“知道”外，一个人是否得到一项事实的“通知”，取决于该人是否“根据当时知道的所有事实和情况，有理由知道该事实的存在”。根据法典的正式评论，法典第1篇中的有关“通知”的定义，不适用于法典第8篇中对立主张的通知。法典第8.105条的正式评论说，“‘对立主张’并不是指第三方对证券持有财产权，而仅指在侵犯该方财产权的情况下所作的证券转让。因此，仅仅知道转让人以外的他人对证券持有财产权，并不构成对立主张的通知，而是受让人必须知道，证券的转让侵犯了该他人的财产权”。

法典的正式评论举例说，假设甲持有证券，但乙对证券持有权益，在甲将证券转让给丙时，丙即使知道乙对证券持有权益，也有权假设甲的转让获得了乙的同意。因此，尽管丙知道乙的权益，但此种了解本身并不构成对立主张的通知。只有丙确实知道甲的转让违反了对乙的义务，才构成对立主张的通知。因此，上述法典第8.105条(a)(1)款所说的“知道”，不是指知道转让人以外的他人对证券持有权益，而是指知道该转让侵犯了该他人的证券权益。

上述法典第8.105条(a)(2)款的表述也是法典第8篇所特有的。法典的正式评论说，要判断对立主张是否“极有可能”存在，以及相关人是否存在“故意回避”，需要根据整体情况综合判断，不仅要考虑该人所了解的客观情况，还要考虑该人的专业知识和判断水平，因此，同样的客观情况，对于证券专业人士可能就构成通知，而对于非专业人士可能就不构成通知。上述第(a)(3)款主要涉及专业人士，即如果适用法对专业人士有“尽职调查”(due diligence)的要求，而该人士未能履行职责，则该人士即被视为得到通知。

关于对立主张的通知，法典第8.105条(b)款作出进一步澄清，即“知道代表人转让或已经转让金融资产或其中的权益，不意味有义务询问交易的正当性，也不构成对立主张的通知。但是，如果一个人知道，代表人在任何交易中转让了金融资产或其中的权益，且该交易或其收益的使用，系为代表人的个人利益，或以其他方式构成了违反义务，该人即被视为得到对立主张的通知”。根据这项规定,如果一个人为他人掌管金融资产,并转让了该金融资产,这本身不说明存在问题,因为转让可能已得到授权。只有存在其他明显的不正常情况,才构成对立主张的通知。

此外,如果证券规定了履约或赎兑日期,且证券在该日期过期后的一段时间之后发生转让,则受让人可以被视为已得到对立主张的通知,因为该证券属于已过期证券。法典第8.105条(c)款规定:“任何行为或事件,如果赋予一项权利,可以要求证券证书所代表的主债务即时履行,或如果设定一个日期,规定应在该日或之后提示或交还证书,用于赎兑或交换,此时,该行为或事件本身并不构成对立主张的通知,除非涉及以下转让:(1)涉及为赎兑或交换所设定的提示或交还日期时,超过该日期一年以上的转让;或(2)涉及为取得付款所设定的提示或交还证书的日期时,超过该日期六个月以上的转让,但前提是在该日期存在可供支付的款项。”

在上述规定中,如果证券是债券,则债券本金的偿还就属于“主债务”(principal obligation)的履行;如果证券是股票,则“赎兑”(redemption)和“交换”(exchange)是指发行人或持有人兑现或转换证券的行为。如果证券规定,在某个期限债券应该偿还本金,或股票应该进行兑现,则只要超过该日期,证券就被视为过期。根据上述规定,如果是刚刚过期,其本身并不构成对立主张的通知,因为证券的持有人不一定在该期限时马上采取行动,但是,如果过期时间已经超过上述第(1)款规定的一年,或上述第(2)款规定的半年,而证券仍然流通在外,则说明证券可能存在一定问题。此时,如果证券被转让,受让人就被视为得到对立主张的通知,要自行承担证券的风险。

上述规定只适用于票式证券。对于无票证券,在债券到期时,发行人通常会主动将应付的本金直接支付给执票人并注销债券,而在涉及股票的兑现时,发行人会直接在登记账册中作出变更。因此,无票证券不存在过期后继续转让的问题。

有可能构成对立主张通知的还有另外两种情况,即证券已经注明用于收款而不是用于转让,或证券虽然是持票式,但上面已注明其他权利人的名字。法典第 8.105 条(d)款规定:“在证券证书存在下列情况时,票式证券的购买人被视为得到对立主张的通知:(1)无论证书是持票式还是登记式,该证书的背书已注明‘用于收款’或‘用于交还’,或注明用于转让以外的其他目的;或(2)证书为持票式,且明确注明系转让人以外之其他人的财产;但是,如果证书上只有一个名字,该事实并不构成上述注明。”

上述规定中的第一种情况,证券应该被交还发行人进行兑现,而不应该流通在外。在此种情况下,如果转让人仍将证券转让,受让人就应该知道存在异常情况。第二种情况,对于持票式证券,持有证券的人就是执票人,本来有权转让证券,但如果证券上已经注明了权利人的名字,而转让证券的人并不是该权利人,证券本身和该转让自然就有可能存在问题。

第二节　发行人的权利与义务

发行人是发行证券的人,并在发行后对证券承担责任。证券的具体种类多种多样,但主要分为股票和债券两种。发行人发行股票后,通常没有义务再收回股票,因此股票的持有人,只能自己永远持有,或转让给愿意购买该股票的人。债券是发行人的债务,发行人不仅有义务在债券到期时收回债券并支付约定的债券本金,而且还有义务为债券支付利息。法典第 8 篇没有具体说明发行人对所发行的证券承担什么责任,而只是规定发行人要根据证券条款对证券承担责任,并就其他主要问题作出原则性规定。

证券的条款

证券的条款是发行人在发行证券时,为证券规定的发行条件,也是对发行人所承担的责任的说明。对于票式证券,最主要的条款会注明在证券上,其他条款则是通过引用其他文件予以说明。法典第 8.202 条(a)款规定:“票式证券的条款包括:证书上注明的条款,以及证书中引用并构成证券组成部分的其他票据、债券或文件，或宪法、法律、规则、条例、命令或类似规范，只要此种引用性条款不与证书上注明的条款冲突。上述条款甚至可以对抗支付了价值且未得到通知的购买人。”证券证书通常只是一份简单的证书，不可能包括所有条款，因此通常需要引用其他文件，并将其作为证券条款的一部分。

无票证券没有实体票证，因此证券的条款只能包含在其他相关文件中。法典第 8.202 条(a)款规定：“无票证券的条款包括：任何票据、债券或文件上注明的条款，以及作为证券发行依据的宪法、法律、规则、条例、命令或类似规范的条款。”

伪造或无授权的证券

如果证券在任何方面属于伪造，不代表发行人的真实发行，发行人即不对该证券承担责任，无论购买人是否有理由知道该证券系属伪造。法典第 8.202 条(c)款规定：“除第 8.205 条另有规定外，票式证券如果不具真实性，即构成完全抗辩，甚至可以对抗支付了价值且未得到通知的购买人。”

上述规定中提到的法典第 8.205 条，涉及证券发行的另外一个问题，即证券上代表发行人作出的签名，是否拥有发行人的相应授权。法典第 8.205 条规定：“发行之前或发行过程中在证券证书上作出的无授权签名不具效力，但对于支付了价值的票式证券购买人，该签名具有效力，只要该购买人未得到该签名缺乏授权的通知，且签名系由下列人作出：(1)鉴证受托人、登记人、转让代理人、其他受发行人委托签署该证券证书或类似的证券证书的人、或受发行人委托就签署该证券证书或类似的证券证书做直接准备的人；或(2)发行人的雇员，或上述(1)款中任何人的雇员，只要其受委托负责处理该证券证书。”

上述规定主要涉及“表见授权”(apparent authority)的问题，因为该规定所列出的签名人，都是为发行人承担发行任务的人，因此，购买人有理由相信,这些人拥有代表发行人作出签名的授权。所以,即使他们实际上没有授权,发行人也要受到他们所作签名的约束。如果证券上的签名是其他无授权人作出的,发行人即不对证券承担责任。

发行人的抗辩

证券发行之后,发行人就要对证券承担相应责任。对于股票,发行人有义务保证该证券代表相应的股权;对于债券,发行人有义务偿付相应的本金和利息。根据法典的规定,即使证券的发行在某些方面违反了相关法律,发行人也基本上无权主张证券无效,因为发行的问题是发行人自己造成的,因此发行人不能以此为理由拒绝承担自己的责任。

关于发行中的问题,法典第 8.202 条(b)款规定:"如果发行人主张证券无效,应适用下列原则:(1)证券即使在发行时存在有关其合法性的瑕疵,只要非由政府或政府机构发行,即在支付了价值且未得到该瑕疵通知的购买人持有期间,具有法律效力,除非该瑕疵构成对宪法的违反。即使违反宪法,证券在支付了价值且未得到该瑕疵通知的购买人持有期间,仍具有法律效力,但不包括原始发行中的购买人。(2)只有在下列情况下,上述(1)款才适用于政府或政府机构发行人:(A)有关该发行的法律要求基本得到遵守;或(B)发行人就发行的全部证券或特定证券,已收到相当部分的对价,且所说明的发行理由,系发行人有权力借款或发行证券的理由。"关于证券中瑕疵的通知问题,法典第 8.202 条(a)款规定:"如果证券的合法性存在瑕疵,则对于支付了价值的购买人,本款所述的引用,本身并不构成有关该瑕疵的通知,即使证书上已明确注明,任何人只要接受证书,即表示承认收到该通知。"

上述规定将发行人分为政府发行人和非政府发行人两种。涉及非政府发行人时,只要证券尚由善意购买人持有而未被发行人收回,则即使发行存在合法性问题,证券也仍然有效,因此发行人必须对证券承担责任。甚至在证券存在违反宪法的问题时,证券也只是对于在原始发行中购买证券的人无效，而对所有的后手购买人仍然有效。法典此项规定的目的是，最大限度保护公众投资者，维护公众投资者对证券市场的信心。

涉及政府发行人时，法典对投资者的保护相对较低。一方面，政府发行人不是证券市场的主要参与者；另一方面，政府发行人存在重要违规的可能性也较低。根据法典的规定，如果政府发行人基本上遵守了相关法律，或已基本上将证券发行完毕，投资者才可以得到如同非政府发行人时的保护。否则，政府发行人可以主张证券无效。

除去前文提到的伪造或无授权的证券，以及存在合法性问题的证券，发行人基本上没有其他可以对抗善意购买人的抗辩理由，而是必须承担证券责任。法典第 8.202 条(d)款规定："证券发行人的所有其他抗辩，包括票式证券的未交付或附条件交付，均不能对抗支付了价值且在取得票式证券时未得到该抗辩通知的购买人。"根据这项规定，发行人即使并没有把证券交付给直接购买人，或为该交付设定了条件，这也不构成发行人的抗辩。对于后手购买人来说，只要不知道前面发生的情况，即有权要求发行人承担责任。

尽管有上述规定，如果发行人为发行所设定的条件，完全是以实际发行为准，则此种条件仍然具有效力。法典第 8.202 条(e)款规定："如果证券合同规定，或有关证券发行或分销的计划或安排规定，该合同、计划或安排'以实际发行为准'或'以实际分销为准'，则任何当事方在证券性质发生重大变化时取消证券合同的权利，不受本条的影响。"

过期即构成抗辩通知

前文曾提到，证券的购买人如果购买超过一定期限的过期证券，就被视为已得到对立主张的通知，因而失去成为"受保护购买人"的资格。虽然这并不意味着证券必然有问题，而且这种过期本身也不构成发行人拒绝承认证券的理由，但如果发行人根据法典第 8.202 条的规定确实持有抗辩，则购买人只要购买超过一定期限的过期证券，就被视为已得到发行人抗辩的通知,因而不再被视为善意购买人。

关于发行人抗辩的通知,法典第 8.203 条规定:“如果一项行为或事件,创设一项权利,即有权要求票式证券所代表的主债务即时履行,或规定一个日期,即在该日期或其后,必须提示或交还证券,用于赎兑或交换,此时,在该行为或事件发生后,购买人即被视为就该证券发行中的瑕疵或就发行人的抗辩得到通知,只要:(1)该行为或事件要求,在收到证券证书的提示或交还时,支付款项、交付票式证券或登记无票证券转让(其中任何一项或多项);并且,在规定的付款日或交换日,存在可用的款项或证券;并且,购买人从该日期起一年之后才取得证券;或(2)该行为或事件不在上述(1)款范围以内,且购买人从规定的交还日、提示日或履约日起二年之后才取得证券。”

这项规定与前文提到的有关对立主张通知的规定非常相似,只是时间更长一些,即只有购买人在证券规定的兑现日期超过 1 年或 2 年之后取得证券,才被视为得到发行人抗辩的通知。

注册所有权人

发行人无疑要对所发行的证券承担责任,但这项责任是对谁承担?对于无票证券,理论上证券的所有权人应被登记在发行人所设立的证券账册上,但有时可能会存在这种情况,即证券实际上已经被转让,但并未进行登记,或尚未进行登记。持票式的票式证券仅凭交付而转让,因此相关当事方没有权利要求发行人进行登记。对于登记式的票式证券,登记是证券权利人的一项权利,但不是义务,因此在发生转让后,也有可能没有登记。从发行人的角度,应该对谁承担证券责任?

对于持票式的票式证券,谁持有证券,谁就是权利人,因此,发行人自然应向持有票式证券的人承担证券责任。对于无票证券,以及对于登记式的票式证券,发行人可以只承认“注册所有权人”(registered owner)的权利。法典第 8.207 条规定:“发行人或债券受托人,在收到登记式的票式证券之转让登记的适当提示之前,或在收到无票证券转让登记之指示的适当提示之前,可将证券的注册所有权人视为唯一有权进行投票、获得通知、以及通过其他方式行使所有权人全部权利和权力的人。”

证券的超量发行

发行人在发行证券时,要明确规定发行的数量,并且只能在该数量之内发行。超过该数量的发行,属于“超量发行”(overissue),既违反相关法律,也有可能对投资者造成损害。关于超量发行,法典第8.210条(a)款规定:“‘超量发行’指证券的发行数量超出发行人的公司权力所允许发行的数量;但是,如果在出现超量发行后采取了适当行动予以纠正,则该发行不属于超量发行。”这里所说的“公司权力”(corporate power),泛指发行人根据自己的组织规则所获得的发行授权,无论发行人是政府机构还是非政府机构。

关于超量发行,法典第8.210条(b)款还规定:“如果本篇的任何条款,赋予证券效力,或强制证券发行或再发行,但该等生效、发行或再发行将引起超量发行,则对超量发行部分,该条款不适用。”在有些情况下,法典第8篇会强制要求发行人对证券作出发行或再发行。例如,当证券权利人将证券丢失时,根据法典第8.405条的规定,权利人可以要求发行人重新发行证券,用于代替丢失的证券。但是,如果随后又有其他人向发行人出示丢失的证券,且该人属于受保护购买人,则发行人仍有义务承认该证券的效力。在这种情况下,就会形成同一证券两次发行的情况,并有可能造成超量发行。根据上述规定,如果法典所强制要求的发行将构成超量发行,发行人就没有义务遵守该强制要求。

如果根据上述规定,发行人不能超量发行,那么证券权利人的权利如何得到保护?法典第8.210条(c)款规定:“如果任何人有权取得证券的发行或生效,且存在合理机会可以购买相同的证券,且该购买不构成超量发行,则该人可以强制发行人购买该证券,并交付该证券(如果是票式证券)

或登记其转让(如果是无票证券),但该人应交出其持有的证券证书。”也就是说,发行人如果不能发行新证券,就有义务从证券的其他持有人购买证券来满足权利人的要求。如果不存在购买的可能,则发行人应支付赔偿。法典第8.210条(d)款规定:“如果不存在购买证券的合理机会,有权取得发行或生效的人,可就该人或最后支付价值的购买人为证券支付的金额,从发行人取得赔偿,再加上从该人提出主张之日起的利息。”

第三节　证券的转让

证券作为股权或债权的代表,具有相应的投资价值,不仅可以由现有投资者一直持有,也可以在不同投资者之间多次转让。证券交易所等交易平台的设立,就是为了方便股票和债券的买卖。证券的可转让性,增加了证券作为投资工具的吸引力,因为投资者在需要时,可以比较方便地将证券兑现成可立即使用的资金。

发行人对转让的限制

在证券交易所等公共交易平台进行交易的证券,都是可以自由转让的,但并非所有的证券都在此种平台上交易。其他证券的可转让性可能会受到不同限制。对于证券的可转让性,法典没有强制规定,因此证券的转让取决于发行人在发行时为证券规定的转让条件。法典只是规定,发行人对转让的任何限制,都必须向投资者作出通知。法典第8.204条规定:“发行人对证券转让的限制,即使在其他方面系属合法,亦不能对抗不知道该限制的人,除非:(1)证券为票式证券,且该限制被醒目注明在证券证书上;或(2)证券为无票证券,且注册所有权人已得到该限制的通知。”根据这项规定,如果发行人没有遵守相关的通知规定,证券的持有人就不受发行人所规定条件的限制。

证券的交付

证券转让的一个必要步骤是,转让人必须将证券“交付”给受让人。根据证券形式的不同,交付的方式也不同。对于票式证券,法典第8.301条(a)款规定:“票式证券在下列时间被视为交付给购买人:(1)购买人取得证券证书的占有;(2)另一人(证券中间人除外)代表购买人取得证券证书的占有;或在其取得证书的占有后,承认代表购买人持有证书;或(3)证券中间人代表购买人取得证券证书的占有,但是,证书必须为登记式,且(i)登记在购买人名字之下,(ii)规定应向购买人的指定人付款,或(iii)通过有效背书记名背书给购买人,且未曾背书给证券中间人,也未曾有过空白背书。”根据这项规定,票式证券有两种主要的交付方式:一种方式是使购买人本人取得证券的占有;另一种方式是将证券交付给购买人的代理人,或交付给证券公司等专业公司。如果是交付给证券公司,就必须将证券登记在购买人名下。如果是登记在证券公司名下,就成为间接持有,因而购买人不再被视为持有证券。

对于无票证券,法典第8.301条(b)款规定:“无票证券在下列时间被视为交付给购买人:(1)发行人在原始发行或转让登记中,将购买人登记为注册所有权人;或(2)另一人(证券中间人除外)代表购买人成为无票证券的注册所有权人;或在成为注册所有权人后,承认代表购买人持有权益。”根据这项规定,无票证券的交付采用登记形式,且只能登记在购买人或代理人名下,而不能登记在证券中间人名下,如上所述,如果登记在证券中间人名下,购买人就不再直接持有证券。

转让所赋予的权力

在法典第8篇中,没有类似于流通票据或流通所有权凭证的概念,即证券不区分为流通证券和不可流通证券。所有的证券,都只使用“转让”(transfer)这个概念,并且从合同法或财产法的角度,都属于可转让的证券,无论发行人是否限制证券的转让，也无论发行人为转让设置了何种限制。但是，假设发行人为转让设置了限制，且受让人在转让时已得到此种限制的通知，则受让人就要受制于发行人的限制，因此，其对证券的权利可能会受到不利影响。

关于证券转让的一般原则，法典第 8.302 条(a)款规定："票式证券或无票证券的购买人，取得其转让人所拥有的或有权力转让的对证券的全部权利。"这项规定非常类似于法典第 2.403 条(a)款对货物买卖所作的规定，即受让人取得的权利，可以是转让人实际拥有的权利，也可以是转让人有"权力"(power)转让的权利。也就是说，在一定情况下，受让人取得的权利，可以优于转让人实际拥有的权利。

虽然证券没有"流通"的概念，但实际上，前文提到的证券的"受保护购买人"，类似于票据流通后的"正当执票人"，或所有权凭证"正常流通"后的执票人，因为只要受让人在通过转让取得证券时，没有得到任何"对立主张"的通知，并在其他方面满足法典对"受保护购买人"的要求，发行人基本上就不拥有可以对抗该受让人的抗辩。

但是，法典第 8.302 条(c)款规定："如果票式证券的购买人作为前手持有人，曾得到对立主张的通知，该购买人即不能通过从受保护购买人取得证券来改善自己的地位。"也就是说，如果受让人系从受保护购买人取得证券，因而根据所谓的"庇护原则"(shelter doctrine)，本可取得受保护购买人的权利，但只要受让人曾经得到过对立主张的通知，就不可能再成为受保护购买人。

适格人的背书或指示

对于持票式的票式证券，转让的方式是交付证券，而转让人无须在证券上背书。即使作出背书，该背书对转让本身也不具有额外的效力，但如后文将要讨论的，背书人要相应承担背书人的担保责任，而非背书人无须承担该担保责任。对于登记式的票式证券，需要由转让人(证券的现有权利人)在证券上作出背书,以此表示对转让的同意。前文提到,此种背书可以是记名背书,也可以是空白背书,但对于证券的转让,其基本效力是一样的。此种背书必须由证券的适格人作出。法典第8.107条(a)(1)款规定,适格人是指"证券证书或有效记名背书注明的对证券享有权利的人"。也就是说,对于票式证券来说,有权在该证券上作出背书的人,是该证券上注明其名字的现有权利人。

无票证券没有可以作出背书的实体证券。在转让此种证券时,转让人需要向掌管证券登记账册的发行人或其代理人发出"指示"(instruction),要求对证券的权利人进行变更登记。在权利人的变更完成登记后,从发行人的角度,受让人就成为新的"注册所有权人"。变更指示需要由适格人向发行人作出。根据法典第8.107条(a)(2)款的规定,此时的适格人是指"无票证券的注册所有权人"。也就是说,发出指示的,必须是证券的现有注册所有权人。

如果证券采用间接持有方式,即证券的真正权利人不直接持有证券,而是通过作为中间人的证券公司间接持有,则证券的转让,需要由"权利持有人"(entitlement holder,即证券的真正权利人)向中间人发出称为"权利命令"(entitlement order)的指示。此时,根据法典第8.107条(a)(3)款的规定,该权利持有人即属于适格人。

适格人是证券的权利人,因此,背书、指示或权利命令都必须由适格人作出。法典第8.107条(b)款规定:"背书、指示或权利命令在下列情况下系属有效:(1)由适格人作出;(2)由适格人的代表人作出,只要根据代理法,该代表人有权力代表适格人转让证券或金融资产;或在涉及指示或权利命令时,只要根据第8.106条(c)(2)款或(d)(2)款,作出该指示或命令的人拥有控制;或(3)得到适格人的批准,或适格人无权主张其无效。"

根据上述第(b)(2)款,如果适格人的代表人代为作出背书、指示或权利命令,但其行为实际上违反了适格人的授权,代表人的行为仍然有可能约束适格人,只要代表人可以被视为拥有约束适格人的表见授权。法典第

8.107条(c)款规定:“即使存在下列情况,代表人作出的背书、指示或权利命令亦属有效:(1)代表人未遵从本应遵从的指示,或未遵守管辖代表人关系的州法,包括要求代表人对该交易事先取得法院批准的法律;或(2)代表人作出背书、指示或权利命令的行为,或使用该交易之收益的行为,在其他方面违反了代表人的义务。”

此外,即使代表人随后失去代表人的资格,其失去资格后所作的背书或指示仍然有效,因为其他人很难知道其是否已失去资格。法典第8.107条(d)款规定:“当任何人被说明具有代表人身份时,如果证券被登记在该代表人名字之下,或被记名背书给该代表人,或如果证券账户被掌管在该代表人名字之下,则即使该人在作出背书、指示或权利命令时,已不再具有所说明的身份,其所作的背书、指示或权利命令亦属有效。”法典第8.107条(e)款还规定:“背书、指示或权利命令的有效性,应以其作出的日期为准。背书、指示或权利命令,不因情况随后发生变化而失去效力。”

无授权添补或涂改后的证券

前文谈到,如果证券属于伪造,或证券上的发行人签名未经发行人授权,发行人就不对该证券承担责任。一个相关问题是,如果证券本身不是伪造的,也经过了发行人的授权,但证券上的内容存在未经发行人授权的改动,包括未授权添补或未授权涂改,此时,发行人对证券的责任受到何种影响?

所谓“添补”(completion),是指证券某个条款原来存在空白,但后来被发行人以外的人填入相关内容。由于添补只适用于实体文件,因此只有票式证券存在添补问题。法典第8.206条(a)款规定:“证券证书如果载有发行或转让所必需的签名,但在任何其他方面不完整,则:(1)任何人均可在授权范围内将空白处添补完整;并且(2)即使证券证书空白处填入的内容不正确,支付了价值且未得到此种误差通知的购买人,仍可按添补完整后的证券证书强制履行。”

根据上述规定，如果添补获得了发行人的授权，则任何人均可作出添补，且证券的条款应为添补后的条款。如果添补未获得发行人的授权，则只要后手受让人不知道该添补未获得授权，该受让人即可按添补后的条款享有证券权利。由此可见，在证券存在空白条款时，发行人基本上要承担无授权添补的风险，因为发行人本来就不应该发行存在空白条款的证券。

所谓“涂改”(alteration)，是指证券原有某个条款，但后来被发行人以外的人改动为其他条款。同样，只有票式证券存在涂改问题。法典第8.206条(b)款规定：“完整的证券证书被不适当涂改后(包括欺诈性涂改)，仍可强制履行，但只能按照原始条款强制履行。”对于添补，发行人存在一定过错，因为其本不应允许不完整证券进入市场，但对于未经授权的涂改，发行人通常没有责任，因此，发行人无须对涂改承担责任，但仍然要根据证券的原始条款承担责任。

第四节　证券转让时的担保

在法典第8篇中，如果证券的持有人转让证券，就必须就证券的状况对受让人提供一定的担保(warranty)。此种担保类似于法典其他各篇中的担保，例如，第2篇中货物买卖交易中卖方的担保，第3篇中票据转让人的担保，以及第7篇中所有权凭证转让人的担保。与法典其他各篇中的担保一样，法典第8篇中的担保也属于默示担保，无须当事方作出特别约定。

转让人对票式证券的担保

在直接持有方式下，证券的权利人直接持有证券，因此，该权利人在转让证券时，直接向购买人提供有关证券状况的担保。针对票式证券和无票证券的不同形式，法典对转让人规定的担保稍有不同。关于票式证券，法典第8.108条(a)款规定：“任何人如果向支付了价值的购买人转让票式证券，即向购买人作出下列担保；或如果通过背书作出转让，背书人即向任何后手购买人作出下列担保:(1)证书系属真实,且不存在重大涂改;(2)转让人或背书人不知道可能有损证券有效性的事实;(3)证券不存在对立主张;(4)转让不违反任何转让限制;(5)当通过背书作出转让时,背书系由适格人作出,或如果背书系由代理人作出,该代理人具有代表适格人的实际授权;并且(6)转让在所有其他方面均属有效和正当。”

根据上述规定,如果转让人在转让时没有作出背书,则转让人只向直接受让人作出担保,而如果转让人作出背书,就要向所有的后手购买人作出担保。持票式证券的转让仅凭交付,无须背书。对于登记式证券,转让时需要作出背书,用于规定转让后的证券权利人。从上述规定的担保范围来看,基本上已经涵盖了证券的各个方面,即只要符合担保,基本上可以保证证券权利的完好性。在上述第(a)(2)款中,转让人只担保自己“不知道”有损证券有效性的情况,但不担保这种情况确实不存在。这里所说的“知道”,是指实际知道,而不是有理由知道。

除去向证券受让人作出的上述担保,如果转让人在转让证券时作出背书,转让人还要以背书人的身份向发行人作出担保。法典第8.108条(d)款规定:“在证券证书上作出背书的人向发行人担保:(1)证券不存在对立主张;并且(2)背书系属有效。”证券转让虽然是转让给受让人,但受让人最终要向证券的发行人主张权利,因此,发行人有权要求证券之前的转让人提供一定担保。

转让人对无票证券的担保

涉及无票证券的转让时,转让人同样要作出担保。无票证券的转让方式,是在发行人的证券账册上对注册所有权人进行变更。有权要求发行人作出变更的,是证券的现有注册所有权人,即证券的适格人。发出变更指示的人称为“发起人”(originator)。发起人可以是适格人本人,也可以是其代理人。被法典要求向受让人作出担保的,是发出变更指示的发起人。

关于发起人的担保,法典第8.108条(b)款规定:“如果无票证券被转让给支付了价值的购买人,且任何人发起指示,要求对该转让作出登记,则该发起人即向该购买人担保:(1)指示系由适格人作出;或如果指示系由代理人作出,该代理人具有代表适格人的实际授权;(2)证券系属有效;(3)证券不存在对立主张;并且(4)在指示被提示给发行人时:(A)购买人有权登记该转让;(B)发行人将对该转让作出登记;且除指示中已说明的权利主张外,购买人的登记不受制于任何留置权、担保权益、限制和权利主张;(C)转让不违反任何转让限制;并且(D)所指示的转让在所有其他方面均属有效和正当。"在上述规定的第(4)款中,由于变更登记不是由担保人作出,而是由发行人作出,因此担保人要担保受让人有权获得登记,并担保发行人将会作出登记。此外,无票证券不存在涂改问题,也不存在背书问题,因此无须提供此类担保。

同样,如上文曾提到的,发起人不仅要向证券的受让人提供上述担保,还需要向发行人提供一定担保,因为变更登记需要由发行人作出,而发行人对登记的准确性和有效性承担责任。关于对发行人的担保,法典第8.108条(e)款规定:"任何人如果发起指示,要求对无票证券的转让作出登记,即向发行人担保:(1)指示系属有效;并且(2)该指示被提示给发行人时,购买人将有权登记该转让。"

在有些情况下,无票证券的转让人可能并没有发起变更指示。也就是说,最终没有作出注册所有权人的变更登记。例如,甲是现有注册所有权人,在甲将无票证券转让给乙之后,双方同意由甲作为乙的代理人继续作为该证券的注册所有权人,因此无须变更注册所有权人,但乙实际上是证券的受让人,此时,甲仍然要作为转让人向乙提供担保。关于此种情况下的担保,法典第8.108条(c)款规定:"任何人如果向支付了价值的购买人转让无票证券,但未就该转让发起指示,即担保:(1)无票证券系属有效;(2)证券不存在对立主张;(3)转让不违反任何转让限制;并且(4)转让在所有其他方面均属有效和正当。"

受让人的担保

除去转让人向受让人的担保,以及转让人向发行人的担保,证券转让后的受让人有时也需要向证券的发行人作出担保。假设登记式的票式证券在转让时没有作出变更登记,但随后受让人要求发行人作出此种变更登记,此时,受让人就要向发行人提供担保。又如,债券的受让人在债券到期时需要向发行人提示证券并从发行人取得付款,此时,受让人也要向发行人提供担保。

关于受让人的担保,法典第 8.108 条(f)款规定:“任何人如果为登记转让或为取得付款或交换而提示票式证券,即向发行人担保,其有权取得登记、付款或交换;但是,支付了价值且未得到对立主张通知的购买人,在取得转让登记后,仅担保其不知道在必要背书中存在无授权签名。”

前述规定中的第二句意在说明,假设证券上转让人的背书是无授权背书,且该证券被受让人取得,在通常情况下,受让人的权利将被视为存在瑕疵,因此无权取得证券的登记或付款,但如果受让人对此不知情,且发行人亦在不知情的情况下将受让人登记为注册所有权人,发行人就不能追究受让人违反担保的责任。此时,发行人可以追究背书人的责任,因为所有作出背书的人,都要担保背书的有效性。

代理人或经纪人的担保

如果证券的转让涉及由转让人的代理人向受让人交付证券的情况,则该代理人也要向受让人提供担保,但担保的范围比较有限,因为该代理人毕竟只是协助交付证券。法典第 8.108 条(g)款规定:“如果任何人作为另一人的代理人向购买人交付票式证券,且收到证书交付的人知道被代理人的真实身份,且代理人交付的证书系从被代理人收到,或从被代理人指定的另一人收到,此时,交付证券证书的人仅担保,其拥有代表被代理人作为的授权,且不知道该票式证券存在对立主张。”

另外一种情况是，经纪人代表其客户卖出或买进证券。如果是卖出，经纪人要向受让人和发行人提供一定担保，相当于经纪人是向受让人转让证券的转让人；如果是购买，则也要向其客户提供一定担保，相当于经纪人是向客户转让证券的转让人。经纪人在提供担保后，也享有相应的权利。

关于经纪人的担保和权利，法典第8.108条(i)款规定："代表客户作为的经纪人，向发行人和购买人承担(a)款至(g)款的担保。经纪人如果向客户交付证券证书，或将客户登记为无票证券的所有权人，即向客户承担(a)款或(b)款项下的担保，并享有本条项下购买人的权利和待遇。对于以代理人身份作为的经纪人，其所作的担保，是客户所作相关担保之补充担保；其所享的担保，是客户所享相关担保之补充担保。"

服务商的担保

在证券的发行和转让过程中，某些服务商也需要在证券上签名，并要基于此种签名，向证券的受让人承担一定的担保责任。法典第8.208条(a)款规定："任何人如果以鉴证受托人、登记人、转让代理人或类似的其他人的身份，在证券证书上签名，即向支付了价值且未得到任何特定瑕疵通知的票式证券购买人担保：(1)证书系属真实；(2)该人具有参与该证券发行的能力，且未超出从发行人获得的授权范围；以及(3)该人有合理理由相信，该票式证券的发行格式和数量，与发行人取得的授权相符。"根据这项规定，服务商除担保证券的真实性外，主要是担保自己的参与权和善意。基于服务商的性质，他们不承担进一步的责任。法典第8.208条(b)款规定："除另有协议外，上述(a)款项下的签名人，不在其他方面对证券的合法性承担责任。"

保证人的担保

证券的权利人在转让证券时，有时会邀请其他人对自己的转让作出保证(guaranty)，以增加证券转让的可信度和可接受度。保证人在提供此种保证后，就要承担相应的担保责任，但具体的责任范围，则取决于其提供保证时的身份。例如，当保证人对证券背书人的签名作出保证时，法典第8.306条(a)款规定："对证券证书背书人的签名作出保证的人，担保在该签名的当时：(1)签名系属真实；(2)签名人系作出背书的适格人，或如果签名人系代理人，其具有代表适格人作为的实际授权；并且(3)签名人具有作出签名的法定能力。"

当保证人对发出转让登记指示的发起人的签名作出保证时，法典第8.306条(b)款规定："对指示发起人的签名作出保证的人，担保在该签名的当时：(1)签名系属真实；(2)签名人系发起指示的适格人，或如果签名人系代理人，其具有代表适格人作为的实际授权；但是，指示中注明为注册所有权人的人，必须事实上确为注册所有权人，而签名的该保证人对此事实不作出保证；并且(3)签名人具有作出签名的法定能力。"

除对签名的真实性作出保证外，保证人有时还可以承担进一步的保证责任。例如，保证人可以进一步保证，不仅相关当事方的签名是真实的，而且无票证券的转让登记可以顺利完成。对此，法典第8.306条(c)款规定："对指示之发起人的签名作出特别保证的人，除作出与(b)款所述之签名保证人相同的担保外，还同时担保，在该指示被提示给发行人时：(1)指示中被注明为无票证券之注册所有权人的人，将会成为注册所有权人；并且(2)指示中所要求的无票证券的转让登记，将会得到发行人的登记，且除指示中另有注明外，该转让不受制于任何留置权、担保权益、限制和索赔。"

保证人所提供的保证，通常是对转让人的融通或帮助，用于增加证券转让的可接受度，但并不是转让的必备条件，发行人也无权要求转让人在转让时必须获得此种保证。法典第8.306条(g)款规定："发行人不得要求将对签名的特别保证、对背书的保证、或对指示的保证，作为登记转让的条件。"

如果保证人违反保证，就要承担相应的赔偿责任。法典第8.306条(h)款规定："依赖该保证取得证券或交易证券的人，是本条项下之担保的受益人。保证人如果违反保证,应就该人受到的损失承担赔偿责任。”如果保证人因为违反保证而必须支付赔偿,则保证人有权从被保证人取得补偿,因为保证人是为了被保证人的利益而受到损失的。法典第 8.306 条(h)款规定:“如果任何人为背书人或指示发起人的签名、背书或指示作出保证,则背书人或指示人应在该保证人因违反保证而受到损失时,向该保证人作出赔偿。”

间接持有时的担保

前文所讨论的,都是直接持有方式下证券转让或兑现过程中的担保责任。在间接持有方式中,证券的真正所有权人,就是所谓的权利持有人,不能自己直接转让证券,而只能向作为中间人的证券公司发出权利命令,即转让指示。此时,权利持有人要为自己的权利命令承担一定的担保责任。但是,由于权利持有人并不直接拥有证券,因此其担保责任主要限于自己命令的有效性,并担保自己拥有“证券权利”(security entitlement)。法典第 8.109 条(a)规定:“任何人如果向证券中间人发起权利命令,即向该证券中间人担保:(1)权利命令系由适格人作出;或如果权利命令系由代理人作出,则该代理人具有代表适格人作为的实际授权;并且(2)证券权利不存在对立主张。”作为中间人的证券公司如果随后根据权利持有人的权利命令转让证券,就相当于证券公司是证券的直接转让人,因此要根据上述讨论的规定,承担转让人的担保责任。

第五节　证券转让的登记

无票证券在转让后,需要在证券发行人设立的证券账册上对注册所有权人作出变更登记。登记式的票式证券在转让后,也需要作出此种变更登记。无论是哪种情况,在转让的直接当事方之间,即在转让人和受让人之间,变更登记都不是转让发生效力的必要条件。在对抗绝大多数第三方时,变更登记也不是必须的。但只有在登记之后,转让才能得到发行人的正式承认,因为从发行人的角度,有权将登记在证券账册上的注册所有权人视为证券的唯一所有权人。所以,无票证券和登记式票式证券转让后,受让人都希望完成变更登记。持票式的票式证券仅凭交付转让,无须登记,也不能登记。

在间接持有方式下,登记在发行人证券账册中的注册所有权人,是作为中间人的证券公司,而不是证券的权利持有人。因此,从发行人的角度,通常不知道权利持有人是谁,而权利持有人也无权直接针对发行人行使其权利。因此,在间接持有方式中,有两个相对独立的关系,即发行人和中间人的关系,以及中间人与权利持有人的关系。如果权利持有人行使其证券权利,但此种行使没有造成中间人所持有的证券发生变更,则发行人无须作出变更登记。有关间接持有方式下的交易问题,后文会进一步讨论。

发行人登记转让的义务

无票证券或登记式票式证券转让后,转让人或受让人有权要求发行人对转让作出登记,将注册所有权人变更为受让人。法典第8.401条(a)款规定:“如果就登记式的票式证券向发行人作出提示,要求发行人对该证券的转让作出登记,或如果向发行人提示一项指示,要求发行人对无票证券的转让作出登记,则发行人应按要求对转让作出登记,只要:(1)根据证券的条款,要求登记转让的人,有权将证券登记在自己名字之下;(2)作出背书或指示的人,系适格人或系拥有实际授权代表适格人作为的代理人;(3)背书或指示的真实和授权已得到合理确认(第8.402条);(4)适用的税收法律已得到遵守;(5)转让不违反发行人根据第8.204条设定的任何转让限制;(6)任何请求发行人不得登记转让的要求,尚未按第8.403条所述发生效力;或发行人已遵守了第8.403条(b)款,但并未收到第8.403条(d)款所述的查封书或保证金;并且(7)转让在事实上系属正当,或受让人系属受保护购买人。”

根据上述规定,对于所提出的登记要求,发行人有权进行必要的审查与核实,包括核实相关人员的身份,以确认该登记在各个方面都是适当的。法典第8.402条(a)款规定:"发行人为确认每个必要背书或每项指示均属真实和业经授权,可以要求获得下列确认:(1)在所有情况下均可要求,就作出背书的人或发起指示的人的签名获得保证;涉及一项指示时,可以要求就指示发起人的真实身份获得合理确认;(2)当作出背书的人或发起指示的人系代理人时,可以要求就其签名的实际授权获得适当确认;(3)当作出背书的人或发起指示的人系诚信受托人,且系根据第8.107条(a)(4)款或(5)款作为时,可以要求就该受托人的任命或任职获得适当证明;(4)当诚信受托人不止一人时,可以要求就所有应签名的人均已签名之事实获得合理确认;以及(5)当作出背书的人或发起指示的人不在本款之其他条款所述的范围内时,可以根据该案的情况,要求获得尽可能接近本款规定的适当确认。"法典第8.402条(b)款还规定:"发行人可以要求获得本条范围以外的其他合理确认。"

前述规定中的第(6)款涉及第三方阻止登记的问题。根据法典第8.403条的规定,在一定情况下,第三方可以要求发行人拒绝作出转让登记,但第三方需要提供法院的相关裁定,或提供必要的保证金。下文会进一步讨论这个问题。

如果发行人未能履行登记的义务,就要对所造成的相关损失承担责任。法典第8.401条(b)款规定:"如果发行人有义务登记证券转让,但不合理地延迟登记,或未能登记,或拒绝登记,即应对提示票式证券或登记指示的人或其被代理人因此受到的损失承担责任。"

向发行人作出的不得登记转让的请求

如果证券的权利人得知,其他人正在要求发行人就证券转让进行登记,但权利人并未作出过转让,因此,提出转让登记的人可能存在欺诈或其他不当行为,此时,权利人可以要求发行人停止登记。当然,这里所说的权利人,是自认为对证券持有权利的人,至于其是否真正属于权利人,则只有在争议解决之后才能确定。关于停止登记的要求,法典第 8.403 条(a)款规定:"任何人如果系作出背书或发起指示的适格人,即可向发行人发起请求,要求发行人不得就证券转让作出登记。通知应指明注册所有权人,说明证券所属的发行项目,并提供请求人的联系地址。只有在发行人收到请求的时间和方式使发行人有合理机会据以作为时,请求方为有效。"

发行人在收到不得登记转让的请求后,需要将此种情况通知要求进行转让登记的另一方,并给予双方一定的时间就登记问题进行澄清。在此期间内,发行人应暂停登记。法典第 8.403 条(b)款规定:"在请求发行人不得登记转让的请求产生效力后,如果任何人就登记式的票式证券向发行人作出提示,要求对该证券的转让作出登记,或如果向发行人提示一项指示,要求对无票证券的转让作出登记,发行人应迅即通知下列两者:(i)请求发行人不得登记转让的人,并在通知时使用该人提供的地址;以及(ii)提示证券或发起指示并要求进行转让登记的人;此时,通知中应说明:(1)已收到票式证券的提示,要求进行转让登记,或已收到指示,要求进行无票证券的转让登记;(2)在此之前,已收到不得登记转让的请求;以及(3)发行人将在自己通知中注明的期限内,暂停转让登记,以便让提出不得登记请求的人有机会取得查封书或支付保证金。"关于暂停的时间,法典第 8.403 条(c)款规定:"上述(b)(3)款所述的时间期限,不得超过通知日期后 30 天,但只要不是明显不合理,发行人可以规定短于上述的期限。"

在发行人作出上述通知后,请求不得进行登记的人必须尽快取得法院的相关裁定,或向发行人交付保证金,以保证发行人不会因为拒绝作出登记而受到指控和损失。法典第 8.403 条(d)款规定:"如果提出不得登记请求的人未能在发行人通知规定的时间内满足下列条件,则发行人在根据有效的背书或指示作出转让登记后,不对请求人受到的损失承担责任:(1)从有适当管辖权的法院取得适当的禁令或其他查封书,禁止发行人登记转让;或(2)向发行人交付充分的赔偿保证金,即根据发行人的判断,足以保护发行人及任何转让代理人、登记人或发行人之其他代理人的保证金，使其不因拒绝登记转让而受到损失。”

错误登记转让

发行人一方面有义务作出转让登记，另一方面有责任作出正确登记。发行人如果作出错误登记，就要承担相应的责任。法典第8.404条(a)款规定：“发行人如果将证券转让登记给无权获得登记的人，即应承担错误登记转让的责任，只要该转让登记：(1)系根据无效的背书或指示作出；(2)系在有关不得登记转让的请求已根据第8.403条(a)款发生效力之后作出，且发行人未遵守第8.403条(b)款的规定；(3)系在发行人已收到有适当管辖权之法院的适当禁令或其他查封书之后作出，而该禁令或其他查封书禁止发行人登记转让，且发行人有合理机会据以作为；或(4)系由发行人与过错方合谋作出。”

如果发行人作出错误登记，其承担责任的主要方式是，向证券的真正所有权人再提供相同的证券。也就是说，如果发行人将原有证券登记给了不应取得登记的人，发行人就要以某种方式将新的证券登记给真正的权利人，例如，发行新的证券或从市场上购买相同的证券等。法典第8.404条(b)款规定：“根据(a)款对错误登记转让承担责任的发行人，在收到要求后，应向有权取得证券的人，提供相同的票式证券或无票证券，再加上由于错误登记致使该人未能收到的任何付款或分配。如果因此造成超量发行，发行人向该人提供相同证券的责任，应根据第8.210条确定。”这里所说的“超量发行”，是指发行人原本已足额发行证券，因此无权再额外发行新证券。此时，如果无法通过在市场上购买证券或采用类似的替代方式向权利人提供相同证券，发行人就要支付金钱赔偿。

证券的补发

证券发行人的另外一项义务，是在权利人丢失证券等情况下，补发新的证券。但是,这样做有一定的风险,因为其他人可能会因为各种原因而成为原证券的执票人,因而对证券享有一定权利。所以,要求补发证券的人必须向发行人提供保证金,以保证发行人不会因为此种补发而受到损失。法典第8.405条(a)款规定:“如果票式证券的所有权人声称证券遗失、损毁或错拿,则无论证券是登记式还是持票式,发行人均必须发行新证书,只要该所有权人:(1)提出补发新证书的要求,且发行人尚未得到受保护购买人已取得该证书的通知;(2)向发行人提供充分的保证金;并且(3)满足发行人提出的任何其他合理要求。”

有关补发证券的要求,必须在引起补发的情况发生后及时提出。法典第8.406条规定:“如果证券证书遗失、损毁或错拿,但所有权人未能在得到该情况的通知后,在合理时间内通知发行人,且发行人在收到通知前登记了证券转让,则对于发行人根据第8.404条作出的转让登记,或根据第8.405条发行的新证券证书,所有权人无权对发行人提出索赔。”根据这项规定,如果权利人没有及时提出补发要求,而发行人在不知情的情况下对原证券的转让作出登记,则即使该转让登记是错误的,权利人也无权再追究发行人的责任。

如果在发行人向主张证券丢失的人提供新证券之后,某人出示原证券并要求行使权利,且该人属于受保护购买人,因而享有对抗发行人的权利,此时,发行人必须承认该受保护购买人的权利。对此,法典第8.405条(b)款规定:“在新证券证书发行之后,如果受保护购买人提示原始证书,要求登记转让,发行人必须作出登记,除非该登记会构成超量发行。如果构成超量发行,发行人的责任应根据第8.210条确定。发行人除对保证金享有权利外,还可从取得新证书的人收回新证书;或从该人之后取得新证书的人收回新证书,但受保护购买人除外。”发行人此时的救济,只能是向取得新证券的人进行追索,但如果新证券已经到了另一个受保护购买人的手中,发行人也就无权再向该另一个受保护购买人追索。

第六节 金融资产的间接持有

传统的证券持有方式,是证券的权利人自己亲自持有证券,即直接持有。但在这种方式下,证券的买卖比较麻烦,特别是对于票式证券,需要由卖方将纸质的证券实际交付给买方,有时还需要卖方将证券交付给发行人,并由发行人将其注销,然后再出具新的证券交付给买方。在证券交易量不断扩大的情况下,这种传统方式越来越难以适应市场的交易需求。

在这种情况下,间接持有逐渐发展成为主要的证券持有方式。在间接持有方式下,证券由作为中间人的证券公司持有,而证券权利人不再持有证券,而只持有向中间人作出交易指示的权利。间接持有方式使证券的交易变得非常简便和高效,同时证券权利人对证券的权利也能得到很好的保证。在法典第8篇中,直接持有方式只适用于证券,而间接持有方式适用于包括证券在内的金融资产。

间接持有方式下的当事方关系

在间接持有方式中,存在3个主要当事方:证券的发行人;作为中间人实际持有证券的人,即"证券中间人"(securities intermediary);证券的投资者或真正权利人,即"权利持有人"(entitlement holder)。前文曾提到,证券中间人可以是一层,也可以是两层或多层。如果是两层或多层,只有最接近发行人的那一层证券中间人是实际持有证券的人,而后面的证券中间人和投资者都属于间接持有人。

关于权利持有人,法典第8.102条(a)(7)款规定:"'权利持有人'指持有可对抗证券中间人之证券权利的人,只要在该证券中间人的记录中,承认此种权利。如果任何人根据第8.501条(b)(2)款或(3)款取得证券权利,该人即为权利持有人。"这项规定中提到的法典第8.501条,涉及权利持有人以其他方式将金融资产存入证券账户。根据该条的第(b)(2)款,权利持有人是指“证券中间人从该人收到金融资产，或为该人取得金融资产，且无论何种情况，在接受该资产后贷记至该人的证券账户”。根据该条的第(b)(3)款，权利持有人是指“根据其他法律或规则，证券中间人承担将金融资产贷记至该人证券账户的义务”。但简而言之，在只有一个证券中间人时，权利持有人就是证券中间人所代为持有的金融资产的真正所有权人，也就是真正的投资者。如果还有其他中间人，该中间人也是权利持有人。

关于证券中间人，法典第8.102条(a)(14)款规定：“‘证券中间人’指：(A)清算公司；或(B)在正常业务中为他人掌管证券账户并以该身份作为的人，包括银行或经纪人。”而关于清算公司(clearing corportion)，法典第8.102条(a)(5)款规定：“‘清算公司’指：(A)根据联邦证券法注册为‘清算机构’的人；(B)任何联邦储备银行；或(C)就金融资产提供清算或结算业务的任何其他人，只要其根据联邦证券法本应注册为清算机构，但符合免予注册的条件；并且，其作为清算公司的活动，包括发布规则，受联邦政府或州政府的管辖。”

证券中间人实际上就是提供证券交易服务并具有相关资质的经纪人。假设投资者希望买进100股某公司的股票，并指示其经纪人代为购买和持有，那么在经纪人购买了100股该公司股票并将股票登记在经纪人的名下之后，投资者就是经纪人的权利持有人，而经纪人就是投资者的证券中间人。

在实际投资活动和证券交易中，证券的持有经常会存在多个层次，例如，投资者对经纪人甲持有代表某公司100股股票的证券权利，而经纪人甲对经纪人乙持有代表该公司300股股票的证券权利(其中100股归投资者，另外200股归其他人)，而经纪人乙直接持有该公司700股股票(其中300股归经纪人甲，另外400股归其他人)。此时，投资者和经纪人甲都是间接持有，而经纪人乙是直接持有。在本章的讨论中，为了讨论方便和避免混淆，原则上都是假设在交易活动中只有一个层次，即一个证券中间人。

在这种情况下，交易活动只有一个发行人、一个证券中间人和一个权利持有人。

证券中间人为了向权利持有人提供证券交易服务，会为权利持有人单独设立一个“证券账户”(securities account)。关于证券账户，法典第8.501条(a)款规定：“‘证券账户’指根据协议用于贷记金融资产的账户，且掌管账户的人根据协议向账户受益人承诺，后者有权行使金融资产项下的权利。”如果权利持有人希望买进证券，证券中间人会相应买进证券，并以自己的名义持有证券，同时将证券记录在证券账户中。

由于证券中间人直接持有证券，因此，在涉及无票证券或登记式票式证券时，证券中间人是发行人承认的注册所有权人，而在涉及持票式证券时，证券中间人是证券的持有人和适格人。如果证券中间人持有的是其他金融资产，则证券中间人是其名义所有权人。此外，证券中间人在证券账户中所持有的财产统称金融资产，但是，为了便于讨论和避免混淆，后文的讨论有时仅称其为证券。

证券权利的性质

在间接持有方式中，证券的真正所有权人，即权利持有人，不直接持有证券，而只持有“证券权利”(security entitlement)。关于证券权利，法典第8.102条(a)(17)款规定：“‘证券权利’指本篇第5章所述的权利持有人对金融资产享有的权利和财产权益。”这个定义非常笼统，很难看出证券权利的真正含义。结合法典第8篇的其他规定，特别是后文将会讨论的法典第8篇第5章的其他规定，可以看到，证券权利是各种不同的具体权利的混合体，很难简单加以定义或归类。大体而言，证券权利包含以下两个主要部分。

证券权利的第一部分，是权利持有人对证券中间人持有的合同权利。这主要是指，根据双方之间的合同，证券中间人需要根据一定的方式为权利持有人提供服务，而如果违约，就要向权利持有人支付赔偿。特别是，对于证券中间人所持有的证券,权利持有人虽然享有受益权,并同时承担损失风险,但是,除后文将会讨论的变更持有方式的情况外,权利持有人不能直接取得证券,也不能自己买进或卖出证券,而只能根据与证券中间人的合同约定,间接行使对证券的权利并享受收益和承担损失。也就是说,假设证券中间人根据权利持有人的指示买进证券,那么权利持有人可以看到并享有证券的价值,包括价值的涨跌,但不是证券本身的所有权人,而证券中间人才是所有权人。如果卖出,则证券的卖方是证券中间人,而不是权利持有人。从这个意义上来讲,权利持有人不直接拥有证券,而只拥有对证券中间人的某些合同权利。

证券权利的第二部分,是权利持有人在一定程度上和在特定情况下对证券本身的权利。在美国法律中,上述第一部分称为合同权,即针对证券中间人本身的合同权,而这里的第二部分称为财产权,即对于特定财产的权利。这里的财产权,是指权利持有人虽然不是证券的所有权人,但并非与证券完全没有财产权利关系。例如,权利持有人可以要求证券中间人将证券账户内的证券转化为可以由权利持有人直接持有的证券。特别是,对于证券中间人的债权人来说,证券账户内的证券不是证券中间人的财产,而是权利持有人的财产,因此,债权人无权查封该财产,也无权将其用于清偿证券中间人的债务。在证券中间人破产时,账户内的证券也不属于破产财产。法典第 8.503 条(a)款规定:“为使证券中间人能够就一项特定金融资产项下的全部证券权利作出清偿,证券中间人就该金融资产所持有的全部权益,均应被视为代表权利持有人持有,而不属于证券中间人的财产。因此,除第 8.511 条另有规定外,该权益不得用于清偿证券中间人的债权人。”从这个意义上来讲,权利持有人仍然对证券账户内的证券持有相当的财产权。

所以,证券权利属于不同权利的混合体,一方面不对相关证券拥有所有权,另一方面又对相关证券拥有一定财产权。因此,证券中间人虽然是为权利持有人持有证券,但并不是权利持有人的代理人,因为如果证券中间人确实属于权利持有人的代理人,则权利持有人就被视为直接持有证券,而不再是间接持有。对于证券中间人来说,也很难简单地对其权利和义务加以定义和分类,因为这些权利和义务也是不同种类的混合体。

证券权利的产生

关于证券权利的产生,法典第8.501条(b)款规定:"除(d)款和(e)款另有规定外,一个人在下列情况下被视为取得证券权利:(1)证券中间人在账目中注明,金融资产被贷记至该人的证券账户;(2)证券中间人从该人收到金融资产,或为该人取得金融资产,且无论何种情况,在接受该资产后贷记至该人的证券账户;或(3)根据其他法律或规则,证券中间人承担将金融资产贷记至该人证券账户的义务。"

上述规定的第(1)款涉及证券权利产生的主要方式,即证券中间人为权利持有人作出贷记。也就是说,证券中间人通过自己作出贷记,承认权利持有人持有证券权利。假设证券中间人在账户中记录,权利持有人持有100股股票,则权利持有人即被视为持有100股股票的证券权利,而无论证券中间人是否实际上取得了该股票,也无论该股票是否实际上进入了账户。法典第8.108条(c)款规定:"只要(b)款的任何一项条件得到满足,该人即享有证券权利,即使证券中间人本身不持有该金融资产。"根据这项规定,假设证券中间人在账户中贷记100股股票后,忘记购买该股票,权利持有人仍被视为持有100股股票的证券权利,而证券中间人仍然承担相应义务。

上述规定的第(2)款和(3)款涉及以其他方式进入证券账户的财产。例如,权利持有人原来直接持有100股持票式股票,随后为了便于保管和交易,权利持有人将该股票转让给自己的证券中间人,而证券中间人相应地在权利持有人的证券账户内贷记100股股票。此种情况,就属于上述第(2)款所说的证券中间人"收到金融资产"。

权利命令

在正常情况下,权利持有人行使自己证券权利的主要方式是,向证券中间人发出“权利命令”(entitlement order),即投资指示。例如,权利持有人如果希望买进某种股票,就要向证券中间人发出买进的具体指示,而证券中间人在买进之后,会将证券存入单独为该权利持有人设立的证券账户。按照同样的方式,权利持有人也可以卖出证券账户内的证券,或进行金融资产的其他交易。关于权利命令,法典第 8.102 条(a)(8)款规定:“涉及对金融资产拥有证券权利的权利持有人时,‘权利命令’指该权利持有人向证券中间人传送的通知,指示该中间人转让或赎回该金融资产。”

关于证券中间人如何执行所收到的买进或卖出的权利命令,法典未进一步规定。原则上,证券中间人此时要将自己视为实际的买方或卖方,并找到相应愿意卖出或买进的另一方。如果相关证券在主要的证券交易所进行交易,且权利持有人同意按市场价格成交,则证券的买卖在市场营业期间几乎可以即时完成。

此种买进或卖出,可能基本上不涉及发行人,而是纯粹在不同经纪人之间进行,因为在目前的美国证券市场上,大量的证券都登记在大型证券经纪商或清算公司的名下,包括托存信托公司(Depository Trust Company)和会员信托公司(Participants Trust Company)这样的公司。因此,很多证券的买卖,都是在这些公司的不同经纪公司之间进行。直接持有证券的最接近发行人的证券中间人,即发行人证券账册中的注册所有权人,不会因为此种证券买卖而产生证券数量的变化,因而无须向发行人申请变更。这就是为什么间接持有方式可以使证券交易更加方便和高效。

在证券中间人和权利持有人之间,如果权利持有人的指示是卖出,则证券中间人在完成其自己相应的卖出交易后,会在权利持有人的证券账户中作出相应记录,即借记卖出的证券,而贷记所收到的款项。卖出证券所收到的此种款项,也属于金融资产,因为根据法典第 8.102 条(a)(9)款的定义,证券账户内的“任何财产”都可以构成金融资产。

证券中间人的5项主要义务

根据法典的规定,证券中间人对权利持有人承担5项主要义务:第一,根据法典第8.504条的规定,持有并维护权利持有人在证券账户中的金融资产。第二,根据法典第8.505条的规定,获取金融资产项下的收益,如股票项下的分红或债券项下的利息,并将此种收益存入证券账户。第三,根据法典第8.506条的规定,按权利持有人的指示,代为行使权利持有人在金融资产项下的权利。例如,股票的股东可能拥有投票权,因此,证券中间人要根据权利持有人的指示作出相应投票。第四,根据法典第8.507条的规定,服从权利持有人的权利命令。第五,根据法典第8.508条的规定,按权利持有人的意愿,变更金融资产的持有方式。关于证券中间人如何履行这5项义务,法典第8篇虽然也作了一些规定,但总体而言没有规定详细的内容和标准,而是确定了3项基本原则。

第一项原则,证券中间人需要遵守与权利持有人达成的协议。这主要是考虑到,一方面,当事方意思自治是商业交往的基本原则;另一方面,证券行业涉及的产品和做法都高度复杂,而且新产品和新做法层出不穷,很难在法律上作出统一规定,因而最好的方法是由当事方根据实际情况和市场发展来自行决定。相对于权利持有人,虽然证券中间人在制定规则方面通常处于强势地位,但出于市场竞争的需要以及为了满足法律对善意作为和遵守合理商业准则的基本要求,证券中间人通常不会滥用自己的强势。

第二项原则,对于当事方协议没有涉及的问题,证券中间人必须根据合理的商业标准,行使正常谨慎。这是一个非常原则性的规定,但并非难以应用。合理标准和正常谨慎可以从很多角度衡量。从整体行业来看,需要参考其他证券中间人所遵循的标准和所行使的谨慎。当权利持有人认为证券中间人存在不合理和不谨慎的情况时,还需要根据案件的具体情况进行具体分析。

第三项原则,证券中间人必须满足其他适用法律和行业规则的要求。在证券行业,不仅联邦法和州法都对证券经纪人行业有一些具体规定,而且美国银行业也有很多行业标准。证券中间人需要遵守这些适用法律和行业规则。

持有并维护金融资产的义务

证券中间人最主要的一项义务是,为权利持有人持有并维护相应的金融资产。法典第8.504条(a)款规定:“证券中间人为其权利持有人设立证券权利后,应根据全部证券权利的总和,迅即取得相应数量的金融资产并掌管该资产。”根据这项规定,在证券中间人根据前文讨论的法典第8.501条(b)款的规定确认了权利持有人所持的证券权利内容后,例如,持有100股的甲公司股票,200股的乙公司股票,那么证券中间人就要确保该证券账户内确实存在该300股股票,即“全部证券权利的总和”。之后,证券中间人无权自行处置该证券,或使其他人取得对该证券的权利。法典第8.504条(b)款规定:“对于证券中间人根据(a)款有义务掌管的金融资产,证券中间人不得向他人赋予该资产中的任何证券权利,除非得到其权利持有人的另行同意。”

前文提到,证券中间人在履行上述义务时,需要遵守与权利持有人达成的协议,并遵守任何适用的法律和行业标准,包括适当谨慎。法典第8.504条(c)款规定:“证券中间人在下列情况下被视为满足(a)款的要求:(1)证券中间人根据与权利持有人达成的协议履行了义务;或(2)在没有协议的情况下,证券中间人根据合理的商业标准,对于金融资产的取得和掌管,行使了适当谨慎。”

取得付款和分配的义务

证券中间人的第二项义务是,收取金融资产的收益,并将其分配给权利持有人,包括公司股票的分红或债券的利息等。法典第 8.505 条(a)款规定:“证券中间人应采取相应行动,获取金融资产发行人作出的付款或分配。在下列情况下,证券中间人被视为履行了该义务:(1)证券中间人根据与权利持有人达成的协议履行了义务;或(2)在没有协议的情况下,证券中间人根据合理的商业标准,对于付款或分配的获取,行使了适当谨慎。”法典第 8.505 条(b)款规定:“证券中间人在收到金融资产的发行人作出的付款或分配后,即就该付款或分配向权利持有人承担义务。”

根据权利持有人指示作为的义务

证券中间人的第三项义务是,根据权利持有人的指示,就证券账户内的金融资产采取相应行动。例如,如果证券账户内持有某家公司的股票,且该股票具有投票权,那么在权利持有人希望按照某一方式进行投票时,证券中间人作为实际有权进行投票的股东,有义务根据权利持有人的指示进行投票。法典第 8.506 条规定:“证券中间人在收到权利持有人的指示后,应根据该指示行使对金融资产的权利。在下列情况下,证券中间人被视为履行了该义务:(1)证券中间人根据与权利持有人达成的协议履行了义务;或(2)在没有协议的情况下,证券中间人将权利持有人置于可以直接行使该权利的地位,或根据合理的商业标准,对于遵从权利持有人的指示,行使了适当谨慎。”

服从权利命令的义务

证券中间人的第四项义务是,服从权利持有人的权利命令,即对证券账户内金融资产进行处置的命令,包括买进或卖出。法典第 8.507 条(a)款规定:“证券中间人应遵从适格人发起的权利命令,只要证券中间人已有合理机会确认该权利命令系属真实并业经授权,且证券中间人有合理机会据以作为。在下列情况下,证券中间人被视为履行了该义务:(1)证券中间人根据与权利持有人达成的协议履行了义务;或(2)在没有协议的情况下,证券中间人根据合理的商业标准，对于遵从权利命令，行使了适当谨慎。”

同时，法典第8.507条(b)款规定：“证券中间人如果根据无效的权利命令转让金融资产，即应为金融资产的权利人重新设立证券权利。如果错误转让致使该人未收到付款或分配，证券中间人应向该人付款或提供贷记。证券中间人如果不重新设立证券权利，即应向权利持有人就其受到的损失作出赔偿。”

变更权利持有人持有方式的义务

证券中间人的第五项义务是，根据权利持有人的愿望，变更权利持有人对证券账户内金融资产的持有方式。例如，权利持有人可能希望将资产转移到另一个证券中间人，或希望将间接持有的金融资产转变为直接持有的证券。此时，只要权利持有人的指示不违反其他法律或规则，也不违反发行人为相关金融资产作出的限制，证券中间人即有义务服从权利持有人的指示。法典第8.508条规定：“证券中间人应根据权利持有人的指示，将该持有人的证券权利，变更为该权利持有人有权使用并且可行的其他持有方式，或将金融资产转让至权利持有人在其他证券中间人的证券账户。在下列情况下，证券中间人被视为履行了该义务：(1)证券中间人根据与权利持有人达成的协议履行了义务；或(2)在没有协议的情况下，证券中间人根据合理的商业标准，对于遵从权利持有人的指示，行使了适当谨慎。”

遵守相关的适用法律和行业规则

上文有关证券中间人义务的条款规定，首先，证券中间人需要遵守当事方的协议；其次，在协议没有相关规定时，要遵守合理的商业标准并行使正常谨慎。此外，法典还规定，证券中间人需要同时遵守相关的适用法律和行业规则，而权利持有人也对证券中间人承担一定义务。法典第8.509条规定：“(a)涉及证券中间人在第8.504条至第8.508条项下的义务时，如果其实质内容在其他法律或规则中亦有规定，则只要遵守了该法律或规则,证券中间人即被视为履行了该义务。(b)如果该其他法律或规则,或证券中间人与权利持有人之间的协议,未对证券中间人履行义务或权利持有人行使权利的具体标准作出规定,则证券中间人应按商业上合理的方式履行义务,而权利持有人应按商业上合理的方式行使权利。(c)证券中间人在履行第8.504条至第8.508条规定的义务时,该义务受制于证券中间人的下列权利:(1)基于与权利持有人达成的担保协议或其他原因,证券中间人就担保权益享有的权利;以及(2)根据其他法律或规则,或根据协议,在权利持有人未能向证券中间人履行义务时,证券中间人暂停履行自己义务的权利。(d)第8.504条至第8.508条并不要求证券中间人采取被其他法律或规则禁止的行为。"

对善意权利持有人的保护

前文提到,在直接持有方式下,如果证券的受让人或购买人属于"受保护购买人"(protected purchaser),该人就可以受到法典最大程度的保护。在间接持有方式中,法典没有使用"受保护购买人"的概念,但如果满足法典规定的条件,权利持有人也有可能受到类似的保护。法典第8.502条规定:"就金融资产提起的对立主张诉讼,无论是基于侵占、取回权、推定信托、衡平留置权或其他理论,均不能对抗根据第8.501条通过支付价值取得证券权利且未得到对立主张通知的人。"

上述规定中所说的金融资产,是指权利持有人在证券账户中的金融资产。所说的不受对抗的人,即指权利持有人。也就是说,如果权利持有人满足了法典第8.502条的规定,其对证券账户中金融资产的权利,就可以对抗任何其他主张人。根据法典的正式评论,权利持有人如果根据法典第8.501条通过支付价值取得证券权利,且在取得权利时未得到对立主张的通知,就可以如同直接持有方式下的受保护购买人,不受对立主张的制约,无论对立主张人是基于何种理论提出主张。

法典的正式评论对此予以举例说明。假设小偷从所有权人甲偷走持票式的债券,并将该债券存入小偷在证券中间人开设的证券账户中,此时,从小偷和证券中间人之间的关系来看,小偷取得了证券权利,属于权利持有人,但是,由于小偷被视为得到对立主张的通知,因此债券的所有权人甲可以对抗小偷的证券权利。但是,假设在上述例子中,小偷欠债权人乙一笔款项,且在偷到持票式债券后,将债券存入债权人乙在证券中间人设立的证券账户,作为对乙的还债,此时由于债权人乙并不知道小偷的偷窃行为,其属于支付了价值且未得到对立主张通知的人。因此,所有权人甲不能向作为权利持有人的债权人乙提出主张,无论根据其他法律原则,甲是否本来有权对抗乙。

权利持有人的财产权

前文提到,在间接持有方式下,权利持有人的权利主要是,要求证券中间人承担法典和当事方协议所规定的义务的权利,包括前文讨论过的5项主要义务。在正常情况下,权利持有人不能直接对证券账户中的金融资产主张权利,而只能对证券中间人主张权利。对此,法典第8.503条(c)款规定:“权利持有人根据(a)款对特定金融资产享有的财产权益,仅可通过行使权利持有人在第8.505条至第8.508条项下的权利,对证券中间人强制履行。”这项规定中提到的法典第8.505条至第8.508条,就是前文讨论过的证券中间人的5项义务,基本上都是针对证券中间人的合同权利,而不是直接针对金融资产的财产权。

但是,对于证券账户内的金融资产,权利持有人也确实享有一定程度上的财产权。例如,前文提到,证券中间人所持有的金融资产,不是其自己的资产,而是权利持有人的资产,因此,证券中间人的债权人不能查封该金融资产。在证券中间人破产时以及在其他一些情况下,权利持有人还可以直接针对该金融资产主张权利。

关于权利持有人对金融资产的财产权,法典第8.503条(d)款规定:“权利持有人根据(a)款对特定金融资产享有的财产权益,只有在下列情况下，才可对金融资产或其权益的购买人强制履行：（1）证券中间人已提起或被提起破产申请；（2）证券中间人在金融资产中的权益，已不足以满足全部权利持有人对金融资产的证券权利；（3）证券中间人将金融资产或其权益转让给购买人的行为，违反了证券中间人在第 8.504 条项下的义务；并且（4）购买人不受（f）款的保护。”

根据上述规定，如果证券中间人持有的金融资产，已经不足以满足全体权利持有人的证券权利，且证券中间人存在将金融资产转让给他人的情况，此时，只要该转让的受让人不是受保护购买人或受到类似保护的人，权利持有人即可行使其对金融资产本身的权利，追回被转让的金融资产。

在间接持有方式中，有关权利持有人财产权的一个重要概念是，权利持有人虽然对金融资产持有一定的财产权，但不对特定金融资产持有独立财产权，而是与处于类似情况的其他所有权利持有人共同持有财产权。

例如，假设证券中间人有两个权利持有人，甲持有汽车公司 100 股股份的证券权利，乙持有同一家汽车公司 300 股股份的证券权利，此时，如果证券中间人履行了其对两个权利持有人的义务，就应该持有该汽车公司 400 股的股份。但是，假设证券中间人先为甲取得了 100 股的股份，但忘记给乙取得 300 股的股份，且证券中间人随后破产，此时，根据法典的规定，甲并非可以独享 100 股的股份，而是必须要与乙按比例分享，即甲享有 25 股，而乙享有 75 股。

关于上述原则，法典第 8.503 条（b）款规定：“对于证券中间人持有的特定金融资产，权利持有人根据（a）款对该特定金融资产享有的财产权益，是该金融资产中全部权益按比例计算的财产权益，无论权利持有人何时取得证券权利，也无论证券中间人何时对金融资产取得权益。”

证券中间人的权利

在间接持有方式中，证券中间人除非收到法院的相关裁决，否则原则上只服从权利持有人的权利命令，而可以忽视所有对相关金融资产提出的对立主张。法典第 8.115 条规定:“如果任何人对金融资产提出对立主张,根据有效权利命令转让了金融资产的证券中间人,或根据客户或被代理人指示处理了金融资产的经纪人、其他代理人、或保管人,不对该主张人承担责任,除非该证券中间人、经纪人、其他代理人、或保管人:(1)在作出上述行动之前,已收到有适当管辖权之法院的查封令、禁止令、或禁止其采取上述行动的其他诉讼传票,且有合理机会据以作为;(2)与违法者合谋侵犯该主张人的权利;或(3)涉及被盗的证券证书时,在收到对立主张的通知后作出上述行动。”

对金融资产购买人的保护

如果证券中间人将证券账户内的金融资产以某种形式转让给善意的购买人,或如果权利持有人将证券权利转让给善意的购买人,则只要购买人满足法典的规定,就可以不受其他主张人的对抗,无论该转让本身是否适当或正当。对此,法典第 8.510 条(a)款规定:“如果不涉及第 9 篇优先权规则范围内或(c)款范围内的情况,则就金融资产或证券权利提起的对立主张诉讼,无论是基于侵占、取回权、推定信托、衡平留置权或其他理论,在购买人支付了价值,未得到对立主张的通知,并取得了控制的情况下,均不能对抗从权利持有人购买证券权利或其中权益的购买人。”除去善意和支付价值,这项规定的要求之一是,购买人对所购买的财产取得控制。

那么,购买人在何种情况下被视为取得控制?法典第 8.106 条(d)款规定:“在下列情况下,购买人被视为取得对证券权利的控制:(1)购买人成为权利持有人;(2)证券中间人同意遵从购买人发起的权利命令,而无须再经权利持有人的同意;或(3)另一人代表购买人控制证券权利;或在取得对证券权利的控制后,承认代表购买人持有控制。”根据这项规定,如果购买人自己成为权利持有人,或者相对于证券权利中的任何权益,购买人取得大于权利持有人的支配权,购买人都被视为取得了对证券权利的控制。

上述规定中的控制，并非必须是独家控制。法典第 8.106 条(f)款规定："购买人只要满足(c)款或(d)款的要求，即取得控制，即使(c)款中的注册所有权人或(d)款中的权利持有人保留了权利，即有权对无票证券或证券权利作出替换，或有权向发行人或证券中间人发起指示或权利命令，或有权以其他方式处置无票证券或证券权利。"根据这项规定，在购买人取得控制后，即使原来的权利持有人仍然对证券权利拥有一定控制，购买人仍被视为取得控制。

第十章　担保交易

法典第9篇称为《担保交易》(Secured Transactions),适用于以动产作为担保物的担保交易。但是,并非所有的动产担保交易都在法典第9篇范围之内,因为法典第9篇明确排除了某些动产担保交易。此外,法典第9篇在很大程度上也适用于以不动产附着物作为担保物的担保交易。不动产附着物原本也是货物,但因随后被固定在不动产上,因而同时受到动产法和不动产法的管辖。

尽管法典第9篇适用于动产担保交易,但法典未对动产作出定义。并且,法典第9篇的具体规定,也不是围绕动产这个笼统概念而制定的。因此,对于法典第9篇来说,动产这个概念不仅不明确,而且基本没有实际意义。法典第9篇有关担保交易的规定,都是针对具体种类的担保物,针对不同的当事方,针对不同的交易环境,针对不同的保护需求,分别作出具体规定。这种分门别类、交叉组合和环环相扣的处理方法,使法典第9篇的规定显得异常复杂,其相互关系和内在逻辑颇为费解。但是,法典第9篇之所以如此规定,实际上还是因为只有这样,才能满足美国在动产担保领域高度复杂、种类繁多和灵活多变的商业需求。

除去传统意义上的担保交易,法典第9篇还适用于某些收款权利的买卖(如应收款的买卖)和货物的寄售。收款权利的买卖可能纯属于买卖,而不是担保交易,因此本来不应受法典第9篇的管辖。但是,在实际商业活动中，有时很难区分此种交易的真实意图和真实性质。因此，出于一定的考虑，包括对相关当事方和第三方的保护，法典第9篇将此类买卖交易推定为担保交易。寄售本来也不属于担保交易，而是货物销售的一种方式，但出于类似原因，法典第9篇也将其推定视为担保交易。由于收款权利的买卖和货物的寄售从概念上本来不同于传统的担保交易，因此将这两种交易融入法典第9篇后，进一步增加了第9篇的复杂性。

担保交易的原始目的是保证合同当事方之间的付款或其他义务的履行。在法典中，也是这样对担保交易进行定义的。但在美国的商业活动中，担保交易实际上早已脱离了此种原始目的，而演变成为一种重要的融资手段。在融资交易中，相关资产的可流动性，即资产是否可以既方便又安全地在不同当事方之间进行转让，是一个重要因素。因此，法典第9篇的很多规定，在很大程度上是为了增强担保物的可流动性。

担保物的可流动性，在很大程度上取决于持有担保物的一方对抗其他当事方的能力。也就是说，如果持有担保物的人能够确信，自己的权利优于其他对担保物主张权利的当事方，该担保物的可接受性就会更高，流动性就会更强。所以，法典第9篇的重点和本质，就是在不同当事方对同一担保物主张权利时，确定不同当事方之间的优先顺序。

第一节　担保交易的类型

关于法典第9篇所适用的担保交易类型，法典第9.109条(a)款规定："除(c)款、(d)款和(e)款另有规定外，本篇适用于：(1)以合同方式在动产或不动产附着物上设立担保权益的交易，无论交易采用何种形式；(2)农业留置权；(3)应收款、动产契据、无形支付或本票的买卖；(4)寄售；(5)如第9.110条所述，根据第2.401条、第2.505条、第2.711条(c)款或第2A.508条(e)款产生的担保权益；以及(6)根据第4.210条或第5.118条产生的担保权益。"这项规定列出了6类受法典第9篇管辖的担保交易，但同时提示了该条第(c)款、(d)款和(e)款所规定的例外。

通过合同形式在动产或不动产附着物上设立的担保权益

法典第9篇所适用的第一类交易,是通过合同形式在"动产"(personal property)和"不动产附着物"(fixtures)上设立"担保权益"(security interest)的交易。虽然法典第9篇主要适用于有关动产的担保交易,但是,除在这个定义中和其他个别地方外,法典第9篇的其他条款均不再提及"动产"这个概念,而是代之以具体的财产种类,所以,尽管法典第9篇适用于动产担保交易,但"动产"这个概念对第9篇的理解和应用基本上没有实际意义。

由于法典第9篇未对"动产"这个概念本身作出定义,因此实际上无法从第9篇的规定中看出动产到底包括哪些财产。凡是法典第9篇列出的可以适用于第9篇的具体财产种类,自然属于动产。比较难以言清的是,还有哪些动产没有列出。也许可以说,法典第9篇的本意是,任何财产,只要不属于不动产,应该就属于动产,因而就适用于第9篇。

担保权的设立在美国法律中一般有3种方式。首先,上述定义所说的合同方式是最主要的方式,即当事方通过订立相关协议,同意以一定的担保物用于担保付款或其他义务的履行。通过这种方式取得的担保权称为"商定留置权"(consensual lien)。其次,司法方式,如当一个人通过法院判决和司法程序扣押了特定财产后,即对该财产持有担保权。这种担保权称为"裁定留置权"(judicial lien)。担保权产生的最后一种方式属于法定方式,即在一定条件下,相关权利人可以根据法律的规定自动取得担保权,而无须订立协议,也无须通过司法程序。例如,修理汽车的人在收到修车费用之前,对其占有的汽车自动持有担保权。这种担保权称为"工匠留置权"(mechanic's lien),是依法自动产生的。类似的留置权还有很多,例如,在房屋租客没有支付房租时,房东对屋内财产持有的担保权称为"地主留置权"(landlord's lien)。这类担保权统称为"法定留置权"(statutory lien)。

法典第9篇只适用于通过合同方式设立的担保权,而另外两种担保权的产生及其他问题,受法典以外其他法律的管辖。但是,如后文将要谈到的,在涉及冲突的担保权之间的优先顺序时,法典第9篇在一定程度上也适用于另外两种担保权。

上文在谈到3种不同的担保权时,使用了"担保权"这个词,而没有使用"担保权益"。这是因为,"担保权益"实际上主要是法典为第9篇范围内通过合同形式设立的担保权所选用的一个专门用语,以区别于通过其他形式产生的担保权。"担保权"和"担保权益"都是担保权利,但为避免混淆,法典第9篇才使用了"担保权益"这个词。所以,凡是提到"担保权益",都是特指法典第9篇范围内通过合同形式设立的担保权,以及法典其他篇规定的适用于第9篇的担保权。

担保权益虽然是法典第9篇的核心概念,但其定义没有规定在第9篇中,而是在法典第1篇中,因为第9篇位于法典的最后部分,但有关担保权益的概念,在第9篇之前的很多篇都会涉及。关于担保权益,法典第1.201条(b)(35)款规定:"'担保权益'指对动产或不动产附着物享有的,作为付款或履约义务之担保的权益。涉及受第9篇约束的交易时,'担保权益'包括寄售委托人的权益,还包括应收款、动产契据、无形支付或本票之买方的权益。'担保权益'不包括第2.401条所述的特殊财产权,即在货物特定于买卖合同项下后,买方对货物享有的特殊财产权;但是,买方也可以通过满足第9篇的要求,取得'担保权益'。除第2.505条另有规定外,在第2篇或第2A篇中,货物的卖方或出租方保留或取得的对货物的占有权,不属于'担保权益';但是,卖方或出租方也可以通过满足第9篇的要求,取得'担保权益'。在第2.401条中,在货物已发运或已交付给买方后,卖方所保留的货物所有权,效力上只相当于保留'担保权益'。采用租赁形式的交易是否属于设立担保权益,应根据第1.203条确定。"

从上述定义可以看到,前文提到的法典第9.109条(a)款所规定的6类担保交易,基本上都属于与"担保权益"有关的交易。唯一的例外是6类中的第二类,即"农业留置权"(agricultural lien)。在法典第9篇中,担保权益和农业留置权是并列使用且互不兼容的概念,即担保权益不包括农业留置权,而农业留置权也不包括担保权益。

法典第9篇范围内第一类交易的担保物主要是动产,但前文提到,法典没有对动产作出任何定义。并且,在法典第9篇中,除去使用"无形支付"(payment intangible)和"一般无形财产"(general intangible)这两个概念外,也没有使用有形、无形和半无形的财产分类方法。那么,对于动产这么重要的概念,法典为什么不为第9篇作出定义?

主要原因可能在于,法典并不希望对第9篇的适用范围作出过多限制或界定,而是希望由商业交易的当事方自行决定哪些财产能够作为担保交易中的担保物。传统概念中的动产主要是指可以移动的物品,如汽车、电视机和家具等。但是,在美国的商业交易中,可以作为担保物的财产种类,早已远远超出传统的动产概念。从商标权和专利权等知识产权,到诉讼权和应收款等无形权利,都可以作为担保物。法典承认并鼓励商业交易中的这些做法,并且希望担保物的种类可以继续扩大。

可以说,在目前的法典第9篇中,除不动产以及被第9篇所特别排除的财产种类外,其他可以想象到的财产,无论是有形、无形还是半无形,应该都属于动产,因此都已经被包括在法典第9篇的范围内。如果在个别案件中对一项财产是否属于法典第9篇范围内的担保物确实存在疑问,还可由法院根据财产法和其他法律原则加以确认。

此外,受到动产法和不动产法双重管辖的不动产附着物,在很大程度上也在法典第9篇的范围之内。不动产附着物原本是动产,只是因为被固定到不动产上,才同时受到动产法和不动产法的管辖。例如,电梯在工厂时是动产,但被安装到大楼里面后,就成为不动产附着物。有关不动产附着物的概念,后文还会进一步讨论。

对于法典第9篇所适用的第一类交易,法典第9.109条(a)款规定,"无论交易采用何种形式",只要目的在于设立担保权益,就应适用第9篇。

这项规定意在强调，一项交易是否属于设立担保权益，不取决于交易的表面形式，也不取决于当事方对该交易的称呼，而取决于交易的实际本质。为此，法典第1.203条用了很大篇幅来区分普通租赁与担保交易，因为在有些交易中，租赁是外表形式，但在本质上属于设立担保权益，无论当事方是否自觉意识到这种区别。

举例而言，假设在分期付款的买卖交易中，卖方担心先行交货后不能收回货款，导致货物和货款双重损失，因而与买方约定，交易采用租赁形式，在买方付清全部货款前，货物所有权不转移至买方，而一旦付清货款，买方即可无偿或基本无偿取得货物的所有权。此时，根据法典的规定，此种交易形式上是租赁，但本质上是担保，因为卖方实际上是通过保留货物所有权作为收回货款的担保。

在上述例子中，双方的做法出于保护当事方合法权益的实际商业需要，似乎无可厚非，法典为什么要予以否定？实际上，法典不是否定这种交易，也不是否定当事方的权益，而只是要求准确界定交易的性质，并根据交易的真实性质确定当事方及第三方的权利和义务。因此，如果不是租赁，而是担保交易，当事方就应根据法典第9篇的规定履行必要手续，如对担保权益进行登记等。

法典认为，如果以其他交易形式掩盖担保交易的本质，从而绕过法典第9篇对担保交易的规定，可能会对其他第三方造成不利影响。例如，在真正的货物买卖交易中，货物所有权一般会在卖方交付货物后转移至买方，因此，卖方和买方的债权人以及其他当事方，均有可能依赖此种情况而与卖方或买方进行交易。如果他们不知道买卖双方交易的准确性质，可能会受到不利影响。如后文将要讨论的，法典第9篇将某些收款权利的买卖和货物的寄售推定视为担保交易，也同样是为了避免对其他第三方的误导。所以，法典第9篇关注的重点，是保护直接交易方以外的第三方。

农业留置权

法典第9篇所适用的第二类交易，是有关"农业留置权"（agricultural

lien)的交易。农业留置权是与担保权益并列的一项权益,互不兼容。法典第9.102条(a)(5)款规定:"'农业留置权'指农产品中的下列权益:(A)该权益系为担保基于下列原因所产生的付款或履约义务:(i)债务人为农业生产获得货物或服务;或(ii)债务人为农业生产因租用不动产而应支付租金;(B)该权益系为下列人的利益由法律自动设立:(i)在正常业务活动中,就债务人的农业生产,向债务人提供货物或服务的人;或(ii)将不动产出租给债务人用于其农业生产的人;并且(C)该权益的有效性不取决于权益人是否占有相关动产。"

根据上述定义,农业留置权涉及农业生产和农产品,具有3个特点。第一,农业留置权所担保的债务,产生于农业生产。例如,当卖方为债务人的农业生产提供货物后,支付货款的义务就被视为产生于农业生产。第二,农业留置权的产生不需要当事方订立协议,而是根据法律的规定自动产生。这种留置权基本上属于前文提到的法定留置权。第三,农业留置权的存在,不取决于担保物的占有。这与上述工匠留置权或地主留置权不同,因为该留置权的存在取决于对担保物的占有。在美国法律中,大部分的法定留置权都需要占有担保物,但此处的农业留置权没有这个要求。

农业留置权是在满足法律规定的条件后自动产生的,与担保权益的产生有明显区别。如后文将要讨论的,担保权益需要由当事方通过订立合同而"设立"(creation),并在一定条件下发生"附着"(attachment),即附着于担保物。相较而言,农业留置权只有一个"生效"(becoming effective)的环节,即在法律规定的全部条件都满足后,农业留置权即开始存在。所以,后文将要谈到的有关"设立"和"附着"的规定,都只适用于担保权益,而不适用于农业留置权。

农业留置权以"农产品"(farm products)作为担保物。法典第9.102条(a)(34)款规定,农产品是指:"债务人在农业生产中经营的下列货物(生长中的树木除外):(A)已经种植、正在种植或将要种植的作物,包括:(i)树木、藤木和灌木产出的作物;以及(ii)水产作业产出的水产品;(B)已出生或待出生的家畜,包括水产作业产出的水产品;(C)农业生产中使用的或产出的原料;或(D)未经加工的作物或家畜产品。"

由于农业留置权不需要由担保交易的当事方订立担保协议,而是根据法律的规定自动产生,因此,当事方通常不会具体约定以哪些农产品作为担保物。从法典第9.102条(a)(5)款对农业留置权的定义看,并不要求农产品与所收到的货物或服务存在任何联系。也就是说,一旦受担保方向债务人提供价值(如提供货物或服务)并取得农业留置权,债务人的全部农产品都将成为担保物,无论任何特定农产品是否与受担保方所提供的价值具有直接联系。

举例而言,假设卖方赊销拖拉机给买方用于种植玉米,并根据法典的规定,就尚未支付的拖拉机货款取得农业留置权,此时,只要买方还有其他农产品,如大豆或麦子,这些农产品就都成为担保拖拉机货款的担保物,即使这些农产品与拖拉机的货款没有任何关系,也未受益于拖拉机的使用。

农业留置权属于法定留置权,与通过合同设立的担保权益有本质上的不同。法典第9篇的规则,绝大多数是针对担保权益而制定的,基本上不涉及农业留置权。因此,从法典第9篇的角度,农业留置权的意义,基本上仅限于在与其他权益发生争议时如何排列优先顺序。即使在排列优先顺序时,法典第9篇也只是将生效的农业留置权等同于完善的担保权益,而没有再作其他规定。所以,本章后文的讨论,也仅围绕通过合同设立的担保权益,而基本上不再单独涉及农业留置权。

应收款、动产契据、无形支付或本票的买卖

法典第9篇所适用的第三类交易,是应收款、动产契据、无形支付或本票的买卖。这几类财产本质上都属于收款权利,并在商业活动中经常被用于买卖。假设电器经销商以账面赊销的方式向顾客出售一台价格为1000美元的电视机,并约定顾客3个月以后支付,此时,经销商的账面上就产生1000美元的应收款。如果经销商希望尽快回收资金,可能会以950美元的

价格将应收款出售给融资公司。融资公司立即支付经销商 950 美元,同时取得 3 个月以后从顾客收取 1000 美元货款的权利。融资公司将承受 3 个月期间的资金成本,并承担收款过程中的风险。此种交易就属于应收款的买卖。其他几类收款权利的买卖,也类似于此。

除去收款权利的买卖,收款权利还可以用于抵押。这里的"抵押"只是一种粗略说法,是指债务人提供财产作为担保物,用于担保付款义务或其他履约义务,而无论受担保方是否占有担保物,也无论担保物是动产还是不动产。在上述例子中,电器经销商可以不将 1000 美元的应收款出售,而是将其抵押给融资公司。例如,融资公司贷款 950 美元给经销商,而经销商以 1000 元的应收款作为抵押物。

从性质上来讲,应收款的出售和抵押是两种不同性质的交易。如果是出售,应收款的所有权和损失风险转移至融资公司,因此,是否能从顾客收回货款,或能够收回多少,是融资公司需要承担的风险。如果是抵押,融资公司同时享有两种权利,一种是要求经销商偿还 950 美元贷款的权利,另一种是处置担保物(1000 美元应收款)的权利,并且融资公司不承担从顾客收款的风险。也就是说,无论担保物出现何种情况,经销商都有偿还 950 美元贷款的义务。那么,既然收款权利的买卖和抵押是两种不同的交易,法典第 9 篇为什么要将应收款的买卖视为抵押?这个问题后文再谈。这里先谈一下 4 种收款权利的定义和概念。

法典第 9 篇所适用的第三类交易中的第一种收款权利是"应收款"(account)。法典第 9.102 条(a)(2)款规定:"'应收款'指基于下列原因而取得的就金钱债务收款的权利,无论该收款权利是否已经赚取:(i)出售、出租、许可、转让或以其他方式处置财产,无论已经作出或将要作出;(ii)提供服务,无论已经提供或将要提供;(iii)出具保险单,无论已经出具或将要出具;(iv)承担次级义务,无论已经承担或将要承担;(v)提供能源,无论已经提供或将要提供;(vi)根据包租合同或其他合同,提供船舶的使用或租用;(vii)信用卡或借记卡的使用,或其中信息的使用,或与该卡结合使用之信息的使用,或(viii)抽彩或其他靠概率取胜游戏的中奖,只要该抽彩或游戏系由州政府组织或发起,或由州政府许可或授权经营该抽彩或游戏的人组织或发起。”

上述定义中的应收款,可以粗略地理解为会计意义上的应收款(account receivable),也就是收取款项的权利,但法典的定义与会计准则的定义可能有所不同。此外,在会计制度中,应收款是与应付款相对的,但在法典第9篇中,则不区分应收和应付,而统称为应收款(account)。所以,法典第9篇中的“应收款债务人”(account debtor),是指出售或抵押应收款的债务人,尽管从债务人本身的角度,其承担了“应付款”的义务。

在上述应收款的定义中有一个“已赚取”(earned)的概念。在货物买卖交易中,如果卖方已向买方交付货物,而买方尚未支付货款,卖方的应收款即被视为已赚取,即卖方已为收取货款而相应履行了自己的义务。如果双方订立了货物买卖合同,但卖方尚未交付货物,此时,尽管卖方收取货款的合同权利仍然存在,但该权利属于尚未被赚取。在法典的定义中,应收款是否已产生,不取决于应收款是否已被赚取。所以,即使卖方尚未交货,买方尚待支付的货款仍然属于卖方的应收款,因此法典第9篇的规定仍然适用。例如,卖方即使尚未向买方交付货物,仍然可以将应收款出售或抵押给第三方。

上述定义没有说明应收款应以何种形式存在。例如,卖方出售货物的应收款是否要以书面合同证明;还是以卖方自己的账目证明;如果买方另外出具了欠条,是否以该欠条作为证明?法典对此没有作出具体要求。但是,在当事方之间,肯定会涉及这个问题,因此,应收款的卖方在出售应收款时,需要以某种可以接受的方式,向应收款的买方证明,应收款是存在的。

但在谈及应收款时,通常是指纯粹的账面记录,而不是由其他文件证明的收款权利,因为如果存在后者,该文件本身就可能构成了另一类财产,而不再是应收款。例如,假设买方在购买货物后,就尚未支付的货款出具了书面付款承诺，那么该承诺有可能构成独立的本票，而不再是应收款。此时，从卖方的角度，实际上是同时获得了两种权利：一种是记录在卖方账目中的应收款权利，另一种是本票项下的票据权利。此时，卖方作为应收款的持有人，可以将应收款单独转让，而作为本票的持有人，也可以将本票单独转让。

应收款可以是一笔内容特定且数额确定的款项，但也可以是具体内容和数额并不确定的一类款项。例如，货物的卖方可以把一件特定货物的货款作为应收款进行出售，但也可以把自己所有库存货物的应收款打包出售，其中包括已经出售的货物所产生的应收款，以及未来出售的货物所将要产生的应收款。在后一种情况下，应收款的具体内容和数额都不确定，并且是在不断变化的。

法典第 9 篇所适用的第三类交易中的第二种收款权利是"动产契据"(chattel paper)。法典第 9.102 条(a)(11)款规定："'动产契据'指同时证明金钱债务和下列任何一项内容的记录：特定货物中的担保权益；特定货物中以及该货物所使用之软件中的担保权益；特定货物中的担保权益以及该货物所使用之软件的许可；特定货物的租赁；特定货物的租赁以及该货物所使用之软件的许可。"

简单而言，动产契据大体上是一种有关金钱债务的书面合同，并且可以只有两个当事方，即借款人和贷款人。在绝大多数情况下，动产契据包含两项主要内容：第一，说明借款人欠贷款人一定金额的债务；第二，说明借款人以某项动产作为债务的担保。也就是说，动产契据由两项协议组成，一项是借款协议，另一项是担保协议。两项协议可以同时包含在一份文件中，也可以包含在一组文件中。如果是一份文件，该文件就是动产契据。如果是一组文件，则整组文件共同构成动产契据。

举例而言，假设卖方向买方出售一台机器，买方支付了部分货款，并承诺分期付清余款，而卖方则保留对机器的担保权益，此时，如果双方订立一份书面协议，其中规定：首先，买方承诺支付余款；其次，卖方对机器持有担保权益,则该书面协议即为动产契据。在这个例子中,动产契据代表卖方的收款权利,且收款权利以机器作为担保。从卖方的角度来看,动产契据项下的主要权利是收款。因此,动产契据具有财产价值,可以在商业活动中像其他财产一样被出售或被抵押。在法典中,动产契据可以是传统的纸质文件,称为"实体动产契据"(tangible chattel paper),也可以是电子文件,称为"电子动产契据"(electronic chattel paper)。

法典第9篇所适用的第三类交易中的第三种收款权利是"无形支付"(payment intangible)。法典第9.102条(a)(62)款规定:"'无形支付'指一般无形财产的一种,即其中应收款债务人的主要义务为金钱债务。"而关于"一般无形财产"(general intangible),法典第9.102条(a)(42)款规定:"'一般无形财产'指任何动产(包括诉权),但下列财产除外:应收款、动产契据、商业侵权索赔、存款账户、凭证、货物、票据、投资财产、信用证权利、信用证、金钱,或尚未开采的石油、天然气和其他矿物。'一般无形财产'包括无形支付和软件。"

根据上述定义,要理解无形支付,首先要理解一般无形财产,因为无形支付是一般无形财产的一种。在上述有关一般无形财产的定义中,除明确将无形支付和软件作为一般无形财产外,采用的是排除法,即任何未被排除的动产,都属于一般无形财产。那么,哪些动产被排除在外?首先,应收款、动产契据和本票被排除在外;其次,货物被排除在外;最后,与金融权利有关的很多财产都被排除了。从这些被排除的财产可以看出,财产是否有形,与是否被排除其实没有关系。例如,应收款基本上是无形的,但也被排除在一般无形财产之外。

那么,在排除所列的财产后,还有哪些动产属于一般无形财产?合同权利应该属于一般无形财产。此外,版权、商标、专利、肖像权、署名权等权利,也应该属于一般无形财产。有些具有一定金钱价值且可被转让的执照或其他特权,可能也属于一般无形财产。除商业侵权索赔外,其他种类的"诉权"(things in action),也属于一般无形财产。诉权一般是指索赔权,可以基于合同或侵权,也可以基于法律承认的其他理由。

根据上述总结,一般无形财产大体上是指合同权利、商业权利和索赔权。它们都是具有一定价值的财产,可以被转让,也可以被抵押。也许可以说,一般无形财产中的“一般”,大概具有“兜底”(catch-all)的含义,即如果一项财产没有被法典第 9 篇特别列出,也不属于不动产,大概就属于可以称为“一般无形财产”的动产。

那么,一般无形财产中的“无形支付”是什么?根据无形支付的定义,大体上就是一种付款义务,或者从另一个当事方的角度来说,就是一种收款权利。既然是收款权利,无形支付和应收款是什么关系?根据法典第 9.102 条(a)(42)款的定义,一般无形财产不包括应收款,因此无形支付自然也不包括应收款。

大体而言,应收款的收款权利是比较纯粹的收款权利,不包含其他内容,如出售货物后的应收款,从买卖双方的角度来看,就是单纯的付款问题。而无形支付则更多的是混合了不同内容的整体合同权利。对于付款的一方,无形支付中的主要义务是付款,但也可以同时包括其他义务。例如,在商标使用的许可合同中,被许可方的主要义务是支付许可费,但也会承担其他义务,例如,按规定方式使用商标,不注册类似商标等。如果许可方(第 9 篇中的债务人)将该合同作为一项财产进行抵押,该合同可能就属于“无形支付”。如果仅看商标本身,商标权就应该属于“一般无形财产”。

法典第 9 篇所适用的第三类交易中的第四种收款权利是“本票”(promissory note)。法典第 9.102 条(a)(66)款规定:“‘本票’指下列票据:票据证明支付金钱债务的承诺,而不证明付款命令,也不包含银行的确认,即已收到用于存款的一定数额的金钱或资金。”这个定义大体上相当于法典第 3 篇对本票的定义,但两者不完全相同,因为法典第 3 篇中的票据都是指流通票据,而法典第 9 篇中的票据也包括不可流通票据。所以,法典第 9 篇中的本票不等于法典第 3 篇中的本票。

上述 4 类财产都属于收款权利。持有这些财产的人,会出于各种因素愿意将其出售。除风险控制等因素外,很多情况下是出于融资需要,即把未来才能收到款项的收款权利,转化为立即可以实际收到的款项。但是,为什么这种买卖交易会成为法典第 9 篇范围内的担保交易?这个问题在下文讨论。

收款权利的买卖与抵押

前文提到,收款权利既可以用于买卖,也可以用于抵押。如果用于抵押,这种交易就是法典第 9 篇范围内典型的担保交易,与使用其他财产作为担保物的交易在本质上是相同的。如果用于买卖,这种交易本来并不属于法典第 9 篇范围内的担保交易。但是,根据法典有关第 9 篇适用范围的第 9.109 条(a)款的规定,收款权利的此种买卖被明确包括在第 9 篇范围之内。这是什么原因?

对此,法典第 9.109 条(e)款作出的解释是:"将本篇适用于应收款、动产契据、无形支付或本票的买卖,目的不在于修改该买卖的性质,使其成为就债务设立担保的交易,而只是通过提供一个通知登记系统,用于保护该类财产的购买人。在任何意义上,如果不存在欺诈或故意不实陈述,则只要当事方将此种财产买卖的性质确定为买卖,该交易即确定地属于买卖,而不属于担保交易;并且,所有权(无论法定或衡平所有权)即转移至作为财产购买人的当事方,无论受担保方是否对债务人持有追索权,无论债务人是否有权获得财产的剩余部分,也无论当事方协议的其他条款如何规定。"

从上述规定可以看出,法典将收款权利的买卖纳入法典第 9 篇担保交易的范围,本身不是为了将当事方之间的买卖交易强行改为担保交易,而只是为了对该类财产的购买人提供更好的保护。如果当事方确实认为他们进行的是买卖交易,他们可以明确地将其定性为买卖交易,此时,法典不会强行加以改变。但是,在当事方没有明确约定的情况下,法典会将买卖交易默示为担保交易。

那么,法典为什么要将此种买卖交易默示视为担保交易?了解此种交易的实际情况后,就比较容易理解法典的理由。例如,假设经销商将自己账面现有的应收款以一定价格出售给融资公司,此时,融资公司通常需要立即支付价款,但只能在未来一段时间内逐渐收回应收款。如果在融资公司收回应收款之前,经销商破产或出现其他债务纠纷,经销商账面上应收款的归属就容易产生争议,而融资公司是否能够争得该应收款的权利,也会面临较大的不确定性。

在法典将上述应收款的买卖视为担保交易后,融资公司就可以通过登记融资声明,使自己对该应收款获得比较确定的优先权。从其他当事方的角度来看,这样也比较公平,因为在没有登记融资声明的情况下,其他当事方可能认为经销商拥有该应收款,而在登记之后,就能够了解到经销商实际上已将该应收款出售。由于此种制度为当事方和第三方提供了更好的保护和更公平的交易环境,应收款的流动性和融资功能也会得到增强。

货物的寄售

法典第 9 篇所适用的第四类交易,是货物的“寄售”(consignment)。寄售属于一种常见的货物销售方式,通常是由货物的所有权人把货物寄存给货物销售人,由后者进行销售,并约定在售出之前,货物的所有权仍由货物的所有权人拥有,而在售出之后,销售人提取一部分佣金或服务费,然后将其余货款交付给货物的所有权人。

寄售可以用于普通消费者的小额日常财产,也可以用于较大规模的商业化销售。在法典第 9 篇中,有关寄售的规定只适用于超过一定金额的商业化销售,而不适用于消费品寄售,无论消费品的金额是多少。根据法典的定义,在寄售交易中,寄存货物的人称为“寄售委托人”(consignor),而接受货物的人称为“寄售受托人”(consignee)。

关于法典第 9 篇范围内的寄售,法典第 9.102 条(a)(20)款规定:“‘寄售’指任何人将货物交付给商人用于出售的交易(无论交易采用何种形式)，且在该交易中：(A)该商人：(i)从事该类货物交易，且商号名字不同于货物交付人的名字；(ii)不属于拍卖人；并且(iii)其债权人通常不知道其在相当程度上从事销售他人货物；(B)每次交付的货物在交付时总值达到或超过一千美元；(C)货物在紧邻交付前不属于消费品；并且(D)该交易不属于为担保一项债务而设立担保权益。"根据这个定义，寄售受托人必须是商人，即专业从事该类货物经营的人，因而排除了普通人之间的委托销售。上述第(A)款中对商人规定的3个条件，主要是为了防止误解与欺诈。这实际上也是法典第9篇将寄售这种买卖交易推定视为担保交易的主要理由。

从寄售交易的实际情况来看，在寄售期间，货物的所有权由寄售委托人拥有，而货物的占有权由寄售受托人持有。这种所有权和占有权分离的情况，有时会给寄售委托人和寄售受托人双方各自的债权人或其他相关交易方带来错觉或误解。因此，美国各州的相关法律会规定，在一定情况下，此种分离属于对债权人的欺诈。例如，法典第2.402条(b)款就提到，相关法律可能会将卖方在货物售出后继续占有货物的行为，视为对卖方债权人的欺诈。为了解决此种错觉或误解可能带来的问题，法典第9篇将寄售推定视为担保交易，因此当事方相应地有义务对该交易作出公示登记或采取其他措施，以使其他交易方知道货物属于寄售货物。

但是，如果公众已明确知道寄售受托人是专门从事寄售业务的人，这种公示就没有必要了，因为已知其代表他人持有货物，因此不会再引起误解或欺诈。例如，拍卖人通常都是代表他人拍卖货物，因此其他交易方不会认为拍卖人自己拥有货物。同样，如果寄售交易的双方都使用相同的名字，那么也不会引起误解或欺诈。所以，上述第(A)款的真正目的，是将不会引起误解或欺诈的寄售交易排除出去，使其仍然保持寄售交易的本来性质，而只将有可能引起误解或欺诈的寄售交易推定为担保交易，因此当事方必须履行法典第9篇规定的登记手续或其他手续。

基于法典第2篇或第2A篇产生的担保权益

法典第9篇适用的第五类交易，是基于第2篇或第2A篇相关规定产生的担保权益。根据法典第9.110条的规定，法典第2篇中的相关条款是保护卖方的第2.401条和第2.505条，以及保护买方的第2.711条(c)款。法典第2A篇中的相关条款是保护承租方的第2A.508条(e)款。

为卖方提供保护的法典第2.401条(a)款规定："在货物特定于买卖合同项下之前，货物的所有权不可能发生转移(第2.501条)；并且，除另有明确协议外，货物特定化使买方获得本法限定的特殊财产权。卖方在货物已发运或已交付给买方后所保留的对货物的所有权(财产权)，效力上只相当于保留担保权益。"根据这项规定，如果卖方在发运货物时保留了货物的所有权，则即使法律不承认卖方对所有权的保留，该保留也具有保留担保权益的效力。此时，即使货物的所有权已经转移至买方，但在买方不支付价款时，或在其他权益人对货物主张权利时，卖方享有对货物的担保权益。

卖方的此种担保权益，是根据法典规定自动产生的，买卖双方无须专门为此订立担保协议，卖方也无须另行采取任何措施。法典第9.110条规定："根据第2.401条、第2.505条、第2.711条(c)款或第2A.508条(e)款产生的担保权益，受本篇的约束。但是，在债务人占有货物之前：(1)即使第9.203条(b)(3)款的条件不满足，该担保权益仍可强制履行；(2)该担保权益无须登记亦可获得完善；(3)债务人违约后受担保方的权利，受第2篇或第2A篇的约束；以及(4)该担保权益优于债务人设立的其他冲突担保权益。"这项规定为卖方的担保权益设置的唯一条件是，买方(该款中的债务人)必须尚未取得货物的占有。一旦买方取得货物的占有，无论存在何种情况，如买方尚未支付价款，卖方的担保权益均不复存在。

为卖方提供保护的法典第2.505条(a)款规定："如果卖方在发运时或发运前已将货物特定于合同项下：(1)卖方取得向自己的指定人交货或向其他人交货的流通提单，均保留对货物的担保权益。卖方取得向金融机构的指定人或买方的指定人交货的流通提单,只另外表明卖方的预期,即该权益将被转让给该机构或买方。(2)向卖方或卖方指定的特定人交货的不可流通提单,意味着卖方将货物作为担保而保持占有,但除涉及附条件交付外[第 2.507 条(b)款],以买方为收货人的不可流通提单,即使由卖方占有或控制,亦不构成保留担保权益。"

根据上述规定,如果卖方在发运货物时,使用了以买方为收货人的不可流通提单,卖方通常即不再享有担保权益,因为卖方被视为已放弃了对货物的权利。但是,如果卖方使用了流通提单,那么无论提单规定向谁交付货物,卖方都被视为保留了担保权益。如果卖方使用了以自己为收货人的不可流通提单,卖方也被视为保留了担保权益。与法典第 2.401 条规定的担保权益相同,此处的担保权益也属于自动产生。

为买方提供保护的法典第 2.711 条(c)款规定:"买方正当拒收或正当撤销接受后,就其已支付的价款,并就检验、接收、运输、保管和存储货物的任何合理费用,对其占有或控制的货物享有担保权益,并可使用与受损害卖方相同的方法,持有和转售这些货物(第 2.706 条)。"根据这项规定,如果买方收到货物,但货物不符合合同,导致买方拒收或撤销接受,则买方可就已经支付的部分或全部价款,以及其他相关费用,对处于自己占有之下的货物拥有担保权益。

为承租方提供保护的法典第 2A.508 条(e)款规定:"承租方对货物正当拒收或正当撤销接受后,如果仍占有或控制的货物,则针对已支付的租金和保证金,以及为货物的检验、接收、运输、管理和保存所支出的费用,对货物享有担保权益。承租方可留持货物,并在遵守第 2A.527 条(e)款的条件下,以善意和商业上合理的方式处置货物。"这项规定类似于上述对买方的保护。

基于法典第 4 篇或第 5 篇产生的担保权益

法典第 9 篇所适用的第六类交易,是基于法典第 4 篇或第 5 篇相关规定产生的担保权益,包括法典第4篇中保护收款银行的第4.210条,以及法典第5篇中保护开证人和指定人的第5.118条。

为收款银行提供保护的法典第4.210条规定:"(a)收款银行对票证和任何附属单据,或其中任何一项的收益,享有下列担保权益:(1)涉及存入账户的票证时,担保权益的限度为已被提取至或使用于该账户的信贷;(2)涉及为票证提供有权随时提取的信贷时,担保权益的限度为已提供的信贷,无论该信贷是否已提取,也无论银行是否拥有倒账权;或(3)如果银行为票证或因票证提供贷款,担保权益的限度为已提供的贷款。(b)涉及多项同时收到或根据同一协议出立的票证时,为该等票证提供的信贷,即使仅被部分地提取或使用,银行仍对全部票证、附属单据或其中任何一项的收益享有担保权益。为本条目的,首先提供的信贷被视为首先提取。(c)收款银行收到票证的最终结算后,其对票证、附属单据及收益的担保权益即获兑现。只要银行未收到票证的最终结算,亦未因收款以外的原因放弃占有票证,或放弃占有或控制附属单据,担保权益即在相应限度内继续存在,并受第9篇的约束,只是:(1)无须担保协议,该担保权益亦可具有强制履行力[第9.203条(b)(3)(A)款];(2)无须登记,该担保权益亦可获得完善;并且(3)该担保权益优于票证、附属单据或收益中冲突的其他已完善担保权益。"

在前文有关法典第4篇(银行存款和收款)的讨论中曾说明,在银行收款过程中,一项票证可能要经过多家银行转手之后才能最终获得支付,而除去最后实际支付票证的那家银行,前面过程中的每家银行都是收款银行。收款银行为了处理票证,在取得票证后需要自己先行对票证作出支付。为了保护收款银行不因此种业务而受到损失,上述法典第4.210条规定,收款银行对相关票证以及伴随票证的其他单据(如提单或仓单)享有担保权益,同时对票证或单据的"收益"(proceeds)也享有担保权益。所谓"收益",就是票证或单据所带来的收益,例如,票证项下的付款,或根据提单交付的货物等。根据法典第4.210条的规定,收款银行所享有的此种担保权益，也是自动产生的，相关当事方无须另外订立担保协议，也无须对此种担保权益进行登记或采取其他措施。

为信用证的开证人或指定人提供保护的法典第5.118条规定："(a)开证人或指定人对提示作出兑付或支付价值后，即相应对所提示的信用证项下的单据拥有担保权益。(b)涉及(a)款所述的对单据的担保权益时，只要开证人或指定人尚未获得补偿，或尚未以其他方式收回就该担保权益支付的价值，则在相应范围内，担保权益即继续存在，并受第9篇的约束，只是：(1)无须担保协议，亦可使该担保权益具有第9.203条(b)(3)款项下的强制履行力；(2)如果单据以书面以外或其他有形介质以外的介质作出提示，该担保权益即属完善担保权益；并且(3)如果单据以书面或其他有形介质作出提示，且该单据不是票式证券、动产契据、所有权凭证、票据或信用证，则只要债务人不占有该单据，该担保权益即属完善担保权益，且优于单据中冲突的担保权益。"

涉及信用证时，开证人是开立信用证的人，对信用证承担付款责任。指定人是受开证人要求或授权兑付信用证的人，因此有可能为信用证付款。为了保护开证人和指定人的权益，法典第5.118条规定，开证人或指定人对信用证项下的单据享有担保权益。这里的"单据"，可以是信用证项下的任何单据，如发运货物的提单。虽然这项规定没有提到"收益"，但根据法典第9篇的规定，对收益的权利基本上是自动存在的。例如，如果对提单享有担保权益，则对于根据提单所交付的货物，亦自动享有担保权益，并且还对处置货物后的货款或其他形式的收益自动享有担保权益。

法典第9篇不适用的担保交易

上文列举了根据法典第9.109条(a)款的规定而明确受第9篇约束的6类担保交易。在这6类交易中，后面5类是比较具体的情况，而第一类是非常宽泛的类别，也是第9篇范围内最主要的担保交易。即以合同形式在动产或不动产附着物上设立担保权益的交易。但是，从另一个角度来讲，并非所有通过合同形式在动产或不动产附着物上设立担保权益的交易都受法典第 9 篇的管辖，因为第 9.109 条（c）款和（d）款特别排除了某些种类的交易。

根据法典第 9.109 条（c）款，即使担保交易涉及动产，但如果美国联邦法律规定该交易必须受联邦法律或国际条约的约束，则作为州法的法典就要让位于联邦法律或国际条约。例如，尽管飞机属于动产，但有关民用飞机的担保交易必须受美国《联邦航空法》（Federal Aviation Act）的管辖，因此，如果要对民用飞机设立任何担保权益，就必须根据美国《联邦航空法》的规定进行。并且，该法的范围不仅包括飞机，也包括飞机发动机及其他备用件。

不过，也并非所有由美国联邦法律管辖的担保交易都被排除在法典之外，而是只有联邦法律规定排除州法时，法典第 9 篇才不适用。法典第 9 篇是否被联邦法律排除，有时并不十分明确。例如，有关版权、商标和专利的法律，在美国基本上都是联邦法，但在涉及版权、商标或专利的抵押时，是否必须根据相关联邦法律进行，有时并不十分明确，需要特别加以注意。此外，在法典以外，有些州法会对特定种类的财产制订特别规则，如游艇、汽车、工厂预制房屋等，而有些财产还需要有州政府颁发的“产权证书”（certificate of title）。在这些情况下，如果州法明确排除法典的适用，法典第 9 篇就不适用。

除上述被排除的交易外，法典第 9.109 条（d）款还将一些特定种类的交易排除出第 9 篇的适用范围，但同时规定，某些交易的某些方面可能仍受第 9 篇的约束。该款具体列出了 13 种被排除的交易种类，即“本篇不适用于下列：（1）地主留置权（农业留置权除外）；（2）因提供服务或材料而依法自动取得的留置权（农业留置权除外）；但是，该服务或材料留置权的优先顺序由第 9.333 条规定；（3）雇员工资或其他报酬之索赔权的转让；（4）如果应收款、动产契据、无形支付或本票的买卖，属于运营业务出售交易的组成部分，且产生于该运营业务，则本篇不适用于该应收款、动产契据、无形支付或本票的买卖；(5)仅用于收款目的而对应收款、动产契据、无形支付或本票作出的转让；(6)合同项下收款权利的转让，如果受让人亦承担合同项下的履约义务；(7)单独一项无形支付、本票或应收款的转让，如果该转让系用于向受让人部分或充分清偿前存债务；(8)保险单项下之权益或索赔权的转让，但是，当医疗服务提供者系转让人或受让人时，医疗保险应收款的转让以及收款权的随后转让除外；此外，第9.315条和第9.322条适用于保险单项下之权益或索赔权转让的收益，以及收益的优先顺序；(9)由法院判决书所代表的权利的转让；但是，如果以收款权作为担保物，则有关该收款权的判决除外；(10)扣减权或抵销权，但是：(A)涉及对存款账户行使的扣减权或抵销权时，该权利的有效性受第9.340条的约束；并且(B)应收款债务人的抗辩或索赔受第9.404条的约束；(11)不动产(包括不动产项下之租赁或租金)中权益或留置权的设立或转让；购买不动产权益之地契合同中，出售人和买受人的权益；或不动产权益之购买选择权合同中，选择权提供人和选择权接受人的权益；但是，下列条款的相关规定应予适用：(A)第9.203条和第9.308条对不动产留置权的规定；(B)第9.334条对不动产附着物的规定；(C)第9.501条、第9.502条、第9.512条、第9.516条和第9.519条对不动产附着物登记的规定；以及(D)第9.604条对同时覆盖动产和不动产之担保协议的规定；(12)因侵权产生之索赔权(商业侵权索赔除外)的转让；但是，此种索赔权的收益以及收益的优先顺序，受第9.315条和第9.322条的约束；或(13)消费者交易中存款账户(不可流通存款凭证除外)的转让；但是，此种账户的收益以及收益的优先顺序，受第9.315条和第9.322条的约束。”

为什么法典不适用于以上种类的担保交易？理由是各种各样的。例如，上述第(1)款中的地主留置权属于不动产法的领域。“地主”(landlord)是指不动产的所有权人，如房子的房东。前文提到过，如果租客不付房租，房东就对房客放在房间里的财产享有留置权。上述第(2)款所说的供应商或服务商的留置权，如同地主留置权一样，属于法定留置权，是依法自动产生的,而不是通过合同形式产生的。这种留置权属于其他法律的范畴,不在法典第 9 篇范围之内。但是,由于这种留置权可能会与法典范围内的当事方的权益发生冲突,因此法典把这些冲突权益的优先顺序问题,纳入了第 9 篇的范围,使不同当事方之间的冲突权益可以统一排列优先顺序。

又如,上述第(3)款所说的转让,从概念上属于应收款的买卖,因此本来应该在法典第 9 篇范围之内。但是,雇员工资索赔权的转让,通常不是真正的商业交易,并且可能存在劳工法等其他相关法律,所以也被排除在法典第 9 篇范围之外。上述第(4)款所说的应收款等收款权利的买卖,本来也应该在第 9 篇范围之内,但是,如果此种买卖只是整体收购交易的一个组成部分,则没有必要把应收款等收款权利的交易,作为单独的交易放入第 9 篇,而应该允许收购交易的当事方进行整体安排。其他各款所述的情况,也基本上都是由于这样或那样的理由,被认为与第 9 篇的总体目的不一致,因而被排除出第 9 篇的适用范围。

第二节 担保物的种类

所有的担保交易,均以特定"担保物"(collateral)作为付款或其他履约的保证。由于法典第 9 篇适用于以动产或不动产附着物作为担保物的担保交易,因此,只要没被法典所特别排除,原则上所有的动产和不动产附着物,均可作为第 9 篇范围内的担保物。但前文提到,法典第 9 篇实际上没有为动产作出定义,而只是列举了可以作为担保物的特定财产种类,并且第 9 篇的规则,也是围绕这些特定担保物种类而制定的。

那么,法典第 9 篇所明确列举的担保物种类包括哪些?这个问题看似非常简单,但实际上不太容易回答,因为法典第 9 篇并没有统一列出该篇范围内的担保物种类,而是在第 9 篇的不同地方分散地对不同担保物作出规定。并且,有时大种类的担保物中有小种类,有时则是用不同标准来区分不同种类的。例如,"库存"是一种担保物,但它只是"货物"这种担保物中的一个小类,因此两者不是平行关系,而是上下关系。又如,“添附物”也是一种担保物,但本质上属于“货物”,只是在它与其他货物结合后,为了区别不同当事方的权利,专门将原有货物称为“添附物”,因此,“货物”与“添附物”既不是平行关系,也不是上下关系,而是转换关系。

由于上述原因,只有对散落在法典第9篇内不同地方的担保物种类进行仔细分析和具体梳理后,才能比较清楚地看出第9篇范围内的担保物种类和区分方法。大体来说,法典第9篇明确列举出的担保物可以分为4类:(1)货物;(2)有具体名称的无形和半无形财产;(3)笼统的一般无形财产,包含了前两类以外的所有其他动产;(4)前3类担保物的变化形式。

货物:设备;库存;农产品;消费品

法典第9篇范围内的第一类担保物是“货物”。应该说,这是最主要的动产类型和第9篇范围内最主要的担保物。货物作为一个大类,被进一步细分为4个小类,即“设备”(equipment)、“库存”(inventory)、“农产品”(farm products)和“消费品”(consumer goods)。如后文将要讨论的,在同一时间节点,这4个小类是互不兼容的。例如,如果货物是库存,则在同一时间节点,就不可能是设备或其他类别的货物。但是,在不同的时间节点,货物的类别可以转化。例如,今天的库存,明天可以转化为设备。这将在后文详细讨论。

在讨论货物的细分小类之前,先讨论一下货物本身的定义。有关货物买卖的法典第2.105条(a)款对货物作出了定义,但第9篇另有一个定义,两者稍有不同。根据法典第9.102条(a)(44)款的定义,“‘货物’指在担保权益发生附着时可以移动的所有物品。‘货物’包括:(i)不动产附着物;(ii)生长中的树木,只要根据不动产转让合同或买卖合同,树木将被砍伐和移走;(iii)动物待出生的幼仔;(iv)已经种植、正在种植或将要种植的作物,即使其生长于树木、藤木或灌木上;以及(v)工厂预制房屋”。该款还规定:“‘货物’也包括植入货物的计算机软件,以及软件交易中提供的支持性信息,只要:(i)根据软件与货物的结合方式,习惯上认为软件构成货物的组成部分;或(ii)取得货物所有权的人,同时取得与货物有关之软件的使用权”。

上述定义与法典第2篇中的定义一样,都规定了一个基本原则,即货物是指可以移动的物品。但是,在前文有关货物买卖的讨论中已谈到,实际上,并不是所有可以移动的物品都是货物,也并不是所有货物都是可以移动的物品。所以,一项财产是否属于货物,在难以判断时,仍然要依赖当事案件的具体情况和法院的相关判例。

上述法典第9.102条(a)(44)款中所列举的货物,是几种可能引起判断困难的货物种类。根据该款的定义,首先,不动产附着物也属于货物。前文提到,不动产附着物具有双重属性。例如,如果任何人取得对大楼的抵押权,通常自动取得对大楼里安装的电梯的抵押权。从这个意义上来讲,电梯是大楼的一部分,属于不动产。但是,电梯在被安装进大楼之前,是可以移动的物品,属于货物,其中可能存在担保权益。此种担保权益是得到法典第9篇承认的,因此在电梯被安装进大楼之后,第9篇仍然继续适用于该电梯。并且,如后文将要讨论的,即使电梯在被安装进大楼之前没有设立担保权益,在安装之后,仍然可以将电梯单独视为不动产附着物,并单独设立法典第9篇范围内的担保权益。其次,生长在土地上的树木,一般被认为是不动产的一部分,但如果单独出售树木,则即使树木在订立买卖合同时还生长在土地上,亦可被视为货物。农作物即使尚未种植,或即使还生长在土地上,也可以作为货物出售。再次,尚未出生的动物幼崽,可以作为独立于母体动物的货物而出售。最后,工厂预制房屋也被认为是货物。这种预制房屋是美国常见的一种活动房屋,在工厂完成制造,内含水电系统等,然后用卡车整体运输,放置在事先准备好的地基上,就可以作为住房使用。虽然作为房屋使用,但在大部分情况下不属于不动产。此外,货物还包括货物中装载的作为货物组成部分的软件,如电脑中预装的软件。

同时,上述定义将某些财产排除出货物的定义。法典第 9.102 条(a)(44)款规定:"如果包含计算机软件的货物,仅系软件安装的介质,则该计算机软件不属于'货物'。'货物'也不包括应收款、动产契据、商业侵权索赔、存款账户、凭证、一般无形财产、票据、投资财产、信用证权利、信用证、金钱,以及尚未开采的石油、天然气和其他矿物。"此处的排除与法典第 2 篇的规定稍有不同,但总体精神是一致的。

对于货物,法典又将其细分为 4 类,即设备、库存、农产品和消费品。这里不包括不动产附着物,因为不动产附着物被视为担保物的变化形式,将在后文单独讨论。关于这 4 类货物,除农产品外,其余 3 类的分类与货物本身的特征无关,而只与货物的使用目的有关。例如,汽车在制造厂的生产车间里时是库存,被消费者购买后在家庭使用时是消费品,而被公司购买后用于业务经营时是设备。那么,法典是根据什么逻辑把货物划分为这 4 个特定类别?或者说,这种分类对于担保交易有什么实际意义?在讨论这个问题之前,首先看一下法典第 9 篇是如何为每一类货物进行定义的。

关于设备,法典第 9.102 条(a)(33)款规定:"'设备'指除库存、农产品和消费品外的货物。"

关于库存,法典第 9.102 条(a)(48)款规定:"'库存'指除农产品外的下列货物:(A)任何人作为出租方出租的货物;(B)任何人持有的用于出售或出租的货物,或用于服务合同项下向他人供应的货物;(C)任何人根据服务合同向他人供应的货物;或(D)属于原料或半成品的货物,或属于业务中使用或消耗的材料。"

关于农产品,法典第 9.102 条(a)(34)款规定:"'农产品'指债务人在农业生产中经营的下列货物(生长中的树木除外):(A)已经种植、正在种植或将要种植的作物,包括:(i)树木、藤木和灌木产出的作物;以及(ii)水产作业产出的水产品;(B)已出生或待出生的家畜,包括水产作业产出的水产;(C)农业生产中使用的或产出的原料;或(D)未经加工的作物或家畜产品。"

关于消费品,法典第9.102条(a)(23)款规定:"'消费品'指主要用于个人、家庭或家用的货物,或为此种使用而购买的货物。"

从上述定义中,无法简单地看出4类货物之间的关系,也无法简单地看出如此分类的内在逻辑。但是,仔细分析之后,可以看出这4类货物互不兼容,且其分类具有特定目的。从兼容的角度来看,首先,根据设备的定义,设备不能同时作为库存、农产品或消费品,所以设备必然是单独一类。其次,根据库存的定义,库存不包括农产品;同时,由于库存的定义明显与消费品的定义冲突,因此库存不能是消费品;此外,库存也不能是设备。所以,库存必然是单独一类。再次,根据前述,农产品不能是设备或库存;同时,农产品也不符合消费品的定义。所以农产品也必然是单独一类。最后,由于上述各项都已排除了消费品,所以消费品也只能是单独一类。如此分析之后可以看到,所有4类货物都是互不兼容的单独一类。

在上述4类货物中,除农产品外,其余3类货物均不考虑货物的自然属性,而只考虑货物的使用目的。同样的货物用于不同目的,就属于不同种类。在任何特定时间,货物只能是4个类别中的一类,而在不同时间,同一货物可以属于不同类别。但在某些情况下,存在混合使用的问题,并引起判断上的困难。例如,某人是个体企业主,购买了一辆汽车,有时作为家庭的日常用车,有时作为企业的工作用车,此时,可以说该汽车既是家庭用的消费品,又是企业用的设备。在这种情况下,美国法院通常采用"主要用途"的判断标准,即如果主要是家庭用,该汽车就属于消费品,如果主要是企业用,就属于设备。

对于农产品来说,货物的自然属性起决定作用,因为只有农业生产中产出的大米、牛羊、鱼虾等农业产品才属于农产品。如果随后进行加工和销售,农产品就会转化为其他的货物种类。例如,农场饲养的牛羊属于农产品,但卖给肉食加工厂后,就转化为库存,而卖给个人后,就转化为消费品。

在法典第9篇中,"设备"属于兜底条款,即如果货物不属于其他3类中的任何一类,就只能被视为设备,而无论该货物是否用于生产经营,也无论该货物是否属于通常意义上的具有机械性质的设备,因为其定义是:"'设备'指除库存、农产品和消费品外的货物。"如果办公室里的一幅画不属于消费品,不属于库存,也不属于农产品,就只能属于设备。同样,汽车工厂里用于施工的水泥,应该不属于库存,因此只能是设备。

那么,法典是根据什么逻辑将货物划分为上述4类的?

首先,法典希望把消费品和非消费品区别开,以便为消费品制定特别的规则,为相关当事方提供特别的保护。例如,商家以信贷方式出售消费品时,商家保留的担保权益可以自动获得完善,无须消费者或商家履行任何其他手续。这种方式为商家提供了极大的便利和保护,自然会鼓励商家以信贷方式向消费者提供产品,因此最终受益的是消费者。同时,由于存在保护消费者的一些美国联邦法律和州法,因此法典也希望尽量与这些消费者保护法相衔接。

其次,法典希望把农产品和非农产品区别开,因为农产品与农业留置权的概念紧密相连,而法典有关农业留置权的规定,与一般担保权益的规定有区别。法典的目的是使农业生产者可以比其他领域的经营者更便捷地得到融资,以达到促进和保护农业生产的目的。为此,农业留置权可以自动产生,无须当事方订立担保协议。而且,农业留置权的范围是债务人的全部农产品,而不限于与债务有关的农产品。因此,受担保方可以获得更方便和更好的保护,从而更愿意向农业生产者提供信贷。

再次,法典希望把库存单独作为一类,甚至必须把库存单独作为一类,因为库存具有独特性,与其他货物有显著区别。其他货物一般是特定的,或是相对稳定的。但库存基于其定义,本质上就是一个流动概念。例如,汽车制造厂的待售汽车属于库存,但汽车的具体内容、数量和品种随着销售情况不断变化。也就是说,库存的本质就是,担保物不是特定的货物,而是在任何特定时间节点符合特定定义的任何货物。所以,库存上的担保权益通常称为"浮动担保"(floating lien),即担保物在不断浮动。虽然具体内容在不断变化，但库存仍然是库存。就像一条河，虽然水在不断流动，但河仍然是河，因为河的定义就意味着水有可能是流动的。

最后，基于一定理由上述3类货物都需要被单独列为一类货物，因此没有特别理由被进一步划分的货物，就都被归于“设备”一类。可以看出，法典将货物分为4类，主要是为了适应实际的商业需求，通过制定更合理的细分规则，为当事方提供更合理的保护。有关不同类别货物在担保交易中适用的不同规则，后文会详细讨论。

具体种类的无形和半无形财产

法典第9篇范围内的第二类担保物，主要是一些有具体名称的无形或半无形的财产，如应收款和票据等。所谓有具体名称，是指法典第9篇具体地列出了这些财产的名称和种类，并且大部分还加以定义，因而可以比较具体地看到这些担保物的内容和形态。例如，应收款是账面收款权利，而票据大体上是本票或汇票等支付工具。这些担保物是独立于货物的种类，与货物互不兼容。需要说明的是，法典第9篇并没有使用“无形”或“半无形”这类的概念来形容这些财产，也没有将这些财产归成一类。这些财产实际上没有统一的类别和称呼，并且分散在法典第9篇的不同地方。这里只是为了便于讨论才这样分类和称呼。

属于第二类的担保物，包括“应收款”(account)、“动产契据”(chattel paper)、“商业侵权索赔”(commercial tort claim)、“存款账户”(deposit account)、“所有权凭证”(document of title)、“票据”(instrument)、“投资财产”(investment property)、“信用证权利”(letter-of-credit right)、“信用证”(letter of credit)、“医疗保险应收款”(health-care-insurance receivables)、“金钱”(money)等。这些财产都有具体名称，但类别看上去五花八门，有些是以一定书面文件证明的财产权利，如票据或动产契据，有些则属于无形的权利，如应收款或商业侵权索赔。

应收款和动产契据的概念前文已经讨论过。关于商业侵权索赔，法典

第9.102条(a)(13)款规定:"'商业侵权索赔'指下列侵权索赔:(A)索赔人是组织;或(B)索赔人是个人,但该索赔:(i)发生在索赔人业务或专业活动中;并且(ii)不涉及因人身伤害或个人死亡引起的损害赔偿。"这是一种什么财产,法典第9篇为什么将其单独列为一种担保物?

这里的侵权索赔是指基于侵权法提出的索赔主张,有别于基于合同法或其他法律提出的索赔主张。从财产权利的来源来看,法典第9篇范围内的担保物似乎有3个主要来源。首先是基于财产法的权利,例如,货物的所有权人基于财产法对货物拥有所有权,因此可以将货物作为担保物。其次是基于合同法的权利,例如,动产契据代表持有人通过合同取得的权利。法典第3篇范围内的流通票据是票据法的权利,但法典第9篇范围内的票据包括不可流通票据,而不可流通票据主要属于合同权利,所以从大体上可以说,第9篇范围内的票据也是基于合同法的权利。最后是基于侵权法的权利,此类权利在第9篇中只有"商业侵权索赔"这一项。

法典第9篇之所以将其限定为"商业",是希望将有关人身伤害的个人侵权索赔排除在外,因为从公共政策的角度,不希望将这类侵权索赔商业化,不希望将其作为抵押的担保物。而商业性质的侵权索赔,例如,一家公司持有的对另一个公司的侵权索赔,通常不涉及公共政策,因此,如果有人愿意将该索赔作为担保物,也有人愿意接受,法典也没有必要禁止。这里所说的"索赔",自然只是单方的权利主张,即索赔人提出的主张。这种主张在法律上是否能够成立,是否最终可以使索赔人获得赔偿,具有相当的不确定性。因此,严格而言,这种索赔不等于权利,而只是一种主张。但是,如果索赔具有比较合理的事实与法律依据,索赔可能就代表一定的权利,并有一定的经济价值,而这种潜在的权利和价值就构成一种财产,可以用于出售或抵押。因此,在法典第9篇中,商业侵权索赔被视为单独一类的担保物。

关于存款账户,法典第9.102条(a)(29)款规定:"'存款账户'指由银行掌管的活期账户、定期账户、储蓄账户、存折账户或类似账户。'存款账户'也包括不可流通存款凭证,但不包括以票据证明的投资财产或账户。"存款账户代表的是资金,所以可以用于抵押,并作为法典第9篇范围内的担保物。如果账户已由票据代表,通常可以直接抵押票据,不再需要使用存款账户这个概念。在理论上,"账户"与"账户内"的资金是两个不同的概念。因此,账户可以作为担保物,而账户内的资金也可以单独作为担保物。账户更像是库存,具体内容并不确定,甚至账户内可以完全没有资金。

关于所有权凭证,法典第9.102条(a)(30)款将其简称为"凭证",主要是指法典第7篇范围内的仓单和提单,但也包括法典第9篇承认的任何其他所有权凭证。由于仓单和提单都在相当程度上代表对其所覆盖的货物的权利,因此所有权凭证具有抵押价值。

关于投资财产,法典第9.102条(a)(49)款规定:"'投资财产'指证券(包括票式证券和无票证券)、证券权利、证券账户、商品合同或商品账户。"在这个定义中,与证券有关的财产是法典第8篇范围内的财产,代表股权或债权,具有抵押价值,而"商品合同"(commodity contract)和"商品账户"(commodity account)则是第9篇范围内的概念。

关于商品合同,法典第9.102条(a)(15)款规定:"'商品合同'指商品期货合同、商品期货合同的期权、商品期权或其他合同,只要该合同或期权:(A)在商品交易所买卖或受其规则约束,且根据联邦商品法,该交易所系该类合同的合约市场;或(B)在外国商品交易所或交易市场买卖,且记录在商品中间人为商品客户设立的账册中。"商品合同的这种性质,使其具有相当的流动性和金融性,可以用于投资和抵押。关于商品账户,法典第9.102条(a)(14)款规定:"'商品账户'指由商品中间人掌管,用来为商品客户记录商品合同的账户。"商品账户在一定意义上类似于银行的存款账户,只是账户内的内容有所不同。商品中间人,是指为客户管理商品合同的经纪人或其他专业人士。

信用证属于法典第5篇的范围。法典第5.102(a)(10)款规定:"'信用证'指满足第5.104条之条件的下列确定承诺:基于申请人的要求或担责,开证人向受益人承诺,通过作出付款或交付有价值的物品,对跟单提示予以兑付;或在开证人为金融机构时,开证人向自己承诺或由自身担责,承诺通过作出付款或交付有价值的物品,对跟单提示予以兑付。”根据法典第5篇的规定,信用证只有在其条款规定可以转让时,才可以转让。不可转让的信用证,似乎没有抵押价值。但是,即使是对于不可转让的信用证,信用证的受益人原则上也可以转让信用证的“收益”(proceeds),所以,即使是不可转让的信用证,可能仍然具有一定的抵押价值。

法典第5篇中没有“信用证权利”(letter-of-credit right)这个概念。这个概念规定在法典第9.102条(a)(51)款中,即“‘信用证权利’指信用证项下获得付款或获得履约的权利,无论受益人是否已要求行使该权利,也无论受益人当时是否有权提出该要求。受益人就信用证项下之付款或履约提出要求的权利,其本身不属于‘信用证权利’。”根据这项规定,信用证权利就是取得信用证所规定的付款或其他履约的权利。由于上文提到的信用证收益也大体上是信用证项下的付款,因此信用证权利与信用证收益是类似的概念。

关于医疗保险应收款,法典第9.102条(a)(46)款规定:“‘医疗保险应收款’指相关保险单项下的权益或索赔权,即基于已经提供或即将提供的医疗产品或服务,就金钱债务获得付款的权利。”这里所说的获得付款的权利,主要是指病人持有的权利。最简单的医疗保险安排涉及三方,即病人、医院和保险公司。病人看病后,医院有权向病人收费,而病人则有权要求保险公司根据保单条款支付费用。病人要求保险公司支付费用的权利,就是上文所述的“相关保险单项下的权益或索赔权”。从病人的角度,这相当于一种应收款。但是,法典为什么要将医疗保险应收款单独作为一种担保物?这涉及此种应收款由病人转让给医院后所产生的担保权益,以及此种担保权益的完善方式。后文会进一步讨论这个问题。

关于金钱,一个疑问是为什么金钱也能成为担保物,难道会有人把一笔现金抵押给另一人?关于金钱的定义,法典第1.201条(b)(24)款规定:

“‘金钱’指当前由本国或外国政府授权或采纳的交换媒介。”从这个定义中,似乎无法准确体会金钱的真实含义,但金钱应该不只是货币或现金,也可以是抽象的金钱权利。例如,账户中的资金虽然只存在于账面,但代表了对金钱的权利,应该也属于金钱,因此可以用于抵押。

上述内容是法典第 9 篇所具体列出的无形或半无形财产,属于第 9 篇范围内的第二类担保物。这些财产都以某种形式体现了收款的权利,所以与货物有相当区别。但是,如下文将要谈到的,有些收款权利并没有在法典中具体列出,因此不属于此处所说的第二类担保物,而是被归为下文所述的第三类担保物。

一般无形财产

法典第 9 篇范围内的第三类担保物称为“一般无形财产”(general intangible)。这是一个兜底类别,即除去上述第一类和第二类的担保物外,任何其他动产都属于一般无形财产。那么,是否除第一类和第二类的财产外,其他动产真的都是“无形”财产?从通常可以想象到的情况来看,日常能够看到的有形财产,基本上都已包含在“货物”这个概念中,而那些半有形财产,如票据、所有权凭证等,基本上都已包含在第二类财产的概念中。因而似乎可以说,剩下的财产几乎都是无形的财产权利。因此,称其为“一般无形财产”,还是比较适当的。由于有些无形财产已被归入第二类,如应收款或商业侵权索赔等,第三类中的“一般”,也可以说带有“其他”的含义。

关于一般无形财产,法典第 9.102 条(a)(42)款规定:“‘一般无形财产’指任何动产(包括诉权),但下列财产除外:应收款、动产契据、商业侵权索赔、存款账户、凭证、货物、票据、投资财产、信用证权利、信用证、金钱,或尚未开采的石油、天然气和其他矿物。‘一般无形财产’包括无形支付和软件”。从这个定义可以看出,一般无形财产基本上就是在排除了上述第一类财产和第二类财产后的其余“任何动产”。

被上述定义中排除的一项财产是“尚未开采的石油、天然气和其他矿物”。这些矿物既不属于货物,也不属于无形或半无形财产,而是属于不动产,因此本来就不在法典第9篇的范围之内,被排除在外也是理所当然的。但是,如后文将要谈到的,法典第9篇范围内的担保物包括“开采状担保物”(as-extracted collateral),即刚从地下被开采出来的矿物。由于此时矿物已经与土地分离,因此不再被视为不动产,而是属于后文将要谈到的第四类担保物。

一般无形财产中的“诉权”(things in action),是指需要通过诉讼来争取的财产。例如,在一方违反合同后,另一方可能享有获得赔偿的权利,但在通过诉讼将其转化为确定的权利之前,该另一方只拥有诉权。尽管诉权不代表获得付款的确定权利,但只要存在比较合理的事实与法律依据,诉权具有一定的经济价值。这就像有些诉讼中的和解,不一定说明被告肯定有错或原告肯定会赢,但被告出于种种因素,愿意支付一定的补偿或赔偿。所以,诉权有时可以用于出售或抵押。前文提到的商业侵权索赔,也是一种诉权,只是被法典第9篇明确列为单独一种担保物,而这里所说的诉权,则属于一般意义上的诉权。

一般无形财产还包括“无形支付”(payment intangible)。前文在介绍担保交易的种类时谈到,无形支付的买卖被法典推定为第9篇范围内的担保交易。前文谈及,无形支付在一定意义上类似于应收款,即义务人的主要义务是付款。区别在于,应收款是一种纯粹的付款义务,而无形支付可以附带其他义务,但付款义务是主要的义务。

一般无形财产的定义中,还明确包括“软件”(software)。关于软件,法典第9.102条(a)(76)款规定:“‘软件’指计算机程序,也包括在与该程序相关的交易中所提供的支持性信息。符合‘货物’定义的计算机程序,不属于‘软件’。”根据这个定义,安装在计算机内并供计算机购买人使用的软件,被视为货物的一部分,因而不属于软件。只有独立存在的软件,才被视为一般无形财产定义中的软件。

上述有关一般无形财产的定义,除去明确包括诉权、无形支付和软件,对其余财产采用的是排除法，即只说明一般无形财产不包括什么，而没有说明包括什么。一方面，这体现了“一般无形财产”这个概念的兜底性质；另一方面，也体现了法典的设计思想，即并不试图对动产作出穷尽式的定义，而只是具体列出最常使用的动产类型。如果在实际商业活动中遇到法典没有规定或未曾设想的情况，法院将根据当事案件的具体情况来判断某项权利是否具有财产属性，以及是否可以作为法典第9篇范围内的担保物。

担保物的变化形式

上文讨论的法典第9篇中担保物的3个种类，代表了第9篇范围内的全部担保物种类，因为第三类属于兜底种类，已经包含了第一类和第二类没有列出的任何其他动产。但是，在法典第9篇中，还是可以看到有关担保物的其他称呼，例如，“不动产附着物”(fixtures)、“开采状担保物”(as-extracted collateral)、“添附物”(accession)、“融入物”(commingled goods)、“收益”(proceeds)等各种不同种类。但是，这些都是属于哪个类别的担保物？

实际上，这些都是前3类担保物的变化形式，而且，除收益和开采状担保物外，其余都是货物的变化形式。在很多情况下，在受担保方取得担保权益的当时，担保物是前文所述的3类担保物中的一类，但担保物的情况随后发生变化，引出这里所说的新类别。在另外一些情况下，在形式发生转化后，如在货物转化为不动产附着物后，受担保方才取得担保权益，但仍然是根据法典第9篇的规定而取得担保权益。无论如何，这些新类别的担保物实际上不是新的种类，而只是前面3类担保物的变化形式。由于财产的形态或状态发生了变化，因而法典需要增加一些新的称呼，以便为其作出特殊规定。

不动产附着物的原始类别是货物，但在货物被固定到不动产上之后，由于引起动产法和不动产法之间的冲突，并造成动产权益人与不动产权益人之间的冲突,因此,这种货物被赋予一种介于动产和不动产之间的特殊属性。法典第9.102条(a)(40)款规定:"'不动产附着物'指与特定不动产发生紧密联系的货物,致使其中权益在不动产所在地受不动产法的约束。"

哪些货物属于不动产附着物?这主要取决于货物与不动产的结合方式与程度。例如,电梯属于货物,但被安装在大楼里面之后,与大楼紧密结合,难以轻易分离,因此被视为大楼的一部分,并成为不动产附着物。而对于大楼里的灯具,如果是固定在房顶上或墙壁上,通常就是不动产附着物,而摆放在桌子上的台灯就不是。具体哪些货物属于不动产附着物,需要根据案件的具体情况进行分析。

在"In Re Flores de New Mexico, Inc. 案"中,法院甚至认定,种植的玫瑰也属于不动产附着物。在该案中,债务人是花卉生产商,主要种植玫瑰。根据案件的描述,玫瑰是一种灌木植物,根部深入土地1米左右,可以在8年左右的旺盛生长期内,不断剪摘其长出的玫瑰花卉。根据这种特征,法院认为玫瑰满足了不动产附着物的3个主要特点。第一个特点,当事方必须具有将相关财产与不动产进行持久和紧密结合的意图。在该案中,生产商在土地上种植玫瑰且在未来多年持续维持其生长的行为,可以被视为具有此种意图。第二个特点,为了使该财产与不动产相结合,当事方必须进行主动的改造和配合工作。在该案中,生产商不仅需要对土地进行必要整理和准备,而且投入较大资金搭建阳光棚和其他设施。第三个特点,相关财产和不动产实际发生了持久和紧密的结合。在该案中,该条件也已满足,因为玫瑰已实际种植和生长,且生产商的意图是在未来多年保持此种状态。根据上述理由,法院认定,生产商所种植的玫瑰属于不动产附着物,因此,为了对抗不动产权益人,必须根据法典第9篇的规定,在不动产抵押登记处进行不动产附着物登记。

但是,根据法典的规定,被用于不动产建设的普通建筑材料不能成为不动产附着物。法典没有具体说明哪些材料属于普通建筑材料,但应该包括钢筋、木材、水泥、黄沙等,也包括其他基础建筑构件,因为这些材料在用于建设后,将无法再分辨或再拆除,所以实际上已完全成为不动产的组成部分。法典第9.334条规定:“担保权益不能根据本篇存在于已用于土地建设工程中的普通建筑材料。”因此,如果任何人对作为货物的一批钢筋持有担保权益,但该钢筋随后被用于大楼建设,该人即无权将该钢筋视为不动产附着物而根据法典第9篇主张权益。

法典第9篇之所以单独列出不动产附着物这个种类,是因为动产权益人和不动产权益人可能会发生冲突。例如,假设电梯制造公司需要融资,因而将库存的电梯抵押给银行,但电梯随后被卖给房产开发商,并被安装在大楼里,而大楼本身已被房产开发商抵押给另一家银行,此时,为了确定哪家银行对电梯享有权利,特别是哪家银行享有优先权,就会涉及法典第9篇与不动产法之间的关系问题。出于这个原因,法典第9篇对不动产附着物作出一些专门规定,包括担保权益的登记方式。这些规定在后文会分别讨论。

关于开采状担保物,法典第9.102条(a)(6)款规定:“‘开采状担保物’指:(A)受下列担保权益约束的石油、天然气或其他矿物:(i)设立担保权益的债务人在开采前即对矿物持有权益;并且(ii)担保权益在矿物开采后立即发生附着;或(B)在井口或矿口销售石油、天然气或其他矿物所产生的应收款,且债务人在开采前即对该矿物持有权益。”

根据上述定义,开采状担保物主要是指刚从地下开采出来的矿物,但也可以指销售该种矿物后所获得的应收款。在开采之前,矿物属于土地的一部分,因此是不动产,不受法典的管辖。开采出来之后,成为脱离了土地的动产,受法典的管辖。但是,在这种转换的过程中,可能会产生不动产权益人和动产权益人之间的权益冲突,因此法典需要对开采状担保物中的权益冲突问题作出规定。在上述定义中,矿物必须满足一定条件才能构成开采状担保物。如果债务人是土地的所有权人,并且在矿物开采出来之后立即产生了法典第9篇范围内的担保权益,债务人即满足了上述定义中第

(A)款的要求。如果该债务人在矿物开采之后在原地将矿物售出,并产生应收款,根据上述定义的第(B)款,该应收款也属于开采状担保物。

法典对开采状担保物的规定,是为了把这类矿产作为一种自产自销的交易,区别于完全发生于开采之后的交易,以便简化担保权益的相关手续,并保证不动产权益和动产权益之间的连贯性。如果矿物开采之后堆放在原地,且随后买方购买了矿物,且该买方为了融资,把所购买的矿物抵押给银行作为担保物,此时,尽管该矿物是刚开采出来的,但不属于开采状担保物,因为不符合上述定义。

添附物原本是货物,但随后与其他货物结合,且结合之后还保留了原有特征。关于添附物,法典第 9.102 条(a)(1)款规定:"'添附物'指以物理方式与其他货物结合的货物,且在结合后,原有货物并不丧失其特征。"例如,汽车发动机属于货物,但在装配到汽车里面之后,与汽车整体产生结合,因而成为添附物。发动机之所以属于添附物,是因为其进入汽车后,并不丧失其原有特征,并且可以相对方便地从汽车中再拆除出来。在发动机与汽车其他部分结合成一体后,有时会涉及发动机的权益人与其他权益人的冲突,如对汽车其他部分或汽车整体持有权益的人。为此,法典第 9 篇专门规定了添附物的概念,以便作出相应规定。

融入物原本也是货物,但随后与其他货物结合,且结合之后失去了原有特征。关于融入物,法典第 9.336 条规定:"'融入物'指以物理方式与其他货物结合的货物,且在结合后的产品或整体中,原有货物失去其特征。"例如,钢板属于货物,但用于汽车制造之后,尽管原来的钢还存在,但已失去原有特征,也无法再从汽车中按原样拆出来。因此,结合到汽车里的钢板就属于融入物。如果融入物在融入其他货物之前设有担保权益,则在融入之后,也会涉及原有担保权益的延续和冲突问题,即对钢板持有权益的人与对汽车其他部分或汽车整体持有权益的人之间的冲突。为此,法典第 9 篇专门规定了融入物的概念,以便作出相应规定。

另外一种非常重要的担保物是"收益"(proceeds),即担保物的转化形式或增生形式。法典第9.102条(a)(12)款规定:"'担保物'包括:(A)担保权益所附着的收益。"根据这个定义,担保物包括担保物的收益,只要担保权益可以附着于该收益。或者说,如果担保物产生收益,那么,不仅原始担保物仍然属于担保物,而且所产生的收益在很多情况下也可以成为新的担保物。

那么,什么财产可以构成担保物的收益?对此,法典第9.102条(a)(65)款规定:"除在第9.609条(b)款中另有含义外,'收益'指下列财产:(A)担保物被出售、出租、许可、交换或以其他方式处置后的全部所得;(B)担保物收获或分得的全部所得;(C)担保物带来的权利;(D)担保物发生灭失、不符合合同、使用受到干扰、缺陷、权利受到侵犯、损坏后引起的索赔权,但不超过担保物的价值;或(E)担保物发生灭失、不符合合同、缺陷、权利受到侵犯、损坏后有权得到的保险赔偿,但不超过担保物的价值,并不超过债务人或受担保方有权得到的付款。"

举例而言,假设原始担保物是一头大牛,那么把大牛卖了之后收到的货款就是收益,而这头大牛产下的小牛也是收益。如果大牛因染病死亡而产生保险赔付,则赔付款也是收益,而如果小牛死亡,赔付款也是收益。从大牛算起,小牛是第一代收益,小牛死亡的赔付款是第二代收益,而如果使用小牛的赔付款购买一头羊,这头羊就是第三代收益。如果任何他人导致大牛或小牛的死亡,并且牛的主人对侵害人持有索赔,该索赔也是收益。也就是说,从理论上来讲,从担保物获得的任何有价值的收获都属于收益,并且,收益是可以无限延续和无限扩展的,无论中间经过了多少次转化或增生。

虽然担保物的任何收获都是收益,但根据法典的规定,并非所有的收益都可以成为新的担保物,而是只有"可分辨收益"(identifiable proceeds)才可以成为新的担保物。对此,法典第9.315条(a)(2)款规定:"除本篇和第2.403条(b)款另有规定外:(1)担保物被出售、出租、许可、交换或作其他处置后,其中的担保权益或农业留置权继续存在,除非受担保方给予授权,使担保物在处置后不受制于该担保权益或农业留置权;并且(2)担保权益附着于担保物的任何可分辨收益。”根据这项规定的第(2)款,担保权益只存在于可分辨收益。

什么是可分辨收益?法典第9.315条(b)款规定:“即使收益已与其他财产混合:(1)当收益是货物时,收益在第9.336条所述的限度内属于可分辨收益;以及(2)当收益不是货物时,在受担保方有任何识别方法对收益进行分辨(包括使用公平原则)的限度内,收益属于可分辨收益,只要本篇以外的法律允许使用该方法分辨被混合的该类财产。”

上述规定要表达的原则是,收益如果尚未与其他财产混合,自然就属于可分辨收益,因为其本身就是独立存在并且可以分辨的。假设大牛产下一头小牛,且只有这一头小牛,则该小牛无疑是可分辨收益。如果小牛混入其他牛群,只要有办法辨别,仍然属于可分辨。甚至在收益已经成为法典第9.336条所述的与其他货物混合且不可分辨的融入物,只要权利人根据法典第9.336条的规定,有权按比例分享整体货物的价值,此种按比例享有的价值就仍然属于可分辨收益。例如,假设钢板在被用于制造汽车后,钢板的价值占汽车总体价值的10%,并且原来对钢板持有担保权益的受担保方对该10%的价值享有权益,那么该10%的权益就属于钢板的收益。

上述法典第9.315条(b)(2)款所要表达的原则是,当收益不是货物时,收益是否属于可分辨,并没有固定的判断标准,而是需要根据案件的具体情况判断。任何分辨方法,只要对于当事案件是合理的,都应该得到承认。例如,假设将出售担保物后获得的100美元现金存入银行账户,且账户原有1000美元结余,但随后发生支出,余额降为100美元。此时,这剩余的100美元是否属于出售担保物的可分辨收益?如果采用会计制度中的“先进先出”(first in, first out)原则,那么可以说,由于出售担保物的100美元是最后进入账户的,因此最后剩下的也应该是与担保物有关的100美元。如果这个理论能够成立,账户中剩余的100美元就属于出售担保物后的可分辨收益。此外,根据原文将要讨论的“最低区间余额”(lowest intermediate balance)原则,剩余的100美元也可能属于可分辨收益。

第三节 担保交易的当事方

前文介绍了法典第9篇范围内担保交易的类型以及担保物的种类。另外一个问题是,担保交易有哪些主要当事方?担保交易最主要的当事方有3个,即"受担保方"(secured party)、"债务人"(debtor)和"义务人"(obligor)。受担保方是持有担保权益的一方,是担保交易的受保护对象和主要受益方。债务人是在担保交易中提供担保物的一方,而义务人则是在担保交易中承担付款义务或其他履约义务的一方。债务人和义务人可以是同一个人,也可以是不同的人。

此外,担保交易还有其他一些相关方,例如,任何一方的债权人,或担保物出售或转让后的购买人等。在一定意义上,这些当事方可以算是第三方。他们都在不同程度上对担保物享有权益,并因此威胁到受担保方对担保物的权利。实际上,即使没有这些第三方,也可能会有其他受担保方。也就是说,对于同一担保物来说,可能会有不止一个受担保方。

从法典的角度,只要谈到"受担保方",都是从特定受担保方的角度出发而讨论的。假设同一担保物上存在甲、乙、丙3个受担保方,那么在甲主张对担保物的权利时,甲就是法典规定中的受担保方,因此需要从甲的角度来看甲的权利,以及甲相对于其他当事方(包括乙和丙)的权利。而在乙主张对担保物的权利时,乙就是法典规定中的受担保方。也就是说,站在哪一个受担保方的角度,哪一个受担保方就是第9篇所说的受担保方,而其余的人,都属于持有冲突权益的人。

受担保方;注册受担保方

受担保方是在担保交易中接受债务人提供担保物并将该担保物作为自己获得付款或其他履约之保证的一方。法典第9.102条(a)(72)款规定:"'受担保方'指:(A)担保协议所设立或提供的担保权益的受益人,无论所担保的债务是否已清偿;(B)持有农业留置权的人;(C)寄售委托人;(D)购买应收款、动产契据、无形支付或本票的人;(E)作为担保权益或农业留置权之受益人的受托人、债券受托人、代理人、担保物代理人、或其他代表人;或(F)根据第2.401条、第2.505条、第2.711条(c)款、第2A.508条(e)款、第4.210条或第5.118条所产生的担保权益的持有人。"

从上述定义中可以看出,受担保方的概念,大体上对应前文提到的担保交易的类型,即相对于每一个担保交易类型,担保的主要受益方就是受担保方。担保交易的当事方都可以从担保交易中受益,如债务人可以获得融资,因此也是受益方,但从法典第9篇的角度,设立担保或提供担保物,主要是向受担保方提供担保,因此受担保方是主要受益方。

上述定义第(A)款所描述的是担保交易的主要形式,即通过订立担保协议而设立担保权益。通常而言,受担保方是此类交易中的债权人,如提供融资的贷款人。上述第(B)款对应法典第9篇中另一类担保交易,即受担保方为农业生产提供融资,并因此获得农业留置权。上述第(C)款对应前文提到的寄售交易。由于法典第9篇将寄售交易推定视为担保交易,因此寄售委托人相应地被视为受担保方,而寄售的货物相应地成为担保物。上述第(D)款对应几类收款权利的买卖。也是由于法典第9篇将这些买卖交易推定视为担保交易,因此买卖交易中的买方相应地被视为受担保方,而用于买卖的收款权利相应地成为担保物。上述第(E)款并不对应任何一类前文提到的担保交易类型,而只是说明,如果受担保方的"代表人"(representative)成为担保权益或农业留置权的受益人,那么这种代表人也被视为受担保方,即使该代表人只是代表他人持有担保权益或农业留置权。上述第(F)款对应基于法典其他篇产生的担保权益,而那些担保权益的持有人就被视为受担保方。例如,对于根据法典第2篇产生的担保权益,当卖方持有担保权益时,卖方就是受担保方,而当买方持有担保权益时,买方就是受担保方。

除受担保方外,法典第9篇还有"注册受担保方"(secured party of record)的概念。对于注册受担保方,法典第9.511条规定:"(a)如果在已登记的原始融资声明中,一个人的名字被注明作为受担保方的名字或其代表人的名字,该人即为融资声明的注册受担保方。如果根据第9.514条(a)款对原始融资声明作出登记,则其中注明名字的受让人,即为原始融资声明的注册受担保方。(b)如果在已登记的融资声明的修订文件中,一个人的名字被注明作为受担保方的名字或其代表人的名字,修订文件中的该人即为注册受担保方。如果根据第9.514条(b)款对修订文件作出登记,则其中注明名字的受让人,即为注册受担保方。(c)在被随后登记的融资声明的修订文件删除之前,注册受担保方将保持作为注册受担保方。"

从上述定义中可以看到,注册受担保方的概念主要适用于已经登记的"融资声明"(financing statement)。如后文将会谈到的,受担保方为了完善所取得的担保权益,可能需要在相关的政府部门进行登记,而融资声明就是主要的登记文件。在融资声明中,需要注明担保交易的受担保方。融资声明中所注明的受担保方,就是所谓的注册受担保方。这个注册受担保方可以是真正的受担保方,也可以只是其代表人,如受担保方的律师。所以,受担保方与注册受担保方可以是同一个人,也可以不是同一个人。在有关担保交易的争议中,注册受担保方拥有受担保方相应的权利和义务,并且其行为对受担保方的权利和义务也产生影响。后文会进一步讨论。

债务人;新债务人

债务人是在担保交易中向受担保方提供担保物的人。由于担保物系用于担保付款义务或其他履约义务,且在义务未得到履行的情况下会被处置,作为对该义务的清偿,因此,债务人在担保交易中承担失去担保物的风险。关于债务人,法典第9.102条(a)(28)款规定:"'债务人'指:(A)对担保物拥有权益(但不包括担保权益或其他留置权)的人,无论该人是否为义务人;(B)应收款、动产契据、无形支付或本票的卖方;或(C)寄售受托人。"

上述定义中第(A)款所述的债务人是最典型的债务人。该人对担保物拥有权益,并主动提供担保物用于担保。作为提供担保物的人,债务人本来似乎应该对担保物拥有所有权,但上述第(A)款只要求债务人对担保物拥有"权益"(interest),并不要求拥有所有权。所以,债务人即使不对担保物拥有所有权,仍然可以将其用作担保物。那么债务人应该拥有何种权益?法典并没有具体说明,似乎任何权益都可以,只要受担保方能够接受。实际上,受担保方也必然会考虑这个问题,即债务人提供的担保物是否实际上能够作为付款或其他履约的担保,因为这个问题对受担保方的权益有最直接的影响。也就是说,对于债务人不拥有所有权的担保物,到底接受与否,受担保方需要作出自己的判断。

举例而言,假设卖方约定向买方出售一辆特定的汽车,此时,根据法典第2.401条(a)款的规定,即使汽车尚未被交付,或即使汽车的所有权尚未转移至买方,买方在订立合同之后,仍然对该汽车取得所谓的"特殊财产权"(special property)。在这种情况下,如果买方已支付货款,并希望以该汽车作为担保物从银行取得融资,银行有可能会接受该担保物,虽然买方尚未取得汽车的所有权。银行可能会认为,买方最终取得汽车所有权的概率很高,因而以该汽车作为担保物的风险并不高。但是,假设买方当时尚未支付货款,且财务状况非常糟糕,银行可能就不会接受该汽车作为担保物,因为虽然从法典第2篇的规定来看,买方此时对汽车的权利与上述例子中的权利是一样的,但买方最终不能取得汽车所有权的概率较高。总而言之,债务人对担保物的"权益"是否足够,主要取决于受担保方的态度,法典不作过多干预。法典第9篇的主要目的,应该只是排除那些和债务人完全无关的财产,而不是限制债务人将有关财产作为担保物。

实际上,在任何融资交易中,都会存在其他考虑因素。例如,在所有的担保交易中,受担保方都会同时考虑债务人的总体信誉度,因为这对受担保方同样非常重要。在担保交易中,受担保方同时享有两种权利,一种是要求债务人直接清偿债务的权利,另一种是通过处置担保物取得清偿的权利。因此,担保物不是受担保方取得清偿的唯一途径,甚至在绝大多数情况下,也不是取得清偿的主要途径,而只是一种备用保证。在债务人本身具有较好财务信誉的情况下,担保物的实际作用会相应降低。在这种情况下,即使债务人对担保物的"权益"不是十分充足,但作为备用保证,也许也够了。

总体而言,在法典第9篇中,担保物的所有权问题并不重要。不仅在提供给受担保方时所有权不是必要的,在适用法典第9篇的其他规定时,所有权的归属也不重要。法典第9.202条规定:"无论担保物的所有权是由受担保方还是由债务人持有,本篇有关权利和义务的条款均同样适用。"

如后文将要谈到的,即使在设立担保权益时担保物尚不存在,或债务人尚未对担保物取得任何权益,也不妨碍当事方订立担保协议,因为法典允许债务人将今后有可能取得但目前尚未取得的财产作为担保物。此种财产称为"后得财产"(after-acquired property)。法典第9.204条(a)款规定:"除(B)款另有规定外,担保协议可以在今后取得的财产中设立担保权益,或对设立此种担保权益作出规定。"所以,对于后得财产,债务人在承诺将其作为担保物时,实际上尚未取得该财产,甚至能否取得该财产也具有相当不确定性。后得财产是法典第9篇中的一个重要概念,后文还会进一步讨论。

在上述法典第9.102条(a)(28)(A)款的定义中,括号中的限定语将持有担保权益或留置权的人排除在该款之外。这是因为,尽管受担保方也对担保物持有权益,因为担保权益或农业留置权本身就是对担保物的权益,但受担保方不是债务人。如果不这样排除,这个定义就会产生荒谬的结果,即受担保方也成为定义中的债务人。

在绝大多数担保交易中,债务人不仅是提供担保物的人,而且同时就是从受担保方获得融资的人,因为这是商业活动中最自然的情况。但是,根据法典第9篇的规定,理论上,债务人可以仅提供担保物,而并不从受担保方获得融资。也就是说,两者是可分的。在法典第9篇中,提供担保物的人称为“债务人”,而获得融资并因此有义务偿还融资的人称为“义务人”(obligor)。债务人和义务人可以是同一个人,也可以是不同的人。正因如此,上述第(A)款定义中说,债务人是指提供担保物的人,但该人可以是义务人,也可以不是义务人。在本书中,为了方便讨论并减少混淆,假设债务人和义务人是同一人。关于义务人的概念,后文将会讨论。

根据上述定义的第(B)款,应收款等收款权利的卖方也是债务人。由于第(B)款对应的交易为收款权利的买卖,因此在通常情况下,卖方在将收款权利出售后,对收款权利即不再持有权益。但是,由于法典第9篇将该买卖交易推定视为担保交易,并将该收款权利推定视为担保物,同时将买方推定视为受担保方,因此,也就相应地将卖方推定视为债务人。根据同一原理,在上述定义的第(C)款中,寄售交易中的寄售受托人也是债务人。

除上述谈到的债务人外,法典第9篇还有“新债务人”(new debtor)的概念。法典第9.102条(a)(56)款规定:“‘新债务人’指涉及另一人之前订立的担保协议时,任何人根据第9.203条(d)款成为受到该担保协议约束的债务人。”这项规定意在说明,在一定情况下,任何人都可以顶替原来的债务人而成为新债务人,并受到担保协议的约束。根据法典第9.203条(d)款,顶替的情况有两种:一种情况,新债务人把自己的财产拿出来作为担保物,放到原来的担保协议下;因此,新债务人成为提供担保物的人。另一种情况,新债务人整体继承了原始债务人的财产,同时承担了原始债务人的债务。例如,在收购项目中,收购公司可能继承了被收购公司的财产和债务。顶替完成后,新债务人就成为法典第9篇中通常意义上的债务人。

义务人;次义务人

在担保交易中,承担付款义务或其他履约义务的人称为“义务人”(obligor)。关于义务人,法典第9.102条(a)(60)款规定:“涉及由担保物中担保权益或农业留置权担保的债务时,‘义务人’指:(i)承担付款或履约义务的人;(ii)为担保该付款或履约义务,提供除担保物外其他财产的人;(iii)或就付款或履约义务,以其他方式承担全部或部分责任的人。”前文提到,义务人可以同时是债务人,也可以不是,取决于当事方的实际商业安排。

举例而言,假设买方在订立货物买卖合同之后没有立即付款,而是约定在一定时间之后付款,且为了保证卖方可以收到货款,买方以合同项下的货物作为支付货款的担保物,此时,买方由于提供了货物作为担保物,因而成为法典第9篇所定义的债务人,并且,由于有义务支付货款,因而同时成为法典第9篇所定义的义务人。此时,债务人和义务人是同一个人。

但是,假设在上述例子中,根据货物买卖合同的规定,买方仍然承担支付货款的义务,但买方的朋友需要以其他财产作为货款的担保物,此时,买方由于承担付款义务,因而仍然是义务人,但买方的朋友提供了担保物,因而成为债务人。此时,债务人和义务人就是两个不同的人。至于买方的朋友为什么愿意提供担保物,以及卖方为什么会同意这种安排,法典并不关心,也不影响法典条款的适用。在上述安排下,如果买方没有履行付款的义务,卖方一方面可以根据买卖合同追究买方违约的责任,另一方面则可以基于自己对担保物的担保权益,并根据法典第9篇的规定,针对买方的朋友行使卖方对担保物的权利。

在上述有关义务人的定义中,后两款是前一款的变化形式。在后两款所述的情况下,义务人没有向受担保方提供担保物,因而不是债务人,但义务人以其他形式对债务承担了清偿责任;或者说,义务人以其他方式对受担保方承担了义务。前文提到,在本书的讨论中,假定债务人与义务人是同一人,因此原则上只提债务人,不再提义务人。

除义务人外,法典第9篇还有“次义务人”(secondary obligor)的概念。关于次义务人,法典第9.102条(a)(72)款规定:“‘次义务人’指下列义务人:(A)该义务人的义务具有次级性质;或(B)就担保物所担保的债务,该义务人拥有对债务人或另一义务人的索赔权,或拥有对其中任何一人的财产的索赔权。”

所谓“次级性质”,是指只有在义务人不履行义务时,次义务人才有义务代为履行,即次义务人的义务是第二位的。次义务人通常是指对义务人的义务承担了保证责任的人。例如,在前文提到的买卖交易中,如果买方有义务支付货款,买方就是义务人,同时,如果买方的父亲同意作为买方的保证人,承担了在买方不付款时由买方的父亲代为付款的义务,买方的父亲即成为次义务人。

上述法典第 9.102 条(a)(72)(B)款涉及其他一些情况。例如,在前文提到的买卖交易中,如果买方的父亲不是作为承担了次级义务的保证人,而是承担了与买方同级的连带责任,即在卖方未收到付款时,卖方可以不先行追究买方的责任,而是可以直接追究买方的父亲的责任,那么只要买方的父亲与买方之间另有协议,使买方的父亲在付款后有权向买方索赔,买方的父亲就是第(B)款范围内的次义务人。这与前文讨论流通票据时谈到的次义务人的概念是非常类似的。

其他利益方

受担保方、债务人和义务人是担保交易中最主要和最直接的 3 个当事方。此外,“债权人”(creditor)和“留置权债权人”(lien creditor)也是常见的概念。关于债权人,法典第 1.201 条(b)(13)款规定:“‘债权人’包括无担保债权人、担保债权人、留置权债权人以及债权人的任何代表人。”

在法典第 9 篇中,很多情况下会涉及债务人的债权人,因为此种债权人的利益,会与受担保方的利益发生直接冲突。例如,假设在货物买卖交易中,买方以合同项下的货物作为担保物,此时,买方成为法典第 9 篇意义上的债务人,而卖方则成为受担保方。在这种情况下,如果买方还有其他债权人,则在买方没有按时向该债权人还债时,债权人可能就会追索上述合同项下的货物。此时,债权人就会和受担保方的利益发生冲突。从这个角度来看,债务人的其他债权人也是担保交易中的利益方。

债务人的其他债权人，不仅包括无担保债权人，也包括担保债权人，而所谓的担保债权人，就包括根据法典第 9 篇的规定，通过合同形式对担保物取得担保权益的其他受担保方。而这些其他的受担保方，自然对此处所说的“受担保方”构成直接的威胁。实际上，对于任何受担保方来说，担保权益的真正价值不是对抗债务人或义务人，而是对抗这些其他受担保方，或其他债权人。这个问题后文会详细讨论。

关于上述定义中的留置权债权人，法典第 9.102 条(a)(52)款规定：“‘留置权债权人’指(A)通过扣押、查封或类似程序，对财产取得留置权的债权人；(B)为债权人利益所作的转让中的受让人(从转让时起)；(C)破产案件中的受托人(从破产申请日起)；或(D)衡平法中的接收人(从任命时起)。”可以看出，这些债权人都是通过法律程序对债务人的财产取得权利，而不是通过与债务人订立担保协议取得财产权利。但是，留置权债权人都是担保债权人，特别是在上述第(B)款、(C)款和(D)款所述的情况下，留置权债权人基本上对债务人的全部财产都取得留置权，而其中必然包含受担保方的担保物。在此种情况下，留置权债权人必然直接与受担保方产生利益冲突。

法典第 9 篇还涉及另外两个概念，即“消费者债务人”(consumer debtor)和“消费者义务人”(consumer obligor)。前文已提到债务人和义务人的概念，这里增加的只是“消费者”。法典第 9.102 条(a)(22)款规定：“‘消费者债务人’指消费者交易中的债务人。”而法典第 9.102 条(a)(26)款规定：“‘消费者交易’指下列交易：(i)个人主要为个人、家庭或家用目的承担债务；(ii)债务由担保权益担保；以及(iii)主要为个人、家庭或家用目的，持有或获取担保物。”根据这个定义，消费者债务人是指作为消费者的个人债务人，而消费者义务人也是类似的概念。

法典第 9 篇引入消费者的概念，与法典其他篇的目的一样，主要是为消费者提供特别保护，避免商业经营者利用自己的某些优势，不公平地对待消费者。为此目的，法典第 9 篇的很多条款，特别是保护受担保方的条款，都只适用于非消费者交易，因为法典认为，尽管这些条款本身在商业上是合理的，但普通消费者可能无法掌握这么复杂的法律规则，因此很难避免商业经营者滥用这些规则。

但是，法典的上述考虑并不意味着否定对受担保方的保护，因为这样会减少消费者获得融资的可能，同样对消费者不利。法典的目的是达到最佳平衡。法典第9.103条(h)款规定，将某些条款限定为仅适用于非消费品交易，"目的在于使法院可以自行决定适用于消费品交易的适当规则。但是，法院不应根据此种限制，来推断消费品交易中适当规则的性质。法院可以继续使用任何已确立的方法"。也就是说，在涉及消费者时，法院在有些问题上拥有比较大的自由裁量权，可以根据案件的具体情况灵活运用不同法律原则，包括适用保护消费者的其他一些法律或原则。

法典第9篇的很多规定，还与当事方是否为"商人"(merchant)有关。由于商人是业内人士，应该具有相关商业领域更多的专门知识，因此，对他们的要求，有时比普通人要高一些，即他们应该承担更多的义务。关于商人，法典第2.104条(a)款规定："'商人'指从事某类货物交易的人，或因其职业而显示对交易所涉及的做法或货物具有专门知识或技能的人，或因雇佣前述人作为代理人、经纪人或其他中间人，而可被视为具有前述专门知识或技能的人。"根据这个定义，关键不在于一个人是否实际拥有商业知识，而在于其他人是否有合理理由认为该人应该拥有商业知识。

法典第9篇经常涉及的另外一个概念是"购买人"(purchaser)，即通过购买取得财产权利的人。法典第1.201条(b)(29)款规定："'购买'指通过下列方式取得：买卖、租赁、贴现、流通、不动产抵押、质押、留置、设立担保权益、发行或再发行、赠与，或任何其他在财产上设立权益的自愿交易。"在法典第9篇中，购买人主要是指通过购买取得担保物的人。例如，假设在货物买卖交易中，买方将货物作为担保物，但在取得货物的占有之后，将其出售给自己的朋友，此时，该朋友就成为担保物的购买人。在购买人取得担保物后，受担保方将面临失去担保物的危险，而其他利益方也有可能受到不利影响。因此,如何处理受担保方与购买人之间的权益冲突,也是法典第 9 篇要解决的重要问题。

除上述利益方外,由于法典第 9 篇范围内的担保交易涉及法典其他篇范围内的财产,因此法典第 9 篇也会涉及其他篇范围内的当事方。例如,如果法典第 3 篇范围内的流通票据成为担保物,该篇范围内的当事方(如正当执票人)就会成为法典第 9 篇范围内的利益方。

第四节　担保权益的设立和附着

在法典第 9 篇的担保交易中,受担保方持有的担保权主要分为两类:一类是担保权益,另一类是农业留置权。前文提到,尽管两者都是担保权,但在法典第 9 篇中,两者各有不同的名称,并且在很多方面涉及不同规则,包括权益的产生方式等。因此,在涉及法典第 9 篇中的规则时,经常需要区分两种不同的担保权。但是,法典第 9 篇范围内的担保交易,绝大多数都是前一种,即当事方以合同形式设立的担保权益。农业留置权只适用于与农业生产和农产品有关的担保交易,范围相对有限。本章绝大部分的讨论,包括本节下面的讨论,基本上只与担保权益有关,而很少与农业留置权有关。

担保权益的设立和附着

涉及担保权益的产生时,法典第 9 篇会使用“设立”(creation)和“附着”(attachment)这两个概念,而在涉及农业留置权的产生时,则会使用“生效”这个概念。措辞上的不同,反映了两类担保权产生方式的不同。本节的题目只提到担保权益的设立和附着,而没有提到农业留置权的产生,这是因为担保权益的设立和附着的规则比较复杂,是法典第 9 篇的重点,而农业留置权的产生问题,第 9 篇基本未作规定,需要根据法典以外的其他法律确定。

根据法典第9篇的规定，担保权益的产生要经历“设立”和“附着”两个过程。可以先设立后附着，也可以是设立和附着同时发生，但不可能先附着后设立。所谓担保权益的设立，是指当事方通过订立担保协议，对债务人提供担保物以及受担保方对担保物取得担保权益的安排作出约定。也就是说，担保协议的作用，就是“设立”担保权益。但是，如后文将要说明的，这里的协议不一定是书面协议，而可以是口头协议，或是当事方通过行为而表现出的协议。例如，受担保方占有担保物这个行为本身，有时就可以构成担保协议，而无须当事方另行以其他方式订立协议。

所谓担保权益的附着，是指担保权益开始存在于特定的担保物中。担保权益在设立之后，并不一定立即与特定的担保物产生有效联系，而是还必须满足一定条件，才能与特定担保物产生联系。这种联系称为“附着”，表示担保权益开始有效存在于特定担保物中。例如，汽车经销商从银行取得贷款，双方在担保协议中约定，利用贷款购买的汽车将作为贷款的担保物。在双方订立担保协议后，担保权益获得设立，但并没有发生附着，因为担保协议所规定的担保物尚不存在，而担保权益不可能与尚不存在的担保物发生联系。随后，在经销商利用贷款购买汽车后，只要法典规定的其他条件已经满足，则一旦经销商取得汽车，担保权益即开始“附着”于该汽车。

关于担保权益发生附着的条件，法典第9.203条规定：“(a)担保权益就担保物对债务人产生强制履行力的时间，即为担保权益附着于担保物的时间，除非通过协议明确推迟附着的时间。(b)除(c)款至(j)款另有规定外，只有在下列情况下，才可就担保物对债务人和第三方强制履行担保权益：(1)已支付价值；(2)债务人对担保物拥有权利，或有权力向受担保方转让担保物的权利；并且(3)下列条件之一得到满足：(A)债务人已对包含担保物描述的担保协议作出认证；当担保权益覆盖待砍伐树木时，担保协议还同时包含对相关土地的描述；(B)担保物不属于票式证券，且根据债务人的担保协议，受担保方根据第9.313条占有担保物；(C)担保物属于登记式的票式证券，且根据债务人的担保协议，已按第8.301条的规定将证券证书交付给受担保方;或(D)担保物属于存款账户、电子动产契据、投资财产、信用证权利或电子凭证,且根据债务人的担保协议,受担保方根据第7.106条、第9.104条、第9.105条、第9.106条或第9.107条,对担保物拥有控制。”

从上述规定中,似乎无法简单地看出担保权益发生附着的条件。但归纳起来,担保权益的附着必须满足3项条件:第一个条件,债务人和受担保方订立担保协议;第二个条件,受担保方支付价值;第三个条件,债务人对担保物拥有权利。只有这3项条件全部满足后,担保权益才能发生附着。这3项条件无须同时发生,而是可以有先有后,并且可以按任何顺序发生。

例如,债务人和受担保方可以先订立担保协议,然后受担保方再支付价值,然后债务人再对担保物取得权利;或者,也可以是债务人先对担保物取得权利,然后再与受担保方订立协议,然后受担保方再支付价值。虽然3项条件的发生顺序可以有先有后,但只要其中任何一项条件未得到满足,担保权益就不可能发生附着,而一旦3项条件中的最后一项得到满足,担保权益立即发生附着。例如,假设在订立担保协议时,另外两项条件已先期得到满足,则在担保协议订立时,担保权益立即发生附着。关于法典对3项条件的具体规定,后文会进一步讨论。

前文提到,订立担保协议具有设立担保权益的效力。但是,从上面的讨论可以看出,订立担保协议本身不足以使担保权益发生附着,因为担保协议只是担保权益发生附着的3个条件之一。订立担保协议后,担保权益不一定发生附着,但不订立担保协议,担保权益肯定不会发生附着。所以,所谓担保权益的设立,只可能与附着同时发生,或先行发生,但不可能在附着之后发生。

那么,已经设立但尚未发生附着的担保权益,到底是一种什么权益或权利?从担保权益本身来讲,设立之后尚未发生附着的担保权益,实际上是不存在的担保权益。举例而言,假设甲和乙订立担保协议,规定甲向乙提供一笔贷款,并规定乙将一台冰箱抵押给甲,但在订立协议时,乙实际上还没有购买这台冰箱。此时,虽然甲和乙已经通过订立担保协议而设立了担保权益,但乙还未对冰箱取得权利,因此该担保权益不能发生附着,因为此时担保权益不可能与任何一台冰箱发生联系。也就是说,由于担保协议项下的担保物实际上还不存在,担保权益自然也就不可能存在,因为担保权益本来就只能存在于特定担保物之中。

如果担保协议本身不足以使担保权益发生附着,为什么还要说担保协议具有“设立”担保权益的效力?或者说,没有发生“附着”的担保权益,在何种意义上算是已经“设立”?从法典的角度来看,所谓设立,主要是指当事方对担保权益的产生表示同意。因此,即使担保权益尚未发生附着,担保协议也并非完全没有意义,因为担保协议仍然属于当事方之间的协议,代表一定的权利和义务。如果一方违反担保协议,另一方有权追究违约方的违约责任。

例如,在上述例子中,如果担保协议规定乙应随后购买冰箱,但乙实际上没有购买,从而导致担保权益无法发生附着,甲可以根据担保协议追究乙的违约责任。但是,追究违约责任是一种合同权利,甲可能因此获得赔偿,但不一定有权迫使乙购买冰箱。而如果乙不购买冰箱,担保物就不存在,担保权益也就无法发生附着。也就是说,担保协议可以使甲取得一定的合同权利,但不一定能使甲取得协议所规定的担保权益。

农业留置权的生效

关于农业留置权,法典第 9 篇并没有具体规定其生效的条件和时间,因此,这个问题需要根据法典以外的其他法律来判断。农业留置权不需要当事方订立担保协议,而是在满足法律规定的条件后自动产生,因此,农业留置权实际上属于前文提到的“法定留置权”(statutory lien),与法典第 9 篇中的担保权益具有本质上的不同。

法典第 9 篇之所以将农业留置权纳入其范围,主要有两个目的。首先是要求农业留置权必须进行公示登记,即根据法典第9篇的要求登记融资声明。通常而言,法定留置权都是根据法律规定自动产生的,不存在登记公示的问题,但对于农业留置权,法典规定其必须通过登记来获得完善。其次,为了给农业留置权确定优先顺序,也就是与其他冲突权益之间的优先顺序。这些问题后文会进一步讨论。

附着的条件之一:订立担保协议

法典第9.203条对担保权益的附着规定了3项条件,其中之一是当事方必须订立担保协议。这项条件规定在法典第9.203条(b)(3)款中,即"下列条件之一得到满足:(A)债务人已对包含担保物描述的担保协议作出认证;当担保权益覆盖待砍伐树木时,担保协议还同时包含对相关土地的描述;(B)担保物不属于票式证券,且根据债务人的担保协议,受担保方根据第9.313条占有担保物;(C)担保物属于登记式的票式证券,且根据债务人的担保协议,已按第8.301条的规定将证券证书交付给受担保方;或(D)担保物属于存款账户、电子动产契据、投资财产、信用证权利或电子凭证,且根据债务人的担保协议,受担保方根据第7.106条、第9.104条、第9.105条、第9.106条或第9.107条,对担保物拥有控制。"这项规定看上去有些费解。

上述规定之所以有些费解,原因之一是没有直接说明当事方需要订立担保协议。但实际上,订立担保协议确实是该款的要求。该款的本意是要说明,担保协议不仅可以采用书面形式(包括纸质文件和电子文件),还可以采用口头形式。上述第(A)款所述的情况,是当事方以书面形式订立担保协议,而上述第(B)款、(C)款和(D)款所述的情况,是当事方以口头形式订立担保协议。

上述第(A)款要求:"债务人已对包含担保物描述的担保协议作出认证。"前文曾讨论过"认证"(authenticate)的含义,即为了适应电子文件的需要,在法典中,无论是在纸质文件上签名,还是发出电子邮件,只要具有承认其内容的意愿，就属于对文件的认证，并等于签名。所以，上述第（A）款适用于书面形式的担保协议。

关于书面担保协议，法院通常认为，此种协议并不局限于单独订立的正式书面协议，而是要对案件中所有现存的书面形式的文件进行综合判断，即遵循所谓“组合文件”（composite document）原则。在“In Re Amex-Protein Development Corporation 案”中，破产之前的债务人曾以无担保形式从农具供应商赊购农具，但随后在供应商的要求下，债务人向供应商出立了一张本票，其中注明：“此项本票由购货单所列之动产中的担保权益担保。”这句话整体采用计算机打字形式，但其中的“购货单所列之”是手写加入的。在本票所提及的购货单上，列出了债务人所购买的 5 件农具。供应商随后在担保权益登记处登记了融资声明，而债务人和供应商并没有另行签署书面担保协议。

上述案件的争议问题是，该本票、购货单及融资声明加在一起，是否可以构成法典第 9.203 条（b）（3）（A）款所要求的书面协议。破产托管人的立场是，不存在书面担保协议，因为法典要求担保协议“设立或提供”担保权益，因此，担保协议需要以主动方式表示设立担保权益的意图，而本票中的措辞只是被动地描述了所存在的担保权益，本身不具有“设立或提供”的效力。但法院认为，当事方是否具有“设立或提供”担保权益的意图，需要综合判断。将该案所有的文件加在一起，并考虑所有相关情况，包括当事方的证词，可以认定书面担保协议的存在。

除去第（A）款中要求的书面协议，上述第（B）款、（C）款和（D）款所述的情况，都属于当事方的行为。通常而言，当事方之所以作出一定行为，是由于当事方已经存在口头协议，而行为只是口头协议的外在证明。法典第 9.203 条承认，担保协议可以采用口头方式订立。但是，由于口头协议难以证明，因此该条要求，受担保方必须对担保物取得占有或控制，否则口头协议即得不到承认。

具体而言，根据上述第（B）款，在担保物不是票式证券的情况下，受担保方需要根据法典第9.313条的规定占有担保物。法典第9.313条列出的担保物种类，主要包括实体流通提单或仓单、货物、流通票据或不可流通票据、金钱以及实体动产契据。但是，法典第9.313条(b)款规定："涉及由本州产权证书覆盖的货物时，只有在法典第9.316条(d)款所述的情况下，受担保方才可以通过占有货物，使其中的担保权益获得完善。"也就是说，对于由产权证书覆盖的货物，即使受担保方占有货物，也不能仅订立口头担保协议。根据上述第(C)款，在担保物属于登记式票式证券的情况下，受担保方需要取得证券证书的交付。根据上述第(D)款，在担保物属于存款账户、电子动产契据、投资财产、信用证权利或电子提单或仓单的情况下，受担保方需要取得对担保物的控制。

担保协议的格式和效力

法典没有对担保协议的格式和内容作出任何规定，因此，债务人和受担保方可以在不违反法律的情况下，根据自己的意愿来决定协议的格式和条款。在上文提到的以农具作为担保物的案例中，简单的几份文件凑在一起，就构成了书面担保协议。如果当事方没有书面协议，而仅有口头协议，就会涉及如何证明担保协议条款的问题。但是，担保协议最主要的内容，就是债务人同意由受担保方取得对担保物的担保权益。在受担保方占有或控制担保物的情况下，该占有或控制本身，就证明了担保协议最重要的内容。

关于担保协议的效力，法典第9.201条(a)款规定："除本法另有规定外，在当事方之间，以及在对抗担保物购买人或债权人时，担保协议的效力根据其条款确定。"前文提到，担保协议本身不构成担保权益发生附着的充分条件，但在当事方之间，担保协议具有约束力。此外，根据这里的规定，担保协议不仅可以约束协议的直接当事方，即债务人和受担保方，而且对担保物的购买人，以及对债务人或受担保方任何一方的债权人，也具有效力。

担保协议对债务人和受担保方两个直接当事方具有约束力，是非常自然的，但为什么对第三方也具有效力？这与担保交易的性质有关。担保权益的核心，就是对抗第三方的效力。不能对抗第三方的担保权益，在很大程度上就丧失了担保权益的意义。仅从债务人和受担保方之间的关系来看，基本上不需要担保权益，因为受担保方的权利，自然优于债务人的权利。但在涉及第三方时，由于第三方可能并不知道债务人和受担保方订立了担保协议，也不知道协议的内容，如果让担保协议具有对抗第三方的效力，应该具有什么效力，是否对第三方不公平？这个问题后文会进一步讨论。

担保协议对担保物的描述

担保协议必须说明所涉及的担保物。如果受担保方根据法典第9.203条(b)(3)(B)款、(C)款或(D)款的规定占有或控制担保物，则占有或控制本身就是对担保物的描述。并且，由于担保协议采用口头方式，因此没有其他方式再对担保物作出描述。所以，受担保方占有或控制的担保物，就被视为担保协议项下的担保物。

涉及法典第9.203条(b)(3)(A)款所述的书面形式(包括纸质文件和电子文件)担保协议时，协议必须对担保物作出描述。但是，对于此种描述，法典没有制定严格的要求，而是采取了宽松和务实的态度。法典第9.108条(a)款规定："对动产或不动产的描述，只要能够合理指明被描述的财产，即为充分，无论描述是否具体。"

对于哪些描述属于合理，法典第9.108条(b)款作了举例说明："使用下列描述方式指明担保物，属于合理指明：(1)具体列出担保物；(2)列出担保物种类；(3)除(e)款另有规定外，按本法定义的类别描述担保物；(4)说明担保物的数量；(5)说明计算或分配的公式或程序；或(6)除(c)款另有规定外，使用任何其他方式，只要能客观辨别担保物。"此外，法典第9.108条(d)款规定："对证券权利、证券账户或商品账户的下列描述，属于充分：

(1)使用证券权利、证券账户或商品账户这样的用词描述担保物,或将担保物称为投资财产;或(2)对作为其基础的金融资产或商品合同作出描述。”

同时,法典第9.108条(c)款也对不合理的描述作了举例说明:“对担保物的描述,如果使用‘债务人的全部财产’、‘债务人的全部动产’或具有类似含义的文字,不属于合理指明担保物。”此外,法典第9.108条(e)款规定:“涉及下列担保物时,如果仅以本法定义的担保物类别进行描述,不属于充分:(1)担保物为商业侵权索赔;或(2)涉及消费者交易时,担保物为消费品、证券权利、证券账户或商品账户。”

总体而言,法典对担保物的描述采取非常宽松和务实的态度。无论描述是否具体,也无论是否存在模糊或错误,只要当事方通过该描述认清了担保物,或应该可以认清,描述即属于适当和充分。这也体现了法典强调的公平原则和善意原则。在任何具体案件中,如果当事方实际上已经知道担保物是什么,或有能力辨别,当事方还有什么理由说协议对担保物的描述不充分?

举例而言,当债务人只有一辆汽车时,即使担保协议没有具体描述该汽车,而只说“债务人的汽车”,只要不存在其他可能引起混淆的因素,法院可能就会承认这种描述,因为在强制履行担保协议时,不存在实际的障碍。即使对担保物的描述有错误,只要不造成混淆,法院也有可能承认该描述。假设描述为“债务人牌号为1243的汽车”,但实际上牌号为1234,此时,描述错误可能不会对担保协议的有效性造成影响,因为只要看一下债务人的具体情况就可以确认,当事方意指的担保物就是那辆牌号为1234的汽车。这与法典对其他问题的态度是一致的,都是根据实际情况来判断当事方的本来意图和事情的本来面目,而不是苛求表面形式的完美,因为在很多情况下,这种苛求只能导致结论与客观情况明显不符,并对受损方造成明显不公的结果。

关于担保协议对担保物的描述,从“In Re Product Design and Fabrication, Inc.案”中可以看到法院的态度。在该案中,债务人为了取得融资,请评估公司对自己的资产出具了一份评估报告。该评估报告包含了债务人的所有资产(包括设备),但没有包含债务人的“库存”。在取得该评估报告后,债务人与收到评估报告并愿意提供融资的受担保方订立了投资协议,其中规定受担保方提供贷款,而债务人以其列在评估报告上的“设备”作为担保物。随后,双方又签署了标准格式的担保协议。在担保协议有关担保物描述的地方,每个种类的担保物边上都有一个方格,供当事方选用。当事方的律师在准备担保协议时,在“库存”的方格中打了钩,并注明具体内容见作为附件的评估报告,但实际上评估报告并没有附在担保协议上。当事方按照律师提供的文本签署了以库存为担保物且没有附件的担保协议。随后,当事方在担保权益登记处登记了融资声明,但其中对担保物的描述是“设备”。

在上述案件中的债务人破产后,破产托管人主张,受担保方既未对债务人的设备取得完善担保权益,也未对库存取得完善担保权益,因为担保协议和融资声明的描述不一致。法院判决,尽管担保协议对担保物的描述是“库存”,尽管担保协议没有附件,但从交易的整体情况来看,当事方的意图毫无疑问是将债务人的“设备”作为担保物,因此,应该认定投资协议和融资声明对担保物的描述是有效的,而担保协议的描述只是笔误。

附着的条件之二:受担保方支付价值

担保权益发生附着的第二个前提条件是,受担保方必须支付“价值”(value)。也就是说,对于受担保方来说,如果要享受担保权益,就必须通过付出某种价值来换取。这通常是指受担保方提供贷款或其他形式的融资。在法典中,价值的概念类似于美国合同法中的“对价”(consideration),但又与对价有所区别。关于两者的具体概念,前文已有详细讨论。简单地说,法典中的“价值”概念,弱化了“对价”中的即时交换关系。

举例而言,假设银行给经销商提供了购买办公设备的无担保贷款,过了一段时间之后,银行担心还款的安全性,要求经销商提供一辆汽车作为贷款的担保物,而经销商也同意了,此时,由于银行在取得经销商提供的担保物时,并没有向经销商提供任何新的价值,因此根据传统的对价理论,银行被视为没有就担保物提供对价。但是,根据法典第1.204条(2)款对"价值"的定义,由于银行是将汽车用于以前提供的贷款的担保,因此可以被视为提供了价值。

附着的条件之三:债务人对担保物拥有权利

担保权益发生附着的第三个前提条件是,债务人必须对担保物拥有"权利"(right)、"权力"(power)或"权益"(interest)。前文在谈到债务人的定义时提到,根据法典第9.102条(a)(28)款的定义,债务人是指"对担保物拥有权益"的人。而根据法典第9.203条(b)(2)款,担保权益发生附着的条件之一是"债务人对担保物拥有权利,或有权力向受担保方转让担保物的权利"。

这两个定义的表述不完全一致,但也可以看出,法典一方面不要求债务人对担保物拥有完好所有权,另一方面要求债务人必须对担保物拥有某种可以转让的权利。显然,即使法典不作硬性要求,债务人既然将一项财产作为担保物提供给受担保方,就应该对担保物拥有某种可以转让给受担保方的权利或权益,否则担保物就失去意义。

前文在谈到债务人的定义时,曾讨论过"权益"的概念。在很大程度上,权益的概念和这里所说的权利或权力的概念应该是一致的。如果债务人对担保物拥有完好所有权,自然是最理想的情况,但假设债务人对一项财产的权利或权益比较有限,但受担保方愿意接受,该财产仍然有可能成为法典承认的担保物。特别是在有些情况下,为了保护善意的受担保方,即使债务人在提供担保物时存在对其真正权利人的欺诈或其他不当行为,即使债务人可能要对其他人承担责任,甚至刑事责任,但受担保方可能仍然可以取得对该担保物的权利。

法典没有具体说明债务人应该对担保物拥有何种权利或权益,应该属于一种故意省略，因为在实际商业活动中，权利或权益的种类不胜枚举，难以穷尽。所以，法典希望首先由当事方自己对这个问题作出判断。从当事方的角度来看，债务人自然会考虑自己是否拥有可以用作担保物的财产，但受担保方会更加关心这个问题，会更加仔细地考虑债务人提供的担保物是否具有担保物价值。如果债务人对担保物的权利过于微弱，受担保方就不会接受该担保物，担保交易也就不可能发生。

从法院的角度，可能会更多地考虑法典的立法意图。担保交易的目的是，通过向受担保方提供担保物，使受担保方在债务人未能偿还债务时，通过处置担保物来取得相应收益，用于偿还该债务。为了达到这个目的，债务人对担保物的权利就必须具有相应的财产价值和转让价值，否则，担保物对受担保方就没有实际意义。因此，法院在遇到具体案件时，会重点考虑债务人对一项财产的权利或权益是否符合上述要求。只要符合上述要求，原则上就没有理由不允许债务人将该财产作为担保物。

根据法典第1.201条(a)(32)款的规定，“权利”也包括救济。因此，在货物买卖交易中，买方如果对货物享有某种救济，即可被视为对货物拥有权利。例如，法典第2.502条(a)款规定：“如果买方根据上条取得了货物的特殊财产权，且已支付了部分或全部价款，且对任何未付价款作出提示付款并保持该提示，则在下列情况下，即使货物尚未发运，买方亦可向卖方追索货物：(1)当货物为个人、家庭或家用目的购买时，卖方毁约或未能按合同规定交付；或(2)无论如何，卖方在收到价款的第一笔分期付款后十天内破产。”此种追索权也是一种对货物的权利，因此买方有可能凭借此种权利，而将货物作为担保物。

在“State Bank of Young Am v. Vidmar Iron Works, Inc.案”中，第三方将货物交付给债务人占有，而债务人随后为该货物提供服务，并就该服务对该货物享有法定留置权。法院判决，该留置权构成债务人对货物的权利，可以满足法典有关债务人必须对货物拥有权利的要求，因此债务人可以将该货物作为担保物提供给受担保方，而受担保方的担保权益也可以有效地附着于该货物。

即使债务人在提供担保物时，实际上不对担保物持有真正的权利，或者违反了对担保物权利人的义务，该担保物仍有可能是有效的，因而担保权益可以附着于该担保物。例如，甲将货物交付给乙保管，但并没有授权乙处置货物，而乙在违反与甲的约定的情况下将货物抵押给丙。此时，乙显然没有权利这样做，但在一定条件下可能有“权力”这样做。法典第2.403条(b)款规定：“如果将货物委托给从事该类货物交易的商人占有，该商人即有权力将委托人的全部权利，转让给正常业务中的买方。”根据这项规定，如果乙是该类货物的商人，乙即有“权力”将货物抵押给丙。

如果债务人原本通过租赁取得货物，也就是说，债务人是货物的承租方，那么在出租方同意的情况下，债务人应该有权利将货物在租赁期间的使用权作为担保物而提供给受担保方。即使出租方不同意，承租方可能也有“权力”这样做。法典第2A.303条(b)款规定：“如果租赁协议的条款：(1)在涉及租赁合同项下当事方的权益或货物中的出租方残余权益时，禁止该权益的自愿或非自愿转让，包括通过买卖、分租、设立或强制履行担保权益、查封、扣押或其他司法程序进行的转让；或(2)规定该转让构成违约，此时，该条款将触发(d)款提供的权利和救济，但该转让在其他方面仍然有效，即使该转让被协议禁止，或构成租赁协议项下的违约。”根据这项规定，即使租赁协议禁止承租方转让其租赁权益，对于该租赁权益的受让人来说，转让本身可能仍然是有效的，只是转让人可能要承担违反租赁协议的责任。

如果一个人对一项财产完全不拥有权利，也不拥有转让该项财产的“权力”，则担保权益即不可能附着于该财产。例如，除涉及流通票据等特殊情况外，根据美国财产法，如果小偷将偷来的财产作为担保物，那么即使受担保方对偷窃的情况完全不知情，并在其他方面以正常方式作为，担保权益也不可能附着于该财产。这是否对受担保方不够公平？所谓的公平，无非是对各个当事方的权益进行平衡，而不是向任何一方提供绝对保护。

对于此类情况,受担保方需要依靠自己的常识和谨慎。财产权基本上都是无形的,因此通常需要综合判断。如果受担保方不能谨慎作出正确判断,有时只能自行承担风险。

在"In Re Zwagerman 案"中,破产的债务人原来经营饲养家畜的农场,而在其破产之后,一个商家和一家银行同时对债务人留下的家畜主张权利。该案的基本情况是,债务人长期饲养自己的猪牛等家畜,但后来与上述商家商定,帮助商家代养家畜。双方的约定是,商家自行选择品种和来源,并负责将家畜运到债务人的农场,等到家畜长大之后,债务人协助将家畜出售。出售之后,按照家畜重量增长的磅数,债务人获得一定比例的报酬。

在这种安排持续一段时间之后,债务人以全部的家畜作为担保物,从上述银行取得一定数量的贷款,但没有将其代商家喂养家畜的情况告诉银行。银行在发放贷款之前,进行了一些调查,但未能发现债务人代人喂养家畜的情况。在银行履行了必要手续后,其担保权益获得完善。但是,债务人宣布破产后,银行发现了代养的情况,并与商家就代养的家畜的权利归属问题产生争议。

商家主张,其将家畜交付给债务人的安排,属于货物的"保管"(bailment),或者也可以称为代管,而根据相关法律,交管货物的人保留货物的所有权,而保管货物的人(该案中的债务人)不可能取得所有权。银行则主张,商家将家畜交付给债务人的安排,属于货物的"寄售"(consignment),而根据案件发生当时的法典的规定,寄售委托人如果未能按照法典第 9 篇的规定登记融资声明,委托人对家畜的权利即不能对抗银行的权利。

法院虽然同情银行的状况,认为商家的权利确实带有隐蔽性质,对银行不够公平,但根据该案的具体情况和当时的法律,法院认为,商家与债务人之间的安排确实属于保管,而不属于寄售。法院最终判决,商家对家畜的权利优于银行的权利。

发生附着的时间

担保权益附着的3项条件,可以按任何顺序发生,但是只有在3项条件全部获得满足后,担保权益才附着于相应的担保物。在通常情况下,从受担保方的角度,一般都是先订立担保协议,后支付价值。从债务人的角度,对担保物的权利可能在订立担保协议之前就已经拥有,也可能是之后才会取得。无论如何,担保权益发生附着的时间,永远是最后一项条件获得满足的时间。

作为上述原则的例外,当事方可以通过协议规定,推迟附着的发生时间。法典第9.203条(a)款规定:“担保权益就担保物对债务人产生强制履行力的时间,即为担保权益附着于担保物的时间,除非通过协议明确推迟附着的时间。”根据这项规定,即使3项条件已经全部满足,只要当事方愿意,他们就可以把附着的发生时间推迟。

一般而言,推迟附着的发生时间对受担保方是不利的,因为这意味着受担保方对担保物享有权利的时间会相应推迟。所以,如果发生推迟,通常是基于债务人的要求。而受担保方之所以同意,通常是出于商业考虑,包括对债务人的通融。

担保权益发生附着后的效力

前文曾谈到担保协议的效力问题,这里谈的是担保权益发生附着后的效力问题。担保协议可以起到设立担保权益的效力,但本身不能构成担保权益发生附着的充分条件。即使已经订立了有效的担保协议,只要担保权益尚未发生附着,从严格的角度来讲,担保权益就根本不存在。担保权益只有在发生附着后,才开始存在。也就是说,附着是担保权益产生的标志。

对于受担保方和其他权益人来说,附着具有什么实际效力?其效力在于,担保权益只有发生附着后,才能针对债务人就担保物强制履行。法典第9.203条(a)款规定:“担保权益就担保物对债务人产生强制履行力的时间,即为担保权益附着于担保物的时间。”这项规定表明,担保权益只有发生附着后,才能与特定担保物产生联系,才能使受担保方从无担保债权人转变为担保债权人。在此之前,受担保方作为无担保债权人,可以对债务人强制履行担保协议,但无权对债务人强制履行担保物。

对于受担保方,从无担保债权人转变为担保债权人的实际意义在于,作为担保债权人,受担保方的地位将优于全体无担保债权人。假设担保物是一辆汽车,在担保权益附着于该汽车前,即使已经订立了担保协议,受担保方也不对该汽车拥有担保权益;或者说,不对债务人的任何特定财产拥有担保权益。而在担保权益附着后,受担保方成为该汽车的担保债权人,其权利优于所有的无担保债权人,因为无担保债权人只拥有向债务人本身追偿债务的合同权利,而不对债务人的任何特定资产(包括该汽车)拥有权利。

在债务人拥有足够财产清偿全部债务时,受担保方的优先权具有程序意义,即在债务人违约时,受担保方可以直接处置该汽车,且对于处置方法享有极大的灵活性和自由度。在债务人没有足够财产清偿全部债务时,这种优先权具有本质意义,因为受担保方可以单独就该汽车取得清偿,而不必担心债务人的其他债权人和其他债务。

在谈到担保权益的效力时,需要明确一个非常重要的概念,即担保权益的效力实际上存在两个层次。前文讨论的,是担保权益发生附着后的效力。这是担保权益效力的第一个层次。如果担保权益在发生附着后,又根据法典的相关规定获得“完善”(perfection),则该担保权益的效力将得到显著增强。这是担保权益效力的第二个层次。在第一个层次,即在担保权益已经发生附着但尚未获得完善时,担保权益具有一定效力,包括对抗债务人的效力以及对抗某些第三方的效力。但是,担保权益此时对抗第三方的能力相对有限。在第二个层次,即在担保权益发生附着并获得完善后,担保权益的效力显著增强,可以对抗绝大多数的第三方,并可对抗几乎所有的后手第三方。

在法典第9篇中,已经发生附着但尚未获得完善的担保权益,称为“未完善的担保权益”(unperfected security interest),而发生附着并已获得完善的担保权益,称为“完善的担保权益”(perfected security interest)。两个层次的担保权益的效力虽有不同,但都可以使受担保方成为担保债权人,因而受担保方都对特定的担保物持有担保权益。由于完善的担保权益可以更好地保护受担保方,因此受担保方都希望取得完善的担保权益,而有关担保权益的完善方式,以及完善后的效力和优先权,自然也是法典第9篇关注的重点。后文对此将会详细讨论。下面先对未完善的担保权益的效力进一步说明。

未完善的担保权益尽管在效力上不如完善的担保权益,但仍然能向受担保方提供一定保护。有一种观点认为,只有完善的担保权益才具有对抗第三方的效力,而未完善的担保权益只具有对抗债务人的效力,不具有对抗第三方的效力。这实际上是对担保权益效力的误解。担保权益发生附着后,即使尚未获得完善,亦使受担保方从无担保债权人转变为担保债权人,而作为担保债权人,相对于特定担保物来说,其权利永远优于所有的无担保债权人。所以,即使是未完善的担保权益,也可以对抗作为第三方的无担保债权人。

不仅如此,如果在同一担保物上存在两项或多项的担保权益,且所有的担保权益均已发生附着但均未获得完善,则持有先发生附着的担保权益的受担保方,其权利优于后手受担保方的权利。假设银行甲给经销商提供贷款后,对经销商的汽车取得担保权益,但担保权益未获得完善,随后银行乙也向经销商提供贷款,同样对该汽车取得担保权益,但也未获得完善,此时,在两家银行之间,银行甲对汽车享有优先权。关于这个原则,法典第9.322条(a)(3)款规定:“如果各项冲突的担保权益或农业留置权均未获得完善,首先附着或生效的担保权益或农业留置权享有优先权。”

实际上,未完善的担保权益如果完全不能对抗第三方,就基本上失去了存在意义。在债务人和受担保方之间,除程序上的区别外,受担保方根本不需要担保权益,因为受担保方的权利永远优于债务人的权利。所以,法典中未完善的担保权益,主要是与完善的担保权益相对而言的,不在于是否可以对抗第三方。简单而言,未完善的担保权益的效力,永远优于无担保债权和后手未完善的担保权益,但次于完善的担保权益。关于担保权益的完善以及完善后的效力,后文会详细讨论。

其他担保权益的产生

根据法典第 9.109 条(a)款的规定,法典第 9 篇范围内的担保交易共有 6 种类型。前文讨论的主要是第一种类型,即当事方通过协议设立的担保权益。这是法典第 9 篇范围内最主要的担保交易类型。在这种交易中,担保权益的产生要经过设立和附着两个程序。第二种类型中的农业留置权本质上是法定留置权,在法律规定的条件获得满足后自动发生,而不是通过当事方的协议而设立。对于农业留置权在何种情况下产生和生效,法典第 9 篇没有具体规定,因此需要根据有关法定留置权的其他相关法律予以确定。

在第三种类型的担保交易中,即某些收款权利的买卖,以及在第四种类型的担保交易中,即货物的寄售,当事方的本意可能只是单纯的买卖或寄售,但法典基于一定理由而将其推定视为担保交易。对于这两类担保交易,法典第 9 篇没有专门规定担保权益在何种条件下以何种方式产生。同时,由于当事方可能只是将其作为单纯的买卖和寄售,因此也不会订立担保协议。实际上,如果当事方确实订立了担保协议,该买卖或寄售就会直接转化为当事方通过协议达成的担保交易,而不再是被推定为担保交易的买卖或寄售交易。

那么,在第三种类型和第四种类型交易中,担保权益如何设立和附着?法典第 9 篇并没有作出规定。由于这两类交易中不存在当事方的担保协议,前文提到的设立和附着的概念显然不适用于这两类交易,因为设立担保权益需要有协议,且该协议是附着的必要条件之一。因此,对于这两类交易中的担保权益，大概只能使用“生效”这样的概念，而生效的条件和时间，大概只能根据法典之外的一般法律原则进行确定。例如，在第三类收款权利的买卖交易中，也许买卖合同的生效时间可以作为担保权益的生效时间，而在第四类货物的寄售交易中，也许寄售协议的订立时间可以作为担保权益的生效时间。

关于第五种类型和第六种类型的担保交易，即根据法典其他篇的规定而产生的担保权益，法典第9篇也没有就担保权益生效的时间和条件作出规定，因此只能根据法典的相关规定进行判断。例如，法典第2.401条允许卖方在发运货物后保留对货物的担保权益，此时，卖方的发运时间也许应该是担保权益的生效时间，因为这最符合担保权益存在的逻辑。

另外一种似乎并未包括在上述6种类型中的担保交易，是法典第9.206条规定的购买金融资产时产生的担保权益。该条规定：“(a)在下列情况下，以证券中间人为受益人的担保权益附着于一个人所持有的证券权利：(1)该人通过该证券中间人购买金融资产，且在该交易中，该人有义务于购买时向该证券中间人支付购价；并且(2)在买方向证券中间人作出付款前，证券中间人将金融资产贷记于买方的证券账户。(b)上述(a)款所述的担保权益，系用于担保该人支付金融资产购价的义务。(c)如果任何人交付票式证券，或交付由书面文件代表的其他金融资产，则在下列情况下，以该人为受益人的担保权益附着于该证券或金融资产：(1)该证券或金融资产：(A)系在正常业务过程中，在完成任何必要背书或转让程序后，通过交付而转让；并且(B)系根据从事此类证券或金融资产之业务的人之间的协议而交付；并且(C)该协议要求在交付时付款。(d)上述(c)款所述的担保权益，系用于担保为该交付作出付款的义务。”

上述规定的主要目的是保护金融资产交易中的经纪人的权益。在此类交易中，可能会出现经纪人代表客户购买了金融资产而客户尚未支付价款的情况。此时，根据上述规定，经纪人自动对所持的金融资产享有担保权益。在经纪人和客户之间，有可能存在有关此种担保权益的协议，因为经纪人的标准服务协议或相关行业的标准条款可能会对此作出规定。但是，如果缺乏此种协议，担保权益也可以根据法典的上述规定自动产生。

附带形成的附着

在满足了法典规定的附着的3个条件后，担保权益即附着于担保物。如果根据法典的规定，担保权益还可以延伸至担保物的“收益”(proceeds)，则收益中的担保权益也有可能自动发生附着，只要收益中的担保权益也能够满足法典规定的3个附着条件。这就是所谓的附带形成的附着。

关于收益中的担保权益的附着，法典第9.203条(f)款规定：“担保物中的担保权益发生附着后，受担保方即取得第9.315条所述的对收益的权利。”而法典第9.315条(a)(2)款规定：“担保权益附着于担保物的任何可分辨收益。”也就是说，如果担保权益附着于担保物，就自动附着于担保物的可分辨收益。假设担保物是汽车，那么当债务人将汽车出售后，不仅汽车中的担保权益原则上可以继续存在，而且出售汽车所得的可分辨收益，如未与其他款项混合的货款，也会因为担保权益的自动附着而自动成为担保物。

前文提到，根据法典对担保物的定义，担保物的变化形式或增生形式也是担保物。例如，如果大牛是担保物，那么大牛产下的小牛也自动成为担保物。而小牛之所以能够成为担保物，实际上就意味着担保权益已经附着于小牛，因为如果不附着，小牛也就不可能成为担保物。因此，上述所说的担保权益对收益的附着，与前文讨论的担保物的变化或增生是同一个概念。

同时，附带发生的附着，并不仅仅适用于担保物的收益，而是可以适用于很多其他情况。例如，上文提到的法典第9.203条(f)款还涉及所谓的“支持性债务”(supporting obligation)。该款规定，在担保权益附着于担保物后，“该附着亦构成担保物的支持性债务中担保权益的附着”。

关于支持性债务，法典第9.102条(a)(78)款规定：“‘支持性债务’指用于支持应收款、动产契据、凭证、一般无形财产、票据或投资财产之付款或履约的信用证权利或次级义务。”假设在货物买卖交易中，买方未立即支付货款，而是向卖方出立了一张本票，并且为了保证本票项下的付款，买方的银行出具了一份备用信用证，此时，买方本票项下的付款义务属于原始债务，而信用证项下的付款义务则属于支持性债务。

上述例子中的本票代表买方的债务，而信用证代表银行的债务，但两者都不属于担保债务。但是，假设本票随后被卖方出售给融资公司，那么本票的出售被法典第9篇推定为担保交易，因此，购买本票的融资公司成为受担保方，而本票本身成为担保物。此时，根据法典上述第9.203条(f)款的规定，在本票中的担保权益发生附着后，担保权益亦将自动附着于作为本票的支持性债务的信用证。

附带形成的附着，还适用于其他类似情况。例如，法典第9.203条(g)款规定："动产或不动产中的担保权益或其他留置权，如果用于担保获得付款或履约的权利，则在该权利中的担保权益发生附着后，即同时构成该动产或不动产中的担保权益、不动产抵押权或其他留置权中担保权益的附着。"

举例而言，假设银行给经销商提供贷款，而经销商出立了代表还款义务的本票，并且为了保证本票项下的付款，经销商将房屋抵押给银行，作为本票的担保物，此时，尽管该房屋抵押并不属于法典第9篇范围内的交易，但根据上述规定，只要银行对本票取得的担保权益发生附着，对房屋取得的抵押权也自动发生附着。当然，此种涉及不动产的规定实际上超出了法典的范围，因为法典将自己的规定延伸至不动产法领域。为此，法典的起草说明中包含了一项建议，即州立法机构应相应修改不动产法，使法典的上述规定得到不动产法的承认。法典的目的是为当事方提供更大的便利和更好的保护。

关于附带形成的附着，法典第9.203条(h)款和(i)款也有类似规定。法典第9.203条(h)款规定："证券账户中的担保权益发生附着后，即同时构成该证券账户内证券权利中的担保权益的附着。”证券账户是经纪人代表客户保存股票和债券等证券的账户，而“证券权利”（security entitlement）是指客户对账户内保存的股票和债券等证券的权利。在法典第 8 篇中，对证券账户的权利，与对账户内资产的证券权利，是两项有联系但又有所不同的权利。上述第（h）款意在说明，如果证券账户中的担保权益发生附着，证券权利中的担保权益亦同时自动发生附着。该条第（i）款也作出类似规定：“商品账户中的担保权益发生附着后，即同时构成商品账户内商品合同中的担保权益的附着。”商品合同是商品账户内的资产，相当于证券账户内的股票和债券。

后得财产；未来贷款

在讨论担保权益的附着时，会涉及两个相关概念，即“后得财产”（after-acquired property）和“未来贷款”（future advances）。关于这两个概念，法典第 9.204 条规定：“（a）除（b）款另有规定外，担保协议可以在今后取得的财产中设立担保权益，或对设立此种担保权益作出规定。（b）有关今后取得的财产的条款，不能使担保权益附着于：（1）消费品（作为附加担保而提供的添附物除外），除非在受担保方支付价值后十日内，债务人取得对消费品的权利；或（2）商业侵权索赔。（c）担保协议可以规定担保物系担保未来贷款或其他价值，或规定应收款、动产契据、无形支付或本票的出售系用于未来贷款或其他价值，无论贷款或其他价值是否系根据承诺提供。”

所谓后得财产，是指在订立担保协议时债务人尚未对其取得权利的财产。前文提到，担保权益的附着需要 3 个条件，即当事方订立担保协议、受担保方支付价值以及债务人对担保物取得权利。这 3 个条件可以按任何顺序发生。在很多情况下，在订立担保协议时，债务人尚未取得担保物。例如，假设担保协议规定，债务人以目前已有的一辆汽车作为担保物，并将今后将会取得或有可能取得的其他汽车也作为担保物，此时，今后取得的汽车即属于后得财产。

关于后得财产,担保协议的具体规定可能不完全相同。例如,协议可以规定,债务人有义务取得该其他汽车,但也可以规定,债务人没有义务取得该其他汽车,但只要债务人实际取得,该其他汽车即成为担保物。由于很多担保协议都涉及后得财产,因此这是法典第9篇中的一个重要概念。实际上,有些担保交易本身就意味着必然涉及后得财产的概念。例如,当债务人以库存作为担保物时,由于库存本身是一个流动的概念,因此,库存必然包含后得财产。

担保权益对后得财产的附着,与对其他担保物的附着是一样的,都需要3个条件全部获得满足。如果在当事方订立后得财产的担保协议之前或之后,受担保方已经支付了价值,则一旦债务人取得后得财产,担保权益将立即附着于该后得财产。

涉及消费品和商业侵权索赔时,法典的上述规定对后得财产作出一定限制。对于消费品,法典不希望消费者过早地将未来可能取得的消费品全部抵押出去,因为这可能会透支消费者的消费能力,对其形成过重负担。所以,只有在受担保方提供贷款和债务人取得货物基本上同时发生时,担保协议中的后得财产条款才具有效力。对于商业侵权索赔,法典不希望鼓励赌博式抵押,也不希望鼓励过度的侵权诉讼。未来是否发生侵权,本身具有很大的不确定性。因此,将这种未来可能发生的索赔作为抵押,基本上属于一种赌博。

未来贷款涉及担保权益发生附着的另一个条件,即受担保方支付价值。由于附着的3个条件可以按任何顺序发生,因此,受担保方和债务人可以约定,即使受担保方目前并未给债务人提供任何贷款,但债务人同意将自己的现有财产抵押给受担保方,用于受担保方未来可能向债务人提供的贷款。

如同后得财产一样,受担保方不一定有义务提供未来贷款,但只要提供,且另外两个条件已经获得满足,则担保权益在发放贷款时将立即发生附着。关于上述规定中的“根据承诺”(pursuant to commitment),法典第

9.102 条(a)(69)款规定:“涉及受担保方提供的贷款或其他价值时,‘根据承诺’指根据受担保方承担的义务,无论随后发生的违约事件或其他超出受担保方控制的事件是否解除了或有可能解除受担保方的义务。”也就是说,无论受担保方提供未来贷款的义务是否受制于一定条件,有关未来贷款的担保协议均属有效。

法典为什么不要求当事方在债务人已经取得财产后或在受担保方已确定向债务人提供贷款时再订立担保协议,而是允许当事方在债务人尚未取得担保物或受担保方尚未确定提供贷款的情况下订立关于此种后得财产或未来贷款的协议?无疑,这仍然是基于实际的商业需求,目的是为担保交易提供更大的方便,为当事方提供更好的保护。

举例而言,假设银行与经销商有长期的合作关系,因此银行会经常向经销商提供贷款,并经常要求经销商就贷款提供担保物,在这种情况下,如果银行每次放贷都需要与经销商订立一份担保协议,或如果担保物每次增加或减少都需要订立一份担保协议,就会给银行和经销商造成较大的负担。反之,如果允许包含后得财产和未来贷款条款的担保协议,银行和经销商就可以订立一份长期的担保协议,规定其适用于协议有效期内的任何贷款,并规定债务人在其有效期内取得的任何特定种类财产(如应收款)都作为担保物。显然,这给当事方之间的担保交易提供了极大的便利,也降低了个别情况下手续上的疏忽给当事方造成的不利影响。

后得财产和未来贷款的概念,还和后文将要讨论的担保权益的完善问题有关。前文提到,完善的担保权益可以给当事方提供最大限度的保护。完善的方式将在后文讨论,这里只是说明,先获得完善的担保权益,通常优于后获得完善的担保权益,而所谓的先后,在很多情况下取决于担保协议在公示机构的登记时间。因此,为了获得尽可能早的登记时间,当事方可以提前订立担保协议并提前进行登记。如此一来,即使此时债务人尚未取得担保物或受担保方尚未提供贷款,但在确定担保权益的优先权时,登记日期可以起到重大帮助。所以,法典允许后得财产和未来贷款的规定,可以使当事方更早地确立自己的权益的优先地位,使担保交易获得更好的保护。

第五节　担保权益的完善:登记融资声明

前文提到,担保权益分为两种,即未完善的担保权益(unperfected security interest)和完善的担保权益(perfected security interest)。未完善的担保权益对受担保方提供一定程度的保护,因为该担保权益不仅可以对抗债务人,还可以对抗债务人的无担保债权人,以及对抗后手未完善的担保权益的受担保方。但是,在任何情况下,未完善的担保权益都不能对抗完善的担保权益,即使未完善的担保权益发生附着的时间更早。所以,从受担保方的角度,为了获得法典最大限度的保护,自然应该持有完善的担保权益。

担保权益的完善方式

关于完善担保权益的效力,法典第9.322条(a)(2)款规定:"完善的担保权益或农业留置权,优于冲突的不完善担保权益或农业留置权。"根据这项规定,完善的担保权益,永远优于不完善的担保权益。所谓不完善的担保权益,就是前文提到的已经发生附着但尚未根据法典第9篇的规定获得完善的担保权益。那么,如何使已经发生附着的担保权益获得完善?

关于担保权益的完善,根据担保物的种类和担保交易的类型,法典第9篇规定了5种完善方式:(1)登记融资声明;(2)占有担保物;(3)控制担保物;(4)自动完善;(5)遵守其他相关法律的规定。前4种方式是法典提供的方式,而最后一种方式是其他法律提供的方式,但法典承认其效力。在少数情况下,担保权益只能通过一种方式获得完善,当事方没有选择。在绝大多数情况下,法典提供两种不同的方式,都可以使担保权益获得完善,当事方可以任选其一。但是,两种方式提供的保护程度有时不完全相等。

因此,从保护程度上来看,一种方式可能会优于另一种方式。本节讨论第一种完善方法,即登记融资声明。其他方式在后面两节加以介绍。

综合平衡后的公平

有一种观点认为,对担保权益进行完善,本质上是对担保权益进行公示,使债务人和受担保方以外的第三方能够了解债务人和受担保方之间对担保物的安排,因而在与他们之中任何一方进行交易时,能够考虑到此种安排的影响。但是,这种观点是对法典第9篇完善概念的误解,因为从后文将要讨论的完善方式中可以看出,有些方式并不能起到担保交易的公示作用,即第三方实际上无法得知债务人与受担保方之间的安排。在另外一些情况下,先公示的也未必享有优先权。

更准确地说,完善这个概念的主要目的是公平地处理冲突权益之间关系,即在两人或多人争夺同一担保物时,法典试图以最公平的方式排列他们之间的优先顺序,而公平与否,不完全取决于担保交易是否被公示,也取决于其他一些因素。也就是说,公平是综合平衡多种因素的结果,不取决于任何单一因素。

冲突权益的效力

在很多情况下,同一财产上可能会存在多项冲突的权益,并且该财产无法满足所有的权利主张。正因如此,任何权益方都希望获得尽可能优先的权利。法典第9篇为争夺同一财产的权益人制定了如下基本原则:(1)无担保债权永远次于担保权益;(2)如果存在两项或多项担保权益,但均未获得完善,则后发生附着的担保权益永远次于先发生附着的担保权益;(3)如果存在两项或多项担保权益,但有些获得完善而有些未获得完善,则未获得完善的担保权益永远次于已获得完善的担保权益;(4)如果存在两项或多项担保权益,且所有的担保权益均已获得完善,则需要根据法典第9篇的优先权规则,来确定这些冲突担保权益之间的优先顺序。

关于前3项原则,前文已经讨论过了,后文将要讨论的,是上述第4项原则,即在所有的冲突担保权益均已获得完善的情况下,如何确定这些担保权益之间的优先顺序。这是法典第9篇的重点,因为一项担保权益的真正价值,就在于享有优于冲突担保权益的效力。不享有优先权的担保权益,在很多情况下,几乎相当于没有担保权益。

但是,如后文将会述及的,完善的担保权益之间的优先顺序,一方面是最重要的问题,另一方面又是非常复杂的问题。导致这种复杂的主要因素,就是前文提到的综合平衡。也就是说,法典不是按照单一标准来排列优先顺序的。如果是单一标准,这个问题就没有那么复杂了。就像上述法典的前3项原则,当一项权益永远优于另一项权益时,判断标准就非常简单。

后文将要讨论的就是,假设所有的受担保方都愿意根据法典的规定使自己的担保权益获得完善,那么他们应该如何使担保权益获得完善,并且,假设两个或多个受担保方的担保权益都获得了完善,他们之间如何确定优先顺序。法典有关优先顺序的规则并非基于单一考虑,而是综合考虑到不同的交易类型、不同的担保物种类以及当事方所处的不同状况,并经过仔细平衡后,分门别类地制定不同规则。

关于两项或多项完善担保权益之间的优先顺序问题,本章第八节会详细讨论。下面要讨论的,是如何使用法典规定的登记方式使担保权益获得完善。本章随后两节将要讨论的,是如何通过法典规定的其他4种方式使担保权益获得完善。只有在担保权益获得完善后,讨论优先顺序问题才有意义,因为如前所说,未完善的担保权益永远不能对抗完善的担保权益,因此,有关担保物的真正争议,几乎永远是发生在两项或多项完善的担保权益之间。

登记的概念

根据法典的规定,在政府规定的登记处对担保权益进行"登记"

(filing),是使担保权益获得完善的方式之一。在绝大多数情况下,登记方式不是担保权益获得完善的唯一方式,但是登记方式在很多情况下是最适当的方式,因此得到最广泛的使用,也是担保权益获得完善的最主要方式。

除在一定情况下担保权益可以自动获得完善外,当受担保方不可能或不方便占有或控制担保物时,登记是唯一可行的方式。对于绝大多数担保交易,登记文件的有效期长达5年,并可每5年一次地无限延长,因此,在受担保方和债务人有长期合作关系时,登记方式只需很简单的手续,就可以在长时期内保持担保权益的完善。同时,登记还可以方便地涵盖债务人目前并不拥有但未来可能获得的财产。

所谓登记,是指由当事方在政府指定的登记处,就相关的担保权益登记适当的文件。用于登记的文件主要是"融资声明"(financing statement),但也包括相关的"修订文件"(amendment)等。登记的主要作用是将担保权益进行公示,因此,所有的登记文件都是公开的,可供公众自由查询。关于登记所适用的担保物,可以分为3种情况:(1)可以登记,但不是必须登记,而是也可以通过其他方式获得完善,或同时采用登记与另一种完善方式;(2)必须登记,因为没有其他完善方式;(3)不允许登记,因此只能采用其他完善方式。

有关登记的基本原则,法典第9.310条(a)款规定:"除(b)款和第9.312条(b)款另有规定外,所有的担保权益和农业留置权,均必须通过登记融资声明获得完善。"根据这项规定,看上去几乎所有的担保权益都必须通过登记获得完善,但实际上,上述规定中提到的两项排除条款,即该条的第(b)款和第9.312条(b)款,将绝大多数种类的担保物都排除在外。因此,"必须"进行登记的担保权益,实际上所剩无几。从后文的讨论将会看到,除去登记这种方式,在绝大多数情况下,受担保方都可以通过占有或控制担保物而使担保权益获得完善。

登记方式适用的担保物种类

那么,登记方式到底适用于哪些担保物?这主要取决于上文提到的两项排除条款是如何规定的。第一项排除条款是法典第9.312条(b)款。该款规定:"除第9.315条(c)款和(d)款对收益另有规定外,(1)存款账户中的担保权益,只能通过取得第9.314条所述的控制获得完善;(2)并且,除第9.308条(d)款另有规定外,信用证权利中的担保权益,只能通过取得第9.314条所述的控制获得完善;以及(3)金钱中的担保权益,只能通过受担保方取得第9.313条所述的占有获得完善。"

根据上述规定,除法典对"收益"另有特殊规定外,"存款账户"(deposit account)、"信用证权利"(letter-of-credit right)和"金钱"(money)中的担保权益,不能通过登记获得完善。存款账户和信用证权利只能通过取得"控制"(control)获得完善,而金钱只能通过取得"占有"(possession)获得完善。这属于前文提到的第三种情况,即不允许登记的担保物。有关占有和控制的完善方式,将在下一节详细讨论。

上文提到的有关收益的法典第9.315条(c)款规定:"只要原始担保物中的担保权益原为完善,收益中的担保权益即为完善。"该条第(d)款的规定比较复杂,但简单而言,除法典另有规定外,收益中的担保权益只能维持20天的完善期。总体而言,收益中担保权益的完善问题,需要另行讨论,因为虽然收益属于担保物的一种,但其具体形态并不固定。例如,大牛产下的小牛是货物,但大牛售出后取得的付款支票是票据,因此,虽然货物和票据都是收益,但其中担保权益的完善可能需要采用不同方式。

另一项排除条款是法典的第9.310条(b)款。该款规定:"下列担保权益的完善,无须登记融资声明:(1)根据第9.308条(d)款、(e)款、(f)款或(g)款获得完善的担保权益;(2)根据第9.309条在发生附着时即获得完善的担保权益;(3)受第9.311条(a)款所述法律或条约约束之财产中的担保权益;(4)涉及货物保管人占有的货物时,货物中根据第9.312条(d)(1)款或(2)款获得完善的担保权益;(5)涉及票式证券、凭证、货物或票据中的担保权益时,根据第9.312条(e)款、(f)款或(g)款,不经登记、控制或占有而获得完善的担保权益;(6)第9.313条所述的受担保方所占有之担保物中的担保权益；(7)涉及票式证券中的担保权益时，根据第9.313条通过向受担保方交付证券证书而获得完善的担保权益；(8)涉及存款账户、电子动产契据、电子凭证、投资财产或信用证权利中的担保权益时，根据第9.314条通过取得控制而获得完善的担保权益；(9)收益中根据第9.315条获得完善的担保权益；(10)根据第9.316条获得完善的担保权益；或(11)第9.343条所述的石油或天然气生产中或其收益中的担保权益。”

上述规定中的排除项目很多，看上去眼花缭乱，此处暂不逐一讨论，因为后文在涉及其他完善方式时会详细讨论。这里需要说明的是，上述规定的措辞是无须登记，但不等于不能登记。这属于前文提到的第一种情况，即可以登记，但不是必须登记。实际上，除法典第9.312条(b)款提到的不允许登记的3类担保物外，即存款账户、信用证权利和金钱，所有其他种类的担保物都属于第一种情况，即可以登记，但不是必须登记。

上述法典第9.312条(b)款和第9.310条(b)款将很多担保物都排除了。如上所说，根据这两项排除条款，只有3类担保物不允许登记，而其余所有种类的担保物都可以登记，但不是必须登记。那么哪些种类的担保物属于前文提到的第二种情况，即必须登记而没有其他完善方式呢？

根据法典第9.310条(a)款，凡是没被该条第(b)款和法典第9.312条(b)款排除的担保物，都必须登记。这两项排除条款十分复杂，很难简单看出在排除之后，到底还剩哪些担保物。经过分析和梳理，最后的结论应该是，必须登记而没有其他完善方式的担保物实际上只有3种，即“应收款”、“一般无形财产”和“农业留置权”。前两种担保物都是无形财产，无法占有，也基本上无法控制，所以登记是最适当的方式。

尽管绝大多数担保物都不是必须登记，而是可以采用其他完善方式，但是，法典还是尽量鼓励登记，因为登记不仅具有较好的公示作用，而且给债务人和受担保方提供了很大方便，使债务人可以不放弃担保物的占有或控制而继续使用担保物，而受担保方则不必纠结于担保物的保管等问题。

首先登记或完善的原则

法典鼓励登记的主要措施是,在确定冲突的完善担保权益之间的优先顺序时,采用"首先登记或完善"(first to file or perfect)的原则。根据这项原则,如果受担保方甲首先对担保权益作出登记,而受担保方乙随后通过其他方式使担保权益获得完善,那么即使在乙的担保权益获得完善时甲的担保权益尚未获得完善,甲仍然享有优先权,因为甲的登记时间早于乙的完善时间。

上述原则的效果是,如果甲首先作出登记,甲的担保权益就在一定意义上被视为首先获得完善,尽管其实际上不是首先获得完善的。关于这项原则,法典第 9.322 条(a)(1)款规定:"在各项冲突的完善担保权益或农业留置权之间,优先顺序的先后,取决于作出登记或获得完善的时间先后。优先权的产生时间,为下列先发生者:首次作出覆盖担保物之登记的时间,或担保权益或农业留置权首次获得完善的时间,只要在该登记或完善之后不存在登记或完善的中断。"

举例而言,假设债务人 1 月 1 日约定将汽车提供给甲作为担保物,但债务人仍然占有和使用汽车,而甲于 2 月 1 日就该汽车作出登记,但当时尚未向债务人发放贷款,因此,在作出登记的 2 月 1 日,甲对汽车的担保权益尚未发生附着,因此不可能获得完善。实际上,在 2 月 1 日,由于甲的担保权益尚未发生附着,因此严格而言,甲的担保权益尚不存在。但是,法典允许甲在此种情况下,先行对尚不存在但将要取得或可能取得的担保权益进行登记。

再假设乙于 3 月 1 日与债务人订立担保协议,同日给债务人发放贷款并取得对汽车的占有。由于在 3 月 1 日乙的担保权益满足了附着和完善的全部条件,因此乙对汽车的担保权益在 3 月 1 日获得完善。甲于 4 月 1 日向债务人发放贷款。由于在 4 月 1 日甲的担保权益才完全满足了附着和完善的条件,因此甲对汽车的担保权益在 4 月 1 日获得完善。再假设债务人在5月1日破产，而甲和乙都主张对汽车的担保权益。

在上述情况下，根据法典“首先登记或完善”的原则，甲享有优先权，因为甲的登记早于乙的完善。但是，这里有一个需要特别注意的问题，即在争议发生时，争议方的担保权益都必须是已经获得完善的。如果在争议发生时，先作出登记的一方的担保权益尚未获得完善，那么即使其是首先作出登记的，也不能享有优先权，因此其此时持有的是未完善的担保权益，而未完善的担保权益永远不能对抗完善的担保权益。因此，在上述例子中，假设债务人于3月15日破产，那么乙将享有优先权，因为在3月15日这天，甲的担保权益尚未获得完善，尽管甲的登记时间早于乙的完善时间。有关担保权益优先顺序的问题，后文还会详细讨论。这里只是为了说明，法典通过“首先登记或完善”的原则，鼓励当事方采用登记方式。

有权申请登记的人

如果要在政府登记处对担保权益进行登记，首先要有人提出登记申请。那么谁有权提出登记申请？自然，受担保方应该最有权作出登记，也最希望作出登记，因为这涉及受担保方的根本利益。但是，登记也涉及债务人的利益，因为债务人不希望无端被登记为债务人，也不希望登记内容出现错误。所以，申请问题既涉及受担保方，也涉及债务人。

从法典的角度，除农业留置权外，对担保权益的登记人没有限制，因此任何人都可以申请进行登记。但是，由于登记对债务人必然产生影响，因此，如果任何其他人提出登记申请，包括受担保方，都必须得到债务人的授权。所以，登记的最终控制权掌握在债务人手中。法典第9.509条(a)款规定：“只有在下列情况下，一个人才可以登记原始融资声明；或才可以登记修订文件，用于增加融资声明覆盖的担保物，或用于给融资声明添加债务人：(1)债务人在业经认证的记录中，或根据(b)款或(c)款，对该登记给予授权；或(2)登记人在作出登记时持有已经生效的农业留置权，且融资声明仅覆盖其持有农业留置权的担保物。”

根据上述规定，涉及农业留置权时，只有农业留置权的持有人可以申请登记，但无须债务人的授权。农业留置权是法定留置权，在法律规定的条件获得满足后生效，而无须债务人的同意。因此，农业留置权的登记，也没有必要取得债务人的同意。

上述规定中提到的融资声明和修订文件，是登记担保权益的主要文件。融资声明是初始登记文件，修订文件是随后对融资声明作出的修改。修订文件可以对融资声明的任何内容作出修改，但只有在增加担保物或添加债务人时，才需要得到债务人的授权，其他修改不需要债务人的授权。有关融资声明和修订文件的具体规定，后文会加以介绍。

登记的明示授权和默示授权

债务人对登记的授权，分为明示授权和默示授权两种。债务人明确给予的授权，属于明示授权。关于默示授权，法典第 9.509 条(b)款规定："债务人或新债务人在对担保协议作出认证后，或在成为受担保协议约束的债务人后，即相当于对覆盖下列担保物的原始融资声明和修订文件给予登记授权：(1)担保协议所述的担保物；以及(2)根据第 9.315 条(a)(2)款随后成为担保物的财产，无论担保协议是否明确覆盖收益。"

根据上述规定，担保协议本身就代表了债务人对登记的授权，因此不再另行需要债务人的单独授权。上述第(b)(2)款意在说明，一旦债务人给予登记授权，该授权不仅包括担保协议所覆盖的担保物，还自动包括法典第 9.315 条(a)(2)款所述的担保物的可分辨收益。

如果担保物被处置，且其中的担保权益根据法典第 9.315 条(a)(1)款的规定继续存在于担保物中，则对于收到担保物的人来说，其取得担保物的行为本身，即被法典认为是对登记的授权。法典第 9.509 条(c)款规定："如果债务人取得担保物，且根据第 9.315 条(a)(1)款，其中的担保权益或农业留置权继续存在，则债务人即被视为对登记原始融资声明和修订文件给予授权，覆盖该担保物及根据第 9.315 条(a)(2)款随后成为担保物的财产。”

例如，甲是持有担保物的债务人，且已经登记的融资声明将甲列为债务人，在甲随后将担保物转让给乙之后，只要原始担保权益继续存在于担保物中，原始受担保方即可对原融资声明进行修改，将其中的债务人改为乙，而无须取得乙的授权，因为乙收取担保物的行为，被视为对登记已经给予默示授权。

在登记修订文件时，如果是为了增加担保物或添加债务人，登记人需要得到债务人的授权。如果修订文件涉及其他事项，则要求稍有不同。法典第9.509条(d)款规定：“除增加融资声明覆盖的担保物，或添加融资声明所注明的债务人的修订文件外，只有在下列情况下，一个人才可以登记融资声明的修订文件：(1)注册受担保方对该登记给予授权；或(2)注册受担保方未能根据第9.513条(a)款或(c)款的要求，登记或发送融资声明的终止声明，而该修订文件是该融资声明的终止声明，且债务人对该登记给予授权，且该终止声明注明，债务人对该登记已给予授权。”

根据法典第9.509条(d)(1)款，涉及其他事项的修订文件，无须取得债务人的授权，因为此种修订文件一般不会对债务人产生不利影响。但是，此种修订文件通常仍然需要取得注册受担保方的授权，因为该文件有可能对受担保方有不利影响。前文提到，注册受担保方是登记文件中注明为受担保方的人。该人可以是真正的受担保方，也可以只是受担保方的代理人。但是，由于该人在登记文件中被注明为受担保方，所以从登记的角度，该人是唯一持有受担保方权利和义务的人。根据上述第(d)(2)款，在登记本应终止时(如贷款已经还清)，如果注册受担保方未能登记终止文件，则即使注册受担保方未给予授权，债务人亦有权对登记作出授权。

登记地点

对担保权益和农业留置权进行登记的地点，必须简单明了，以方便公众记忆和查询。根据法典第9篇的规定，一个州的登记地点只有两个，一个适用于与不动产有关的担保权益和农业留置权，另一个适用于所有其他担保权益。

关于登记地点，法典第9.501条(a)款规定："除(b)款另有规定外，如果担保权益或农业留置权的完善受本州法律管辖，则用于完善担保权益或农业留置权的融资声明登记处：(1)为登记相关不动产抵押记录的办公处，只要：(A)担保物系开采状担保物，或系待砍伐树木；或(B)融资声明系作为不动产附着物登记进行登记，且作为担保物的货物，系不动产附着物，或即将成为不动产附着物；或(2)在所有其他情况下，为州务卿办公处；如果作为担保物的货物，系不动产附着物，或即将成为不动产附着物，但融资声明不作为不动产附着物登记进行登记，则登记处亦为州务卿办公处。"

根据上述规定，除担保物是与不动产有关的财产外，如开采状担保物或待砍伐树木，对于任何其他动产，包括货物以及任何有形、无形或半无形的其他动产，登记地点都是位于相关州首府的"州务卿办公处"。对于与不动产有关的担保物，登记地点为位于相关州首府的"不动产抵押登记处"。尽管有两个登记处，但都在同一个城市，并且简单明了。

所谓开采状担保物，是指刚从地下开采出来的矿物，包括石油和天然气。并且，这些矿物必须是在刚开采出来时就带有担保权益，而不是后来才设立的。例如，债务人拥有一块土地，且为从银行取得融资而将该土地未来产出的矿物抵押给银行。在这种情况下，开采出来的矿物即属于开采状担保物，因为土地之前就存在抵押，而矿物在开采出来时就存在担保权益，中间没有时间上的空隙，且受担保方都是同一个人。

开采状担保物已经脱离土地，不再属于不动产，而是属于货物，但其性质又与特定土地具有密切联系。法典认为，这种担保物的最佳登记地点是不动产抵押登记处，因为对于当事方，这是最自然的查询地点。开采状担保物的定义还包括出售矿物后的应收款，也需要在不动产抵押登记处登记。

关于待砍伐树木，前文在讨论有关货物买卖的法典第2篇时曾谈到，生长在土地上的树木通常属于不动产的一部分，但如果只是为了出售树木，则根据法典第2.107条（b）款，此种买卖合同被视为货物买卖合同，即虽然树木尚未被砍伐，但仍可被视为货物。因此，在法典第9篇中，待砍伐树木也是货物，可以作为货物进行登记，但因为与土地关系密切，因此登记地点也在不动产抵押登记处。

在不动产抵押登记处进行登记的另一种担保物是不动产附着物。前文提到，不动产附着物原本是货物，但被固定到不动产上之后，成为一种介乎动产和不动产之间的财产，并同时受到动产法和不动产法的管辖。根据上述法典第9.501条的规定，不动产附着物的登记有两种：一种是不动产附着物的登记，另一种是作为不动产附着物登记而进行的登记。

两种登记看上去有点像文字游戏，但实际上确属两种不同的登记，且需要在不同地点登记。那么两种登记到底有何区别？假设电梯厂生产的电梯即将出厂，并即将被安装到新建的大楼里，此时，由于电梯还未被固定到大楼里，因而属于"即将成为不动产附着物"的货物。如果电梯厂从银行取得贷款，并以电梯作为担保物，则担保权益的登记有两种方式。

一种方式是明确将电梯作为不动产附着物进行登记，即法典第9.501条（a）（1）（B）款所说的："融资声明系作为不动产附着物登记进行登记，且作为担保物的货物，系不动产附着物，或即将成为不动产附着物。"此时，登记地点为不动产抵押登记处。这种登记，就是所谓的"作为不动产附着物登记进行登记"（filed as a fixture filing）。这种登记的目的是希望在电梯成为不动产的一部分之后，明确得到不动产法的保护，因此，这种登记本质上属于不动产登记。从实际的角度来看，在不动产抵押处进行登记可以更有效地向不动产权益人作出公示。

另一种方式是将电梯作为货物进行登记。这就是法典第9.501条（a）（2）款规定的登记方式，即"如果作为担保物的货物，系不动产附着物，或即将成为不动产附着物，但融资声明不作为不动产附着物登记进行登记，则登记处亦为州务卿办公处"。这种登记仅把电梯作为一般的货物进行登记,主要目的是取得对货物的保护,而不追求获得不动产法的明确保护。虽然可以将货物描述为不动产附着物,但这种登记本质上属于动产登记。

从上述讨论可以看出,虽然都是对电梯中的担保权益进行登记,但当事方需要对登记的性质作出选择。如果作为不动产附着物进行登记,该登记即具有不动产抵押登记的效力,可以更有效地对抗不动产其他抵押权人。如果只作为动产进行登记,也具有一定的对抗不动产抵押权人的效力,但效力较弱。这个问题后文会进一步讨论。如果当事方希望获得最大限度的保护,当然也可以同时在两个地点作出两种不同的登记。

此外,法典第9.501条(b)款规定:"涉及公用事业传输企业的担保物(包括不动产附着物)时,用于完善其中担保权益的融资声明登记处,为州务卿办公处。如果融资声明注明,其中任何担保物系不动产附着物,或即将成为不动产附着物,则该融资声明亦同时构成不动产附着物登记。"根据这项规定,对于公用事业传输企业,无论涉及任何担保物,包括不动产附着物,都需要到州务卿办公处登记。

关于"公用事业传输企业"(transmitting utility),法典第9.102条(a)(81)款规定:"'公用事业传输企业'指主要从事下列业务的人:(A)经营铁路、地下铁、地面轨道车辆或有轨电车;(B)以电子、电磁或光输方式进行通讯传输;(C)通过管道或污水管传送货物;或(D)传输(或生产并传输)电力、蒸气、天然气或水。"

欺诈性登记

申请登记担保权益的人,有义务保证登记内容的准确性。法典第9.518(增)条(a)款规定:"一个人不得故意或默许提交一份融资声明进行登记,或致使一份融资声明被提交登记,只要该人知道,该融资声明:(1)系属伪造;(2)包含重大不实陈述;或(3)缺乏根据。"如果登记的融资声明实际上存在错误,任何人都有权通过登记"纠错声明"(correction statement)予以纠正。法典第9.518条(a)款规定:"如果任何人相信,在登记处编目于其名字之下的任何记录不准确,或属于错误登记的记录,该人可以在登记处登记纠错声明。”

同时,故意登记错误融资声明的人,需要承担法典第9.518(增)条(b)款、(c)款和(d)款规定的赔偿责任和其他责任。该条第(b)款规定:“违反(a)款的人,应向融资声明所覆盖之财产的所有权人就下列作出赔偿:(1)五千美元或所有权人的实际损失,以高者为准;(2)法院费用;以及(3)合理的律师费。”该条第(c)款规定:“违反(a)款的人,还可能因触犯《刑法典》被刑事起诉。”而该条第(d)款规定:“涉及(a)款所述的欺诈性融资声明时,其所覆盖之财产的所有权人,还可以在有管辖权的法院起诉,寻求实际履行,包括但不限于删除欺诈性融资声明。”

注册受担保方的变更

对于担保权益的登记系统来说,注册受担保方是唯一有权行使受担保方权利的一方。注册受担保方可以是真正的受担保方,也可以是受担保方的代理人。在一定情况下,注册受担保方可能会希望将此种身份转让给另一人。例如,如果实际的受担保方希望更换作为其代理人的注册受担保方,就需要在融资声明的登记系统中变更注册受担保方。

关于此种变更,法典第9.514条(b)款规定:“注册受担保方可将授权修改融资声明的全部或部分权力进行注册转让,但应在登记处登记包含下列内容的融资声明的修订文件:(1)通过引用原始融资声明的档案号,说明修订文件所涉及的融资声明;(2)提供转让人的名字;以及(3)提供受让人的名字和邮寄地址。在上述注明之前,转让对登记系统不发生效力。”法典第9.514条(a)款规定:“如果受担保方已将授权修改融资声明的全部权力转让给受让人,则原始融资声明可以注明此种转让,并提供受让人的名字和邮寄地址,将其作为受担保方的名字和邮寄地址。”

除注册受担保方外,受担保方本身也有可能发生变化,但如果受担保方的变化不引起注册受担保方的变化,则从登记系统的角度,无须更新记录。例如，假设受担保方指定一家律师事务所作为注册受担保方，并随后将自己的担保权益转让给一家银行，但该银行同样以该律师事务所作为注册受担保方，此时就没有必要在登记系统中作出更新，因为注册受担保方没有发生变化。

融资声明的一般要求

融资声明是对担保权益进行初始登记时所需的文件。融资声明的内容可以非常简单，只需要说明债务人、受担保方及担保物，而不需要提供担保交易的细节，因为融资声明的目的，不是让公众了解交易的细节，而只是对担保交易的存在作出公示。法典第9.502条(a)款规定："融资声明只有达到下列要求，方为充分：(1)提供了债务人的名字；(2)提供了受担保方或其代表人的名字；并且(3)注明了融资声明覆盖的担保物。"

关于融资声明的登记时间，法典第9.502条(d)款规定："融资声明的登记，可以在订立担保协议之前，也可以在担保权益以其他方式发生附着之前。"也就是说，即使担保协议和担保权益尚不存在，只要债务人和受担保方愿意，他们在任何时间都可以登记融资声明，以便使受担保方取得尽可能早的优先权日期。当然，由于融资声明需要描述担保物，因此债务人和受担保方需要事先对此有所考虑。

融资声明中债务人的名字

为了方便公众查询，融资声明必须具备检索功能，而检索主要以债务人的名字作为搜索的关键词。因此，对于融资声明，完整和正确地填写债务人的名字，是非常重要的。关于债务人的名字，法典第9.503条(a)款规定："融资声明只有按下列方式注明债务人的名字，方为充分：(1)当债务人系注册成立的组织时，融资声明必须提供债务人在注册州公共记录(用于显示债务人已注册成立的公共记录)中注明的名字；(2)当债务人系个人的遗产时，融资声明必须提供逝者的名字，并注明债务人为遗产；(3)当债务人系信托时,或系代表信托持有财产的信托人时,融资声明:(A)必须提供信托成立文件中给信托确定的名字;或如果未确定名字,则提供信托管理员的名字,同时提供足以把债务人同其他由同一个或多个管理员管理的信托区分开的其他信息;并且(B)必须以债务人的名字或以其他方式作出说明,即债务人系信托,或系代表信托持有财产的信托人;以及(4)在其他情况下,(A)如果债务人有名字,融资声明必须提供该债务人个人或组织的名字;以及(B)如果债务人没有名字,融资声明必须提供债务人之合伙人、成员、会员或其他组成人员的名字。"

上述规定看上去比较复杂,主要是因为,债务人并不是只有个人,而是还包括符合法典定义的任何其他"人"。关于"人"的定义,法典第1.201条(b)(27)款规定:"'人'指个人、公司、商业信托、遗产、信托、合伙、有限责任公司、协会、合资企业、政府、政府部门、政府代理机构、政府控制机构、上市公司或其他任何法律或商业实体。"根据这个定义,逝者留下的遗产,也属于"人",因为在美国法律中,遗产虽然只是一笔财产,但其本身可以作为独立主体而承担债权和债务。在这个意义上,遗产也被赋予人格。

关于债务人的名字,法典第9.503条(c)款还规定:"如果融资声明仅提供债务人的商号,不属于对债务人名字的充分说明。"但是,该条第(b)款规定:"根据(a)款提供了债务人名字的融资声明,不因缺少以下而失效:(1)债务人的商号或其他名字;或(2)债务人之合伙人、成员、会员或其他组成人员的名字,除非根据(a)(4)(B)款需要提供。"

如果融资声明对债务人名字的标注存在错误或遗漏,融资声明的效力可能会受到影响。法典第9.506条规定:"(a)融资声明即使存在轻微错误或遗漏,只要实质上满足本章的要求,即属有效,除非该错误或遗漏使融资声明产生严重误导。(b)除(c)款另有规定外,未能根据第9.503条(a)款充分注明债务人名字的融资声明,属于严重误导。(c)即使融资声明未能根据第9.503条(a)款充分注明债务人的名字,但如果基于债务人的正确名字,并使用登记处的标准检索逻辑(如有),可以在登记处通过对记录进行检索找到该融资声明,即不应认为所提供的名字使融资声明产生严重误导。”根据这项规定,债务人名字的错误,原则上属于具有严重误导性质的错误,但如果实际上不影响对债务人的检索,该错误即不影响融资声明的效力。可以看出,法典采取的是实事求是的态度。

上述规定在实际中的应用,可从“Host America Corporation v. Coastline Financial, Inc. 案”中略见一斑。在该案中,融资声明注明的债务人的名字是“K. WM Electronics Corporation”,而债务人在州政府公司登记信息中登记的名字是“K. W. M. Electronics Corporation”。也就是说,两个名字的实际差别,只是两个字母后面的小点。这个区别似乎很微小,并不会产生误导,更不会产生严重误导。但是,在该州融资声明登记处当时使用的检索系统中,如果输入“K. WM Electronics Corporation”这个名字,是无法检索到“K. W. M. Electronics Corporation”这个名字的。这主要是由于当时检索系统的智能化程度太低,无法检索到基本相近的名字。为此,主张融资声明无效的当事方认为,融资声明中的债务人名字不仅是错误的,而且因为检索系统无法查到该名字,因此法典第 9.506 条(c)款的要求未得到满足。法院对该主张予以认同。法院判决,尽管受担保方值得同情,且问题主要与检索系统的低智能化有关,但考虑到法典的明确规定,以及为了合理保护无法查到相关记录的其他当事方,只能认定受担保方登记的融资声明无效。

融资声明对担保物的描述

由于担保权益都是针对特定担保物的,因此,融资声明必须对相关担保物作出适当描述。法典第 9.504 条规定:“融资声明只要满足以下要求,即被视为充分说明了其所覆盖的担保物:(1)融资声明根据第 9.108 条对担保物作出描述;或(2)融资声明注明,其覆盖全部资产或全部动产。”前文在谈到担保协议对担保物的描述时,曾提到有关担保物描述的法典第 9.108条。该条规定:“对动产或不动产的描述,只要能够合理指明被描述的财产,即为充分,无论描述是否具体。”这项规定,体现了法典宽松和务实的态度,不仅适用于担保协议,也适用于融资声明。

根据上述规定,融资声明可以不具体描述担保物,而是概括地说明,融资声明覆盖债务人的全部动产。前文提到的法典第 9.506 条(a)款还规定:“融资声明即使存在轻微错误或遗漏,只要实质上满足本章的要求,即属有效,除非该错误或遗漏使融资声明产生严重误导。”

如果担保物涉及不动产,则融资声明必须同时对相关不动产作出描述。法典第 9.502 条(b)款规定:“如果融资声明覆盖开采状担保物或待砍伐树木,或如果融资声明系作为不动产附着物登记进行登记,且覆盖的货物系不动产附着物,或即将成为不动产附着物,则该融资声明必须同时满足(a)款要求和下列要求,方为充分:(1)注明了覆盖此类担保物;(2)注明了将在不动产登记处进行登记;(3)描述了与担保物有关的不动产,且根据本州法律,假设该描述登记在不动产抵押记录中,其足以构成不动产抵押推定通知;并且(4)当债务人对不动产不享有注册权益时,提供了不动产注册所有权人的名字。”

此外,虽然不动产法不在法典第 9 篇范围之内,但假设当事方根据不动产法规定的方式,将不动产附着物视为不动产而在不动产抵押登记处作出了不动产附着物登记,则该登记亦得到法典第 9 篇的承认,并被视为具有融资声明的效力。法典第 9.502 条(c)款规定:“只有满足下列要求的不动产抵押记录,才可从登记之日起,成为具有不动产附着物登记效力的融资声明,或成为覆盖开采状担保物或待砍伐树木的融资声明:(1)注明了所覆盖的货物或应收款;(2)货物系与记录所描述之不动产相关的不动产附着物,或即将成为不动产附着物的货物,或担保物系与记录所描述之不动产相关的开采状担保物或待砍伐树木;(3)除去未注明即将作出不动产登记外,记录满足了本条对融资声明的所有要求;并且(4)记录的登记方式系属适当。”

后续事件对融资声明的影响

在登记了融资声明之后，如果情况发生变化，是否需要对融资声明进行修订？这需要根据情况而定。法典第9.507条(c)款规定："如果债务人改变名字，且改变程度致使已登记的融资声明根据第9.506条成为严重误导，则：(1)只要债务人系在改变名字之前或之后四个月内取得担保物，该融资声明即可有效完善担保物中的担保权益；但是(2)如果债务人在改变超过四个月后取得担保物，则融资声明不能有效完善其中的担保权益，除非在改变后四个月内，登记了对融资声明的修订文件，使融资声明不再严重误导。"根据这项规定，只要债务人在改变名字之前或之后4个月内取得担保物，则即使债务人的名字已严重改变，也没有必要对融资声明进行修订。

如果债务人将担保物转让给他人，是否需要修订融资声明？在此种转让后，受让人成为新债务人，相当于债务人的名字发生变化，因此原则上需要修订融资声明，但有一定的缓冲期。法典第9.508条(b)款规定："如果已登记且根据(a)款具有效力的融资声明，因原始债务人名字与新债务人名字之间的区别，引起第9.506条所述的严重误导，则：(1)在新债务人受到第9.203条(d)款约束之前及之后四个月内，该融资声明可以有效完善新债务人所取得之担保物中的担保权益；但是(2)在新债务人受到第9.203条(a)款约束超过4个月后，该融资声明即不能有效完善新债务人所取得之担保物中的担保权益，除非在该期限结束之前，登记了注明新债务人名字的原始融资声明。"根据这项规定，除非原始债务人与新债务人的名字基本一致，否则就需要在不超过4个月的期限内对融资声明进行修订。

除上述规定外，即使登记融资声明后情况发生变化，该变化原则上也不影响原始融资声明的效力。法典第9.507条(b)款规定："如果融资声明中提供的信息，在融资声明作出登记后发生变化，形成第9.506条所述的严重误导，融资声明亦不因此失效。"此外，该条第(a)款规定："在担保物被出售、交换、租赁、许可或以其他方式处置后，只要担保物中的担保权益或农业留置权继续存在，已登记的融资声明即保持有效，即使受担保方知道或同意该处置。"

融资声明的效力期限

除去某些特定的例外，融资声明从登记之日起5年内有效。法典第9.515条(a)款规定："已登记的融资声明，从登记之日起五年内有效。"但是，当事方可以通过登记"延展声明"(continuation statement)，每次将融资声明的期限延长5年，而且次数不限。所以，融资声明实际上可以永远保持有效。法典第9.515条(e)款规定："在及时登记延展声明后，原始融资声明的有效期，将从未登记延展声明时融资声明本应失效之日起，再延续5年。在该5年期限到期时，融资声明按(c)款规定的同样方式失效，除非在到期前，再根据(d)款登记延展声明。可以按同样方式随后多次登记延展声明，以延续原始融资声明的有效性。"

如果融资声明过期，则相当于从未登记过融资声明，而不仅仅是从过期之日起失去效力。法典第9.515条(c)款规定："有效期满后，融资声明失去效力，而通过融资声明获得完善的担保权益或农业留置权即失去完善性，除非担保权益由于其他原因保持完善。如果担保权益或农业留置权因到期失去完善性，则在对抗支付了价值的担保物购买人时，该担保权益或农业留置权被视为从未获得过完善。"

上述5年期限有3个例外。第一个例外，"公共融资项目"和"工厂预制房屋交易"的融资声明有效期为30年。法典第9.515条(b)款规定："为公共融资项目或工厂预制房屋交易登记的原始融资声明，从登记之日起三十年内有效，只要其注明，登记系为公共融资项目或为工厂预制房屋交易。"关于公共融资项目，法典第9.102条(a)(68)款规定："'公共融资项目'指涉及下列项目的担保交易：(A)用于债券的发行；(B)所发行的全部或部分债券，标明具有二十年以上的初始期限；并且(C)州政府或州政府机构系其中的债务人、义务人、受担保方、应收款债务人或就担保物承担义务的其他人、担保债务的转让人或受让人,或担保权益的转让人或受让人。”关于工厂预制房屋交易,法典第9.102条(a)(54)款规定:“‘工厂预制房屋交易’指:(A)在工厂预制房屋(作为库存的工厂预制房屋除外)上设立价款担保权益的担保交易;或(B)将工厂预制房屋(作为库存的工厂预制房屋除外)作为主要担保物的担保交易。”

第二个例外,“公用事业传输企业”的融资声明永远有效,直到融资声明被主动终止。法典第9.515条(f)款规定:“如果债务人是公用事业传输企业,且登记的融资声明也如此注明,则在登记终止声明之前,融资声明一直有效。”

第三个例外,在不动产抵押登记处登记的具有融资声明效力的不动产抵押记录永远有效,直到不动产抵押被解除。法典第9.515条(g)款规定:“如果不动产抵押记录可以有效作为具有不动产附着物登记效力的融资声明,或作为有效覆盖第9.502条(c)款所述的开采状担保物或待砍伐树木的融资声明,则在不动产抵押获得解除或注册清偿之前,或在不动产抵押记录由于其他原因对不动产失去效力之前,该记录可继续有效作为具有不动产附着物登记效力的融资声明,或作为有效覆盖开采状担保物或待砍伐树木的融资声明。”前文提到,这种不动产抵押登记是根据不动产法作出的登记,但得到法典的承认,被视为具有法典范围内融资声明的效力。

融资声明的修订文件

除融资声明外,用于登记的另外一种文件是“修订文件”(amendment)。法典第9.512条(a)款规定:“一个人可以通过登记修订文件,增加或删除融资声明覆盖的担保物,延展或终止融资声明的有效期,或除(e)款另有规定外,也可以在其他方面修改融资声明包含的信息,只要该修订文件:(1)通过引用原始融资声明的档案号,说明修订文件所涉及的融资声明;以及(2)当修订文件涉及的原始融资声明系在第9.501条(a)(1)款所述的登记处登记时,提供第 9.502 条(b)款规定的信息。”从这个规定可以看出,前文提到的延展声明,也属于修订文件,而后文谈到的“终止声明”(termination statement),以及用于纠正登记错误的“纠错声明”(correction statement),同样属于修订文件,因为它们都是对原始融资声明的修改。

原则上,修订文件可以对融资声明的任何内容作出修改。在登记修订文件时,必须引用原始融资声明的档案号,因为这样才能准确知道这是对哪一项融资声明作出修订。如果原始融资文件在不动产抵押登记处登记,修订文件还需要提供相关不动产的信息。除延展声明外,其他修订文件不延长原始融资声明的期限。

增加担保物和增添债务人的修订文件,从登记之日起生效,而没有溯及力。法典第 9.512 条(c)款规定:“如果融资声明的修订文件增加担保物,则就所增加的担保物,修订文件仅从登记之日起生效。”而该条第(d)款规定:“如果融资声明的修订文件增添债务人,则就所增添的债务人,修订文件仅从登记之日起生效。”

此外,法典第 9.512 条(e)款规定:“修订文件在下列情况下无效:(1)试图删除全部债务人,但未能提供将被融资声明覆盖的任何债务人的名字;或(2)试图删除全部注册受担保方,但未能提供新的注册受担保方的名字。”显然,如果融资声明在修改后不再存在任何债务人,或不再存在任何受担保方,融资声明将失去意义。

终止声明

终止声明是用于终止融资声明效力的文件,一般由受担保方出具,可以在融资声明登记处进行登记,也可以直接发送给债务人。如果在登记处进行登记,终止声明就相当于融资声明的修订文件。终止声明通常在债务已经还清货款后出具,用于解除担保物的抵押。

关于终止声明,法典第 9.513 条(c)款规定,在融资声明不涉及消费品时:“受担保方在收到债务人业经认证的要求后 20 天内,应使融资声明的注册受担保方向债务人发送融资声明的终止声明,或在登记处登记终止声明,只要:(1)融资声明覆盖的担保物不担保任何债务,且不存在提供贷款、承担债务或以其他方式支付价值的承诺,除非融资声明覆盖已出售的应收款或动产契据,或覆盖处于寄售的货物;(2)融资声明覆盖已出售的应收款或动产契据,但应收款债务人或其他义务人已被解除相关债务;(3)融资声明覆盖曾交给债务人用于寄售的货物,但货物不在债务人占有之下;或(4)债务人未曾授权登记原始融资声明。"

上述规定说明,除涉及消费品外,受担保方只有在收到债务人的要求后,才有义务出具终止声明。如果债务人自己不需要这个终止声明,受担保方就没必要出具这个声明,因为融资声明到期后可以自然终止。终止声明出具后,可以由受担保方进行登记,也可以发给债务人,由债务人自行决定是否登记。涉及应收款买卖或货物寄售时,如果应收款的卖方已不再对买方承担责任,或如果货物的寄售受托人已不再占有货物,该卖方或寄售受托人也有权要求取得终止声明。

如果融资声明涉及消费品,则出于对消费者的保护,即使债务人未提出要求,受担保方在一定时间后也有义务主动出具终止声明。法典第9.513条(a)款规定:"如果融资声明覆盖消费品,且存在下列情况,受担保方即应使融资声明的注册受担保方,就融资声明登记终止声明:(1)融资声明覆盖的担保物不担保任何债务,且不存在提供贷款、承担债务或以其他方式支付价值的承诺;或(2)债务人未曾授权登记原始融资声明。"

上述法典第9.513条(b)款还规定:"为遵守(a)款,受担保方应使注册受担保方在下列时间内登记终止声明:(1)如果融资声明覆盖的担保物不担保任何债务,且不存在提供贷款、承担债务或以其他方式支付价值的承诺,则在该情况发生后1个月内;或(2)在受担保方收到债务人经认证的要求后20天内,如果此期限早于上述期限。"根据这项规定,除非注册受担保方与受担保方是同一人,否则,承担出具终止声明义务的是受担保方,而不是注册受担保方,因为有时注册受担保方只是代理人,对担保交易项下的还款情况可能并不了解。

纠错声明

如果融资声明中存在错误,当事方可以登记纠错声明。此种声明也属于一种修订文件。法典第9.518条(a)款规定:“如果任何人相信,在登记处编目于其名字之下的任何记录不准确,或属于错误登记的记录,该人可以在登记处登记纠错声明。”有关纠错声明的具体要求,该条第(b)款规定:“纠错声明必须:(1)通过引用该记录所涉及的原始融资声明的档案号,指明纠错声明所涉及的记录;(2)说明其为纠错声明;并且(3)提供该人认为记录不准确的理由,并说明其认为应如何纠正记录的不准确之处;或提供其认为登记属于错误登记的理由。”

构成有效登记的条件

融资声明和修订文件的登记基本上属于备案制,即融资声明登记处不对文件的内容进行实质审核,而只进行格式审核,目的是确认文件已提供必要的信息,且符合登记处的编目和检索规则。法典第9.516条(a)款规定:“除(b)款另有规定外,把一项记录传送给登记处并提示支付登记费,或登记处接受一项记录,即构成登记。”根据这项规定,只要提交登记文件,并交付了必要费用,就算作出了登记,除非登记被登记处拒绝。

上述规定中提到的第(b)款,规定了登记处可以拒绝接受登记文件的理由。该款规定:“如果登记处由于下列原因拒绝接受一项记录,则登记未完成:(1)该记录未以登记处规定的传送方式或媒介传送;(2)未提示支付等于或大于规定金额的登记费;(3)登记处由于下列原因无法将该记录编目:(A)涉及原始融资声明时,该记录未提供债务人的名字;(B)涉及修订文件或纠错声明时,该记录:(i)未按第9.512条或第9.518条的要求(以适用者为准)指明原始融资声明;或(ii)所指明的原始融资声明根据第9.515条已超过有效期;(B)当原始融资声明注明债务人为个人并提供了债务人名字时,或当修订文件注明债务人为个人并提供了债务人名字但其涉及的融资声明未提供该名字时,该记录未提供债务人的姓氏;或(C)涉及在第9.501条(a)(1)款所述登记处登记的记录时,该记录未就涉及的不动产作出充分描述;(4)涉及原始融资声明时,或涉及增加注册受担保方的修订文件时,该记录未提供注册受担保方的名字和邮寄地址;(5)涉及原始融资声明时,或涉及提供债务人名字但相关融资声明未提供该名字的修订文件时,该记录:(A)未能提供债务人的邮寄地址;(B)未能说明债务人系个人还是组织;或(C)在融资声明注明债务人系组织时:(i)未能提供债务人组织的类型;(ii)未能提供债务人的注册成立地;或(iii)未能提供债务人的组织代码,或未能注明债务人没有代码;(6)涉及第9.514条(a)款所述在原始融资声明中注明的转让时,或涉及根据第9.514条(b)款登记的修订文件时,该记录未提供受让人的名字和邮寄地址;(7)涉及延展声明时,该记录未在第9.515条(d)款规定的六个月期限内登记;或(8)该记录未以行业标准格式作出,包括根据州务卿设立之规则采纳的全国标准格式,或国际商业管理者协会批准的格式。"

上述所列的八类原因,是登记处可以拒绝登记的全部理由,即登记处无权以超出上述理由的其他理由拒绝登记。法典第9.520条(a)款规定:"如果存在第9.516条(b)款所列的原因,登记处应拒绝接受一项记录的登记,且只能因该款所列的原因拒绝接受一项记录的登记。"

如果登记处本应拒绝一项文件的登记,但由于审核不严或其他疏漏而接受了该文件的登记,该文件是否仍然具有效力?例如,登记处本应收费,但出于疏忽而未收,且申请登记的人也未提出支付。原则上,只要文件具备法典第9篇所要求的基本内容,该文件即具有效力。法典第9.520(c)款规定:"已登记的融资声明,只要满足第9.502条(a)款和(b)款的要求,即为有效,即使登记处根据(a)款本来应该拒绝接受登记。但是,如果已登记的融资声明包含第9.516条(b)(5)款所述的信息,但信息在登记融资声明时不正确,则应适用第9.338条。"

上述规定中提到的法典第9.502条(a)款和(b)款,是对融资声明内容的基本要求,即文件需要说明债务人、受担保方和担保物,并在涉及不动产时,对不动产作出说明。法典第9.516条(b)(5)款涉及债务人的信息。如果该信息不正确,则根据法典第9.338条,会导致受担保方的权益次于某些其他当事方的权益。

登记文件的编目

为了便于公众检索,必须对融资声明和修订文件按一定方式进行编目。为了进行编目,首先要给融资声明颁发一个具有唯一性的档案号,且今后所有与这个融资声明有关的修订文件,都需要使用这个档案号。为了尽量减少编号错误和引用错误,档案号的设置方法需要有一定的检错功能。法典第9.519条(b)款规定,融资声明的档案号,"必须包含一个满足下列要求的数字:(1)该数字根据数学方法,取自或联至该登记序号中的其他各个数字;并且(2)该数字可以协助登记处确认,发送出去的登记序号中,是否存在单个数字或位置排列错误。"

登记处还需要给融资声明制作目录,以便公众可以通过目录进行检索。编目原则上根据债务人的名字进行编排,因为潜在的贷款方希望知道自己的债务人是否已将财产抵押出去,所以需要按债务人的名字进行检索。法典第9.519条(c)款规定:"登记处应该:(1)按照债务人的名字,对原始融资声明编目;并且,对与该原始融资声明有关的所有已登记的记录编目,且编目方法必须能够把原始融资声明与涉及该融资声明的所有已登记的记录联系起来;并且(2)如果记录提供了相关融资声明中以前不曾提供的债务人名字,则应按照以前不曾提供的该债务人的名字,同时为该记录另行编目。"

但是,对于在不动产抵押登记处进行的登记,登记处有时可能需要根据当地不动产法的要求,将融资声明登记在受担保方的名下。法典第9.519条(d)款规定:"如果融资声明作为不动产附着物登记进行登记,或覆盖开采状担保物或待砍伐树木,则必须将融资声明进行注册登记,且登记处应按下列方式编目:(1)根据所描述的不动产,应将债务人和每一个注册所有权人均假设为不动产抵押中的抵押人,并据此将融资声明登记在融资声明所注明之债务人的名字之下和每个注册所有权人的名字之下;以及(2)如果本州法律规定,应将不动产抵押的目录登记在抵押权人的名字之下,则应将受担保方假设为不动产抵押中的抵押权人,并据此将融资声明登记在受担保方的名字之下;或如果编目是根据不动产描述排序,则应假设融资声明是所述不动产的抵押记录,并相应将其登记在受担保方的名字之下。"这项规定是为了遵守当地不动产法的登记习惯。

如果登记处在对融资声明或修订文件进行编目时不慎发生错误,登记文件的效力会受到影响吗?法典第9.517条规定:"登记处未能对一项记录作出正确编目,不影响已登记之记录的有效性。"根据这项规定,如果登记处发生编目错误,致使潜在的交易方在检索时未能发现相关的登记文件,该登记文件的当事方仍然享有原有的权利。那么潜在的交易方是否有权追究登记处的责任?法典对此没有说明,因此需要根据其他相关法律予以确定。

登记文件的保存和销毁

对于所登记的文件,登记处必须在其过期后至少再保留一年。但是,为了提高管理效率,在登记文件的原始文件为纸质文件时,登记处无须保留登记文件的原件,而是可以在制作电子文本后,即时将登记文件原件销毁,因为电子文件更方便检索和查询。法典第9.522条规定:"(a)在已登记的融资声明根据第9.515条对全部的注册受担保方均已到期后,登记处应将载有其中信息的记录至少再保存1年。必须能够使用债务人的名字和原始融资声明的档案号对该记录进行调取。(b)除有关公共记录处理的法律另有规定外,登记处可以即时销毁证明融资声明的任何书面记录。但是,登记处如果销毁书面记录,即应对融资声明保存另一份符合(a)款要求的记录。”

同时,为了尽可能提高检索的便利性,法典要求州政府必须将登记信息提供给商业经营者,由这些商业经营者向公众提供登记信息。因此,公众可以选择向登记处查询,也可以选择向商业经营者进行查询。法典第9.523条(f)款规定:“州务卿应至少每周一次,通过可使用的任何媒介,在非独家和整体打包的基础上,以出售或许可形式,向公众提供根据本章在州务卿处登记的所有记录的副本。”

登记文件的查询

如果公众以通信方式或类似方式向登记处查询登记文件,登记处有义务对查询给予答复。法典第9.523条(c)款规定:“任何人只要提出获得下列信息的要求,登记处即应以记录形式,将信息发送给或以其他形式提供给该人:(1)截止登记处所注明的日期和时间(但该日期不得早于登记处收到该要求前3个工作日),档案中是否存在:(A)指向任何特定债务人的融资声明;或如果该人提供了地址,指向位于该特定地址之特定债务人的融资声明;(B)根据第9.515条尚未就全部的注册受担保方过期的融资声明;以及(C)根据第9.515条已经过期,但登记处根据第9.522条(a)款存有记录的融资声明(如果该人要求予以说明);(2)每一份此种融资声明的登记日期和时间;以及(3)每一份此种融资声明中包含的信息。”对于此种答复,登记处可以根据法典的规定收取一定费用。

第六节　担保权益的完善:占有或控制担保物

法典第9篇根据担保物的种类和担保交易的类型,规定了担保权益获得完善的5种方式。前文介绍的是其中的第一种,即登记融资声明。只有3种担保物必须使用登记方式,而不能使用其他方式,即应收款、一般无形财产以及对应农业留置权的农产品。同时,也只有3种担保物不能使用登记方式,而必须使用其他方式,即存款账户、信用证权利和金钱。

除上述几种担保物外,所有其他的担保物都有选择,可以在至少两种不同方式中任选其一。但是,不同的方法在对抗第三方时效力可能不完全相同。对于这些其他担保物,如果不选择登记方式,主要的完善方式就是占有担保物或控制担保物。这是法典第 9 篇规定的第二种和第三种方式。但是,当事方不能在这两种方式之间任选,因为两种方式分别适用于不同种类的担保物。对于有形和半无形担保物,应采用占有方式,而对于无形担保物,应采用控制方式。下文将具体说明。

占有担保物

占有担保物是使担保权益获得完善的第二种方式。从某种角度来看,占有可以算是最安全和最简单的方式。例如,当债务人以一颗钻石作为担保物时,占有方式无疑既安全又简单。但是,占有方式对债务人或受担保方有时是不现实或不方便的。例如,债务人以自己的一辆汽车作为担保物,但需要该汽车作为上下班的工具,此时,如果银行坚持占有该汽车,债务人就无法接受这样的担保交易。实际上,即使债务人同意由银行占有该汽车,银行可能也会认为比较麻烦,因为需要找到停车的地方,还要担心汽车的维护和安全。此外,有些财产本身是无形的,因此根本无法占有,如应收款等。尽管如此,还是有很多担保物可以采用占有方式,而且在实际商业活动中,这也是担保权益获得完善的主要方式之一。

那么,哪些担保物可以通过占有来完善其中的担保权益?法典第 9.313条(a)款规定:“受担保方可以通过占有担保物,使实体流通凭证、货物、票据、金钱或实体动产契据中的担保权益获得完善。受担保方可以根据第 8.301 条,通过取得票式证券的交付,使其中的担保权益获得完善。”这项规定中的“凭证”,是指法典第 7 篇范围内的所有权凭证,主要包括提单和仓单。所谓“实体”,是指纸质单据,是相对于电子形式来说的。规定中的“票式证券”,是指法典第 8 篇规定的由纸质证券证书代表的证券。

在这项规定中，占有是允许的完善方式，但不是必需的完善方式。结合前文对登记方式的讨论可以看出，这里所列出的全部担保物，除“金钱”外，都可以采用登记方式。关于金钱，尽管这项规定说可以采用占有方式，但根据前文讨论过的法典第9.312条(b)(3)款的规定，金钱实际上只能采用占有方式。而且，在法典第9篇中，金钱是唯一必须采用占有方式的担保物。前文曾讨论过金钱的概念，即纸币肯定属于金钱，但金钱应该不限于纸币。假设银行账户内的资金也属于金钱，那么如何占有该金钱？根据法典第9.313条(c)(1)款的规定，似乎如果持有该账户的银行承认受担保方对该资金的权利，该受担保方就被视为占有该资金。

那么，哪些担保物不能采用占有方式？无形担保物无法采用占有方式，如应收款、一般无形财产、存款账户、投资财产、信用证权利等。这些担保物都是无形的，无法占有，而只能使用法典中的“控制”概念。关于控制方式，后文将会谈到。

法典没有对占有的概念作出总体定义，因此在判断受担保方是否占有担保物时，需要适用法典以外的其他法律原则。但是，上述提到的法典第9.313条(c)款对占有的概念作出一定澄清，即“如果担保物不是票式证券，也不是凭证覆盖的货物，且占有担保物的人，不是债务人或受担保方，也不是债务人在正常业务中出租担保物后的承租方，则受担保方在下列情况下被视为占有担保物：(1)占有担保物的人，在业经认证的记录中声明，其为受担保方的利益占有担保物；或(2)占有担保物的人在取得占有之前，在业经认证的记录中声明，其将为受担保方的利益占有担保物”。

根据上述规定，即使受担保方本人不占有货物，只要其他人承认系为受担保方的利益占有，受担保方即被视为占有货物。例如，如果从事仓储经营的承储人保管货物，并承认受担保方对货物享有权利，此时，尽管该承储人不属于受担保方的代理人，但受担保方仍被视为占有货物。如果受担保方的代理人占有担保物，那么无疑受担保方被视为占有担保物。

上述规定为什么要排除票式证券，并排除由所有权凭证覆盖的货物？

对于票式证券,原因在于,法典另外规定了“交付”的概念。法典第8.301条(a)款规定:“票式证券在下列时间被视为交付给购买人:(1)购买人取得证券证书的占有;(2)另一人(证券中间人除外)代表购买人取得证券证书的占有;或在其取得证书的占有后,承认代表购买人持有证书;或(3)证券中间人代表购买人取得证券证书的占有,但是,证书必须为登记式,且(i)登记在购买人名字之下,(ii)向购买人的指定人付款,或(iii)通过有效背书记名背书给购买人,且未曾背书给证券中间人,也未曾有过空白背书。”而法典第9.313条(a)款规定:“受担保方可以根据第8.301条,通过取得票式证券的交付,使其中的担保权益获得完善。”因此,对于票式证券,交付即相当于占有,可以使证券中的担保权益获得完善,无论是交付给受担保方本人,还是交付给证券经纪人。

对于由所有权凭证覆盖的货物,如由仓单代表的货物,占有问题会变得复杂一些,因为如果受担保方占有货物,但不占有流通仓单,则占有流通仓单的人可能被视为占有货物。关于凭证与货物的关系,法典第9.312条(c)款规定:“如果货物保管人已出具覆盖货物的流通凭证,则在其占有货物期间:(1)可以通过完善凭证中的担保权益,使货物中的担保权益获得完善;并且(2)凭证中的完善担保权益,优于该期间内货物中以其他方式获得完善的担保权益。”而该条第(d)款规定:“如果货物保管人已出具覆盖货物的不可流通凭证,则在其占有货物期间,可以通过下列方式完善货物中的担保权益:(1)以受担保方的名字出具凭证;(2)货物保管人收到受担保方权益的通知;或(3)就货物作出登记。”这个问题后文还会讨论。

控制担保物

控制担保物是使担保权益获得完善的第三种方式。控制在一定意义上相当于虚拟占有,即对于某些无形担保物,无法实际占有,但可以取得支配担保物的权利,相当于占有该担保物。例如,受担保方不可能占有设在银行的账户,但如果受担保方享有支配该账户的权利,就相当于占有该账户。与其他完善方式一样,控制方式也存在 3 种情况,即对于不同种类的担保物,有些只能采用控制方式,有些可以采用控制方式,而有些不能采用控制方式。占有方式和控制方式互不兼容,因此前文提到的可以采用占有方式的担保物,都不能采用控制方式。

关于只能采用控制方式的担保物,法典第 9.312 条(b)款规定:“除第 9.315 条(c)款和(d)款对收益另有规定外,(1)存款账户中的担保权益,只能通过取得第 9.314 条所述的控制获得完善;(2)并且,除第 9.308 条(c)款另有规定外,信用证权利中的担保权益,只能通过取得第 9.314 条所述的控制获得完善。”根据这项规定,对于存款账户和信用证权利,控制是使担保权益获得完善的唯一方法。

关于可以采用控制方式的担保物,法典第 9.314 条(a)款规定:“投资财产、存款账户、信用证权利、电子动产契据或电子凭证中的担保权益,可以根据第 7.106 条、第 9.104 条、第 9.105 条、第 9.106 条或第 9.107 条,通过对担保物取得控制获得完善。”前文提到,存款账户和信用证权利只能采用控制方式,因此,可以采用控制方式但不是必须采用控制方式的担保物,包括投资财产、电子动产契据和电子所有权凭证。关于投资财产,法典第 9.102 条(a)(49)款规定:“‘投资财产’指证券(包括票式证券和无票证券)、证券权利、证券账户、商品合同或商品账户。”

采用控制方式时,受担保方必须一直保持控制,才可以使担保权益保持完善。法典第 9.314 条(b)款规定:“涉及存款账户、电子动产契据、信用证权利或电子凭证中的担保权益时,在受担保方取得控制后,担保权益即根据第 7.106 条、第 9.104 条、第 9.105 条或第 9.107 条,通过取得控制获得完善;并且,只有受担保方保持控制,担保权益才能通过保持控制而保持完善。”而该条第(c)款规定:“受担保方对投资财产取得控制后,其中的担保权益即根据第 9.106 条,通过取得控制获得完善,且在下列情况发生前,通过保持控制而保持完善:(1)受担保方失去控制;并且(2)发生以下情况之一:(A)当担保物是票式证券时,债务人占有证券证书;(B)当担保物是无票证券时,发行人将债务人登记为注册所有权人;或(C)当担保物是证券权利时,债务人成为权利持有人。"

关于控制的定义,法典第9篇分别就投资财产、存款账户、信用证权利和电子动产契据作出规定,而第7篇对电子所有权凭证的控制作出定义。关于投资财产的控制,法典第9.106条规定:"(a)应根据第8.106条确定一个人是否对票式证券、无票证券或证券权利拥有控制。(b)在下列情况下,受担保方对商品合同拥有控制:(1)受担保方是掌管该商品合同的商品中间人;或(2)商品客户、受担保方和商品中间人同意,商品中间人将根据受担保方的指示,使用商品合同分得的任何价值,而无须另行取得商品客户的同意。(c)如果受担保方对证券账户或商品账户项下的全部证券权利或全部商品合同拥有控制,即等于对该证券账户或商品账户拥有控制。"

关于存款账户的控制,法典第9.104条规定:"(a)在下列情况下,受担保方对存款账户拥有控制:(1)受担保方是银行,且掌管该存款账户;(2)在业经认证的记录中,债务人、受担保方和银行同意,银行将根据受担保方的指示处置存款账户中的资金,而无须另行征得债务人的同意;或(3)受担保方就该存款账户成为银行的客户。(b)受担保方如果满足(a)款的要求,即对存款账户拥有控制,即使债务人保留了权利,亦有权通过作出指示处置账户中的资金。"

关于信用证权利的控制,法典第9.107条规定:"如果开证人或任何指定人根据第5.114条(c)款,或根据适用法或惯例,已对信用证收益的转让给予同意,则只要受担保方有权要求该开证人或指定人付款或履约,受担保方即对信用证权利拥有控制。"

关于电子动产契据的控制,法典第9.105条规定:"如果构成动产契据的记录按照下列方式产生、存储和转让,受担保方即对电子动产契据拥有控制:(1)该记录只存在一份权威版本,且该版本具有唯一性和可辨性,且除下述(4)款、(5)款和(6)款另有规定外,该版本不可更改;(2)该版本指明受担保方是该记录的受让人;(3)该版本被传送给受担保方或其指定的保管人,并由受担保方或该保管人保管;(4)如果要对权威版本指明的受让人作出增加或改变,只有在受担保方参与的情况下,才有可能就该版本制作副本或进行修订;(5)权威版本的每一个副本,以及该副本的任何副本,都可以容易地看出是副本,而不是权威版本;并且(6)权威版本的任何修改,都可以容易地看出是否业经授权。"

关于电子所有权凭证的控制,法典第7.106条规定:"(a)只要用于证明电子所有权凭证权利转让的系统能够可靠地确认,电子所有权凭证已出具给或转让给一个人,该人即对该电子凭证拥有控制。(b)如果该系统中之电子所有权凭证的产生、存储或转让的方式符合下列要求,该系统即满足(a)款的规定,且下列人即被视为对电子所有权凭证拥有控制:(1)凭证只存在一份权威版本,且该版本具有唯一性和可辨性,且除(4)款、(5)款和(6)款另有规定外,该版本不可更改;(2)对于声称控制凭证的人,该权威版本确认:(A)凭证已出具给该人;或(B)如果权威版本注明凭证曾被转让过,该人为取得凭证最新一次转让的人;(3)权威版本被发送至声称拥有控制的人或其指定的保管人,且由该人或该保管人持有;(4)只有在声称拥有控制的人给予同意后,才能制作权威版本的副本或修订本,用于增加或改变权威版本的指定受让人;(5)权威版本的每一个副本,以及该副本的任何副本,都可以容易地看出是副本,而不是权威版本;以及(6)权威版本的任何修改,都可以容易地看出是否业经授权。"

受担保方占有或控制担保物时的权利和义务

采用占有方式时,受担保方对所占有的担保物承担一定义务,主要是谨慎照管的义务。法典第9.207条(a)款规定:"除(d)款另有规定外,受担保方在看管和保存其占有的担保物时,有义务行使合理谨慎。涉及动产契据或票据时,除另有协议外,合理谨慎还包括采取必要步骤,以便保留对抗前手当事方的权利。"

占有担保物所产生的费用,一般情况下由债务人承担。担保物发生意外损失的风险，一般也由债务人承担。法典第 9.207 条(b)款规定：“除(d)款另有规定外，当受担保方占有担保物时：(1)为看管、保存、使用或营运担保物而发生的合理费用，包括保险费、税费和其他费用，由债务人承担，并以担保物担保；(2)意外灭失或损坏的风险，在有效保险覆盖范围以外的，由债务人承担；(3)受担保方应使担保物保持在可分辨状态，但种类物可以混合；并且(4)受担保方可以使用或营运担保物，只要：(A)目的在于保存担保物或其价值；(B)有适当管辖权的法院发出许可令；或(C)符合债务人同意的方式和限度，但涉及消费品时除外。”在通常情况下，受担保方不能使用担保物，除非符合上述第(4)款的规定。

对于担保物产生的收益，受担保方享有一定权利，但需要根据法典的规定处置。法典第 9.207 条(c)款规定：“除(d)款另有规定外，根据第 7.106 条、第 9.104 条、第 9.105 条、第 9.106 条或第 9.107 条占有或控制担保物的受担保方：(1)可将担保物取得的收益(金钱或资金除外)作为附加担保；(2)应将担保物获得的金钱或资金用来减少担保债务，除非已将其汇付给债务人；并且(3)可在担保物上设立担保权益。”

上述规定中提到的例外，涉及应收款等收款权利的买方以及货物寄售中的寄售委托人。法典第 9.207 条(d)款规定：“如果受担保方是应收款、动产契据、无形支付或本票的买方，或是寄售委托人，则：(1)上述(a)款不适用，除非受担保方根据协议享有下列权利：(A)在就担保物未获收款时作出倒账；或(B)基于应收款债务人或担保物其他次义务人未能付款或发生其他违约，对该债务人或义务人行使充分的或有限的追索；并且(2)上述(b)款和(c)款不适用。”

这项例外的原因在于，收款权利的卖方在将收款权利出售后，通常对该权利不再拥有权益，因此买方如何对待该权利，对卖方并无实际影响，所以买方尽管对该权利拥有控制，但无须承担正常谨慎的义务，除非买方对卖方还拥有追索权。对于寄售交易，尽管寄售委托人被推定视为受担保方，但该委托人在多数情况下是货物的所有权人，因此当货物处在寄售委托人占有期间,该委托人不对寄售受托人承担正常谨慎的义务。

除去上述义务,当受担保方对担保物拥有控制时,受担保方有义务在债务已经获得清偿时,通知实际掌管担保物的人,解除自己的控制。法典第9.208条(b)款规定,如果担保债务已获清偿,且受担保方未就提供贷款、承担债务或以其他方式支付价值作出承诺,则:"如果债务人提出业经认证的要求,则在收到要求后10天内:(1)根据第9.104条(a)(2)款控制存款账户的受担保方,应向掌管存款账户的银行发送经认证的说明,从此解除该银行服从受担保方指示的义务;(2)根据第9.104条(a)(3)款控制存款账户的受担保方:(A)应将存款账户中的存款余额支付给债务人;或(B)应将存款余额转存到债务人名字之下的存款账户;(3)根据第9.105条控制电子动产契据的受担保方(买方除外):(A)应将电子动产契据的权威版本传送给债务人或其指定的保管人;(B)当债务人指定的保管人同时是代表受担保方掌管电子动产契据权威版本的指定保管人时,应向该保管人发送经认证的记录,从此解除该保管人服从受担保方指示的义务,同时指示该保管人从此服从债务人的指示;并且(C)应采取适当行动,以便使债务人或其指定的保管人在增加或改变权威版本注明的受让人时,可以就权威版本制作副本,或对权威版本进行修订,而无须取得受担保方的同意;(4)根据第8.106条(d)(2)款或第9.106条(b)款控制投资财产的受担保方,应向掌管证券权利或商品合同的证券中间人或商品中间人发送经认证的记录,从此解除该证券中间人或商品中间人服从受担保方之权利命令或指示的义务;(5)根据第9.107条控制信用证权利的受担保方,应向每一个尚有义务向受担保方付款或交付信用证收益的人发送经认证的记录,从此解除该人向受担保方付款或交付信用证收益的义务;以及(6)控制电子凭证的受担保方:(A)应将电子凭证的控制交给债务人或其指定的保管人;(B)当债务人指定的保管人同时是代表受担保方掌管电子凭证权威版本的指定保管人时,应向该保管人发送经认证的记录,从此解除该保管人服从受担保方指示的义务,同时指示该保管人从此服从债务人的指示;并且(C)应采取适当行动,以便使债务人或其指定的保管人在增加或改变权威版本注明的受让人时,可以就权威版本制作副本,或对权威版本进行修订,而无须取得受担保方的同意。”这项规定的基本目的在于说明,当债务人已经不再欠有债务时,受担保方应以适当方式解除自己对担保物的控制。

第七节 担保权益的完善:自动完善和通过遵守其他法律获得完善

前文介绍了担保权益获得完善的3种方式,即登记融资声明、占有担保物和控制担保物。使担保权益获得完善的第四种方式,是自动完善方式。在这种方式中,只要符合法典规定的条件,则担保权益一旦发生附着即自动获得完善,无须当事方采取任何行动。

前文提到,将担保权益向公众进行公示,是制定担保交易规则时的重要考虑,因为任何人在与担保交易的当事方进行交易时,特别是在与债务人进行交易时,相关财产是否存在抵押,都具有重要参考意义。因此,从公平角度,应该制定某种公示制度。但是,在制定担保交易规则时,公众的知情权不是唯一的考虑因素,而是还有其他应该考虑的因素,包括交易的便利性、公示的可行性、整体的公平性等。

此处讨论的自动完善方式,就是在综合考虑了各种因素后所采用的一种完善方式。这种方式不能起到公示作用。因此,公众实际上无法得知担保交易的存在,但却要受到相关担保权益的约束。法典认为,在有些情况下,为了适应商业的实际需求,实现整体意义上的公平,即使没有向债务人和受担保方以外的第三方作出公示,受担保方也应该得到正常保护。

所谓自动完善,实际上包含了两种性质不同的自动完善:一种是真正的自动完善,另一种是只有20日临时完善期的自动完善。前一种自动完善是与其他几种完善方式效力相当的方式,可以对受担保方起到正常的长久的保护作用。后一种自动完善属于临时措施,即在某些情况下,受担保方需要一定的临时保护,但采用其他完善方式又不太现实或过于麻烦。例如,假设受担保方占有仓单,并通过占有方式取得完善担保权益。但是,为了取货的需要,可能需要将仓单寄给承储人。在这个短暂的非占有期,受担保方的担保权益会失去完善性。为了解决这个问题,法典专门提供了20日的临时完善期,在这个期限内,即使受担保方失去担保物的占有,担保权益仍然可以保持完善。

除去自动完善方式,下文还会讨论法典提供的第五种完善方式,即通过遵守其他相关法律,使担保权益获得完善。这实际上不是法典提供的完善方式,而是当其他法律对某些特定种类的担保权益规定了完善方式时,当事方只要按照其他法律规定的方式使担保权益获得完善,该完善的效力即可得到法典第9篇的承认,相当于受担保方根据第9篇的规定使担保权益获得完善。

自动获得完善的担保权益种类

在自动完善方式中,担保权益一旦发生附着,就自动地立即获得完善,而无须当事方采取任何行动。也就是说,担保权益的附着与担保权益的完善是同时发生的。这里讨论的自动完善,是上文提到的真正的自动完善,即可以如同其他完善方式一样,为受担保方提供正常的持久的保护。对于当事方来说,如果担保权益能够适用自动完善方式,当然是最理想的,因为这对当事方是最便捷的。但是,自动完善方式实际上只是为了照顾一些特定情况,而不是主要的完善方式,所以自动完善方式的适用范围相对比较有限。

关于自动完善,法典第9.309条具体列举了14种可以获得自动完善的情况,即"下列担保权益在发生附着时即获得完善:(1)消费品中的价款担保权益;但是,如果消费品受第9.311条(a)款所述法律或条约的约束,则在第9.311条(b)款对该消费品另有规定时除外;(2)应收款或无形支付的转让,只要该转让无论单独计算,还是与同一受让人获得的其他转让合并计算，均不构成转让人未结应收款或无形支付之主体部分的转让；(3)无形支付的买卖；(4)本票的买卖；(5)涉及向医疗用品或医疗服务提供者转让医疗保险应收款时，因该转让引起的担保权益；(6)根据第2.401条、第2.505条、第2.711条(c)款或第2A.508条(e)款产生的担保权益，但仅适用于债务人尚未取得担保物占有的情况；(7)收款银行根据第4.210条取得的担保权益；(8)开证人或指定人根据第5.118条取得的担保权益；(9)根据第9.206条(c)款因交付金融资产取得的担保权益；(10)经纪人或证券中间人在投资财产中设立的担保权益；(11)商品中间人在商品合同或商品账户中设立的担保权益；(12)为转让人全体债权人利益所作的转让，以及受让人随后作出的转让；(13)因转让逝者遗产之收益权产生的担保权益；以及(14)涉及个人在博彩或赌博游戏中赢取的应收款时，个人对该应收款的买卖”。

上述规定看上去比较复杂，但大体而言，可以获得自动完善的担保权益主要是4类：(1)消费品中的价款担保权益；(2)收款权利买卖引起的担保权益；(3)基于法典其他篇规定产生的担保权益；(4)某些其他零星类别的担保权益。下文将对每一类分别讨论。

第一类：消费品中的价款担保权益

可以获得自动完善的第一类担保权益，是法典第9.309条(1)款中提到的消费品中的“价款担保权益”(purchase-money security interest)。价款担保权益是一种受到法典优先保护的担保权益，俗称“超级担保权益”(super security interest)。如后文将要讨论的，价款担保权益在很大程度上优于其他更早获得完善的担保权益。

根据法典的规定，只有消费品交易中的价款担保权益才可以获得自动完善。其他价款担保权益虽然也享有一定的其他特殊保护，但不能自动获得完善。法典这项规定的目的是，使消费者可以更加容易地取得融资。此种担保权益可以使受担保方受到更好的保护，并使担保权益可以更方便地获得完善,因此,在这种方式下,受担保方会更加愿意向消费者提供融资。

关于价款担保权益,法典第 9.103 条(b)款规定:“在下列情况下,货物中的担保权益属于价款担保权益:(1)担保权益涉及的货物属于价款担保物;(2)当担保权益存在于现在或曾经是价款担保物的库存中时,担保权益系用于担保其他库存引起的价款债务,且受担保方目前或曾经就该其他库存持有价款担保权益;以及(3)担保权益系用于担保由软件引起的价款债务,且受担保方目前或曾经就该软件持有价款担保权益。”根据该项规定,担保权益在 3 种情况下属于价款担保权益。

构成价款担保权益的第一种情况,属于最常见和最主要的情况,即只要担保物是“价款担保物”(purchase-money collateral),其中的担保权益就是价款担保权益。那么什么是价款担保物?法典第 9.103 条(a)(1)款规定:“‘价款担保物’指用于担保价款债务的货物或软件,且该担保物系该价款债务产生的原因。”而对于“价款债务”(purchase-money obligation),法典第 9.103 条(a)(2)款规定:“‘价款债务’指义务人为下列目的而承担的债务:用于支付担保物的部分或全部价款;或用于支付向债务人提供的价值,以使债务人能够获得担保物的权利或使用,但该价值必须实际用于该目的。”

举例而言,在一项汽车买卖交易中,只要卖方对汽车保留担保权益,用于汽车价款的担保,该汽车价款即属于价款债务,而该汽车即属于价款担保物。由于卖方就汽车取得的担保权益就属于价款担保权益。可以看出,价款担保权益就是在担保物的转让中,为担保所应支付的价款,而在担保物上设立的担保权益。

构成价款担保权益的第二种情况涉及库存。在这种情况下,价款担保权益覆盖的担保物范围被扩大,因此,担保物不必与债务有直接关系,而是可以交叉担保。例如,汽车工厂将红色汽车赊销给经销商,并以该汽车作为价款的担保物,此时,红色汽车在经销商那里属于库存,因此汽车工厂对红色汽车取得的担保权益,就属于库存中的价款担保权益。假设汽车工厂随后再将蓝色汽车赊销给经销商,并对蓝色汽车取得库存担保权益。再假设经销商随后支付了红色汽车的价款,但没有支付蓝色汽车的价款。再假设蓝色汽车被卖给善意购买人,因而汽车工厂对该购买人没有追索权,但红色汽车还留在经销商处。

现在汽车工厂面临的问题是,在上述情况下,汽车工厂还对红色汽车拥有价款担保权益吗?在通常情况下,由于经销商已经支付了红色汽车的价款,因此担保权益已经消失。但是,根据法典上述第9.103条(b)(2)款中交叉担保的特殊规定,汽车工厂在未收到蓝色汽车的价款而又已经失去对蓝色汽车的担保权益的情况下,可以反过来对已经支付了价款的红色汽车主张价款担保权益。但是,汽车工厂这项权利的前提条件是,当事方之间的担保协议需要规定此种交叉担保;也就是说,担保协议需要规定,库存中的任何担保物,即使价款已经付清,仍然要用于担保库存中任何其他尚未付清价款的担保物。

上述规定看上去好像属于对经销商非常不利的"霸王条款",但实际上,这项规定正是为了方便经销商取得运营所需要的融资,因为只有在汽车工厂得到更好保护的情况下,汽车工厂才更加愿意以赊销方式向经销商提供汽车。如果没有这种保护,经销商可能就需要以更高的成本或更不利的方式从汽车工厂获得汽车。

构成价款担保权益的第三种情况涉及软件。在这类交易中,通常是在买方购买软件时,对于尚未支付的价款,以其他货物(如自行车)作为软件价款的担保物。此时,根据法典第9.103条(b)(3)款的定义,卖方对自行车取得的担保权益,即属于价款担保权益。在一般情况下,如果买方提供自行车作为购买另一件货物的担保物,对自行车的担保权益就不可能构成价款担保权益,因为自行车与另一件货物并无内在联系,也不涉及自行车的价款问题。

法典之所以对软件作出上述特殊规定,是考虑到了软件的特殊性。由于软件很容易被复制,因此,以软件本身作为软件价款的担保物,对受担保方几乎没有任何价值。也就是说，即使买方未支付价款，致使卖方追回软件，这种追回也没有太大意义，因为买方可能已将软件复制，且软件本身对受担保方来说也是可以无限复制且没有额外成本的货物，因此收回的软件没有实际价值。因此，为了有效保护受担保方，法典允许受担保方取得其他担保物作为软件价款的担保，并将此种担保权益也视为价款担保权益。

以上说明的是价款担保权益产生的3种情况。这些情况并不一定都涉及消费品交易。特别是上述第二种和第三种情况，基本与消费品无关。从自动完善的角度，只有在涉及消费品时，价款担保权益才能够根据法典第9.309条(1)款的规定获得自动完善。不涉及消费品的价款担保权益，不能获得此处所说的自动完善，但在其他方面仍然会受到法典的特殊保护。这个问题在涉及担保权益的优先顺序时会进一步讨论。

自动完善的意义和效力

前文讨论的是可以获得自动完善的第一类担保权益，即消费品中的价款担保权益。在讨论可以获得自动完善的第二类担保权益之前，先以消费品交易中价款担保权益的自动完善为例，看一下自动完善对当事方的意义以及自动完善所产生的效力。

假设商店以赊销方式向消费者出售一台冰箱，同时订立担保协议，规定在价款付清之前，商店对冰箱持有担保权益，此时，只要消费者取得冰箱，担保权益即发生附着，因为担保权益附着的3个条件均已满足，即当事方订立担保协议、受担保方支付价值以及债务人对担保物拥有权利。并且，由于该担保权益符合价款担保权益的定义，因此，担保权益在发生附着的同时，自动获得完善。这项交易对商店非常便捷，因为除消费者购买冰箱时与其订立担保协议外，商店不需要做任何其他事情。

假设商店不能享有此种自动完善的担保权益，那么由于向消费者交付冰箱后，商店不可能再占有冰箱，因此，商店每销售一台冰箱，就需要去登记一次融资声明。显然，这对商店来说是巨大的麻烦和高额的成本，基本上不可能做到。而如果做不到,商店可能就不会再以赊销方式向消费者出售冰箱,从而使这类担保交易在实际商业活动中消失。这对消费者和商店都不一定是有利的。所以,法典有关消费品价款担保权益自动获得完善的规定,本质上是为了保护和促进消费品交易。

消费品价款担保权益的自动完善,不仅完全免除了登记融资声明的麻烦和费用,而且在后文谈到优先权顺序时会看到,商店还享有价款担保权益所具有的“超级优先权”,几乎可以对抗任何其他权益人,包括先手权益人。这种“超级优先权”极大地鼓励了商店以赊销方式向消费者提供产品。

可以看到,商店取得的价款担保权益完全没有进行公示,因此,除商店和消费者外,其他第三方几乎没有办法知道冰箱上存在商店的价款担保权益。但是,法典仍然承认这种担保权益的完善性,并且赋予其超级地位。法典认为,总体而言这种安排是合理的。一方面,如后文将要谈到的,价款担保权益的“超级优先权”并没有对其他利益方产生本质上的不利影响;另一方面,从保护消费者和促进消费者交易的角度来看,这种安排更符合公共利益。

第二类:收款权利买卖引起的担保权益

可以获得自动完善的第二类担保权益,是法典第 9.309 条(2)款、(3)款和(4)款所提到的收款权利的买卖或转让所引起的担保权益。前文提到,法典将某些收款权利的买卖交易推定视为担保交易,包括应收款、动产契据、无形支付和本票的买卖。由于这些交易在当事方之间原本属于买卖交易,只是被法典推定视为担保交易,因此当事方不会订立担保协议。

前文在讨论担保权益的附着条件时谈到,担保协议是担保权益发生附着的必要条件之一。如果当事方之间没有担保协议,担保权益就不可能发生附着。因此,对于这种推定成立的担保交易,必须采用另外的标准。前文谈到,法典对此实际上没有作出明确规定,因此,此种担保权益只能使用“生效”这个概念,并以买卖交易中的某个节点,如买卖合同的订立,作为生效的时间。

解决了此种担保权益的生效问题之后，仍然面临此种担保权益如何获得完善的问题。由于当事方并未将该买卖交易作为担保交易，因此不可能去进行登记，也不可能刻意去解决占有或控制的问题。如果当事方确实关注了这些问题，就说明当事方实际上已经将其作为担保交易，而不再是此处所说的推定的担保交易。所以，只要法典将此种收款权利的买卖交易视为担保交易，并将交易中的买方视为受担保方，几乎就必须提供自动完善的方式，否则买方的担保权益基本上无法获得完善。因此，根据法典第9篇的上述规定，一旦买卖交易生效，担保权益即自动获得完善，而无须进行登记，也无须受担保方取得担保物的占有或控制。

在涉及无形支付和本票的"买卖"时，法典没有对自动完善规定其他条件。在涉及应收款或无形支付的"转让"时，法典第9.309条(2)款对担保权益获得自动完善所规定的条件是，"只要该转让无论单独计算，还是与同一受让人获得的其他转让合并计算，均不构成转让人未结应收款或无形支付之重要部分的转让"。

上述规定涉及的一个问题是，"买卖"(sale)和"转让"(assignment)的区别是什么？法典第9篇适用于应收款或无形支付的买卖，但没说适用于应收款或无形支付的转让。在上述关于自动完善的规定中，对无形支付的"买卖"没有规定条件，而对无形支付的"转让"规定了条件。所以，似乎买卖和转让应该有所区别。但是，法典并没有进一步说明两者有何区别。基于一般理解，买卖是一种具有现时交换性质的交易，买方需要为该交易支付对价，而转让可以是为了偿还旧债，而且有时可以只是权利的转让，而不是义务的转让。此外，还有一些依法自动发生的转让。例如，破产程序中受托人对债务人财产的接管，通常被视为转让，但肯定不属于买卖。

无论如何，根据法典的上述规定，在涉及应收款或无形支付的转让时，只有不涉及转让人的同类财产的重要部分(significant part)，才可以获得自动完善。如果是重要部分的转让，可能就会属于法典第9.109条(d)(4)款所说的情况,即整体业务的转让。此时,该交易将不属于法典第9篇管辖的交易。

在"In Re Tri-Country Materials, Inc. 案"中,破产的债务人从事碎石和黄沙采集和供应业务。一家筑路工程公司与债务人订立了一份采购碎石和黄沙合同。为了添置必要的工程设备,债务人与一家设备租赁公司订立了租赁合同。随后,为了保证设备租金的支付,债务人将筑路公司应支付的采购款转让给租赁公司,用于支付设备的租金。在债务人宣布破产时,筑路公司应支付的采购款大约43,000美元,债务人应支付的设备租金大约为30,000美元。

租赁公司要求筑路公司继续支付该30,000美元,但因为债务人已经破产,破产受托人要求筑路公司将43,000美元的货款支付给债务人,作为债务人的破产财产。租赁公司则认为,债务人向其转让的应收款,构成法典第9篇范围的担保交易,而根据法典第9.309条(2)款的规定,因应收款转让而产生的担保权益可以获得自动完善,因此,虽然租赁公司并未根据第9篇的规定登记融资声明,但其仍然对该应收款持有完善的担保权益。

根据法典第9.309条(2)款的规定,只要应收款的转让不构成转让人未结应收款之"重要部分"的转让,受让人即可持有自动完善的担保权益。所以,在该案中,该应收款是否构成债务人应收款的重要部分,成为争议焦点,和法院必须解决的问题。法典本身没有对"重要部分"作出定义。根据相关判例,其他法院一般采用两个标准来确定"重要部分":一个标准是根据争议中的应收款占总应收款的比例来确定;另一个标准是判断争议中的应收款转让是否属于偶然和孤立的交易。有些法院认为,可以采用两个标准中的任意一个,而另外一些法院认为,两个标准必须同时满足。在该案中,法院认为必须同时满足这两个标准。

在该案中,在不考虑债务人其他应收款的情况下,债务人向租赁公司转让的那一部分应收款,大约只占筑路公司向债务人应支付的采购款总额的12%。如果加上债务人的其他应收款,比例数字会更低。因此,法院认为,根据上述第一个标准,债务人向租赁公司转让的应收款不属于其应收款的重要部分。关于第二个标准,其含义更加模糊。法院认为,一方面,租赁公司并不经常从其他公司获得应收款的转让,而债务人也基本上只是为这项交易才将应收款转让给租赁公司,因此该交易不是当事方惯常从事的交易;另一方面,从租赁公司的角度来讲,其租金的总额相对较大,且该数额是与债务人交易的全部数额,因此不应该再认为是“偶然”和“孤立”的交易。法院的最终结论是,租赁公司应该意识到,该应收款的转让很可能已经构成债务人应收款的“重要部分”,因而本应登记融资声明。法院据此判决,租赁公司的担保权益并未获得完善。

此外,上述规定没有提到动产契据。在涉及收款权利的买卖交易时,法典第9篇通常都将4种财产并列,即应收款、动产契据、无形支付和本票。但是,上述规定只提到3种,而没有包括动产契据。法典没有解释其中的原因。也许可以认为,动产契据是比较专业的法律文件,涉及相对复杂的安排,因此,参与此种财产买卖的人员比较专业,相关交易也不太可能是日常的普通交易,并且大多数动产契据本身就包含担保协议。因此,也许没有必要为此种交易提供自动完善的待遇,而是可以由相关当事方通过登记或占有的方式获得担保权益的完善。

第三类:基于法典其他篇产生的担保权益

可以获得自动完善的第三类担保权益是,法典第9.309条(6)款至(9)款所提到的基于法典其他篇产生的担保权益。前文在讨论法典第9篇范围内的担保交易类型时谈到,有些担保权益是根据法典其他篇的规定产生的,例如,在一定情况下,货物的卖方或买方可以自动取得对货物的担保权益。

这些担保权益是法典为了保护相关当事方而主动提供的,不是当事方有意作出的安排,甚至当事方可能都不会意识到此种担保权益的存在。在这种情况下,很难设想当事方会主动采取措施,使担保权益获得完善。这与上文谈到的收款权利的买卖非常相似。也就是说,如果法典不提供自动完善,此类担保权益就很难获得完善。

根据法典第 9. 309 条的列举,可以获得自动完善的担保权益包括:(1)卖方根据第 2. 401 条享有的担保权益;(2)卖方根据第 2. 505 条享有的担保权益;(3)买方根据第 2. 711 条(c)款享有的担保权益;(4)承租方根据第 2A. 508 条(e)款享有的担保权益;(5)收款银行根据第 4. 210 条享有的担保权益;(6)开证人或指定人根据第 5. 118 条享有的担保权益;(7)交付金融资产的人根据第 9. 206 条(c)款享有的担保权益。此外,根据法典第 9. 309条(10)款和(11)款的规定,经纪人或证券中间人在投资财产中设立的担保权益,以及商品中间人在商品合同或商品账户中设立的担保权益,也可以自动获得完善。

第四类:某些零星类别的担保权益

可以获得自动完善的第四类担保权益是,法典第 9. 309 条(5)款、(12)款、(13)款和(14)款所提到的某些零星类别的担保权益。根据法典第 9. 309条的规定,这些担保权益包括:(1)涉及向医疗用品或医疗服务提供者转让医疗保险应收款时,因该转让引起的担保权益;(2)为转让人全体债权人利益所作的转让,以及受让人随后作出的转让;(3)因转让逝者遗产之收益权产生的担保权益;(4)涉及个人在博彩或赌博游戏中赢取的应收款时,个人对该应收款的买卖。前两类属于常见的商业活动,是比较主要的种类,下文加以说明。

关于"医疗保险应收款"(health-care-insurance receivables),法典第 9. 102 条(a)(46)款规定:"'医疗保险应收款'指相关保险单项下的权益或索赔权,即基于已经提供或即将提供的医疗产品或服务,就金钱债务获得付款的权利。"根据这个定义,所谓应收款或获得付款的权利,主要是指病人持有的要求保险公司支付医疗费用的权利。

最简单的医疗保险安排涉及三方,即病人、医院和保险公司。病人需要向保险公司支付医疗保险的保费。在病人诊病后,医院有权向病人收费,而病人则有权要求保险公司根据保单条款支付费用。病人要求保险公司支付费用的权利,就是上述所说的"相关保险单项下的权益或索赔权"。为了给病人提供方便和提高理赔效率,上述三方通常会达成协议,即病人无须向医院付费,也无须自己去找保险公司理赔,而是由医院直接找保险公司理赔。这种安排相当于病人把自己从保险公司取得理赔的权利转让给医院,而此种转让,就是法典第9.309条所说的"向医疗用品或医疗服务提供者转让医疗保险应收款"。

根据法典第9.102条(a)(2)款的定义,医疗保险应收款也属于应收款。由于应收款的买卖被推定视为法典第9篇范围内的担保交易,而上述转让在一定意义上类似于买卖,因而该转让应该被视为担保交易。此外,当事方也有可能明确规定该转让为担保交易。无论如何,根据法典第9.309条的规定,只要受让人(医院)通过此种交易对医疗保险应收款取得担保权益,担保权益就可以获得自动完善,而无须任何一方采取其他行动。

法典的上述规定无疑是合理的,因为医疗保险单数量巨大,而由医院直接向保险公司理赔已经成为医疗保险的主要理赔方式。如果要求医院每接待一个病人,就要履行一次担保交易的登记手续或其他手续,医院实际上是无法做到的。所以,法典的规定是为了适应社会的实际需要,使医院、病人和保险公司都感到方便。

上述提到的另一种情况,称为"为转让人全体债权人利益所作的转让"(assignment for the benefit of all creditors of the transferor)。这通常是指为破产或清算目的,将债务人的全部财产转让给代表债权人利益的代表人,然后由该代表人与破产受托人共同处置债务人财产,并最终将处置收益分配给所有债权人。但是,这项规定中只提到转让,并没有提到担保权益,那么可以获得自动完善的担保权益到底在哪里?这涉及美国破产法中的相关概念。

在美国破产法中,为了使代表债权人接管债务人资产的破产管理人

(这里所说的代表人、受让人或受托人)能够公平有效地维护债权人的利益,破产法赋予破产管理人一项虚拟的“留置权债权人”(lien creditor)的身份。关于留置权债权人,法典第9.102条(a)(52)款规定:“‘留置权债权人’指:(A)通过扣押、查封或类似程序,对财产取得留置权的债权人;(B)为债权人利益所作的转让中的受让人(从转让时起);(C)破产案件中的受托人(从破产申请日起);或(D)衡平法中的接收人(从任命时起)。”也就是说,破产法将债权人的代表人和破产管理人视为担保债权人,并就其所接管的债务人的全部资产,从相关之日起享有担保债权人的权利。债务人的资产成为担保物,而代表人和破产管理人对该资产的权益就成为担保权益。

但是,上述代表人、受让人、受托人或破产管理人取得的担保权益,并不自动等于完善的担保权益。为此,法典第9篇专门规定,一旦他们通过债务人的财产转让取得留置权债权人的身份,他们的担保权益就从取得转让时起自动成为完善担保权益。

自动完善:担保物的收益

上述提到的法典第9.309条,共列举了14种可以获得自动完善的情况。在上述讨论中,将该14种情况分成四类,分别作出了说明。但是,还有一种可以获得自动完善的情况并没有列在该条之中,而这实际上还是很重要的一种。这就是处置担保物后所得收益中的担保权益。收益的概念前文已经讨论过。假设担保物是汽车,并随后被出售给他人,而他人出具了作为货款的支票,此时支票就是汽车的收益。

通常而言,受担保方在取得对原始担保物的担保权益时,都会比较小心地根据法典第9篇的规定使担保权益获得完善。例如,在上述汽车例子中,受担保方可能会及时就该汽车登记融资报告。但是,对于原始担保物的收益,常常会存在“防不胜防”的情况。在收益产生之前,几乎无法预知收益的具体形态,因为收益可能是货物,可能是票据,也有可能是应收款等,因此,即使受担保方希望就收益登记融资报告,也无法对收益的具体形态作出描述,而这种描述对于融资声明又是必需的。占有或控制的方式也很难适用于收益,因为受担保方可能根本不知道收益何时会产生。

因此,只要法典第 9 篇同意就原始担保物的收益向受担保方提供保护,就必须考虑到收益的这种实际特点。为此,根据法典的规定,对于担保物的收益,首先,担保权益可以自动发生附着;其次,担保权益一旦发生附着,即可以自动获得完善,包括这里所说的永久有效的自动完善,和后文将会讨论的具有 20 日临时有效期的自动完善。

担保权益对收益的附着,前文曾讨论过,即根据法典第 9.315 条(a)(2)款的规定,在担保物被出售、出租、许可、交换或作其他处置后,“担保权益附着于担保物的任何可分辨收益”。一旦担保权益发生附着,则只要原始担保物中的担保权益是完善的,收益中的担保权益亦将自动获得完善。对此,法典第 9.315 条(c)款规定:“只要原始担保物中的担保权益曾为完善,收益中的担保权益即为完善。”

上述规定之所以说“曾为完善”,是因为原始担保物中的担保权益此时有可能仍存在,但也可能已不存在。例如,假设原始担保物是汽车,因发生事故而损失,随后保险公司支付了保险赔偿,此时,原始担保物已不复存在,但作为该汽车的收益,保险赔偿中的担保权益仍然可以获得完善。也就是说,上述规定不要求原始担保权益仍然存在。但是,上述规定似乎并没有说明收益中的担保权益是否可以自动获得完善。那么,从哪里可以看出收益中的担保权益可以自动获得完善?

这个结论主要源于法典第 9.315 条(d)款的规定,即“收益中的完善担保权益,在附着于收益后的第 21 天失去完善性,除非:(1)下列条件得到满足:(A)已登记的融资声明覆盖原始担保物;(B)可以通过在融资声明登记处作出登记,使收益所属种类担保物中的担保权益获得完善;并且(C)未使用现金收益取得该收益;(2)收益为可分辨现金收益;或(3)收益中的担保权益在附着于收益时或在其后 20 天内,根据(c)款以外的规定获得完善”。

根据上述规定,所有收益中的担保权益都从发生附着时起,获得 20 日的临时完善期。在 20 日之后,只有符合法典第 9.315 条(d)款所列举的几种情况时,才可以继续保持完善;或者说,才可以像前文讨论的法典第 9.309 条所规定的情况,获得永久性的自动完善。在超过 20 日的临时完善期后,不符合所列条件的所有其他的担保权益都会失去完善性,除非在到期之前再采取其他措施,使担保权益继续保持完善。

收益中担保权益的永久自动完善:同一登记处规则

根据法典第 9.315 条(d)款,收益中的担保权益在 3 种情况下可以自动获得永久完善。当然,这里所说的"永久",并不是完全没有条件,因为担保权益的完善都是有条件的。例如,如果担保权益是通过登记融资声明获得完善,则完善期是 5 年,除非到期前续期。而如果是通过占有或控制获得完善,则只有持续保持占有或控制,才能保持完善,而一旦放弃占有或控制,就会失去完善。对于收益,情况也是一样的,也受制于这些条件。

法典第 9.315 条(d)(1)款所述的,是收益中担保权益获得永久性自动完善的第一种情况。该款规定了 3 个条件。第一个条件是,原始担保物被融资声明覆盖。也就是说,原始担保物中的担保权益是通过登记而不是通过其他方式获得完善的。

上述第(d)(1)款规定的第二个条件是,原始担保物和收益都属于可以在同一登记处登记的担保物种类。融资声明中无须包含相关收益,甚至完全无须提到收益,只要原始担保物与实际收益可以在同一登记处登记即可。例如,原始担保物是设备,收益是票据,但因为都不涉及不动产,因此都可以在州务卿办公处登记。这项规定称为"同一登记处规则"(same office rule)。这项规则是考虑到了收益的实际特点。当事方在登记融资声明时,常常不会想到收益的问题,也无法对收益作出描述,因为根本不知道收益会是什么形态。为了有效保护受担保方,法典不要求融资声明在描述原始担保物时提及收益,更不要求对收益进行描述。

那么这种制度是否对其他权益人不够公平？在上述例子中，如果其他人到登记处查阅抵押记录，可以查出债务人的设备上设有抵押，但无法查到债务人的票据上也设有抵押。因此，如果其他人随后从债务人购买了该票据，就有可能在发生争议时才发现，受担保方的担保权益已经存在于该票据中，并且是完善的担保权益。

显然，法典的这种制度，更多地偏袒了受担保方，而削弱了票据购买人的权利。一方面，这说明对权利的保护永远是一种平衡的结果，对一种权利的保护，通常意味着对另一种权利的削弱；另一方面，也应该意识到，一个人的最终权利，通常不取决于单一的规则，而是各种规则综合作用的结果。根据上述的规则，票据购买人对票据的权利可能次于受担保方的权利，但可能还有很多其他规则会使票据购买人拥有优于受担保方的权利。例如，票据购买人如果取得法典第3篇中正当执票人的地位，就会拥有优于受担保方的权利。

上述第(d)(1)款规定的第三个条件是，未使用现金收益取得该收益。该款规定通常是针对收益的收益，即第二代收益。例如，原始担保物是货物，货物被出售后取得现金。此时，现金属于第一代收益。如果再用该现金购买其他货物，就属于使用现金收益取得第二代收益。这项规定意在说明，如果在担保物处置的过程中间，第一代收益为现金，则只要该现金是可分辨收益，其中的担保权益即自动获得完善。但如果使用该现金取得第二代收益，则即使第二代收益是可分辨收益，受担保方对第二代收益的担保权益也不再能够获得永久性自动完善。

法典上述规定的主要原因是，如果第二代收益是用第一代现金收益取得的，则从第二代收益购买人的角度，就更加难以判断该第二代收益是否存在抵押。假设原始担保物是一台机器，债务人用该机器换取了一辆汽车作为第一代收益，此时，如果任何人购买该汽车并希望确认汽车的来源，都可以要求查看购车合同。由于汽车是交换而来的，债务人没有购车合同，因而购买人可能会对汽车产生疑问。但是，假设债务人出售机器后取得现金作为第一代收益，然后用现金购买了汽车作为第二代收益，购买汽车的人就不太可能提出疑问，因为购车手续齐全。法典的上述规定就是为了取得一定平衡，即受担保方获得的第一代收益可以得到更好的保护，无论收益是否为现金，而对于第二代收益或之后的收益，如果是使用现金获得的，法典的保护就要弱一些。

收益中担保权益的永久自动完善：可分辨现金收益

根据法典第 9.315 条(d)(2)款，收益中担保权益可以获得永久性自动完善的第二种情况是，收益属于可分辨的现金收益。前文谈到，如果第二代收益是使用第一代现金收益取得的，则第二代收益就不能获得永久性自动完善。而这里所说的可分辨现金收益，则主要包括两种情况：一种情况，第一代收益是现金收益；在这种情况下，上述提到的第(d)(1)(C)款不适用，因为不涉及收益的收益。另一种情况，无论现金收益是第几代，之前的每一代收益都不曾是现金收益。

关于现金收益，法典 9.102 条(a)(9)款规定："'现金收益'指金钱、支票、存款账户或类似形式的收益。"现金收益是否属于可分辨，是事实问题，需要根据具体情况确定。票据、汇款或账户比较容易分辨。对于现金，如果未与其他现金混合，也属于可分辨。即使已经与其他现金混合，只要通过合理方法可以分辨，仍然属于可分辨。例如，如果银行账户在收到汇款(现金收益)前已存有其他款项，汇款入账后与该其他款项混合，但账户没有任何支出，此时也许可以认为，账户内与汇款数额相等的一笔款项，就属于可分辨现金收益。

但是，如果账户随后发生支出，就会存在认定问题，即究竟是收益被支出，还是其他款项被支出。这个问题原则上需要根据法典以外的法律来确定。根据法典的正式评论，其他法律有时采用一项衡平方法，称为"最低区间余额原则"(lowest intermediate balance rule)。根据该原则，如果银行账户中原有存款 200 美元，后存入作为担保物现金收益的 300 美元，随后再支出100美元,此时,支出的100美元应被视为无人对其主张权益的款项,因此,账户中剩余的400美元被视为包含了受担保方主张权益的300美元。在这种情况下,300美元仍然属于可分辨现金收益。

收益中担保权益的永久自动完善:其他方式获得完善

根据法典第9.315条(d)(3)款,收益中担保权益可以获得永久性自动完善的第三种情况是,在20日临时完善的期限届满前,收益中的担保权益以法典第9篇规定的其他方式获得完善。假设原始担保物为货物,担保权益通过登记融资声明获得完善,且在货物被出售后,收益为存款账户,此时,如果受担保方希望在20日期限后,仍能使存款账户中的担保权益保持完善,就必须在20日期限届满前,取得对存款账户的控制,因为法典第9.312条(a)(1)款的规定:"存款账户中的担保权益,只能通过取得第9.314条所述的控制获得完善。"前文提到的"同一登记处规则"不能适用这里所说的情况,因为货物和存款账户不是可以在同一登记处登记的担保物种类。

20日临时自动完善

前文讨论的是担保权益可以获得永久性自动完善的5种情况:(1)消费品中的价款担保权益;(2)收款权利买卖引起的担保权益;(3)基于法典其他篇产生的担保权益;(4)某些零星类别的担保权益;(5)收益中的担保权益,包括:(i)同一登记处规则;(ii)可分辨现金收益;(iii)其他方式获得完善。

下面讨论的是20日临时自动完善。在这种方式下,担保权益从发生附着之日起,可以自动获得完善并在20日内保持完善。过期之后,担保权益仍然可以存在,但失去其完善性,除非在到期之前以其他方式另外获得完善。这种方式虽然也称为自动完善,但本质上是短暂的临时完善,不能解决长久保持完善的问题。20日的临时自动完善,是法典为了特定目的而向受担保方提供的临时保护。

临时完善适用于3种情况。第一种情况，受担保方通过支付新价值取得票式证券、流通所有权凭证或票据。第二种情况，受担保方出于商业需要临时放弃对所有权凭证或其他担保物的占有。第三种情况则涉及担保物的收益。

临时完善之一：支付新价值

担保权益获得临时自动完善的第一种情况，涉及票式证券、流通所有权凭证或票据中的担保权益。法典第9.312条(e)款规定："票式证券、流通凭证或票据中的担保权益发生附着后，可以无须登记，也无须占有或控制担保物，而在20天内保持完善，只要担保权益产生于业经认证之担保协议项下提供的新价值。"这里所说的"新价值"(new value)，是指直接用于取得上述担保物的价值。例如，假设买方为购买票式证券支付了价值，且在实际收到票式证券之前，以该证券作为自己所支付之价值的担保物，此时，买方所支付的价值就属于新价值。在一定意义上，新价值类似于价款担保权益中的价款，强调的是担保物与价值的直接交换。

上述规定主要是为了适应某些特殊需要而制定的。对于此类担保物，受担保方有可能只是在交易过程中暂时经手，例如，受担保方可能只是票据在收款过程中的经纪人。因此，如果要求他们就此类担保权益进行登记，会给他们造成极大负担，且基本上不切实际。并且，基于这些担保物的性质，受担保方可能无法保持占有。例如，在交易过程中，受担保方可能需要将提单或仓单临时交给其他相关人，而不可能保持对所有权凭证的占有。但是，这些受担保方在参与交易的过程中提供了价值，因此需要得到保护，否则就会影响他们对相关商业交易的参与。为此，法典对这些受担保方提供20日的临时保护期。在这20日内，受担保方无须采取任何行动，也无须占有或控制担保物，而可以享有完善的担保权益。

在20日期限结束之前，必须采用其他方式使担保权益获得完善，否则在该期限结束之后，担保权益即失去完善性。法典第 9.312 条（h）款规定：“在（e）款、（f）款和（g）款规定的 20 天期限之后，只有遵守本篇规定，担保权益才能获得完善。”之所以把期限定为 20 日，是考虑到在绝大多数的相关交易中，这个时间已足以保护相关的受担保方。这个原则也同样适用于下面的两种情况。

临时完善之二：临时放弃占有

担保权益获得临时自动完善的第二种情况，涉及受担保方放弃对担保物的占有。根据法典的规定，如果受担保方采用占有担保物的方式获得担保权益的完善，则受担保方只有持续保持对担保物的占有，才能使担保权益持续保持完善。如果受担保方将担保物交还给债务人，就会使担保权益失去完善性。但在有些情况下，出于商业活动的实际需要，受担保方可能一方面需要将担保物暂时交还给债务人，另一方面仍然希望保持担保权益的完善。

例如，受担保方持有流通仓单，并通过占有方式使仓单中的担保权益获得完善，随后，在债务人无力偿还债务后，双方同意由债务人出售仓单项下的货物用于偿还债务，为此，受担保方需要将仓单交还给债务人，以便其用于出售货物，但受担保方不希望因失去仓单的占有而使担保权益失去完善性。

为了解决上述这类问题，法典第 9.312 条（f）款规定：“流通凭证中的完善担保权益，或货物保管人（已就货物出具流通凭证的除外）所占有之货物中的完善担保权益，在受担保方为下列目的将货物或覆盖货物的凭证提供给债务人后，可以无须登记而在二十天内保持完善：（1）为最终出售或交换；或（2）为装货、卸货、存储、运输、转运、制造、加工，或为出售或交换而做的其他准备活动。”

出于同样理由，法典第 9.312 条（g）款规定：“票式证券或票据中的完善担保权益，在受担保方为下列目的将证券证书或票据交付给债务人后，可以无须登记而在二十天内保持完善:(1)为最终出售或交换;或(2)为提示、收款、强制履行、续延或转让登记。”

临时完善之三:担保物的收益

担保权益获得临时自动完善的第三种情况,涉及担保物的收益。前文已经谈到,对于担保物收益中的担保权益,在任何情况下都可以获得20日的临时完善期,但在该期限之后,担保权益只有在3种情况下才可以永久地保持完善,而其余担保权益将失去完善性。所以,只要不属于法典所列的3种情况,其余种类收益中的担保权益,都只有20日的临时完善期。法典第9.315条(d)款规定,除另有规定外,“收益中的完善担保权益,在附着于收益后的第21天失去完善性”。

遵守其他法律获得的完善

前文讨论的担保权益的4种完善方式,即登记方式、占有方式、控制方式和自动方式,都是法典第9篇提供的完善方式。此外,还有另一种完善方式,即通过遵守法典以外的其他法律使担保权益获得完善。这种方式实际上不是法典提供的方式,而只是法典承认的方式。因此,那些根据其他法律获得完善的担保权益,在与根据法典第9篇获得完善的担保权益发生冲突时,可以按统一的规则排列优先顺序。

关于此种方式,法典第9.311条(a)款规定:“为完善下列财产中的担保权益,无须登记融资声明,且登记亦不具任何效力:(1)受美国联邦法律或条约约束的财产,只要在涉及该财产中之担保权益在何种条件下优于留置权债权人之权利的问题时,该法律或条约的效力优于第9.310条(a)款;(2)受本州下列法律约束的财产:《交通法》中有关机动车产权证书的规定;《公园及野生动物法》中有关船舶和外装马达产权证书的规定;《行业法》中有关工厂预制房屋产权证书的规定;或有关公用事业企业证券票据的法律规定;或(3)受另一州产权证书法约束的财产,只要该法规定,将担保权益注明在产权证书上，是该担保权益就该财产取得优于留置权债权人之权利的前提条件，或是取得该优先权后必须完成的手续。”

根据上述规定，如果美国的联邦法律或条约，或本州内的其他专门法律，对任何特定财产中担保权益的完善问题拥有管辖权，且该法律或条约排除了法典第 9 篇的适用，当事方就必须按照该法律或条约的规定使担保权益获得完善，而不能通过法典第 9 篇规定的方式使担保权益获得完善。同时，只要当事方通过遵守该法律或条约的相关规定使担保权益获得完善，法典第 9 篇即承认其完善担保权益的地位。

法典第 9. 311 条(b)款进一步说明，遵守了法典之外的相关法律，就相当于登记了法典第 9 篇的融资声明，“如果要取得优于留置权债权人之权利的权利，遵守(a)款所述的法律或条约，即相当于登记了本篇项下的融资声明。除(d)款以及有关由产权证书所覆盖之货物的第 9. 313 条和第 9. 316 条(d)款和(e)款另有规定外，受(a)款所述之法律或条约约束的财产中的担保权益，只能通过遵守该法律或条约的规定获得完善；并且，即使担保物的使用发生变化或占有发生转移，以此种方式获得完善的担保权益，仍继续保持完善”。

法典之所以承认根据其他法律获得完善的担保权益，目的是使不同权益在发生冲突时可以根据同一规则排列优先顺序。法典第 9. 311 条(c)款规定：“通过遵守(a)款所述法律或条约获得完善的担保权益，其完善的期间和续期由该法律或条约规定，但担保权益的其他方面受本篇约束。”

附带形成的完善

前文在讨论担保权益的附着时谈到，担保物中的担保权益发生附着后，可以附带形成相关担保物中担保权益的附着。例如，汽车中的担保权益发生附着后，汽车的可分辨收益(如出售汽车后作为货款的支票)中的担保权益亦自动发生附着。担保权益的完善也存在类似规则，即担保物中担保权益获得完善后，可以附带形成相关担保物中担保权益的完善。前文谈到的担保物收益中担保权益的自动完善,实际上也属于附带形成的完善。

关于附带形成的完善,法典第 9.308 条规定:“(d)担保物中的担保权益获得完善后,即同时使该担保物之支持性债务中的担保权益获得完善。(e)取得付款或履约之权利中的担保权益获得完善后,即同时使担保该权利之动产或不动产中的担保权益、不动产抵押权或其他留置权中的担保权益获得完善。(f)证券账户中的担保权益获得完善后,即同时使证券账户项下之证券权利中的担保权益获得完善。(g)商品账户中的担保权益获得完善后,即同时使商品账户项下之商品合同中的担保权益获得完善。”关于法典第 9.203 条(f)款、(g)款、(h)款和(i)款规定的附带形成的附着,前文已经讨论过。而上述这项规定,与法典第 9.203 条的规定几乎是完全对应的。

州际流动的适用法问题

关于担保权益的完善问题,法典第 9 篇用了很长的篇幅对适用法问题作出规定。所谓适用法问题,主要涉及究竟根据美国哪个州的法律来确定担保权益如何获得完善、是否已经获得完善以及完善或不完善的后果。

法典之所以关注这个问题,主要源于动产的流动性,即动产可以轻易地从一个州流动到另一个州,而法典作为州法,只在本州内具有效力,在另一州没有效力。如此一来,当设有担保权益的动产从一个州流动到另一个州,就会造成一定问题。例如,加利福尼亚州的银行给同州的经销商提供贷款,并根据加利福尼亚州法律对位于加利福尼亚州的一笔货物取得担保权益,随后,这笔货物被运至相邻的犹他州。此时,银行根据加利福尼亚州法律取得的担保权益还继续存在吗?

考虑到美国各州之间交往的紧密性和便利性,这显然是一个重要问题。如果加利福尼亚州银行取得的担保权益因为担保物被带到犹他州而转瞬消失,那么此种担保权益的价值就大打折扣。所以,法典第 9 篇用了很长的篇幅来规定与此相关的问题,包括不同担保物所应适用的法律,以及担保物从一个州流动至另一个州后担保权益所受的影响。这个问题主要规定在法典第9.301条至第9.307条中。

尽管看上去各州各自为政的体制会给担保权益带来很大问题，但是，由于美国各州基本上都按同一格式采纳了法典第9篇，而第9篇就是基于各州虽然各自为政但都将采纳同一格式法典的这个假设而设计的，因此，动产在各州之间的流动，对当事方基本上已不构成问题，只是在一定情况下需要额外履行一些手续。

第八节　冲突权益之间的优先顺序

对于同一担保物，经常会有不同的权益人主张权利。这时就需要确定哪个权益人对该担保物拥有最优先的权利，而其余权益人应该各排在什么位置。有可能对同一担保物提出主张的权益人有不同类型。首先，债务人自然不希望失去担保物，因此有可能试图否定受担保方的担保权益。其次，债务人的无担保债权人可能会对债务人的资产主张权益。虽然无担保债权人不对特定的担保物享有权利，但担保物是债务人资产的一部分，因而处在被追索范围之内。再次，债务人的其他债权人也有可能对该担保物持有担保权益或其他担保权，无论该权益是否已经获得完善。最后，如果担保物被出售给他人，购买人也会主张对担保物的权利。

前文已经谈到，对于任何受担保方来说，为了使自己的担保权益获得法典第9篇最大限度的保护，都需要使自己的担保权益获得完善，因为根据法典第9篇的规定，完善的担保权益可以有效对抗绝大多数的其他权益。本章前面几节讨论了担保权益的设立和附着，以及担保权益获得完善的不同方式。只要受担保方确实遵守和满足了法典的要求，即可保证自己的担保权益获得有效设立和附着，并最终获得完善。

但是，对于任何受担保方，即使持有完善的担保权益，也不意味着必然对担保物享有最优先的权利。首先，对于同一担保物，可能存在不止一个持有完善担保权益的受担保方。此时,他们之间仍然需要排列优先顺序。其次,在担保物被处置之后,取得处置的人如果属于担保物的善意购买人,其权利有可能优于受担保方的权利,即使受担保方持有完善的担保权益。最后,假设债务人破产,破产受托人在一定情况下有可能撤销受担保方所持有的完善担保权益。这些都是有可能对持有完善担保权益的受担保方构成威胁的因素。因此,从受担保方的角度,必须对这些因素有充分的了解。

优先顺序的基本原则

上文提到,任何受担保方都有可能面临其他权益人对同一担保物的争夺。但是,法典第 9 篇在谈到优先顺序时,主要是指持有完善担保权益的不同受担保方之间的优先顺序。也就是说,如果任何权益人不持有完善的担保权益,该权益人就不在优先顺序的考虑范围之内。

这里所说的受担保方,也包括依据法典以外其他法律取得法定留置权或裁定留置权的担保债权人。虽然他们持有的留置权不是根据法典第 9 篇规定而取得的“担保权益”,但在涉及优先顺序时,第 9 篇将这些留置权等同于担保权益,而留置权的生效时间,被视为担保权益获得完善的时间。同样,农业留置权也是按同一原则排列优先顺序。

优先顺序之所以只涉及持有完善担保权益的受担保方,是因为其他权益人基本上无权对抗这些受担保方,因此无须排序。首先,在债务人与受担保方之间,只要受担保方根据法典第 9 篇的规定取得了有效的担保权益,无论该担保权益是否获得了完善,受担保方对担保物的权利就永远优于债务人,而不存在优先顺序问题。其次,即使债务人还有其他无担保债权人,但无担保债权人不对债务人的任何特定资产享有权利,因此也不存在优先顺序问题。最后,相对于持有未完善担保权益的受担保方,持有完善担保权益的受担保方永远享有优先权,因此也无须其他进一步的规则。

需要说明的是,对持有完善担保权益的受担保方构成威胁的还有其他权益人,如担保物的善意购买人。他们在很多情况下可以对抗完善担保权益的受担保方。在一定意义上,甚至可以说他们是对受担保方的最大威胁。但在法典第9篇中,受担保方与善意购买人之间的对抗,不属于优先顺序问题。但是,这个问题实际上关系受担保方的完善担保权益的效力问题,所以后文会加以详细讨论。

在谈到受担保方之间的优先顺序时,有一点需要加以注意,即法典中规定的优先顺序,永远是相对而言的,而不是绝对的。因此,如果说甲享有优先权,一定是相对于另一个特定的受担保方来说的,而不是笼统地说甲享有绝对的优先权。例如,可以说甲的权利优于乙,但不能在没有任何参照方的情况下,单纯说甲享有优先权,因为甲也许相对于乙享有优先权,但相对于丙就不享有优先权。在谈到登记或完善的时间时,如果甲比乙早,则在甲和乙之间,甲被视为"首先登记或完善";但如果乙比丙早,则在乙和丙之间,乙被视为"首先登记或完善"。

总体而言,法典第9篇优先顺序规则的目的,是在两个或多个受担保方均持有完善担保权益的情况下,为他们公平合理地排列优先顺序。这个问题对受担保方具有根本意义,因为受担保方所持有的担保权益的价值高低,主要取决于在多个受担保方争夺同一担保物时,自己的担保权益所享有的优先顺序。享有最优先顺序的担保权益,当然具有最高的价值。

这不仅是一个程序问题,而是关系受担保方能否得到清偿或得到多少清偿的问题。假设担保物价值15美元,而3个持有完善担保权益的受担保方均对该担保物主张权益,且每个人的权利价值均为10美元。此时,享有最优先顺序的受担保方可以得到充分清偿,享有第二优先的受担保方可以得到一半的清偿,而最后一个受担保方的担保权益则完全失去价值,尽管该权益也属于完善担保权益。因此,对于任何受担保方来说,首要目标都是取得具有最优先顺序的担保权益,而不仅是取得完善的担保权益。

对于持有完善担保权益的各个受担保方,法典为他们之间的优先顺序规定了一项基本原则,即前文曾提到的"首先登记或完善"(first to file or perfect)的原则。关于这项原则,法典第9.322条(a)(1)款规定:“在各项冲突的完善担保权益或农业留置权之间,优先顺序的先后,取决于作出登记或获得完善的时间先后。优先权的产生时间,为下列先发生者:首次作出覆盖担保物之登记的时间,或担保权益或农业留置权首次获得完善的时间,只要在该登记或完善之后不存在登记或完善的中断。”

前文在讨论担保权益获得完善的登记方式时,曾对这项原则作出简单说明,即这项原则体现了法典鼓励登记的立意,因为根据这项原则,首先获得完善的担保权益不一定具有优先权,因为另一项担保权益可能已经先行作出登记,即使作出登记时该担保权益尚未获得完善。关于这项原则,下文还会详细讨论。

上述“首先登记或完善”的原则并不复杂,但是法典第9篇有关优先顺序的规则,实际上还是比较复杂的。主要原因在于,除这项“首先登记或完善”的原则外,法典还就优先顺序问题制定了很多特殊规则,使优先顺序问题变得比较复杂。例如,虽然首先作出登记或完善的担保权益享有优先权,但根据法典第9篇的规定,价款担保权益享有超级优先权,因此其他担保权益即使更早作出登记或获得完善,有时也要排在价款担保权益之后。

同时,根据担保物种类的不同,不同价款担保权益之间也有一定区别,需要适用不同规则。此外,不同的担保物种类、不同的完善方式、不同的担保物取得方式,都可能对优先顺序具有影响。担保物购买人或类似权益人对担保物的权利,虽然严格来讲不属于优先顺序问题,但他们的权利可能优于受担保方。由于存在这些因素,在确定任何受担保方的优先权或优先顺序时,不能仅依赖任何单一原则,而是需要综合分析。

在极个别的情况下,法院甚至可以忽视法典第9篇的优先顺序规则,而直接动用其“衡平”权力排列优先顺序。在“General Insurance Co. v. Lowry案”中,担保权益的优先顺序本来很明确,但法院出于公平原因而动用了法院的衡平权力,强制改变了法典规定的优先顺序。该案的基本情况是,保险公司作为3名个人的保证人出具了一封保函,并代替3名被保证人偿付了相关债务,并因此对被保证人持有索赔。被保证人向保险公司出具了偿还款项的本票,同时订立了担保协议,规定以某公司的一批股票作为担保物。但是,保险公司的担保权益最终并未获得完善,因为保险公司没有取得股票的占有。

被保证人的律师一直为受保证人提供法律服务,并参与了被保证人与保险公司的上述全部交易。为了支付律师的法律服务费,被保证人向律师出立了一份本票,同时以上述提到的公司股票作为担保物,并将该股票实际交付给律师。在被保证人破产后,保险公司和律师均主张对该股票的权利。

这个案件本来没有任何困难之处,因为保险公司对股票的担保权益虽然首先发生了附着,但从未获得完善。律师对股票的担保权益随后发生附着,但获得了完善。因此,根据法典的规定,在保险公司和律师之间,律师无疑享有优先权。并且,当事方和法院均承认,律师的法律服务费本身是真实发生的费用,且并无不合理之处,所以被保证人和律师之间的担保交易本身是存在真实基础的。但是,鉴于律师与被保证人的关系,以及律师在与保险公司交往中的作用,法院认为,这个案子不能根据法典有关优先权的一般原则进行处理。

法院的判决书中说道,“我们认为,如果我们还打算维护‘善意’这个概念的效力,就不能容忍这个结果”,因为该律师“并不仅是一个维护自己商业利益的外部债权人”,而是被保证人的律师,并且和他的客户(被保证人)一起参与了与保险公司的担保协议的签署。法院最终判决,保险公司对相关股票取得了“衡平留置权”(equitable lien),且该留置权优于律师的完善担保权益。法院在判决书中写道:“尽管法院在动用衡平权力来干扰制定法的运作时应该有所顾忌,但是,统一商法典在其任何条文中都没有禁止在特定环境下使用衡平留置权。”法院认为,在该案的具体情况下,法院有充分理由动用其衡平权力。

首先作出登记或获得完善

在讨论影响优先顺序的其他特殊规则之前，先具体讨论一下优先顺序的基本原则，即“首先登记或完善”的原则。前文提到，这项原则强调，在“登记”和“完善”两者之间，以先发生者为准，而不单纯以先作出登记或先获得完善为准。

举例而言，假设银行甲于2月1日与债务人订立担保协议，规定银行甲向债务人提供贷款，并以债务人的一辆汽车作为担保物，但债务人仍然占有汽车。银行甲于2月2日在登记处登记了融资声明，并于2月10日向债务人提供了贷款。银行乙于2月5日与债务人订立担保协议，规定银行乙向债务人提供贷款，并以债务人的同一辆汽车作为担保物。银行乙于2月6日取得汽车的占有，并同时向债务人提供了贷款。2月15日由于债务人违反了与银行甲和银行乙的担保协议，银行甲和银行乙均主张对汽车的权利，从而引起对汽车的优先权问题。

在上述例子中，银行甲的权利优于银行乙的权利，因为银行甲首先于2月2日作出登记，而银行乙随后于2月6日才获得完善。银行甲在作出登记时，担保权益还未获得完善，而是到2月10日才获得完善，因为在提供贷款之前，担保权益不发生附着，自然也不能获得完善。因此，银行乙获得完善的时间早于银行甲。但是，在2月15日发生争议时，银行甲和银行乙都持有完善的担保权益。根据“首先登记或完善”的原则，银行甲因先作出登记而享有优先权。银行乙虽然占有汽车，但权利仍然次于银行甲。

假设债务人不是在2月15日违反担保协议，而是在2月8日发生违约，导致银行甲和银行乙同时对汽车主张权利。此时，银行乙享有优先权，因为银行乙的担保权益已经获得完善，而银行甲尽管先作出登记，但因为尚未提供贷款，所以担保权益在2月8日时尚未发生附着。在2月8日，银行甲实际上并不真正持有担保权益，更不可能持有完善的担保权益，因此不能对抗乙。

再假设银行甲不是2月2日登记的融资声明，而是2月10日作出登记，并于同日向债务人提供贷款。此时，如果争议仍发生在2月15日，则银行乙享有优先权，因为银行乙的担保权益于2月6日取得完善，而银行甲的担保权益在2月10日才作出登记。

法典为什么要通过“首先登记或完善”的原则鼓励登记？这主要是为了简化担保交易的手续、降低担保交易的成本、提高担保交易的保障，从而促进担保交易的发展。融资声明的初始有效期为5年，并且可以通过每5年作出一次延展声明，使融资声明长期保持有效。因此，对于经常提供融资的商家来说，在涉及经常接受自己融资的商家时，可以非常方便地保护与融资有关的担保权益。

举例而言，假设汽车制造厂与汽车经销商有固定业务往来，由制造厂将汽车卖给经销商进行零售。由于经销商资金有限，为了尽量鼓励经销商多从制造厂买车，制造厂会以赊销方式将汽车提供给经销商，并以汽车作为付款担保。制造厂在交货后几乎没有可能再占有汽车，因此需要通过登记方式使担保权益获得完善。由于融资声明的有效期为5年，并可不断续期，因此制造厂可以和经销商订立一项长期的担保协议，规定在协议期内交付的所有汽车都属于协议项下的担保物。

根据上述安排，在未来很多年内，对于制造厂向经销商交付的任何一辆汽车，担保权益都可以马上获得完善，因为担保权益可以在交付汽车时发生附着，并由于已经作出登记而立即获得完善。假设4年后相关权益人就汽车提出主张，制造厂的优先权日期可以追溯到4年前的登记日期。所以，登记可以使受担保方尽早确立自己的优先日期，并可以使担保权益的完善手续变得非常简单。

尽管通过登记方式可以在多年前就确定担保权益的优先权日期，但对于其他权益人，这并不构成不公平，因为一旦作出登记，任何人都可以通过查询来了解债务人的资产抵押情况。如果后手交易方没有查询，那就说明其已同意自担风险，因而无权抱怨。

价款担保权益的优先权

前文提到,价款担保权益是一种超级担保权益,受到法典的特殊保护。当存在两个或多个持有完善担保权益的受担保方时,一般原则是首先登记或完善的担保权益享有优先权。但是,如果存在价款担保权益,则即使其登记或完善的时间更晚,该担保权益在一定情况下也享有优先权,属于后来者居上。

关于价款担保权益的概念,前文已有所介绍。所举的一个例子是,假设在一项汽车买卖交易中,卖方保留对该汽车的担保权益,用于担保汽车价款的支付,则卖方取得的担保权益就属于价款担保权益。根据后文将要讨论的法典第9篇的优先顺序规则,即使其他受担保方已先行就该汽车中的担保权益作出登记或获得完善,卖方也享有优先权,只要卖方的价款担保权益在发生附着后也获得完善。

为价款担保权益提供优先保护,看上去好像损害了其他受担保方的利益,但是,其他受担保方实际上并未受到损失。在上述汽车买卖交易中,可以从两个不同角度来看这个问题。从一个角度来看,假设卖方的债权人已经提前在卖方的财产上设立了担保权益,且担保权益的范围包括该汽车,那么一旦卖方将汽车出售,且未收到货款,卖方债权人的权利就会受到一定削弱,因为卖方的财产减少了。假设卖方将汽车出售,且在未收到货款的情况下,取得对汽车的普通担保权益,那么情况对卖方债权人稍好,因为该担保权益尽管不一定享有最优先的权利,但至少比没有好。假设卖方取得了价款担保权益,那么卖方债权人的权利似乎就更有保证。因此,从卖方债权人的角度,价款担保权益只有好处,没有坏处。

从另一个角度来看,假设买方的债权人已经提前在买方的财产上设立了担保权益,且担保权益的范围包括该汽车,那么如果卖方对该汽车取得担保权益,买方债权人的权利似乎就会受到一定的不利影响,因为多出一个权益人争夺该汽车,而如果卖方取得价款担保权益,买方的债权人就会受到更不利的影响,因为价款担保权益享有超级优先权。但是,买方的债权人实际上并未真正受到不利影响,因为卖方的价款担保权益之所以能够存在,正是因为买方尚未支付价款,因此,该汽车本来就是买方无偿获得的。在这种情况下,让卖方对汽车享有“超级优先权”,本质上并未减少买方的债权人之前获得的担保物。

归纳起来,价款担保权益的超级优先权基于 3 点理由。首先,价款担保权益不会对其他受担保方造成不公平,因为其本质上代表担保物与融资的直接交换,不会导致债务人净资产的减少。其次,价款担保权益的受担保方是直接提供融资用于购买担保物的人,因此最有理由受到保护。最后,价款担保权益有利于债务人不断获得新的融资,从而促进商业的发展。前文提到,根据法典“后得财产”(after-acquired property)的规定,债务人可以将尚未取得但未来有可能取得的财产作为抵押物。但是,如果法典不提供价款担保权益这种具有“超级优先权”的担保权益,债务人在订立了包含后得财产的担保协议之后,将几乎无法再获得其他融资,因为债务人已经无法向后手贷款方提供具有抵押价值的担保物。

关于对价款担保权益的特殊保护,法典的基本精神很简单,但具体规则较复杂,因为法典要区分不同种类的价款担保权益,并分别制定不同规则。总体而言,根据担保物的种类,法典将价款担保交易分为两大类:一类涉及一般货物,也就是除“库存”和“家畜”外的所有其他货物;另一类涉及特定货物,即只包括库存或家畜。前一类涉及绝大多数货物(包括软件),属于价款担保权益的一般情况。后一类涉及少数特定货物,属于特殊情况。但在商业活动中,库存实际上是非常重要的担保物,甚至是最主要的担保物,因此,虽然后一类只包括两种货物,但具有很高的重要性。

根据法典的规定,价款担保权益只涉及货物和软件,而不涉及货物以外的其他种类担保物。法典第 9.103 条(a)(1)款规定:“‘价款担保物指用于担保价款债务的货物或软件。”前文已讨论过货物的概念。根据法典第 9.102 条(a)(44)款的规定:“‘货物’指在担保权益发生附着时可以移动的所有物品。”

无疑,库存和家畜都属于货物。但前文提到,法典把货物分为 4 类,即设备、消费品、库存和农产品,其中并没有家畜这个类别。按通常理解,家畜是人工饲养的牛羊等品种,因此在大多数情况下应该属于农产品。至于法典为什么要单独为库存和家畜制定规则,后文将会具体讨论。在法典第 9 篇中,软件本来是与货物并不兼容的单独一类。但在价款担保交易中,软件被视为与货物同类。

价款担保权益:一般货物

关于一般货物中的价款担保权益,法典第 9.324 条(a)款规定:“只要在债务人取得担保物占有时或占有后 20 天内价款担保权益获得完善,货物(库存或家畜除外)中的完善价款担保权益,优于同一货物中冲突的担保权益;并且,除第 9.327 条另有规定外,货物可分辨收益中的完善担保权益亦享有优先权。”

根据上述规定,在涉及一般货物时,价款担保权益只要在规定的 20 日期限间内获得完善,即优于任何其他的已经获得完善的非价款担保权益,即使价款担保权益获得完善的时间更晚,或即使价款担保权益的受担保方在取得担保权益时,已经知道担保物上存在其他前手的担保权益。

举例而言,假设银行 2 月 1 日与债务人订立担保协议,规定向债务人提供贷款,并以债务人现有的及未来的全部设备作为贷款的担保物。同日,银行甲登记了融资声明并向债务人提供了贷款。设备经销商于 2 月 10 日与债务人订立担保协议,规定向债务人赊销一台设备,并以该设备作为货款的担保物。同日,经销商向债务人交付设备并登记了融资声明。2 月 15 日债务人出现违约,银行与经销商同时主张对该设备的权利。此时,谁享有优先权?

根据担保权益获得完善的规则,银行的担保权益于 2 月 1 日获得完善,而经销商的担保权益于 2 月 10 日获得完善。根据后得财产原则,由于银行的担保权益覆盖未来的全部设备,而该设备属于后得设备,因此,该设备在担保权益的覆盖范围之内。根据首先登记或完善的原则,银行的担保权益本来应该享有优先权。但在上述例子中,设备经销商的担保权益构成价款担保权益,因此,虽然是在2月10日才获得完善,晚于银行的完善日期,但没有超出法典第9.324条(a)款规定的20日期限。因此,经销商的价款担保权益享有优先权。

前文在讨论价款担保权益的完善方式时谈到,消费品中的价款担保权益可以自动获得完善,无须登记或占有,也无须采取其他措施。因此,假设上述例子中的担保物是电视机,而债务人是消费者,则电视机经销商取得的就是消费品中的价款担保权益。在这种情况下,即使经销商不登记融资声明,也不占有电视机,该担保权益仍然可以自动获得完善。

法典第9.324条(a)款所规定的20日期限,属于一种宽限期,即价款担保权益只要在这个宽限期内获得完善,就相当于在所有其他担保权益之前获得完善。在这个宽限期内,价款担保权益如何获得完善,取决于是否涉及消费品。如果涉及消费品,就可以自动完善。如果不涉及消费品,就需要通过法典规定的其他方式获得完善,如登记方式。

在涉及价款担保权益的优先权时,需要注意的问题是,如果担保物的价值超过"价款债务"(purchase-money obligation),则优先权只在价款债务的范围内存在。例如,银行曾向债务人提供过200美元的贷款,并约定以债务人的后得财产作为担保物。之后,银行又向债务人提供100美元的贷款用于购买自行车,并约定以自行车作为担保物。自行车的价款是300美元,其中100美元使用银行第二次提供的贷款,另外200美元来自债务人的其他资金。在这种情况下,由于银行第二次的100美元贷款直接用于购买自行车,因此银行对自行车取得了价款担保权益。同时,自行车属于债务人的后得财产,因此成为银行之前提供的200美元贷款的担保物。但是,银行享有的价款担保权益只有100美元,而第一次200美元贷款的担保权益,则只能根据担保权益的一般排序原则,即首先登记或完善的原则来确定优先顺序。

价款担保物的收益

持有价款担保权益的受担保方，不仅对担保物享有优先权，而且对担保物的收益也享有相当的优先权。法典第9.324条(a)款规定："只要在债务人取得担保物占有时或占有后20天内价款担保权益获得完善，货物(库存或家畜除外)中的完善价款担保权益，优于同一货物中冲突的担保权益；并且，除第9.327条另有规定外，货物可分辨收益中的完善担保权益亦享有优先权。"根据这项规定，只要担保物的收益为可分辨收益，且已经获得完善，价款担保权益的优先权即延伸至担保物的收益。这类似于前文谈到的附带发生的附着与附带发生的完善。这里所说的是，价款担保权益的优先权附带延伸至担保物的收益。

前文曾讨论过收益的可分辨性。总体而言，法典对此采用灵活态度。无论何种分辨方法，只要合理都可以得到承认。例如，如果担保物是棉花，那么棉花纺成的棉线可能属于可分辨收益，而棉线织成的棉布可能也属于可分辨收益，只要在转化过程中基本上没有添加其他成分。如果添加了其他成分，如化纤材料，则织成的棉布可能就不再属于可分辨收益。

上述规定中提到的法典第9.327条，涉及"存款账户"(deposit account)。假设原始担保物是货物，那么在货物被处置后，收到的货款可能会被存入银行账户。此时，该账户就属于存款账户，并可能被视为原始担保物的收益。根据法典第9.327条的规定，对该账户持有价款担保权益的受担保方，不能对抗某些对存款账户持有担保权益的其他受担保方，如持有账户的银行，或对账户拥有控制的其他受担保方。因此，这是价款担保权益的受担保方受到的一个限制。

价款担保权益：库存

除去上述讨论的一般货物，在涉及库存和家畜这两种特定货物时，法典第9篇对价款担保权益的优先顺序制定了稍有不同的规则。库存虽然也是货物,但具有相当的独特性,即库存不是特定的货物,而是在一个特定时间节点符合库存定义的任何货物。例如,汽车经销商的汽车属于库存,但库存的具体内容随着汽车的销售不断变化,因此,受担保方实际上并不期待以任何特定汽车作为担保物,而是以发生争议的那个特定时间节点经销商所持有的库存作为担保物,如经销商在宣告破产时所持有的汽车库存。

库存的这个特点,使其在一定程度上与后得财产在概念上产生重合。例如,汽车经销商与银行订立协议,规定以汽车经销商全部的后得财产作为担保物,随后,汽车经销商与汽车制造厂订立协议,规定以经销商全部的库存汽车作为担保物,此时经销商的汽车将同时构成银行和制造厂的担保物,因为汽车既属于后得财产,也属于库存。从制造厂的角度,库存汽车是为了担保经销商购买汽车的价款,因此,制造厂取得的担保权益,永远属于价款担保权益。如此一来,从银行的角度,原有的后得财产协议就基本失去意义,因为经销商最重要的后得财产可能就是将要取得的汽车。因此,银行也就不太可能向经销商提供贷款。

法典认为,上述状况不利于商业的发展,因为后得财产是很多商家赖以取得贷款的重要担保物。实际上,即使银行不是以经销商的后得财产作为担保物,而是以经销商的库存作为担保物,情况也是一样的,即由于汽车制造厂所取得的基本上都是价款担保权益,因此银行的担保权益必定被降位。为了解决这个问题,以便鼓励那些无法取得价款担保权益的融资提供者仍然可以使用后得财产条款向债务人提供贷款,在涉及库存时,法典为价款担保权益设计了稍有不同的规则。

关于库存中的价款担保权益,法典第9.324条(b)款规定:“库存中的完善价款担保权益,优于同一库存中冲突的担保权益。”但是,该优先权“以下列为条件:(1)在债务人取得库存的占有时,价款担保权益获得完善;(2)价款受担保方向冲突担保权益的持有人发出业经认证的通知,除非被

第9.343条所免除(石油和天然气生产);(3)债务人取得库存占有的时间,系在冲突担保权益的持有人收到所需通知后五年之内;并且(4)通知说明,发送通知的人对债务人的库存已经或将要取得价款担保权益,并对库存作出描述。”根据这项规定,库存中的完善的价款担保权益,有可能优于先行获得完善的其他担保权益,但必须满足4项条件。

第一项条件,价款担保权益的完善时间,不晚于债务人取得库存的占有的时间。对于一般货物,价款担保权益可以在债务人占有担保物之后20日内获得完善。但根据该规定,涉及库存时,价款担保权益必须在债务人占有担保物的同时或之前获得完善。这项规定迫使当事方事先做好准备工作。例如,假设汽车制造厂以赊销形式向经销商提供汽车,并约定以经销商的库存作为担保物,此时,为了使价款担保权益在经销商取得汽车时即获得完善,汽车制造厂需要提前对该担保权益进行登记。因此,经销商一旦取得汽车的占有,担保权益即可发生附着,同时,因为已经作出登记,因而担保权益可以同时获得完善。

第二项至第四项条件涉及对其他权益人的通知。根据该要求,库存价款担保权益的受担保方必须向相关权益人作出适当通知,包括那些对同一担保物持有担保权益的其他受担保方。在上述例子中,假设汽车制造厂计划就经销商的库存取得价款担保权益,就需要在经销商取得汽车的占有之前向银行作出通知。假设银行收到通知的时间是2010年1月1日,那么对于债务人在该日之后至2014年12月31日之前取得占有的汽车,该通知均系有效。可以看出,此种通知的有效期非常长,因此,汽车制造厂可以很早以前就向相关权益人发出通知,并且不需要经常发送通知。也就是说,一旦作出通知,该通知可以覆盖5年内交付的汽车。所以,这对汽车制造厂来说,是非常方便和轻松的。

上述规定中列出的4个条件,是为了适当平衡两个权益人的权益。一个权益人是库存价款担保权益的受担保方,另一个权益人是其他受担保方。这样平衡之后,库存价款担保权益的受担保方仍然可以享有“超级优先权”,而其他受担保方在得到提前通知后,在必要时可以及时采取措施来保护自己的利益。

例如,假设在上述例子中,银行与汽车经销商之间的担保协议不允许经销商再在库存中设立其他抵押,或要求经销商将抵押金额限制在一定程度内,或规定在经销商另行设立抵押时银行可以要求经销商立即偿还贷款等,那么一旦银行收到汽车制造厂的通知,就可以在汽车制造厂的库存价款担保权益获得完善之前,相应地采取保护措施,例如,要求债务人立即偿还贷款,或立即对债务人提起诉讼等。

当然,在很多情况下,银行也有可能不会真正担心汽车制造厂所取得的价款担保权益,因为经销商的汽车本来就是通过赊销取得的,因此汽车制造厂取得的担保权益,不会使经销商的财务状况恶化,不会对银行产生不利影响。相反,也许有利于经销商业务的进一步发展,对银行来说反而是好事。

库存的收益:动产契据和票据

前面已经讨论过,在担保物产生收益之后,受担保方对担保物的收益,通常会自动延伸至该收益,而如果原始担保权益为价款担保权益,收益中的担保权益仍然属于价款担保权益。在涉及库存时,法典也有类似规定。根据法典第9.324条(b)款的规定,“当库存之收益是动产契据或票据时”,如果受担保方对库存持有完善的价款担保权益,该受担保方对该收益的权利即“优于库存之收益中冲突的担保权益”。这个规定不是对库存的收益作出笼统规定,而是仅适用于收益为动产契据或票据的情况。

举例而言,假设在前文提到的例子中,银行对经销商的汽车持有完善的担保权益,而汽车制造厂对经销商的汽车持有完善的库存价款担保权益,并且根据法典的规定,汽车制造厂的权益优于银行的权益。再假设经销商将一辆汽车出售给顾客,取得作为货款的支票。此时,该支票就是汽车的收益。根据法典的规定,银行和汽车制造厂对汽车的完善担保权益,均分别自动存在于汽车的收益中。因此,对于该支票,银行与汽车制造厂均持有完善的担保权益,并因此产生冲突。但是,汽车制造厂的权益属于库存价款担保权益,因而根据上述法典第 9.324 条(b)款的规定,汽车制造厂的权益优于银行的权益。

那么,上述规定为什么只提到动产契据和票据这两种形式的收益?主要是因为,在美国的实际商业活动中,出售库存之后所获得的收益,在绝大多数情况下就是票据和动产契据。如果出售库存的收益不是动产契据或票据,而是现金或类似收益,则法典另有专门规定,后文将会讨论。

这里需要注意的是,在上述例子中,争议是发生在汽车制造厂和银行两者之间。在这两者之间,根据法典的上述规定,汽车制造厂享有优于银行的权利。但是,假设在涉及作为第一代收益的支票时,与汽车制造厂发生争议的是其他权益人,汽车制造厂就未必享有优先权,而是需要根据法典的其他规定确定优先顺序。例如,假设任何人已先行对支票取得担保权益,或属于支票的善意购买人,汽车制造厂可能就不享有优先权。这个问题涉及受担保方对收益的权利以及对抗善意购买人的权利,后文会进一步讨论。

动产契据的收益

假设上述例子中的第一代收益不是支票,而是动产契据,那么在上述例子中,汽车制造厂的权利仍然是一样的,即可以优于银行的权利。但是,假设作为第一代收益的动产契据随后被处置,并取得第二代收益,此时,汽车制造厂对第二代收益享有什么权利?对此,法典第 9.324 条(b)款规定,汽车制造厂的价款担保权益,还优于"动产契据之收益中冲突的担保权益,只要第 9.330 条如此规定"。

上述规定中的"动产契据之收益",就是第二代收益。假设上述例子中的经销商在收到作为第一代收益的动产契据后,将其出售,并收到一张支票,此时,支票就是第二代收益。根据上述法典第 9.324 条(b)款的规定,汽车制造厂是否对作为第二代收益的支票享有优先权,取决于第 9.330 条的规定。但是,法典第 9.330 条实际上没有直接回答这个问题,而是从另一个角度谈论这个问题,即其他权益人是否对作为第一代收益的动产契据享有优于汽车制造厂的权利。如果其他权益人对作为第一代收益的动产契据享有优先权,自然对第二代收益也享有优先权。

法典第 9.330 条(c)款的规定是:"根据(a)款或(b)款对动产契据享有优先权的购买人,在下列情况下,对动产契据的收益亦享有优先权:(1)第 9.322 条规定对收益享有优先权;或(2)收益系动产契据覆盖的特定货物,或系该特定货物的现金收益,即使购买人在收益中的担保权益尚未获得完善。"这个问题后文会进一步讨论。

库存的收益:可分辨现金

如果处置库存后所获得的收益为现金,则只有该现金为可分辨现金时,原本对库存持有完善担保权益的受担保方,才可以对作为库存收益的现金享有同样的完善担保权益。法典第 9.324 条(b)款规定,对库存持有完善价款担保权益的受担保方,"还对库存的可分辨现金收益享有优先权,只要在将库存交付给买方之时或之前收到该收益"。

根据上述规定,只有在债务人收到现金收益之时或之后再将库存交付给买方,受担保方才可继续对该现金收益享有完善的价款担保权益。这里的现金收益,是指库存的第一代收益,而没有涉及下一代收益。前文谈及,如果第一代收益是现金,并用该现金收益取得第二代收益,受担保方对第二代收益的权利将被显著削弱。

价款担保权益:家畜

除库存外,另一种特定货物是家畜。法典第 9.324 条(d)款规定:"除(e)款另有规定外,且除(g)款另有规定外,如果家畜系农产品,则其中的完善价款担保权益,优于同一家畜中冲突的担保权益;并且,除第 9.327 条另有规定外，对于家畜的可分辨收益，或未经加工的可分辨产品，其中的完善担保权益，亦享有优先权；但是，所有上述各项，均以下列为条件：(1)在债务人取得家畜的占有时，价款担保权益已经获得完善；(2)价款受担保方向冲突担保权益的持有人发出业经认证的通知；(3)债务人取得家畜占有的时间，系在冲突担保权益的持有人收到所需通知后六个月之内；并且(4)通知说明，发送通知的人对债务人的家畜已经或将要取得价款担保权益，并对家畜作出描述。”

上述规定非常类似于前文讨论的对库存的规定。关于该项规定中的条件，家畜价款担保权益的受担保方同样需要对其他权益人作出通知，但考虑到家畜存栏时间较短，所以通知的有效期只有 6 个月。同时，这项规定只适用于农业生产中的家畜，即家畜必须是农产品。其他情况下的家畜不适用于这项规定。

如果上述规定中的条件得到满足，则对家畜持有完善价款担保权益的受担保方，不仅对家畜享有“超级优先权”，同时也对家畜的可分辨收益（如出售家畜后取得的支票）和可分辨产品（如剪下的羊毛）也享有“超级优先权”。法典之所以将家畜与库存作为同一类，是因为在农业生产经营中，家畜非常类似于库存，即担保权益不存在于特定家畜上，而是存在于特定时间节点上符合家畜定义的所有货物。

价款担保权益之间的优先顺序

假设两个或多个受担保方就同一担保物都取得价款担保权益，此时，如何确定他们之间的优先顺序？例如，假设公司为购置办公电脑，从银行取得贷款，而银行以即将购入的电脑作为担保物。再假设公司随后从电脑经销商处购入电脑，且由于银行提供的贷款不足以支付电脑的全部价款，经销商同意就剩余部分提供融资，并以电脑作为担保物。此时，银行和经销商对电脑所取得的担保权益，均符合价款担保权益的定义，因此两者的权益存在冲突。

对于此种冲突,法典第9.324条(g)(1)款规定,在两个或多个价款担保权益的受担保方就同一担保物持有权益时,“如果一项担保权益所担保的债务,系担保物之价款的全部或部分,而另一项担保权益所担保的债务,系使债务人取得担保物权利或担保物使用而支付的价值,则前一担保权益优于后一担保权益”。

在上述例子中,经销商提供的融资系用于“担保物之价款的全部或部分”,而银行的贷款则系用于“使债务人取得担保物权利或担保物使用”。因此,经销商享有优于银行的权利。这项规定的理由在于,经销商提供的价值与电脑的关系更密切。这项规定不考虑哪一方首先取得担保权益的完善或登记,也不考虑各方所分别提供的价值。

有关不动产附着物的优先权

不动产附着物本身是货物,但随后被固定到不动产上,因而转化为不动产附着物,受到动产法和不动产法的双重管辖。如果货物上原本设有担保权益,但相关不动产上原本也设有抵押,或在货物被固定后,不动产上随后设立抵押,那么对货物拥有担保权益的受担保方,就会与不动产抵押的权益人发生冲突。

举例而言,假设大楼的管理公司为了给大楼安装电梯,从融资公司取得购买电梯的贷款,并将电梯作为贷款的担保物。融资公司根据法典第9篇的规定,通过登记融资声明使电梯中的担保权益获得完善。电梯随后被安装在大楼内。大楼的开发商在之前已将大楼抵押给银行甲,而银行甲的不动产抵押登记时间早于融资公司的登记时间。在电梯安装好以后,银行乙又向开发商提供贷款,同样取得对大楼的抵押权,并进行了不动产抵押登记。在融资公司、银行甲和银行乙之间,如何确定对电梯的权利?

在上述例子中,融资公司对电梯持有的担保权益是根据法典第9篇的规定,通过登记融资声明而获得完善的,而银行甲和银行乙对大楼持有的抵押权,是根据不动产法,通过不动产抵押登记获得完善的。在这种情况下,融资公司对抗银行甲和银行乙的能力,在很大程度上取决于融资公司是否在不动产抵押登记处进行了不动产附着物登记。

前文提到,根据法典第9篇的规定,对于不动产附着物,或即将成为不动产附着物的货物,受担保方在登记融资声明时,有两个登记地点可以选择:一个登记地点是不动产抵押登记处,这种登记本质上属于不动产登记,可有效构成对不动产权益人的通知;另一个登记地点是其他担保物登记处,这种登记本质上属于动产登记。在这种登记中,即使融资声明将担保物描述为"不动产附着物",该登记也不能构成对不动产权益人的通知。

对于上述例子中的融资公司来说,两种不同登记的实际效力有何区别?简单来讲,如果在不动产抵押登记处登记,则融资公司在任何情况下都可以对抗银行乙,因为融资公司的登记时间早于银行乙。同时,如果融资公司对电梯持有价款担保权益,且其他一些条件得到满足,则融资公司还可以对抗银行甲,尽管银行甲的登记时间更早。如果在其他担保物登记处进行动产登记,则融资公司只有在特定情况下才可以对抗银行乙,但在任何情况下都不能对抗银行甲。

在上述例子中,由于融资公司贷款系直接用于电梯的采购,因此融资公司的担保权益属于价款担保权益。在这种情况下,如果融资公司在不动产抵押登记处进行登记,就应适用法典第9.334条(d)款的规定,即"不动产附着物中的完善担保权益,优于不动产他项权人或不动产所有权人的冲突权益,只要债务人对不动产持有注册权益或占有不动产,并且:(1)担保权益属于价款担保权益;(2)不动产他项权人或不动产所有权人的权益,在货物成为不动产附着物之前产生;并且(3)担保权益在货物成为不动产附着物之前,或在其后20天内,通过不动产附着物登记获得完善"。

在上述规定中,"不动产他项权人"(encumbrancer)主要是指对不动产持有抵押权的人,如上述例子中的银行甲和银行乙。根据上述规定,如果融资公司希望在对抗银行甲和银行乙时,享有对电梯的优先权,就需要满足3个条件:第一,作为提供电梯作为担保物的债务人,大楼的管理公司至少需要占有大楼,例如,管理公司本身就是大楼的承租方等;这项规定不要求债务人占有整栋大楼,甚至也不需要占有任何特定比例;这项要求的关注点是,债务人必须与不动产有某种真实联系和利害关系。第二,融资公司至迟应在电梯安装在大楼之后的20日内,在不动产抵押登记处进行登记,而不是在其他担保物登记处登记。第三,融资公司必须对电梯持有价款担保权益。

假设融资公司可以满足上述3个条件,那么虽然融资公司的登记时间晚于银行甲,融资公司对电梯的权利也优于银行甲。至于银行乙,融资公司自然拥有优先权,因为融资公司更早作出登记。但是,如果不能满足上述要求,融资公司就需要根据下文讨论的法典第9.334条(e)款来确定自己的优先权。

法典第9.334条(e)款规定:"不动产附着物中的完善担保权益,在下列情况下,优于不动产他项权人或不动产所有权人的冲突权益:(1)债务人对不动产持有注册权益或占有不动产,并且,该担保权益:(A)在不动产他项权人或不动产所有权人的权益获得注册之前,已经通过不动产附着物登记获得完善;并且(B)优于不动产他项权人或不动产所有权人之前手所有权人的冲突权益;(2)在货物成为不动产附着物之前,该担保权益通过本篇允许的任何方法获得完善,且不动产附着物属于可方便拆移的下列物品:(A)工厂或办公室的机器;(B)设备,但不主要用于不动产运营,亦不主要为此种目的租赁;或(C)家用电器替换品,且属于消费品;(3)该冲突权益系通过法律或衡平程序取得的不动产留置权,且在该担保权益通过本篇允许的任何方法获得完善后,才取得该留置权;或(4)该担保权益:(A)系在工厂预制房屋交易中,设立在工厂预制房屋中;并且(B)根据第9.311条(a)(2)款所述的法律获得完善。"根据这项规定,上述例子中的融资公司在4种情况下可以享有优先权。

第一种情况,如果管理公司占有担保物,且融资公司在不动产抵押登记处登记,且登记时间早于其他权益人,且根据不动产法或其他适用法,融资公司的权利优于其他权益人的前手所有权人，融资公司就可以享有优先权。这项规定还是比较苛刻的，因为其不仅要求融资公司早于其他权益人作出登记，而且融资公司还要持有优于其他权益人的前手所有权人的权利。这是考虑到，其他权益人可能会继承前手所有权人的权利，因而即使其自己登记的时间较晚，但仍有可能享有优于融资公司的权利。

在上述例子中，管理公司的登记时间晚于银行甲，因此管理公司的权利无疑次于银行甲。至于银行乙，由于管理公司占有大楼，且融资公司的登记时间早于银行乙，所以最重要的问题在于，管理公司是否在不动产抵押登记处作出登记。如果是在其他担保物登记处登记，则即使登记时间早于银行乙，也不能享有优于银行乙的权利。

第二种情况，在不动产附着物安装之前，受担保方必须已经使担保权益获得完善，无论是在不动产抵押登记处进行登记，还是在其他担保物登记处进行登记。同时，担保物必须是机器、设备或电器等方便拆移的物品，并且担保物不能“主要用于不动产运营”。

在上述例子中，由于电梯确实“主要用于不动产运营”，而且很可能也不属于可以“方便拆移”的设备，因而融资公司的担保权益不符合优先权的要求，因此既不能优于银行甲，也不能优于银行乙。在这项规定中，在哪个登记处进行登记，对优先权没有影响。可以看出，上述规定实际上更多的是针对方便拆移的日常用品。

第三种情况，无论是在不动产抵押登记处登记，还是在其他担保物登记处登记，受担保方的担保权益先行获得了完善，而其他权益人系随后通过司法程序对不动产取得留置权。这项规定显然不适用于上述例子，因为不存在通过司法程序取得留置权的其他权益人。

这项规定的主要理由在于，虽然受担保方可能没有在不动产抵押登记处登记，但这并不对持有裁定留置权的人构成不公平，因为该留置权本来就是通过司法程序取得的，没有依赖不动产抵押登记处的登记。

第四种情况，担保物是工厂预制房屋，且担保权益根据法典以外的其他州法获得完善。此种活动房屋在工厂组装，运到地基上固定后，作为简易房屋使用。这种房屋基本上属于货物，因为其与地基的固定不是永久的，可以随时拆移。因此，只要受担保方根据法典允许的方式获得担保权益的完善，且无论何时获得完善，即享有优于地基权益人对该房屋的权利，因为活动房屋与地基没有本质联系。

此外，法典还有“建设抵押权”（construction mortgage）的概念。关于这个概念，法典第9.334条(h)款规定：“如果不动产抵押权系用于担保土地建设工程中产生的债务，包括购置土地的成本，该不动产抵押权即属于建设抵押权，但该抵押权的注册记录，需要如此注明。”持有建设抵押权的人，通常是为不动产开发提供融资的人，如银行等。法典认为，持有建设抵押权的人对不动产承担了最大的风险，因此应该受到最大的保护。例如，尽管上述例子中的融资公司也为安装到大楼内的电梯提供了融资，但总体而言，为大楼整体提供融资的银行更应该得到保护。

为此，法典第9.334条(h)款规定：“不动产附着物中的担保权益次于建设抵押权，只要在建设完成之前，并在货物成为不动产附着物之前，该抵押记录被登记注册。如果不动产抵押权系用于建设抵押权的再融资，该抵押权与建设抵押权同样享有上述优先权。”根据这项规定，即使上述例子中的融资公司在不动产抵押登记处为电梯作出登记，即使融资公司的登记早于建设抵押权人的登记，建设抵押权人只要在电梯实际安装之前对建设抵押作出登记，就对电梯享有优先权。并且，假设另一家银行在电梯安装之后为该建设抵押提供“再融资”（re-financing），该银行也可以享有同样的优先权。

有关添附物的优先权

假设甲对一台汽车发动机取得担保权益，但该发动机随后被安装在一辆汽车里，而乙对汽车持有担保权益。在甲和乙之间，如何确定对该发动机的权利？这个问题涉及法典所说的“添附物”（accession）。关于添附物，法典第 9.102 条(a)(1)款规定:"'添附物'指以物理方式与其他货物结合的货物,且在结合后,原有货物并不丧失其特征。"根据这个定义,发动机就属于添附物,因为发动机在安装在汽车里面以后,基本还保持原有特征,而且还可以从汽车中基本完好地拆除。

关于甲和乙之间的关系,根据法典的规定,即使在发动机安装进汽车之后,甲仍然对发动机持有原来的担保权益。对此,法典第 9.335 条(b)款规定:"如果在成为添附物时,担保物中的担保权益已经获得完善,担保权益将在担保物中保持完善。"根据这项规定,只要甲对发动机的担保权益在安装之前已经获得完善,则在安装之后,担保权益不仅可以继续存在,而且可以继续保持完善。

在上述例子中,发动机已被安装进汽车,且乙对汽车整体持有担保权益,在这种情况下,甲对发动机的权利如何体现?对此,法典第 9.335 条(c)款规定:"添附物中担保权益的优先顺序应根据本章其他条款确定。"这项规定没有直接回答上述问题,只是说要根据法典"其他条款"予以确定。因此,在没有特别情况时,就应该根据担保权益的一般优先原则来确定,即"首先登记或完善"的原则。

在上述例子中,假设甲在 2 月 1 日对发动机取得完善担保权益,乙在 2 月 5 日对安装发动机之前的汽车取得完善担保权益,发动机在 2 月 10 日被安装在汽车上,甲和乙在 2 月 15 日均主张对发动机的权利。在这种情况下,甲首先获得完善,因此对发动机享有优先权。但是,假设甲于 2 月 8 日对发动机取得完善担保权益,那么乙即对发动机享有优先权,即使其在 2 月 5 日取得对汽车的完善担保权益时,发动机尚未安装。可以看出,在甲和乙之间,只按完善顺序的先后确定优先权,而不考虑各自对整车的价值贡献。

假设在上述例子中,可以确认甲对发动机享有优先权,但在发生争议时,发动机已经被安装进汽车里,这时甲如何实际行使其优先权?对此,法典第 9.335 条(e)款规定:"受担保方可将添附物从其他货物中拆移,只要添附物中的担保权益，优于对整体货物享有权益的每一个人的主张权。”也就是说，如果在上述例子中，除甲和乙外没有其他权益人，且甲的权利优于乙的权利，甲就可以通过将发动机从汽车中拆除来行使自己对发动机的权利。

很明显，这种拆除有可能会对汽车造成一定损伤。对此，法典第9.335条(f)款规定：“根据(e)款将添附物从其他货物中拆移的受担保方，应迅即就修补整体货物或其他货物之物理损伤所产生的费用，向对整体货物或其他货物持有担保权益、其他留置权或所有权的人(债务人除外)作出补偿。但是，对于整体货物或其他货物因拆移或替换添附物造成的价值降低，受担保方无须作出补偿。有权获得补偿的人，在受担保方就履行补偿义务提供充分保证之前，可以拒绝添附物的拆移。”根据这项规定，甲需要对汽车进行一定的修复，但仅限于修复汽车的“物理损伤”(physical injury)，如修复相关的连接部件或管线等。

上述讨论的是一般情况。如果添附物所涉及的整体货物存在政府颁发的“产权证书”(certificate of title)，添附物受担保方的优先权可能会受到一定影响。产权证书由相关政府机构颁发，一般用于汽车等类的货物。州法一般规定，如果将存在产权证书的货物进行抵押，该抵押必须标注在产权证书上。在标注之后，抵押权获得完善，并可对抗所有其他权益人。在上述例子中，如果汽车存在产权证书，且乙的担保权益被注明在产权证书上，则即使甲首先对发动机取得完善的担保权益，在发动机被安装进汽车后，甲的权利仍然次于乙的权利。对此，法典第9.335条(d)款规定：“添附物中的担保权益，次于整体货物中的担保权益，只要后者系通过遵守第9.311条(b)款所述的产权证书法获得完善。”

由于添附物具有较大的独立性，因此在上述例子中，甲不仅可以在发动机成为汽车的添附物之前取得对发动机的担保权益，而且还可以在发动机已被安装进汽车之后再就发动机取得担保权益。对此，法典第9.335条(a)款规定：“担保权益可以设立在添附物中，也可以继续存在于随后成为添附物的担保物中。”根据这项规定，法典在很大程度上将发动机和没有发动机的汽车视为两件相互独立的货物，可以各自设立担保权益。

有关融入物的优先权

假设甲对一批钢板持有担保权益，但该批钢板随后被用于一辆汽车的制造，而乙对汽车持有担保权益。在甲和乙之间，如何确定对该钢板的权利？这个问题涉及法典所说的“融入物”(commingled goods)。关于融入物，法典第9.336条(a)款规定：“‘融入物’指以物理方式与其他货物结合的货物，且在结合后的产品或整体中，原有货物失去其特征。”根据这个定义，钢板就属于融入物，因为钢板在用于汽车制造以后，已经失去原有特征，无法再按原样从汽车中取出。

根据法典的规定，在钢板用于汽车制造之后，钢板中原有的担保权益将消失，因为钢板已经丧失原有特征，无法简单进行辨认或分离。但是，上述例子中的甲并不真正丧失自己的权利，因为甲转而对已完成制造的整体汽车享有担保权益。对此，法典第9.336条(b)款规定：“担保权益无法存在于融入物本身。但是，在货物成为融入物后，担保权益可以附着于随后形成的产品或整体。”该条第(d)款还规定：“如果担保物中的担保权益在担保物成为融入物之前已经获得完善，则根据(c)款附着于产品或整体的担保权益仍保持完善。”

根据上述规定，甲对钢板的担保权益，将转化为对汽车整体的担保权益，那么在甲和乙之间，如何确定他们各自对整体汽车的权利？对此，法典第9.336条(f)款规定：“如果一项以上的担保权益根据(c)款附着于产品或整体，应按下列原则确定优先顺序：(1)根据(d)款获得完善的担保权益，优于在担保物成为融入物时尚未获得完善的担保权益。(2)如果一项以上的担保权益根据(d)款获得完善，则所有的担保权益，应根据担保物在成为融入物时的价值，按比例享有同等优先顺序。”

根据这项规定，如果甲和乙在整体货物中的担保权益都是完善的，那么,甲和乙将根据各自担保物在整体汽车中的所占比例,对整体汽车享有平等权利。这项规定不考虑双方担保权益的附着时间和完善时间。如果甲或乙任何一方的担保权益未获得完善,则不完善的担保权益永远次于完善的担保权益。

担保物的处置对担保权益的影响

前文讨论的是担保物发生变化的 3 种情况,即货物成为不动产附着物、添附物或融入物。假设担保物没有发生变化,而是被债务人出售给或以其他方式处置给第三方,或由于其他原因被第三方取得。此时,受担保方的担保权益是否仍然存在于该担保物?

债务人之所以有可能将担保物进行处置,主要是因为在很多情况下,担保物是由债务人占有或控制的。如果是债务人占有或控制担保物,担保协议通常都会规定,在没有得到受担保方同意的情况下,债务人不得自行处置担保物。即使担保协议没有明确这样规定,这也应该是债务人的默示义务。但在有些情况下,债务人确实有可能违反此种义务,将担保物擅自处置。在这种情况下,债务人自然要对受担保方承担违约责任。但是,从受担保方的角度,也希望知道是否还对已被处置的担保物继续享有担保权益。

在另外一些情况下,担保物被处置给第三方,本来就在当事方的设想之中,属于正常情况。例如,汽车经销商的库存汽车随时在销售,因此,如果受担保方以经销商的库存作为担保物,自然预期汽车会不断销售,而不会反对此种销售。实际上,如果没有此种销售,经销商也不可能生存,以库存为担保物的交易也不会存在。但即便如此,受担保方仍然希望知道,如果出现某种异常情况,自己对已被销售出去的汽车是否仍享有任何权利。

此外,担保物的处置也有可能是非自愿的。例如,债务人的债权人有可能会通过法律程序查封债务人的财产。小偷也有可能将担保物偷走。这些情况不属于通常意义上的主动处置,但从受担保方的角度,这些情况必然影响受担保方对担保物的权利。从法典的角度，并没有区分主动处置和被动处置，因此受担保方对担保物的权利都适用于相同规则。

关于担保物的处置，法典所规定的基本原则是，除法典另有规定外，且除受担保方明确同意不再保留担保权益外，在担保物被处置后，担保权益将继续存在于担保物之中。法典第9.315条(a)款规定："除本篇和第2.403条(b)款另有规定外：(1)担保物被出售、出租、许可、交换或作其他处置后，其中的担保权益或农业留置权继续存在，除非受担保方给予授权，使担保物在处置后不受制于该担保权益或农业留置权。"这项规定中提到的法典第2.403条(b)款，涉及货物的"委托"(entrust)。根据该款的规定，在一定情况下，只要委托人将货物交给被委托人，被委托人即有"权力"(power)转让货物的完好所有权。在这种情况下，担保权益将不可能再继续存在于担保物中。

上述法典第9.315条所说的受担保方的授权，不是指对处置的授权，而是指同意放弃担保权益。如果受担保方仅授权处置，不能被视为放弃担保权益。受担保方放弃担保权益的授权，可以明示作出或默示作出，也可以事先作出或事后作出。具体方式将取决于担保协议的规定和当事方的行为。例如，担保协议可以规定，债务人向某些买方出售担保物时，可以无须单独取得受担保方的同意，但在向某些其他买方出售前，需要征得受担保方的特别同意。

在"National Livestock Credit Corp. v. Schultz案"中，争议的问题不在于受担保方是否就担保物处置本身给予了授权，而是对出售收益的使用方式是否给予了授权。在该案中，受担保方是一家银行，向作为债务人的农场主提供贷款，并以农场主的牛以及出售牛之后的收益作为担保物。担保协议规定，农场主每次出售牛时，无须事先取得受担保方的同意，但必须与买方约定，使买方的付款直接付给受担保方。银行与农场主的贷款关系维持了很多年。在这期间，买方的付款并没有直接付给银行，而一直都是付给农场主的，然后再由农场主用该款项偿还银行的贷款。对此，银行从未提出异议。在农场主接近破产的一段时间里，农场主对于从两个买方收到的一些付款，没有再转给银行，而是用于支付了其他供应商。在农场主破产后，银行要求该两个买方向银行支付牛的价值，但两个买方已向农场主支付过货款，自然拒绝再向银行支付。由于买方不属于善意买方，不能以此对抗受担保方的权利，因而提出另一个理由，即受担保方多年的行为说明，其已放弃了担保协议中直接向银行付款的要求。法院支持了买方的主张，判定受担保方的行为构成对担保协议相关条款的弃权，并因此构成对出售之收益的使用方式的授权，无权再追究买方的责任。

债务人将担保物进行处置，看上去对受担保方不利，但实际上未必如此。一方面，根据上述有关担保物处置的基本原则，担保权益将继续存在于担保物中；另一方面，由于债务人在处置担保物后通常会有收益，如出售担保物所收到的价款，因此债务人的总资产并未减少，并且根据前文有关收益的讨论，受担保方原则上对此种收益也享有担保权益。因此，受担保方不仅对原担保物享有权利，还对收益享有权利，从原来的单层保护变为双重保护，所以有可能比原来的状况更好。

尽管法典第 9.315 条(a)款规定，在担保物被处置后，担保权益原则上继续存在于担保物中，但是，法典实际上还规定了很多例外情况，使受担保方的担保权益无法继续存在。如同下文将要谈到的，假设债务人将担保物出售给以善意支付价值的购买人，则该购买人取得担保物后，将不受制于受担保方的担保权益。下文对几项主要的例外情况分别加以讨论。

受担保方对抗货物的买方

最常见和最典型的担保物处置方式，是债务人将担保物出售给第三方。法典第 9 篇中范围内的担保物种类很多，具体情况相差很大，例如，担保物可以是汽车，也可以是应收款。显然，不同种类担保物的出售，会涉及不同问题。

在日常实际商业活动中，最主要的担保物种类是货物。前文提到，法典第9篇将货物细分为4类,即设备、库存、消费品和农产品。涉及担保物的出售时,法典原则上不具体区分货物的种类,但在有些情况下,不同种类的货物,会涉及不同的规则。如前文提到,在担保物是库存时,受担保方对收益的权利会涉及一些特殊规则。但是,这仅涉及收益,而不涉及担保物本身的处置效力。

在担保物是货物时,法典有关担保物处置的一般原则是,只要买方属于正常业务中的买方,在货物被出售后,受担保方即丧失对担保物的担保权益,即使该担保权益已经获得完善。法典第9.320条(a)款规定:"正常业务中的买方(从农业经营人买进农产品的人除外)不受制于其卖方在担保物中设立的担保权益,即使担保权益已获得完善,且买方知道担保权益的存在。"

适用上述原则的关键在于,买方必须是"正常业务中的买方"(buyer in ordinary course of business)。法典第1.201条(b)(9)款规定:"'正常业务中的买方'指善意买进货物的人,且其不知道该销售侵犯了另一人对货物的权利,并以正常方式向从事该类货物销售的卖方(典当商除外)买进。如果卖方向任何人作出的销售,符合卖方行业的通常或惯用做法,或符合卖方自己的通常或惯用做法,后者即属于以正常方式买进货物。"关于正常业务中的买方的概念,前文已经讨论过,下面是一个具体案例。

在"Tanbro Fabrics Corp. v. Deering Milliken, Inc.案"中,受担保方是一家毛坯布生产商,其产品通常销售给布匹精加工商,如从事染色或印制图案的加工商。争议发生在受担保方和其毛坯布的间接买方之间。受担保方主张对一批毛坯布的担保权益,而间接买方认为自己是正常业务中的买方,在购买该毛坯布后,不受原有担保权益的制约。

该案的具体情况是,直接买方和间接买方都从事布匹精加工,并都与受担保方有长期交往。受担保方的通常做法是,在毛坯布出售后,布匹仍然会存放在受担保方的仓库里,在买方需要时再发货。对于争议中的这批布,根据受担保方与直接买方之间的担保协议,所有存放在受担保方仓库中的毛坯布都用于担保直接买方尚未付清的货款。随后，直接买方将其中的一批布出售给间接买方，而后者向前者支付了全部货款。受担保方开始时曾根据直接买方的指示，向间接买方交付了一批货物，但之后拒绝再交付，声称直接买方尚未付清货款。随后，直接买方宣布破产。间接买方起诉受担保方，要求取得剩余的布匹。

在该案中，关键问题在于，间接买方是否属于正常业务中的买方。如果是，则间接买方对货物的权利就不受制于布匹中存在的担保权益。在该案中，直接买方和间接买方都是精加工商，因此法院面临的一个问题是，直接买方将本来用于加工的布匹转售给另一个加工商，是否属于其正常业务？法院最终认定，尽管直接买方的主要业务是加工布匹，并在加工后自行出售，但在该行业中，将多余的布匹或有利可图的布匹不经加工而直接转售，也不算是非正常做法。因此，此种情况不妨碍间接买方成为正常业务中的买方。另外一个因素是，间接买方自己也与受担保方有长期业务关系，对直接买方与受担保方之间的做法非常了解，知道受担保方有可能对其仓库中的布匹持有担保权益。法院认为，根据法典的规定，即使间接买方知道布匹中存在担保权益，但只要不知道其从直接买方购买布匹的交易侵犯了受担保方的担保权益，就不妨碍其成为正常业务中的买方。在该案中，由于布匹是由受担保方占有，且间接买方对直接买方与受担保方之间的做法比较熟悉，因此间接买方似乎应该意识到有可能侵犯了受担保方的担保权益。但是法院最终认定，间接买方属于正常业务中的买方，因此不受制于受担保方对布匹的担保权益。

这里需要注意的是，在法典中，“知道”（knowledge）仅是指实际知道。如果受担保方已就自己的担保权益作出登记，但买方没有去查阅，也没有以其他方式得知受担保方的担保权益，买方就属于不知道该担保权益的存在。并且，法典也没有规定买方有义务查阅融资声明登记。最重要的是，根据上述规定，买方的“知道”是指“知道该销售侵犯了另一人对货物的权利”，而不是仅仅知道担保权益的存在。因此，即使买方查阅了融资声明登记,知道货物存在担保权益,也不等于知道存在对受担保方权利的侵犯,因为融资声明通常非常简单,只列出担保物的种类,以及债务人和受担保方的名字,而不包括担保协议的具体条款,也不会说明受担保方在何种情况下会授权债务人出售担保物。

法典的上述规定,目的是保证绝大多数日常买卖交易的正常进行。融资在美国的商业活动中广泛存在,因此,卖方的货物中存在某种担保权益是很正常的。如果要求每个买方都到融资声明登记处查阅抵押登记,并了解卖方是否有权出售该货物,是完全不切实际的,会使正常的买卖活动无法进行。同时,对于制造商或经销商的货物,在绝大多数情况下,受担保方会允许他们正常销售,因为如果不这样做,制造商或经销商就无法正常运营和生存。

考虑到上述实际情况,并考虑到侵犯受担保方权利的情况毕竟是个别的,法典不要求买方在购买货物时,专门去了解货物是否存在担保权益,或卖方是否侵犯了受担保方的权利。这不等于忽视受担保方的权益,因为受担保方的权益还可以通过其他方法获得保护。例如,受担保方即使失去对货物的担保权益,仍然对货物的收益享有担保权益,仍然可以追究债务人的违约责任,并仍然持有对债务人的原始债权。所以,法典并非不保护受担保方,而只是不过度保护,以免妨碍商业交易的正常进行。

另外,还需要看到,法典的上述规定,虽然不要求买方实际调查货物背后的问题,但仍然只保护以善意作为并以正常方式购买货物的买方。根据上述规定,这不仅意味着买方需要支付正常价值,并且实际上不了解侵权的情况,而且卖方的行为也必须正常。如果卖方的情况不正常,买方就被视为不正常。或者说,买方有义务选择正常的卖方。看上去这个要求有点苛刻,但法典显然认为,买方实际上有能力对卖方作出判断。例如,自行车经销商如果出售自行车,一般就属于正常卖方,但如果出售汽车,可能就不太正常。因此,买方如果从自行车经销商购买汽车,可能就不属于“正常业务中的买方”。

关于上述法典第9.320条(a)款,还有一个需要注意的问题是,买方只是不受制于“其卖方”在担保物中设立的担保权益,但要受制于其他人在担保物中设立的担保权益,即使买方属于正常业务中的买方。所谓的“其卖方”,是指买方的直接卖方,因此不包括直接卖方的卖方或任何其他人。例如,甲向正常业务中的买方乙出售自行车,并收到乙支付的全部价款,但自行车之前已被甲抵押给银行。在这项交易中,由于担保权益系甲所设立,因此,乙取得的自行车不受制于银行的担保权益。但是,如果乙随后将自行车出售给正常业务中的买方丙,则担保权益将重新存在于自行车中,因为担保权益不是丙的直接卖方乙设立的,而是甲设立的。因此,丙要受制于银行对自行车的担保权益。

上述结果看上去有些不可思议,好像担保权益可以隔代遗传,但法典这样规定是有一定考虑的。从法典的角度,首先希望担保权益可以一直跟随担保物,以便最大限度地保护受担保方,但是,同时也要考虑交易的便捷,以及绝大多数交易参与者的正常需求和期待。在上述交易中,银行对原始卖方甲有较强的管控和知情能力,并在必要时可以及时采取措施,因此,为了平衡银行、甲和乙三方的商业需要和合理期待,法典允许乙不受担保权益的制约。但是,如果乙再出售给丙,则货物已经属于二手,已脱离了主流的货物买卖市场,因而在银行和二手货物买方之间,法典倾向更多地保护银行。

消费者之间的买卖

假设商家以赊销方式将一台冰箱卖给消费者甲,并自动取得完善的价款担保权益,那么在消费者无力支付冰箱价款时,商家可以直接收回冰箱。但是,假设消费者甲转手将冰箱出售给自己的邻居乙,则根据法典的规定,商家的担保权益可能将无法继续存在于冰箱中。法典第9.320条(b)款规定:“如果一个人主要为个人、家庭或家用目的使用货物,或为该使用而购买货物,则随后从该人购买货物的买方,不受制于货物中的担保权益,即使担保权益已获得完善，只要买方在买进货物时：(1)不知道担保权益的存在；(2)支付了价值；(3)主要用于买方个人、家庭或家用目的；并且(4)在覆盖货物的融资声明作出登记之前。”这项规定所针对的情况是消费者之间的二手物品买卖。

上述规定有两个主要条件。首先，不存在登记的融资声明。商家在以赊销方式将货物卖给消费者时，通常会依赖消费品价款担保权益的自动完善，因而几乎不可能登记融资声明。其次，买方不知道担保权益的存在。在上述例子中，如果甲没有把赊销的情况告诉乙，乙基本上就不可能知道担保权益的存在。根据法典的规定，乙也没有义务到担保物登记处查询登记。即使乙去查询，由于商家没有作出登记，乙也查询不到该担保权益。

受担保方占有货物

上述讨论没有明确涉及一个问题，即在作为担保物的货物被出售时，究竟是债务人占有货物，还是受担保方占有货物。在大多数情况下，债务人只有在占有货物的情况下，才可能会出售货物。但即使货物不由债务人占有，而是由受担保方占有，债务人也有可能订立出售货物的合同。并且在订立此种合同时，买方不一定要求债务人出示货物，也未必注意到债务人当时是否占有货物。那么债务人订立的此种合同是否会影响受担保方的担保权益？

前文谈到，作为担保物出售的一般原则，在货物被出售给正常业务中的买方后，原则上货物中的担保权益将不复存在。但是，作为该项原则的一个例外，如果受担保方占有货物，那么即使债务人通过订立出售合同的方式试图将货物出售，受担保方在货物中的担保权益也不会受到影响。对此，法典第 9. 320 条(e)款规定：“如果受担保方根据第 9. 313 条占有货物，上述(a)款和(b)款不影响货物中的担保权益。”这里所说的法典第 9. 313 条，允许受担保方通过占有货物的方式，使货物中的担保权益获得完善并保持完善。

不受保护的未来贷款

前文提到,如果担保物为货物,且购买该货物的买方不属于正常业务中的买方,则原则上货物中的担保权益将继续保持有效。但是,在涉及“未来贷款”(future advances)时,法典对上述原则规定了一项例外。所谓未来贷款,就是担保协议规定,债务人提供的担保物,将用于担保受担保方未来可能提供的贷款。根据法典规定,即使受担保方没有义务在未来必须提供贷款,只要受担保方随后实际提供了贷款,该贷款也可以构成法典所说的“未来贷款”。

关于未来贷款对所出售的货物中的担保权益的影响,法典第 9.323 条(d)款规定:“即使货物的买方不属于正常业务中的买方,只要担保权益用于担保在下列较早者发生后作出的贷款,买方即不受制于该担保权益:(1)受担保方得知买方的购买;或(2)购买后已满 45 天。”

举例而言,假设银行在 2 月 1 日向债务人提供 100 美元贷款,以债务人价值 400 美元的设备作为担保物,并约定用该设备担保所有的未来贷款。再假设债务人在 2 月 5 日将设备出售给不属于正常业务中的买方。此时,银行的担保权益将继续存在于设备中。但是,由于银行只提供了 100 美元的贷款,而设备价值 400 美元,因此设备中还有 300 美元的价值不受制于担保权益。再假设银行并不知道债务人已将设备出售,并在 4 月 5 日再向债务人提供 200 美元的未来贷款。根据担保协议,这笔 200 美元的未来贷款也用该设备担保,因此银行在设备中的担保权益的价值增加为 300 美元。这当然对买方是不利的,因为归属于买方的不受制约的价值,从 300 美元减至 100 美元。但是,根据上述有关未来贷款的例外,即法典第 9.323 条(d)(2)款,由于银行提供 200 美元贷款的时间(4 月 5 日)距离买方的购买时间(2 月 5 日)已超过 45 天,银行这笔 200 美元的贷款就不能再以该设备作为担保。因此,银行最终只对设备持有 100 美元的担保权益。在这种情况下,即使买方不属于正常业务中的买方,其所购买的担保物也不受制于因未来贷款而产生的那一部分担保权益。

法典的上述规定，主要是为了增加商业交易的稳定性。买方在购买设备之前，也许有办法知道债务人是否已就设备获得了贷款，或者获得了多少贷款，但无法知道未来是否还有贷款，以及未来会有多少贷款。法典将这个不稳定期限制为最多不超过45天。因此，即使买方不属于正常业务中的买方，只要超过45天，买方所购买的货物就是安全的。买方如果希望缩短这个期限，可以根据上述法典第9.323条(d)(1)款的规定，就该购买交易立即向受担保方作出通知。如果受担保方在收到通知之后仍然提供未来贷款，就不能再用原来的担保物进行担保。

受担保方对抗货物的承租方

在担保物为货物的情况下，债务人可能并未出售货物，而是将其出租。这种情况实际上非常普遍，并在很多情况下属于正常的商业交易。例如，对于很多从事货物租赁业务的商家来说，其用于出租的货物在很多情况下是通过融资方式购买的，而融资方必然要对该货物设立担保权益。但是，融资方在提供融资时已知道，作为担保物的货物是用于出租的。在这种情况下，担保物被出租，本身是非常正常的商业活动，得到了受担保方的同意或授权。但在另外一些情况下，债务人出租担保物的行为，可能违反了与受担保方的协议，或由于其他原因构成不当行为。

从货物承租方的角度，自然希望在订立租赁合同后，能够在租赁期间正常地使用货物。根据法典的规定，只要承租方属于"正常业务中的承租方"(lessee in ordinary course of business)，就享有类似于正常业务中买方的权利，可以不受制于担保物中的担保权益。也就是说，即使出租方与受担保方之间的担保协议禁止担保物的出租，受担保方也无权根据该条款收回担保物。法典第9.321条(c)款规定："正常业务中的承租方的租赁权益，不受制于出租方在货物中设立的担保权益，即使该担保权益已获得完善，且承租方知道担保权益的存在。"

关于此种承租方，法典第2A.103条(a)(15)款规定："'正常业务中的承租方'指以善意承租货物的人，且其不知道该租赁侵犯了第三方对货物的所有权、担保权益或租赁权益，并以正常方式向从事该类货物销售或租赁的人(典当商除外)租赁货物。'租赁'可以支付现金，也可以使用其他财产交换，或利用有担保或无担保的信贷，也包括根据前存租赁合同取得货物或所有权凭证，但不包括整体转让，也不包括为担保金钱债务或为全部或部分清偿金钱债务所作的转让。"

上述定义类似于正常业务中买方的定义，但不完全一样，例如，这个定义没有要求出租方遵守惯常做法。这不一定说明法典的本意是免除这个要求，而有可能只是法典起草中的技术问题。法典的各篇不是同时起草的，也不是由同一名专家起草的，修订时也是各篇分别进行的。因此，法典各篇实际上存在一定的衔接问题。从目前法典的文字上来看，正常业务中的买方与正常业务中的承租方似乎有一定差别，但总体要求应该是一致的。如果出租业务中的出租方未遵守其自己或行业的惯常做法，很难想象法院会认为承租方仍然属于正常业务中的承租方。

如果担保物的承租方属于正常业务中的承租方，那么在租赁协议规定的期限内，只要承租方没有违反租赁协议，就可以根据租赁协议的规定使用担保物，而受担保方只能等到租赁期限结束，无权在此之前将担保物收回或对担保物采取其他措施。承租方在租赁协议项下的其他权利也不受影响。

与货物被出售时的情况相同，货物的直接承租方在符合正常业务中的承租方的定义时，可以有效对抗受担保方，但货物的间接承租方则不享有这样的权利。因此，如果直接承租方将货物转租给分租承租方，则该分租承租方不能对抗受担保方，即使该分租承租方属于正常业务中的承租方。同样，承租方即使不是正常业务中的承租方，在一定条件下亦不受未来贷款的影响。法典第9.323条(f)款规定："即使货物的承租方不是正常业务中的承租方，只要担保权益用于担保在下列较早者发生后作出的贷款，承租方的租赁权益即不受制于该担保权益:(1)受担保方得知该租赁;或(2)租赁合同取得强制履行力后已满四十五天。"这与上面对非正常业务中买方的规定是一致的。

受担保方对抗一般无形财产的被许可方

如果担保物是"一般无形财产",如商标权或专利权,在债务人将其许可给正常业务中的被许可方之后,被许可方不受制于其中的担保权益。法典第9.321条(b)款规定:"涉及非独家许可时,正常业务中的被许可方的权利,不受制于许可方在一般无形财产中设立的担保权益,即使该担保权益已获得完善,且被许可方知道担保权益的存在。"这项规定类似于前文讨论的有关正常业务中的买方和正常业务中的承租方的规定。法典及其正式评论没有说明,为什么这项规定只适用于"非独家许可"(non-exclusive license),而不能适用于独家许可。一种可能的解释是,非独家许可对受担保方影响较小,因此法典更愿意保护被许可方。

关于正常业务中的被许可方,法典第9.321条(a)款规定:"'正常业务中的被许可方'指以善意成为一般无形财产被许可方的人,且其不知道该许可侵犯了另一人对该一般无形财产的权利,并以正常方式向经营该类一般无形财产许可业务的人取得许可。如果一项许可符合许可方行业的通常或惯用做法,或符合许可方自己的通常或惯用做法,取得许可的人即属于正常业务中的被许可方。"这项规定中包含了对惯用做法的要求,更接近于对正常业务中的买方的要求。

受担保方对抗动产契据的购买人

假设汽车经销商为从银行取得贷款,将自己的库存汽车抵押给银行,而银行通过登记融资声明,对汽车经销商的库存取得了完善的担保权益。汽车经销商随后出售一辆库存汽车给顾客,顾客支付了一部分货款,并签署了一份动产契据,其中承诺分期支付剩余货款。汽车经销商在收到动产契据后，将其出售给融资公司。此时，动产契据是库存的收益，而根据法典的相关规定，在受担保方对库存享有完善的担保权益时，该担保权益将自动存在于库存的收益上。因此，银行对动产契据也享有完善的担保权益。而融资公司作为动产契据随后的购买人，自然也直接对动产契据享有权利，并实际上持有该动产契据。但是，银行作为先取得完善担保权益的一方，是否对动产契据享有优先权？

关于这个问题，法典第 9.330 条(a)款规定："如果动产契据仅被主张为设有担保权益之库存的收益，则在下列情况下，动产契据购买人的权利，优于动产契据中的担保权益：(1)购买人在正常业务中以善意支付新价值，取得对动产契据的占有，或根据第 9.105 条取得对动产契据的控制；并且(2)动产契据并未注明，其已被转让给除购买人外的任何特定受让人。"

在上述例子中，银行对动产契据的担保权益的权利基础在于，动产契据是库存的收益，并且除这个基础外，银行没有其他理由对动产契据主张权利。因此，银行的情况如上述法典第 9.330 条(a)款所述，即"动产契据仅被主张为设有担保权益之库存的收益"。此时，根据法典第 9.330 条(a)款的规定，融资公司作为动产契据的购买人，只要满足所规定的条件，包括以善意支付价值，且动产契据上并未注明存在其他权益人，融资公司即对动产契据享有优于银行的优先权。

与上述情况相对应的是，在有些情况下，对动产契据的主张，并非仅因该动产契据是库存的收益。在这种情况下，法典第 9.330 条(b)款规定："即使动产契据并非仅被主张为设有担保权益之库存的收益，动产契据购买人的权利，仍然优于动产契据中的担保权益，只要购买人在正常业务中以善意支付新价值，取得对动产契据的占有，或根据第 9.105 条取得对动产契据的控制，且不知道该购买侵犯了受担保方的权利。"

举例而言，假设汽车经销商出售一辆汽车给顾客，顾客支付了一部分货款，并签署了一份动产契据，其中承诺分期支付剩余货款。经销商在收到动产契据后，为了取得银行的贷款，将动产契据抵押给银行，但实际上并未交付。银行通过登记融资声明使担保权益获得完善。经销商随后又将动产契据出售并交付给融资公司。此时，银行对动产契据的担保权益，是直接从经销商取得的，因此，该“动产契据并非仅被主张为设有担保权益之库存的收益”。此时，只要融资公司满足了法典的规定，融资公司仍然享有优先权。

可以看出，上述两种情况的区别在于：在第一种情况下，如果“动产契据并未注明，其已被转让给除购买人外的任何特定受让人”，动产契据的购买人即享有优先权；在第二种情况下，如果动产契据的购买人“不知道该购买侵犯了受担保方的权利”，购买人即享有优先权。第一种情况对购买人更有利，因为即使购买人知道该购买侵犯了受担保方的利益，只要动产契据上没注明，购买人仍然享有优先权。在上述任何一种情况下，即使受担保方的担保权益在动产契据购买人购买之前即已经获得完善，动产契据购买人仍然享有优先权。

动产契据买卖和抵押的区别

在法典第 9 篇中，动产契据在出售时和在抵押时都可以引起担保权益，因为即使是出售，法典第 9 篇也将其视为担保交易。因此，如果动产契据的所有权人将其抵押给融资方，取得抵押的融资方将成为受担保方，而如果动产契据的所有权人将其出售给融资方，融资方也同样成为受担保方。那么，对于动产契据的所有权人和融资公司来说，两种不同类型的交易有何区别？

举例而言，假设经销商以分期付款的方式向顾客出售货物，并收到一份价值 500 美元的动产契据，此时，经销商如果需要利用该动产契据获得融资，可以将其出售，也可以将其抵押。假设经销商以 450 美元的价格将其出售给融资方，经销商可以获得 450 美元，而融资方则取得 500 美元的收款权利，同时承担收款的风险。融资方最终收到的数额主要取决于顾客的支付情况，可能高于 450 美元，也可能低于 450 美元。无论收到多少，经销商都不再承担任何责任。假设经销商将该动产契据抵押给融资方，同时取得450美元的贷款。此时，经销商同样是获得450美元，但不同的是，融资方只是以动产契据作为担保物，但并不承担动产契据的收款风险。无论经销商最终从顾客收到多少钱，经销商欠融资方的钱都是450美元。所以，对于经销商和融资方，动产契据的买卖和抵押，性质和后果是不同的。

由于两种交易均属于法典第9篇范围内的担保交易，因此该动产契据均属于担保物，经销商均属于债务人，而融资方均属于受担保方。无论是经销商出售动产契据还是抵押动产契据，受担保方的担保权益均无法享受自动完善，而是必须采取主动措施使其获得完善。担保权益的完善，可以通过占有（实体动产契据）、控制（电子动产契据）或登记（无论实体或电子）。前文提到，涉及除动产契据外的其他收款权利的买卖时，如在涉及应收款的买卖时，担保权益可以自动获得完善。但是，这种自动完善不适用于动产契据的买卖。

受担保方对抗票据的购买人

假设经销商从顾客收到用于支付货款的远期本票，并且经销商为了从银行取得贷款，将本票抵押给银行，但并未交付。经销商随后又将本票出售给融资公司。此时，融资公司成为本票的购买人，而银行则是本票的受担保方。在银行与融资公司之间，谁对本票享有优先权？

对此，法典第9.330条（d）款规定："如果票据中的担保权益已经获得完善，但不是通过取得占有获得完善，则只要票据的购买人以善意支付价值，取得对票据的占有，且不知道该购买侵犯了受担保方的权利，票据的购买人即享有优先权。"由于上述例子中的银行未占有票据，因此，根据这项规定，虽然银行对本票持有完善的担保权益，且完善的时间早于本票的购买时间，购买本票的融资公司仍然可以享有优先权，只要其符合法典规定的条件。并且这项规定中的购买人，不一定是本票的直接购买人，而可以是任何随后的购买人。例如，假设融资公司取得本票后，将其出售给甲，此时，如果银行发现该本票在甲的手中，甲就是这项规定中的购买人。

虽然上述法典第9.330条(d)款对购买人限定了一些条件，但是，如果票据的购买人享有法典第3篇中的“正当执票人”的地位，则其优先权应根据法典第3篇的规定来确定，无论其是否满足了上述第(d)款的条件。对此，法典第9.331条(a)款规定：“本篇不对下列人的权利作出限制：流通票据的正当执票人、通过正常流通取得流通所有权凭证的持有人或证券的受保护购买人。该等执票人、持有人或购买人的权利，在第3篇、第7篇和第8篇规定的范围内，优于前存的担保权益，即使该担保权益已经获得完善。”可以看出，这项规定也适用于所有权凭证的购买人和证券的购买人。

有关收益的优先权

前文在不同地方谈到，在担保物被处置之后，受担保方原则上继续保持对担保物的担保权益，并且对于担保物被处置之后产生的可分辨收益，受担保方原则上也自动持有担保权益。对担保物的收益的权利，是受担保方享有的非常重要的一项权利。在担保物被处置之后，如果受担保方的担保权益继续存在于原始担保物，受担保方可以获得原始担保物和收益的双重保护；如果不再继续存在于原始担保物，受担保方还可以依靠其对收益的担保权益获得有效保护。

虽然原则上受担保方对已被处置的担保物继续享有担保权益，但从前文的讨论中也可以看到，在很多情况下，例如，当担保物被处置给善意的购买人之后，受担保方实际上不再对原始担保物享有权利，或不再享有优先权。在这些情况下，受担保方对收益的权利，就显得尤为重要，甚至成为受担保方唯一可以依靠的担保物。在其他一些情况下，在担保物被处置后，受担保方虽然理论上并未失去对担保物的担保权益，但可能追索担保物存在实际困难，而追索收益相对容易，此时，对收益的担保权益，也对受担保方具有重要意义。

收益对受担保方的重要性，在“Howarth v. Universal C. I. T. Credit

Corp. 案”中有所体现。在该案中,原告是汽车经销公司破产案件中的破产受托人,被告是一家融资公司。融资公司作为破产的汽车经销公司的受担保方,在汽车经销公司破产之前从其取得某些款项,并查封了一批旧车,而破产受托人认为这些款项和旧车构成优惠清偿,要求融资公司退回所收到的价值。争议中的财产共有 4 笔:(1)银行存款;(2)应收款;(3)17 辆旧车;(4)另外 42 辆旧车。

该案的基本情况是,经销公司在破产前曾从融资公司取得融资,并以自己所持有的所有新车、旧车、设备、零件和收益作为担保物。融资公司登记了融资声明,因此其担保权益获得了完善。在经销公司破产前夕的一段时间里,融资公司通过司法措施和其他措施,从经销公司取得某些款项,并取得一批旧车。这些财产成为破产受托人试图追回的财产。

关于银行存款,融资公司是在取得法院的查封令后,直接从经销公司的银行账户中取走的。融资公司认为,这些存款是经销公司销售汽车的货款,因此属于担保物的收益。破产受托人则承认,融资公司对担保物的担保权益是完善的,因此,如果担保物的收益属于法典承认的可分辨收益,融资公司对收益的担保权益也是完善的。但对于这笔存款,破产受托人主张,该存款不构成可分辨收益,因为融资公司未能证明存款只可能是担保物的销售收入,而不可能包含其他收入。法院支持了破产受托人的立场,认定融资公司未能完成举证责任,因此融资公司必须退还该笔款项。

关于应收款的争议,主要集中于其是否属于新车的销售收入。可以证明部分应收款完全是新车的销售收入,因此破产受托人不再对其主张权利。对于剩余部分,经销公司的账册上虽然注明了每笔款项的客户姓名和付款金额,但是没有注明具体内容。因此,从账册上无法看出其是否属于新车的销售收入。融资公司认为,经销公司销售的就是新车,因此该收入自然是新车的销售收入。破产受托人认为,经销公司也提供汽车维修和其他服务,因而有其他收入来源。法院认定,从款项的数额和其他情况判断,该应收款无疑包含了新车的销售收入,甚至主要是新车销售收入,但是,由于经销公司也确有其他收入,且账目中未予区分,因此,只能认为账上的收入属于不同收入的混合,而根据法典的规定,现金收入一旦混合且不可辨认,全部现金收入都将被视为不可分辨收入,无论担保物收益占其中的多大比例。法院据此判决,融资公司无权对该部分应收款主张权利。

争议中的12辆旧车,是经销公司在销售新车时,按以旧换新方式从购车客户折价收回的。随后,这些旧车被融资公司收走并出售,而破产受托人则主张,融资公司应退还这些旧车的价值。破产受托人承认,这些旧车构成新车销售的收益,而且属于可分辨收益。但根据当地法律,汽车上的担保权必须标注在汽车的产权证书上,而融资公司的担保权并没有标注在这些车的产权证书上。因此,破产受托人认为,融资公司的担保权不应被承认。法院认定,在该案的具体情况下,旧车不是属于通常意义上的担保物,而是作为设有担保权益的新车的收益而自动成为担保物,因此有关产权证书标注的法律不适用于此种旧车。法院据此判决,融资公司有权保留12辆旧车的销售收入。

争议中的另外42辆旧车,也是按以旧换新的方式由购买新车的顾客折价出售给经销公司的,但破产托管人认为,这42辆旧车所对应的新车不存在完善的担保权益,因此作为新车销售收入的42辆旧车自然也不存在衍生的完善担保权益。法院在审理后认定,相对应的42辆新车中的担保权益是否完善,属于无关紧要的问题,因为在融资公司与经销公司订立的担保协议中已经规定,经销公司取得的任何收入,都将用于担保经销公司尚未付清的任何贷款。所以,旧车实际上成为贷款的独立担保物,与新车没有必然联系。法院据此判决,融资公司有权保留42辆旧车的销售收入。

原则上,受担保方取得对担保物的担保权益后,即自动取得对担保物的可分辨收益的担保权益,包括可分辨现金收益。法典第9.203条(f)款规定:“担保物中的担保权益发生附着后,受担保方即取得第9.315条所述的对收益的权利。”法典第9.315条(a)(2)款也规定,在担保物被出售、出租、许可、交换或作其他处置后,“担保权益附着于担保物的任何可分辨收益。”但是，当担保物的收益不可分辨时，包括不可分辨的现金，担保权益就不再存在于收益中。

关于可分辨现金收益的问题，前文曾提到一项原则，称为“最低期间余额原则”（lowest intermediate balance rule）。这个原则在“Universal C. I. T. Credit Corp. v. Farmers Bank of Portageville 案”中得到应用。在该案中，受担保方是融资公司，向汽车经销商提供融资，并以经销商的库存汽车和销售收入作为担保物。一家银行持有经销商的支票账户，并在经销商破产前从其支票账户中转走了一笔款项，用于偿还经销商欠银行的钱。融资公司认为，银行从经销商账户内支取的款项，属于汽车销售的收入，因而融资公司对该款项享有担保权益。银行不否认该担保权益的存在及效力，但认为银行基于其他理由，有权支取该款项。

该案的基本情况是，融资公司与经销商在维持了一段时间的融资关系后，由于经销商不能及时向融资公司提供必要的财务信息，融资公司决定终止双方的融资关系。经销商在失去融资来源后，基本无法继续经营。几天后，经销商联系了银行，愿意将支票账户中的款项先用于偿付经销商欠银行的钱。为此，银行从支票账户中扣除了经销商欠银行的钱。融资公司发现后，认为银行无权支取，因此起诉银行。

在该案中，法院需要就几个不同问题作出认定。首先，支票账户内的存款是否包含了汽车销售的收入？如果包含了汽车销售的收入，该款项就属于担保物的收益。由于当事方的账目记载比较详细，因此，对应争议中的 6 辆汽车的收入，进入账户的销售收入有清晰的记载。其次，账户中的哪些款项属于汽车销售的可分辨收益？这个问题相对困难，因为这个账户内还有其他款项，并且在汽车获得销售收入的一段时间里，账户内发生多次存取。法院认为，应该使用“最低期间余额原则”来确定账户中的哪部分款项属于汽车销售的可分辨收益。但是，由于这个过程中多次发生存入与支出，并与汽车销售的收入交叉发生，需要解决的另外一个问题是，在这个期间内所存入的款项是否可用来弥补最低期间余额？也就是说，账户内的余额是否可以由于新的收入而增加，还是只能减少而不能增加？法院最终认定，根据相关法律原则，包括美国信托法中的“复原”(restitution)原则，存入的其他款项不应被视为对汽车销售收入的弥补。也就是说，这个期间内的余额，只能减少，不能增加。

在上述认定的基础上，法院最终计算出支票账户中可以归属于汽车销售收入的款项数额。但是，这部分数额中的很大一部分已经被银行提前划走，用于支付经销商欠银行的款项。银行认为其对客户的账户无疑持有抵消权，即在客户欠银行款项的情况下，银行可以从账户中抵销相关数额。特别是在该案中，银行的支取得到了经销商的同意。法院承认该抵销权，但是，在该案的具体情况下，法院认为，银行对经销商账户的支取，属于经销商与银行串通欺诈融资公司的行为，因此银行的支取不属于正常业务中的活动。法院据此否定了银行支取经销商账户的权利。

关于收益中的担保权益，前文提到，只要担保物中的担保权益是完善的，收益中的担保权益就可以自动获得20日的临时完善，并在一定条件下可以长期保持完善。法典第9.315条(c)款规定：“只要原始担保物中的担保权益曾为完善，收益中的担保权益即为完善。”同时，该条第(d)款规定：“收益中的完善担保权益，在附着于收益后的第21天失去完善性，除非：(1)下列条件得到满足：(A)已登记的融资声明覆盖原始担保物；(B)可以通过在融资声明登记处作出登记，使收益所属种类担保物中的担保权益获得完善；并且(C)未使用现金收益取得该收益；(2)收益为可分辨现金收益；或(3)收益中的担保权益在附着于收益时或在其后20天内，根据(c)款以外的规定获得完善。”这些原则，前面已作过讨论。

受担保方对收益的权利，自然也要受到法典有关担保权益优先权基本原则的约束，即“首先登记或完善”的原则。例如，假设融资公司对经销商的货物持有担保权益，但货物随后被经销商出售给正常业务中的买方，致使融资公司无法再追索货物，但由于货物的买方尚未支付货款，因此经销商持有应收款，并且融资公司自动对作为货物收益的应收款享有担保权益。再假设银行曾向经销商提供贷款,并约定以经销商未来出售货物的应收款作为担保物。在这种情况下,银行和融资公司均对应收款持有担保权益。在他们之间,谁对应收款享有优先权?

在确定银行和融资公司之间的优先权时,如果他们均不持有价款担保权益,则原则上应适用首先登记或完善的原则,即首先作出登记或取得完善担保权益的当事方享有优先权。在确定他们担保权益的完善时间时,银行应以其对应收款的登记时间为准,而融资公司应以其对货物的登记时间为准,因为收益中担保权益的完善时间,与原始担保物中担保权益的完善时间相同。

前文提到,价款担保权益享有一定的"超级优先权",并且这种"超级优先权"可以自动存在于担保物的收益中,因此,对于不持有价款担保权益的受担保方来说,会受到后手价款担保权益的威胁。在担保物不是库存时,价款担保权益的受担保方的权利更强一些,而当担保物是库存时,价款担保权益的受担保方受到较多限制。

前文还提到,在很多情况下,受担保方对担保物的担保权益,不能对抗担保物的善意买方、承租方或被许可方等。但是,受担保方对担保物收益的权利,在多数情况下不受影响。例如,在担保物被出售给善意买方之后,受担保方对担保物收益的权利并不受影响。实际上,正是由于受担保方已不再对担保物享有优先权,收益对受担保方就变得更加重要。

在担保物成为不动产附着物、添附物或融入物后,受担保方对担保物的担保权益,要根据法典规定的特殊规则来确定。相应地,受担保方对收益的权利,可能也要受到一定影响。例如,假设受担保方对电梯持有担保权益,但在电梯成为大楼的不动产附着物后,受担保方未能取得优于其他不动产权益人的权利。在这种情况下,如果其他不动产权益人将电梯处置,则对于处置的收益,受担保方仍然不能对抗其他不动产权益人。此外,如同下文将要讨论的,不同的完善方式,有时对担保权益的优先权有一定影响,因此,受担保方对收益的权利,也有可能受到相应影响。

如果有两个或多个受担保方对收益持有完善的担保权益，则他们之间的优先顺序，需要根据法典第9.322条(c)(2)款的规定来确定。该款规定，如果受担保方根据法典的规定对担保物本身享有优先权，则受担保方亦对担保物的收益享有优先权，"只要：(A)收益中的担保权益已获得完善；(B)收益系现金收益，或系与担保物同类的财产；以及(C)涉及收益之收益时，之前的所有收益均系现金收益，或系与担保物同类的财产，或系与担保物有关的应收款"。

根据该款的规定，首要条件是受担保方根据法典第9篇其他条款对担保物享有优先权，因为对收益的担保权益是从担保物中衍生出来的。如果受担保方不对担保物本身享有优先权，也就不能对收益享有优先权。受担保方是否对担保物享有优先权，前文已经有过很多讨论，下文还会讨论某些特殊的优先顺序规则。

同时，即使受担保方对担保物享有优先权，也还要满足法典第9.322条(c)(2)款规定的条件，才能对收益享有优先权。该款中所说的"与担保物同类的财产"，是指按法典的分类，与担保物属于同一个大类的财产。例如，本票与汇票同属"票据"，而证券与证券权利同属"投资财产"等。

完善方式和受担保方身份对优先权的影响

根据法典第9篇的规定，在绝大多数情况下，担保权益的完善方式都不是仅有1种，而是有2种甚至3种方式可供受担保方选择。通常情况下，主要是在登记方式和占有方式之间选择，例如，对货物进行登记或占有货物。在担保物为无形财产时，主要是在登记方式和控制方式之间选择。尽管在绝大多数情况下法典允许以1种以上的方式使担保权益获得完善，但在不同的完善方式之间，有时某种方式的效力优于另一种方式，因而对优先顺序具有一定影响。此外，某些受担保方由于其特定的身份而受到法典更优先的保护。

法典第9.322条(c)款在谈到支持性债务中和担保物收益中的优先权

问题时,提到了不同完善方式可能对优先权产生影响的几种情况,即"除(f)款另有规定外,如果根据第9.327条、第9.328条、第9.329条、第9.330条或第9.331条,担保物中的任何担保权益优于冲突的担保权益,则享有优先权的担保权益,亦优于下列财产中的冲突的担保权益:(1)担保物的支持性债务;以及(2)担保物的收益,只要:(A)收益中的担保权益已获得完善;(B)收益系现金收益,或系与担保物同类的财产;以及(C)涉及收益之收益时,之前的所有收益均系现金收益,或系与担保物同类的财产,或系与担保物有关的应收款"。这项规定意在说明,如果任何担保物中的担保权益根据所列的各条享有优先权,则担保物中的"支持性债务"(supporting obligation)和担保物的收益亦享有优先权。

上述规定中所提到的法典第9.327条、第9.328条、第9.329条、第9.330条和第9.331条,都是在涉及不同种类的担保物时,法典对优先顺序的特别规定。根据这些规定,当一项担保物上存在两项或多项冲突的完善担保权益时,尽管其中某项担保权益不是最先登记或完善的,却可以比最先登记或完善的担保权益享有更优先的地位。对于有关优先顺序的上述特殊规定,下文分别说明。

存款账户的特殊优先顺序

上述规定中到的法典第9.327条,涉及存款账户。法典第9.327条规定:"如果同一存款账户中存在冲突的担保权益,应按下列原则确定优先顺序:(1)根据第9.104条对存款账户取得控制的受担保方,相对于未取得控制的受担保方,前者的担保权益优于后者的冲突担保权益。(2)除(3)款和(4)款另有规定外,根据第9.314条通过取得控制获得完善的各项担保权益,按取得控制的时间先后,确定优先顺序的先后。(3)除(4)款另有规定外,掌管存款账户的银行,相对于冲突担保权益的其他受担保方,前者在存款账户中的担保权益享有优先权。(4)根据第9.104条(a)(3)款通过取得控制获得完善的担保权益,优于掌管存款账户之银行的担保权益。"根据该项规定,如果两个或多个受担保方均对存款账户持有完善的担保权益,则需要根据这项规定中的4项原则来确定他们之间的优先顺序。

第一项原则,无论完善或登记的时间先后,对账户拥有控制的受担保方享有优先权。前文提到,对于存款账户,取得完善的唯一方式是控制。法典第9.312条(b)(1)款规定:"存款账户中的担保权益,只能通过取得第9.313条所述的控制获得完善。"但是,既然拥有控制是存款账户的唯一完善方式,为什么还会存在不拥有控制也能获得完善的担保权益?这个问题在法典第9.312条(b)(1)款的开始部分作了说明,即"除第9.315条(c)款和(d)款对收益另有规定外"。也就是说,如果将存款账户作为担保物,则拥有控制是唯一的完善方式,但是,如果存款账户是担保物的收益(如出售担保物后将货款存入存款账户),则对收益的担保权益无须取得控制亦可获得完善,因为这种担保权益是从担保物衍生而来的。在这种情况下,对存款账户的担保权益,就可以间接通过其他方式获得完善。第二项原则,如果不同受担保方均对存款账户拥有控制,则首先取得控制的享有优先权。第三项原则,如果掌管存款账户的银行也对存款账户持有完善的担保权益,银行的权利永远优于对存款账户拥有控制的其他受担保方。也就是说,一家银行设立了存款账户后,如果银行因为提供贷款等原因也对该账户取得完善的担保权益,则相比前述拥有控制的受担保方,银行的担保权益具有更优先的地位。第四项原则,尽管有上述第三项原则,受担保方在成为掌管存款账户的银行的"客户"(customer)后,享有比银行更优先的权利。法典第9.104条(a)款规定:"在下列情况下,受担保方对存款账户拥有控制:(1)受担保方是银行,且掌管该存款账户;(2)在业经认证的记录中,债务人、受担保方和银行同意,银行将根据受担保方的指示处置存款账户中的资金,而无须另行征得债务人的同意;或(3)受担保方就该存款账户成为银行的客户。"根据法典第9.327条规定的第四项原则,上述第(a)(3)款中成为银行客户的受担保方,对存款账户享有优于银行的权利。

投资财产的特殊优先顺序

上述法典第9.322条(c)款提到的第9.328条,涉及投资财产。法典第9.328条(1)款规定:如果同一投资财产中存在冲突的担保权益,"根据第9.106条对投资财产取得控制的受担保方,相对于未取得控制的受担保方,前者的担保权益优于后者的担保权益"。

这项规定与前文讨论的有关存款账户的规定是相似的,即相对于通过其他方式对投资财产取得完善担保权益的受担保方来说,拥有控制的受担保方享有优先权。与存款账户不同的是,投资财产中的担保权益,不仅可以通过取得控制而获得完善,还可以通过登记获得完善。法典第9.312条(a)款规定:"动产契据、流通凭证、票据或投资财产中的担保权益,可以通过登记获得完善。"但是,通过登记获得完善的担保权益,永远次于通过控制获得完善的担保权益。

如果不同受担保方均对投资财产取得控制,则他们之间的优先顺序,要根据取得控制的时间先后排列。法典第9.328条(2)款规定:"除(3)款和(4)款另有规定外,如果每个受担保方均根据第9.106条取得控制,则他们的冲突担保权益,应根据下列情况发生的时间先后,确定优先顺序的先后:(A)如果担保物是证券,则根据取得控制的时间先后;(B)如果担保物是证券账户中的证券权利,并且:(i)受担保方根据第8.106条(d)(1)款取得控制,则根据受担保方成为证券账户受益人的时间先后;(ii)受担保方根据第8.106条(d)(2)款取得控制,则根据证券中间人作出同意的时间先后,即同意根据受担保方的权利命令,处置证券账户中目前或未来的证券权利;或(iii)受担保方根据第8.106条(d)(3)款通过另一人取得控制,则该时间为,假设该另一方为受担保方时,其本应享有的优先权时间;或(C)如果担保物是商品中间人持有的商品合同,则根据满足控制条件的时间先后,即满足第9.106条(b)(2)款对商品中间人持有或即将持有之商品合同规定的控制条件。"这项规定根据投资财产的具体种类不同,对取得控制的时间,规定了不同的计算方式。

除控制与非控制的区别外,掌管投资财产的证券中间人或商品中间人还享有更优先的权利,类似于前文提到的掌管存款账户的银行的权利。法典第9.328条(3)款规定:“证券中间人对证券权利的担保权益,或对其掌管的证券账户的担保权益,优于其他受担保方的冲突担保权益。”而该条第(4)款规定:“商品中间人对商品合同的担保权益,或对其掌管的商品账户的担保权益,优于其他受担保方的冲突担保权益。”

如果投资财产的具体内容是证券,不同的完善方式对优先顺序也可能有影响。法典第9.328条(5)款规定:“如果登记式的票式证券中的担保权益,系根据第9.313条(a)款通过取得交付获得完善,而不是根据第9.314条通过取得控制获得完善,则相对于也不是通过取得控制获得完善的冲突担保权益,前者享有优先权。”

前文在有关法典第8篇的讨论中提到,证券分为无票证券和票式证券,而票式证券又分为持票式和登记式。对于登记式证券,如果受担保方仅取得证券的交付,但没有在证券转让账册中登记,则此种交付不属于法典第9篇所定义的控制,但属于第9篇所允许的担保权益完善方式,因为法典第9.313条(a)款规定:“受担保方可以根据第8.301条,通过取得票式证券的交付,使其中的担保权益获得完善。”根据这里所述的规定,在涉及登记式的票式证券时,通过交付方式取得完善的担保权益,次于通过控制方式取得完善的担保权益,但是优于通过其他方式取得完善的担保权益,如通过登记取得完善的担保权益。

信用证权利的特殊优先顺序

上述法典第9.322条(c)款提到的第9.329条,涉及信用证权利。法典第9.329条规定:“如果同一信用证权利中存在冲突的担保权益,应按下列原则确定优先顺序:(1)根据第9.107条对信用证权利取得控制的受担保方,相对于未取得控制的受担保方,前者的担保权益优于后者的冲突担保权益。(2)根据第9.314条通过取得控制获得完善的各项担保权益,根据取得控制的时间先后,确定优先顺序的先后。”这项规定与投资财产优先顺序的一般原则类似,即拥有控制的优于不拥有控制的。

票据购买人的特殊优先顺序

上述法典第9.322条(c)款提到的第9.330条,涉及动产契据或票据的购买人。关于受担保方与动产契据购买人之间的优先权问题,前文已经讨论过。关于票据,法典第9.330条(c)款规定:“除第9.331条(a)款另有规定外,如果票据中的担保权益已经获得完善,但不是通过取得占有获得完善,则只要票据购买人以善意支付价值,取得对票据的占有,且不知道该购买侵犯了受担保方的权利,票据购买人即享有优先权。”这项规定类似于对动产契据购买人的规定,即以善意购买票据并取得占有的购买人,享有优于任何其他受担保方的权利。

法典其他篇中担保权益的特殊优先顺序

上述法典第9.322条(c)款提到的第9.331条,涉及根据法典第3篇、第7篇和第8篇规定取得的优先权。法典第9.331条(a)款规定:“本篇不对下列人的权利作出限制:流通票据的正当执票人、通过正常流通取得流通所有权凭证的持有人、或证券的受保护购买人。该等执票人、持有人或购买人的权利,在第3篇、第7篇和第8篇规定的范围内,优于前存的担保权益,即使该担保权益已经获得完善。”

根据上述规定,即使任何受担保方已先行根据法典第9篇的规定取得完善的担保权益,该受担保方也不能对抗第3篇范围内的正当执票人、第7篇范围内的通过正常流通取得所有权凭证的持有人,以及第8篇范围内的受保护购买人。并且,即使存在已登记的融资声明,这些受到优先保护的权益人也没有义务查阅该登记,且即使他们知道存在该登记,该登记对他们也不具有效力。法典第9.331条(c)款规定:“根据本篇作出的登记,对于(a)款和(b)款所述的执票人、持有人、购买人或其他人,不构成索赔或抗辩的通知。”

支持性债务中的担保权益

根据法典第9.322条(c)(1)款的规定,如果担保物中的担保权益享有优先权,则担保物支持性债务中的担保权益亦享有优先权。关于支持性债务,法典第9.102条(a)(78)款规定:“‘支持性债务’指用于支持应收款、动产契据、凭证、一般无形财产、票据或投资财产之付款或履约的信用证权利或次级义务。”

举例而言,假设买方从卖方赊购货物,并同意由银行出具备用信用证作为支付货款的保证,此时,信用证项下的付款义务即属于支持性债务,因为该债务系用于支持买方的付款义务。从信用证受益人(卖方)的角度,这是可以通过强制履行信用证而取得付款的权利,所以在法典中称为“信用证权利”,但从信用证开证人(银行)的角度,这是一种“支持性债务”。

在上述例子中,卖方通过赊销货物而取得应收款。假设卖方随后出于融资需要,将该应收款抵押给融资公司,且融资公司随后通过登记完善了应收款中的担保权益,此时,根据法典第9.308条(d)款的规定:“担保物中的担保权益获得完善后,即同时使该担保物之支持性债务中的担保权益获得完善。”因此,融资公司一旦对应收款取得完善的担保权益,即同时自动对信用证权利(支持性债务)取得完善的担保权益。并且根据上述法典第9.322条(c)(1)款,如果融资公司根据法典第9篇的其他条款对应收款享有优先权,就同时对作为支持性债务的信用证权利享有优先权。但是,融资公司对信用证权利的优先权也不是绝对的,因为根据法典第9.329条的规定,如果融资公司对信用证权利不拥有控制,就不能对抗拥有控制的受担保方。

法定留置权和裁定留置权的效力

前文提到,除去法典第9篇范围内的担保权益,美国法律中还有其他担保权，包括法定留置权和裁定留置权。法定留置权和裁定留置权的产生条件和效力等问题，不属于法典的范围，而是由其他相关法律规定。但是，由于这些债权人都对债务人的特定财产持有担保权，因此必然存在优先顺序的问题。例如，假设法典第9篇范围内的受担保方对债务人的汽车持有担保权益，但由于汽车被送去修理且债务人未支付修理费，因而修车厂占有该汽车，并对该汽车持有法定留置权。此时，在受担保方和修车厂之间，谁对汽车享有优先权？

为了尽量避免不同法律对不同的担保权规定不同的优先顺序，法典在一定程度上对不同的担保权统一规定了优先顺序。关于法典对法定留置权的适用，法典第9.109条(d)(2)款规定，法典第9篇不适用于“因提供服务或材料而依法自动取得的留置权(农业留置权除外)；但是，该服务或材料留置权的优先顺序由第9.333条规定”。

关于法定留置权的优先顺序，法典第9.333条(b)款规定：“货物中的占有性留置权，优于货物中的担保权益，除非设定该留置权的法律明确另有规定。”该款同时规定：“‘占有性留置权’指除担保权益或农业留置权外的下列权益：(1)任何人在其正常业务中就货物提供服务或材料后，以该权益担保另一方的付款或履约义务；(2)该权益系法律以该人为受益人而自动提供；并且(3)该权益的有效性取决于该人对货物的占有。”上文提到的修车厂的法定留置权，就属于这种占有性留置权。因此，修车厂对汽车的留置权，优于法典第9篇范围内的任何担保权益，无论该担保权益何时发生附着或获得完善，也无论该担保权益是否属于价款担保权益。

关于裁定留置权，法典使用了“留置权债权人”(lien creditor)这个概念。这个概念看上去包括任何持有留置权的债权人，但实际上仅指持有裁定留置权的债权人，而不包括上述提到的法定留置权。法典第9.102条(a)(52)款规定：“‘留置权债权人’指：(A)通过扣押、查封或类似程序，对财产取得留置权的债权人；(B)为债权人利益所作的转让中的受让人(从转让时起)；(C)破产案件中的受托人(从破产申请日起)；或(D)衡平法中的接收人(从任命时起)。”

关于留置权债权人的优先权,法典第9.317条(a)(2)款规定:受担保方的担保权益,次于下列留置权债权人,“除(e)款另有规定外,在下列情况中较早者发生前成为留置权债权人的人:(A)担保权益或农业留置权获得完善;或(B)已满足第9.203条(b)(3)款所述条件的任何一项,且已登记覆盖担保物的融资声明”。

根据上述第(a)(2)(A)款的规定,留置权债权人的权利,优于未完善的担保权益,但次于之前已获得完善的担保权益。而根据第(a)(2)(B)款,如果担保权益已经作出登记,且满足了担保权益附着的3项条件中的任何一项(订立担保协议、债务人对担保物取得权利、受担保方支付价值),则即使担保权益尚未获得完善,该担保权益也优于留置权债权人的权利。这项规定的原则,类似于“首先登记或完善”的一般原则,但区别在于,在适用首先登记或完善的原则时,所有的担保权益在争议发生时,都必须已经获得完善,而在这项规定中,担保权益不必已经获得完善,亦可优于有效的裁定留置权。总体而言,在对抗裁定留置权时,法典倾向对第9篇范围内的担保权益给予更多保护。

上述法典第9.317条(a)(2)款作为例外提到的第(e)款,涉及价款担保权益。法典第9.317条(e)款规定:“如果在债务人收到担保物交付之前或其后二十天内,任何人就价款担保权益登记融资声明,则该担保权益优于买方、承租方或留置权债权人的权利,只要该买方、承租方或留置权债权人的权利,产生于担保权益附着之后至登记之前的期间。”根据这项规定,只要受担保方持有价款担保权益,且在债务人收到担保物交付的20日内登记融资声明,受担保方即可享有优于裁定留置权债权人的权利,即使受担保方根据上述第(a)(2)款的一般规定,本来不享有优先权。

涉及留置权债权人的另一项规定,是法典第9.323条(b)款,即“如果在任何人成为留置权债权人后四十五天后作出贷款,则担保该贷款的担保权益,次于该留置权债权人的权利,除非在作出贷款时:(1)不知道该留置权的存在;或(2)贷款系根据承诺作出,而作出承诺时不知道该留置权的存在"。根据前文讨论的规则,如果受担保方在留置权债权人取得留置权时已经取得完善的担保权益,则受担保方享有优先权。如果受担保方随后又向债务人作出贷款,即所谓的未来贷款,则受担保方可能会就此种贷款失去优先权。但根据这项规定,只要贷款在45日之内作出,受担保方就可以无条件地享有优先权;如果在45日之后作出,只要受担保方对留置权不知情,亦可享有优先权。

优先顺序的例外及进一步例外

对于法典第9篇中担保权益的优先顺序,最困难的问题就是,优先顺序在很多情况下不是由统一的规则决定的,也不是由单一的规则决定的,而是需要根据多种规则综合确定,其中需要考虑当事案件的具体情况,考虑受担保方所针对的具体权益人,考虑担保物的种类,包括担保物变化的形式,发生了多少次变化,以及变化过程中的中间情况等因素。

虽然优先顺序原则上应根据"首先登记或完善"的原则确定,但从前文的讨论中可以看到,有很多其他例外规则都可以对该基本原则起到修改或否定的效果。并且在有些情况下,例外规则中另有进一步例外规则,因此进一步对例外规则起到修改或否定的效果。

关于担保权益的优先顺序,法典第9.322条是最重要的一款,其中既规定了优先顺序的基本原则,也提到了该基本原则的主要例外规则,但除此之外,法典第9篇还有其他规则。所以,法典第9.322条(f)款规定:"上述(a)款至(e)款受制于以下条款:(1)下述(g)款,以及本章的其他条款;(2)有关收款银行之担保权益的第4.210条;(3)有关开证人或指定人之担保权益的第5.118条;以及(4)有关根据第2篇或第2A篇产生之担保权益的第9.110条。"例如,上述规定中提到的第(g)款规定:"担保物中完善的农业留置权,优于同一担保物中冲突的担保权益或农业留置权,只要设立该农业留置权的法律如此规定。"

未完善担保权益受担保方的权利

前文提到,即使受担保方对担保物持有完善的担保权益,但在担保物被处置后,受担保方可能也无权对抗担保物的善意购买人。例如,在货物被出售给正常业务中的买方之后,受担保方不享有对抗该买方的权利。

根据上述原则,在受担保方的担保权益未获得完善的情况下,受担保方似乎更没有对抗担保物购买人的权利。但实际情况并非如此,因为即使受担保方的担保权益尚未获得完善,受担保方仍然属于担保债权人,对担保物仍然享有担保债权,因此在一定情况下仍然可以对抗其他权益人。

对此,法典第 9.317 条(b)款规定:"除(e)款另有规定外,实体动产契据、实体凭证、货物、票据或证券证书的买方(受担保方除外),只要在支付价值并接受担保物交付时,不知道担保权益或农业留置权的存在,且担保权益或农业留置权当时尚未获得完善,即不受制于担保物中的担保权益或农业留置权。"

根据上述规定,如果担保物买方不属于正常业务中的买方,那么,他们只有在交易时不了解受担保方担保权益的情况下,才可以不受制于该担保权益,而如果知道,就要受到制约。也就是说,如果买方在购买担保物时,知道担保权益的存在,他们就不能对抗受担保方,即使受担保方的担保权益尚未获得完善。这里的"知道",是指实际知道而不是应该知道。因此,如果受担保方登记了融资声明,但买方并未查阅登记档案,也未从其他途径得知,买方即属于不知道。这项规定意在说明,如果买方不属于正常业务中的买方,可能就不能对抗持有未完善担保权益的受担保方。

法典第 9.317 条(c)款还规定:"货物的承租方,只要在支付价值并接受担保物交付时,不知道担保权益或农业留置权的存在,且担保权益或农业留置权当时尚未获得完善,即不受制于担保物中的担保权益或农业留置权。"而该条的第(d)款规定:"一般无形财产的被许可方,或应收款、电子动产契据、电子凭证、一般无形财产或投资财产(票式证券除外)的买方(受担保方除外),只要在支付价值时,不知道担保权益的存在,且担保权益当时尚未获得完善,即不受制于担保物中的担保权益。"这与上述规定是类似的。

上述规定中有一项例外,即法典第9.317条(e)款。该款规定:"除第9.320条和第9.321条另有规定外,如果在债务人收到担保物交付之前或其后20天内,任何人就价款担保权益登记融资声明,则该担保权益优于买方、承租方或留置权债权人的权利,只要该买方、承租方或留置权债权人的权利,产生于担保权益附着之后至登记之前的期间。"根据这项规定,担保物的买方即使在购买时不知道受担保方的权益,只要受担保方的担保权益当时已经发生附着,受担保方亦有可能享有优先权。

举例而言,假设融资公司在2月1日与汽车经销商订立担保协议,规定以经销商目前持有和未来取得的库存作为担保物。融资公司2月5日向经销商提供贷款。经销商2月10日用该贷款从汽车制造厂取得一辆汽车的交付。经销商2月15日将该汽车出售给买方,而买方并不知道融资公司的担保权益。融资公司2月20日对担保权益作出登记。

在上述例子中,融资公司的担保权益在2月10日发生附着,因为附着的3项条件全部得到满足。担保权益在2月20日通过登记获得完善。买方在不知担保权益的情况下,于2月15日取得对汽车的权利,而当时担保权益尚未获得完善。在这种情况下,根据上述规定,由于登记是在经销商取得汽车交付的20日内(2月10日汽车交付,2月20日登记),且买方取得汽车(2月15日)是在附着(2月10日)之后至登记(2月20日)之前,且融资公司的担保权益属于价款担保权益(经销商使用贷款取得汽车),因此,融资公司对该汽车享有优于汽车买方的权利,虽然在买方取得汽车时,融资公司的担保权益尚未获得完善。

上述规定是法典对未完善的价款担保权益的特殊保护。但可以看出,该规定仍然受制于法典第9.320条和第9.321条的例外。所以,要最终确定买方和受担保方的权利,还需要进一步分析该两条的规定。

第九节　违约后担保物的处置

担保交易的最终目的是，在债务人发生违约后，受担保方可以通过处置担保物取得债务的清偿。法典第 9 篇没有具体规定何种情况属于债务人的违约，因为这个问题一方面取决于担保协议的规定，另一方面也取决于其他相关法律的规定。债务人没有正常偿还债务，通常都属于违约，但是，很多其他情况也会构成违约。例如，债务人从事了担保协议禁止从事的行为，或未能作出担保协议要求其作出的行为。总而言之，受担保方为了保证自己的安全，会在担保协议或相关协议中为债务人提出要求或作出限制。一旦债务人违反协议，就会构成违约。

前文提到，法典第 9 篇范围内的担保权分为两种：一种是通过协议设立的担保权益，另一种是依法自动产生的农业留置权。上述违反协议，主要适用于通过协议设立的担保权益。在涉及农业留置权时，由于债务人和受担保方之间不存在担保协议，因此无法根据协议来确定是否违约。对此，法典第 9.606 条规定："当受担保方根据设立农业留置权之法律有权强制履行该农业留置权时，该时间即为违约的发生时间。"也就是说，涉及农业留置权时，债务人是否违约，应根据设立农业留置权的其他法律来确定。

受担保方处置担保物的权利

在债务人发生违约前，受担保方无论是否占有担保物，均无权处置担保物，因为担保物只是清偿债务的保证，而不是直接用来清偿债务的。即使担保物是应收款或票据这种类似现金的财产，只要担保协议没有规定直接付给受担保方，受担保方也无权直接用其来清偿债务。只有在债务人发生违约后，受担保方才有权处置担保物。

在法典第 9 篇中，对担保物的处置属于担保物或担保权益的强制履行，即受担保方直接针对担保物采取行动，使自己获得清偿。受担保方处置担保物的权利,也包括处置担保物收益的权利。无论该收益属于第几代收益,只要根据法典的规定,受担保方对该收益享有担保权益,即可与处置担保物一样,处置该收益。

对于如何处置担保物,受担保方享有一定选择,也受到一定限制。同时,也与当事案件的具体情况有关,包括当时的相关因素,如受担保方在强制履行时是否占有担保物等。受担保方可以享有的权利,既取决于担保协议的规定,也取决于法典第 9 篇的规定。

关于受担保方所享有的权利,法典第 9.601 条(a)款规定:"发生违约后,受担保方享有本章提供的权利,且除第 9.602 条另有规定外,还享有当事方协议提供的权利。受担保方:(1)可以向法院提起索赔诉讼,可以变现担保物,也可以通过其他可用的司法程序强制履行其索赔、担保权益或农业留置权;并且(2)如果担保物为凭证,可以就凭证采取行动,也可以就凭证覆盖的货物采取行动。"

上述规定中提到的法典第 9.602 条,是法典的一项强制规定,即债务人的某些权利是不能被放弃的。因此,即使债务人在担保协议或在随后订立的协议中放弃自己的这些权利,该放弃也是无效的。法典的这项规定是为了保护债务人,避免受担保方利用自己的优势地位获取不合理权利。

关于处置担保物的方式,上述规定提供了一般原则,包括向法院起诉,或利用任何其他司法程序,也包括直接就担保物采取适当的自助措施。上述规定中的"变现"(foreclose),是有关担保物处置的一个概念,即采取某种措施处置担保物,用于债务的清偿。这是个相对模糊的概念,法典也没有作出定义,但受担保方出售担保物,或保留担保物用于偿债,都属于变现。

如果在违约发生时,担保物由债务人占有,则受担保方有权自行从债务人处取回担保物,但有义务不"破坏和平"(breach of the peace)。也就是说,如果债务人同意交出担保物,受担保方可以取回,但如果债务人拒绝交出,受担保方则不能使用暴力取回。

对担保物的不同处置方式,下文会分别讨论。在适用的情况下,这些方式都是可以结合使用的。例如,取回担保物的占有是处置的一种方式,而取回担保物后,将担保物出售是处置的另一种方式,但两种方式通常都是结合使用的,最终目的都是变现担保物。

受担保方取得担保物的占有

对于担保物的处置,如果受担保方已经占有担保物,处置就比较容易一些,但如果担保物不处于受担保方的占有之下,受担保方就面临是否应该取得担保物占有,以及如何取得占有的问题。担保物的占有,不是处置担保物必须具备的条件,因为即使受担保方不占有担保物,受担保方也可以通过向法院起诉来强制履行自己对担保物的权利。此外,受担保方如果出售担保物,也可以先订立出售合同,而并非一定要先取得担保物的占有。

总而言之,不占有担保物,原则上并不影响受担保方处置担保物的权利。但在有些情况下,占有担保物会使处置变得容易一些。例如,当担保物是一幅画时,如果买方见不到画,或拿不到画,可能就不会同意购买。所以,占有担保物通常可以使受担保方对担保物的处置更有保证。

虽然法典赋予受担保方在发生违约后自行取得担保物占有的权利,但受担保方在取得担保物的过程中,只能使用和平手段。对此,法典第9.609条规定:"(a)发生违约后,受担保方:(1)可以取得担保物的占有;并且(2)可以在不拆移的情况下使设备失去使用功能,并可以根据第9.610条在债务人的场地处置担保物。(b)根据(a)款作为时,受担保方可以:(1)通过司法程序进行;或(2)不通过司法程序进行,只要能够不破坏和平。(c)如果存在约定,或无论如何只要发生违约,受担保方即可要求债务人把担保物集齐,并在受担保方指定的对双方都合理和方便的地点,交付给受担保方。"

上述规定包含了3项主要原则。第一,取回担保物可以通过司法程序,但也可以通过自助程序,即由受担保方自己直接取回担保物,而无须法院的批准或协助。第二,如果采用自助程序,受担保方有义务不破坏和平,即不能使用暴力。第三,取回可以采用不同的具体方式,例如,要求债务人在方便的时间和地点交出担保物。如果担保物是大型机械等,也可以留在原处,而由受担保方通过关闭电源或其他措施,象征性地取得担保物的占有,然后原地出售或作其他处置。

关于何种情况不属于"破坏和平",法院在"Giles v. First Virginia Credit Services,Inc. 案"中作出说明。在该案中,债务人使用贷款购买了一辆汽车,并将该汽车作为贷款的担保物。担保协议规定,在债务人未能按时偿还贷款时,受担保方可以不经发出通知而自行采用任何合法手段收回汽车。之后,债务人确实出现未能按时还贷的情况。在某日夜里 4 时左右,受担保方雇请拖车公司将汽车拖走。当时,汽车停放在债务人住房的门口,属于债务人的自家范围,不在公共道路上。拖车时,邻居被拖车的声音吵醒,从窗户看到正在拖车,以为有人偷车,就立即给债务人打电话。债务人则立即给警察打电话。很快,几辆警车赶到债务人房子处。附近邻居有些惊慌,而此时拖车公司已离开。债务人以"破坏和平"为由起诉受担保方。

法院在参考相关判例后认定,破坏和平不是指安宁受到打扰,而是指非法行为对社会秩序带来破坏,或以暴力或威胁手段造成损害或恐慌。在该案中,虽然债务人和邻居受到惊扰,且汽车是从债务人自家位置而不是公共场地被拖走的,但拖车本身是合法的,也不存在人员的直接接触和冲突。并且,汽车停放在露天场所,没有栏杆或其他障碍,且拖车并未对债务人的房子或周边设施造成威胁或破坏。据此,法院判定受担保方的行为不构成破坏和平。

受担保方处置担保物的方式

无论受担保方是否取得担保物的占有,受担保方都面临具体如何处置担保物的问题。根据法典的规定,原则上,任何商业上合理处置方式都可以使用。出售是最常用的处置方式,也是受担保方在很多情况下最希望采用的方式,因为这通常可以使受担保方最快地和最大限度地兑现担保物的价值。但是,如果客观情况造成担保物无法合理售出,或如果其他方式从商业上来说更加合理,受担保方可以并且有时必须采用其他处置方式。

关于担保物处置的方式和原则,法典第 9.610 条规定:"(a)发生违约后,受担保方可以按担保物当时的状况,或在进行商业上合理的准备或加工后,出售、出租、许可或以其他方式处置部分或全部担保物。(b)处置担保物的每一个方面,包括方法、方式、时间、地点及其他条件,都需要商业上合理。只要商业上合理,受担保方在处置担保物时,可以使用公开或私下方式,通过一个或多个合同,整体或分批进行,并在任何时间和地点,以任何合理的条件处置。(c)受担保方可以按下列方式购买担保物:(1)通过公开处置购买;或(2)通过私下处置购买,但在此种处置中,担保物的种类必须系通常在公认市场上买卖,或通过广泛使用的标准报价买卖。(d)买卖、租赁、许可或其他处置方式所使用的合同,应被视为包含所有权、占有权和平安使用的担保条款,以及在自愿处置类似财产时,合同依法包含的其他担保条款。(e)受担保方可以对(d)款所述的担保加以排除或修改,只要:(1)所使用的方式在自愿处置类似财产时,可以有效排除或修改担保;或(2)向购买者发送证明处置合同的记录,其中包含对担保的明示排除或修改。(f)如果记录说明'在本次处置中,不存在所有权、占有权、平安使用的担保或类似担保',或使用具有类似含义的文字,该记录即符合(e)款要求,足以排除担保。"

在担保物被处置之前,受担保方必须向相关权益人发送处置通知,使相关权益人事先得知担保物即将被处置的情况,并在需要时采取相应行动,如参与担保物的购买等。对此,法典第 9.611 条(c)款规定:"受担保方应向下列人发送业经认证的处置通知:(1)债务人;(2)任何次义务人;以及(3)当担保物非属消费品时:(A)任何其他人,只要在通知日之前,受担保方从其收到了经认证的对担保物主张权益的通知;(B)任何其他受担保方或留置权持有者,只要在通知日前十天以前,其曾对担保物持有担保权益或其他留置权,且该权益通过登记下列融资声明获得完善:(i)融资声明指明了该担保物;(ii)截止该日,融资声明根据编目登记在债务人名字之下;并且(iii)截止该日,作出登记的登记处,相对于该债务人以及覆盖该担保物的融资声明,是正确的登记处;以及(C)任何其他受担保方,只要在通知日前十天以前,其曾对担保物持有担保权益,且该权益通过遵守第9.311条(a)款所述的法律或条约获得完善。"但该条第(d)款同时规定,"如果担保物易腐或面临价值迅速降低的危险,或如果其种类惯常在公认市场上买卖",则无须发送符合上述要求的通知。

关于通知的格式,法典作出原则规定,并提供了一个格式。法典第9.613条(1)款规定,如果处置不涉及消费品,则"处置通知只要达到下列要求,内容即为充分:(A)描述了债务人和受担保方;(B)描述了计划处置的担保物;(C)说明了计划处置的方式;(D)说明了债务人有权就尚未清偿的债务获得账单,并说明了制作账单的费用(如果收费);并且(E)说明了公开处置的时间和地点,或如果是其他处置方法,说明了处置的最早时间"。该条第(2)款规定:"如果通知缺少(1)款规定的任何信息,则通知的内容是否仍属充分,属于事实问题。"该条第(3)款规定:"如果通知实质上提供了(1)款规定的信息,则通知即使存在下列情况,其内容亦属充分:(A)提供了该款未要求的信息;或(B)存在不致造成严重误导的轻微错误。"

关于通知的措辞和格式,法典第9.613条(4)款规定:"通知不需要使用特定措辞。"该条第(5)款则提供了一个标准格式,但并非必须使用该格式。如果处置涉及消费品,则通知需要包含更多的信息。对于消费品,法典第9.614条(1)款规定:"处置通知必须包含下列信息:(A)第9.613条(1)款要求的信息;(B)向接受通知的人说明其对不足部分的责任;(C)提供相关电话号码,即如果希望根据第9.623条赎回担保物,可以通过该电话,确认应向受担保方支付的金额;以及(D)提供电话号码或邮寄地址,用于提供担保物处置和担保债务的进一步信息。”这项要求是为了给消费者提供方便。

在“Coxall v. Clover Commercial Corp. 案”中，法院对处置通知的合理性及处置本身的合理性进行了讨论。在该案中，债务人从二手汽车经销商购买了一辆汽车，价格为 8100 美元，其中 5000 美元是受担保方提供的贷款，因此债务人将汽车作为贷款的担保物。4 个月之后，由于债务人未按时还贷，受担保方将汽车收回，并以 1500 美元的价格出售给原来的那个二手汽车经销商。受担保方随后要求债务人支付贷款尚未偿还的部分，而债务人则认为受担保方的通知和处置不合理。

发送处置通知的具体情况是，受担保方于 2 月 20 日用挂号信将通知发出，其中说明，将于 3 月 3 日 12 时之后处置汽车，而债务人可在之前付清贷款并赎回汽车。关于这项通知是否合理，法院从两个角度进行了分析。从时间上来看，如果不包括信件的发出日期，该期间总共有 11 天，符合法典第 9.612 条(b)款对非消费者交易规定的通知时间，并且符合债务人与受担保方订立的担保协议的条款。但法院认为，该案中的债务人为消费者，因此通知时间可能应该更长一些。此外，担保协议的条款可能也不合理，因为挂号信通常需要几天才能到达收件人，所以债务人实际上只有大约 5 天的时间采取行动。但最重要的是，信件的内容不完全符合法典规定的内容，例如，未包括法典所要求的关于债务详情的内容。法院据此认定受担保方的通知不合理。

法院同时认定，受担保方对担保物的处置也不合理。一个重要因素是，法院认为处置价格过低，而受担保方并未对价格问题作出合理解释。经销商出售汽车的价格是 8100 美元，4 个月后收回的价格是 1500 美元，差距巨大，但在 4 个月内，债务人正常使用汽车，汽车并未发生任何损伤。法院认为，价格本身不是决定因素，因为法典第 9.627 条(a)款规定，即使本来有可能获得更高的价格，也不能认为受担保方的处置必然不合理。但法院认为，价格越低，受担保方作出合理解释的义务就更大，而在该案中，受担保方未能提供任何合理解释,说明选择这个经销商的理由以及确定价格的过程和方式。法院据此认定受担保方的处置不合理。

担保物为应收款或存款账户

法典基本上没有对担保物的处置方式作出具体限定,但在担保物是应收款、动产契据、一般无形财产或存款账户时,法典第 9.607 条(a)款具体列出了受担保方可以采取的行动。该款规定:"如果存在相关约定,或只要发生违约,受担保方即(1)可以通知应收款债务人或其他就担保物承担义务的人,向受担保方,或以受担保方为受益人,作出付款或其他形式的履约;(2)可以收取根据第 9.315 条受担保方有权取得的担保物收益;(3)可以对应收款债务人或其他就担保物承担义务的人,强制履行其义务;并且,可以就前述人承担的向债务人作出付款或其他形式履约的义务,并针对用于担保前述人之债务的财产,代替行使债务人的权利;(4)可以将存款账户的余额,用于支付存款账户所担保的债务,只要受担保方对存款账户持有担保权益,且担保权益根据第 9.104 条(a)(1)款通过取得控制获得完善;并且(5)可以指示银行将存款账户的余额支付给受担保方,或以受担保方为受益人作出支付,只要受担保方对存款账户持有担保权益,且担保权益根据第 9.104 条(a)(2)款或(3)款通过取得控制获得完善。"

不动产附着物的特殊规则

法典第 9 篇主要适用于动产,但也适用于不动产附着物。由于不动产附着物同时受动产法和不动产法的管辖,并可能存在根据不动产法对不动产附着物持有权益的人,因此,当债务人违约时,受担保方对不动产附着物的权利面临特殊问题。对此,法典第 9.604 条(b)款规定:"如果担保协议覆盖的货物已经成为或即将成为不动产附着物,受担保方可以:(1)根据本章作为;或(2)根据对不动产享有的权利作为;此时,本章的其他条款不适用。"根据这项规定,受担保方可以根据法典第 9 篇行使权利,但也可以选择根据不动产法行使权利。在后一种情况下，受担保方实际上是将不动产附着物视为不动产。受担保方是否根据不动产法而对不动产附着物享有权利，以及是否享有优先权，将根据不动产法予以确定。

如果受担保方选择根据法典第9篇的规定对不动产附着物主张权利，则根据法典规定，只要受担保方对不动产附着物享有优于所有其他权益人的权利，包括根据不动产法享有权益的人，受担保方即可处置不动产附着物。法典第9.604条(c)款规定："除本章其他条款另有规定外，对不动产附着物持有担保权益的受担保方，如果相对于不动产的全部的其他所有权人和不动产他项权人，均享有优先权，则在发生违约后，受担保方可以将担保物从不动产上拆移。"

如果受担保方根据上述规定拆除不动产附着物，受担保方需要对不动产进行适当修复，但不对其他后果承担责任。法典第9.604条(d)款规定："拆移担保物的受担保方，应就拆移所造成之物理损伤的修复费用，迅即对不动产的任何不动产他项权人或所有权人(债务人除外)给予补偿，但受担保方无须就不动产由于缺少或替换被拆移的货物所造成的价值降低，对不动产他项权人或所有权人给予补偿。有权获得补偿的人，在受担保方就履行补偿义务提供充分保证前，可以拒绝该拆移。"

受担保方和债务人的某些权利和义务

在处置担保物的过程中，受担保方和债务人都享有一定权利，并承担一定义务。例如，如果违约发生时，受担保方占有或控制担保物，受担保方就需要适当保管担保物。对此，法典第9.207条(a)款规定："受担保方在看管和保存其占有的担保物时，有义务行使合理谨慎。涉及动产契据或票据时，除另有协议外，合理谨慎还包括采取必要步骤，以便保留对抗前手当事方的权利。"

受担保方在保管货物时，同时也享有一定权利。法典第9.207条(b)款规定，当受担保方占有担保物时："(1)为看管、保存、使用或营运担保物而发生的合理费用,包括保险费、税费和其他费用,由债务人承担,并以担保物担保;(2)意外灭失或损坏的风险,在有效保险覆盖范围以外的,由债务人承担;(3)受担保方应使担保物保持在可分辨状态,但种类物可以混合;并且(4)受担保方可以使用或营运担保物,只要:(A)目的在于保存担保物或其价值;(B)有适当管辖权的法院发出许可令;或(C)符合债务人同意的方式和限度,但涉及消费品时除外。"

同时,为了保护债务人,法典不允许债务人放弃某些权利,或只允许在一定条件下放弃。法典第9.602条规定:"除第9.624条另有规定外,对于下列各条中的原则,只要涉及向债务人或义务人提供权利,或向受担保方加赋义务,债务人或义务人即不得放弃或变更该等原则。"

上述规定中提到的"各条",包括法典第9篇中的十几项条款,涉及下列问题:(1)受担保方对担保物的使用和运营;(2)与对账请求、担保物清单请求和债务清单请求相关的规定;(3)担保物的收款和强制履行;(4)通过收款、强制履行或处置取得非现金收益后,收益的使用和支付;(5)担保物剩余部分的结算和支付;(6)非通过司法程序取得担保物占有的受担保方,在取得担保物过程中不破坏和平的义务;(7)担保物的处置;(8)将担保物处置给受担保方、受担保方关联方或次义务人时,不足部分或剩余部分的计算;(9)对剩余部分或不足部分计算的解释;(10)收取担保物用于偿付债务;(11)担保物的赎回;(12)允许作出的弃权;(13)受担保方未能遵守法典规定时的责任。

可以看到,法典第9.602条的上述规定,几乎涉及了担保物处置的所有重要方面。从这个意义上来讲,法典有关担保物处置的规定带有相当的强制性,因此受担保方不能通过与债务人订立协议来减少自己的义务,或增加自己的权利。

但是,上述规定也有例外,即在违约发生之后,但不能在违约发生之前,债务人可以放弃某些权利。法典第9.624条规定:"(a)债务人或次义务人可以放弃第9.611条项下获得处置通知的权利,但只能通过违约发生后订立和认证的协议放弃。(b)债务人可以放弃第9.620条(a)款项下要求处置担保物的权利,但只能通过违约发生后订立和认证的协议放弃。(c)除消费品交易外,债务人或次义务人可以放弃第9.623条项下赎回担保物的权利,但只能通过违约发生后订立和认证的协议放弃。"这项规定的目的是,防止债务人为了取得贷款而事先同意放弃权利。

尽管有关担保物处置的规定带有相当的强制性,但当事人仍然可以在不改变强制规定本身的情况下,通过协议规定相应的执行标准。法典第9.603条规定:"(a)当事方可以通过协议,就第9.602条所述的涉及债务人或义务人之权利或受担保方之义务的原则,制定行使权利和履行义务的标准,但此种标准不得明显不合理。(b)上述(a)款不适用于第9.609条所述的不破坏和平的义务。"这项原则,与法典第1.302条(b)款规定的一般原则是一致的。

在处置担保物的过程中,受担保方的一项基本义务是,处置担保物的所有方面都必须做到商业上合理。为了澄清这项义务的含义,法典第9.627条规定:"(a)涉及收款、强制履行、处置或收取时,即使与受担保方所选择的时间或方法相比,存在本来可以获得更高金额的另一时间或另一方法,其本身也不足以妨碍受担保方证明,其作出的收款、强制履行、处置或收取,系属商业上合理。(b)如果担保物的处置按下列方式进行,即属商业上合理:(1)在公认市场上以通常方式进行;(2)在公认市场上以处置时市场上的时价进行;或(3)以其他方式采用了该类财产经销商使用的合理商业做法。(c)如果收款、强制履行、处置或收取获得下列批准,即属商业上合理:(1)司法程序;(2)正当成立的债权人委员会;(3)债权人的代表人;或(4)代表债权人利益的受让人。(d)上述(c)款所述的批准并非必需,且没有该批准并不意味着收款、强制履行、处置或收取不属商业上合理。"

收款和处置所获收益的使用

债务人发生违约后,受担保方自然有权处置担保物,但从受担保方的角度来看,处置担保物有时仍然比较麻烦,例如,当担保物是货物时,受担保方要设法将货物出售,而且根据法典的规定,还要事先发送通知,并选择合适的出售地点和方式。

相对于担保物的出售或其他方式的处置,受担保方可能采用的另一种方式是,直接催促债务人清偿债务,或以类似方式获得清偿。受担保方的此种行为通常称为"收款"(collection),即以法律允许的任何方式,在不直接处置担保物的情况下,催促债务人支付应付的款项,使债务得到清偿。例如,法典第9.607条(a)款规定:"如果存在相关约定,或只要发生违约,受担保方即:(1)可以通知应收款债务人或其他就担保物承担义务的人,向受担保方,或以受担保方为受益人,作出付款或其他形式的履约。"

通过收款行为获得的收益,受担保方必须按照法典规定的方式和顺序使用,否则就要因为违反法典规定而承担相应的责任。法典第9.608条(a)(1)款规定:"对于根据第9.607条进行收款或强制履行所获得的现金收益,受担保方应按下列顺序使用或支付:(A)收款和强制履行的合理费用;受担保方支出的合理的律师费和法律费用,只要协议允许且法律不禁止;(B)债务的偿付,即作为收款和强制履行之依据的担保权益或农业留置权所担保的债务;以及(C)次级债务的偿付,即作为收款和强制履行之依据的,受制于前述担保权益或农业留置权的任何次级担保权益或其他留置权所担保的债务,只要在收益分配完成之前,受担保方收到经认证的要求,即要求参与收益的分配。"根据这项规定,收款所获得的款项,首先要用于支付在收款过程中发生的费用,然后向受担保方作出清偿,然后再向其他次级权益人作出清偿。

上述规定的使用方式,只适用于现金收益。如果收款所获得的收益不是现金收益,则受担保方没有义务按上述规定使用,因为非现金收益无法直接分配,需要额外的变现或估值过程。但是,假设受担保方有合理的变现或估值方式,法典也不禁止作出分配,但分配方式必须是合理的。法典第9.608条(a)(3)款规定:"对于根据第9.607条通过收款或强制履行所获得的非现金收益,受担保方无须作出使用或支付,除非不这样做属于商业上不合理。受担保方如果对非现金收益作出使用或支付,应该以商业上合理的方式进行。”

如果分配后出现剩余或不足,则对剩余收益的权利,以及由于收益不足而欠付的债务,原则上都归属于债务人。法典第9.608条(a)(4)款规定:“受担保方应将剩余部分支付给债务人,而义务人对不足部分应承担责任。”但是,法典第9.608条(b)款规定:“如果基础交易是应收款、动产契据、无形支付或本票的买卖,则债务人无权获得剩余部分,而义务人对不足部分亦不承担责任。”这项规定的道理在于,涉及此类收款权利的买卖时,受担保方作为买方,实际上取得了财产的所有权,因此无论财产最后是升值还是贬值,都与债务人无关。

如果受担保方没有通过其他收款方式获得清偿,而是对担保物作出处置,则受担保方对处置后取得的收益,也要遵循类似的使用方式和顺序。法典第9.615条(a)款规定:“对于根据第9.610条作出处置后所获得的现金收益,受担保方应按下列顺序使用或支付:(1)取回、持有、准备、加工和处置的合理费用;受担保方支出的合理的律师费和法律费用,只要协议允许且法律不禁止;(2)债务的偿付,即作为处置之依据的担保权益或农业留置权所担保的债务;(3)次级债务的偿付,即担保物中任何次级担保权益或其他留置权所担保的债务,只要:(A)在收益分配完成之前,受担保方从该次级担保权益或其他留置权的持有人收到经认证的要求,即要求参与收益的分配;以及(B)涉及对担保物享有权益的寄售委托人时,上述次级担保权益或其他留置权优于寄售委托人的权益;并且(4)给具有担保物寄售委托人身份之受担保方的支付,只要受担保方在收益分配完成之前,从寄售委托人收到经认证的要求,即要求参与收益的分配。”

同样,上述规定也只适用于现金收益。法典第9.615条(c)款规定:“对于根据第9.610条通过处置所获得的非现金收益,受担保方无须作出使用或支付,除非不这样做属于商业上不合理。受担保方如果对非现金收益作出使用或支付，应以商业上合理的方式进行。”这与前述规定是一致的。

关于收益的剩余或不足，法典第9.615条(d)款规定：“如果作为处置依据的担保权益，系用于担保付款或履约，则在作出(a)款要求的和(c)款允许的支付和使用后：(1)受担保方应向债务人结算账目并支付剩余部分，除非(a)(4)款要求受担保方将现金收益支付给寄售委托人，或以其为受益人进行使用；并且(2)义务人对不足部分应承担责任。”在涉及收款权利的买卖时，剩余与不足同样与债务人无关。该条第(e)款规定：“如果基础交易是应收款、动产契据、无形支付或本票的买卖，则：(1)债务人无权获得剩余部分；并且(2)义务人对不足部分不承担责任。”

受担保方在处置担保物时，有义务在各个方面都做到商业上合理。未能在处置担保物的出售中获得潜在的最高价格，本身并不说明出售的方式不合理。但是，当担保物的购买人是受担保方本人或关联人时，或是相关权益人时，受担保方可能要对过低的出售价格承担责任。法典第9.615条(f)款规定：“在计算处置后的剩余部分或不足部分时，如果存在下列情况，即应按处置本应产生的收益金额计算，即假设处置符合本章规定，且受让人不是受担保方、受担保方关联人、或次义务人时，该处置本应获得的金额：(1)处置中的受让人是受担保方、受担保方关联人或次义务人；并且(2)处置的收益金额，与处置符合本章规定，且受让人不是受担保方、受担保方关连人或次义务人时所应获得的金额范围相比，显著偏低。”

担保物受让人的权利

在受担保方处置担保物后，通过此种处置取得担保物的受让人，取得债务人原来对担保物的全部权利，且担保物上作为处置依据的担保权益和任何次级权益全部消失。法典第9.617条(a)款规定：“违约发生后受担保方对担保物的处置，具有下列效力：(1)将债务人对担保物的全部权利转让给支付了价值的受让人；(2)作为处置依据的担保权益被解除；并且(3)任何次级担保权益或其他留置权被解除。”

在上述规定中，债务人对担保物的“全部权利”，是指债务人原有的那部分权利，但不一定是对担保物的充分所有权。也就是说，债务人原来对担保物持有什么权利，处置后的受让人就取得什么权利。另外，假设受担保方在处置担保物时，实际上还存在比受担保享有更优先权利的其他权益人，那么该权益人对担保物的权利，不受此种处置的影响，因为根据上述法典第 9.617 条(a)(3)款的规定，该处置只能解除“次级”担保权益和留置权。

在担保物的处置中，即使受担保方在任何方面未能遵守法典的规定，该情况也不影响受让人所取得的权利。法典第 9.617 条(b)款规定：“即使受担保方未能遵守本篇或任何司法程序的要求，以善意作为的受让人取得担保物后，亦不受制于(a)款所述的权利和权益。”但是，假设在处置中受让人未能以善意作为，则受让人就不能取得法典第 9.617 条(a)款所述的权利。对此，法典第 9.617 条(c)款规定：“如果受让人不能免受(a)款所述权利和权益的制约，则受让人取得担保物后，受制于下列：(1)债务人对担保物的权利；(2)作为处置依据的担保权益或农业留置权；以及(3)任何其他担保权益或留置权。”

受担保方就收取担保物取得债务人的同意

受担保方获得清偿的另一种方式是保留担保物，即以担保物的实物，用于债务的全部清偿或部分清偿。法典将此种方式称为担保物的“收取”(acceptance)。在很多情况下，这是对受担保方和债务人都比较方便的一种方式。但是，为了防止受担保方滥用这个方式，法典为受担保方收取担保物规定了一定的条件和程序。

关于收取的条件，法典第 9.620 条(a)款规定：“除(g)款另有规定外，只有在下列情况下，受担保方才可以收取担保物，作为其所担保的全部或部分债务的清偿：(1)债务人根据(c)款同意该收取；(2)受担保方在(d)款规定的时间内，对于收取担保物的建议，没有收到业经下列人认证的异议通知：(A)根据第9.621条，受担保方必须向其发送建议的人；或(B)对担保物持有权益的任何其他人(债务人除外)，即使该权益次于建议所涉及的担保权益；(3)涉及属于消费品的担保物时，债务人在同意该收取时，不占有担保物；并且(4)下述(e)款不要求该受担保方处置担保物，或债务人根据第9.624条放弃相关要求。”

根据上述规定，债务人首先要同意采用此种偿债方式。并且债务人的同意，必须在违约之后作出，以防止受担保方利用自己在发放贷款中的强势地位，事先取得债务人的同意。上述规定中提到的法典第9.620条(c)款，涉及债务人作出同意的具体方式，即“(1)只有债务人以记录的形式，同意该收取的条款，并在违约发生后认证该记录，债务人才被视为同意以担保物的收取作为其担保之债务的部分清偿；以及(2)只有债务人以记录的形式，同意该收取的条款，并在违约发生后认证该记录或在下列条件满足后，债务人才被视为同意以担保物的收取作为其担保之债务的全部清偿：(A)在违约发生后，受担保方向债务人发送收取建议，且建议是无条件的，或只规定必须保留或保存不处于受担保方占有下的担保物；(B)在建议中，建议收取担保物作为其所担保之债务的全部清偿；以及(C)在建议发送后二十天内，未收到业经债务人认证的异议通知”。

上述规定将债务人的同意分为两种：一种是将担保物作为债务的全部清偿，另一种是将担保物作为债务的部分清偿。显然，前一种情况对债务人更有利，因为债务人无须再对剩余的债务负责，而在后一种情况下，在担保物价值不足的情况下，债务人还要继续偿还剩余的债务。由于此种不同，在部分清偿时，法典的要求更严格一些。将部分清偿的第(1)款和全部清偿的第(2)款比较后可以看出，如果是部分清偿，债务人必须明确作出同意，而如果是全部清偿，只要债务人在一段时间内没有反对，就被视为同意。

如果受担保方未能按照法典的规定取得债务人的必要同意，受担保方对担保物的收取就不具有效力。法典第9.620条(b)款规定:“除非满足下列条件,否则,对担保物的收取不具效力,即使已尝试收取或已作出收取:(1)受担保方在业经认证的记录中同意该收取,或向债务人发送收取建议;并且(2)上述(a)款的条件获得满足。”这里所说的第(a)款,就是指上述法典第9.620条(a)款。

受担保方就收取担保物取得权益人的同意

如果受担保方希望以收取担保物作为债务的全部清偿或部分清偿,除需要根据法典的上述规定获得债务人的同意外,还需要另外征得相关权益人的同意,因为收取担保物可能对某些权益人具有影响,同时也不排除任何权益人愿意支付债务并代表债务人赎回担保物。

为了取得相关权益人的同意,受担保方需要向权益人发送符合法典规定的通知,说明受担保方计划收取担保物。法典第9.621条规定:“(a)希望以收取担保物作为其所担保之债务的全部或部分清偿的受担保方,应将建议发送给:(1)对担保物主张权益的人,只要在债务人同意该收取之前,受担保方已从该人收到经认证的主张;(2)任何其他受担保方或留置权持有者,只要在债务人同意该收取10天之前,该人对担保物持有通过登记下列融资声明获得完善的担保权益或其他留置权:(A)融资声明指向该担保物;(B)截止至该日,融资声明在编目中登记在债务人名字之下;以及(C)截止至该日,登记该融资声明的一个或多个登记处,相对于该债务人和覆盖该担保物之融资声明,是正确的登记处;并且(3)任何其他受担保方,只要在债务人同意该收取10天之前该人对担保物持有担保权益,且该担保权益通过遵守第9.311条(a)款所述的法律或条约获得完善。(b)受担保方如果希望以收取担保物作为其所担保之债务的部分清偿,则除了(a)款所述的人,还应将建议发送至任何次义务人。”

根据法典第9.620条(a)(2)款的规定,在受担保方向担保物的相关权益人作出必要通知后,只要在一定时间内未收到异议,就被视为已取得其他权益人的同意。关于受担保方收到异议的最晚时间，法典第 9.620 条(d)款规定："异议通知必须使受担保方在下列时间内收到，才具有(a)(2)款所述的效力：(1)如果对任何人的建议系根据第 9.621 条发送，则该时间为向该人发送通知后 20 天内；以及(2)在其他情况下：(A)该时间为第 9.621 条所述的最后一个通知发送后 20 天内；或(B)如果未发送通知，该时间为债务人根据(c)款同意该收取之前。"

受担保方不得收取担保物的情况

在一定情况下，受担保方不得收取担保物，而只能将担保物处置。对此，法典第 9.620 条(e)款规定："已经取得担保物占有的受担保方，应根据第 9.610 条，在(f)款规定的时间内处置担保物，只要：(1)涉及消费品的价款担保权益时，60% 的现金价格已经支付；或(2)涉及消费品的非价款担保权益时，所担保之债务的 60% 的本金金额已经支付。"根据这项规定，如果相关的债务已经大部分获得清偿，受担保方就不能再收取担保物，而只能将担保物处置，并以处置的收益清偿剩余的债务。

这项规定的道理在于，在通常情况下，担保物的价值比较接近债务的价值，因此，如果债务已经大部分获得清偿，再允许受担保方收取担保物，就对债务人不太公平，因为这可能导致受担保方获得的价值远超原有债务的价值。在受担保方不得收取担保物而必须处置担保物的情况下，由于很大一部分债务原来已经还清，因此担保物处置后的收益，除偿还剩余的债务外，应该还有一定余额可以退还给债务人。

如果受担保方不得收取担保物，而必须对担保物作出处置，则受担保方必须遵守法典第 9.620 条(f)款规定的处置时间，即"为遵守(e)款，受担保方应在下列时间内处置担保物：(1)取得占有之后 90 天内；或(2)任何更长的时间内，只要债务人和所有次义务人在违约后订立并认证协议，同意该时间"。

受担保方不得收取担保物的另外一种情况是，担保交易属于消费者交易,而收取担保物又仅用于部分清偿债务。法典第 9.620 条(f)款规定:“在消费者交易中,受担保方不得以收取担保物作为其所担保之债务的部分清偿。”这项规定是为了保护消费者,避免消费者因为不明白“部分清偿”的含义(债务人需要继续清偿不足部分)而同意了受担保方的收取,导致消费者权益的受损。

收取担保物的效力

如果受担保方在取得债务人和相关权益人的同意后,以收取担保物作为债务的全部清偿或部分清偿,该收取即具有法典第 9.622 条(a)款规定的效力,即“如果受担保方收取担保物,作为其所担保之债务的全部或部分清偿,则:(1)在债务人所同意的限度内,债务获得清偿;(2)债务人对担保物的全部权利,被转让给受担保方;(3)债务人所同意的担保权益或农业留置权被解除,同时任何次级担保权益或其他次级留置权亦被解除;以及(4)任何其他次级权益均被终止”。

根据上述规定,首先,相关债务得到解除。其次,受担保方取得对担保物的权利。此种权利可以是对担保物的完好所有权,但也可能不是完好所有权,而只是债务人原本对担保物拥有的那部分权利。再次,受担保方的担保权益得到解除。最后,如果还有其他权益人对担保物享有次级权益,该权益也将不复存在。但是,对于次级权益人来说,次级担保权益消失之后,债权本身并不消失,而只是从担保债权转变为无担保债权。

举例而言,假设担保物是债务人拥有所有权的一台冰箱,价值 500 美元,至债务人违约时,该冰箱所担保的欠受担保方的债务为 800 美元,且该冰箱还担保其他次级权益人的债务 300 美元。此时,如果债务人和其他次级权益人均同意以该冰箱作为对受担保方的全部清偿,则在受担保方收取冰箱后,债务人对受担保方所欠的 800 美元债务得到解除,而冰箱的所有权转移至受担保方。同时,次级权益人在该冰箱中的 300 美元次级担保权益也不复存在。但是,债务人对次级权益人所欠的 300 美元债务仍然存在,只是从担保债务转变为无担保债务。次级权益人之所以同意上述安排，是因为其实际上未受到不利影响，因为冰箱已不足支付受担保方的债务，更不可能再用来支付次级权益人的债务。

受担保方如果在收取担保物的过程中未能完全遵守法典的相关规定，可能要对债务人承担一定责任，但是，只要受担保方完成了担保物的收取，次级权益人对担保物的担保权益即不复存在。法典第9.622条(b)款规定："即使受担保方未能遵守本篇，次级权益亦根据(a)款被解除或终止。"

债务人赎回担保物

在债务人违约之后，受担保方有权处置担保物，以担保物的收益用于债务的清偿，也有权根据法典的规定，收取担保物用于抵偿债务。但是，债务人或任何相关权益人如果希望保留或取得担保物，则有权"赎回"(redeem)担保物，只要其充分清偿相关的债务及相关费用。

关于担保物的赎回，法典第9.623条规定："(a)债务人、任何次义务人或任何其他受担保方或留置权持有人，均可赎回担保物。(b)希望赎回担保物的人，应作出下列表示：(1)清偿担保物所担保的全部债务；并且(2)支付第9.615条(a)(1)款所述的合理的费用和律师费。(c)赎回可在任何时间进行，只要受担保方尚未：(1)根据第9.607条就担保物获得收款；(2)根据第9.610条处置担保物，或已订立处置合同；或(3)根据第9.622条收取担保物，作为其所担保之债务的全部或部分清偿。"根据这项规定，赎回担保物的行动必须及时。如果受担保方的债务已经通过其他方式获得清偿，或担保物已被处置，或受担保方已收取担保物，则无法再作出赎回。

受担保方未能遵守法典规定的后果

债务人发生违约后，受担保方有权根据法典的规定，行使自己作为受担保方的权利，包括向债务人收款，获取担保物的占有或控制，以出售、出租、许可或其他方式处置担保物，或收取担保物用作债务的部分清偿或全部清偿。在一定限度内，受担保方可以就担保物的处置与债务人作出约定，但对于法典的强制规定，受担保方必须遵守，无论是否与债务人另有协议。如果受担保方未能遵守法典的规定，法院可以根据情况进行纠正，且法院拥有很大程度的自由裁量权。法典第 9.625 条(a)款规定："如果能够证明受担保方未根据本篇规定作为，法院可就担保物的收款、强制履行或处置，规定适当的执行条件或禁止条件。"

除法院的纠正外，受损害的当事方原则上可以就任何可以证明的实际损失，从受担保方取得赔偿。法典第 9.625 条(b)款规定："除(c)款、(d)款和(f)款另有规定外，任何人如果未能遵守本篇，即应对所造成的损失金额承担赔偿责任。未能遵守本篇所造成的损失，包括债务人无法取得或需要以更高成本取得替代融资的损失。"在这项规定中，有义务支付赔偿的不仅是受担保方，也包括违反法典规定的任何其他当事方，而有权获得赔偿的，也不限于债务人，而是也包括其他权益人。法典第 9.625 条(c)(1)款规定："发生违反本篇的情况时，如果任何人系债务人或义务人，或对担保物持有担保权益或其他留置权，该人即有权就其损失获得(b)款所述的损害赔偿。"

当担保物是消费品时，为了对债务人给予更多保护，法典规定了一项最低赔偿，即在债务人可以证明其实际损失，且该损失高于法典规定的最低赔偿时，债务人可以就实际损失取得赔偿，但是，如果债务人无法证明其实际损失，或如果实际损失低于最低赔偿时，债务人可以得到最低赔偿。法典第 9.625 条(c)(2)款规定："如果担保物是消费品，只要在受担保方违反本篇时，任何人系债务人或次义务人，该人即在任何情况下均有权获得不低于信贷服务费金额的赔偿，再加上债务本金金额的 10%，或有权获得不低于时间价格差的金额，再加上现金价格的 10%。"

对于上述规定中的几个概念，即债务本金、现金价格、信贷服务费和时间价格差，法典均未加以定义，因此需要法院根据自己本州的相关规定酌情确定。一般的理解是，债务本金和现金价格均是指消费者融资交易中消费者本应支付的本金数额，而信贷服务费和时间价格差均是指超过本金部分的利息等金融服务费。因此，假设消费者购买价值100美元的货物，自己支付了30美元，另外贷款70美元，并需支付利息20美元，此时，货物的100美元为债务本金或现金价格，因为100美元现金即可购买该货物，而20美元的利息则为信贷服务费或时间价格差，即由于未能当时支付全部现金所要付出的代价。根据法典的上述规定，在受担保方未能遵守法典规定时，消费者可以获得的最低赔偿为30美元，即100×10%＝10美元，再加上利息20美元。

除为消费者提供一项最低赔偿外，法典还另外规定了一项任何人都有权获得的法定赔偿。这项赔偿属于惩罚性赔偿，因为受损方除可以就自己的实际损失获得赔偿外，还可额外获得此项赔偿。在受损方没有发生实际损失或不能证明实际损失时，至少可以获得这项赔偿。这项惩罚不是仅针对受担保方，而是针对任何违反法典第9篇相关规定的人。而且，赔偿是按违规次数计算的，每违规一次就要赔偿500美元。

关于这项赔偿，法典第9.625条(e)款规定："除了根据(b)款可以获得的任何损害赔偿外，债务人、具有消费者身份的义务人或在登记记录中作为债务人的人（以适用者为准），在任何人未能遵守下列条款时，可以就每次未能遵守，获得五百美元的赔偿：(1)未能遵守第9.208条；(2)未能遵守第9.209条；(3)登记了根据第9.509条(a)款其无权登记的记录；(4)未能致使注册受担保方按第9.513条(a)款或(c)款的要求，登记或发送终止声明；(5)未能遵守第9.616条(b)(1)款，且属于习惯性或经常性违约；或(6)未能遵守第9.616条(b)(2)款。"

此外，法典第9.625条(f)款规定："如果任何人无合理理由而未能遵从第9.219条项下的请求，债务人或具有消费者身份的义务人可以根据(b)款获得损害赔偿，并另外获得每次五百美元的赔偿。对于根据第9.210条提出的请求，如果其接收人从未就第9.210条所述之请求涉及的担保物或债务主张过权益，则在本款意义上，该人被视为有合理理由不遵从该请求。”

不足部分或剩余部分的争议

前文提到，在债务人违约后，如果受担保方未以其他方式获得债务清偿，而是最终将担保物处置，如将担保物出售，则受担保方必须将处置担保物后取得的收益，按法典规定的顺序和方式进行使用，即支付相关的处置费用后，支付受担保方的债务，再支付次级权益人的债务等。在所有的支付都完成以后，原则上，如果还有剩余，受担保方需要退还给债务人，如果不足，受担保方有权向债务人继续追索。这些都需要根据前文提到的法典第9.615条确定。

如果债务人或其他权益人认为受担保方对担保物的处置不适当，并因此对不足部分或剩余部分的数额提出异议，受担保方要承担举证责任，证明处置的适当性。法典第 9.626 条(a)款规定：“除消费者交易外，如果在其他交易引起的诉讼中，不足部分或剩余部分的金额存在争议，应适用下列原则：(1)涉及受担保方的收款、强制履行、处置或收取时，除非债务人或次义务人对受担保方是否遵守了本章规定提出质疑，否则受担保方无须证明其遵守了本章的相关规定。(2)如果对受担保方是否遵守了本篇存在质疑，则受担保方应就收款、强制履行、处置或收取过程中是否遵守了本章，承担举证责任。”

如果受担保方不能证明处置的适当性，则受担保方基本上无权再追索不足部分，即使其本来有权追索。法典第 9.626 条(a)(3)款规定：“除第 9.628 条另有规定外，如果受担保方不能证明，在取回、强制履行、处置或收取过程中遵守了本章有关规定，则债务人或次义务人对不足部分所承担的责任，将被限于担保债务、费用及律师费之总额超出下列金额中较高者的部分：(A)通过收款、强制履行、处置或收取所获得的收益；或(B)假设未遵守规定之受担保方在遵守了本章有关收款、强制履行、处置或收取的规定时，本来可以实现的收益金额。”而根据法典第 9.626 条(a)(4)款的规定：

“为(3)(B)款目的，本来可以实现的收益金额，等于担保债务、费用及律师费的总额，除非受担保方能够证明，前一金额低于后一总额。”

第十节　法典第9篇与联邦破产法的关系

在本章的开始部分提到，对于受担保方来说，担保权益有双重意义。一方面，在债务人有足够资产支付全部债务时，担保权益具有程序上的意义，可以使受担保方更方便地通过处置担保物获得清偿；另一方面，当债务人没有足够资产支付全部债务时，担保权益具有实质上的意义，可以使受担保方通过处置担保物优先获得清偿。本章前面的讨论，已对担保权益的效力作出比较详细的说明，包括受担保方的担保权益相对于其他权益人的优先权。

但是，除去法典的规定，受担保方的担保权益在一定程度上还受到美国联邦《破产法》(Bankruptcy Code)的影响。这是由美国国会通过的联邦法，效力优于作为州法的统一商法典。由于破产法对受担保方的权利具有潜在的影响，因此在涉及受担保方的权利时，必须考虑破产法的影响，而不能只看法典第9篇的规定。特别是在很多债务人违约后，最终都会进入到破产程序，因此，受担保方是否能够在破产程序中仍然保持自己担保权益的效力，具有至关重要的意义，也是检验担保权益是否真正有效的“试金石”。实际上，有关法典第9篇的大部分法院判例都出自破产案件，这说明了破产法对担保权益的影响。

除美国联邦《破产法》外，美国的每个州都有自己的破产法或类似法律，用于处理债务人所出现的财务困难。为了区别联邦《破产法》，这些法律有时称为“无力清偿法”(Insolvency Law)，有时也称为“债权债务法”(Debtor-Creditor Law)。这些都是州法，不具有优于法典的效力，基本上不影响受担保方根据法典所享有的权利。因此，下文在谈到破产法时，都是指美国联邦《破产法》。

美国联邦《破产法》

根据美国宪法,美国国会有权制定通用于全国的破产法。美国第一部获得稳定实施的破产法是《1898 年破产法》。现行的破产法以 1978 年的修订为主体,同时包含了之后的修订,一般就直接称为《破产法》(Bankruptcy Code),但有时也称为《破产改革法》(Bankruptcy Reform Act),用于说明其主体为 1978 年的《破产改革法》。

美国宪法虽然规定了只有美国国会有权制定破产法,但关于什么是"破产",常常缺乏清晰的概念。前文提到,美国每个州都有自己的无力清偿法或债权债务法,那么这些法律是否也属于破产法;或者说,具有什么特征的法律,才应称为破产法?美国法律界一般认为,向债务人提供破产程序完成之后的债务豁免,是破产法区别于其他无力清偿法或债权债务法的基本特征。因此,如果州法也提供债务豁免,就属于违反美国宪法。目前美国各州的法律,都不提供债务豁免。

除债务豁免问题外,美国联邦《破产法》最主要的功能和目标是,在债务人出现财务困难时,使所有的债权人都能获得公平的对待。公平是一个简单的概念,但要真正做到公平并不容易,甚至什么是公平有时都不容易界定。为此,破产法发展出一套复杂的方法和规则,用于规定债权人在何种情况下可以获得何种清偿。下文所谈的清偿方法,是指直接对债务人进行"清算"(liquidation)时的规则。清算,是指将债务人的财产变卖后直接向债权人作出清偿。这个概念不同于允许债务人继续经营的债务"重整"(reorganization)。在债务重整中,不直接变卖债务人的财产,而是制订一个重整方案,允许债务人继续经营,并期待债务人通过重整,可以使债权人获得更好的清偿。

债权人类别

在破产法中,债权人首先被分为两类,即担保债权人和无担保债权人。

破产法范围内的担保债权人包括法典第9篇范围内的受担保方，也包括根据其他法律取得担保权的债权人，例如，不动产抵押权的债权人，以及取得法定留置权或裁定留置权的债权人。

对于根据法典第9篇取得担保权益的受担保方来说，法定留置权和裁定留置权的持有人构成较大威胁，因为他们都是担保债权人，对同一担保物持有权利。在担保物为不动产附着物时，不动产权益人也构成威胁，因为他们也属于担保债权人。这些威胁并不是在破产程序中才出现的。前文在讨论受担保方的优先权时，也涉及这些其他担保债权人对受担保方的威胁。但在破产程序中，这种威胁更大一些。无担保债权人本来不应构成威胁，但如后文将要谈到的，实际上威胁还是存在的。

破产财产

破产财产，是指可用于向债权人作出清偿的财产。如果债务人的任何财产已被用作担保物，并被任何担保债权人占有，理论上该财产应被排除在破产财产之外，因为一般而言，破产财产主要是指可用于向无担保债权人分配的财产，而设有担保权的担保物，只要其价值不大于所担保的债务，一般会被排除在破产财产之外，因为这种担保物对其他债权人基本没有价值。但在破产程序的初期，这些财产也要受到破产受托人的管理、甄别和审核。如果担保债权人对担保物的权利可以得到确认，担保物一般会被交还给担保债权人。

破产受托人的权限

破产受托人，是指在破产案件中代表全体债权人协助破产法院完成破产程序并向无担保债权人分配破产财产的人。在很多情况下，破产受托人是专业的破产管理公司，具有较强的专业经验和专业能力。破产受托人提供收费服务，其费用需要从破产财产中支付。破产受托人所收取的费用，属于前文提到的无担保债权，但享有一定的优先支付待遇。

破产受托人虽然只是服务商,但为了使其能够较好地履行职责,破产法赋予破产受托人极大的权限。总体来说,从破产程序开始的时间起,破产受托人即被视为代位债权人的全部权利和权力。因此,凡是债权人能够行使的权利或权力,破产受托人都能行使。具体而言,破产受托人被赋予3个虚拟身份。所谓虚拟,是指这3种身份都是破产法赋予的身份,而不是受托人的真实身份。

破产受托人的第一种虚拟身份是担保债权人,即从破产程序开始的时间起,破产受托人被视为具有完善身份的担保债权人。这种身份可使破产受托人对债务人资产的权利,具有优于所有其他不具有完善身份的担保债权人。前文在涉及担保权益的完善问题时谈到,在法典第9篇中,完善的担保权益永远优于不完善的担保权益。这个原则也普遍存在于有关担保权的其他法律中。因此,在破产受托人享有完善的担保债权人身份后,受托人就可以使所有在破产程序开始时尚未获得完善的担保权失去效力,因而将此种担保债权人降为无担保债权人,并相应地把相关财产转化为无担保财产,供所有普通的无担保债权人分享。

举例而言,假设甲在破产程序开始之前,根据法典第9篇的规定取得对债务人一辆汽车的担保权益,但尚未根据法典第9篇的规定使该担保权益获得完善,那么在破产程序开始后,受托人作为完善的担保债权人,就对该汽车享有优于甲的权利,因此,该汽车将被并入债务人的破产财产,不再属于甲的担保物,而甲也相应地从担保债权人降格为无担保债权人。如果没有受托人的干预,根据法典第9篇的规定,担保债权人的权利永远优于无担保债权人,因此,甲的担保权益尽管没有获得完善,却仍然优于其他无担保债权人。

破产受托人的第二种虚拟身份是无担保债权人。为什么破产法要赋予受托人这种身份?假设在上述例子中,甲在破产程序开始前已经完善了汽车中的担保权益,那么受托人具有的担保债权人的身份,就无法对抗甲,因为受托人取得完善担保债权人身份的时间,晚于甲取得该身份的时间。

但在某些情况下，无担保债权人享有可以对抗甲的权利。

无担保债权人的权利有两个来源。第一个来源是破产法的相关规定。例如，根据破产法的规定，假设甲在汽车中的完善担保权益，构成了后文将要讨论的“欺诈转让”(fraudulent transfer)或“优惠清偿”(preference)，则无担保债权人可以取消该担保权益的完善地位，从而进一步排除该担保权益。比较而言，担保债权人就没有这样的能力。第二个来源是州法。例如，美国很多州都在使用“统一欺诈转让法”(其中一种称为“Uniform Fraudulent Transfer Act”，另一种称为“Uniform Fraudulent Conveyance Act”)，而该法为无担保债权人提供了优于破产法的追溯期，可以追溯很久以前发生的欺诈转让。所以，无担保债权人的身份，可以使受托人追回那些担保债权人无法追回的财产，从而扩大可供无担保债权人分配的财产。

破产受托人的第三种虚拟身份是善意不动产购买人。这是为了适应美国不动产法的情况而设定的。在美国各州的法律中，对不动产的权利，需要根据相关不动产法来确定，而不能适用动产法。所以，受托人的上述第一种和第二种身份，均不能对抗不动产权益人。为了对抗不动产权益人，只能依赖不动产法。在不动产法中，如果不动产的所有权人将不动产抵押，但没有完成不动产所要求的登记手续，那么在所有权人将不动产转让给购买人后，善意购买人可以享有优于手续不完善的前手不动产权益人的权利。

破产受托人被赋予上述3种虚拟身份后，基本上可以把所有在破产程序开始时存在瑕疵的其他权益全部废除，并将相关财产并入破产财产，用于分配给普通的无担保债权人。当然，如果其他担保债权人的权益已经获得完善且毫无瑕疵，那么破产受托人也只能承认其担保债权人的地位。所以，法典第9篇中的受担保方是否可以做到权利上的毫无瑕疵，在破产案件中是真正的检验。

破产法对受担保方的影响

从上文的介绍中可以看到，在破产程序中，法典第9篇范围内的受担保方要经受破产受托人的严格审核和挑战。由于破产受托人几乎拥有任何种类的债权人所可能拥有的一切权利(权力),因此,破产程序是检验受担保方担保权益完善状况的“试金石”。如果受担保方不能通过这关,原先取得的担保权益就将失去效力,而受担保方就要从担保债权人降为无担保债权人。

关于破产受托人对受担保方的挑战,在“In Re Copeland 案”中可见一斑。在该案中,破产的债务人在破产之前的一段时间里,以保证人的身份为他人担保了一笔债务。作为该保证本身的担保,债务人提供了自己持有的一家公司的若干股票作为担保物。债务人与债权人约定,股票由第三方公司代为保管。为此,债务人、债权人和保管公司三方订立了保管协议,而债务人则将股票交给了保管公司。债务人破产后,债权人以受担保方的身份主张对该股票的权利,而破产受托人则代位债务人提出主张,主张受担保方对股票的担保权益没有发生附着,或者没有获得完善,因而受担保方的担保权益无效。

关于股票中担保权益的附着问题,破产受托人认为,在债务人申请破产时,担保权益尚未发生附着。该案的具体情况是,在债务人破产的当年 7 月,由于被保证人发生违约,债权人要求保管公司交出股票,用于抵偿被保证人所欠的债务,但债务人没有答复债权人。在保管公司交出股票之前,债务人于当年 10 月申请破产。

关于在破产时担保权益是否已经发生附着,受担保方认为,担保权益附着的 3 项条件,在 3 个当事方订立保管协议时即已全部满足。第一,保管协议兼具担保协议的功能;第二,债权人已经提供了价值,因为其向被保证人提供了信贷;第三,债务人无疑对股票拥有权利。对此,破产受托人认为,虽然上述 3 项条件确实已经存在,因此担保权益本来可以发生附着,但是,根据三方协议的条款,当事方已经根据法典第 9.203 条(a)款的规定,自愿推迟了附着的时间。三方协议的相关条款规定,在被保证人未能偿付债务且超过一定时间的情况下,债权人应该通知债务人,并有权要求保管公司将股票交付给债权人，并履行其他相关手续，而在此之前，债务人拥有股票项下的其他权利，包括投票权、分红权等。破产受托人认为，根据协议的这个条款，在债务人破产之前，担保权益并未附着。法院认定，这个条款只是规定了违约后的手续，避免债权人在缺乏具体根据和合理程序的情况下收取股票。如果按照破产受托人对该条款的解释，在债务人破产的情况下，受担保方对股票的权利就要次于其他债权人，这不仅不符合当事方的明显意图，而且会形成荒谬的结果。法院因此驳回了破产受托人的这个主张。

关于在破产时担保权益是否已经获得完善，破产受托人认为，债权人只有可能通过占有股票而使担保权益获得完善，但在破产发生时，债权人并不占有股票。破产受托人承认，占有并非必须由债权人亲自占有，而是可以由其代表人占有，但破产受托人认为，负责持有股票的保管公司不能被视为债权人的代表人，因为该公司受到债务人和债权人的双重控制，并且是独立的第三方。法院认定，虽然法典对此问题没有明确规定，相关的判例法也存在一定矛盾，但必须从占有的基本目的和功能来看保管公司在该案中的地位和作用。占有的基本目的和功能，是就担保物中的担保权益向第三方作出提醒。所以，担保物实际由谁占有，并不是最关键的因素，而最关键的因素，是债务人已经不再占有。在该案中，由保管公司占有股票，明显是为了剥夺债务人的占有，并使债权人在必要时可以取得占有，因此该安排符合法典对担保物占有的基本意图。法院据此认定，保管公司对股票的占有，就相当于债权人的占有。

上述例子涉及受担保方需要经受的第一个考验，即担保权益的完善性。前文谈到，要使担保权益有效获得完善，需要根据担保物的种类、担保交易的类型以及涉及担保权益的其他情况，根据法典第 9 篇的相应规定，完成相应手续。如果由于任何原因，在破产程序开始时，受担保方的担保权益尚未有效地获得完善，破产受托人就可以排除受担保方的担保权益。

受担保方需要经受的第二个考验涉及欺诈转让。在破产程序开始后，债务人的所有资产都被冻结，除法院批准的支付外，不可能再有其他资产的转让。但在破产程序开始之前，债务人还是拥有处置资产的能力的。如果债务人在破产程序开始前的任何资产转让具有欺诈性，属于对其他债权人的欺诈，该转让即属于欺诈转让。

根据破产法的规定，欺诈转让主要包括两类转让：一类是推定欺诈，另一类是实际欺诈。所谓推定欺诈，是指不考虑债务人在转让时是否具有欺诈债权人的实际意图，而是只要达到一定标准，就被认为是欺诈。根据破产法的规定，如果转让发生在破产程序开始前的两年内，且债务人收到的价值低于所转让的财产的合理价值，且债务人在转让时已经失去清偿能力或存在其他不正常财务情况，此种转让就属于推定欺诈。另一类是实际欺诈，即对于破产程序开始前两年内的转让，只要债务人实际上具有欺诈债权人的意图，即属于实际欺诈。

对于法典第 9 篇范围内的受担保方来说，如果其在债务人破产程序开始前的两年内取得完善担保权益，但此种取得被视为破产法定义下的欺诈转让，则受担保方的担保权益可以被撤销。也就是说，受担保方在取得完善担保权益之后，尽管从法典第 9 篇的角度来讲，已经获得了可以对抗所有后手的权利，但如果在随后的两年内债务人破产，破产受托人就有可能以欺诈转让为理由，撤销受担保方的担保权益。显然，这会从根本上影响受担保方的担保权益。

受担保方需要经受的第三个考验涉及优惠清偿。所谓优惠清偿，是指债务人在破产程序开始前对某些前存旧债的清偿，且相对于其他债权人，这些清偿构成对被清偿人的不适当优惠。优惠清偿本身是有正当依据的清偿，不属于欺诈，但由于对其他债权人不公平，因此被破产法所禁止。根据破产法，如果清偿发生在破产程序开始前的 90 日内，且债务人当时已失去清偿能力，且该清偿是用于之前的旧债，且该清偿使被清偿人获得大于其在破产程序中本可获得的清偿数额，该清偿就属于优惠清偿。

对于法典第 9 篇范围内的受担保方来说，如果其在债务人破产程序开始前90日内,为之前的旧债取得完善担保权益,受担保方的担保权益就有可能被视为优惠清偿。一旦被视为优惠清偿,受担保方的担保权益就会被撤销,并使受担保方从担保债权人变为无担保债权人。显然,这项规定也对受担保方有重大影响。

受担保方需要经受的第四个考验涉及后得财产。库存是一种典型的后得财产,因为根据库存本身的定义,库存就包括随后取得的库存财产。如果受担保方较早在债务人的库存上设立担保权益,则债务人在破产程序开始前的一段时间取得的库存,就有可能被视为欺诈转让或优惠清偿。显然,如果在设立担保权益时,债务人的实际库存较少,而在破产前的一段时间内,实际库存较多,那么对于受担保方来说,担保物的实际数量就增加了,而对其他债权人来说,债务人可供分配的财产就少了。

关于上述问题,破产法规定,首先,这种情况不属于欺诈,因为受担保方与债务人之间的安排是早已作出的,不是破产之前对其他债权人的欺诈。其次,如果在破产之前90日内,担保物的实际数量与设立担保权益时相比并未增加,则担保权益保持有效,但如果有所增加,则增加的部分属于优惠清偿,可以被撤销。对于受担保方来说,破产法的这个规定使受担保方对库存的权利受到一定限制,但受担保方对于在设立担保权益时已经存在的那部分库存财产,仍然享有担保权益。

主要参考书目

1. American Bar Association Business Law Section, *The Portable UCC*, Fifth Edition, 2012.

2. Roy Ryden Anderson, Roger A. Bartlett, W. David East, *Texas Uniform Commercial Code Annotated*, 2012.

3. James J. White, Robert S. Summers, Robert A. Hillman, *Uniform Commercial Code*, Sixth Edition, Practitioner Treatise Series, Vols. 1 – 4, 2012 – 2015.

4. American Bar Association Business Law Section, *The ABCs of the UCC*, Fred H. Miller, Kimberly J. Cilke, Article 1: General Provisions, 1997; Henry D. Gabriel, Linda J. Rusch, Article 2: Sales, 1997; Amelia H. Boss, Stephen T. Whelan, Article 2A: Leases; Stephen C. Veltri, Article 3: Negotiable Instruments, Article 4: Bank Deposits and Collections, 1997; Thomas C. Baxter, Jr., Stephanie A. Heller, Article 4A: Funds Transfers, 1997; James G. Barnes, James E. Byrne, Amelia H. Boss, Article 5: Letters of Credit, 1998; Sandra M. Rocks, Carl S. Bjerre, Article 8: Investment Securities, 1997.

5. Thomas M. Quinn, *Quinn's Uniform Commercial Code Commentary and Law Digest*, Second Edition, Vols. 1 – 2, 1991, Cummulative Supplement No. 1, 1999.

6. William H. Lawrence, William H. Henning, R. Wilson Freyermuth, *Understanding Secured Transactions*, Fourth Edition, 2007.

7. James Brook, *Secured Transactions, Examples and Explanations*, Third Edition, 2005.

8. Louis F. Del Duca, Marie T. Reilly, Edwin E. Smith, Peter Winship, *Secured Transactions under the Uniform Commercial Code and International Commerce*, 2011.

9. Douglas J. Whaley, *Problems and Materials on Secured Transactions*, 1999.

10. James J. White, *Secured Transactions, Teaching Materials*, 2000.

11. John O. Honnold, Steven L. Harris, Charles W. Mooney, Jr., Curtis R. Reitz, *The Law of Sales and Secured Financing*, 1993.

12. Richard E. Speidel, Robert S. Summers, James J. White, *Sales, Teaching Materials*, 1987.

13. Marion W. Benfield, Jr., William D. Hawkland, *Cases and Materials on Sales*, Second Edition, 1986.

14. E. Allan Farnsworth, John Honnold, *Cases and Materials on Commercial Law*, 1985.

15. John P. Dawson, William Burnett Harvey, Stanley D. Henderson, *Cases and Materials on Contracts*, Fifth Edition, 1987.

16. Donald B. King, Calvin Kuenzel, Bradford Stone, W. H. Knight, Jr., *Negotiable Instruments and Payment Systems*, 1997.

17. Steven H. Nickles, *Negotiable Instruments and Related Commercial Paper*, Second Edition, 1993.

18. 吴兴光:《美国〈统一商法典〉研究》,社会科学文献出版社 2015 年版。